外国判決の承認

Anerkennung ausländischer Urteile in Japan

芳賀雅顯
Masaaki Haga

慶應義塾大学出版会

本書は公益財団法人末延財団の助成を得て刊行された。

はしがき

　本書は、わたくしがこれまで公にする機会を得た論文の中から、外国判決の承認要件および効力に関するものを中心にまとめた論文集である。

　本書の基本的視点は以下の点にある。すなわち、外国判決の承認制度がもともとは司法共助の一環として位置づけられてきた歴史的経緯から、従来は、「判決国と承認国との主権的利益の調整」の観点を重視した外国判決承認制度の解釈論的枠組みが形成されていたと考えられる。しかし、わたくしは、司法共助型の外国判決承認制度観は、外国判決承認について法律上の自動承認制度を前提とする民事訴訟法118条とは調和しにくい体系なのではないかと考え、外国判決承認制度を「外国裁判所を介在させた私権の実現過程」と捉え直すことで、承認国の主権的利益を後退させる解釈を試みた。しかし、このたび、公表論文を一冊にまとめるにあたり各論文を読み返してみて、このような「主権的利益の調整から私権の実現過程へ」という基本的理念のもとで外国判決承認制度を捉え直す試みが果たして意味を持ち得るものであるのか、いまだに自信はない。

　本書は、第 I 部で日本における外国判決承認制度の成立過程を確認し、第 II 部で外国判決の承認要件、そして第 III 部で外国判決の効力をめぐる問題を、そして、第 IV 部で関連問題として外国での訴え提起に基づく時効中断に関する問題をドイツ法との比較をもとに考察した。第 V 部で本書のまとめを簡潔に行っている。本書において、ドイツ法との比較を一貫して行った理由は、日本の外国判決承認制度がドイツ法にその沿革を有するということに加えて、ドイツは日本と同様にとくにアメリカ合衆国との渉外民事紛争を多く抱え対処してきたことから、ドイツにおける学説・判例の対応が日本法に有益な示唆を有していると考えられたからに他ならない。

本書に収録した各論文の刊行年は 1997 年から 2017 年までであるが、本書は初出論文の刊行後に公にされた内外の重要判例、立法動向、文献や資料の補充を行っていない。わずかに論文相互の用語の調整や不十分な説明の補充など若干手を入れた部分があるにすぎない。また、用語法も今日から見ると調整が不十分なところもあるし、内外の学説・判例の理解に予期せぬ誤りもあるかと思われる。これらの点は筆者の不勉強や怠慢によるものであり、読者の方々のご指摘をもとにさらに考察したいと考えている。

　本書が成るにあたって、これまで多くの方々に大変お世話になった。校正を終え、はしがきを書く段階になって改めてそのことを実感している。本来、お一人おひとりお名前とともにお礼を申し上げなければならないが、紙幅の関係もあり、直接ご指導をいただく機会があった先生方のお名前のみを掲げさせていただきたい。

　筆者が研究者を志すきっかけとなったのは、学生時代に大学の図書館で手に取った鈴木忠一＝三ケ月章監修『新・実務民事訴訟講座 (7)』に封入された栞を読んだことであった。そこでは、木川統一郎博士が、「国際民事訴訟法学の確立を」と題して、国際民事訴訟法という分野が日本で十分な研究がなされていないことを説いておられた。その文章を読んだ当時に、わたくしはこの分野がどのような内容なのかまったく分からなかったが、それでも勉強してみたいと思った。当時は、国際民事訴訟法は国際私法の一分野として扱われ、国際私法の教科書で最後に触れられているのが通常であった。そこで、私は学部生時代のゼミの指導教授であった納谷廣美・明治大学名誉教授にご相談し、修士課程では国際私法を専攻することについてアドバイスをいただいた（たまたま修士課程に進学した早稲田大学大学院で、木川先生が非常勤講師として教鞭をとっておられたのは驚きであった）。土井輝生・早稲田大学名誉教授は、国際私法を専攻する大学院修士課程で指導教授になっていただき、また、故・石川明・慶應義塾大学名誉教授は民事訴訟法を専攻する大学院博士課程で指導教授になっていただいた。土井先生はコモン・ローに、そして石川先生はドイツ法に造詣が深く、また、ともに外国の研究者との交流が緊密であったことから、外国人研究者によるスタッフセミナーを年に何度も開催しておられた。これらのセミ

ナーでは参加者が高度な内容を外国語で議論する様子に圧倒され、とくに修士課程のときに初めて参加したセミナーでは大きなショックを受けた。また、博士課程在籍当時、石川先生はドイツ留学を強く勧めて下さり、わたくしは石川先生と木川先生にご相談してレーゲンスブルク大学に留学する機会を得ることができた。この留学を起点としたドイツの研究者との人的交流は、現在、私にとって大きな財産となっている。レーゲンスブルク大学ペーター・ゴットヴァルト名誉教授（Professor em. Dr. Peter Gottwald）は二度の留学時の指導教授として、また文字通り隣の研究室である同大学ヘルベルト・ロート名誉教授（Professor em. Dr. Herbert Roth）にもお世話になった。両教授は、ドイツの著名な民事訴訟法の注釈書であるミュンヒュナー・コンメンタールとシュタイン・ヨナスのコンメンタールにおいて、外国判決承認に関する規定（民事訴訟法 328 条）の注釈を執筆しておられる。本書を編むにあたり両教授の立場を改めて確認すると、基本的なスタンスにおいて相違する点が少なからずあり、興味深いものがある。昨年、ベルリン・フンボルト大学で民事訴訟法を担当しておられる教授と話をした際に、わたくしがレーゲンスブルク大学で民事訴訟法研究室に留学をしたことを知ると、"Gute Adresse !" と仰っていたことが強く印象に残っている。学部、大学院、そして留学先でお世話になったこれらの先生方には、大変感謝している。

　また、これまで参加することが許されたいくつかの研究会、とくに慶應義塾大学民事訴訟法研究会の先生方には、大学院生時代から現在も研究者としての厳しさを教えていただいている。この研究会では多くの先生方にご指導いただいているが、なかでも、大学院生時代からご指導いただいた故・石川明先生、坂原正夫・慶應義塾大学名誉教授、三上威彦・慶應義塾大学教授、三木浩一・慶應義塾大学教授には、改めて感謝の念を強くしている。

　ドイツ学術交流会（Deutscher Akademischer Austauschdienst: DAAD）、そしてアレキサンダー・フォン・フンボルト財団（Alexander von Humboldt-Stiftung）は、私の二度のレーゲンスブルク大学留学に際して財政的に援助いただいた。また、明治大学および慶應義塾大学は、当時の私の学生としての環境のみならず、研究者として活動する環境を整えていただいた。本書を構成する各論文は、書き下ろし部分を除き両大学に関係する紀要や論文集に寄稿したものである。その

はしがき　iii

意味においても、両大学の学恩に感謝したい。

　慶應義塾大学出版会の岡田智武氏には、本書の刊行に際して本当にお世話になった。わたくしは、もともとは論文集を刊行することは考えていなかった。本書の収録論文の初出刊行年に 20 年の時間差があることがそのことを示している。恩師石川先生は、私が約 20 年前に明治大学に着任した当初から早く論文集を出すようにと何度も話をされたが、私自身は気乗りがしなかった。自分にはその価値を見いだすことができなかったからである。しかし、紀要の編集委員をしていた際の、岡田氏との何気ない会話をきっかけに本書の企画が進むこととなった。本書の企画から刊行までは短い期間であったが、岡田氏は本書の構成、校正、索引など本当に細かいところまで行き届いたアドバイスをしていただいた。また自分の論文を読み返す作業は過去の自分と向き合わざるを得ない、ややつらいものであったが、岡田氏は独特の雰囲気で励ましていただいた。

　本書の刊行は、末延財団による刊行助成のおかげである。出版情勢が厳しいなか、本助成がなければ本書を刊行する機会はなかった。感謝の意を表したい。

三田の研究室にて

2018 年 2 月

芳 賀 雅 顯

Vorwort

Dieses Buch versammelt Abhandlungen zum Thema „Anerkennung ausländischer Urteile in Japan", die ich zwischen 1997 und 2017 hauptsächlich in den Law Reviews der Meiji Universtät und der Keio Universität veröffentlicht habe. Erörtert werden die Anerkennungsvoraussetzungen und die Wirkungen ausländischer Urteile in Japan, dies aber nicht unter dem Gesichtspunkt „Anerkennung als Angleichungsmethode zwischen Urteils- und Anerkennungsstaat", sondern verstanden als Mechanismus zur Verwirklichung privater Rechte durch das ausländische Gericht. Dieser Ansatz erklärt, warum staatliche Interesse bei der Anerkennung unter bestimmten Umständen zurücktreten können.

Bei den Diskussionen habe ich den Streitstand in Japan mit der deutschen Literatur und Rechtsprechung verglichen. Grund dafür ist nicht nur, dass das deutsche Recht gewissermaßen das Mutterrecht Japans ist, sondern auch, dass Deutschland als Industriestaat z.B. engen Kontakt mit den USA pflegt und die privatrechtliche Konfliktlösung zwischen beiden Staaten auch für Japan sehr lehrreich erscheint. Leider konnte ich Literatur und Rechtsprechungen, die nach der Veröffentlichung der einzelnen Abhandlungen erschienen ist, nicht mehr berücksichtigen; in dieser Hinsicht bleibt das Buch unvollkommen.

Viele haben mir bis heute geholfen: Mein Dank gilt insbesondere Herrn Professor em. Dr. Hiromi Naya von der Meiji Universität, Herrn Professor em. Teruo Doi von der Waseda Universität, Herrn Professor em. Dr. Akira Ishikawa von der Keio Universität und Herrn Professor em. Dr. Toichiro Kigawa von der Chuo Universität. Herr Professor Dr. Ishikawa hat mir viele Chancen eröffnet: nicht nur, in Deutschland zu studieren, sondern auch, als Koautor zu deutschen Festschriften beizutragen; er hat mir Rat und Mut gegeben. Deutsche Wissenschaftler, die ich während meines Aufenthalts in

Deutschland kennengelernt habe, haben meine Forschung stark angeregt. Herr Professor em. Dr. Peter Gottwald hat an der Universität Regensburg mein Promotionsprojekt (1995/96) und meine Forschungsfreistellung (2003/05) betreut und mich wissenschaftlich sehr beeinflusst. Herr Professor em. Dr. Herbert Roth von der Universität Regensburg hat mir vielfach geholfen. Der Deutsche Akademische Austauschdienst (DAAD) und die Alexander von Humboldt-Stiftung haben mich während meiner beiden Aufenthalte in Regensburg finanziell unterstützt. Ohne die Hilfe und Unterstützung der genannten Professoren und Stiftungen könnte ich dieses Thema nicht fortlaufend erforschen.

Februar 2018   *Masaaki Haga*

Professor an der Keio Universität, Tokyo

目　次

はしがき　i

Vorwort　v

第 I 部　総　論　　　　　　　　　　　　　　　　　　　　　　　　　1

第 1 章　序論 ……………………………………………………… 3

Ⅰ　外国判決と国際的な法的安定性　3

Ⅱ　本書における検討の基本的視点
　　──主権の調整から私権の実現にむけた制度へ　4

Ⅲ　検討に際しての比較法上の対象　5

Ⅳ　本書の検討対象　6

第 2 章　わが国における外国判決承認制度の歴史的概観 ………… 11

Ⅰ　はじめに　11

Ⅱ　テヒョー草案　12

Ⅲ　明治 23 年民事訴訟法　14

Ⅳ　法典調査会第 2 部による民事訴訟法案　16

Ⅴ　大正 15 年改正　18

Ⅵ　その後の展開　22

　　1　民事執行法の制定　22

　　2　平成 8 年民事訴訟法改正　23

Ⅶ　本章のまとめ　24

vii

第II部　要件論

第1章　間接的一般管轄 …………………………………………………… 29

第1節　外国判決承認要件としての国際裁判管轄 …………………… 29
――間接管轄の基本姿勢と鏡像理論をめぐって

Ⅰ　問題の所在　29

Ⅱ　比較法　31

1　アメリカ合衆国　31

2　カナダ・ケベック　40

3　ドイツ　44

Ⅲ　わが国における理論状況　52

1　学説　52

2　判例　57

Ⅳ　検討　65

1　間接管轄の基準――判決国法か承認国法か　65

2　ドイツ型鏡像理論の妥当性　65

3　間接管轄の判断基準と直接管轄カタログ　70

4　最判平成10年4月28日の位置づけ　70

Ⅴ　結び　71

第2節　米国判決の承認と国際裁判管轄 ………………………………… 75
――いわゆる不統一法国の間接管轄

Ⅰ　問題の所在　75

Ⅱ　ドイツにおける議論　77

1　1999年判決以前の議論　77

2　1999年連邦通常裁判所判決　88

3　判決に対する反応　91

Ⅲ　日本法への示唆　93

1　わが国の学説の状況　93

2　裁判例　97

3　検討　106

Ⅳ　結び　109

第2章　送達 ·· 111

第1節　外国判決承認要件としての送達 ······································ 111

Ⅰ　問題の所在　111

Ⅱ　ドイツ法の概観　113

1　適用範囲　114

2　応訴概念　115

3　要件の審理　116

4　送達の適式性　119

5　送達の適時性　122

6　送達の瑕疵の治癒　124

7　適式性と適時性の関係　128

8　被告の上訴提起義務　129

Ⅲ　日本法の状況　131

1　総論　131

2　各論　132

Ⅳ　検討　136

1　要件の審理　137

2　応訴の範囲　139

3　適式性と適時性　140

4　公示送達の扱い　144

5　訴状の直接郵送の問題　145

6　承認国法による瑕疵の治癒　147

7　被告の上訴提起義務の有無　149

Ⅴ　むすびにかえて　150

第2節　渉外訴訟における付郵便送達の適法性 ······················· 153
──国際送達と手続保障：第1節の補足を兼ねて

Ⅰ　問題の所在　153

Ⅱ　ドイツにおける国際付郵便送達をめぐる議論　155

1　ドイツ連邦通常裁判所 1998 年判決　155

2　学説の動向　157

Ⅲ　わが国における議論　166

目　次　ix

　　　　1　序　166

　　　　2　適法説　167

　　　　3　不適法説　169

　　Ⅳ　検討　170

　　　　1　国際的付郵便送達の適法性　170

　　　　2　付郵便送達をなしうる時期　173

　　　　3　教示義務および判決承認　174

　　Ⅴ　結語　176

第3章　公序 ……………………………………………………………… 179

第1節　外国判決の承認と公序 ………………………………………… 179
　　　　──名誉毀損に関する英国判決のアメリカ合衆国における
　　　　　　承認をもとに

　　Ⅰ　問題の所在　179

　　Ⅱ　アメリカ合衆国における議論　180

　　　　1　はじめに　180

　　　　2　外国名誉毀損法の適用に際して公序が問題となった判例　184

　　　　3　外国名誉毀損判決の承認に際して公序が問題となった判例　188

　　　　4　判例に対する反応　194

　　　　5　英国名誉毀損判決を不承認とした判決の影響　198

　　　　6　小括　199

　　Ⅲ　わが国における承認要件としての公序　200

　　　　1　承認要件としての公序　201

　　　　2　公序違反が問題となる場合　202

　　　　3　公序と内国牽連性　206

　　Ⅳ　結び　212

第2節　懲罰的損害賠償を命ずる外国判決の承認 ……………… 217

　　Ⅰ　問題の所在　217

　　Ⅱ　懲罰的損害賠償をめぐる国内法上の議論　219

　　　　1　不法行為法上の議論　219

2　その他の法分野での議論　228

Ⅲ　外国判決承認制度との関係　228

　　1　学説　228

　　2　判例　233

Ⅳ　検討　237

　　1　懲罰的損害賠償制度と日本の損害賠償制度　237

　　2　反公序性の判断　238

第3節　国際民事訴訟における判決の抵触と公序　241
──ドイツにおける議論を中心に

Ⅰ　問題の所在　241

Ⅱ　ドイツにおける議論　243

　　1　ドイツ民事訴訟法 328 条　243

　　2　ヨーロッパ民事訴訟法　253

　　3　その他の条約　258

　　4　小括　261

Ⅲ　日本における議論　262

　　1　判例　262

　　2　学説　263

Ⅳ　検討　264

第4章　外国判決承認要件としての相互保証　269
──その現代的意義

Ⅰ　はじめに　269

Ⅱ　若干の比較法的考察　271

　　1　序論　271

　　2　ドイツ　271

　　3　オーストリア　284

　　4　その他の国における状況　288

　　5　比較法的概観のまとめ　291

Ⅲ　日本における議論　295

1　判例　295

　　　2　学説　336

　Ⅳ　まとめと検討　342

　　　1　日本法の特徴　342

　　　2　相互保証の私益的構成　344

　　　3　相互保証をめぐるその他の諸問題　349

　　　4　結語　356

第Ⅲ部　効果論　357

第1章　外国判決の効力　359
──総論的考察

　Ⅰ　問題の所在　359

　Ⅱ　ドイツ法系における外国判決の効力論　362

　　A　ドイツにおける議論　362

　　　1　固有法　362

　　　2　二国間条約　371

　　　3　多国間条約（規則）　374

　　B　オーストリアにおける議論　378

　　　1　学説　378

　　　2　判例　382

　　C　スイスにおける議論　382

　　　1　学説　382

　　　2　連邦司法省の見解　383

　　　3　連邦裁判所の見解　383

　Ⅲ　日本における外国判決の効力論　384

　　　1　学説　384

　　　2　判例　387

　Ⅳ　検討　390

　　　1　諸説の検討　390

　　　2　承認国法による判決効制限の可否　394

3　承認国法による判決効拡張の可否　396

　　　4　関連問題　397

第2章　訴え却下判決の国際的効力 ……………………………………… 399
　　——国際裁判管轄を否定した外国判決の効力をめぐって

　Ⅰ　はじめに　399

　　　1　国際取引における法適用関係の不安定性　399

　　　2　EU における試みと本章の検討課題　400

　Ⅱ　2012 年ヨーロッパ裁判所判決　401

　　　1　事案　401

　　　2　ヨーロッパ裁判所の判断　403

　Ⅲ　ドイツにおける議論状況　405

　　　1　承認対象　405

　　　2　外国で下された訴え却下判決の国内的効力　407

　　　3　ヨーロッパ裁判所 2012 年判決に対する反応　410

　Ⅳ　検討　414

　　　1　ヨーロッパで活動する日本企業（日本人）への影響　414

　　　2　日本法の解釈　415

　Ⅴ　まとめと展望　421

第2章補論　訴え却下判決の既判力をめぐる国内訴訟法の議論との関係 …… 425

第3章　執行判決訴訟の法的性質について ……………………………… 429

　Ⅰ　はじめに　429

　Ⅱ　日本における議論　430

　　　1　学説　430

　　　2　判例　435

　Ⅲ　ドイツにおける議論　436

　　　1　学説　437

　　　2　判例　442

IV 検討 444
  1 属地的性質の妥当性 444
  2 確認訴訟説における判決国法と執行国法の関係 446
  3 外国判決が判決国で効力を失った場合の扱い 446
  4 給付訴訟説について 448
V 結語 448

第IV部　法律要件的効力 451

外国での訴え提起と消滅時効の中断 453

I 問題の所在 453
II 若干の比較法的概観 454
  1 時効の性質決定——その比較法的対立の素描 454
  2 中断の要件——ドイツにおける議論 465
III 日本法の解釈 475
  1 時効の性質決定 475
  2 中断の要件 478
IV まとめ 488

第V部　まとめ 491

初出一覧 505
事項索引 507
条文索引 512
判例索引 515

外国判決の承認

第Ⅰ部　総　論

第1章

序論

I　外国判決と国際的な法的安定性

　本書は、外国判決の承認に関する民事訴訟法 118 条の制度を、判決国と承認国との「主権的利益の調整」としてではなく、私人間の渉外民事紛争解決における「私権の実現」プロセスに解釈の重心を置き、おもにドイツ法での解決方法と比較して検討することを目的とする。

　今日、私たちが普段過ごす市民生活において、意識するとしないとを問わず外国との関わりは不可避なものとなっている。海外旅行契約、食糧品や工業製品の輸出入はもちろんではあるが、大気や海洋といった本来、直接的には市民生活の取引対象とはならない分野についても、——国際的な環境汚染問題が深刻化するに伴い——、外国との関わりを意識する生活を送る時代となった。このように市民生活が急速に国際化していく事態に伴い、私法上の法的紛争も国際化が著しくなった。わが国の裁判所がこのような渉外民事事件を扱う局面として、日本でこのような事件を審理する場合（判決国）と[1]、外国で下された判決が日本において承認が求められる場合（承認国）がある。本書が対象とするのは、後者の、外国判決の承認に関する問題である。

---

[1]　渉外民事事件に際して、日本が判決国となる場合について大きな問題となるのが、はたして当該事件について日本が国際裁判管轄（直接的一般管轄、審理管轄ともいう）を有するか否かである。この点については、かねてから議論の蓄積が一定程度あり、平成 23 年民事訴訟法等改正によって立法的に一応の整理がなされた。佐藤達文＝小林康彦『一問一答・平成 23 年民事訴訟法等改正』（商事法務、2012 年）を参照。

国際法上、一国は当然に外国判決を承認する義務を負っているわけではない[2]。それでも、仕組みに相違はあるものの[3]、各国は、一定の要件の下において外国で下された判決を承認する制度を備えている。その理由は、この制度によって、判決の国際的調和、ひいては市民生活の早期安定の確保を図ることができるからであると説かれる。換言すると、判決の効力は判決国にしか及ばない原則の下では、渉外的民事紛争が生じた場合、法的安定性を確保するため複数の国で訴訟を起こさなければならないことになるが、各国法（抵触規範、準拠実体法、さらには訴訟制度）が相違することから、国際的な跛行的法律関係が発生するおそれがある。また、再度の訴訟提起は両当事者にとっても負担は少なくない。そこで、各国は外国判決の承認に関する制度をおき、渉外的市民生活の安定を図ろうとしている。日本では、現在、民事訴訟法 118 条が外国判決承認の要件を定めている。現行民事訴訟法 118 条の規定は、明治 23 年民事訴訟法に淵源を有するものであるが、この間、基本的には大きな変更を受けずに現在に至っている[4]。そこで、この条文が、外国判決の承認に関する多くの論点についてどのように対処してきたのか、そしてそのような対処について、要件そして効果の面から検討を試みようとしたのが本書の目的である。

Ⅱ　本書における検討の基本的視点——主権の調整から私権の実現にむけた制度へ

わが国における外国判決承認制度は、後述するように、当初は民事訴訟法典中の民事執行に関する規定に、その後、判決手続に関する規定に置かれたが、

---

2)　*Geimer*, Internationales Zivilprozessrecht, 7. Aufl. 2015, Rdnr. 2757. 高桑昭「外国判決の承認及び執行」鈴木忠一＝三ケ月章監修『新・実務民事訴訟講座(7)』126 頁（日本評論社、1982 年）も参照。

3)　ドイツや日本のように所定の要件を充足していれば、法律上当然に内国で外国判決の効力が認められる法律上の自動承認制度を有する国や、外国判決は登録されて初めて内国で効力を有するという制度を有する国などがあると説かれる。参照、矢ケ崎武勝「外国判決の承認並にその条件に関する一考察(1)」国際法外交雑誌 60 巻 1 号 42 頁（1961 年）。

4)　もっとも、後述のように大正 15 年改正では、それまでの外国判決執行要件としてではなく、外国判決承認要件として規定が設けられ、また 1996 年改正においては、若干の改正がなされた。第 1 に、間接管轄に関する 1 号の文言を積極的要件の形に変更し、第 2 に、送達要件が適用される人的範囲を敗訴した日本人に限定していた文言を敗訴当事者一般に変更し、第 3 に、公序について手続的公序も含まれることを明らかにした。参照、法務省民事局参事官室編『一問一答・新民事訴訟法』（商事法務、1996 年）。

条文の文言自体は大きな変更を受けずに現在に至っている。この制度を規定する際に範とされたのは、ドイツ法である。わが国の民事訴訟法制定の当時、外国判決承認制度は、他の国々と同様にドイツでは司法共助の一環として位置づけられていた。外国判決承認制度が司法共助として位置づけられる場合には、この制度は承認国における国家的な利益の観点から主権の調整原理として理解され、また解釈にも反映されてきたといえる（その最たるものが、相互保証の要件である。この要件は、承認が求められた具体的な外国判決とは無関係に審査される点で、他の承認要件とは性質が異なるものである）。しかし、今日、わが国の学説では外国判決承認制度は、司法共助的な観点からの説明はなされていない。

　このように、一方で、わが国の外国判決承認に関する規定は、民事訴訟法制定当初から大きな変更が加えられることなく経過したが、他方で、基本理念はかつて採られていた司法共助型理解から、現在ではその放棄へと変遷をたどっている。そこで、司法共助型理解を放棄したことで、外国判決承認制度はどのような基本理念で解釈運用されるべきであるかが問われる。外国判決承認制度は、他国の裁判所が下した判決を自国で承認することで、渉外民事紛争の解決について法的安定性をもたらそうとするものである。そこでは、究極的には国内事件と同様に私人間の民事紛争の解決が求められ、その紛争解決プロセスに外国裁判所が介在していることになる。

　このことを前提に、筆者は以下のような問題意識に基づいて、検討を進めていきたい。すなわち、司法共助型理解の時代における判決国と承認国との主権調整の役割としての外国判決承認規定が現在でも原形をとどめているが、現在では司法共助に基づく外国判決承認制度がわが国において支持されていないこと、外国判決承認規定が民事紛争解決の制度として位置づけられていることから、外国判決承認制度を主権調整の制度を中心として据えるよりも、私権実現の制度であることを基本理念として明確に意識して検討すべきではないかと考えている。

III　検討に際しての比較法上の対象

　本書では、おもにドイツ法を比較法的対象として検討している。その理由は、

ドイツ法が日本の民事訴訟法にとって母法だからであるということだけではない。ドイツは、日本と同様に、とくに工業製品の輸出などの経済的関係性から、アメリカ合衆国との法的紛争を多く抱え、それに対応してきた。その意味では、コモン・ローと大陸法の相違から生ずる法的摩擦（ときには、国際司法摩擦という表現が用いられる場合がある[5]）に他の国がいかに対処してきたのか、日本法の解釈にとって比較し検討するうえで参考になる点が多い。また、ドイツはEUの一員として、地理的に近接する地域における渉外民事紛争を規律する、いわゆるヨーロッパ民事訴訟法（一連のブリュッセル規則など）の規律を受けている[6]。日本の研究者の立場からは、ブリュッセル規則などでの規律とその規律を受けない各国固有法の規律構造を比較し検討することは[7]、有益であると考えられる。そこで、本書では、それぞれの問題について検討するに際しては、適宜、歴史的な観点も踏まえてドイツでの個別問題点への対応を参考に、日本法のアプローチを検討していきたい。

IV　本書の検討対象

以下、本書が扱う個別的なテーマについて述べる。

第Ⅰ部第2章は、わが国の外国判決承認に関する規定の沿革を確認する。

---

5)　たとえば、シュテュルナー（春日偉知郎訳）『国際司法摩擦』（商事法務、1992 年）を参照。

6)　たとえば、ゴットヴァルト（二羽和彦編訳）『ドイツ・ヨーロッパ民事訴訟法の現在』71 頁（中央大学出版部、2015 年）を参照。

7)　ブリュッセル規則（条約）の解釈をめぐる判決が国内法の解釈にまで大きな影響を及ぼしている場合がある。その最たる例が、訴訟物をめぐる議論である。ブリュッセル条約では国際訴訟競合につき、前訴を優先させるルールを採用していた（このルールそのものは、現在、2012 年のブリュッセル（Ⅰa）規則 29 条 1 項でも維持されている）。そこで、前訴と後訴の同一性を判断する基準をいかに設定するのか議論がなされていた。当時の学説では、予見可能性を理由に前訴法廷地国法や後訴の法廷地国法など特定国の訴訟法を適用する見解が比較的有力であった。しかし、ヨーロッパ裁判所は 1987 年に判決を下し（EuGH Urt. v. 8. 12.1987, NJW 1989, 665）、条約独自に概念を設定することとした（核心理論と呼ばれる）。判決が下された当時、ドイツではこの見解に対して批判的立場が有力であったが、この見解に賛同する立場も登場しつつある。芳賀雅顯「国際訴訟競合における"事件の同一性"を判断する法」オスカー・ハルトヴィーク先生追悼『ボーダーレス社会と法』69 頁注（9）（信山社、2009 年）、vgl. *Jauernig/Hess*, Zivilprozessrecht, 30. Aufl. 2011, § 37 Rdnr. 8 Fn. 5.

6　第Ⅰ部　総　論

第 II 部は、外国判決の要件をめぐる問題を扱っている。

　第 1 章は、外国判決承認要件としての外国裁判所の管轄をめぐる問題である。第 1 章第 1 節では、外国判決承認要件としての外国裁判所の国際裁判管轄（間接管轄）の判断について、日本が渉外民事事件を審理する際の判断基準（直接管轄）を厳密に用いるのか、あるいは緩やかな基準として捉えるべきか（いわゆる鏡像理論を維持するとしてもそれに例外を認めるべきか否か）を検討している。第 1 章第 2 節は、第 1 節の続編となる。たとえば、アメリカ合衆国など 1 つの国で複数の法域が認められる国（場所的不統一法国）においては司法権について連邦と州の二層構造が採られ、また州は 50 の法域に分かれることから、間接管轄を有するか否かを判断するに際して、当該判決国全体を判断の対象とすべきか、それとも州単位で検討すべきかが問題となる。たとえば、ニュー・ヨーク州で下された判決の承認が日本で求められた場合に、日本の裁判所が、ニュー・ヨーク州ではなくマサチューセッツ州に国際裁判管轄があると判断した場合、国を間接管轄の単位とした場合には承認されるが、州を単位とした場合には承認されないこととなる。その点をどのように考えるべきかを検討した。

　第 2 章は、送達要件をめぐる問題を扱う。第 2 章第 1 節は、外国判決承認要件としての送達をめぐる問題について検討する。この要件は、外国訴訟で敗訴した被告が法廷地である外国において訴訟手続が開始したことを了知していたことを求めるものである。換言すると、手続開始時における被告の手続保障を確保させる趣旨である。この要件との関係でとくに問題となるのは、コモン・ロー諸国での訴訟で、訴状が訳文の添付なしに被告に送られてきた場合に送達要件を充足していると考えられるのか否かである。そして、この問題を検討するに際して、送達に関する条約との関係で送達要件の基本的視座をどのように解するのかが問題となる。第 2 章第 2 節は、第 2 章第 1 節を補足する問題を扱う。すなわち、民事訴訟法 118 条 2 号は、公示送達そしてそれに類する送達によって開始した外国判決は承認しないとすることを宣明していることの妥当性について、第 2 章第 1 節で言及したことを補足する内容となっている。そこでは、日本が判決国である場合に国際的な付郵便送達を認める可能性はないのかを検討し、もしその可能性が認められるとしたならば、日本が承認国となった場合にも付郵便送達またはそれに類する手続による外国判決を承認する

第 1 章　序論　7

ことも検討に値すると考えた。

　第 3 章は、公序をめぐる問題を扱う。第 3 章第 1 節は、国内憲法に反する外国法に基づく判決を承認することができるか否かを、名誉毀損による損害賠償を命じた英国判決を承認することが公序に反するとしたアメリカ合衆国の判決を紹介して検討する。名誉毀損訴訟の証明に関する扱いは英国とアメリカ合衆国とでは異なっており、そのことが判決承認の局面で問題となった事件を扱う。第 3 章第 2 節は、懲罰的損害賠償を命ずるコモン・ロー諸国の判決を日本で承認することの可否を検討する。周知のように、わが国では填補賠償の制度が採られているが、そのことが懲罰的損害賠償を命ずる判決を日本での承認を否定する根拠となるのかを検討する。第 3 章第 3 節は、外国判決と内国判決が矛盾する場合、公序違反を理由に内国判決を優先させるとの見解を批判的に検討する。

　第 4 章は、相互保証をめぐる問題を扱う。相互保証は、従来、国家的利益を反映させた要件として位置づけられてきた。相互保証の有無については、オーストリアのように政府が一律に決める方式とドイツのように個別事件で裁判所が判断する方式の 2 つのタイプがある。わが国は、ドイツの方式を採用している。このタイプのメリットは、裁判所が個別事案で法的問題として判断するため柔軟な解釈をする素地がある（オーストリア方式では、そのようなことは予定していない）ため、解釈によって相互保証が認められる場合を広げることが考えられる。相互保証については、古くから、承認国の判決を判決国において認めさせるための報復手段として位置づけられていたが、今日では立法論的に批判が強い。また、国際的にみても、相互保証を廃止する立法が近時の傾向といえる。このような背景から、相互保証の要件をどのように扱うべきか検討する。

　第 III 部は、外国判決の効果をめぐる問題を扱う。

　第 1 章は、外国判決の効力のうち既判力の及ぶ範囲は判決国法によって定まるのか（効力拡張説）、承認国法によるのか（効力付与説）、あるいはそれ以外の考えによるのかという問題を扱うものであり、外国判決の効力の基本的視点を検討する。第 2 章は、第 1 章に関係する問題を扱う。第 1 章につき、効力拡張説による場合には、判決効の範囲は承認国法である日本法によって画されるのではなく判決国法による。したがって、日本法よりも判決効が広い外国判決も基

8　第 I 部　総　論

本的には日本でそのまま承認されることになる。そのことを、外国判決の理由中の判断について生ずる拘束力をめぐるドイツでの議論を基に検討する。第3章は、外国判決の執行力の及ぶ範囲について、国際的に有力である効力付与説を批判的に検討するものである。

第Ⅳ部は、法律要件的効力をめぐる問題を扱う。

債権の時効中断効が生ずる場面の1つとして、訴訟の提起がある。そこで、外国で訴えが提起された場合に、いかなる要件の下で当該債権の時効が中断されたと解すべきか問題となる。具体的には、外国でなされた時効中断行為としての訴え提起について、外国判決承認要件の充足を求めるべきか否かを検討する。

第Ⅴ部は、本書の結論を簡単に提示する。

なお、本書では、場所的不統一法国である英国については基本的に英国と表記するが、適宜、イングランド（法）やスコットランド（法）といった表現を用いている（第Ⅱ部第3章、第Ⅳ部など）。また、判決文を直接引用している箇所において、漢数字を算用数字に置き換えている。さらに、執筆当時の法が改正された箇所は、現行法と併記している。

第1章　序論　9

第 2 章

わが国における外国判決承認制度の歴史的概観

I　はじめに

　わが国における外国判決の承認・執行に関する規定は、その淵源をドイツ民事訴訟法に求めることができる[1]。もっとも、ドイツ民事訴訟法における外国判決の承認・執行に関する規定の歴史的発展については[2]、わが国においてもすでに少なからず紹介がなされている[3]。そこで、以下では、どのような過程を経て外国判決の承認に関する規定が現在のような形になったのかを、テヒョー草案から条文の足跡を簡単に確認することとしたい。なお、本章では、引用に際して旧漢字は新字体に改めている。

---

1)　ドイツ民事訴訟法そしてオーストリア民事訴訟法の歴史的系譜については、齋藤秀夫「民事裁判の歴史」民事訴訟学会編『民事訴訟法講座(1)』35 頁（有斐閣、1954 年）、鈴木正裕『近代民事訴訟法史・ドイツ』（信山社、2011 年）、鈴木正裕『近代民事訴訟法史・オーストリア』（信山社、2016 年）が詳しい。また、エンゲルマン（小野木常＝中野貞一郎編訳）『民事訴訟法概史』（信山社、2007 年）も参照。

2)　ドイツにおける外国判決の承認執行制度に関する歴史的展開については、*Mariny*, in: Handbuch des Internationalen Zivilverfahrensrechts, Bd. III/1, 1984, Kap. 1 Rdnr. 18 ff. を参照。また、オーストリアについては、*Hoyer*, Bemerkungen zur Geschichte der Vollstreckung ausländischer Entscheidungen in Österreich im 19. Jahrhundert, ZfRV Bd. 5 (1964), S. 94 ff.

3)　越山和広「国際民事訴訟法における既判力の客観的範囲」法学研究 68 巻 7 号 45 頁（1995 年）、中西康「外国判決の承認執行における révision au fond の禁止について(2)」法学論叢 135 巻 4 号 2 頁（1994 年）、矢ケ崎武勝「外国判決の執行に関するドイツ法体系の原則成立過程についての若干の考察」国際法外交雑誌 61 巻 3 号 22 頁（1962 年）を参照。

11

II テヒョー草案

テヒョー草案は、明治19年（1886年）6月に山田顕義司法大臣に対して提出された[4]。同草案では、第8編強制執行中の第1章通則、第1節執行手続に、外国判決の執行に関する規定（595条）が置かれた。この草案の日本語訳には正確さの点で問題があるとの指摘があるが[5]、595条の訳も同様に問題がある。まず日本語訳を、そしてドイツ語版を掲げる。

【テヒョー草案（日本語訳）】
第595条[6]

外国裁判所ノ判決ハ本邦裁判所ノ判決ヲ以テ其執行ヲ許可シタル時ニ非サレハ之ヲ執行スルコトヲ得ス

執行ノ許可ヲ求ムルノ訴訟ハ被告ノ管轄治安裁判所若クハ始審裁判所之ヲ管轄ス若シ其裁判所アラアル時ハ第二十条ニ掲ケタル裁判所ヲ以テ其管轄ナリトス

執行許可ノ判決ハ外国裁判所ノ判決ノ当否ヲ調査スルコトナク之ヲ為スモノトス但左ノ場合ニ於テハ其訴訟ヲ却下ス可シ
一　判決確定ノ証書ナキ時
二　本邦法律ニ於テ禁シタル行為ヲ為スニ非サレハ執行シ難キ時
三　本邦ト外国トノ間ニ於テ本邦ノ事項ニ付キ条約アラサル時
　本条ノ執行ニ付テハ此法律ノ規定ニ従フ

【テヒョー草案（ドイツ語版）】
Art. 595[7]

Aus dem Urtheile eines ausländischen Gerichts findet die Zwangsvollstreckung statt, wenn ihre Zulässigkeit von einem Japanischen Gerichte durch ein Vollstreckungsurtheil ausgesprochen ist.

Für die Klage auf Erlassung des Vollstreckungsurtheils ist dasjenige Friedensgericht oder Landgericht zuständig, bei welchem der Schuldner seinen durch den Wohnsitz begründeten Gerichtsstand hat, und in Ermangelung seines solchen jedes Gericht, bei welchem nach den

---

4)　テヒョー草案については、鈴木正裕『近代民事訴訟法史・日本』93頁以下（有斐閣、2004年）を参照。
5)　松本博之＝徳田和幸編著『日本立法資料全集(19)民事訴訟法〔明治編〕(1)テヒョー草案I』10頁（信山社、2008年）。
6)　松本博之＝徳田和幸編著『日本立法資料全集(19)民事訴訟法〔明治編〕(3)テヒョー草案III』147頁（信山社、2008年）。
7)　松本＝徳田・前掲注6）298頁。

12　第I部　総論

Bestimmungen des Art. 20 gegen den Schuldner Klage erhoben werden kann.

Eine Prüfung der Richtigkeit der in dem ausländischen Urtheile enthaltenen Entscheidung ist ausgeschlossen.

Die Klage auf Erlassung des Vollstreckungsurtheils ist zurückzuweisen:

1.) wenn nicht die Rechtskraft des ausländischen Urtheils von dem ausländischen Gericht bescheinigt ist;

2.) wenn durch die Vollstreckung eine Handlung erzwungen werden soll, welche nach dem Japanischen Rechte verboten ist;

3.) wenn nicht durch Staatsverträge die Gegenseitgkeit verbürgt ist.

Die Vollstreckung regelt sich nach den Vorschriften dieses Gesetzes.

　テヒョー草案（日本語訳）では、1項が、外国判決を執行するには執行判決を得ることを、2項が、執行判決訴訟の管轄裁判所を定めている。3項は本文と但書きという構造を採り、本文は実質的再審査禁止の原則を定め、但書きは、執行を認めるための要件を消極的要件の形で定めている。4項は、外国判決の執行には民事訴訟法の規定によることが定められている。

　テヒョー草案の日本語訳とドイツ語版との大きな相違は、2点見出すことができる。第1に、日本語訳では全4項の構成となっているのに対して、ドイツ語版では全5項の構成となっている。ドイツ語版での3項（実質的再審査の禁止）と第4項（執行不許可の要件）は、日本語訳では3項の本文と但書きという形で1つにまとめられている。第2は、執行の要件に関する規定の文言である。日本語訳での3項但書き3号では、「本邦ト外国トノ間ニ於テ本邦ノ事項ニ付キ条約アラサル時」となっているが、この訳語は必ずしも適切とはいえない。ドイツ語版4項3号を見ると、「条約による相互保証がなされていないこと」を執行拒絶事由としている。

　もっともテヒョー草案は法律とはならず、1877年ドイツ民事訴訟法（CPO）の翻訳的継受と評される明治23年（1890年）民事訴訟が公布された[8]。

---

8)　松本博之『民事訴訟法の立法史と解釈学』23頁以下、43頁以下（信山社、2015年）。

Ⅲ　明治 23 年民事訴訟法

　明治 23 年（1890 年）民事訴訟法（明治 23 年 4 月 21 日法律第 29 号。明治 24 年 1 月
1 日施行）は、第 6 編強制執行中の第 1 章総則（515 条）に外国判決の執行に関
する規定を置いた[9]。明治 23 年民事訴訟法は現行法と異なり、外国判決を日本
で執行する場合の規定のみを置き、外国判決の承認については定めていなかっ
た。これは 1877 年ドイツ民事訴訟法と同じ構成である。当時のドイツ民事訴
訟法が外国判決の承認に関する一般的規定を置かなかった経緯として、ドイツ
民法施行法（EGBGB）の制定に向けたゲープハルト草案の動向が挙げられる[10]。
すなわち、既判力の承認は実体法の問題であると考えられたため、民事訴訟法
ではなく国際私法に規定が置かれる立場が検討されていた。また、承認の問題
は、多くの場合、外国判決を執行する際に問題となることから執行との関係で
規定して置くことで十分であったとも説かれた[11]。しかし、その後ドイツでは、
民法施行法ではなく民事訴訟法に規定を置くべきであるという結論に至り、
1898 年ドイツ民事訴訟法（条文訳は後掲）において外国判決承認要件に関する
規定が置かれることとなった[12]。

【1877 年ドイツ民事訴訟法（試訳）】[13]
第 661 条
　第 1 項　執行判決は、判決の法律適合性（Gesetzmäßigkeit）を審査することなく
　　　　言い渡さなければならない。
　第 2 項　執行判決は、以下の場合には言い渡されないものとする。
　　　第 1 号　外国裁判所の判決が、当該裁判所に適用される法によると確定して
　　　　　　いないとき、

---

　9)　松本博之＝河野正憲＝徳田和幸編著『日本立法資料全集(43) 民事訴訟法(1)〔明治 36 年草
　　　案〕』85 頁（信山社、1994 年）。
10)　ゲープハルト草案は、第 1 草案、第 2 草案ともに 37 条で外国判決の承認について規定
　　　を置いている。いずれも 1 項は、外国判決の効力は受訴裁判所所属国法により定まる旨を
　　　規定し、2 項では承認要件を定めている。*Hartwieg/Korkisch*, Die geheimen Materialien zur
　　　Kodifikation des deutschen Internationalen Privatrechts 1881-1896, 1973, S. 67（1881 年　第 1 草
　　　案), S. 73（1887 年第 2 草案)。
11)　参照、川上太郎『現代外国法典叢書(21) 独逸国際私法』98 頁（有斐閣、復刊、1955 年）。
12)　越山・前掲注 3) 47 頁以下。
13)　条文は、*Hartwieg/Korkisch*, a.a.O.(Fn. 10), S. 150 Fn. 179 による。

14　第Ⅰ部　総　論

第2号　強制執行を許可するドイツ裁判官の法によると、執行を認めた場合、禁止されている行為が強制されることになるとき、

第3号　強制執行を許可するドイツ裁判官の法によると、外国裁判所が所属する国の裁判所が管轄を有しなかったとき、

第4号　敗訴した債務者がドイツ人であり、かつ、訴訟を開始する呼出状又は命令が当該債務者本人に対して受訴裁判所所属国において、又は司法共助の実施を通じてドイツ帝国内において送達されなかった場合に、この者が応訴しなかったとき、

第5号　相互の保証がなされていないとき。

【明治23年民事訴訟法】

第514条

外国裁判所ノ判決ニ因レル強制執行ハ本邦ノ裁判所ニ於テ執行判決ヲ以テ其適法ナルコトヲ言渡シタルトキニ限リ之ヲ為スコトヲ得

執行判決ヲ求ムル訴ニ付テハ債務者ノ普通裁判籍ヲ有スル地ノ区裁判所又ハ地方裁判所之ヲ管轄シ又普通裁判籍ナキトキハ第十七条ノ規定ニ従ヒテ債務者ニ対スル訴ヲ管轄スル裁判所之ヲ管轄ス

第515条

執行判決ハ裁判ノ当否ヲ調査セスシテ之ヲ為ス可シ

執行判決ヲ求ムル訴ハ左ノ場合ニ於テハ之ヲ却下ス可シ

第一　外国裁判所ノ判決ノ確定ト為リタルコトヲ証明セサルトキ

第二　本邦ノ法律ニ依リ強テ為サシムルコトヲ得サル行為ヲ執行セシム可キトキ

第三　本邦ノ法律ニ従ヘハ外国裁判所カ管轄権ヲ有セサルトキ

第四　敗訴ノ債務者本邦人ニシテ応訴セサリシトキ但訴訟ヲ開始スル呼出又ハ命令ヲ受訴裁判所所属ノ国ニ於テ又ハ法律上ノ共助ニ依リ本邦ニ於テ本人ニ送達セサリシトキニ限ル

第五　国際条約ニ於テ相互ヲ保セサルトキ

514条は、1項において、日本で外国判決の強制執行を行うためには執行判決を要すること、2項において、執行判決訴訟の管轄裁判所を定めている。また、515条では、1項において、実質的再審査の禁止が定められ、2項で執行不許可の事由が認められている。すなわち、判決の確定証明がないとき（1号）、実体的公序に反するとき（2号）、判決国が間接管轄を有しないとき（3号）、送達の要件を充足しないとき（4号）、相互保証を有しないとき（5号）、である。

IV 法典調査会第2部による民事訴訟法案

　明治23年（1890年）民事訴訟法は施行後まもなくして、手続が煩雑で実際の運用において不備が少なくないとのことから[14]、改正が議論されることとなった。明治28年（1895年）12月に民事訴訟法調査委員会が司法省に設置され、横田國臣（司法省民刑局長）、今村信行（大審院判事）、高木豊三（大審院判事）、河村譲三郎（司法省参事官）、富谷鉎太郎（東京控訴院部長判事）、前田孝階（東京控訴院部長判事）、梅謙次郎（法科大学教授）が調査委員に任命され、また、三好退蔵（大審院長）が委員長に命ぜられた。明治29年（1896年）1月には、伊藤悌治（大審院判事）が委員会に加わった[15]。

　しかし、その後、明治32年（1899年）3月に司法省民事訴訟法調査委員会は解散し、法典調査会第2部が民事訴訟法改正の審議を行うこととなった[16]。

　法典調査会第2部起草とされる民事訴訟法案（全997か条）の関係規定を以下に掲げる（成立年月日不明[17]）。この改正草案においては、外国判決に関する規定は、第2編第1審ノ訴訟手続、第1章地方裁判所ノ訴訟手続、第2節判決（280条）、および第8編強制執行、第1章総則（628条、629条）に置かれた。本草案628条は明治23年民事訴訟法514条に対応し、本草案280条と629条は明治23年民事訴訟法515条に対応する（以下に条文を掲げる）[18]。明治23年民事訴訟法では、強制執行編において外国判決の執行に関する規定があるだけであったが、本草案では判決手続中に承認要件を設けている。また、明治23年民事訴訟法では、執行拒絶事由として消極的要件の形で承認要件が定められていたが、本法案では外国判決を承認するための積極的事由として定められている[19]。

【民事訴訟法案（法典調査会第2部起草）】
第280条

14）　松本＝河野＝徳田・前掲注9）3頁。
15）　鈴木・前掲注4）234頁。
16）　鈴木・前掲注4）243頁、松本・前掲注8）55頁、松本＝河野＝徳田・前掲注9）6頁。
17）　松本＝河野＝徳田・前掲注9）16頁の〔資料41〕に関する説明。なお、鈴木・前掲注4）246頁も参照。
18）　松本博之＝河野正憲＝徳田和幸編著『日本立法資料全集⑷民事訴訟法(3)〔明治36年草案〕』41頁、85頁（信山社、1995年）。

16　第I部　総　論

外国裁判所ノ判決ハ左ノ場合ニ限リ効力ヲ有ス
一　外国裁判所ノ判決カ其国ノ法律ニ依リ確定シタルトキ
二　日本ノ法律ニ依レハ外国裁判所カ管轄権ヲ有シタルトキ
三　敗訴ノ被告カ日本人ナル場合ニ於テ応訴シタルトキ又ハ其者カ受訴裁判所
　　所属ノ国内ニ於テ又ハ日本ノ法律上ノ共助ニ依リ訴訟ノ開始ニ必要ナル呼出
　　又ハ命令ノ送達ヲ受ケ欠席シタルトキ
四　外国裁判所ノ判決カ日本ノ法律ニ依レハ許スヘカラサル行為又ハ公ノ秩序
　　若クハ善良ノ風俗ニ反スル事項ヲ是認シタルモノニ非サルトキ
五　国際上相互ノ担保アルトキ

第 628 条

外国裁判所ノ判決ニ因ル強制執行ハ日本ノ裁判所カ執行判決ヲ以テ執行ノ許ス
ヘキモノナルコトヲ宣言シタルトキニ非サレハ之ヲ為スコトヲ得ス

執行判決ヲ求ムル訴ハ債務者ノ普通裁判籍所在地ノ管轄区裁判所又ハ管轄地方
裁判所ノ管轄トス債務者ノ普通裁判籍ナキトキハ第十八条ノ規定ニ従ヒ債務者ニ
対シ訴ヲ提起スルコトヲ得ヘキ裁判所ノ管轄トス

第 629 条

執行判決ハ外国裁判所ノ裁判ノ当否ヲ調査セスシテ之ヲ為スヘシ

外国裁判所ノ判決カ効力ヲ有セサルモノナルトキハ執行判決ヲ求ムル請求ヲ棄
却スヘシ

その後、明治 36 年（1903 年）に、旧法典調査会案と呼ばれる民事訴訟法改正
案（全 1004 か条）が作成されている（法典調査会は、同年 4 月 1 日に廃止されている）。
この旧法典調査会案は、民事訴訟法案（法典調査会第 2 部起草）に手を加えたも
のと考えられている[20]。旧法典調査会案では外国判決の承認要件については、
第 2 編第 1 審ノ訴訟手続、第 1 章地方裁判所ノ訴訟手続、第 2 節判決（第 284
条）に、執行については第 8 編強制執行中の第 1 章総則（637 条、638 条）に規定
が置かれた。この明治 36 年草案は、前述の成立年月日が不明である法典調査

---

19)　現在のドイツでは民事訴訟法 328 条が外国判決の承認要件を定めているが、同条では
承認要件は消極的要件の形で規定され続けている。その点で、本法案がドイツ法から乖離
した点は興味深いものがある。しかし、ドイツの通説・判例は、承認の積極的要件と解し
ており、実際には日本法との扱いに相違はない。*Stein/Jonas/Roth*, ZPO, 23. Aufl. 2015, §328
Rdnr. 31.
20)　鈴木・前掲注 4) 246 頁、松本・前掲注 8) 59 頁。

会による民事訴訟法案と対比すると、条数の変更はあるものの、規定の文言は
かなり類似している。

【旧法典調査会案（明治 36 年）】[21]
第 284 条

　　外国裁判所ノ判決ハ左ノ場合ニ限リ其効力ヲ有ス

　　一　外国裁判所ノ判決カ其国ノ法律ニ依リ確定シタルトキ

　　二　日本ノ法律ニ依レハ外国裁判所カ管轄権ヲ有シタルトキ

　　三　敗訴ノ被告カ日本人ナル場合ニ於テ応訴シタルトキ又ハ其者カ受訴裁判所
　　　　所属ノ国内ニ於テ又ハ日本ノ法律上ノ共助ニ依リ訴訟ノ開始ニ必要ナル呼出
　　　　又ハ命令ノ送達ヲ受ケ欠席シタルトキ

　　四　外国裁判所ノ判決カ日本ノ法律ニ依レハ許スヘカラサル行為又ハ公ノ秩序
　　　　若クハ善良ノ風俗ニ反スル事項ヲ是認シタルモノニ非サルトキ

　　五　国際上相互ノ担保アルトキ

第 637 条

　　外国裁判所ノ判決ニ因ル強制執行ハ日本ノ裁判所カ執行判決ヲ以テ執行ノ許ス
ヘキモノナルコトヲ宣言シタルトキニ非サレハ之ヲ為スコトヲ得ス

　　執行判決ヲ求ムル訴ハ債務者ノ普通裁判籍所在地ノ裁判所ノ管轄トス債務者ノ
普通裁判籍ナキトキハ第十七条ノ規定ニ従ヒ債務者ニ対シテ訴ヲ提起スルコトヲ
得ヘキ裁判所ノ管轄トス

第 638 条

　　執行判決ハ外国裁判所ノ裁判ノ当否ヲ調査セスシテ之ヲ為スヘシ

　　外国裁判所ノ判決カ効力ヲ有セサルモノナルトキハ執行判決ノ請求ヲ棄却スヘシ

V　大正 15 年改正

　　明治 40 年（1907 年）4 月に、司法省は、司法大臣が指定した民事および刑事
に関する法律を調査審議するために、法律取調委員会を設置した。この委員会
は明治 44 年（1911 年）5 月に民事訴訟法の審議を開始した[22]。法律取調委員会
での審議開始から 15 年を経て、民事訴訟法改正案が[23]、大正 15 年（1926 年）2

---

21)　松本博之＝河野正憲＝徳田和幸編著『日本立法資料全集⑽ 民事訴訟法(1)〔大正改正
　　編〕』64 頁、103 頁（信山社、1993 年）。
22)　松本＝河野＝徳田・前掲注 21) 4 頁。

18　第Ⅰ部　総　論

月に第 51 回帝国議会に対して提出された[24]。帝国議会に提出された改正案における外国判決の承認および執行に関する規定は、以下のものである。

【民事訴訟法中改正法律案】[25]
第二百条　外国裁判所ノ確定判決ハ左ノ条件ヲ具備スル場合ニ限リ其ノ効力ヲ有ス
　　　一　法令又ハ条約ニ於テ外国裁判所ノ裁判権ヲ否認セサルコト
　　　二　敗訴ノ被告カ日本人ナル場合ニ於テ公示送達ニ依ラスシテ訴訟ノ開始ニ必要ナル呼出若ハ命令ノ送達ヲ受ケタルコト又ハ之ヲ受ケサルモ応訴シタルコト
　　　三　外国裁判所ノ判決カ日本ニ於ケル公ノ秩序又ハ善良ノ風俗ニ反セサルコト
　　　四　相互ノ保証アルコト

第五百十四条中「第十七条」ヲ「第八条」ニ改ム

---

23)　その間における議論（案）は、以下に見出すことができる（外国判決の承認に関する規定にかぎる）。大正 7 年（1918 年）決定の民事訴訟法改正起案会決定案（起草委員会議案）316 条（松本博之＝河野正憲＝徳田和幸編著『日本立法資料全集⑪民事訴訟法⑵〔大正改正編〕』89 頁（信山社、1993 年））、同じく大正 7 年（1918 年）決定の民事訴訟法改正起草委員会決議案（第 1 案）316 条（松本＝河野＝徳田・前掲本注（11 巻）129 頁）、作成日付のない民事訴訟法改正案（起草委員会案）323 条（松本＝河野＝徳田・前掲本注（11 巻）172 頁）、民事訴訟法改正案（第一案・議案）323 条（松本＝河野＝徳田・前掲本注（11 巻）210 頁）、大正 14 年（1925 年）4 月委員総会配布の民事訴訟法改正案（第二案）323 条（松本＝河野＝徳田・前掲本注（11 巻）272 頁、15 頁）、大正 13 年（1924 年）9 月の民事訴訟法案（第三案）196 条（松本＝河野＝徳田・前掲本注（11 巻）304 頁）、大正 14 年（1925 年）10 月印刷の民事訴訟法案（第四案）200 条（松本＝河野＝徳田・前掲本注（11 巻）378 頁）。これら資料の説明は、松本＝河野＝徳田・前掲本注（11 巻）12 頁以下）を参照。
　　民事訴訟法改正案（第一案・議案）323 条に関しては、大正 12 年（1923 年）2 月 13 日の民事訴訟法改正調査委員会議事速記録第 37 回において、松岡義正起草委員による説明が明らかにされている（松本博之＝河野正憲＝徳田和幸編著『日本立法資料全集⑫民事訴訟法⑶〔大正改正編〕』379 頁、3 頁（信山社、1993 年））。
　　民事訴訟法改正案（第二案および第三案）323 条に関しては、大正 14 年（1925 年）7 月 7 日の民事訴訟法改正調査委員会議事速記録第 54 回において、松岡義正起草委員による説明が明らかにされている（松本博之＝河野正憲＝徳田和幸編著『日本立法資料全集⑬民事訴訟法⑷〔大正改正編〕』67 頁、1 頁（信山社、1993 年））。
24)　松本＝河野＝徳田・前掲注 21）9 頁。
25)　『第五十一回帝国議会民事訴訟法改正法律案委員会速記録』43 頁、88 頁（法曹会、1929 年）。

第五百十五条第二項中第二号ヲ左ノ如ク改メ第三号乃至第五号ヲ削ル

第二　外国判決カ第二百条ノ条件ヲ具備セサルトキ

　民事訴訟法改正理由書は、200 条について、次のように述べている[26]。「本条
ハ外国裁判所ノ判決ノ効力ヲ認ムル条件ヲ定ム現行法ハ第五百十五条ニ於テ執
行判決ニ付本条ト同趣旨ノ条件ヲ定ムト雖外国裁判所ノ判決ノ効力ヲ認ムルノ
必要ハ執行判決ヲ為ス場合ニ限ラサルヲ以テ本条ノ規定ヲ新設シタリ」と。

　また、池田寅二郎政府委員は、大正 15 年（1926 年）2 月 23 日（火）に開催さ
れた貴族院特別委員小委員会において[27]、民事訴訟法 200 条を新たに創設する
理由を、次のように述べている[28]。すなわち、「それから次は外国判決の効力に
関する規定であります、二百条になって居ります、現行法に依りますと五百一
五条に於きまして、外国判決を内地に於て……日本に於て執行いたします場合
の規定として設けられて居るのであります、併ながら外国判決の効力を認むる
と云ふことは前提の問題でありまして、執行は其次の問題になるのであります、
又外国の判決の効力を認めるのは日本に於て執行を為すべき判決のみに限らな
いのでありますから、それで旁々外国判決を日本に於て如何なる場合に於て効
力を認めると云ふことを此裁判所の章に原則を決め置く必要があらうと云うこ
とで、此二百条が設けられましたが、是は其内容が外国判決の効力を認める条
件に於きましては、五百十五条と同様の趣旨になって居るのでございます」
と[29]（旧漢字は改めている）。

　本条は、大正 15 年 3 月 4 日（木）開催の貴族院特別委員会において修正は
なされなかった[30]。新しい民事訴訟法は、大正 15 年（1926 年）4 月 24 日に法律
第 61 号として公布され、昭和 4 年（1929 年）10 月 1 日から施行となった。こ
の条文は、平成 8 年民事訴訟法改正まで変更されなかった[31]。

---

26)　司法省編纂『民事訴訟法中改正法律案理由書』109 頁（清水書店、1926 年）。

27)　速記録・前掲注 25) 340 頁。小委員会の委員長は、河上譲三郎、委員には、水上長次
　　郎、渡邊暢、志水小一郎、渡邊修二、佐竹三吾の各氏である。速記録・前掲注 25) 159 頁。

28)　速記録・前掲注 25) 369 頁以下。

29)　山内確三郎『民事訴訟法の改正』313 頁（法律新報社、1929 年）も参照。

30)　速記録・前掲注 25) 651 頁、665 頁を参照。

31)　参照、法務省民事局参事官室編『民事訴訟法民事訴訟規則新旧旧新対照条文（別冊
　　NBL40 号）』274 頁（1997 年）。

大正 15 年改正の条文は明治 36 年草案とほぼ同じであり、1898 年ドイツ民事訴訟法の影響を受けている。ドイツ法上も、それまでは強制執行編にのみ外国判決の内国での扱いに関する規定が置かれていたが、1898 年ドイツ民事訴訟法改正では、判決手続の中に外国判決の承認一般に関する規定を 328 条に新たに設けている。もっとも、1898 年ドイツ民事訴訟法と大正 15 年改正とを対比すると 2 つの点で大きな違いがある。第 1 に、1898 年ドイツ民事訴訟法 328条 1 項 3 号では準拠法の要件を課しているのに対して[32)]、大正 15 年改正法ではそのような要件は予定されていなかった[33)]。第 2 に、1898 年ドイツ民事訴訟法328 条 2 項は、身分関係事件について相互保証の例外を定めているのに対して[34)]、大正 15 年改正法では相互保証の例外を認めていない[35)]。

　以下では、1898 年ドイツ民事訴訟法の条文を掲げる。

【1898 年ドイツ民事訴訟法】[36)]

第 328 条

外国裁判所ノ承認ハ左ノ場合ニ於テ除斥セラル

　　一、　外国裁判所ノ属スル国ノ裁判所カ独逸国ノ法律ニ従ヘハ管轄ヲ有セサルトキ

　　二、　敗訴シタル被告カ独逸人ニシテ訴訟ニ於テ応訴セサリシトキ但訴訟ヲ開始スル呼出又ハ命令ヲ受訴裁判所所属国ニ於テ又ハ独逸国ノ法律上ノ共助ニヨリ本人ニ送達セラレサルトキニ限ル

　　三、　判決カ民法施行法第十三条第一項第三項及ヒ第十七条第十八条第二十二

---

32)　1898 年ドイツ民事訴訟法 328 条 3 号が求める準拠法の要件の内容については、川上・前掲注 11）107 頁を参照。また、1896 年ドイツ民法施行法の条文訳は、同様に、川上・前掲注 11）295 頁以下を参照。

33)　その後、有力説が準拠法の要件を解釈論として主張していた。江川英文「外国判決の承認」立教法学 1 号 28 頁（1960 年）。しかし、現在では準拠法要件不要論が多数を占めている。参照、高桑昭「外国判決の承認及び執行」鈴木忠一＝三ケ月章監修『新実務民事訴訟講座(7)』135 頁（日本評論社、1982 年）、溜池良夫『国際私法講義』478 頁（有斐閣、第3 版、2005 年）、山田鐐一『国際私法』473 頁（有斐閣、第 3 版、2003 年）。

34)　例外を認めた趣旨は、相互保証の要件を課すことによって、多くの外国人が内国（ドイツ）において法律関係の確定が阻害されてしまうことを回避する点にあるとされる。川上・前掲注 11）112 頁。

35)　1898 年ドイツ民事訴訟法改正の内容を大正 15 年（1926 年）改正で取り入れなかったのは、立法者の認識不足であるとして批判を展開するのは、江川英文「外国判決の承認」法学協会雑誌 50 巻 11 号 2079 頁（1932 年）。

36)　明治 44 年（1911 年）6 月印刷とされる、1898 年 5 月のドイツ民事訴訟法の翻訳を掲げる。参照、松本＝河野＝徳田・前掲注 18）403 頁、455 頁。

条ノ規定ニヨリ若クハ同法第二十七条ノ第十三条第一項ニ関スル部分ノ規
定ニヨリ独逸人タル当事者ノ不利益ニ却下セラレタルトキ又ハ同法第九条
第三項ノ場合ニ於テ同第十三条第二項ノ規定ニヨリ死亡ヲ宣告セラレタル
外国人ノ妻ノ不利益ニ却下セラレタルトキ
　四、　判決ノ承認カ善良ノ風俗又ハ独逸法律ノ目的ニ反スルトキ
　五、　相互ヲ保セサルトキ
　第五ノ規定ハ判決カ財産権ニ非サル請求ニ関スルトキ及ヒ独逸国ノ法律ニ従ヘ
ハ内国ニ裁判籍ヲ有セサルトキニ於テ判決ノ承認ヲ妨クルコトナシ

第722条

　外国裁判所ノ判決ニ因ル強制執行ハ執行判決ヲ以テ之ヲ許スコトヲ言渡シタル
トキニ限リ之ヲ為ス
　執行判決ヲ求ムル訴ニ付テハ債務者カ普通裁判籍ヲ有スル区裁判所又ハ地方裁
判所之ヲ管轄シ普通裁判籍ナキトキハ第二十三条ニ従ヒ債務者ニ対シ訴ヲ起スコ
トヲ得ル区裁判所又ハ地方裁判所之ヲ管轄ス

第723条

　執行判決ハ裁判ノ適法ナルヤ否ヤヲ調査セスシテ之ヲ為ス
　執行判決ハ外国裁判所ノ判決カ其裁判所ニ行ハルル法律ニ従ヒ確定シタルトキ
ニ於テ始メテ之ヲ為ス。第三百二十八条ニ因リ判決ノ承認カ除斥セラルルトキハ
之ヲ為スコトヲ得ス

VI　その後の展開

1　民事執行法の制定

　それまで強制執行に関する規定は民事訴訟法典に置かれていたが、昭和54
年（1979年）3月30日法律第4号によって民事執行法が公布され、同法は昭和
55年（1980年）10月1日より施行となった。
　民事執行法24条は外国判決の執行についての、手続的規律を定めている。1
項は執行判決の土地管轄を、2項は実質的再審査禁止の原則を、3項は外国判
決の確定証明と承認要件の充足を求め、4項は執行判決の主文について定めて
いる。

【民事執行法（制定当時）】
第 24 条

　　外国裁判所の判決についての執行判決を求める訴えは、債務者の普通裁判籍の所在地を管轄する地方裁判所が管轄し、この普通裁判籍がないときは、請求の目的又は差し押さえることができる債務者の財産の所在地を管轄する地方裁判所が管轄する。

　　執行判決は、裁判の当否を調査しないでしなければならない。

　　第一項の訴えは、外国裁判所の判決が、確定したことが証明されないとき、又は民事訴訟法第二百条各号に掲げる条件を具備しないときは、却下しなければならない。

　　執行判決においては、外国裁判所の判決による強制執行を許す旨を宣言しなければならない。

2　平成 8 年民事訴訟法改正

　平成 8 年（1996 年）6 月公布の民事訴訟法（平成 8 年法律第 109 号）では、民事訴訟法 118 条において外国判決の承認に関する規定が置かれた。この規定は基本的に旧民事訴訟法 200 条の規定を引き継いだが、3 つの点で修正が加えられた[37]。

　第 1 に、1 号の間接管轄について、旧法での「法令又ハ条約ニ於テ外国裁判所ノ裁判権ヲ否認セサルコト」という規定から「法令または条約により外国裁判所の裁判権が認められること」へと改められた。これは、旧法の条文の文言が消極的要件の形となっていたが、通説・判例は外国裁判所の間接管轄は承認国の立場から積極的に認められることを要するとしていたため[38]、そのことを明確にしたものである。

　第 2 に、2 号の訴訟開始時における手続保障に関する送達要件について、旧法での「敗訴ノ被告カ日本人ナル場合ニ於テ」という規定から「敗訴の被告が」と改めて、被告の国籍を問わないことを明確にした。これは、内外人平等の考えに基づくものである。また、旧法は、送達方法として「公示送達ニ依ラ

---

37)　竹下守夫ほか編『研究会新民事訴訟法（ジュリスト増刊）』134 頁〔青山善充発言〕（1999 年）、法務省民事局参事官室編『一問一答新民事訴訟法』136 頁（商事法務、1996 年）。
38)　大阪高判平成 4 年 2 月 25 日高民集 45 巻 1 号 29 頁、東京地判平成 6 年 1 月 14 日判時 1509 号 96 頁。

スシテ訴訟ノ開始ニ必要ナル呼出若ハ命令ノ送達ヲ受ケタルコト」として送達方法として「公示送達」によらないことだけを規定していた。これに対して改正法は、「公示送達その他これに類する送達を除く」として、公示送達と同程度と評価することができる送達（擬制送達）も承認拒否事由となることを明らかにした。

第 3 に、4 号の公序の要件について、「外国裁判所ノ判決カ」日本の公序に反しないことという規定から、「判決の内容及び訴訟手続が」日本の公序に反しないことと改めて、公序には実体的公序と手続的公序の双方が含まれることを明確にした。外国判決承認要件としての公序は、実体的公序だけでなく手続的公序も含まれるのは、国際的に見ても認められているルールであり[39]、また日本でも判例・通説が認めるところであった[40]。そこで、改正法ではそのことを明らかにした。

VII　本章のまとめ

テヒョー草案、そして明治 23 年民事訴訟法では、外国判決の内国における扱いに関する規定は民事執行編にのみ置かれていた。そこでは、外国判決を日本で執行するための要件および手続が定められていた。このような扱いは、1877 年ドイツ民事訴訟法の影響を受けていたことと関係する。その後、大正 15 年改正においては、判決手続に関する規定中に外国判決の承認要件が置かれることとなった。これは、外国判決を執行するためには承認がなされることが前提となるが、外国判決の承認は執行の局面（給付訴訟）だけが問題となるわけではなく、執行を予定しない判決（確認判決、形成判決）についても承認が問題となることから、承認に関する規定が判決手続に移されたという説明がなされている。このように、テヒョー草案、そして明治 23 年民事訴訟法では外国判決の内国での扱いに関する規定が民事執行編だけに置かれていたものが、大正 15 年改正によって民事執行編（その後は民事執行法）と判決手続に規定が分

---

[39]　*See*, Restatement (Third) of the Foreign Relations of the United States §482 comment (b)(c) (1987); vgl. *Thomas/Putzo/Hüßtege*, ZPO, 38. Aufl. 2017, §328 Rdnr. 15

[40]　最判昭和 58 年 6 月 7 日民集 37 巻 5 号 611 頁。

かれて置かれるようになった。

　他方、わが国民事訴訟法が定める承認要件の内容は、規定ぶりに変化はみられるものの、基本的な変更はないといえる。このことは、モデルとなったドイツ法における変化と比べると相違が顕著である。この間、ドイツは多くの多国間・二国間条約を締結しており[41]、ドイツ民事訴訟法 328 条が適用される事案は相当の制限を受けている。また国内法の改正によって[42]、民事訴訟法 328 条の適用について、時代に応じた修正を受けてきている。これに対して日本法は、民事訴訟法 118 条が外国判決の承認に関する法源をほぼ独占してきており[43]、しかも、明治 23 年法以来承認要件は大きな変更を受けていない。さらに、外国判決承認規定を判決手続と執行手続に分けて規定した際に、判決の種類に応じた対応（ことに離婚判決）をすべきではなかったかといった立法論的批判が寄せられた。このことが離婚判決の承認要件をめぐる議論（準拠法の要件論や相互保証の要否）に影響を及ぼしている。

41）　Vgl. *Schack*, Internationales Zivilverfahrensrecht, 7. Aufl. 2017, Rdnr. 887 ff. 同箇所では、ドイツが数多くの国際的な取極めをしていることが示されている。

42）　たとえば、1986 年には国際私法の改正とともに民事訴訟法 328 条も改正されている。この点については、桑田三郎＝山内惟介編『ドイツ・オーストリア国際私法立法資料』98 頁、374 頁（中央大学出版部、2000 年）が詳細である。

43）　船舶油濁損害賠償保障法（昭和 50 年 12 月 27 日法律第 95 号）12 条も、外国判決の承認について定めている。

第Ⅱ部　要件論

第1章　間接的一般管轄——第1節

外国判決承認要件としての
国際裁判管轄
——間接管轄の基本姿勢と鏡像理論をめぐって

I　問題の所在

　現代国際社会の法状況においては、国際的な民事紛争が発生した場合に、当事者は、さまざまな要素を考慮の上、自己に有利な法廷地を探しだし、訴訟を提起する。その際、最も重要な要素の1つが、法廷地国が当該事件について国際裁判管轄を有していたかという問題である（直接的一般管轄、審理管轄。本節では、たんに直接管轄と呼ぶ）。どの国ないし法域が法廷地になるのかにより、適用される準拠実体法、手続法ともに影響を受けるからである。しかし、直接管轄の規律はごく限られた分野・地域についてしか条約が成立しておらず、多くの場合は各国の国内法に委ねられている。

　このような状況下において、外国判決の承認が求められた場合に最も争われることが多いのは、判決国である外国の裁判所が、はたして国際裁判管轄を有していたかという問題である[1]（間接的一般管轄、承認管轄。本節では、間接管轄と呼ぶ）。渉外民事事件についての国際裁判管轄ルールが各国で異なる現状では、この要件は重要な役割を果たすことになる。ことに、外国裁判所が過剰管轄を

---

1)　アメリカ合衆国につきこの点を指摘するものとして、Brand, *Enforcement of Foreign Money-Judgments in the United States: In Search of Uniformity and International Acceptance*, 67 Notre Dame L. Rev. 253, 271 (1991); v. Mehren & Patterson, *Recognition and Enforcement of Foreign-Country Judgments in the United States*, 6 Law & Pol'y Int'l Bus. 37, 48 (1974); Restatement (Third) of Foreign Relations Law §482 comment c (1987); Teitz, *Transnational Litigation*, 263 (1996).

有しているとみられるケースでは（たとえば、アメリカ合衆国におけるいわゆるロング・アーム法、ドイツでの財産所在地を理由とする国際裁判管轄など。EC条訴条約3条参照）、不当に外国裁判所に引きずり込まれた被告に対する救済機能を営むことになる。

この間接管轄の基準については[2]、直接管轄の基準が国際的に一致をみていないのと同様に、各国の解釈や立法例が異なる。大別すると、判決国法を基準にする考え、承認国法を基準にする考え（この考えは、さらに承認国の直接管轄と基準を同一にするものと、一致させない考えがありうる）、そして判決国と承認国のルールに依拠して構成する「国際的意味における裁判管轄（Jurisdiction in the International Sense）」があるとされる[3]。

わが国の外国判決承認に関する民事訴訟法118条は、間接管轄について管轄カタログを明示していないので、解釈により決することになる。この問題について、従来のわが国の通説・判例は、沿革的な背景もあり、ドイツの通説・判例と同様に、間接管轄の基準は直接管轄の基準と同一であるという考え（鏡像理論：Spiegelbildgrundsatz）が支配的であった。ドイツでは、直接管轄に関する二重機能論と組み合わせると、ドイツ民事訴訟法の国内土地管轄規定＝直接管轄に関する規定＝間接管轄に関する規定ということになる。しかし、わが国とドイツとの間では、いくつかの点で異なる点がある。とくに、直接管轄に関するルールについて最高裁判決（最判平成9年11月11日民集51巻10号4055頁）[4]は、す

---

2) Degnan and Kane, *The Exercise of Jurisdiction Over and Enforcement of Judgments Against Alien Defendants*, 39 Hastings L. J. 799, 845 (1988) によると、多くの国において、間接管轄は直接管轄よりも狭いことは、広く認められているとする。*See also*, Peterson, *Foreign Country Judgments and the Second Restatement of Conflict of Laws*, 72 Colum. L. Rev. 220, 245 (1972).

3) Juenger, *The Recognition of Money Judgments in Civil and Commercial Matters*, 36 Am. J. Comp. L.1, 14-16 (1988) によると、判決国法による国として、旧東独、ルーマニア、トルコなどがあり、承認国法による国として、フィリピン、スイス、アルゼンチン、アメリカ合衆国、旧西ドイツ、ベネズエラ、旧チェコスロバキア、日本が挙げられ、国際的意味における裁判管轄（jurisdiction in the international sense）を採るものとして、英国ほかのコモン・ロー諸国およびフランスの判例が挙げられている。イングランドについて、Cheshire/North/Fawcett, *Private International Law*, 407 (13th ed. 1999) は、判決国は国際的意味の管轄を有しなければならないとしているが、それはイングランド法により判断されるとし、承認国法が判断基準になる。*See*, Scoles & Hay, *Conflict of Laws*, 1011-2 (2d ed. 1992).

4) 評釈として、海老沢美広「判批」重判平成9年度288頁、野村美明「判批」リマークス18号160頁（1999年）など。

でに下級審裁判例で蓄積のあった「特段の事情論」を採用し、機能的にはドイツのような明確性は保たれていない。この特段の事情論は、間接管轄についても近時の最高裁判決によって採用されているが（最判平成 10 年 4 月 28 日民集 52 巻 3 号 853 頁）、この平成 10 年最高裁判決は鏡像理論を放棄したと理解する見解も表明されている[5]。

　本節は、わが国の現在の通説を形成するもととなったドイツの鏡像理論をめぐる現在の議論状況、アメリカ合衆国における対外関係法第 3 リステイトメントや、外国金銭判決承認に関するモデル法での考え、さらには近時外国判決承認規定を新たに定めたカナダのケベック州の動きを紹介するとともに、わが国におけるこの理論の妥当性を検討するものである。なお、外国の規定は特に断りのない限り、筆者の試訳である。

Ⅱ　比較法[6]

1　アメリカ合衆国

(1)　総説

　アメリカ合衆国においては、外国判決を承認するに際して外国裁判所が管轄を有していたかどうかを判断する基準としては、一般的にはデュー・プロセスの観点が用いられていると説かれる[7]。本節では、主として財産関係事件を念頭におき、対外関係法第 3 リステイトメントの動向と、外国の金銭判決の承認

---

5)　本件最高裁の位置づけについては争いがある。鏡像理論からの乖離を指摘する文献として、酒井一「判批」法学教室 218 号 137 頁（1998 年）、馬越道夫編『論点国際民事訴訟法＆民事訴訟法の改正点』76 頁〔二羽和彦〕（信山社、1998 年）、渡辺惺之「判批」判例時報 1670 号 205 頁（1999 年）、山本和彦「判批」重判平成 10 年度 299 頁、鏡像理論に沿うととらえるのは、安達栄司・NBL678 号 65 頁（1999 年）。

6)　江川英文「外国判決承認の要件としての裁判管轄権(1) (2・完)」国際法外交雑誌 41 巻 2 号 1 頁、4 号 14 頁（1942 年）では、ドイツ、フランス、英国、アメリカ合衆国について紹介がある。また、フランスについては、矢澤昇治「フランス法にみる国際間接裁判管轄権」民商法雑誌 94 巻 2 号 50 頁（1986 年）。

7)　Casad and Richman, *2 Jurisdiction in Civil Actions*, 46 (3d ed. 1998); Scoles & Hay, *supra* note 3, at 1011. Koster v. Automark Industries. Inc., 640 F.2d 77 (7th Cir. 1981) は、オランダ判決がデュー・プロセスを欠くとして不承認となった。De La Mata v. American Life Ins. Co., 771 F. Supp. 1375 (D. Del. 1991) は、ボリビア判決の人的管轄権の有無をアメリカ合衆国のデュー・プロセスの観点から判断している。

に関する 1962 年のモデル法（Uniform Foreign Country Money Judgments Recognition Act：外国金銭判決統一承認法、以下ではモデル法とよぶ)[8] を中心に、間接管轄をめぐる議論[9] を見てみることにする[10]。金銭判決についてアメリカ合衆国では、審判事項管轄権（subject matter jurisdiction）と人的管轄権（personal jurisdiction）が問題になる[11]。

　ちなみに外国判決承認についてモデル法が作成された経緯について簡単に言及しておくと、それまではアメリカ合衆国で下された判決を外国で執行しようとしても相互保証がないなどとして外国で不承認となるケースが多かったことから、国内の判例法を法典化し、外国においてアメリカ合衆国で下された判決の承認を容易にしようとしたとされる[12]。アメリカ合衆国における他州判決の承認については、連邦憲法上の「十分な信頼と信用条項（full faith and credit clause)」により承認されるが、外国判決についてはこの条項の適用はない[13]。そこで、モデル法を採択することで、同法により承認された外国判決は他州判決と同様の扱いを受けることになる[14]。このモデル法は 1998 年の時点で 30 の法

---

8)　松岡博「アメリカ統一外国金銭判決承認法」阪大法学 145・146 号 211 頁（1988 年）、三ツ木正次「外国金銭判決の承認・執行の諸問題」ジュリスト 781 号 191 頁（1983 年）に紹介がある。*See also*, 100 ALR 3d 792.

9)　エリー・ルールなどとの関係で、外国判決の承認に際して直面する問題を指摘するものとして、Brand, *Enforcement of Judgments in the United States and Europe*, 13 J. L. & Com. 193, 200 (1994).

10)　採択したモデル法を適用の上、管轄を肯定した最近の判例として次のものがある。Manches & Co. v. Gilbey, 646 N.E.2d 86 (Mass. 1995)（マサチューセッツ州での英国高等法院女王座部判決の承認）; Milhoux v. Linder, 902 P.2d 856 (Colo. App. 1995)（コロラド州でのベルギー判決の承認）; Pinnacle Arabians,Inc., v. Schmidt, 654 N.E.2d 262 (Ill. App. 2 Dist. 1995)（イリノイ州でのカナダ判決の承認）; Tonga Air Services, Ltd. v. Fowler, 826 P.2d 204 (Wash. 1992)（ワシントン州でのトンガ判決の承認）.

　　他方、採択したモデル法を適用の上で管轄を否定した例として、たとえば、Juren v. Larson, 101 Cal.Rptr. 796 (1972)（スイス裁判所が送達だけを根拠に管轄権を行使した裁判は人的管轄権を欠くとして、カリフォルニア州裁判所がスイス判決を不承認）.

11)　審判事項管轄権（subject matter jurisdiction）とは、選択された裁判所が当該紛争類型を判断する権限を有するかという問題であり、特定の被告を拘束する裁判を下す裁判所の権限を問題にする人的管轄権（personal jurisdiction）とは区別される。*See*, Friedenthal/Kane/Miller, *Civil Procedure*, 8 (3d ed. 1999). 金銭支払いを命ずる判決は、一般的には対物訴訟よりも対人訴訟で問題になるとされる。Brand, *supra* note 1, at 273.

　　なお、近時はアメリカ合衆国の管轄概念は動揺している。この点については、たとえば、小林秀之『新版アメリカ民事訴訟法』17 頁以下（弘文堂、1996 年）を参照。

12)　13 U. L. A. 261-2 (1986).

13)　Casad and Richman, *supra* note 7, at 46; Maltby, *Juggling Comity and Self-government: the Enforcement of Foreign Libel Judgments in U.S. Courts*, 94 Colum. L. Rev. 1978, 1984 (1994).

域が採択している[15]。本来このモデル法は、外国判決を対象にしているが[16]、他州の判決承認について適用を認めるものもある[17]。

【対外関係法第 3 リステイトメント】[18]
第 482 条　外国判決の承認拒否事由
　(1)　合衆国の裁判所は、次のいずれかの場合には、外国裁判所の判決を承認することができない。
　　(a)　判決が、公平な法廷又は法の適正手続と合致する手続を備えていない裁判制度において言い渡されたとき。
　　(b)　判決裁判所が被告に対して、判決国の法律及び第 421 条の定める規則［筆者注：直接管轄に関するルール］によれば管轄権を有しなかったとき。
　(2)　合衆国の裁判所は、次のいずれかの場合には、外国裁判所の判決を承認することを要しない。
　　(a)　判決裁判所が訴訟の審判事項に対する管轄権を有しなかったとき。
　　(b)　被告が、防御を可能とする十分な期間内に訴訟手続の通知を受けなかったとき。
　　(c)　判決が詐欺により得られたとき。
　　(d)　判決の基礎となった訴訟原因又は判決そのものが、合衆国又は判決が求められている合衆国の州の公序に反するとき。
　　(e)　判決が、承認されるべき他の終局判決と抵触するとき。
　　(f)　外国裁判所における訴訟が、判決の基礎となった紛争を他の法廷に付託するとの当事者間の合意に反するとき。

【外国金銭判決統一承認法】[19]
第 4 条　承認拒否事由

---

14)　Sturm, *Enforcement of Foreign Judgments*, 95 Com. L. J. 200, 213 (1990).
15)　13 U. L. A. 80 (1998 & 1999 Supp.). アラスカ、カリフォルニア、コロラド、コネチカット、デラウェア、コロンビア特別区、フロリダ、ジョージア、ハワイ、アイダホ、イリノイ、アイオワ、メリーランド、マサチューセッツ、ミシガン、ミネソタ、ミズーリ、モンタナ、ニュー・ジャージー、ニュー・メキシコ、ニュー・ヨーク、ノース・カロライナ、オハイオ、オクラホマ、オレゴン、ペンシルヴェニア、テキサス、ヴァージン諸島、ヴァージニア、ワシントンの各州。
16)　この点を明言する最近の判例として、たとえば次のものがある。Peters Production v. Desnick Broadcasting, 429 N.W.2d 654 (Mich. App. 1988); Eagle Leasing v. Amandus, 476 N.W.2d 35 (Iowa 1991); Jordan v. Hall, 858 P.2d 863 (N.M. App. 1993).
17)　*See*, 30 Am. Jur. 2d, Executions and Enforcement of Judgments §910 (1994).
18)　訳は、アメリカ対外関係法リステイトメント研究会（訳）「アメリカ対外関係法第 3 リステイトメント⒁」国際法外交雑誌 91 巻 1 号 89 頁（1992 年）に従った。

(a) 外国判決は、次の場合には確定しない。
　(1) 判決が、公平な法廷または法の適正手続に合致する手続を備えていない法秩序のもとで下されたとき。
　(2) 外国裁判所が、被告に対し人的管轄権を有さなかったとき。
　(3) 外国裁判所が、審判事項管轄権を有さなかったとき。
(b) 外国判決は、次の場合には承認することを要しない。
　(1) 外国訴訟の被告が、自らを防御するに十分な時間的余裕をもって当該訴訟手続に関する通知を受けなかったとき。
　(2) 判決が詐欺によって得られたとき。
　(3) 判決の基礎となる、訴訟原因、救済を求める権利が、承認を求められた州の公序に反するとき。
　(4) 判決が、終局し、確定した他の判決に反するとき。
　(5) 外国裁判所の訴訟が、当該紛争をその裁判所の手続以外の方法で解決するとの当事者間の合意に反していたとき。
　(6) 当事者送達のみを管轄原因とする場合は、外国裁判所が訴訟の審理に著しく不便宜のとき。

第5条　人的管轄権

(a) 次の場合には、外国判決は人的管轄権がないことを理由に承認を拒否してはならない。
　(1) 被告が当該外国で当事者送達をされたとき。
　(2) 被告が応訴したとき。ただし、訴訟で差し押さえられ、又は差し押さえられるおそれのある財産を守るため、若しくは自己に裁判所の管轄権が及ぶことを争うために出廷したときは、この限りではない。
　(3) 被告が、訴訟開始以前に当該係争物につき外国裁判所の管轄権に服することを合意したとき。
　(4) 訴訟開始時に、被告が外国に住所を有し、又は被告が法人のときには当該外国に主たる営業所を有したか、当該外国で設立されたか、当該外国で法人格を取得したとき。
　(5) 被告が当該外国に営業所を有し、かつ外国裁判所の手続が、当該外国営業所を通じて被告がなした事業から生じた訴訟原因、救済を求める権利に関係するとき。
　(6) 被告が外国で自動車又は航空機を操縦し、外国手続が、その操縦から生じた訴訟原因、救済を求める権利に関係するとき。
(b) 当州の裁判所は、その他の管轄原因を認めることができる。

---

19)　訳は、松岡・前掲注8) 223頁を参考にした。

(2) 承認拒否事由

対外関係法第 3 リステイトメント 482 条と、モデル法 4 条は、外国判決の承認拒否事由について定めている。まず、両者に共通する義務的拒否事由としては、(1)外国の判決裁判所の手続が公正でないことと、(2)外国裁判所が人的管轄権を有していないことが挙げられる（リステイトメント 482 条(1)(a)、モデル法 4 条(a)(1)(2)）。モデル法においては、さらに審判事項管轄権の欠如も義務的拒否事由となっている（モデル法 4 条(a)(3)）。つぎに、両者に共通する裁量的拒否事由としては、(1)通知が十分でないこと、(2)詐欺による判決の取得、(3)承認州の公序に違反するとき（ただし、リステイトメントでは合衆国の公序に違反するときも拒否事由となる）、(4)判決の抵触、(5)合意管轄に違反するときとなっている。リステイトメントだけが認める裁量的拒否事由には、審判事項管轄権の欠如があり（リステイトメント 482 条(2)(a)）、モデル法だけが認める裁量的拒否事由には、外国法廷地が送達を根拠に管轄を有し、かつ著しく不便である（フォーラム・ノン・コンヴェニエンス）とき（モデル法 4 条(b)(6)）となっている。

このように、人的管轄権の欠如はリステイトメントとモデル法の双方に共通の必要的拒否事由であるのに対して、審判事項管轄権の欠如は、リステイトメント（裁量的拒否事由）とモデル法（義務的拒否事由）とでは扱いが異なる

では、審判事項管轄権、人的管轄権の有無の基準はどのようにして判断されるのか[20]。

(3) 審判事項管轄権

まず、審判事項管轄権については、リステイトメントによると、アメリカ合衆国の特許権、商標権、著作権に関するものを除いて、原則として判決国の審判事項管轄権が推定される[21]。審判事項管轄権の問題は、通常は、外国の裁判管轄ルールを適用することで判断されるが、管轄の事実認定については承認を求められた裁判所が審査することが許される[22]。なお、審判事項管轄権の欠缺

---

20) *See generally*, Born, *International Civil Litigation in United States Courts*, 970 (3d ed. 1996).
　　なお、間接管轄の証明責任は、承認を否定しようとする側にある。Teitz, *supra* note 1, at 269-70（モデル法との関係で）; v. Mehren and Patterson, *supra* note 1, at 56; Banque Libanaise Pour le Commerce v. Khreich, 915 F.2d 1000 (5th Cir. 1990); Reese, *The Status in This Country of Judgments Rendered Abroad*, 50 Colum. L. Rev. 783, 790 (1950)）.

は、リステイトメントにおいては裁量的承認拒絶事由にとどまっていることか
ら、推定の対象となることと相まって、実際上はそれほど問題にはならない。
他方、モデル法においては義務的承認拒絶事由なので、より重要な意味を持つ
ことになる[23]。

⑷　人的管轄権

　リステイトメント 482 条⑴⒝によると[24]、判決国の裁判所は判決国法上管轄
を有しているだけでは足りず、リステイトメント 421 条に表明されている直接
管轄に関するルールにより管轄を有していなければならない。そして管轄を有
しないときには、その裁判所が下した判決を承認することはできないとしてい
る。したがって、リステイトメントでは間接管轄の基準として直接管轄が用い
られていることになる。

　モデル法 4 条⒜⑵は、外国裁判所が人的管轄権を有していることを求めてい
る。では、どのような場合に人的管轄権が認められるのか[25]。その点について

21） Restatement (Third) of Foreign Relations Law §482 comment d (1987). 最近の判例で同趣旨
を 説 く も の と し て、The Standard Steamship Owner's Protection and Indemnity Association
(Bermuda) Ltd., v. C & G Marine Services, Inc., 1992 U.S.Dist. Lexis 7086（裁判所は、ルイジア
ナ州法は判決国が審判事項管轄権を有していることを推定し、これを争う相手方がそうで
ないことにつき証明責任を負うとした上で、英国高等法院判決を承認した）. *See also*,
Brand, *supra* note 1, at 273. v. Mehren and Patterson, *supra* note 1, at 55 は、承認・執行を求め
られたアメリカ合衆国の裁判所が人的管轄権と審判事項管轄権の双方を推定していること
指摘する。Van den Biggelaar v. Wagner, 978 F.Supp. 848 (N.D. Ind. 1997)（本件では審判事項
管轄権、人的管轄権の区別をしていないがオランダ裁判所の管轄を推定している）.
22） Joiner, *The Recognition of Foreign Country Money Judgments by American Courts*, 34 Am. J.
Comp. L.193, 203 (Supp. 1986). *See also*, v. Mehren and Trautman, *Recognition of Foreign
Adjudications: A Survey and a Suggested Approach*, 81 Harv. L. Rev. 1601, 1624-9 (1968).
Davidson & Company, Limited v. Allen, 508 P.2d 6 (1973).
23） *See*, Ebke and Parker, *Foreign Country Money-Judgments and Arbitral Awards and the
Restatement (Third) of the Foreign Relations Law of the United States: A Conventional Approach*,
24 Int'l Law. 21, 38 (1990).
24） *See also*, Restatement (Second) of Conflict of Laws §98 comment d (1971).
25） モデル法が適用されるケースで、人的管轄権が推定されるとする判例もある。Pinnacle
Arabians, Inc., v. Schmidt, 654 N.E.2d 262 (Ill. App. 2 Dist. 1995) では、カナダ判決を承認する
に際して、承認が求められたイリノイ州の裁判所は、判決裁判所が管轄を有する強力な推
定（a strong presumption）が存在し、推定を覆すのは被告の義務であると述べる。Paine,
Webber, Jacson & Curtis v. Rongren, 468 N.E.2d 459 (Ill. App. 1 Dist. 1984) も、モデル法適用の
ケースで、イリノイ州裁判所がニュー・ヨーク州裁判所の管轄を推定した。

5条(a)は、人的管轄権不存在を理由に不承認とすることができない場合を列挙し、消極的な形で規定している。本条は人的管轄権に関する合衆国の基準を完全に適用することを求めているとされる[26]。しかし、モデル法は、2つの局面で修正を図っている。まず第1に、4条(b)(6)はフォーラム・ノン・コンヴェニエンスの法理に基づく不承認を認めている。鏡像理論を前提にすると、アメリカ合衆国において管轄（jurisdiction）概念が拡大傾向にあることは、同時に、承認局面での外国裁判所の間接管轄もまた、一般的には広く認められることになるが[27]、それにより、法廷地と当事者との牽連性が希薄なケースまでも承認されることに対する懸念が具体化することになる[28]。とくに、送達による管轄取得は、大陸法では不適切とされている。そこでモデル法は、限定的にではあるがフォーラム・ノン・コンヴェニエンスの法理を採用し、これに対応させた[29]。第2に、5条(b)は、モデル法が認めていない管轄原因に基づいて下された外国判決の承認を許容する。これは、たとえば、判決国（州）が、契約上の給付義務違反のみを理由に法廷地に住所を有しない者に対する管轄を認めているときに、承認が求められたニュー・ヨーク州は、ニュー・ヨーク州のロング・アーム法もモデル法も認めていない判決国のその管轄原因を承認することができるとされ

---

26) Born, *supra* note 20, at 971. たとえば、K & R Robinson v. Asian Export, 178 F.R.D. 332 (D. Mass. 1998) では、ブリティッシュ・コロンビア州判決を承認するに際してマサチューセッツ地区連邦地方裁判所が、人的管轄権の問題は、アメリカ合衆国のデュー・プロセスの原則を適用することによって解決されなければならないと述べる。なお、Canadian Imperial Bank v. Saxony Carpet Co., 899 F.Supp. 1248 (S.D.N.Y. 1995) では、ニュー・ヨーク南部地区連邦地方裁判所は、カナダのモントリオールで下された判決を承認するに際して、モデル法を採択したニュー・ヨーク州法を適用した上、ニュー・ヨーク州法（最小限の関連理論）とケベック州法に基づき人的管轄権を肯定している。

27) Rosenberg, Hay and Weintraub, *Conflict of Laws*, 313 (10th ed. 1996). そこでは、英国での取引に従事した被告に対する英国の欠席判決をニュー・ヨークで執行しようとした類似の2つのケースにつき、かつては執行が認められなかったが（Ross v. Ostrander, 79 N.Y.S.2d 706 (1948)）、その後の法改正によって承認が認められた例（Porisini v. Petricca, 456 N.Y.S.2d 888 (1982)）が挙げられている。

28) Homburger, *Recognition and Enforcement of Foreign Judgments*, 18 Am. J. Comp. L. 367, 373 (1970).

29) 著しく不便宜な裁判所（a seriously inconvenient forum）ではないとした判例として、次のものがある。Bank of Nova Scotia v. Tschabold Equip, 754 P.2d 1290 (Wash. App. 1988)（カナダのエドモントンで下された判決の承認が求められたワシントン州裁判所の判決）; Manches & Co. v. Gilbey, 646 N.E.2d 86 (Mass. 1995)（英国高等法院女王座部判決の承認が求められたマサチューセッツ州裁判所の判決）.

る[30]。また、モデル法5条(b)に基づき間接管轄を肯定した例も報告されている[31]。

(5) 直接管轄＝間接管轄に批判的な学説

他方、学説においては、直接管轄と間接管轄との不一致を正面から認める有力な見解も主張されている。

たとえば、リースは1950年に発表した論文で[32]、判決国で下された有効な判

---

30) Homburger, *supra* note 28, at 372.

31) この条項により判決国の管轄が認められたケースとして、たとえば、次の事件がある。
　① Bank of Montreal v. Kough, 612 F.2d 467, 471 (1980).
【事案】　被告（Y）は、ブリティッシュ・コロンビアに所在し事業を行っている会社（A）の株主・役員であった。A は原告である銀行（X）と取引関係にあった。Y は、訴外 B との間で、A 会社の現在および将来負う債務と利息の支払いにつき保証契約を締結した。A および Y が支払いを怠ったので、X は債務不履行を理由に（Y は B と共に A の債務につき連帯責任にある）、ブリティッシュ・コロンビアで訴えを提起した。Y は、カリフォルニアで送達（personal service）を受けたが、出廷せず、欠席判決が下された。その後、X は、この判決の執行を求めて、カリフォルニア北部地区連邦地方裁判所に訴えを提起し、認容判決が下された。Y が控訴。
【裁判所の判断】　第9巡回区控訴裁判所は、モデル法を採択したカリフォルニア民事訴訟法典を適用して、カナダのブリティッシュ・コロンビア州で下された欠席判決を承認した。その際、その他の管轄原因（other bases of jurisdiction）に基づいて下された外国判決の承認を認める条文の文言は、管轄をめぐるアメリカ合衆国のデュー・プロセス原則に合致する外国判決をカリフォルニア裁判所が承認する道を開くとし、本件では、法廷地との最小限の関連（minimum contacts with the forum state）と適切な通知（adequate notice）の双方が充たされているとした。
　② Porisini v. Petricca, 456 N.Y.S.2d 888 (A. D. 1982).
【事案】　被告 Y らは、原告 X とロンドンでアパートの賃貸借契約を締結し、居住していたが、賃料および電話代を支払わなかったとして、X は、その支払いを求めて英国高等法院女王座部で Y に対して訴えを提起した。ニュー・ヨークに在住の Y に訴状などが送達（personal service）されたが、Y は回答も出廷もせず、欠席判決が下された。
　X は、ニュー・ヨークで、英国高等法院女王座部が下した判決の執行を求める申立をしたところ、ニュー・ヨーク州裁判所（原審）は、これを退けた。これに対して原告は、中間上訴裁判所に上訴提起した。
【裁判所の判断】　上訴認容。裁判所は、本件ではモデル法を採択したニュー・ヨーク民事訴訟法典5305条(a)の定める人的管轄権に該当しないものの、同条(b)により、裁判所は他の管轄原因を認めることができるので、ニュー・ヨークは、同州法上認められている管轄原因に基づいて下された外国判決を承認することができ、また承認しなければならないと述べた。そして裁判所は、X は、ニュー・ヨーク州のロング・アーム法による管轄を利用することができるとした上で、同州法上、ニュー・ヨーク市民がニュー・ヨークに在住しないかつての賃借人に未払い賃料を求める同様の訴えを提起することができるとして、判決を承認した。

32) Reese, *supra* note 20, at 789-90 n. 36.

決は、当該外国裁判所の依拠した管轄原因がアメリカ合衆国の裁判所が審理を
するに際しては不十分と考えられるときでも、場合によってはアメリカ合衆国
の裁判所によって執行されることがありうるとする。たとえば、不法行為事件
について英国裁判所が、不法行為が英国で発生したとの主張に基づき、欠席し
た英国人に対して判決を下したとする。英国裁判所が法廷地法（local law）上管
轄を有したときは、被告が英国人で、管轄原因が――アメリカ合衆国では認め
られていなくても――合理的で公正（reasonable and fair）であるとの理由により、
アメリカ合衆国の裁判所はその外国判決を承認してもよいとする。

　また、ヴォン・メーレンなどは[33]、身分関係事件を念頭において、英国で下
されたインディカ判決[34] などと外国判決承認に関するハーグ条約草案をもとに、
承認を目的とする管轄基準に法廷地の審理管轄基準を反映させる（mirror）べき
ではないとする。すなわち、インディカ判決が意味するのは、同様の状況下で
英国裁判所が管轄を有するかどうかではなく、むしろ判決国が当事者と十分な
関係にあり、管轄権行使を正当化する原因を有したか、および、管轄権を行使
する正当な根拠があるときでも判決承認を拒否する保護政策（protective policies）
を英国が有しているかであるとする。その上で、このような考えを例証するも
のとして、ニュー・ヨーク州市民の夫婦につき、フランスでの妻の姦通を理由
に離婚を認めたフランス判決を、夫婦のドミサイルがフランスにないにもかか
らず承認した、ニュー・ヨーク州裁判所の判例を挙げる（Gould v. Gould, 235 N.Y.
14 (1923)）。そして、管轄を行使する実質的根拠があり、さらに外国裁判所が配
偶者がドミサイルを有する地の離婚法を適用したときには、承認を認める論拠
は非常に強力になるとした上で、外国判決を承認するかどうかを判断するに際
して、裁判所は、等価原則（equivalence principle：鏡像理論と同内容と考えられる）を
機械的に適用することで解決するよりも、前述の事項を探求すべきであるとす
る。このようなアプローチは、ハーグ草案においても黙示的にとられていると
する。

---

33) v. Mehren and Trautman, *supra* note 22, at 1618-1621.
34) インディカ事件判決については、わが国においても詳細な研究がある。本浪章市「管
轄規則と承認規則の関係――インディカ事件と外国離婚判決の承認」関大法学論集 25 巻 4
＝ 5 ＝ 6 合併号 259 頁（1975 年）。

2 カナダ・ケベック[35]

カナダのケベック州では、1994年1月1日より新民法典が施行され、第10編第4章に外国判決承認に関する規定がおかれている。比較法的考察対象としては、わが国にはあまり馴染みがないものの、間接管轄について比較的詳細に規定した最近の立法であるので以下試訳とともに紹介する。1994年法の3155条は、6つの承認拒絶原因を定めている、すなわち、①国際裁判管轄を欠く場合、②未確定裁判の場合、③手続的公序に反する場合、④同一事件について内国判決が存在する、または内国訴訟係属がある場合、⑤公序に反する場合、⑥

---

35) ケベック州はフランス法を継受しており、コモン・ローを継受したカナダの他州と大きく異なる(なお、森島昭夫=ケネス・M・リシック編『カナダ法概説』18頁、22頁参照〔ブロム〕(有斐閣、1984年))。判決承認について、同州はかつては実質的再審を行っていたが、準拠法の要件を課していたかは若干不明確とされる(Glenn, *Recognition of Foreign Judgments in Quebec*, 27 Can. Bus. L. J. 404-5 (1997))。

コモン・ローを継受した州については、カナダ最高裁が1990年に下した判決によるMorguard テストが重要な意味を持つ(Morguard Investments Ltd. v. De Savoye, [1990] 3 S.C.R. 1077, 76 D.L.R. (4th) 256)。本件では、カナダ西部のアルバータ州裁判所が下した、送達がなされたにもかかわらず出廷しなかったブリティッシュ・コロンビア州民に対する金銭支払いを命ずる欠席判決を、ブリティッシュ・コロンビア州裁判所が承認しなければならないかが争点となった。最高裁は、間接管轄について判決州と訴訟対象との間に現実的かつ重要な関係(real and substantial connection)があるときには、他州で下された判決を承認しなければならないとした。また、それまで、カナダは、アメリカ合衆国のような「十分な信頼と信用条項(full faith and credit clause)」に相当する規定を有していないとされたが(森島=ケネス編・前掲22頁)、同判決により「他州で下された判決」に対して十分な信頼と信用を与えるものとされ(Castel, *Canadian Conflict of Laws*, 256 (3d ed. 1994). *See also*, Swan, *The Uniform Enforcement of Canadian Judgments Act*, 22 Can. Bus. L. J. 87, 98 (1993))、大きな転換がもたらされた。また、間接管轄の判断基準である「real and substantial connection test」は、当初はカナダの他州判決の承認に適用が限られていたが、やがてカナダ以外で下された判決に対しても適用されることとなった(Castel, *supra*, at 267-8. Morguard テストを国際訴訟に適用する際の問題については、Blom, *The Enforcement of Foreign Judgments: Morguard Goes Forth into the World*, 28 Can. Bus. L. J. 373 (1997) を参照)。なお、同判決以後に、ブリティッシュ・コロンビア州でも、判決承認について規定が整備された(Swan, *supra*)。

同判決がケベック州に全く影響しないといえるのかは問題がある。同判決が単にコモン・ローのルールに過ぎないなら、判決承認に関するケベック法に影響しないので、ケベック判決を他州で執行するためには、コモン・ロー上の訴訟(action at common law)を提起する必要がある。これに対して、このルールが連邦憲法から生ずるものであるときには、ケベックの承認規定はこのルールを組み込まなければならない(Edinger, *Morguard v. De Savoye: Subsequent Developments*, 22 Can. Bus. L. J. 29, 49-50 (1993), *see also*, Woods, *infra*)。しかし、Morguard 判決と1994年ケベック法での管轄はほぼ一致するとも評される(Lussier, *A Canadian Perspective*, 24 Brook. J. Int'l L.31, 39(1998))。ただし、注37)参照。

外国租税法に基づく裁判の場合（ただし、例外的に承認される場合として3162条）、である[36]。

1994年法における間接管轄の基本的姿勢は、直接管轄を基準にすえるものの、間接管轄規定自体への修正、一般条項による修正（フォーラム・ノン・コンヴェニエンスの法理による間接管轄への制限、さらには緊急管轄の承認）により、直接管轄と間接管轄の厳密な対応関係はないといえる。

(1) 鏡像理論の原則

ケベック州民法典3164条によると[37]、外国裁判所の間接管轄は、ケベック裁判所が渉外事件について適用する管轄規則に従い判断され、鏡像理論（mirror principle）が採用されている。ただし、3165条により、専属管轄や仲裁合意があれば、間接管轄もそれに従うとされている。とくに、ケベック産の原材料から生じた責任についてはケベックが専属管轄を有する（3151条、3129条）。これは同州のアスベスト産業に対する訴訟については、ケベック州に専属管轄を認めることでアスベスト産業を外国判決から守る趣旨と説かれている[38]。

第3164条
外国裁判所の管轄は、事件が係属する当該裁判所所属国が紛争と実質的関係を有する限りにおいて、本編第3章によりケベック裁判所に適用される管轄規則に従い、判断される。

(2) 間接管轄の修正

しかし、3168条の間接管轄は、同種の事件についての直接管轄を定める3148条よりも狭められており、鏡像理論は後退している。まず、これらの条文の規定をみてみる[39]。

---

36) これらの承認拒否事由の他に、3156条は、判決州（国）法による送達がなされずに欠席判決が下されたときには承認拒否をすることができるとし、また3159条は、一部承認について定める。

37) 3164条は、Morguardテスト（注35）を参照）よりも承認可能性を狭くすると述べるのは、Woods, *Recognition and Enforcement of Judgments between Provinces: The Constitutional Dimensions of Morguard Investments Ltd.*, 22 Can. Bus. L. J. 104, 114 (1993).

38) Glenn, *supra* note 35, at 413.

第3148条

財産に関する人的訴訟において、以下の場合には、ケベック裁判所は管轄を有する。

(1) 被告が、住所又は居所をケベックに有するとき。

(2) 法人である被告が、ケベックに本拠を有しないが営業所を有し、かつ紛争が被告のケベックでの活動に関係するとき。

(3) 不法行為がケベックでなされ、ケベックで損害が発生し、侵害行為がケベックで生じ、又は、契約上の義務の1つがケベックで履行されるとき。

(4) 両当事者が、特定の法的関係からそれらの者の間に生ずる、現在又は将来の全ての紛争につき、合意によりケベックの裁判所に服したとき。

(5) 被告が応訴したとき。

ただし、両当事者が、合意により、特定の法的関係からそれらの者の間に生ずる、現在又は将来の全ての紛争につき外国裁判所又は仲裁に服することを選択し、被告がケベック裁判所に服しないときには、ケベック裁判所は管轄を有しない。

第3168条

財産に関する人的訴訟において、外国裁判所の管轄は、以下の場合にのみ承認される。

(1) 被告が判決国に住所を有していたとき。

(2) 被告が判決国に営業所を有し、かつ紛争がその国での被告の活動に関係するとき。

(3) 判決国で損害が発生し、かつ、その損害が、その国でなされた帰責性ある行為またはその国で生じた侵害行為を原因とするとき。

(4) 契約上の諸義務がその国で履行されるべきとき。

(5) 特定の法的関係について両当事者間で生じた、又は生じうる紛争を両当事者が外国裁判所に委ねたとき。ただし、消費者又は労働者はその住所地管轄を、その者に不利益に放棄することは許されない。

(6) 被告が外国裁判所の管轄を承認したとき。

　3168条の定める間接管轄は、(1)被告の住所（domicile of the defendant）、(2)営業所および活動（establishment and activity）、(3)損害および責任（prejudice and fault）、(4)契約上の義務履行地（contract performance）、(5)合意管轄（choice of forum (prorogation)）、(6)応訴（submission by defendant）である。

---

39) これらの規定の英文は、RabelsZ 60 (1996) 340-52 に、また仏文は、RabelsZ 60 (1996) 327-39 に掲載されている。

このうち、(3)損害および責任と、(4)契約上の義務履行地については、鏡像理論から乖離することが指摘されている[40]。すなわち、まず、(3)についてであるが、直接管轄を定める 3148 条は、帰責性ある行為、損害発生または侵害行為のいずれかがケベックで生じたときにはケベックの裁判所は管轄を有するとする。これに対して、3168 条は、損害発生「および」帰責性ある行為または侵害行為が判決国で生じたことを要求している点で、より制限的となっている。また、(4)についてみてみると、3168 条では契約上の諸々の義務（obligations）が判決国で履行されるときに外国判決は承認されるのに対して、直接管轄については、契約上の義務のうちの「1 つ」でもケベックで履行されるときにはケベック裁判所は直接管轄を有する。したがって、ここでも間接管轄は制限が加えられている。

(3)　一般条項による修正[41]

　間接管轄規定そのものをめぐる問題の他に、直接管轄で認められた一般条項を承認の場面に適用したときの問題がある。つまり、外国裁判所の管轄が間接管轄カタログに合致しても、一般条項により管轄が否定されることがあり、また反対に間接管轄カタログにおいて認められていない管轄原因により判決国裁判所が自国の国際裁判管轄を根拠づけたときでも、一般条項により外国裁判所の間接管轄が肯定されるときもある[42]。第 1 に、フォーラム・ノン・コンヴェニエンスの法理（3135 条）による修正がある。つまり、この法理を承認場面で適用することにより、間接管轄カタログ上は認められる外国裁判所の間接管轄を否定し、承認を拒否することになる。第 2 に、緊急管轄（forum of necessity）が直接管轄において認められていることとの関係で（3136 条）、間接管轄についても、判決国以外の国で訴訟を提起する合理性を見いだせないときには、判決を下した外国裁判所の国際裁判管轄を例外的に寛大に認めることになる。第 3 に、外国ですでに訴訟係属があるときには、ケベック裁判所は訴訟を中止する

---

40)　Glenn, *supra* note 35, at 410. グレンによると、判決国の義務履行地としての間接管轄は、全ての義務が判決国で履行されるときに限り認められる。

41)　Glenn, *supra* note 35, at 411-3.

42)　*See also*, Glenn, *Codification of Private International Law in Quebec*, RabelsZ 60 (1996) 231, 266.

ことができるが（3137条）、同様に外国裁判所が中止を発すべきときには、外国裁判所の間接管轄は否定される。

第3135条
ケベック裁判所が裁判管轄権を有するときでも、他の裁判所が裁判をなすのにより適切であるときは、例外的に、当事者の一方の申立てにより、ケベック裁判所は管轄を否定することができる。

第3136条
ケベック裁判所が裁判管轄権を有しないときでも、当該事件がケベックと十分な関連性を有し、ケベック以外で手続を開始することができないか、又はケベック以外で手続開始を求めるのが合理的でないときは、ケベック裁判所は事件を審理することができる。

3 ドイツ
(1) 通説

ドイツの通説は、鏡像理論を支持する[43]。それによると、判決国裁判所の国際裁判管轄は、承認国の国際裁判管轄ルールによって根拠づけられていなければならない。外国裁判所が、判決国法により管轄を有していたかどうかは承認の段階では問題ではない。この場合、承認国の管轄規則と対比されるのは、あ

---

43) *L. v. Bar*, Theorie und Praxis des internationalen Privatrechts, Bd. 2, 1889, S. 465; *Kleinfeller*, Die Vollstreckung ausländischer Urteile, NiemeyerZ 30 (1923), 62, 63; *Kohler*, Zum internationalen Civilprozessrecht, ZZP 10 (1887), 449, 471 f.; *Neuner*, Internationale Zuständigkeit, 1929, S. 48; *Nussbaum*, Deutsches Internationales Privatrecht, 1932, S. 432 f.; *Riezler*, Internationales Zivilprozeßrecht, 1949, S. 532 f.
　執筆当時の文献として次のものがある。*Baumbach/Hartmann*, ZPO, 57. Aufl. 1999, §328 Rndr. 16; *Fricke*, Anerkennungszuständigkeit zwischen Spiegelbildgrundsatz und Generalklausel, 1990, S.117; *Geimer*, Anerkennung ausländischer Entscheidungen in Deutschland, 1995, S. 115; *Linke*, Internationales Zivilprozeßrecht, 2. Aufl. 1995, Rdnr. 392; *Musielak*, ZPO Kommentar, 1999, §328 Rdnr.9 f.; *Rauscher*, Internationales und Europäisches Zivilverfahrensrecht, 1999, S. 110; *Schack*, Internationales Zivilverfahrensrecht, 2. Aufl. 1996, Rdnr. 831 ff.; *Schütze*, Deutsches Internationales Zivilprozeßrecht, 1985, S. 139; *Staudinger/Spellenberg* (1997), §328 ZPO Rdnr. 316; *Stein/Jonas/Roth*, ZPO, 21. Aufl. 1998, §328 VII Rdnr. 82. ケーゲルは、国際私法上の双方的抵触規定と同様であると評する。*Kegl*, Internationales Privatrecht, 7. Aulf. 1995, S. 815. しかし、次の文献も参照。*C. v. Bar*, Internationales Privatrecht, Bd. 1, 1987, Rdnr. 394.
　ドイツは、いわゆるEC民訴条約の締約国であるが、同条約では国際裁判管轄が統一されていることもあり、承認に際して判決国の管轄審査は行われない（同条約28条参照）。

くまで判決国の国際裁判管轄規則であり、土地管轄や事物管轄ではない。また、どのような理由により外国裁判所が国際裁判管轄を肯定したかは、重要ではない。たとえば、外国の裁判所が契約締結地を理由として国際裁判管轄を肯定した事件につき、ドイツ法では財産所在地を理由に管轄が肯定されるといったように（ドイツ民事訴訟法 29 条を参照）、具体的な管轄原因がドイツ法と合致しなくてもよい。このように積極的に判決国裁判所の管轄が認められることの他に、当該事件についてドイツの専属的国際裁判管轄が認められることはないかという消極的審査がなされる。

　これに対して、328 条 1 項 1 号の要件を欠くときには、判決国の管轄が過剰なものではなく合理的なものであっても、承認は拒否される[44]。

　ただし、この鏡像原則には例外規定が設けられている。離婚事件については、(旧) 民事訴訟法 606a 条 2 項により、間接管轄は直接管轄よりも拡張されている。このような扱いを認めたのは、身分関係事件における跛行的法律関係を可及的に回避することを目的にしているからである[45]。（なお、2008 年の家事事件および非訟事件手続法改正法により、本条を含む民事訴訟法第 6 編が削除された。家事事件および非訟事件手続法 109 条 2 項参照）

第 328 条[46]
第 1 項　以下の場合には、外国裁判所の判決は承認されない。
　(1)　外国裁判所が所属する国の裁判所が、ドイツ法によると、管轄を有しないとき。
　(2)　略

第 [旧] 606a 条
第 1 項　以下の場合には、ドイツの裁判所は、婚姻事件について管轄を有する。
　(1)　夫婦の一方がドイツ人であるか、婚姻締結当時ドイツ人であったとき。
　(2)　夫婦双方が国内に常居所を有するとき。
　(3)　夫婦の一方が無国籍者で国内に常居所を有するとき。又は、

---

44)　*Geimer*, a.a.O.(Fn. 43), S. 115; *Zöller/Geimer*, ZPO, 21. Aufl. 1999, §328 Rdnr. 96.

45)　*Schack*, a.a.O.(Fn. 43), Rdnr. 832.

46)　訳は、法務大臣官房司法法制調査部編『ドイツ民事訴訟法典』102 頁、169 頁（法曹会、1993 年）を参考にした。[旧] 606a 条 2 項については、1 号から 3 号までの間接管轄は直接管轄の鏡像であるが、4 号の間接管轄は鏡像理論の例外をなす。*Musielak/Borth*, a.a.O.(Fn. 43), §606a Rdnr. 24; *Thomas/Putzo*, ZPO, 22. Aufl. 1999, §606a Rdnr. 13 f.

⑷　夫婦の一方が国内に常居所を有するとき。ただし、夫婦のいずれかの本国
法により裁判が承認されないことが明白であるときはこの限りではない。
この管轄は専属管轄ではない。
第2項　1項1文4号、及び夫婦双方の本国法により裁判が承認されるときの1号
から3号までは、外国裁判の承認を妨げない。

⑵　判例

　ドイツの判例も、学説と同様に鏡像理論を支持する。以下では、この理論を
適用して判決国の国際裁判管轄を肯定した例と否定した例を紹介する。

①　判決国の国際裁判管轄を肯定した例

　本判決は、外国判決承認に関するドイツ＝オーストリア条約の適用がある事
件に関するものである。同条約2条3号は、承認国法により承認国または第三
国に専属管轄が認められる場合を消極的承認要件として定めている点でドイツ
民事訴訟法328条と異なる間接管轄ルールを採用するが、連邦通常裁判所は鏡
像理論を前提に積極的にオーストリアの国際裁判管轄を肯定している。

連邦通常裁判所 1992 年 10 月 15 日判決（BGH NJW 1993, 1270, 1272）
【事案】
　本件は、原告（元妻）がオーストリアで勝訴した判決をドイツで執行を求め
て起こしたものである。オーストリアで不動産を購入するために、原告は銀行
に借り入れをし、その担保として白地手形を差し入れた。離婚後に不動産を売
却したときに、被告（元夫）は借入金の残金を支払い、その白地手形を受け
取った。被告は、原告に対する求償権があるとして、16 万オーストリアシリ
ングの額を手形に記入し、当時の妻に渡した。その後、手形受取人の提起した
訴訟により、原告に手形金の支払いを命ずる判決が確定した。そこで、原告は
被告を相手に、損害賠償などを求めてウィーンで訴訟を起こした。裁判所は、
損害賠償の支払い、その他の損害についての被告の責任の確定、および訴訟費
用の支払いを求める原告の請求を認容した。その後、原告はオーストリア判決
の執行をドイツで求めたのに対し、被告はオーストリアの裁判所は国際裁判管
轄を有していないと主張した。第1審は請求を認容したのに対して、第2審は

46　第Ⅱ部　要件論

訴えを却下した。

【連邦通常裁判所の判断】

上告認容。オーストリア裁判所が管轄を有していないという被告の主張は認められない。

ドイツ＝オーストリア条約2条3号によると、承認国法によれば、承認国または第三国の裁判所に法律上専属管轄があるときには承認は禁じられる。それゆえドイツ国際民事訴訟法により、当該訴訟事件について判決国以外に専属管轄が認められるか、だけが明らかにされなければならないことになる。また、原告がオーストリアで主張した請求について、ドイツ法上専属管轄は根拠づけられていない。

しかし、オーストリア裁判所は、正当にも自己の国際裁判管轄を肯定している。被告が当時オーストリアに住所を有していないときでも、第1審および第2審での異議なき応訴により（39条）、オーストリア裁判所の管轄が認められる。最上級審判例は、すでに何度も、民事訴訟法39条の規定によりドイツの裁判所の国際裁判管轄を根拠づけてきた。被告が外国裁判所で異議なき応訴をしたときには、その裁判所が法廷地法それ自体によると管轄がなく、かつ被告が無管轄により勝訴することができても、当該裁判所の国際裁判管轄が黙示的に締結されたとみなされる。

② 判決国の国際裁判管轄を否定した例

連邦通常裁判所 1996 年 4 月 25 日決定（BGH RIW 1996, 966）

【事案】

ブラジル企業（原告）が、ドイツの商社（被告）に木綿を輸出した。その輸出が売買によるのか、それとも問屋営業としての合意なのかが争われ、それにともない、転売時にはすでに著しく下落していた世界市場価格を誰が負担するのか、両当事者で争いになった。原告は、売買代金の残金と、立て替えた輸送料の支払いを求めてブラジルで訴訟を提起し、その請求は認容された。

そこで原告は、ブラジル判決のドイツでの執行を求めて、ドイツの裁判所に執行判決訴訟を提起した。デュッセルドルフ地方裁判所は原告の訴えを認容したが、デュッセルドルフ上級地方裁判所は却下したので、原告は連邦通常裁判

所に上告を提起した。

【連邦通常裁判所の判断】

上告却下。ブラジル裁判所はドイツ法に照らして管轄を有していない。

ブラジル民事訴訟法 88 条 3 項は契約締結地の管轄を定めており、原告もこれに依拠しているが、ドイツ法によれば契約締結地の国際裁判管轄は基礎づけられない。また、応訴管轄（ドイツ民事訴訟法 39 条）も基礎づけられていない。なぜならブラジル裁判所は、ブラジル民事訴訟法 88 条 3 項により契約締結地に管轄を基礎づけることができたので、被告がブラジルで無管轄の抗弁を述べることは見込めないからである。さらに、ブラジル裁判所の義務履行地管轄（ドイツ民事訴訟法 29 条）も基礎づけられていない。ドイツ法によってもブラジル法によっても、被告に対する支払い請求の履行地はドイツにあるからである。最後に、原告は財産所在地管轄（ドイツ民事訴訟法 23 条）も基礎づけていない。原告は、被告がブラジルの銀行に財産があると主張するが、特定のブラジルの銀行の名称を挙げることが求められるにもかかわらず、そうしていないからである。

⑶ 鏡像理論に修正を認める見解

ガイマーは、次のように述べて、鏡像理論を原則的に承認しつつも、例外をも肯定している[47]。それによると、まず、ドイツ法は直接管轄と間接管轄が一致するとの原則を前提にしている[48]。しかし、主権的利益はここでは意味をなさず、むしろ、両当事者の管轄の利益を合理的に比較考量することが重要であるとする。その上で、直接管轄と間接管轄の利益状況の相違を指摘する。つまり、直接管轄を規定するに際しては、立法者は、直接管轄を緩やかに設定することで原告の利益を考慮しているのに対して、承認の段階で中心となるのは、予測のつかない法廷地に引き込まれた被告の保護であるとする[49]。この立場からは、ドイツ民事訴訟法 328 条 1 項 1 号の同一原則（Kongruenz-Regel）は、論理的に強制されるものではなく、間接管轄の限界線は直接管轄よりも広範囲なも

47）　*Geimer*, a.a.O.(Fn. 43), S. 115.

48）　*Ders.*, Internationales Zivilprozeßrecht, 3. Aufl. 1997, Rdnr. 854, 2896.

49）　*Ders.*, a.a.O.(Fn. 48), Rdnr. 855 ff.

のになることが考えうると述べ、またドイツ法上存在しないか存在していたとしても範囲が異なる管轄原因であっても、合理的なものであれば外国の国際裁判管轄を承認することができるのではないかという[50]。

⑷ 鏡像理論に批判的な見解

① ゴットヴァルト

ゴットヴァルトは、現行法の解釈としては鏡像理論によるものの[51]、同理論は硬直的であるとして批判する。つまり、鏡像理論では、直接管轄が間接管轄の基準となり、直接管轄から乖離すると外国裁判は承認されないことになるが、これでは外国の管轄が合理的であっても承認されないことがある一方で、外国裁判所が過剰管轄を認める場合であっても内国でも同様のルールがあれば承認されることになってしまう。しかし、実体法の適用関係では内国法からの乖離が認められているのに、訴訟法については一切認められないのはおかしいし、328条1項1号の保護目的に鑑みても適切ではないと述べる[52]。彼によると、間接管轄の審査は、外国裁判所で被告となった者にとりその地での防禦が期待できたかという被告保護の発想であり、内国裁判権を保護するものではない[53]。

そこで、解釈論的解決と立法論的解決の2つの方向性を指摘する。第1に、「解釈論」として、間接管轄の審査を職権調査事項とせずに、国際専属管轄を除いて当事者の任意処分に服させようとする。そして、外国訴訟での被告のみならず、被告保護の目的を逸脱するものの、外国訴訟で敗訴した原告にも、場合によっては内国で新たに訴えを提起する可能性を認める。専属管轄については職権調査は残りうるが、この場合には自国法を適用する公益的利益、つまり当事者の権利をめぐる国家の関心が増大することによるものである。国際専属管轄は、ドイツ法上は例外なので、管轄をすべて職権調査によらせる見解との

---

50) *Ders.*, a.a.O.(Fn. 48), Rdnr. 858. なお、マルティニーも、鏡像理論は神聖なものではなく、必要があるなら直接管轄と間接管轄の並行性は貫徹すべきでないとする。*Martiny*, in: Handbuch des internationalen Zivilverfahrensrechts, Bd. III/1, 1984, Kap. 1 Rdnr. 802.

51) *Münchener Kommentar/Gottwald*, ZPO, Bd. 1, 1992, §328 Rdnr. 53; *Rosenberg/Schwab/Gottwald*, Zivilprozeßrecht, 15. Aufl. 1993, S. 943.

52) *Gottwald*, Grundfragen der Anerkennung und Vollstreckung ausländischer Entscheidungen in Zivilsachen, ZZP 103 (1990), S. 257, 271 f.

53) *Ders.*, a.a.O.(Fn. 52), S. 274.

関係では職権調査とする範囲への制限が明らかに拡大することになる[54]。

　第2に、「立法論」として、内国立法者は、適切な国際裁判管轄の範囲を必ずしも利用しきる必要はないことから、鏡像理論を放棄するか、あるいは緩和することが考えられるとする。そして、予測不可能な裁判籍で訴えられることから被告を保護する必要があることから、1875年にアッセルが提案したような、管轄審査を放棄することと、欠席判決のときだけ国際裁判管轄が合理的地域にあるかどうかを審査するという考えを、一般化すべきとする。その上で、外国裁判所は通常は自らの管轄を慎重に審査したのちに肯定するから、外国裁判所の過剰管轄に対する留保と、法律および契約に基づく内国専属管轄に対する留保をした上で、外国裁判所の審理管轄は肯定されなければならないという。このような体系は、条約により等質な管轄規定を有する締約国間だけでなく、ドイツ固有法が適用されるときにも実践可能であるとする。このような、承認国法上排除されていない限り判決国法の管轄は承認されるという扱いは、1925年ハーグ条約の解決に相応するし、またこの方法は、管轄審査を容易にすると述べる。このような方法に対しては、当然のことながら、不明確さを理由に批判が起こりうるが、これに対しては、ドイツが締結している二国間条約をモデルに不承認のリストを提示可能であるとしているものの、実際には一般的要件を付加することは避けられないとしている[55]。

　この見解に対しては、――ゴットヴァルト自身想定してはいたが――承認段階で承認要件が争われたときに、裁判の承認可能性につき著しい不明確さをもたらすとして批判がなされている[56]。

②　バセドー

　バセドーは、2つの点で鏡像理論には問題があると指摘する[57]。第1に、直接管轄と間接管轄を理論的法体系的に同一にすることは、現実の状況に合致し

54）　*Ders.*, a.a.O.(Fn. 52), S. 273 ff.

55）　*Ders.*, a.a.O.(Fn. 52), S. 275 f.

56）　*Geimer*, a.a.O.(Fn. 43), S. 116（基本法20条に反する）; *Schack*, a.a.O.(Fn. 43), Rdnr. 833; *Staudinger/Spellenberg*, a.a.O.(Fn. 43), §328 Rdnr. 317; vgl. auch *Fricke*, a.a.O.(Fn. 43), S. 117 f.

57）　*Basedow*, Variationen über die spiegelbildliche Anwendung deutschen Zuständigkeitsrechts, IPRax 1994, 183, 184.

ないという。つまり、直接管轄の規律においては、原告や被告の私的利益の他に、管轄を有する国家は事件の処理のために裁判所を用意しなければならないことから、司法経済（Justizökonomie）が考慮されるのに対し、間接管轄についてはこのような考慮はなされない（直接管轄は事前審査であるのに対し、間接管轄は事後審査である）とする。第2に、鏡像理論は、国家的利益と国際法的考慮に基づく相互保証の考えに遡ることができるが、このような考えは、間接管轄の審査を被告保護と位置づける今日の理解に合致しないとする。

③　クロフォラー

また、クロフォラーは[58]、鏡像理論は、外国裁判所などにドイツの裁判所と同じ管轄を認めることから、「法政策的に」は一見すると外国に対して公正（fair）であるが、詳しく見ると、狭すぎたり広すぎたりすると述べる。たとえば、財産所在地（23条）のように、過剰管轄が成立するときには、鏡像理論は間接管轄をあまりにも広く認めることになるので、鏡像理論を制限して間接管轄の成立を否定すべきことも考えられるとする（EC民訴条約3条2項を参照）。また、共同訴訟の裁判籍のように、合理的ではあるもののドイツ法では認められていないものについては（EC民訴条約6条1号参照）、鏡像理論は狭すぎると述べる。そして、国家間の管轄システムの多様性に鑑みて、間接管轄は直接管轄よりも広く認められなければならなかったとして、改正の必要性を説く。また、法的安定性を理由に、外国裁判所の過剰管轄を排除するために一般条項を設けることに反対するなら、スイス連邦国際私法やドイツ民事訴訟法606a条2項のように、特則を設けるべきであるとする。

⑸　関連するいくつかの問題

本号の趣旨をどう捉えるのかという問題は、鏡像理論と少なからず関わりを有する。つまり328条1項1号は当事者の保護を主眼においているとする見解[59]によると、間接管轄を弾力的に解する考えに近づくが、他方で、同号における鏡像理論は、法政策的にみても国家間の管轄の等価値性（Zuständigkeits-

---

58)　*Kropholler*, Internationales Privatrecht, 3. Aufl. 1997, S. 561 f.
59)　*Geimer*, a.a.O.(Fn. 43), S. 115 f; *Gottwald*, a.a.O.(Fn. 52), S. 274.

gleichheit）を実現する点で称賛に値するとして、国家利益を中心に据えているとみられる見解[60]に立つと鏡像理論を厳格に適用することになると考えられる。

この規定の趣旨をどのように捉えるかという問題と関連して、管轄審査の問題が生ずる。公益性を重視すれば職権調査事項に傾くことになる。現在は管轄の審査について、外国裁判所が間接管轄を有しないことは、承認に反対する当事者の抗弁事項であるとする見解も主張されているが[61]、職権調査事項とする見解が通説である[62]。

Ⅲ　わが国における理論状況

わが国では、沿革的な理由からドイツでの鏡像理論の説明で述べたことが、ほぼそのまま説かれてきた。

1　学説

（1）　明治 23 年民事訴訟法当時の学説

明治 23 年民事訴訟法（24 年施行）には、外国判決承認に関する一般規定はなく、強制執行に関する同法 514 条、515 条に外国判決の執行判決に関する規定が置かれていたにすぎなかった。

執行判決を下すために必要な要件のうち、外国裁判所の管轄に関する規定は、515 条 2 項 3 号にある。この規定の趣旨については、日本の司法権ないし裁判権に対する侵害を防ぐことに求める立場が有力であった[63]。しかしこのような

60）　*Stein/Jonas/Roth*, a.a.O.(Fn. 43), §328 VII Rdnr. 82.

61）　*Geimer*, a.a.O.(Fn. 48), Rdnr. 2897; *ders.*, a.a.O.(Fn. 43), S. 115; *ders.*, Vorbehaltlose Einlassung und Verbürgung der Gegenseitigkeit als Regulative für die internationale Anerkennungs-zuständigkeit, IPRax 1994 S. 187; *Schütze*, a.a.O.(Fn. 43), S. 162.

62）　*Fricke*, a.a.O.(Fn. 43), S. 102 f.; *Schack*, a.a.O.(Fn. 43), Rdnr. 882; *Thomas/Putzo/Hüßtege*, a.a.O.(Fn.46), §328 Rn.7. シャックは、唯一の例外である送達の要件を除いて職権調査事項であるとする。その理由として、当事者の自由処分に任せると、被告は、たとえば判決効を第三者に不利に及ぶように操作することができようになってしまうとする。

63）　岩田一郎『民事訴訟法原論』1066 頁（明治大学出版部、第 28 版、1923 年。外国裁判所ノ為メニ我司法権ヲ侵害セラレサルコトヲ目的トスル規定ナリ）、松岡義正『強制執行要論（上）』483 頁（清水書店、1924 年。民事訴訟法第 515 条第 2 項第 3 号ノ規定スル要件ハ外国ノ裁判権ト内国ノ裁判権トノ限界ヲ明ニシ之ヲ侵スコトナカラシムル為存スル）。

52　第Ⅱ部　要件論

わが国の裁判権に対する外国からの侵害を防ぐ点に加えて、在外自国民の保護も本号の目的であるとの見解もあった[64]。

また、外国裁判所の管轄の基準については、日本法により判断すべきであるとされていた[65]。この場合、判断対象となるのは、外国裁判所所属国が一国として管轄を有していたかどうかだけであると説かれる。わが国の裁判権の侵害の有無を判断するには、それだけで十分だからである。したがって、具体的事件で裁判を下した具体的裁判所が事物管轄を有していたかどうかは、問題ではないとされる。外国裁判所が事物管轄規定を遵守したか否かについては、わが国は利害関係を有さず、外国の内部関係の問題にすぎないからとされる[66]。

第514条

外国裁判所ノ判決ニ因レル強制執行ハ本邦ニ裁判所ニ於テ執行判決ヲ以テ其適法ナルコトヲ言渡シタルトキニ限リ之ヲ為スコトヲ得

執行判決ヲ求ムル訴ニ付テハ債務者ノ普通裁判籍ヲ有スル地ノ区裁判所又ハ地方裁判所之ヲ管轄シ又普通裁判籍ナキトキハ第17条ノ規定ニ従ヒテ債務者ニ対スル訴ヲ管轄スル裁判所之ヲ管轄ス

第515条

執行判決ハ裁判ノ当否ヲ調査セスシテ之ヲ為ス可シ

執行判決ヲ求ムル訴ハ左ノ場合ニ於テハ之ヲ却下ス可シ

第1　外国裁判所ノ判決ノ確定ト為リタルコトヲ証明セサルトキ

第2　本邦ノ法律ニ依リ強テ為サシムコトヲ得サル行為ヲ執行セシム可キトキ

第3　本邦ノ法律ニ従ヘハ外国裁判所カ管轄権ヲ有セサルトキ

第4　敗訴ノ債務者本邦人ニシテ応訴セサリシトキ但訴訟ヲ開始スル呼出又ハ命令ヲ受訴裁判所所属ノ国ニ於テ又ハ法律上ノ共助ニ依リ本邦ニ於テ本人ニ送達セサリシトキニ限ル

第5　国際条約ニ於テ相互ヲ保セサルトキ

---

64)　今村信行『民事訴訟法註解（下）』1163頁（明治大学講法会、増訂3版、1906年。本号ノ規定ハ外国ノ裁判権ノ為メニ我カ裁判権ヲ侵害セラレサルコトト外国ニ在ル本邦人ニ対シ裁判権ヲ有セサル外国裁判所ノ越権ヲ認メサル目的トスルニ在リ）。

65)　岩田・前掲注63）1066頁、松岡・前掲注63）481頁、484頁。

66)　松岡・前掲注63）483-484頁。なお、松岡・前掲注63）484頁、岩田・前掲注63）1066頁、今村・前掲注64）1162頁は、外国裁判所がわが国の法により土地管轄を有していることを求めている。しかし、これは逆推知説ないし二重機能説を前提に、日本の土地管轄の個別規定との符合を求めているのではなく、日本の国内土地管轄規定の総和が符合すれば足りる趣旨であろう。

(2) 大正 15 年改正民事訴訟法のもとでの学説

大正 15 年の民事訴訟法改正（昭和 4 年施行）に際して、外国判決承認に関する一般規定が設けられた。その 200 条 1 号は、「法令又ハ条約ニ於テ外国裁判所ノ裁判権ヲ否認セサルコト」と規定されていた。

この規定は強制執行に関する民事訴訟法 514 条、515 条を前提に規定されていたと理解されたことから、本来的に執行の問題が生じない外国の確認判決や形成判決について、適用があるのかといった点が議論されていた。とくに、形成判決については、跛行的婚姻関係の発生を可及的に回避するという観点から、また 4 号の相互保証の要件は自国の「給付判決」を他国での執行を容易にするための政策的手段と考えられてきたことから、200 条の全面適用については、激しく争われてきた[67]。しかし、外国裁判所の管轄の要件については、適用されるか類推適用されるかの違いはあるにしても、必要とされることについては一致を見ていた。

旧民事訴訟法 200 条 1 号が要求している外国裁判所の間接管轄の判断基準については、明治 23 年民事訴訟法におけると同様に日本法の国際裁判管轄の基準に従うとする見解が通説を占めていた[68]。その理由としては、「両者は本来同一の事柄を異なる角度から見たものにすぎず、同一の原則によって規律さるべきはずのもの」であるとする。この場合、外国裁判所は日本の国際民事訴訟法

---

67) 長島毅＝森田豊次郎『改正民事訴訟法解釈』228 頁（清水書店、1930 年）は、身分関係につき本条の適用を認めるのに対し、江川・前掲注 6）国際法外交雑誌 41 巻 4 号 24 頁は、離婚判決につき同条の適用を否定する。この問題については、たとえば、山田鐐一『国際私法』402 頁（有斐閣、1992 年）を参照。

68) 青山善充「判批」ジュリスト 890 号 85 頁（1987 年）、池原季雄＝平塚真「渉外訴訟における裁判管轄」鈴木忠一＝三ケ月章監修『実務民事訴訟講座(6)』4 頁（1971 年）、上村明広「外国裁判承認理論に関する一覚書」法曹時報 44 巻 5 号 25 頁（1992 年）、江川・前掲注 6）国際法外交雑誌 41 巻 4 号 25 頁、江川英文「外国離婚判決の承認」立教法学 1 号 35 頁（1960 年）、遠藤賢治「外国判決の承認執行(1)」元木伸＝細川清編『裁判実務大系(10)』104 頁（青林書院、1989 年）、兼子一『條解民事訴訟法 II』139 頁（弘文堂、1951 年）、兼子一『新修民事訴訟法体系』339 頁（酒井書店、増補版、1965 年）、兼子一ほか『条解民事訴訟法』647 頁（弘文堂、1986 年）、酒井一「判批」ジュリスト 1083 号 113 頁（2006 年）鈴木忠一＝三ケ月章編『注解民事執行法(1)』397 頁〔青山善充〕（第一法規出版、1984 年）、道垣内正人「判批」重判平成 4 年度 295 頁、道垣内正人「判批」ジュリスト 1053 号 124 頁（1994 年）、矢ケ崎武勝「外国判決の承認並にその条件に関する一考察（2・完）」国際法外交雑誌 60 巻 2 号 58 頁（1961 年）、山田鐐一「判批」ジュリスト 287 号 105 頁（1963 年）（原則として同一）。

の原則により国際裁判管轄が認められればよく、同一事件について日本が管轄を有するときでも承認される。

しかし、文言に従い、外国裁判所が管轄を否定されていないことを要件とする見解もあった[69]（改正当時の立法担当者は、この点について、条文の文言通りに外国裁判所の裁判権が否認されることを問題にしているが、そのような法令または条約はその当時見いだすことはできないとしている）[70]。近時この立場を支持する見解は、判決国法上、判決国に管轄が認められる場合でも、日本の国際民事訴訟の原則に照らして日本または第三国に専属管轄が生ずるときには、法令により裁判管轄が否定されたものとして扱う[71]。つまり、判決国法と承認国法の累積的適用を意味することになる（国際的専属管轄の限度で承認国法を適用させるのであるから、ある意味では承認国法基準説に近い面を有する。実際には、国際的専属管轄は極めて例外的に認められるにすぎないことから、実際上承認国法が問題なることは稀であろう）。この立場では、結局は、判決国の国際民事訴訟法原則に従い、当該外国に国際裁判管轄が認められれば、原則としてわが国で承認することになる。条文の文言に沿った解釈であるが、これでは間接管轄を承認要件として求めた実質的意味が失われるとの批判がある[72]。しかし、この批判に対しては、公序条項（旧民事訴訟法200条3号、現行民事訴訟法118条3号）により対処可能であるとの反論がなされている[73]。

他方で、通説と同様に判決国裁判所の国際裁判管轄を承認国（日本）の立場から判断するにしても、間接管轄の基準を直接管轄と同一によらせることに反対する見解も有力である[74]。これは、各国の国際裁判管轄が統一されていない

---

69) 細野長良『民事訴訟法要義(4)』222頁（巌松堂、1934年）。

70) 山内確三郎『民事訴訟法の改正(1)』315頁（法律新報社、1929年）。条約による外国裁判所の国際裁判管轄の否定例としては、判決国で日本の領事裁判権が認められるときに、その範囲内の事項について判決国裁判所が下した判決が挙げられている。中島弘道『日本民事訴訟法』853頁（松華堂、1934年）、前野順一『民事訴訟法論（第1編総則）』671頁（松華堂、1937年）。

71) 斎藤秀夫ほか編『注解民事訴訟法(5)』123頁〔小室直人・渡部吉隆・斎藤秀夫〕（第一法規出版、第2版、1991年）、林脇トシ子「判批」ジュリスト485号169頁（1971年）、三ツ木正次「判批」ジュリスト177号81頁（1959年）、三ツ木正次「判批」ジュリスト756号210頁（1982年）、三ツ木・前掲注8）193頁、山田恒久「間接管轄に関する若干の考察」杏林社会科学研究3巻2号25頁（1986年）。

72) 松岡博「国際取引における外国判決の承認と執行」阪大法学133＝134号34頁（1985年）など。

73) 三ツ木・前掲注8）193頁。

現状では、承認国の管轄が厳格で狭いときには、承認要件を充たす判決が不当に制限されることになり妥当でないとの認識のもと、とくに身分関係事件での跛行的法律関係の発生を阻止しようとの配慮、および、直接管轄と間接管轄とでは裁判所や当事者の利益状況が異なることを理由とする。かつては、身分関係事件への配慮が中心であったが、最近は一般化して説かれる論稿がみられる点は注目すべき傾向といえる。

　なお、現行民事訴訟法では、外国判決承認に関する 118 条は、大きな修正を加えることなく旧法から引き継がれている。もっとも 118 条 1 号は、「法令又は条約により外国裁判所の裁判権が認められること」と定められ、外国裁判所の管轄について旧法が消極的な規定の仕方であったのに対して、現行法は積極的な規定に改められている。これは、旧法下での通説的立場であった鏡像理論を前提に、文言を修正したものと解される[75]。

(3)　関連する問題

　この規定の趣旨については、裁判が国家主権の発動であることを理由に、外国の国家主権による日本の主権侵害を防ぐことだけに求める見解があるが[76]、現在では承認国の国際的専属管轄に関する自国利益の確保と、被告保護の双方

---

74)　石川明＝小島武司編『国際民事訴訟法』141 頁〔坂本恵三〕（青林書院、1994 年）、石川明＝小島武司＝佐藤歳二編『注解民事執行法（上）』208 頁〔小島武司＝猪股孝史〕（青林書院、1991 年）、石黒一憲『現代国際私法（上）』533 頁（東京大学出版会、1986 年）、猪股孝史「外国財産関係判決の承認および執行制度に関する序論的考察」比較法雑誌 22 巻 2 号 42 頁（1988 年）、川上太郎「外国裁判所の国際的裁判管轄」民商法雑誌 66 巻 6 号 24 頁（1972 年）、木棚照一「判批」法時 47 巻 11 号 131 頁（1975 年）、小杉丈夫「承認条件としての管轄権」国際私法の争点 235 頁（新版、1996 年）、小林秀之「判批」判タ 668 号 44 頁（1988 年）、小林秀之『国際取引紛争』182 頁（増補版、弘文堂、1991 年）、澤木敬郎「判批」ジュリスト 516 号 159 頁（1972 年）、澤木敬郎「判批」判例評論 264 号 35 頁（1981 年）、高桑昭「外国離婚判決の承認」青山正明編『民事法務行政の歴史と今後の課題（下）』514 頁（テイハン、1993 年）、溜池良夫「渉外人事非訟事件の諸相」鈴木忠一＝三ケ月章監修『新実務民事訴訟講座(7)』203 頁、212 頁（日本評論社、1982 年）、本浪・前掲注 34）336 頁、松岡博「外国離婚判決の承認の要件」『現代家族法大系(2)』443 頁（有斐閣、1980 年）、松岡博「外国離婚判決の承認について」阪大法学 86 号 43 頁（1973 年）、矢澤昇治「判批」渉外判例百選 226 頁（第 3 版、1995 年）、渡辺惺之「外国の離婚・日本の離婚の国際的効力」『講座・実務家事審判法(5)』195 頁（日本評論社、1990 年）。なお、鈴木正裕＝青山善充編『註釈民事訴訟法(4)』370 頁〔高田裕成〕（有斐閣、1997 年）。

75)　法務省民事局参事官室編『一問一答新民事訴訟法』136 頁（商事法務研究会、1996 年）。

を掲げる見解が有力である[77]。また、本号の要件の調査について、公益性を理由に職権調査事項とする見解が通説であるが[78]、現在では、専属管轄を除き当事者の責問によらせる見解もある[79]。

2　判例

　以下では、直接管轄と間接管轄の関係について、わが国の裁判所がどのような理解をしているのかをみてみる。なお、最判平成 10 年 4 月 28 日（民集 52 巻 3 号 853 頁）が、直接管轄と間接管轄の関係につき、どのような見解に立つのか争いがあるが、その点については IV で述べることとする。

(1)　通説に従う判例

　従来の判例の主流は、通説と同様に承認国であるわが国の立場から見て、判決国が国際裁判管轄を有しているのかを問題にし、その基準として直接管轄を用いる。

　①　**東京地判昭和 47 年 5 月 2 日**（下民集 23 巻 5 = 8 号 224 頁、判時 667 号 47 頁、判タ 283 号 272 頁）[80]

　義務履行地であるフランスの国際裁判管轄（否定）

　「一般間接管轄といい一般直接管轄といっても、それは同一の事柄について異なる角度から見たものであり、現実はともかくとして、両者は同一の原則ないし抽象的基準によって規律せられるべきはずのものである」。

---

76)　前野・前掲注 70) 670 頁、松岡義正『新民事訴訟法註釈(6)』1226 頁（清水書店、1939 年）。

77)　竹下守夫「判例から見た外国判決の承認」新堂幸司ほか編『判例民事訴訟法の理論（下）』529 頁（有斐閣、1995 年）。なお参照、高田裕成「財産関係事件に関する外国判決の承認」澤木敬郎＝青山善充編『国際民事訴訟法の理論』393 頁（有斐閣、1987 年）。

78)　兼子ほか・前掲注 68) 643 頁〔竹下〕、菊井維大＝村松俊夫『全訂民事訴訟法 I』1311 頁（日本評論社、補訂、1993 年）、松岡・前掲注 76) 1227 頁。

79)　上村・前掲注 68) 28 頁。

80)　評釈として、妹場準一「判批」渉外判例百選 276 頁（増補、1976 年）、佐藤哲夫「判批」渉外判例百選 216 頁（第 2 版、1986 年）、澤木・前掲注 74) ジュリスト 157 頁、三浦正人「判批」重判昭和 47 年度 203 頁がある。

② **東京地判昭和 48 年 11 月 30 日**（家月 26 巻 10 号 83 頁）[81]

カリフォルニア州裁判所の離婚判決（管轄否定）

「〔旧〕民事訴訟法第 200 条第 1 号所定の裁判管轄権の有無は、右条項の文言および外国判決承認制度の趣旨から考えると、その判決を承認するかしないかを決定するわが国の法原則にもとづいて判断すべきものである。……原則として当該離婚事件の被告住所地国に裁判管轄権を認め、例外的に、原告が遺棄された場合、被告が行方不明である場合、その他これに準ずべき場合には、原告の住所地国にも管轄権を認めるという法原則（最高裁判所昭和 39 年 3 月 25 日大法廷判決。民集第 18 巻第 3 号 486 頁。）に則るべきものと解するのが相当である」。

③ **宇都宮地足利支判昭和 55 年 2 月 28 日**（下民集 34 巻 1 = 4 号 201 頁、判時 968 号 98 頁）[82]

ニュー・ヨーク州裁判所の離婚判決（管轄否定）

直接管轄と間接管轄の関係について、本判決は明言していないが、離婚の国際裁判管轄に関する昭和 39 年の最高裁判決を踏襲しているので、同視していると考えられる。

「渉外的離婚が訴訟によってなされる場合、離婚の裁判をなすべき管轄権がいずれの国の裁判所に帰属するか、については、わが国には明文規定はない。そこで、当裁判所は、この点に関しては、原則として当該離婚事件の被告が住所を有する国の裁判所に管轄権を認め、例外的に、被告の住所不明、悪意の遺棄、その他これに準ずべき特別の事情のある場合に、補充的に原告が住所を有する国の裁判所にもこれを認める見解を相当と考える」。

④ **東京地判昭和 55 年 9 月 19 日**（判タ 435 号 155 頁）[83]

カリフォルニア州離婚判決（不承認）

---

81) 評釈として、烌場準一「判批」ジュリスト 603 号 170 頁（1976 年）、海老沢美広「判批」渉外判例百選 274 頁（増補、1976 年）、大須賀虔「判批」渉外判例百選 212 頁（第 2 版、1986 年）、木棚・前掲注 74）128 頁がある。

82) 評釈として、岡本善八「判批」重判昭和 55 年度 309 頁、澤木・前掲注 74）判例評論 33 頁、渡辺惺之「判批」ジュリスト 741 号 144 頁（1981 年）。

83) 評釈として、三ツ木・前掲注 71）ジュリスト 756 号 209 頁。

「[旧] 民訴法 200 条 1 号……所定の裁判管轄権の有無は、同条項の文言及び外国判決承認制度の趣旨から考えると、当該判決の効力を承認するか否かを決する我が国の裁判所が渉外人事事件を実際に担当する際に適用する管轄分配規則に従うものと解するのが相当である。……。

ところで、我が国には、渉外人事事件につき管轄分配規則を定めた明文の規定は存しない。しかし、この点については、原則として当該離婚事件の被告住所地国の裁判所に裁判管轄権を認め、例外的に、原告が遺棄された場合、被告が行方不明である場合その他これに準ずべき場合には、原告の住所地国の裁判所にも管轄権を認めるという法原則（最高裁判所昭和 39 年 3 月 25 日大法廷判決、民集 18 巻 3 号 486 頁参照。）に則るべきものと解するのが相当である」。

⑤　**大阪地判平成 3 年 3 月 25 日**（判時 1408 号 100 頁、判タ 783 号 252 頁）[84]（後掲大阪高判平成 4 年 2 月 25 日の原審）

ミネソタ州裁判所の義務履行地管轄（否定）

「いずれの国が（間接的）国際裁判管轄権を有するかについては、わが国にはこれを直接に規定する成文法規もなく、またよるべき条約、その他一般に承認された国際法上の原則もいまだに確立していない。そこで、右国際裁判管轄は、当事者間の公平、裁判の適正・迅速を期するというわが国際民事訴訟法の基本理念（条理）によって決するのが相当である。

具体的には、わが国の民事訴訟法の国内の土地管轄に関する規定……を類推し同一の法則によって決定するのが相当である」。

⑥　**大阪高判平成 4 年 2 月 25 日**（高民集 45 巻 1 号 29 頁、判タ 783 号 248 頁）[85]（前掲・大阪地判平成 3 年 3 月 25 日の控訴審）

ミネソタ州裁判所の義務履行地管轄（否定）

「[旧] 民訴法 200 条所定の『法令又ハ条約ニヨリ外国裁判所ノ裁判権ヲ否認

84）　評釈として、奥田安弘「判批」判例評論 402 号 48 頁（1992 年）、松岡博「判批」リマークス 6 号 164 頁（1993 年）がある。

85）　評釈として、酒井一「判批」平成 4 年度主要民事判例解説 264 頁、道垣内・前掲注 68）重判 293 頁、松下淳一「判批」ジュリスト 1076 号 149 頁（1995 年）、矢澤・前掲注 74）226 頁、山田恒久「判批」法学研究 66 巻 5 号 157 頁（1993 年）がある。

セザルコト』とは、当該外国の裁判所が、わが国の国際民訴法の原則からみて、その事件につき、国際裁判管轄権を有すると積極的に認められることを要するものと解すべきところ、わが国においては、現在、明文の国際民訴法規はないので、わが国の国際裁判管轄権は、条理としての国際民訴法によってこれを定める外はない」。

⑦ **神戸地判平成5年9月22日**（判時 1515 号 139 頁、判タ 826 号 206 頁）[86]
香港高等法院の訴訟費用の負担に関する命令（管轄肯定）

「（［旧］民訴法 200 条）1 号は、『法令又ハ条約ニ於テ外国裁判所ノ裁判権ヲ否認セサルコト』と規定しているところ、同号の趣旨は、当該外国裁判所が我が国の国際民訴法の原則からみて、その事件につき国際裁判管轄権を有する、すなわち、間接的一般管轄権を有すると積極的に認められることを要求するにあると解するのが相当である。

……直接的一般管轄権の存否の判断と右間接的一般管轄権の存否の判断とは、表裏一体の関係にあり、本来、同一の法則によって規律されるべき」である。

⑧ **東京地判平成6年1月14日**（判時 1509 号 96 頁、判タ 864 号 267 頁）[87]
ニュー・ヨーク州裁判所の、義務履行地管轄、不法行為地管轄と主観的予備的併合の管轄（いずれも肯定）

「［旧］民事訴訟法 200 条 1 号に定める『外国裁判所の裁判権を否認せざること』とは、当該外国の裁判所が我が国の国際民事訴訟法の原則から見て、その事件につき国際裁判管轄権を有すると積極的に認められること（以下『間接的国際裁判管轄権』という。）をいい、その範囲は、我が国の裁判所が直接に渉外的訴えを受理した場合に、それにつき本案判決をなすに必要な国際裁判管轄権（以下『直接的国際裁判管轄権』という。）と表裏一体の関係にあると解するのが相当である」。

86）　評釈として、道垣内・前掲注 68）ジュリスト 124 頁、福山達夫「判批」判例評論 438
　号 201 頁（1995 年）、山田恒久「判批」重判平成 5 年度 293 頁がある。
87）　評釈として、安達栄司「判批」判タ 870 号 58 頁（1995 年）、酒井・前掲注 68）112 頁、
　中野俊一郎「判批」12 号 152 頁（1996 年）、山田恒久「判批」法学研究 69 巻 5 号 182 頁
　（1996 年）がある。

⑵ 直接管轄と間接管轄の不一致を認める判例

基本的に通説に従うと考えられるが、直接管轄の場合と乖離することを認めるものがある。

⑨ 名古屋地判昭和 62 年 2 月 6 日 （判時 1236 号 113 頁、判タ 627 号 244 頁、金法 1153 号 81 頁、金商 788 号 30 頁）[88]

ミュンヘン地方裁判所の合意管轄（肯定）

まず、管轄合意の成立について、「我が国から見て、判決国たる西ドイツに裁判管轄権があったか否か（［旧］民訴法 200 条 1 号）という観点から、本件管轄合意の連結点としての資格を評価するのであるから、我が国の国際民訴法が準拠法になるものと解すべきである。

しかしながら、我が国際民訴法上、管轄の合意における意思表示の解釈についての明確な基準は存在しないので、国内民訴法の規定を参照しつつ、合理的国際慣行をも考慮した条理に従って決すべきである」。

その上で、管轄の合意につき錯誤があったときの扱いについて、「［旧］民訴法 25 条においては、管轄の合意に錯誤があった場合、管轄の合意は訴訟手続を直接組成しないことから、民法の意思表示の規定が類推される余地があると解されるものの、訴訟係属後、少くとも応訴管轄が生じた後には、手続の安定性の要請が働くから、もはや、私法の意思表示の規定を類推することは許されず、錯誤無効を主張することはできないと解されるところ、事件の国際性に照らして、手続の安定がより強く要請される我が国際民訴法上も外国判決が確定した以上、管轄の合意につき錯誤があったとしても、もはや私法の意思表示の規定によって、その無効を主張することは許されないものと解すべきである。

（右のように解すると、我が国に、訴訟が提起された場合には、管轄合意の錯誤無効を顧慮しうるのに、外国判決の承認要件としての裁判管轄（いわゆる間接的一般管轄）の判断においては、これを顧慮しないことになって、直接的一般管轄の基準と間接的一般管轄の基準

---

88) 評釈として、青山・前掲注 68) ジュリスト 79 頁、石黒一憲「判批」ジュリスト 974 号 87 頁（1991 年）、海老沢美広「判批」判例評論 348 号 50 頁（1988 年）、貝瀬幸雄「判批」法学教室 82 号 87 頁（1987 年）、神前禎「判批」ジュリスト 894 号 143 頁（1987 年）、小林秀之「判批」昭和 62 年度主要民事判例解説 280 頁、小林・前掲注 74) 判タ 41 頁、櫻田嘉章「判批」重判昭和 62 年度 276 頁がある。

とが一致しない結果となるが、手続的な制約から右のような違いが生じることはやむを得ないものと解される。)」。

(3) 判決国法説に立つ判例

他方、承認国法により国際裁判管轄が否定されなければよいとする、少数説に立つ判例もある。

⑩ **東京地判昭和 45 年 10 月 24 日**（判時 625 号 66 頁、判タ 259 号 254 頁）[89]

金銭支払請求訴訟に関するハワイ州の国際裁判管轄（肯定）

「わが国には、ある民事事件について一般的に外国の裁判権を否認する趣旨の法令または条約は存在せず、具体的には、アメリカ合衆国ハワイ州に居住する被告に対し、同国の裁判所が本件係争につき裁判権を行使することを否認する法令もない」。

⑪ **東京地判昭和 54 年 9 月 17 日**（判時 949 号 92 頁）

コロンビア特別区が下した売掛代金債権の確定判決（管轄肯定）

「わが国には民事事件について一般的に外国裁判所の裁判権（管轄権）を否定する趣旨の法令又は条約はなく、またアメリカ合衆国コロンビア特別行政区の（アメリカ合衆国）地方裁判所が原被告間の売掛代金請求訴訟について、後記のとおり同裁判所の管轄権を認めた被告に対して裁判権を行使することを否定する法令もない」。

(4) 不明確な判例

直接管轄と間接管轄の関係が明確でない判例として以下のものがある。

⑫ **横浜地判昭和 57 年 10 月 19 日**（判時 1072 号 135 頁）[90]

ハイチ共和国の離婚判決（管轄否定）

「当該離婚訴訟提起当時もそれ以前にも、当該離婚事件の被告たる本件原告

---

89) 評釈として、林脇・前掲注 71) 168 頁がある。

はもちろん、当該離婚事件の原告たる本件被告も、ハイチ共和国に国籍並びに住所及び常居所を有していなかったことが認められる。

またハイチ共和国の裁判所に管轄を認めなければ、著しく国際私法上の正義に反すると認むべき特段の事情（他に管轄裁判所がないという如く。）も見あたらない」。

本件判決は、間接管轄につき、どのような理論的前提をもとに判断しているのかは不明である（離婚の国際裁判管轄に関する最判昭和 39 年 3 月 25 日民集 18 巻 3 号 486 頁を参照）。しかし、承認の局面で緊急管轄が生ずる余地を認めていると解される（その意味で間接管轄が例外的に拡張される可能性がある）点で注目に値する。

⑬　**東京地判平成 4 年 1 月 30 日**（判タ 789 号 259 頁）（後掲平成 5 年 11 月 15 日判決の原審）[91]

テキサス州裁判所が下した子の監護権をめぐる裁判（管轄肯定）

「本件外国判決は、それに先行して本件外国裁判所が既になしていた原被告間の離婚決定（テキサス州の法令に基づき結婚し離婚当時同州に居住していた原被告を離婚するとの決定）中に含まれていたアメリカ合衆国テキサス州の市民であり未成年者であるナオミの単独支配保護者等の定めに関する決定等、及びその後に同じく本件外国裁判所がなしたナオミの住所変更等に関する許可決定の 2 つの決定の修正変更を求めて、原告が被告を相手方として提起した訴訟において、本件外国裁判所がアメリカ合衆国テキサス州法に基づき、証拠開示手続を経て陪審による事実審理を経て宣告したものである。

わが国の法令又は条約において、右の事柄に関する本件外国裁判所の裁判管轄権を否定しているものは見あたらない。また本件外国判決書の記載によれば、本件外国判決の相手方である被告は、本件外国裁判所において、弁護士を代理人として現実に応訴しているから、いずれにしても本件外国裁判所に裁判管轄

---

90)　評釈として、大須賀慶「判批」ジュリスト 819 号 158 頁（1984 年）、大須賀慶「判批」渉外判例百選 234 頁（第 3 版、1995 年）、川口冨男「判批」季刊実務民事法 3 巻 242 頁（1983 年）がある。

91)　評釈として、河野俊行「判批」ジュリスト 1026 号 153 頁（1993 年）、小室百合「判批」法学 58 巻 1 号 221 頁（1994 年）、櫻田嘉章「判批」重判平成 4 年度 296 頁（本判決を少数説に立つものと評価）、西野喜一「判批」平成 5 年度主要民事判例解説 276 頁がある。

権があったことは否定できない」。

本件判決をどのように理解すべきか。少数説に近い表現を用いているが、応訴管轄が認められる根拠が判決国法なのか、それとも承認国法なのかが明らかでない。

⑭ **東京高判平成 5 年 11 月 15 日**（高民集 46 巻 3 号 98 頁）（前掲・平成 4 年 1 月 30 日判決の控訴審)[92]

テキサス州裁判所が下した子の監護権をめぐる裁判（管轄肯定）

「本件外国判決は、それに先行して本件外国裁判所によってされた控訴人・被控訴人間の離婚判決（テキサス州の法令に基づいて婚姻し、同州に居住していた控訴人及び被控訴人を離婚する旨の判決）に含まれていたアメリカ合衆国の国籍を有し、かつ、テキサス州に居住していた未成年者であるナオミの単独支配保護者等の定めに関する判決等並びにその後に本件外国裁判所がしたナオミ及び控訴人の住所変更等の許可決定の修正変更を求めて、被控訴人が控訴人を相手方として提起した訴訟において、本件外国裁判所がテキサス州法に基づき、陪審による事実審理を経て宣告したものであり、また、右提訴の当時、控訴人及びナオミはいずれも同州に居住しており、しかも控訴人は右訴訟に応訴しているものであるから、本件外国判決事件につき、本件外国裁判所に裁判管轄権があったことは明らかである（もとより、わが国の法令又は条約において、右の事柄に関する本件外国裁判所の裁判管轄権を否定しているものは見あたらない。）。このことは、右事件の提訴後、控訴人及びナオミが日本に居住するようになった事実によっては左右されないというべきである」。

原審と対比すると、本件判決で裁判所はテキサス州裁判所の間接管轄を肯定するに際して、アメリカ合衆国の国籍を有すること、テキサス州に居住していたことを強調する表現を用いている。しかし、判旨からは直接管轄の基準との関係は定かではない（カッコ書き部分をどのように解するかによっても判旨の理解は異

---

92) 評釈として、西野喜一「判批」平成 6 年度主要民事判例解説 254 頁、早川眞一郎「判批」リマークス 10 号 172 頁（1995 年）、山田恒久「判批」渉外判例百選 230 頁（第 3 版、1995 年）（本判決を少数説に立つものと評価）、横溝大・ジュリスト 1105 号 153 頁（1997年）、渡辺惺之「判批」重判平成 5 年度 296 頁がある。

64 **第Ⅱ部 要件論**

なりうる)。少数説に近い表現が用いられているものの、承認国の立場から、判決国の間接管轄が積極的に基礎づけられていると捉えることもできる。

その他に、⑮チューリッヒ州商事裁判所の判決および決定につき管轄を肯定した東京地判昭和 42 年 11 月 13 日（下民集 18 巻 11 = 12 号 1093 頁）、⑯英国高等法院の付加的合意管轄を肯定した東京地判平成 6 年 1 月 31 日（判タ 837 号 300 頁、判時 1509 号 101 頁)[93] がある。

IV 検討

1 間接管轄の基準──判決国法か承認国法か

まず間接管轄の基準は、判決国法によるべきか、それとも承認国法によるべきか。これまで本節で見てきた外国の扱いでは、判決国法に間接管轄の基準を全面的に委ねる立場はない。また、わが国で説かれる判決国法説においても、ロング・アーム法などの過剰管轄に対しては 3 号の公序による承認拒否の余地を認めていることから、承認国法からの判断を一切否定するものではない。その意味では、わが国における判決国法説と承認国法説の相違は相対的といえる。そうであるならば、承認国法説の方がより適切な解釈である。この解釈は、従来のわが国の通説に合わせる形で規定された現行民事訴訟法 118 条 1 号の文言に合致するし、例外的に発動される公序条項の肥大化に対する懸念もない。また判決国法説が意図したと考えられる、外国判決承認への寛大性という目標については、後述する間接管轄の独自性を認めることにより、達成されるのではないかと考えるからである。

2 ドイツ型鏡像理論の妥当性

外国裁判所の間接管轄の判断基準としては承認国法によるべきであるとしても、その具体的基準として直接管轄と全く同じ（いわゆる鏡像理論）にすべきで

---

93) 評釈として、高桑昭「判批」ジュリスト 1055 号 160 頁（1994 年）、矢澤昇治「判批」リマークス 10 号 177 頁（1995 年）、山田恒久「判批」法学研究 67 巻 11 号 166 頁（1994 年）がある。

あろうか。

　本節での比較法的考察から、筆者は鏡像理論には2つのタイプがありうると考える。つまり、ドイツのように直接管轄と間接管轄との間に厳密な対応関係を求める立場（以下では厳格な鏡像理論と呼ぶ）と、アメリカ対外関係法第3リステイトメントやモデル法、そしてケベック1994年法のように厳密な対応を求めない立場である（以下では緩やかな鏡像理論と呼ぶ）。ドイツでは、たとえば財産所在地の国際裁判管轄につき、間接管轄を直接管轄よりも制限的に解釈することが鏡像といえるか問題視されており[94]、厳格な鏡像理論の硬直性の一端を示すものといえる。これに対して、後者では、より緩やかな対応関係が求められているにすぎず、たとえば、ケベックでは、フォーラム・ノン・コンヴェニエンスの法理や緊急管轄といった一般条項による修正を認める鏡像理論を展開しているとの評価が可能である[95]。

　これまで、わが国の学説・判例は、ドイツの鏡像理論の強い影響下にあった。したがって、従来の議論における「鏡像理論」は、ドイツ型の厳格な鏡像理論を念頭に置き、その是非を論じてきたといえる。しかし、筆者は、わが国の直接管轄の状況から、従来より議論の対象となってきた厳格な鏡像理論によらず、むしろ緩やかな鏡像理論によるべきではないかと考える。また、厳格な鏡像理論を支持しない理由は、次の点にある。

(1) 直接管轄をめぐる状況の相違

　第1に、わが国とドイツにおける直接管轄の規律に関する法状況の相違がある。ドイツでは直接管轄の規律については、二重機能説が判例・通説の立場である[96]。したがって、ドイツ民事訴訟法の国内土地管轄規定は、国内事件のみならず、渉外民事事件における直接管轄をも定め、さらに鏡像理論によって間接管轄をも規律することになる（国内土地管轄＝直接管轄＝間接管轄）。これに対して、わが国において現在の実務を支配し、学説上も有力な支持を得ている特段の事情アプローチ（平成23年民事訴訟法改正により、「特段の事情論」は「特別の事情」

---

94)　*Zöller/Geimer*, a.a.O.(Fn. 44), § 328 Rdnr. 96 b.
95)　*See*, Glenn, *supra* note 35, at 408-9.
96)　*Geimer*, a.a.O.(Fn. 48), Rdnr. 943.

66　**第Ⅱ部　要件論**

として 3 条の 9 に規定された）のもとでは[97]、例外的事情の存否を考慮することが常に要求される。また、わが国で従来説かれてきた特段の事情論は、管轄を制限ないし否定機能として理解されてきたが、近時の最高裁判決で緊急管轄論が認められたとも解されていることから[98]、管轄肯定機能としての一般条項がありうることになる。したがって、直接管轄の管轄カタログを形式的に当てはめる厳格な鏡像理論は、わが国の法状況を前提にすると、絶えず不確定要素を伴って修正を受けざるをえないことになる。だが、このような状況は、もはやドイツ法が予定している鏡像理論とは同列に理解することはできない[99]。筆者は、たとえ直接管轄について一般条項的要素を可及的に排除する見解を採用する場合でも、直接管轄が認めない管轄原因に基づく外国判決を一律に排除することには疑問があるので、厳格な鏡像理論は支持すべきではないと考える。

(2) 間接管轄の法源をめぐる日本とドイツの法状況の相違

第 2 に、ドイツでは、外国判決承認に関する一般的規定である民事訴訟法328 条が条約等によって修正を受けているのに対し、わが国ではこのような状況になく、間接管轄の一般規定が果たす役割が異なるのではないかという点である。ドイツでは、外国判決・裁判の承認に関して、関係の深い国との間で多国間・二国間条約を多数締結しており、結果として、固有法（ドイツ民事訴訟法328 条）の適用場面が制限されている。たとえば、ドイツが締約国になっている多国間条約として、1973 年のハーグ扶養裁判の承認執行条約[100]、1958 年

97）　最判平成 9 年 11 月 11 日（民集 51 巻 10 号 4055 頁）。小林・前掲注 74）国際取引紛争109 頁など。
98）　最判平成 8 年 6 月 24 日（民集 50 巻 7 号 1451 頁）。解説・評釈として、海老沢美広「判批」リマークス 15 号 174 頁（1997 年）、小野寺規雄「判批」平成 8 年度主要民事判例解説 314 頁、多喜寛「判批」重判平成 8 年度 287 頁、道垣内正人「判批」ジュリスト 1120号 132 頁（1997 年）、山下郁夫「判批」ジュリスト 1103 号 129 頁（1996 年）、渡辺惺之「判批」判例評論 464 号 37 頁（1997 年）、渡辺惺之「判批」法学教室 195 号 106 頁（1996年）、横溝大「判批」法学協会雑誌 115 巻 5 号 125 頁（1998 年）。
99）　ドイツにおいても緊急管轄は一般的に認められているが（Geimer, a.a.O.(Fn. 48), Rdnr. 1361）、間接管轄との関係はあまり詳しく論じられていないようである。
100）1996 年時点での締約国は、ドイツ、デンマーク、フィンランド、フランス、英国、イタリア、ルクセンブルク、オランダ、ノルウェー、ポーランド、ポルトガル、スウェーデン、スイス、スロバキア、スペイン、チェコ、トルコである。Nagel/Gottwald, Internationales Zivilprozeßrecht, 4. Aufl. 1997, S. 464.

ハーグ扶養裁判の承認執行条約[101] などがあり、また、EC 民訴条約は、締約国の直接管轄を統一的に定めていることから、承認の局面では管轄の審査をしないことになっている（28条）。さらにドイツは多くの二国間条約も締結している[102]。これに対して、わが国では若干の例外を除いて、ほとんどのケースにつき、民事訴訟法 118 条が適用されることになる（例外として、外国で下された油濁損害賠償判決について油濁損害賠償法 12 条が適用され[103]、民事訴訟法 118 条は適用されない）。

　また、ドイツでは、婚姻事件について民事訴訟法 328 条の特則を［旧］606a条 2 項に設け（現行家事事件および非訟事件手続法 109 条参照）、明文で間接管轄を直接管轄よりも拡大しているのに対して、わが国ではこのような規定はない。わが国において間接管轄を直接管轄よりも拡張させることを主張する見解の多くは、離婚判決の承認を前提に跛行的法律関係の阻止の必要性を論じており、ドイツ民事訴訟法 606a 条に類する規定がわが国にあれば、これら見解が念頭に置くケースの多くが解消されると考えられることから、承認環境をめぐる日独の法状況の相違はかなり大きいものといえる。

(3)　直接管轄と間接管轄の機能の相違

　第 3 に、厳格な鏡像理論は、直接管轄と間接管轄のそれぞれが果たす機能の相違を十分認識していないのではないかという疑問がある。

　直接管轄は、本来、わが国が判決国として渉外民事事件を処理するのに適しているのかという観点から決せられる。他方で、間接管轄は、外国が当該渉外民事事件を審理するのに適切であったかという観点から、承認国の立場から判断される。このような直接管轄と間接管轄の機能の相違からは、双方が全く同一の基準によらなければならない必然性は導かれない[104]。この点は、ドイツで

101）締約国は、ドイツ、ベルギー、デンマーク、フィンランド、フランス、イタリア、リヒテンシュタイン、オランダ、ノルウェー、オーストリア、ポルトガル、スウェーデン、スイス、スロバキア、スペイン、スリナム、チェコ、トルコ、ハンガリーである。*Nagel/Gottwald*, a.a.O.(Fn. 100), S. 468.

102）*Nagel/Gottwald*, a.a.O.(Fn. 100), 487 ff.

103）兼子ほか・前掲注 68）646 頁〔竹下〕。

104）石黒・前掲注 74）532 頁、猪股・前掲注 74）42 頁、小杉・前掲注 74）235 頁、高桑・前掲注 74）514 頁、渡辺・前掲注 74）195 頁。

鏡像理論に批判的な立場が主張しているだけでなく[105]、アメリカ合衆国においても有力な見解が唱えている[106]。

　この関係で付言しておきたいのは、被告保護の観点から鏡像理論が根拠づけられるとする点についてである。とくに、判決国である外国がロング・アーム法を有するような、過剰管轄により管轄を取得したときに、被告保護の観点から内国の管轄規定によりチェックすることで妥当な結論が得られるという点が強調される。確かに、ロング・アーム法との関係では多くの場合、この手法により、実際上、適切な結論が得られることが多いともいえよう。しかし、一般論として、承認国の管轄規定の貫徹＝被告保護とまで言い切ることには疑問を感じる。何をもって被告保護なのか。一見、明確のようにも思われるが、承認を拒否することだけが被告保護になるとも言い切れない。承認国が認めていない管轄ルールであっても、承認すべきケースはありうるし、不承認＝被告保護ともいえない。承認国の直接管轄ルールを絶対的に優先させる発想は、承認国の管轄規定の優越性を根底に持つものといえるが、承認国の管轄規則を留保条款的に適用する根拠は十分に示されていないのではないだろうか。

⑷　ドイツ型鏡像理論に内在する相互主義的発想
　第4に、厳格な鏡像理論に内在する相互主義的発想にも問題があると考える。
　鏡像理論は、管轄の側面から、外国裁判所に内国裁判所との代替性を要求するものといえる。いわば、相互保証の要件（118条4号）が、国際裁判管轄の次元で明確な形で発現したものということができる[107]。そのような、判決承認を国家主権と結びつけて理解する立場に立てば、相互主義的に外国裁判所の国際裁判管轄を要求しているともいえる、ドイツ型鏡像理論の考えが支持を得ることも十分に理由があるといえる。しかし、外国判決承認の承認は、終局的には私人間の紛争を解決するのであるから、国家主権の相互主義的調整機能を間接管轄に求めるのではなく、むしろ私人間の紛争解決に適した国であるのかという点を重視した解釈をすべきである。相互保証の要件について、現在では、立

105）*Basedow*, a.a.O.(Fn. 57), S. 184.
106）v. Mehren and Trautman, *supra* note 22, at 1619-1621.
107）渡辺・前掲注82）147頁。*Basedow*, a.a.O.(Fn. 57), S. 184; *Gottwald*, a.a.O.(Fn. 52), S. 272.

法論、解釈論的に批判が強い状況下においては、一層このことがいえるのではないだろうか。そのような視点からは、相互保証の発想を管轄要件にまで拡張することになる鏡像理論には問題がある。

3 間接管轄の判断基準と直接管轄カタログ

前述のように、厳格な鏡像理論を積極的に採用する理論的基盤に乏しいとしても[108]、このことは直接管轄に関するルールを間接管轄の判断基準から一切排除することを意味するものではない。直接管轄のルールは、承認の局面においても参照に値する具体性をもった判断基準といえるからである。しかし、この直接管轄のルールが絶対的基準になるのではない。同じ国際裁判管轄原因であっても、直接管轄と間接管轄とで利益状況により相違はありうるし、承認国の直接管轄が認めていない事件類型であっても、合理性を有する限りで承認可能な場合もありうるからである。承認国法が有しない管轄原因により判決国法が国際裁判管轄を認めた判決についても承認可能性があることは、アメリカ統一外国金銭判決承認法 5 条(b)、1994 年ケベック法（3136 条、3164 条）において認められ、またドイツでの鏡像理論批判説が指摘するところでもある[109]。また、わが国の裁判例においても、前記⑫判例で横浜地裁はこの可能性を認めている。このような緩やかな鏡像理論を採用することで、わが国で説かれてきた、判決国法説の問題点を克服し、かつその意図するところに近づくことができると考えられる。

4 最判平成 10 年 4 月 28 日の位置づけ

香港高等法院が下した訴訟費用の支払命令の承認が求められた、最判平成 10 年 4 月 28 日（民集 52 巻 3 号 853 頁、判時 1639 号 19 頁）については、（厳格な）鏡像理論によったのか、それとも間接管轄を直接管轄より広げる有力説によったのか、見解が分かれる。そこで、最高裁の説くところをみておく。

「民訴法 118 条 1 号所定の『法令又は条約により外国裁判所の裁判権が認め

108）ドイツ型鏡像理論を支持するガイマーも、鏡像理論は現行法で採用されているものの、学問的に説得力を持たないとする。*Geimer*, a.a.O.(Fn. 43), S. 114 f.

109）*Gottwald*, a.a.O.(Fn. 52), S. 271; *Kropholler*, a.a.O.(Fn. 58), S. 561.

られること』とは、我が国の国際民訴法の原則から見て、当該外国裁判所の属する国（以下『判決国』という。）がその事件につき国際裁判管轄（間接的一般管轄）を有すると積極的に認められることをいうものと解される。そして、どのような場合に判決国が国際裁判管轄を有するかについては、これを直接に規定した法令がなく、よるべき条約や明確な国際法上の原則もいまだ確立されていないことからすれば、当事者の公平、裁判の適正・迅速を期するという理念により、条理に従って決定するのが相当である。具体的には、基本的に我が国の民訴法の定める土地管轄に関する規定に準拠しつつ、個々の事案における具体的事情に則して、当該外国判決を我が国が承認するのが適当か否かという観点から、条理に照らして判決国に国際裁判管轄が存在するか否かを判断すべきものである」。

　この最高裁の判示するところにつき、直接管轄に関する判断基準と同じことを述べていることから鏡像理論に従うとの理解がある一方で、事案の個別事情を考慮する点を捉えて間接管轄拡張説によるとする見解が説かれることとなった[110]。この場合、ドイツ的な厳格な鏡像理論を前提にすると、直接管轄も間接管轄も判断基準に不確定要素を伴うことから鏡像理論から乖離することになるのではないか、という疑問が出てくる。しかし、前述のような鏡像理論を緩やかに捉える見解によれば、この最高裁の説くところはその範囲内にあるといえる。

Ｖ　結び

　本節は、鏡像理論にはドイツ型の厳格な鏡像理論と、緩やかな鏡像理論がありうることを示した上で、外国判決承認要件としての国際裁判管轄（間接管轄）の審査について、わが国が渉外民事事件を審理する管轄ルール（直接管轄）を厳密に適用すべきではないという結論を呈示した。わが国の民事訴訟法および国際私法がドイツ法の強い影響下にあるにもかかわらず、ドイツ型鏡像理論によらない理由を述べると、第１に、日本では直接管轄に関するルールについてすでに不確定要素が認められており、そもそも直接管轄と間接管轄の厳密な対

110）前掲注5）の諸文献を参照。

応関係を論ずる余地に乏しいと言えること、第2に、母法国であるドイツにおいても、すでに明文で重要な例外が鏡像理論に認められており、また比較法的にも直接管轄と間接管轄の厳密な対応がみられない立法例や判例がみられること、第3に直接管轄と間接管轄の機能的相違があること、第4に、鏡像理論の相互主義的発想には問題があること、を挙げることができる。そして、直接管轄のルールが、間接管轄を解釈する際の具体的指針として重要な役割を果たすことまでも否定するものではないが、同じ国際裁判管轄原因でも直接管轄と間接管轄とが厳密に対応するものではないし、直接管轄が認めない管轄原因でも、場合によっては承認の余地があること（緩やかな鏡像理論）を主張した。

　この直接管轄と間接管轄の関係をめぐっては、すでに、「重要なのは両者が一致するかを抽象的に論ずるのではなく具体的に検討すること」[111]であるとの指摘がなされている。また、鏡像理論を支持する通説の中にも例外を認める立場があり、鏡像理論とそれを否定する見解の間の相違は相対的ともいえる。しかし、筆者は、まず、両者の関係をどう捉えるかについて基本的立場を明確にする必要があると考え、一般的考察をした。もちろん、本テーマは各論的考察と一体になってはじめて意味を持つ。すなわち、より重要な点は、いかなるときに、直接管轄のルールで認められていない管轄原因があったときに承認すべきか、また直接管轄の決定基準により判決国裁判所の国際裁判管轄を肯定しうるときでも承認を拒否すべき場合があるか、という点である。比較法的考察も、このような観点から、個別的管轄原因について直接管轄、間接管轄双方の比較検討をなすべきであり、本節はその意味ではなお不十分なものである。これらの点については、今後の課題としたい。

　しかし、前述の基本的方向性から、現時点では、次の点を述べることも可能であろう。つまり、一般的には、わが国の直接管轄の基準に合致するときには、原則として承認を認め、直接管轄の決定基準は間接管轄の存在を推定する機能を持つと解してもよいが、間接管轄の判断基準を直接管轄の基準から解放させる余地を認めることにより、従来採られてきた直接管轄の基準からの間接管轄の有無の判断という一方通行的解釈から、双方向的解釈の可能性も肯定するこ

111）松岡・前掲注 84）167 頁など。

とができると思われる。この観点は、渉外民事事件において、わが国の直接管轄のカタログが必ずしも十分に対応し切れていないという認識に立てば、間接管轄の理論展開に管轄ルールの創造を認めることで（間接管轄による管轄創造機能の承認）、独自の役割を期待することができると考えられる。

　もちろん、間接管轄の基準についても、立法的な解決が望ましいことはいうまでもない。その際には、ハーグ条約[112] などの多国間条約や、諸外国の近年の法改正における規定方法も参考になろう。

初出：法律論叢 72 巻 5 号 1 頁以下（2000 年）

112）ハーグ条約による判決承認制度については、道垣内正人「外国判決承認執行についてのハーグ条約と日本での立法論」国際法外交雑誌 92 巻 4 = 5 合併号 139 頁（1993 年）。*See also, Symposium Enforcing Judgments Abroad; The Global Challenge*, 24 Brook. J. Int'l. L. 1-220 (1998).

第1章　間接的一般管轄──第2節

米国判決の承認と
国際裁判管轄
──いわゆる不統一法国の間接管轄

I　問題の所在

　現在のわが国が経済的・人的に最も深い結び付きを有する国の1つとして、アメリカ合衆国がある。もっとも交流があれば、紛争も生じてくる。わが国の渉外民事事件においても、当事者がアメリカ合衆国と関係がある事件の比重は大きい。たとえば、わが国の裁判所が判決国として事件を審理しているケースで、平成10年度（1998年度）に外国に送達の嘱託をした777件の中、アメリカ合衆国は321件（41%）であり、第2位の大韓民国110件（14%）を大きく引き離している。また、外国が判決国となり、わが国が送達の受託をした1383件（同じく平成10年度）の中、アメリカ合衆国からの受託件数は620件（45%）であり、第2位の大韓民国の306件（22%）の2倍以上を占める[1]。もちろん、このことだけによって、いずれの国と関係する渉外民事事件が多いのかを即断することはできないであろう。たとえば、渉外民事紛争が生じても、仲裁などのADRによって処理されることがありうるし、また外国人・外国法人を相手に訴訟を起こしても、公示送達などの送達を擬制する方法による場合には送達の嘱託・受託という問題は生じない。さらには、被告が判決国である法廷地に所在する場合には、管轄や送達のレベルでは通常の国内事件と変わらないことになる。しかし、同国が、わが国の渉外民事件で最も関係の深い国の1つである

---

1)　最高裁判所事務総局民事局監修『国際司法共助ハンドブック』368頁（法曹会、1999年）を参照。

ことは間違いない。

　ところで、外国判決の承認要件の1つとして、判決国裁判所が国際裁判管轄を有していたことが挙げられている（民事訴訟法118条1号。間接的一般管轄、または承認管轄と呼ばれる。以下本節では、たんに間接管轄という）。この要件は、従来の見解によれば、外国裁判所による過剰管轄権の行使から被告（日本人に限られない）を保護するための規定であり、その際の判断基準としては承認国である日本法の立場（この点については、日本の裁判所が渉外民事事件を審理する際に用いる国際裁判管轄（直接的一般管轄、または審理管轄と呼ばれる）の基準を間接管轄に転用する鏡像理論が通説である）から、当該外国の受訴裁判所が所属する国のいずれかの裁判所に管轄があればよいとされていた。すなわち、具体的事件を審理する特定の裁判所が管轄を有するか否かを審理するのではなく、当該外国に所属するいずれかの裁判所が管轄を有するか否かを問題にするのであり、事物管轄や職分管轄違反の有無は判決国の内部事情として間接管轄の審理からは除外されるというのである。筆者は、外国判決の承認における間接管轄の判断基準としての鏡像理論に疑問を持ち、本章第1節においてこの点を論じた[2]。そこでは、鏡像理論は外国裁判所の間接管轄に関する判断基準＝日本の裁判所の直接管轄に関する判断基準と理解し、国際裁判管轄のレベルにおいて外国裁判所をいわば国内裁判所の一部のように扱っているが、外国裁判所が国内法（承認国法）では認められていないものの合理性を有する管轄原因に基づいて訴訟を進行している場合があり、そのような場合に承認の拒否をする必然性はないということを主張した[3]。その際、未解決の問題が残った。すなわち、アメリカ合衆国の裁

---

2)　本書第II部第1章第1節。

3)　なお、2001年4月施行の外国倒産処理手続の承認援助に関する法律および関係法令の改正に伴い、国際倒産の分野ではわが国でも鏡像理論からの乖離が見られる（条文は改正当時）。すなわち、同法17条1項は外国倒産手続を承認して承認援助処分を下す要件の1つに間接管轄を挙げているが、そこでは債務者の住所、居所、営業所および事務所が挙げられている。これに対して、わが国が国際倒産手続を進行させる場合の国際倒産管轄については、破産手続および民事再生手続では、個人については営業所、住所、居所および財産所在地に、また法人については、営業所、事務所および財産所在地に管轄原因があるとされているが（破産法104条ノ2第1項、民事再生法4条1項）、会社更生手続では財産所在地は除外されている（会社更生法6条）。したがって、会社更生事件では直接管轄と間接管轄は一致するが、破産事件および民事再生事件では直接管轄は間接管轄よりも狭くなる。参照、山本和彦「承認の要件・手続」金融・商事判例1112号126頁（2001年）。

76　第II部　要件論

判所が下した判決の承認についての間接管轄の判断対象は、判決を下した州なのか、それともアメリカ合衆国全体なのかという問題である。アメリカ合衆国では州が独自の裁判制度と立法権限を有しており（場所的不統一法国）、その点を判決承認の局面でどのように評価するのかについては、検討の余地がある。しかし、わが国における従来からの学説・判例では議論がなされていなかった。

　他方、ドイツでは、この問題についてはかねてから議論があり、1999年連邦通常裁判所判決により、実務上は一定の場面について決着を見た。わが国の外国判決承認に関する民事訴訟法118条の規定は、ドイツ民事訴訟法328条の影響を受けていることからすると、ドイツでの議論はわが国の現行法の解釈にとっても依然として有用であると考えられる。そこで、本節は、この点に関するドイツの議論を紹介し、日本法の解釈への示唆を得ることを目的とするものである。

Ⅱ　ドイツにおける議論

1　1999年判決以前の議論

⑴　直接管轄と間接管轄の関係——鏡像理論

　ドイツ民事訴訟法328条1項1号は、「外国裁判所の所属する国の裁判所がドイツ法によれば管轄を有しないとき」[4]には承認されないと定め、外国判決を承認するための要件の1つとして、ドイツ法により外国裁判所が国際裁判管轄を有すること（間接管轄）を要求している。しかし、その具体的判断基準については例外的場合（ドイツ民事訴訟法旧606a条など）を除いて規定がなく、従来の通説・判例は[5]、ドイツの裁判所が判決国裁判所として渉外民事事件を審理するための国際裁判管轄（直接管轄）の基準を、間接管轄に転用する鏡像理論を支持する。

　鏡像理論によると、328条1項1号の目的は、承認国の立場から見て判決国裁判所の過剰管轄から被告を保護することにあり、したがって、判決国法によって国際裁判管轄が基礎づけられているかどうかは間接管轄審査では問題と

---

4)　条文は後掲注31）を参照。

はならない。それゆえ、承認国法の立場から判決国裁判所の国際裁判管轄の有無を判断することになる。その際に判断の対象となるのは、あくまで「判決裁判所が所属する国が一国として国際裁判管轄を有しているのかどうか」であり、判決を下した裁判所が土地管轄や事物管轄を有していたのかどうかは判決国内部の問題であるので、承認に際しては関係ないものとされる。そして、承認国法の立場から判決国裁判所の国際裁判管轄が認められるのであれば、判決国が自国の国際裁判管轄を肯定した管轄原因（たとえば、不法行為）と、承認国が判決国の間接管轄を認めた管轄原因（たとえば、財産所在地）とが一致しなくてもよいと説かれる。

　これに対して、最近は鏡像理論（直接管轄＝間接管轄）に批判的な見解も有力に主張されている[6]。その根拠としては、ドイツ法が認めない管轄原因であっても承認するだけの合理性のある外国法による管轄原因がありうること、また直接管轄を間接管轄に及ぼすのは国家的利益に基づく相互保証的発想に近いが、

---

5)　最近の判例として、OLG Bamberg, Beschl. v. 5. 11. 1999, FamRZ 2000, 1289（ポーランド離婚訴訟とドイツ訴訟との訴訟競合との関係で、承認予測説に立ちつつポーランド裁判所の間接管轄を鏡像理論により判断）; BayObLG, Beschl. v. 19. 9. 1991, NJW-RR 1992, 514（メキシコ離婚判決の承認について）; BayObLG, Beschl. v. 11. 1. 1990, NJW 1990, 3099（グアム裁判所の離婚判決）。学説では、*Baumbach/Lauterbach/Albers/Hartmann*, ZPO, 59. Aufl. 2001, §328 Rdnr. 16; *Fricke*, Anerkennungszuständigkeit zwischen Spiegelbildgrundsatz und Generalklausel, 1990, S. 117; *Geimer*, Anerkennung ausländischer Entscheidungen in Deutschland, 1995, S. 114 ff.; *ders.*, Internationales Zivilprozeßrecht, 4. Aufl. 2001, Rdnr. 2896; *Grothe*, Exorbitante Gerichtszuständigkeiten im Rechtsverkehr zwischen Deutschland und den USA, RabelsZ 58(1994), 686, 719; *Habscheid*, Randvermerke im Geburtenbuch auf Grund ausländischer gerichtlicher Entscheidungen, FamRZ 1981, 1142, 1143; *v. Hoffmann*, Internationales Privatrecht, 6. Aufl. 2000, S. 106; *Kegel/Schurig*, Internationales Privatrecht, 8. Aufl. 2000, S. 908; *Linke*, Internationales Zivilprozeßrecht, 2. Aufl.1995, Rdnr. 392; *Musielak*, ZPO-Kommentar, 2. Aufl. 2000, §328 Rdnr. 9; *Rauscher*, Internationales und Europäisches Zivilverfahrensrecht, 1999, S. 110; *Riezler*, Internationales Zivilprozeßrecht, 1949, S. 532 f.; *Schack*, Internationales Zivilverfahrensrecht, 2. Aufl. 1996, Rdnr. 831 ff.; *Siehr*, Internationales Privatrecht, 2001, S. 26; *Schütze*, Deutsches Internationales Zivilprozeßrecht, 1985, S. 139; *Stein/Jonas/Roth*, ZPO, 21. Aufl. 1998, §328 VII Rdnr. 82; *Thomas/Putzo/Hüßtege*, ZPO, 23. Aufl. 2001, §328 Rdnr. 8a.

　　フランスにおける議論については、矢澤昇治『フランス国際民事訴訟法の研究』162頁（創文社、1995年）を参照。

6)　*Basedow*, Variationen über die spiegelbildliche Anwendung deutschen Zuständigkeitsrechts, IPRax 1994, 183, 184; *Gottwald*, Grundfragen der Anerkennung und Vollstreckung ausländischer Entscheidungen in Zivilsachen, ZZP 103 (1990), 257, 272; *Kropholler*, Internationales Privatrecht, 4. Aufl. 2001, S. 628 f.

このような立場は間接管轄の審査目的を外国裁判所の過剰管轄から被告を保護することに求める理解に合致しないこと、などが挙げられている。

(2) 不統一法国における間接管轄

前述の議論は、いわば間接管轄の基準に直接管轄をどの程度反映させるのかという問題である。しかし、鏡像理論、またはそれに反対する説のいずれの見解に立っても、判決裁判所の所属国が総体として国際裁判管轄を有しているか否かを問題にしているという点では一致している。

だが、たとえばアメリカ合衆国のように、一国内で場所的に複数の法秩序が併存している国（場所的不統一法国、以下ではたんに不統一法国と呼ぶ）では、その判断対象を判決を下した裁判所の所属する州（以下では判決州説という）とすべきか、それともアメリカ合衆国全体（以下では判決国説という）とすべきかについて、ドイツでは議論がなされてきた。この見解の相違は、たとえばA州に所在する裁判所が下した判決の承認が求められたが、承認国法の基準からすると間接管轄を有する州はB州であると判断した場合に、判決州説では承認されないが判決国説では承認されることになる。後述のように連邦通常裁判所は、連邦裁判所が下した判決については、アメリカ合衆国全体を判断対象にすることを明らかにした。

① 判決州説

しかし、ドイツにおける従来からの学説・裁判例はこの問題について、見解の一致をみていない。後述の連邦通常裁判所の判断と異なり、アメリカ合衆国のような不統一法国の場合には、個々の州（または準州）は独自の裁判体系ないし法体系を有していることを理由に、判決州が間接管轄を有していたか否かを基準に据える見解がかねてから有力であった[7]。

(a) 学説

ジェイムは[8]、プエルトリコ準州の裁判所[9]が下した判決を承認するに際してアメリカ合衆国のいずれかの地域の裁判所に管轄が認められればよいと判断した、1991年のハイルブロン地方裁判所判決（後述のケース4）の評釈で次のよ

うに述べている。つまり、プエルトリコには準州の裁判所と連邦の裁判所があるが、準州の裁判所が判決を下した場合には、プエルトリコの裁判所が国際裁判管轄を有しているか否かを問題にすべきとする。その理由として、確かに、アメリカ合衆国のいずれかの裁判所が国際裁判管轄を有すれば十分とする解釈をすれば承認することができる。しかし、プエルトリコの裁判体系ならびに法体系が独自性を有していることに鑑みると、むしろプエルトリコだけを間接管轄の判断基準にすべきであるとする。また、328条1項1号のこのような解釈は、同5号の相互保証の判断に際してプエルトリコ準州の態度を問題にする解釈とも一致すると説く。

　シャックは[10]、連邦の立法者は各州との対立を避けており、また個々の州は固有の私法および訴訟法を有し、その法は州の裁判所のみならず連邦裁判所についても適用されると指摘した上で、アメリカ合衆国におけるドイツ判決の承認だけでなく、反対にアメリカ合衆国で下された判決のドイツでの承認についても、たとえば承認管轄や相互保証の判断に際しては具体的な個々の州が問題になるとする。

　シュッツェは[11]、後述の連邦通常裁判所判決の原審であるハム上級地方裁判所判決（後述のケース3）の評釈において、次のように述べている。すなわち、外国民事判決の承認執行に関する手続は各州ごとに定められており、たとえば、ニュー・ヨーク州におけるドイツ判決の効力拡張はニュー・ヨーク州法が定め、

---

7)　*Baumbach/Lauterbach/Albers/Hartmann*, a.a.O.(Fn. 5), §328 Rdnr. 16; *Gräber*, Die Scheidung der Ehe von USA Bürgen, die sich in Deutschland befinden, FamRZ 1963, 493, 495; *Jayme*, IPRax 1991, 262; *Martiny*, in: Handbuch des Internationalen Zivilverfahrensrechts, Bd. III/1, 1984, Kap.1 Rdnr. 747; *Rahm/Künkel/Breuer*, Handbuch des Familiengerichtsverfahrens, 4. Aufl. 1994, VIII Rdnr. 256; *Schack*, a.a.O.(Fn. 5), Rdnr. 906（なお、シャックは、領土的管轄権（対人、対物、準対物管轄権）は国際裁判管轄権に、審判事項管轄権は事物管轄権に対応すると述べる）; *ders.*, ZZP 106 (1993), 259; *Schütze*, Deutsch-amerikanische Urteilsanerkennung, 1992, S. 166 (Fn.29); *Sieg*, Internationale Anerkennungszuständigkeit bei US-amerikanischen Urteilen, IPRax 1996, 77, 79 f.; *Stein/Jonas/Roth*, a.a.O.(Fn. 5), §328 VII Rdnr. 88; *Thomas/Putzo/Hüßtege*, a.a.O.(Fn. 5), §328 Rdnr. 8a.

8)　*Jayme*, a.a.O.(Fn. 7), S. 262.

9)　なお、浅香吉幹『現代アメリカの司法』71頁（東京大学出版会、1999年）を参照。

10)　*Schack*, a.a.O.(Fn. 5), Rdnr. 906. *Ders.*, Einführung in das US-amerikanische Zivilprozeßrecht, 2. Aufl. 1995, S. 77 は、相互保証について同様の理由により州ごとに判断すべきことを説く。

11)　*Schütze*, RIW 1997, 1041.

80　第Ⅱ部　要件論

またイリノイ州におけるドイツ判決の効力拡張はイリノイ州法が定めるので、アメリカ合衆国ではなくて個々の州がドイツ民事訴訟法 328 条 1 項 1 号にいうところの判決国（Erststaat）であると述べる。また、外国民事判決の承認執行に関する連邦法上の規律はないので、それぞれの州だけを考慮して国際裁判管轄を判断することが正当であり、イリノイ州裁判所の判決に関する間接管轄の審査においては、アルゼンチンや中国の管轄を検討することが無意味であるのと同様にニュー・ヨーク州裁判所の国際裁判管轄を検討することは意味をなさない、と説く。

　マルティニーは[12]、離婚事件の間接管轄について次のように述べる。すなわち、アメリカ合衆国に所属する者が離婚する場合には、夫婦がアメリカ合衆国の国籍（連邦市民権：federal citizenship）を有していることだけでは不十分であり、むしろ個々の州への帰属（州籍：state citizenship）が基準になるとする。その理由として、アメリカ合衆国での離婚法は州により異なって定められているだけでなく、各州は固有の裁判組織と独自の国際手続法を有していることを挙げている。

　ロートは[13]、アメリカ合衆国のように、固有の部分法秩序と独自の裁判制度を有する不統一法国（Mehrrechtsstaat）の場合には、判決国全体の高権領域（gesamter Hoheitsgebiet des Urteilsstaates）に対して管轄が関連性を有するだけでは不十分であり、むしろ、当該各州の管轄が問題になると説く。

　また、ドイツ民法施行法 4 条 3 項が部分的実質法秩序（Teilrechtsordnungen）をいかにして決定するかを問題にしていると解されることを理由に、民事訴訟法 328 条 1 項 1 号についても個別的な判決州を基準にするとの見解もある[14]。

(b)　裁判例

【ケース 1】ミュンヘン第 1 地方裁判所 1988 年判決[15]

判決州を基準にする立場を支持する裁判例として、1988 年ミュンヘン第 1

12）　*Martiny*, a.a.O.(Fn. 7), Kap. 1 Rdnr. 747.
13）　*Stein/Janas/Roth*, a.a.O.(Fn. 5), §328 Rdnr. 88.
14）　*Sieg*, a.a.O.(Fn. 7), S. 79 f.
15）　LG München I, Urt. v. 28. 6. 1988, RIW 1988, 738.

地方裁判所判決がある。

この事件では、カリフォルニア州に住所ないし営業所所在地を有する原告が、アリゾナ州の第1審裁判所（Superior Court）においてドイツ系の投資銀行を被告として、金銭消費貸借契約の不履行を理由とする損害賠償請求訴訟を提起した。訴訟はその後、破産裁判所に移送され、1981年9月9日には、被告に対して欠席判決が下された。これに対して、被告は欠席判決の取り消しを求めたところ、裁判所は事物管轄を有さないことを理由に、事件を州の第1審裁判所に差し戻した。差戻審は、被告に対して300万ドル以上の支払いを命じる判決を下した。これに対して被告は、第1審裁判所および中間上訴裁判所（Arizona Court of Appeals）に申し立てたが、認められなかった。

その後、原告は、アリゾナ州裁判所が下した判決の執行判決訴訟をミュンヘン第1地方裁判所に提起した。これに対して、同地方裁判所は、アリゾナ州裁判所の判決は、ドイツ民事訴訟法728条2項2号および328条1項1号にいう間接管轄（承認管轄）を有していないと判断した。その際、ミュンヘン第1地方裁判所は、間接管轄の対象はアリゾナ州であるとした上で、その理由について、簡潔であるが次のように述べている。すなわち、「なぜなら判決国（Urteilsstaat）とは、不統一法国においては、固有の立法および裁判組織を有する個々の州である」からであると述べている。そして、アリゾナ州には本拠ないし営業所（ドイツ民事訴訟法17条、21条）、財産所在地（同23条）、履行地（同29条）、不法行為地（同32条）および応訴管轄（同39条）の管轄はないと判断した上で、同州の裁判所が下した判決の承認を認めなかった。

【ケース2】バイエルン州最高裁判所1990年判決[16]

グアムの裁判所[17]が下した離婚判決について、バイエルン州最高裁判所は、グアムに国際裁判管轄があるか否かを判断している。

夫婦双方ともにドイツ国籍を有する者が1968年に婚姻を締結した。夫婦の最後の共通常居所地（gemeinsamer gewöhnliche Aufenthalt）はバンコクだった。妻は1987年にドイツに戻ったものの、夫は依然としてバンコクに滞在していた（グ

---

16) BayObLG, Beschl. v. 11. 1. 1990, NJW 1990, 3099.

17) グアムの裁判制度については、浅香・前掲注9）71頁を参照。

82　第II部　要件論

アムには夫は一時期滞在していた）。その後、1988 年に夫の申立に基づき、グアム裁判所（Superior Court of Guam）は離婚判決を下した。

　妻は、バイエルン州司法省に対して離婚判決の承認を拒否することを申し立て、これに対して夫はこの判決の承認を求めた。州法務局（Landesjustizverwaltung）は、1990 年 7 月 31 日に本判決は承認要件を充足していないとして夫の申立を退けたが、その理由として法務局は、グアム裁判所が、ドイツ法により判断される離婚訴訟の国際裁判管轄を有しないことを挙げた。法務局の決定に対して、夫はグアム判決が承認要件を具備していることの確認を求めたが、バイエルン州最高裁判所はこれを認めなかった。

　バイエルン州最高裁判所は、民事訴訟法 328 条 1 項 1 号によると、外国裁判所が所属する国の諸裁判所がドイツ法により管轄を有しないときには外国判決は承認されないとした上で、婚姻事件に関するドイツ裁判所の国際裁判管轄に適用される規定、つまり民事訴訟法 606a 条 1 項 1 号から 4 号および 2 項[18] を鏡像的に適用し、グアム裁判所は管轄を有しないという結論にバイエルン州法務局は達したが、バイエルン州最高裁判所も同じ結論になるとした。その際、なぜアメリカ合衆国全体ではなくグアムを判断対象にしたのかについては根拠を挙げていないが、グアムに間接管轄がない理由としては、夫婦の双方ともにドイツの国籍だけを有しており、またいずれの当事者もドイツ法の観点からはグアムと密接な関係を有しておらず、双方ともにドイツで離婚訴訟を実施する可能性があることを指摘した。

---

18)　【ドイツ民事訴訟法［旧］第 606a 条：国際裁判管轄：外国判決の承認（試訳）】
　　「第 1 項　婚姻事件については、ドイツの裁判所は、以下の場合に国際裁判管轄を有する。
　　　　第 1 号　夫婦の一方がドイツの国籍を有するとき、または婚姻締結時にドイツ国籍を有していたとき
　　　　第 2 号　夫婦の双方が常居所（gewöhnlicher Aufenthalt）をドイツ国内に有しているとき
　　　　第 3 号　夫婦の一方がドイツ国内に常居所を有する無国籍者であるとき、または、
　　　　第 4 号　夫婦の一方がドイツ国内に常居所を有するとき、ただし、夫婦の一方が所属する国の法により、裁判が承認されないことが明白であるときはこの限りでない。この管轄は専属的ではない。
　　　　第 2 項　第 1 項第 1 文第 4 号、および夫婦双方の所属国で判決が承認されるときには第 1 号から第 3 号までは、外国判決の承認を妨げない」
　　　訳文作成に際しては、桑田三郎＝山内惟介編著『ドイツ・オーストリア国際私法立法資料』433 頁（中央大学出版部、2000 年）、法務大臣官房司法法制調査部編『ドイツ民事訴訟法典』169 頁（法曹会、1993 年）を参考にした。

なお、本判決の事案では、夫婦の最後の共通常居所地がバンコクであると認定されたことから、間接管轄の対象を判決州でなく判決国によらせる見解に立ったとしても、不承認となったものと考えられる。

【ケース3】ハム上級地方裁判所 1997 年判決[19]
　後述の連邦通常裁判所判決の原審であるハム上級地方裁判所判決は、ウィスコンシン地区連邦地方裁判所が下した損害賠償を命ずる判決の承認が求められた事件において、次のように述べて同連邦地方裁判所の間接管轄を否定した（事案の詳細はケース5を参照）。

　裁判所は、民事訴訟法 328 条 1 項 1 号の規定によると、外国裁判所の所属する国の裁判所がドイツ法によると管轄を有しないときには外国判決の承認は排除されるが、本件ではウィスコンシン地区連邦地方裁判所はドイツ民事訴訟法によると国際裁判管轄を有しないとした。その理由として、ドイツの管轄規定を鏡像的に適用すると、判決国裁判所の国際裁判管轄の連結点（Anknüpfungspunkt）としては、民事訴訟法 23 条の財産所在地の特別裁判籍だけが考慮されるが、被告がウィスコンシン州に財産を有していないことには争いがないと指摘した。

　他方、アメリカ合衆国の別の州、つまりイリノイ州に財産を有していることは重要ではなく、いわゆる不統一法国（Mehrrechtsstaaten）の場合、固有の立法および裁判組織を有する個々の州が判決国として基準に据えられると述べた。裁判所は、判例・学説において、アメリカ合衆国のような不統一法国の場合にはその国全体の高権領域（Hoheitsgebiet des Gesamtstaates）に管轄の牽連性があれば十分であるとする見解が主張されているが、むしろ学説・判例における多数説であるところの、個々の州を 328 条 1 項 1 号にいう判決国（Urteilsstaat）とみなす見解が妥当であるとした。その理由として、この解釈は、個々の合衆国の州が固有の法体系および裁判体系を有することと合致すること、328 条 1 項 5 号の相互保証があるか否かが個々の州ごとに判断されることとも一致すること[20]、また、民法施行法 4 条 3 項にいう "Staat" は国際法の主体たる連邦国家（Gesamtstaat）とは必ずしも同一ではないと解されていること、さらに、判決州を基準

---

19)　OLG Hamm, Urt. v. 4. 6. 1997, IPRax 1998, 474＝RIW 1997, 960.

にする解釈は被告保護を目的とする 328 条 1 項 1 号の趣旨に合致し、アメリカ合衆国全体を基準にすると被告保護の観点を損なうことを挙げている。

②　判決国説
他方で、判決州ではなく、アメリカ合衆国のいずれかの州に間接管轄があれば足りるとする見解がイングランドで主張され[21]、ドイツでも近時の有力説がこれを支持する[22]。

(a)　学説
ガイマーは[23]、この見解を支持する理由として、アメリカ合衆国全体の中でいずれの裁判所に判決を言い渡す権限を分配するかという問題は、ドイツ民事訴訟法 328 条 1 項 1 号との関係では重要でなく、判決国の内部事情にすぎないことを挙げている。

ゴットヴァルトは、およそ次のように説く[24]。まず、承認管轄との関係で重要であるのは判決国裁判所が国際裁判管轄を有するか否かであり、具体的な裁判所がドイツ法により土地管轄を有しているかどうかは問題ではないとする。その際に、ドイツ民事訴訟法が国際裁判管轄に関する特別規定を有しない限りでは、土地管轄に関する規定が間接管轄の基準として類推適用されるが、アメリカ合衆国やカナダのように個々の州 (Teilstaat) が、それぞれ独自の裁判所を

---

20)　なお、ドイツとアメリカ合衆国の各州との相互保証の有無については次の文献を参照。*Schütze*, a.a.O.(Fn. 7), S. 34 ff.; *ders.*, Rechtsverfolgung im Ausland, 2. Aufl. 1998, S. 181; *ders.*, Zur Verbürgung der Gegenseitigkeit bei der deutsch-amerikanischen Urteilsanerkennung, ZVgIRWiss 98 (1999), 131, 133 f.（ミシシッピ州およびモンタナ州とドイツとの間には相互保証はないと述べる）。

21)　Vgl. *Geimer*, a.a.O.(Fn. 5), S. 117.

22)　*Geimer*, a.a.O.(Fn. 5), Rdnr. 2900; *Lüderitz*, Internationales Privatrecht, 2. Aufl. 1992, S. 100; *Münchener Kommentar/Gottwald*, ZPO, Bd.1, 2. Aufl. 2000, §328 Rdnr. 63 f.; *Musielak*, a.a.O.(Fn. 5), §328 Rdnr. 9; *Rosenberg/Schwab/Gottwald*, Zivilprozeßrecht, 15. Aufl. 1993, S. 943（ケース4を引用）; S*taudinger/Spellenberg*, Internationales Verfahrensrecht in Ehesachen, 13. Aufl. 1997, § 328 ZPO Rdnr. 350; *v. Hoffmann/Hau*, Zur internationalen Anerkennungszuständigkeit US-amerikanischer Zivilgerichte, RIW 1998, 344, 350 ff.; *v. Hoffmann*, a.a.O.(Fn. 5), S. 107; *Zöller/Geimer*, ZPO, 22. Aufl. 2001, §328 Rdnr. 97 a.

23)　*Geimer*, a.a.O.(Fn. 5), Rdnr. 2900; *Zöller/Geimer*, a.a.O.(Fn. 22), §328 Rdnr. 97 a.

24)　*Münchener Kommentar/Gottwald*, a.a.O.(Fn. 22), §328 Rdnr. 63 f.

有する連邦国家（Bundesstaat）の場合、国全体に国際裁判管轄（internationale Zuständigkeit des Gesamtstaates）があればそれで十分であり、判決を下した州について ドイツの国際裁判管轄の基準に照らして間接管轄が認められる必要はないと する。そして、連邦裁判所の判決であるのか、それとも各州の裁判所の判決で あるのかに関係なく、このことは妥当すると述べる。そのように解する理由と して、国家全体における管轄の分配は判決国の内部事情であること、また反対 説は、外国における広範な裁判に服する義務から外国訴訟の被告を強力に保護 しようとするが、この見解は最終的には国際的な法的交流（internationaler Rechts-verkehr）を阻害することになるとし、そのことは外国が反対にドイツ連邦の各 州を間接管轄の基準にする場合を考えてみると分かると述べる。

　シュペレンベルクは、非財産事件について次のように述べる[25]。多くの見解 は国籍を理由とする承認管轄については判決が下された個々の州への帰属が重 要であるとし、その理由として、アメリカ合衆国の各州が相互に異なる固有の 離婚法と独自の裁判組織を有することを挙げるが、この見解には限定的にしか 同意することはできないとする。なぜならば、ドイツ民事訴訟法328条1項1 号は、被告がドイツ法の基準に従って外国で防御しなければならないことを要 求しているだけであり、その地の裁判所が事物管轄などを遵守していることは 求めていないので、ドイツ法による審査は、アメリカ合衆国全体との関係で裁 判をする義務があるか否かを確定するだけであると主張する。

　また、フォン・ホフマンら[26]は、連邦裁判所については、一方で、組織上の 強制力（Organisationsgewalt）を考慮しなければならないが、これは連邦裁判所の 場合には疑いなく合衆国全体にあるし、また他方で、本案で個別の州法を適用 しなければならないケースでも連邦裁判所は連邦の司法任務（Rechtspflegeaufgaben des Bundes）を果たすことに注目して、アメリカ合衆国全体を対象にすべきであ ると述べる。そして、反対説に対しては、次のように述べている。第1に、そ れぞれの州が固有の裁判制度を有していることを理由に個々の州を基準にすべ きであると主張されていることについては、連邦裁判所が一定の要件の下にお いて連邦の抵触法ないし実質法を適用することを根拠にしているのであれば、

25）　*Staudinger/Spellenberg*, a.a.O.(Fn. 22), §328 ZPO Rdnr. 350.
26）　*v. Hoffmann/Hau*, a.a.O, (Fn. 22), S. 350 ff.; *v. Hoffmann*, a.a.O.(Fn. 5), S. 107.

外国判決の審査はドイツ法の観点から正しく抵触法および実質法を適用したか否かを審査することは禁止されている（実質的再審査の禁止）ので誤っているとする。第2に、民法施行法4条3項の解釈を訴訟法に持ち込み、個別的な州を間接管轄の対象とする見解に対しては、判決州説では承認される場面が狭くなるので同項の目的とする判決の国際的調和が却って害され、同法の趣旨に反すると述べる。第3に、民事訴訟法328条1項5号の相互保証の有無を判断する際に個々の州を基準にしていることとの関係では、外国判決の承認に関する連邦法がアメリカ合衆国にはない以上は州法に頼らざるをえないことから1号と5号が並行的に解釈されなければならないことは根拠がないとする。第4に、民事訴訟法328条1項1号の目的との関係については、同号の文言からは判決州を基準とすることの根拠は導き出せないし、民事訴訟法328条の解釈に際して被告の保護すべき利益を考慮した上で、ここで重要なのは承認保護（*favor recognitionis*）であると述べる。また、州裁判所についても、重要であるのは判決裁判所が国家の承認のもとで司法権を行使することであり、民事訴訟法328条1項1号との関係では主権を有する連邦国家が基準になるとした上で、連邦国家が司法権行使を認めているならば、どの機関が裁判所を構成するのかは承認国裁判所にとっては重要でないと述べる。

(b) **裁判例**

【ケース4】ハイルブロン地方裁判所1991年判決

この立場に与する下級審裁判例として、1991年のハイルブロン地方裁判所判決がある[27]。

プエルトリコ準州中間上訴裁判所（der Obere Gerichtshof von Puerto Rico）が1987年10月8日に被告に対して損害賠償と慰謝料の支払いを命ずる判決を下し、翌年1月25日に同判決は確定した。同判決に基づき、原告が、執行判決訴訟をハイルブロン地方裁判所に提起したのが本件である。

同地方裁判所は原告の請求を認容した。プエルトリコ準州中間上訴裁判所の間接管轄の有無を判断するに際して、裁判所は具体的な理由は述べていないが、

---

27) LG Heilbronn, Urt. v. 6. 2. 1991, RIW 1991, 343.

民事訴訟法 328 条 1 項 1 号の解釈としては、アメリカ合衆国のいずれかの裁判所がドイツ民事訴訟法により間接管轄を有すれば十分であり、判決を下した裁判所が所属する州に間接管轄があることまでは必要ないとした。

③ 複合説

ハースらは[28]、2 つの段階に分けて検討し、州裁判所と連邦裁判所とで異なる扱いを認める。すなわち、第 1 に、内国で承認執行が求められた判決がいずれの外国裁判権に属するのか、第 2 に、外国裁判所の国際裁判管轄が被告にとって予測可能であるのか、を考察している。第 1 の問題については、ドイツ民事訴訟法 110 条 2 項 1 号、328 条 1 項 1 号および 5 号の統一的解釈から次のようになるとする。まず州裁判所判決の承認執行が問題になるときには、判決国（Urteilsstaat）は個々の州であるとし、その理由として、各州は固有の裁判組織や法制定権限に基づき独立した裁判権を行使することができる点を挙げている。これに対して、連邦裁判所については連邦全体を基準にする。その理由は、州籍相違事件に関する Hanna 事件連邦最高裁判決[29] によって Erie ルールが修正されて、連邦裁判所の訴訟手続を統一的かつ州法から独立して定める目的で連邦民事訴訟規則が定められた経緯などから、連邦裁判所は独立した裁判権を行使すると述べる。その上で、2 番目の予測可能性の問題についてはドイツの国際裁判管轄基準を適用するとした上で、連邦裁判所については州ではなく連邦国家が対象になると主張する。

2　1999 年連邦通常裁判所判決

【ケース 5】

連邦通常裁判所は 1999 年 4 月 29 日判決において[30]、間接管轄の基準として鏡像理論（Spiegelbildgrundsatz）によるとした上で、その判断対象としてはアメリカ合衆国全体に管轄があるか否かを審理すれば足りるとした。

28）　*Haas/Stangl*, Prozeßkostensicherheit (§110 ZPO) und internationale Anerkennungszuständigkeit (§328 Abs. 1 Nr.1 ZPO) im deutsch-amerikanischen Verhältnis, IPRax 1998, 452, 454 f.

29）　Hanna v. Plumer, 380 U.S. 460 (1965). *See*, Friedenthal et al., *Civil Procedure*, 214‒6 (3d ed. 1999); James et al., *Civil Procedure*, 169‒72 (5th ed.2001); Scoles et al., *Conflict of Laws*, 181‒6 (3d ed. 2000).

【事案】

ウィスコンシン州に住む原告 X は、イリノイ州の会社が製造した工作機械を 1986 年に購入した。同社は当初は被告 Y₁ が社長であったが、その後、経営者は Y₂ から Y₃ へと代わった。X は、この機械には欠陥があり正常に作動しなかったとして、1991 年に製造した会社を相手に損害賠償を求めてウィスコンシン地区連邦地方裁判所に訴えたが、その後、X は同訴訟手続に Y₁ から Y₃（いずれもドイツの居住している）を被告として追加した。訴えが起こされたときには、Y₁ と Y₂ はイリノイ州に不動産を有していたが、1991 年の中に Y₃ に譲渡された。Y₁ らと、被告会社は応訴しなかった（同社は 1991 年夏に破産申立をした）。ウィスコンシン地区連邦地方裁判所は、1992 年に欠席判決を下し、連帯債務者として Y₁ ～ Y₃ に対して支払いを命じる判決を下した。X はこの判決に基づき、ドイツで執行判決訴訟を提起した。

ビーレフェルト地方裁判所は X の訴えを認容したが、ハム上級地方裁判所は、被告はウィスコンシン州ではなくイリノイ州に財産を有しており、ウィスコンシン州の連邦地方裁判所は財産所在地管轄（ドイツ民事訴訟法 23 条）がないことから、ドイツ民事訴訟法 328 条 1 項 1 号の間接管轄を有しないとして X の請求を退けた（ケース 3 も参照）。

これに対し、X は上告を提起した。

【裁判所の判断】

破棄差戻し。

連邦通常裁判所は、アメリカ合衆国連邦裁判所が国際裁判管轄を有していたか否かの判断基準はドイツ法の国際裁判管轄ルールに従う（鏡像理論）とした上で、判決州に管轄がなくても、アメリカ合衆国のいずれかの裁判所が管轄を有しさえすれば足りるとした。

まず、裁判所は、間接管轄の基準として鏡像理論を前提とする。「本件では、アメリカ合衆国の連邦裁判所は、ドイツ法により鏡像的に (spiegelbildlich) 評価

---

30) BGH, Urt. v. 29. 4. 1999, NJW 1999, 3198=ZZP 112 (1999), 473=JZ 2000, 107=WM 1999, 1381=LM ZPO §328 Nr.48-52. 評釈として、*Aden*, EWiR 2000, 55; *Geimer*, LM ZPO §328 Nr.48 -52; *Roth*, ZZP 112 (1999), 483; *Stürner/Bormann,*Internationale Anerkennungszuständigkeit US-amerikanischer Bundesgerichte und Zustellungsfragen im deutsch-amerikanischen Verhältnis, JZ 2000, 81.

すると、イリノイ州に被告の不動産があることに鑑みて管轄を有している」。
「本件では被告の不動産は十分な価値がないということは示されていない。民
事訴訟法 23 条に加重してさらに十分な内国関連性を要するとの制限的解釈を、
民事訴訟法 328 条 1 項 1 号についても鏡像的に妥当させるか否かは、本件では
未解決のままでよい。なぜなら、本件ではアメリカ合衆国在住の原告にとって、
アメリカ合衆国の連邦裁判所はいずれにせよ国際裁判管轄を有するし、法的紛
争の原因はアメリカ合衆国で購入した L 社製の旋盤機械だからである。これ
ら双方の事情により、ともかくアメリカ合衆国の財産所在地管轄を根拠づける
のに十分な関連性が認められる」。このように、アメリカ合衆国全体を間接管
轄の判断基準とする理由として、連邦裁判所の管轄はアメリカ合衆国の主権領
域全体に及ぶこと、間接管轄の審査に際しては判決国の土地管轄は考慮されな
いこと、判決州を基準にする見解はアメリカ合衆国全体を基準にする見解より
も承認可能性を不当に制限してしまうこと、民法施行法 4 条 3 項や民事訴訟法
328 条 1 項 5 号での解釈は本号の解釈にとって重要でないこと、などを挙げて
いる。「控訴裁判所は、当裁判所とは反対の結論の根拠として、アメリカ合衆
国では、連邦国家と並んですべての州は広い範囲で連邦裁判所と競合する州固
有の独立した裁判権 (Gerichtsbarkeit) を有することを挙げている。また、州また
は連邦自治領の裁判所については、個々の州の国際裁判管轄を焦点にすべきで
あるとの見解が有力に主張されている」。しかし、「この点について、どのよう
な見解によるべきかを一般的に判断する必要はない。いずれにしても、アメリ
カ合衆国の連邦裁判権を地域的に分断することは正当化されない」。なぜなら、
「アメリカ合衆国連邦裁判所全体の国際裁判管轄は、アメリカ合衆国の主権領
域全体に及ぶ」からであり、また、「民事訴訟法 328 条 1 項 1 号の目的からは、
いずれにせよ、アメリカ合衆国の統一的管轄を複数の地域に分割することは正
当化されない。この規定は一方では、判決国訴訟法が少なくとも手続開始にお
いて国際的に承認された原則を考慮することを確保するし、他方で、内国法で
は訴訟物と十分な関連性を有しない外国裁判所から被告を保護するとされる。
両者は判決国の裁判権全体を制限するが、その国における土地管轄には関係し
ない。このことは、土地管轄によって同時に、相互に異なる一定の訴訟法・実
体法に拘束されるときでも妥当する」。そして、「反対説は、連邦国家が固有の

90　第Ⅱ部　要件論

主権を有することを度外視するし、また単一の領土を分割し、土地管轄を有する州に管轄があることを要件にすることから、外国連邦国家が下した判決の承認可能性を著しく制限することになるであろう。これは、客観的に不必要なだけでなく、国際的にも主張されていない。反対に、法的明確性はできるだけ統一的連結を求める。さらに、民法施行法4条3項はこの問題との関係では重要ではない。民事訴訟法328条1項5号による相互保証の審査において、別の特別な基準を据えるということは問題とはならない。なぜなら、そこでは公の利益だけによる承認可能性の制限が問題だからである」。

このように連邦通常裁判所は判決国法説の根拠を述べているが、本件は連邦裁判所の間接管轄について判断していることには注意しなければならない。

【参照条文】
ドイツ民事訴訟法[31]
第328条
第1項
　以下の場合は、外国の裁判所の判決を承認することができない。
　第1号　外国裁判所の所属する国の裁判所がドイツ法によれば管轄を有しないとき。
　第2号以下　略

ドイツ民法施行法[32]
第4条
第1項、第2項　略
第3項　複数の部分法秩序を有する国（Staat）の法が指定されたときには、この国の法はいずれの部分法秩序が適用されるべきかを定める。そのような規律がないときには、事案と最も密接な関係を有する部分法秩序が適用される。

3　判決に対する反応

ガイマーなどは本判決を支持するが、ロート、シュテルナーらはこれに反対する。

判旨に賛成する立場を表明する見解としてガイマーの見解がある。ガイマー

---

31)　法務大臣官房司法法制調査部編・前掲注18）102頁を参照した。
32)　笠原俊宏編『国際私法立法総覧』243頁（冨山房、1989年）を参照した。

は[33]、連邦通常裁判所に反対する見解に対して次のような問題があると述べる。すなわち、反対説では中央集権的単一国家の場合には連邦国家の場合よりも広い領域を対象とすることになるが、このような解釈はボン基本法3条1項の平等原則（Gleichheitssatz）に適合しないこと、また、たとえばドイツのように連邦と州の管轄権行使が（アメリカ合衆国と同様に）交錯する国家の場合には、何を基準にするのかが不明確であること、などを挙げる。

　また、ある評釈は[34]、連邦通常裁判所の判決に賛成して次のように述べる。すなわち、国家は他国の判決を承認する国際法上の義務を負わないので、ドイツが民事訴訟法328条によって承認を定めるというのは、その国の自由意思に基づくものであるとする。そして、民事訴訟法328条は、国際法上の礼譲行為（ein Akt völkerrechtlicher Höflichkeit）であるから、国際法上の主体であるアメリカ合衆国に向けられたものであり、合衆国を構成する各州に向けられたものではないので、個々の州を対象とする見解は誤りであると説く。

　これに対して、判旨に反対する見解も有力である。たとえば、ロートは[35]、次のように説く。アメリカ合衆国のように、独立した部分法秩序を有し、また固有の裁判制度を有する不統一法国の場合、アメリカ合衆国全体の中で「いずれかの裁判所」が管轄を有するだけでは十分ではなく、むしろ、関係する州の裁判所の国際裁判管轄が基礎づけられていなければならないとする。そして、このことは、州裁判所の判決についてはそのままあてはまるが、連邦通常裁判所の見解と異なり、外国人が関係する場合も含む州籍相違を理由に州裁判所と競合して連邦裁判所にも管轄権が生ずる場合には、連邦裁判所の国際裁判管轄についても先に述べたことがあてはまるとする。その理由として、州籍相違事件の場合には、連邦裁判所の国際裁判管轄権は当該裁判所が所属する州のロング・アーム法に基づくので、必要とされる関連性も当該州になると述べる。

　シュテュルナーらも[36]、同様に連邦問題と州籍相違事件の場合に分けて考察する。まず、連邦問題（Federal Question）については、間接管轄は合衆国全体を

33）　*Geimer*, LM ZPO §328 Nr.48-52.
34）　*Aden*, a.a.O.(Fn.30), S. 56.
35）　*Roth*, a.a.O.(Fn.30), 484 ff.
36）　*Stürner/Bormann*, a.a.O.(Fn. 30), S. 87.

基準にする。その根拠としては、連邦問題については、連邦裁判所は手続法・実体法ともに連邦法を適用していること、また先例拘束性は全米で統一的に判断されること、さらに連邦問題管轄について連邦手続法は、人的管轄権の根拠としてアメリカ合衆国のいずれかの州に最小限の関連性（Minimum Contacts）があれば十分であるとされていることを挙げる。これに対して、州籍相違事件（Diversity Case）では、個々の州ごとに間接管轄の有無を判断するのが適切であるとする。その根拠として、この場合には、連邦裁判所はその裁判所が所在する州の抵触法や実質法（準拠法として適用される民法や商法など、抵触法に対する概念）を適用すること、また連邦裁判所はその所在する州の最高裁の先例に拘束されること、さらに連邦問題と異なり州籍相違事件では、人的管轄権について個々の州に最小限の関連があるのか否かを問題にしていることを挙げる。

Ⅲ　日本法への示唆

　アメリカ合衆国のような、一国で複数の法域を場所的に有する国の裁判所が下した判決の承認が求められた場合、間接管轄の基準は、判決州かそれともアメリカ合衆国全体と見るべきであろうか。この問題点は、わが国の学説・裁判例においてはまだ十分認識されていないと思われ、前述のドイツでの議論が参考になると考えられる。以下では、わが国の判例・学説の動向を確認した上で、検討を試みることにする。

1　わが国の学説の状況

　わが国の学説における間接管轄の通説的理解は、先に紹介したドイツのそれと対応する。すなわち、間接管轄は、判決を下した具体的な外国の裁判所が国際裁判管轄を有するのかどうかを問うものではなく、判決国が全体として管轄を有するのか否かを問題にするものである。しかし、不統一法国との関係についても判決国全体を基準にすべきかどうかは明らかにされていない。たとえば、明治 23 年法の下では、松岡義正『強制執行要論』は[37]、外国裁判所の間接管轄

---

37)　松岡義正『強制執行要論（上巻）』483 頁（清水書店、1924 年）。

第 1 章　間接的一般管轄　第 2 節　米国判決の承認と国際裁判管轄　93

について、現に判決を下した具体的裁判所を指すのか、判決を下した外国裁判所が所属するいずれかの裁判所であるのか争いがあると指摘され、前者を支持する見解としてプランク、ペーターセン等を挙げ、また後者を支持する見解として、ワッハ、ゾイフェルト、シュタイン、ヨナスを挙げた上で、次のように述べて後者の見解を主張される[38]。すなわち、「外国ノ裁判権ト内国ノ裁判権トノ限界ヲ明ニシ之ヲ侵スコトナカラシムル為存スルモノナルヲ以テ判決ヲ為シタル外国裁判所所属国ノ或裁判所カ管轄権ヲ有スル以上ハ仮令現ニ判決ヲ為シタル外国裁判所カ管轄権ヲ有セサルトキト雖モ執行判決ヲ言渡スヘク之カ為内国ノ裁判権ヲ侵害セラルルコトナシ現ニ判決ヲ為シタル外国裁判所所属国ノ法律ニ従ヘハ当該裁判所カ管轄権ヲ有スルヤ又ハ他ノ外国裁判所カ管轄権ヲ有スルヤハ当該外国ノ内部ノ関係ニ過キス故ニ民事訴訟法第515条第2項第3号ニ所謂裁判所ハ外国ノ或裁判所ニシテ現ニ判決ヲ為シタル外国裁判所ト断スヘカラス」とされていた。

また大正15年改正法の初期に発表された文献として、たとえば、竹野『民事訴訟法釈義』では[39]、「本条第1号に掲ぐる此の条件は、判決を為したる外国裁判所がその判決の事件に付て具体的の裁判権を有したることを要求するのではなくて、寧ろ一般に外国裁判所の属する国の或裁判所（之が判決裁判所であれ又は其の他の裁判所であれ）が日本の法律命令又は条約に依り一般に抽象的の裁判権を有することを要求するものである」とされ、また江川教授の「外国判決の承認」と題する論文においても[40]、「外国裁判所の判決が我が国に於て効力を有するが為には該外国裁判所が国際民事訴訟法の原則――我が国の認むる国際民事訴訟法の原則――に依って当該事件の管轄権を有する場合なることを要するのである。之に依って外国の裁判所が管轄権を有する場合に於て其の外国裁判所中の如何なる裁判所が当該事件に就き管轄権を有するかは勿論其の外国の管

---

38) Vgl. *Hellwig*, System des deutschen Zivilprozeßrechts, 1912, S. 829; *Seuffert*, Kommentar zur ZPO, 11. Aufl. 1910, Bd.1, S. 545 ff.; *Stein*, Die Zivilprozeßordnung für das deutsche Reich, 11. Aufl. 1913, Bd. 1, S. 841 f. なお、今村信行『民事訴訟法正解後編』43頁（東京法学院、1902年）、岩田一郎『民事訴訟法原論』1066頁（明治大学出版部、第28版、1923年）も参照。

39) 竹野竹三郎『新民事訴訟法釈義（中）』597頁（有斐閣、1931年）。

40) 江川英文「外国判決の承認」法学協会雑誌50巻11号2064頁（1932年）。松岡義正『新民事訴訟法註釈(6)』1226頁（清水書店、1939年）も同旨。

第II部　要件論

轄権に関する規定に依って定むべきことは云ふまでもない。而して外国判決が承認せらるるが為には之を為した外国裁判所が其の本国法上所謂特別的管轄権を有することを要すべきものとする説もあるが、仮令本国法上特別管轄権なき裁判所の為した判決であってもそれが本国法上判決たるの効力を有する以上は之を承認すべきものと思われる。蓋し民事訴訟法第 200 条第 1 号が外国裁判所の管轄権あることを要求しているのは国際民事訴訟法上管轄権のあることを要するものとしていると解すべきが故である」、とされる。

　最近の見解として、たとえば、青山教授は、「本号は判決国の一般的管轄を問題にするに過ぎないから、判決裁判所が特別管轄を有することまで要求するものではない。例えば、日本の国際民事訴訟法上、不法行為事件につき、不法行為地国は一般管轄権を有するとの原則を認めてよいが、その国の裁判所が下した判決なら、具体的な不法行為地裁判所の判決でなくても、間接的一般管轄の要件は充たされたことになる」とされ[41]、また高桑教授は、「わが国からみて、その判決をした裁判所の所属する国が当該訴訟事件について裁判管轄権を有していることで」足りるとしておられる[42]。竹下教授も、「本条 1 号は、当該外国の裁判所一般に国際裁判管轄権があることを要求するにとどまり、判決裁判所が当該外国の国内法上土地管轄・事物管轄を有することまで要求するものではない」[43]とされている。

　このように間接管轄を承認国法の立場から積極的に国際裁判管轄が認められることを要求し、その際には日本法の立場から外国裁判所が職分管轄・土地管轄・事物管轄を有することは不要であり、またその対象は判決国全体と解するのが古くからの通説的理解であった[44]。他方で、旧法が「法令又ハ条約ニ於テ外国裁判所ノ裁判権ヲ否認セサルコト」と規定していたことから文言通りに解して、日本法によって外国の国際裁判管轄権が否定されているかどうかを問題にする見解も主張されていたが[45]、最判平成 10 年 4 月 28 日民集 52 巻 3 号853 頁は[46]、「我が国の国際民訴法の原則から見て、当該外国裁判所の属する

---

41)　鈴木忠一＝三ケ月章編『注解民事執行法(1)』397 頁〔青山善充〕（第一法規、1984 年）。
42)　高桑昭「外国判決の承認及び執行」鈴木忠一＝三ケ月章監修『新実務民事訴訟講座(7)』137 頁（日本評論社、1982 年）。
43)　兼子一ほか『条解民事訴訟法』647 頁〔竹下守夫〕（弘文堂、1986 年）。

国（判決国）がその事件につき国際裁判管轄（間接的一般管轄）を有すると一般的に認められることをいう」として通説の理解に従い、また現行民事訴訟法も通説的理解の下で文言が改められたと解される[47]。

　しかし、本節が扱うテーマに関しては、執筆時において、筆者はわが国で言及している文献を見いだすことはできなかった[48]。ただ、後掲【ケース7】の判例評釈において、奥田教授が、「多数説（引用者注：直接管轄と間接管轄は原則として一致するが例外的に間接管轄の方が広いことを認める見解）を本件に当てはめるならば、ミネソタ州の国際裁判管轄は、わが国の国際民事訴訟法の立場から審理されるので、ミネソタ地裁の管轄判断それ自体を審査する必要はない」とされている点が注意を引く[49]。本節の問題意識との関係では判決州説・判決国法説のいずれの立場であるのかは必ずしも明確ではないが、判決州説を意識しているとも解することができる。

---

44)　石川明＝小島武司編『国際民事訴訟法』141頁〔坂本恵三〕（青林書院、1994年）、石黒一憲『国際民事訴訟法』220頁（新世社、1996年）、岩野徹ほか編『注解強制執行法(1)』135頁〔三井哲夫〕（第一法規、1974年）、上村明広「外国裁判承認理論に関する一覚書」法曹時報44巻5号25頁（1992年）、遠藤賢治「外国判決の承認執行(1)」元木伸＝細川潔編『裁判実務大系(10)』103頁（青林書院、1989年）、鈴木忠一「外国の非訟裁判の承認・取消・変更」法曹時報26巻9号25頁（1974年）、鈴木正裕＝青山善充編『注釈民事訴訟法(4)』369頁〔高田裕成〕（有斐閣、1997年）、竹下守夫「判例から見た外国判決の承認」『判例民事訴訟法の理論（下）』529頁（有斐閣、1995年）、松岡博「外国離婚判決の承認について」阪大法学86号43頁（1973年）、三浦正人＝熊谷久世「外国離婚判決の承認と渉外戸籍実務」『名城大学創立40周年記念論文集法学篇』494頁（1990年）、矢ケ崎武勝「外国判決の承認並にその条件に関する一考察（2・完）」国際法外交雑誌60巻2号194頁（1961年）、渡辺惺之「外国の離婚・日本の離婚の国際的効力」岡垣学＝野田愛子編『講座実務家事審判法(5)』195頁（日本評論社、1990年）など。

45)　林脇トシ子「判批」ジュリスト485号169頁（1971年）、三ツ木正次「判批」ジュリスト756号210頁（1982年）、山田恒久「間接管轄に関する若干の考察」杏林社会科学研究3巻2号25頁（1986年）。

46)　評釈として、安達栄司「判批」NBL678号62頁（1999年）、酒井一「判批」法学教室218号136頁（1998年）、山本和彦「判批」重判平成10年度297頁、渡辺惺之「判批」判例評論484号39頁（1999年）。

47)　法務省民事局参事官室編『一問一答新民事訴訟法』136頁（商事法務研究会、1996年）。

48)　後掲注50)から66)の判例評釈、前掲注37)から46)、後掲注67)、70)および71)の教科書および注釈書などでは、この問題について言及はない。

49)　奥田安弘「判批」判例評論402号50頁（1992年）。

96　第Ⅱ部　要件論

2 裁判例

以下では、わが国の裁判所で、旧民事訴訟法 200 条 1 号または現行民事訴訟法 118 条 1 号が問題になったケースを見ておくことにする。

従来の裁判例は、判決の文言を見る限りは個々の判決州を基準に間接管轄の有無を判断していると解することも可能である。しかし、そのように即断することはできない。なぜならば、判決国法説に立った場合に、判決州に国際裁判管轄があることから判決国に国際裁判管轄が認められ、また判決州と他州に国際裁判管轄が認められないことから判決国に国際裁判管轄が認められない、と判断していると理解することも可能だからである。したがって、仮にそうであるとすると後述するケースはいずれの見解によっても差異はないことになる。間接管轄の対象を判決州とするか判決国とするかで結論が異なるケース、すなわち承認国法から見て判決州には管轄がなく別の州に国際裁判管轄原因があるとされた事例は、調べた限りで見いだせなかった。その意味では、裁判所は、これまで本節で問題にする点についてまで踏み込んで判断する必要がなかったといえ、むしろこの問題について立場を明らかにしていないとも考えられる。

なお、旧法下においては判決国が国際裁判管轄を有していたことの判断基準として、承認国法の立場から積極的に認められることを要する見解（通説）と（この立場はさらに鏡像理論によるのか、それとも別の基準によるのかで分かれる）、承認国は消極的チェックのみをする見解（少数説）とがあった（この立場は現行法では採用し難いように思われる）。以下の裁判例で通説によると考えられるのは、ケース 2、ケース 4、ケース 5、ケース 7、ケース 9、ケース 11、ケース 13、ケース 14、ケース 15、ケース 16、ケース 17、少数説によると考えられるのは、ケース 1、ケース 3、ケース 6、ケース 12、いずれによるのか不明であるのは、ケース 8、ケース 10 である。

【ケース 1】東京地判昭和 45 年 10 月 24 日（判時 625 号 66 頁）[50]

書籍の販売手数料の支払いを求める請求を認容したハワイ州裁判所判決の執行判決訴訟について、東京地裁は、「［旧］民事訴訟法第 200 条第 1 号について

---

50) 評釈として、林脇・前掲注45) 168 頁。

みると、わが国には、ある民事事件について一般的に外国の裁判権を否認する趣旨の法令または条約は存在せず、具体的には、アメリカ合衆国ハワイ州に居住する被告に対し、同国の裁判所が本件係争につき裁判権を行使することを否認する法令もない」とした。

【ケース2】東京地判昭和48年11月30日（家月26巻10号83頁）[51]

カリフォルニア州裁判所の下した離婚判決の無効確認訴訟。裁判所は、「［旧］民事訴訟法第200条第1号所定の裁判管轄権の有無は、右条項の文言および外国判決承認制度の趣旨から考えると、その判決を承認するかしないかを決定するわが国の法原則にもとづいて判断すべき」であり、「原則として当該離婚事件の被告住所地国に裁判管轄権を認め、例外的に、原告が遺棄された場合、被告が行方不明である場合、その他これに準ずべき場合には、原告の住所地国にも管轄権を認めるという法原則（最高裁判所昭和39年3月25日大法廷判決。民集第18巻第3号486頁。）に則るべき」であるが、「本件にあらわれたすべての資料を検討しても、［外国離婚訴訟の原告である本件］被告の住所地国の裁判所に右の裁判管轄権を認めるのを相当とするような事情を発見することはできない」とした。

【ケース3】東京地判昭和54年9月17日（判時949号92頁[52]。控訴審は、東京高判昭和57年3月31日[53]、上告審は最判昭和58年6月7日民集37巻5号611頁）[54]

コロンビア特別区の裁判所が下した売掛代金の支払いを命じた判決の執行判

---

51)　評釈として、牀場準一「判批」ジュリスト603号170頁（1976年）、海老沢美広「判批」渉外判例百選274頁（増補版、1976年）、大須賀慶「判批」渉外判例百選212頁（第2版、1986年）、木棚照一「判批」法律時報47巻11号128頁（1975年）。

52)　評釈として、道垣内正人「判批」ジュリスト722号295頁（1980年）、松岡博「判批」重判昭和55年度315頁。
　　本判決の間接管轄に対する理解については、見解が分かれる。筆者は本文で述べたように、本判決は少数説に立つものと解するが、このように即断できないとする見解も主張されている。少数説に立つと理解するのは、三ツ木正次「判批」ジュリスト820号108頁（1984年）。これに対して、道垣内・前掲297頁および高桑昭「判批」民商法雑誌90巻1号106頁（1984年）は不明であるとする。

53)　評釈として、貝瀬幸雄「判批」ジュリスト791号108頁（1983年）、櫻田嘉章「判批」判例評論288号28頁（1983年）、横山潤「判批」判タ505号225頁（1983年）。

98　第Ⅱ部　要件論

決訴訟を認容する際、東京地裁は、「わが国には民事事件について一般的に外国裁判所の裁判権（管轄権）を否定する趣旨の法令又は条約はなく、またアメリカ合衆国コロンビア特別行政区の（アメリカ合衆国）地方裁判所が原被告間の売掛代金請求訴訟について、後記のとおり同裁判所の管轄権を認めた被告に対して裁判権を行使することを否定する法令もない」とした。

【ケース4】宇都宮地足利支判昭和 55 年 2 月 28 日（判時 968 号 98 頁）[55]
　ニュー・ヨーク州裁判所が下した離婚判決について、裁判所は、離婚の国際裁判管轄は原則として「被告が住所を有する国の裁判所に管轄権を認め、例外的に、被告の所在不明、悪意の遺棄、その他これに準ずべき特別の事情のある場合に、補充的に原告が住所を有する国の裁判所にもこれを認める見解を相当と考え」るが、本件では外国訴訟の被告は日本に居住し、また例外的な事情もないことから、本件離婚判決は管轄権のない裁判所の判決であるとして承認を拒否した。

【ケース5】東京地判昭和 55 年 9 月 19 日（判タ 435 号 155 頁）[56]
　カリフォルニア州裁判所が下した離婚判決の日本における無効確認訴訟で、裁判所は間接管轄について、「[旧民事訴訟法 200 条 1 号の]裁判管轄権の有無は、同条項の文言及び外国判決承認制度の趣旨から考えると、当該判決の効力を承認するか否かを決する我が国の裁判所が渉外人事事件を実際に担当する際に適用する管轄分配規則に従」い、「原則として当該離婚事件の被告住所地国の裁判所に裁判管轄権を認め、例外的に、原告が遺棄された場合、被告が行方不明である場合その他これに準ずべき場合には、原告の住所地国の裁判所にも管轄

54）　評釈として、加藤和夫「判批」ジュリスト 802 号 56 頁（1983 年）、加藤和夫「判批」法曹時報 38 巻 10 号 192 頁（1986 年）、小林秀之「判批」法学教室 38 号 104 頁（1983 年）、高桑昭「判批」重判昭和 58 年度 122 頁、高桑・前掲注 52）94 頁、高田裕成「判批」民事訴訟法判例百選 I（新法対応補正版、1998 年）、早川眞一郎「判批」渉外判例百選 232 頁（第 3 版、1995 年）、三ツ木正次「判批」渉外判例百選 214 頁（第 2 版、1986 年）、三ツ木・前掲注 52）106 頁、山田恒久「判批」法学研究 57 巻 8 号 135 頁（1984 年）。
55）　評釈として、岡本善八「判批」重判昭和 55 年度 309 頁、澤木敬郎「判批」判例評論 264 号 33 頁（1981 年）、渡辺惺之「判批」ジュリスト 741 号 144 頁（1981 年）。
56）　評釈として、三ツ木・前掲注 45）209 頁。

権を認めるという法原則（最高裁判所昭和 39 年 3 月 25 日大法廷判決、民集 18 巻 3 号 486 頁参照。）に則るべき」とした。その上で、「［外国離婚訴訟の］被告たる本件の原告は日本国内に在住していたことは明らかであり」、「カリフォルニア州の本件上級裁判所に裁判管轄権を認めなければ国際私法生活の公平主義に反すべき特段の事情は」ないとした。

【ケース 6】東京地判平成 3 年 2 月 18 日（判タ 760 号 250 頁[57]）。控訴審は東京高判平成 5 年 6 月 28 日[58]、上告審は最判平成 9 年 7 月 11 日民集 51 巻 6 号 2530 頁）[59]

カリフォルニア州裁判所が下した懲罰的損害賠償を命ずる部分を含む判決を一部承認。裁判所は、「本件外国判決を言い渡したカリフォルニア州裁判所の裁判権は、法令上又は条約において否認されていない」とした。

【ケース 7】大阪地判平成 3 年 3 月 25 日（判時 1408 号 100 頁[60]）。控訴審は、大阪高判平成 4 年 2 月 25 日）

日本企業から輸入した製品に瑕疵があったことを理由とする損害賠償請求を認容したミネソタ地区連邦地方裁判所判決について、間接管轄がないとされた事例。裁判所は、「本件のごとく外国法人が原告となっている民事渉外事件に

---

57) 評釈として、石黒一憲「判批」リマークス 4 号 167 頁（1992 年）、海老沢美広「判批」重判平成 3 年度 271 頁、加藤哲夫「判批」法学セミナー 444 号 130 頁（1991 年）、神前禎「判批」ジュリスト 1023 号 138 頁（1993 年）、小林秀之「判批」NBL473 号 6 頁、477 号 20 頁、小室百合「判批」法学 55 巻 5 号 797 頁（1991 年）、坂本昭雄「判批」金融・商事判例 921 号 48 頁（1993 年）、須藤典明「判批」平成 3 年度主要民事判例解説 258 頁、道垣内正人「判批」判例評論 391 号 40 頁（1991 年）、渡辺惺之「判批」特許管理 41 巻 10 号 1321 頁（1991 年）。

58) 評釈として、春日偉知郎「判批」重判平成 5 年度 290 頁、須藤典明「判批」平成 5 年度主要民事判例解説 274 頁、道垣内正人「判批」民事執行法判例百選 22 頁（1994 年）、早川吉尚「判批」ジュリスト 1050 号 193 頁、吉野正三郎＝安達栄司「判批」判タ 828 号 89 頁（1994 年）。

59) 評釈として、岡田幸宏「判批」法学教室 210 号 70 頁（1998 年）、古閑祐二「判批」法律のひろば 51 巻 1 号 54 頁（1998 年）、小林秀之＝吉田元子「判批」NBL629 号 61 頁（1997 年）、佐久間邦夫「判批」ジュリスト 1129 号 106 頁（1998 年）、櫻田嘉章「判批」重判平成 9 年度 291 頁、田尾桃二「判批」金融・商事判例 1031 号 53 頁（1998 年）、中野俊一郎「判批」NBL627 号 19 頁（1997 年）、早川吉尚「判批」法学教室 211 号 142 頁（1998 年）、藤田泰弘「判批」判タ 953 号 61 頁（1997 年）、横溝大「判批」判例評論 475 号 37 頁（1998 年）。

60) 評釈として、奥田・前掲注 49）48 頁、松岡博「判批」リマークス 6 号 164 頁（1993 年）。

つき、いずれの国が（間接的）国際裁判管轄権を有するかについては、わが国にこれを直接に規定する成文法規もなく、またよるべき条約、その他一般に承認された国際法上の原則もいまだに確立していない。そこで、右国際裁判管轄は、当　者間の公平、裁判の適正・迅速を期するというわが国際民事訴訟法の基本理念（条理）によって決するのが相当である」。「具体的には、わが国の民事訴訟法の国内の土地管轄に関する規定は、国際裁判管轄を定めたものではないが、民事事件における管轄の適正な配分を図り、当事者間の公平、裁判の適正・迅速を期することを理念として定められたものであるから、この規定を類推し同一の法則によって決定するのが相当である。したがって本件損害賠償請求事件の場合、同法の規定する土地管轄の裁判籍のいずれかがミネソタ州にあるときは、ミネソタ州の裁判管轄権を肯定することによりかえって条理に反する結果を生ずることになるような特段の事情のない限り、ミネソタ州の国際裁判管轄権に服させるのが右条理に適うものというべきである」。「原告主張の理由によってはミネソタ地裁に国際裁判管轄権を認めることはできず、他に裁判管轄を認めるに足りる事由はないので、結局、外国判決承認の要件の1つである外国裁判所の管轄の存在が認められないということになる」とした。

【ケース8】東京地判平成4年1月30日（判時1439号138頁[61]。控訴審は東京高判平成5年11月15日）

テキサス州裁判所が子の引渡しを命じた判決の執行判決が認められたケース。裁判所は、「わが国の法令又は条約において、右の事柄に関する本件外国裁判所の裁判管轄権を否定しているものは見当たらない。また本件外国判決書の記載によれば、本件外国判決の相手方である被告は、本件外国裁判所において、弁護士を代理人として現実に応訴しているから、いずれにしても本件外国裁判所に裁判管轄権があったことは否定できない」。

少数説に近い立場ともいえるが、応訴管轄を肯定している根拠が承認国法か、それとも判決国法なのかが明らかでない。

---

61)　評釈として、河野俊行「判批」ジュリスト1026号153頁（1993年）、小室百合「判批」法学58巻1号221頁（1994年）、櫻田嘉章「判批」重判平成4年度296頁、西野喜一「判批」平成5年度主要民事判例解説276頁。

【ケース 9】大阪高判平成 4 年 2 月 25 日（判タ 783 号 248 頁[62]。原審は大阪地判平成 3 年 3 月 25 日）

　日本企業から輸入した製品について瑕疵があったとして損害賠償を認めたミネソタ地区連邦地方裁判所判決の間接管轄について、原審と同様に否定した。裁判所は、間接管轄について、「当該外国の裁判所が、わが国の国際民訴法の原則からみて、その事件につき、国際裁判管轄を有すると積極的に認められることを要するものと解すべき」であり、「明文の国際民訴法規はないので、わが国の国際裁判管轄権は、条理としての国際民訴法によってこれを定める外はない」ところ、「条理に基づくわが国の国際民訴法の原則からみて、ミネソタ地裁には、控訴人と被控訴人との本件商取引上の紛争に基づく損害賠償請求事件につき、原判決添付別紙に記載の内容の本件外国判決をする国際裁判管轄権はないと解すべきである」とした。

【ケース 10】東京高判平成 5 年 11 月 15 日（家月 46 巻 6 号 47 頁[63]。原審は、東京地判平成 4 年 1 月 30 日）

　テキサス州裁判所が下した子の引渡しを求める判決の執行について、子の福祉に反することを理由に不承認とした事例。この事件では裁判所は、間接管轄の有無について、本件外国手続開始時点で控訴人および引渡しを求められていた子はいずれもテキサス州に居住し、また控訴人は当該外国訴訟に応訴していることから、「本件外国判決事件につき、本件外国裁判所に裁判管轄権があったことは明らかである（もとより、わが国の法令又は条約において、右の事柄に関する本件外国裁判所の裁判管轄権を否定しているものは見当たらない。）」とした。ケース 7 と同様に、少数説に近い表現を用いているが、判決国の間接管轄を肯定する根拠が判決国法と承認国法のいずれなのか明らかでない。

---

62)　評釈として、酒井一「判批」平成 4 年度主要民事判例解説 264 頁、道垣内正人「判批」重判平成 4 年度 293 頁、松下淳一「判批」ジュリスト 1076 号 149 頁（1995 年）、矢沢昇治「判批」渉外判例百選 226 頁（第 3 版、1995 年）、山田恒久「判批」法学研究 66 巻 5 号 157 頁（1993 年）。

63)　評釈として、西野喜一「判批」平成 6 年度主要民事判例解説 254 頁、早川眞一郎「判批」リマークス 10 号 172 頁（1995 年）、山田恒久「判批」渉外判例百選 230 頁（第 3 版、1995 年）、横溝大「判批」ジュリスト 1105 号 153 頁（1998 年）、渡辺惺之「判批」重判平成 5 年度 296 頁。

【ケース 11】東京地判平成 6 年 1 月 14 日（判時 1509 号 96 頁)[64]

ニュー・ヨーク州裁判所の下した、ツアー契約に関して損害賠償を命ずる判決の承認を認めた事件。本件では、間接管轄について、「当該外国の裁判所が我が国の国際民事訴訟法の原則から見て、その事件につき国際裁判管轄権を有すると積極的に認められること」をいうとした上で、義務履行地管轄、不法行為地管轄および主観的併合の関連裁判籍のいずれも、「ニューヨーク州に本件外国訴訟の国際裁判管轄権があったと認めることができる」としている。

【ケース 12】大阪地判平成 8 年 1 月 17 日（判時 1621 号 125 頁）

メリーランド州裁判所が下した扶助料の支払いを命ずる判決の日本における効力が問題になった事件で、大阪地裁は、簡潔に「本件について法令または条約で［メリーランド州］モンゴメリー裁判所の管轄は否認されないこと」が認められるとしている。

【ケース 13】東京地判平成 8 年 9 月 2 日（判時 1608 号 130 頁。控訴審は、東京高判平成 10 年 2 月 26 日）

ミネソタ州裁判所が下した、養育費の支払いについて給与天引の方法によることを命じた判決の承認が認められなかった事例。X が Y を相手に（ともに日本国籍）、ミネソタ州裁判所において X の子の父性の認定および養育費の支払いを求める訴訟について勝訴判決を得た。X は、日本でこの判決の養育費の支払いを命ずる部分の執行を求め（甲事件）、他方、Y は全部の無効確認を求めた（乙事件）。裁判所は、甲事件について、わが国の給与等の差押制度と大きく異なることを理由に執行判決請求を棄却する一方で、乙事件については、養育費の支払いを命ずる部分以外は承認要件を充たしているとして、Y の請求を退けた。その際、乙事件の間接管轄については、親子関係事件では、「被告の住所地国と並んで子の住所地国も国際裁判管轄を有する」とし、「本件外国訴訟においては、被告住所地のカリフォルニア州の裁判所とともに、Y の住所地であ

---

64) 評釈として、安達栄司「判批」判タ 870 号 58 頁、酒井一「判批」ジュリスト 1083 号 112 頁（1996 年）、中野俊一郎「判批」リマークス 12 号 152 頁（1996 年）、山田恒久「判批」法学研究 69 巻 5 号 182 頁（1996 年）。

るミネソタ州の裁判所も国際裁判管轄権を有する」とした。

【ケース 14】 東京高判平成 9 年 9 月 18 日（判時 1630 号 62 頁）[65]
　オハイオ州裁判所が下した未成熟の子供の養育費の支払いを命ずる判決について、間接管轄を否定。裁判所は、旧民事訴訟法 200 条 1 号について、「わが国からみて、当該外国裁判所が属する国が当該事件について国際裁判管轄権を有していること、すなわちいわゆる間接的一般管轄権を有していることが認められることであると解される。この間接的一般管轄権は、外国判決の承認・執行を求められた国からみて、当該外国裁判所が当該渉外事件を審理判決する権限を有していたと認められるかどうかという問題であるから、これは判決国法によって決まるものではなく、外国判決の承認・執行を求められた国すなわち本件においては、わが国の国際民事訴訟法の立場から国際裁判管轄権が認められることが必要である」。そして、「養育費請求事件にあっては、原則として、子の住所地ないし常居所地のある国の裁判所に国際裁判管轄を認めるのが相当であるとしても、具体的な事情に基づき条理に照らして判断し、子の住所地ないし常居所地のある国ではなく、相手方（義務者）の住所地ないし常居所地のある国の裁判所に国際裁判管轄権を認めるのを相当とする特別の事情のある場合には、右裁判所に国際裁判管轄権があると解するのが相当である」。その上で、当事者双方の住所地ないし常居所地が異なるに至った事情が権利者側の都合による場合、養育費請求事件の国際裁判管轄は被告の住所地である日本の裁判所が有するとして、「アメリカ合衆国オハイオ州の裁判所に国際裁判管轄権があると認めるのは相当でない」とした。

【ケース 15】 東京地八王子支判平成 10 年 2 月 13 日（判タ 987 号 282 頁）
　カリフォルニア州裁判所が不法行為に基づく損害賠償請求を認容した判決に対して、執行判決が下された事例。裁判所は、民事訴訟法 118 条 1 号について、「我が国の国際裁判管轄の準則によって当該外国判決国の国際裁判管轄権が肯定されることを意味する」とした上で、「本件外国判決をしたロサンゼルス郡

---

65)　本件評釈である越山和広「判批」判例評論 476 号 47 頁（1998 年）は、判決国と密接関連性があるとして、間接管轄を肯定すべきであると述べる。

104　第 II 部　要件論

裁判所の所属するカリフォルニア州について本件事件の国際裁判管轄権を肯定することができるか否かについて検討」し、カリフォルニア州に不法行為地管轄を認めた。

【ケース16】東京高判平成10年2月26日（判時1647号107頁）[66]
　ミネソタ州裁判所が下した養育費の支払いを命ずる判決の、執行判決訴訟が認容された事例。裁判所は、間接管轄については直接規律する成文法規などがないので条理によって決定すべきであるとし、「本件のような親子関係事件においては、当事者の住所を基準としてその住所地国の裁判管轄権を認めるべきであり、当事者が住所地国を異にする場合には、原則として、被告となるべき者の住所地に国際裁判管轄を認めるべきである」が、本件では被控訴人がミネソタ州で控訴人と数回の性的交渉をもったことから、同州で親子関係の訴えを提起されることは被控訴人の予測範囲内であることや、控訴人が子を出産した後も同州に生活の本拠を置いており証拠が集中していることなどから、「本件については、被控訴人の住所地国のほか、控訴人の住所地国の国際裁判管轄を肯定するのが相当である」としている。

【ケース17】水戸地龍ケ崎支判平成11年10月29日（判タ1034号270頁）
　ハワイ地区連邦地方裁判所が下した損害賠償を命ずる懈怠判決について、執行判決が認められた事例。裁判所は間接管轄の意義について、「我が国の国際民訴法の原則から見て、当該外国裁判所の属する国（以下『判決国』という。）がその事件につき国際裁判管轄（間接的一般管轄）を有すると積極的に認められることをいう」とした上で、「不法行為地の裁判籍（旧民訴法15条）はハワイ州であって、ハワイ地区連邦地方裁判所が右請求に係る事件について管轄権を有していることが認められ」、また「被告らに関してハワイ地区連邦地方裁判所に併合請求の裁判籍（旧民訴法21条）が認められる」とし、「ハワイ地区連邦地方裁判所は本件外国訴訟について国際裁判管轄を有する」とした。

66）　評釈として、猪股孝史「判批」判例評論482号191頁（1999年）、小野寺規夫「判批」平成10年度主要民事判例解説220頁、横溝大「判批」重判平成10年度300頁。

3 検討

　従来からの通説による間接管轄の理解を基にした場合には、不統一法国の場合に判決州を間接管轄の対象とする立場を直ちに導き出すことには無理がある。間接管轄の判断基準について鏡像理論によるのか否かについては議論があるものの、現行法の解釈としては民事訴訟法 118 条 1 号の規定は、承認国法の立場から判決国に国際裁判管轄が認められることを要する点では異論がなく[67]、そこでは承認国からみて個々の判決裁判所が事物管轄・土地管轄・職分管轄を有することは要求されていない。すなわち、承認対象のサイズは司法権を行使した判決国であり、承認国からみて判決国が全体として国際裁判管轄が認められれば承認との関係は問題がなく、その中のいずれの裁判所が具体的に管轄を有するのかという問題は判決国の内部事情でしかないというものである。換言すると、国家の司法権行使の根拠（レッテル付け）は国によって異なるが、ここで問題になるのは外国による司法権行使が承認国で許容可能なものであるかどうかであるから、個別的な国際裁判管轄原因が判決国と承認国とで一致する必要はない。ところで、判決州説を支持する見解の多くは、個々の州が固有の裁判制度や立法権限を有していることをその根拠に挙げている[68]。しかし、間接管轄に関する前述の理解を前提とすると、アメリカ合衆国のような裁判体系や法体系について二元システムを採っている国であっても、そのような制度は判決国の内部事情であることに変わりなく[69]、連邦裁判所・州裁判所のいずれで事件が審理されようとも、また連邦法・州法いずれが適用される事件であっても、本来、日本法の立場からみてアメリカ合衆国全体に国際裁判管轄が認められるならば承認が認められるべきである。したがって、判決州説を支持するドイツ

---

67)　木棚照一＝松岡博＝渡辺惺之『国際私法概論』287 頁（有斐閣、第 3 版補訂版、2001年）、小林秀之『国際取引紛争』193 頁（弘文堂、新版、2001 年）、小室直人ほか編『基本法コンメンタール新民事訴訟法(1)』247 頁〔酒井一〕（日本評論社、1997 年）、中野貞一郎『民事執行法』188 頁（青林書院、新訂 4 版、2000 年）、三宅省三ほか編『注解民事訴訟法(2)』548 頁〔雛形要松〕（青林書院、2000 年）などを参照。

68)　*Jayme*, a.a.O.(Fn. 7), S. 262; *Martiny*, a.a.O.(Fn. 7), Kap. 1 Rdnr. 747; *Roth*, a.a.O.(Fn. 30), S. 485; *Schack*, a.a.O.(Fn. 5), Rdnr. 906; *Schütze*, a.a.O.(Fn. 11), S. 1041; *Stürner/Bormann*, a.a.O.(Fn. 30), S. 87; LG München I, Urt. v. 28. 6. 1988, RIW 1988, 738; OLG Hamm, Urt. v. 4. 6. 1997, IPRax 1998, 474.

69)　*Geimer*, a.a.O.(Fn. 5), Rdnr. 2900; *Münchener Kommentar/Gottwald*, a.a.O.(Fn. 22), §328 Rdnr. 63 f.

の有力説の立場は、従来からの間接管轄に関する基本的理解と合致しないことになる。

　この結論は、同号の趣旨を外国裁判権の過剰な行使から個人を保護する規定であると捉えたとしても変わりはないと考える。わが国では、かつては間接管轄の目的を、日本の司法権に対する外国の侵害を防止する点だけに求める見解が有力であったが[70]、現在ではむしろ被告を外国裁判所による過剰な管轄権行使から保護する点にあるという理解に傾きつつあるともいわれている[71]（筆者は両方の側面を有すると考える。外国の過剰な司法権行使からの保護は当事者の保護の側面もまた有すると考えられるからである）。この当事者保護の観点をより重視すると、判決州に間接管轄の焦点を合わせる解釈に近づくことも考えられる。他方で、近時の判決承認の緩和化傾向に照らすと、連邦通常裁判所判決やイングランドでの解釈[72]のようにアメリカ合衆国全体を基準にする見解も支持に値するといえる。では被告保護との関係をどのように考えるべきか。判決国法説によれば、判決州説よりも承認の範囲が広がることになる。不承認＝被告の保護というのであれば、まさしく判決国説は被告の保護に反することになる。しかし、被告保護だけを推し進めると外国判決承認制度は不要（内国での再許を求める）ということになってしまう。むしろ問題は、被告保護と緊張関係に立つ国際的な私法秩序の安定の調和をどこに見いだすのかという点にある。判決州説と判決国説との対立の核心は、承認国法の立場からは判決を下したＡ州ではなく、Ｂ州に国際裁判管轄原因があると考えられる場合に、承認を認めるべきか否かであり、そのことを被告保護との関係で検討することが必要である。では、たとえば、ニュー・ヨークで判決が下されたが、日本法の立場ではカリフォルニア

---

70)　前野順一『民事訴訟法論（第1編総則）』671頁（松華堂、1937年）、松岡・前掲注40）1226頁。

71)　参照、高田裕成「財産関係事件に関する外国判決の承認」澤木敬郎＝青山善充編『国際民事訴訟法の理論』393頁（有斐閣、1987年）。

72)　Dicey/Morris/Collins, *The Conflict of Laws* 470 (13th ed. 2000). Adams v. Cape Industries plc. [1991]1 All E.R 929 では、米国内でアスベストを販売していた企業の親会社（英国企業）を相手に、205人の原告がテキサス地区連邦地裁に不法行為に基づく損害賠償請求訴訟を起こし、認容された判決の承認が英国で求められた事件である。被告は、子会社はイリノイ州法によって設立され、同州で活動していることから、イングランド法上はイリノイ州に所在（presence）しているので、テキサス地区連邦地方裁判所の国際裁判管轄は認められないと主張したが、裁判所は、そのように解する理由はないとして被告の主張を退けた。

に管轄原因があったと評価された場合、不承認とし、請求権者に（もし可能であるならば）再度、カリフォルニアでの訴訟提起を要求すべきであろうか。筆者はこの点について、まず承認国裁判所としては、いずれにしても被告はアメリカ合衆国内で訴訟追行しなければならなかったと評価をしている点を重視すべきであると考える。日本のような単一の裁判制度を有するか、アメリカ合衆国のような二層の制度を有するかで区別するのは、ガイマーが説くように不平等である。また、ロング・アーム法[73] などの過剰管轄との関係でも、判決国法説によることによって判決州説と比べて結論が著しく異なる場合は考えにくい。たとえば、不法行為に基づく損害賠償請求訴訟を A 州のロング・アーム法を利用して提起した場合、判決州説・判決国説のいずれによっても、承認国法の立場からみて事件と法廷地の牽連性が希薄であるならば承認がなされない。その点では両説は異なることがないからである。さらに、筆者は、直接管轄と間接管轄との管轄原因における厳密な対応を要求しない立場に立つので[74]、具体的事案との関係で間接管轄を認めることが外国訴訟の被告に酷な結果を生ずるときには、管轄を否定する余地がある。

　さらに、前記有力説は、相互保証の有無の判断が判決州ごとになされていることとの整合性を判決州説の根拠として挙げる[75]。また、不統一法国の準拠法決定に関するドイツ民法施行法 4 条 3 項が特定の部分法秩序を最終的に指定することを根拠に、間接管轄の対象基準についても個々の州とすべきであるとする見解も主張されている[76]。しかし、法の目的・趣旨に応じて間接管轄と相互保証の判断の対象が異なるのは決して不自然ではないと考える[77]。準拠法決定の場面との関係も同様である。前述の連邦通常裁判所判決も、同趣旨のことを述べている。

　以上のような観点からすると、日本法の解釈としての間接管轄の審理対象はアメリカ合衆国全体とする解釈が相当の根拠を有すると考える。なお、判決国法説の根拠を、外国判決の承認が国際法上の礼譲行為であるとして、国際法主

73）　ロング・アーム法については、遠藤・前掲注 44）103 頁を参照。
74）　本書第 II 部第 1 章第 1 節 66 頁。
75）　*Jayme*, a.a.O.(Fn. 7), S. 262; OLG Hamm, Urt. v. 4. 6. 1997, IPRax 1998, 474.
76）　*Sieg*, a.a.O.(Fn. 7), S. 379 f.
77）　Vgl. *v. Hoffmann/Hau*, a.a.O.(Fn. 22), S. 350 ff.

体である国家が間接管轄の基準になると説く見解がある[78]。しかし、たとえ外国判決承認が礼譲に基づくものであったとしても、間接管轄の対象基準に直接影響するものではない。なぜなら、一般国際法上、ある国が他国の判決を承認する義務を負わないのであるから[79]（この点は論者自身も認めている）、判決承認に関する2国間・多国間条約においてとくに定めがないときには、承認要件については承認国が独自に定めることができるのであり、間接管轄の対象についても同様と考えられるからである。したがって、このような根拠は決定的なものとは考えにくい。

IV　結び

　本節は、民事訴訟法118条1号との関係で、いわゆる不統一法国に属する裁判所が下した判決承認の間接管轄の対象（判決州か判決国か）について論じた。従来のわが国の学説においては、まだこの問題は論じられていないと考えられる。また裁判例においても、判決州・判決国のいずれを間接管轄の判断対象基準にするのかによって結論を異にするケースがなかったと思われ、判決州説を前提にしていると考えられるものもみられるが立場は不明である。

　本節の結論は、アメリカ合衆国などの不統一法国の属する裁判所が下した判決の間接管轄の基準となる地域は、他の国の場合と同様に判決を下した裁判所の所属する国全体とすべきであり、裁判所が所在する個々の州を単位とすべきではないというものである。その理由は、間接管轄は判決国の過剰な司法権行使をチェックする機能を有するが、その際には具体的な裁判所間の権限分配の問題（事物管轄・土地管轄など）はあくまでも判決国の内部事情であるとの一般的理解から導かれる。つまり、判決国の司法権行使が承認国から是認されるか否かが問題なのであり、どのような理由によりどの裁判所が行使するかなどということは関係がないということによる。また、このような解釈は、ドイツ連邦

78）　*Aden*, a.a.O.(Fn. 30), S. 56.

79）　石黒一憲『現代国際私法（上）』380頁（東京大学出版会、1986年）。*Geimer*, a.a.O.(Fn. 5), S. 10; *Linke*, a.a.O.(Fn. 5), Rdnr. 338; *Nagel/Gottwald*, Internationales Zivilprozeßrecht, 4. Aufl. 1997, S. 389; *Schack*, a.a.O.(Fn. 5), Rdnr. 775; *Schütze*, a.a.O.(Fn. 5), S. 128.

通常裁判所の近時の判決およびイングランドでの解釈に沿うものである。したがって、この解釈によれば、たとえばＡ州に所在する裁判所が判決を下したが、承認国法の立場ではＢ州に管轄原因があると考えられる場合でも、判決国を基準にする見解からは、わが国はその判決を承認すべきことになる。

　本節で論じた問題は、国家の組織形態は一様ではないということを、外国判決の承認問題を通じて改めて示したものといえる。ＥＵにみられるような国家連合が、将来的に司法制度・立法制度において広範な統一ルールの下で機能するようになったときには、本節で呈示した国家単位を間接管轄の対象基準とする見解には限界が生ずることも考えられる。そのときには新たなパラダイムの下で、間接管轄の対象基準を構成し直すことが必要となろう。

初出：法律論叢 74 巻 6 号 45 頁以下（2002 年）

第2章　送達——第1節

外国判決承認要件としての
送達

I　問題の所在

　国際的な人や物、さらには情報の交流が盛んになるにつれて、複数の国に
跨った法的紛争が増加することは自然の成り行きといえる。近時はわが国に居
住する自然人・法人が、外国の裁判所において訴えられるケースが著しく増加
している[1]。しかし各国の民事手続制度がそれぞれの国の歴史的文化的背景に
基づき異なるのと同様に、送達制度もまた国によって異なる。たとえば、わが
国においては送達は職権でなされるが、アメリカ合衆国においては当事者送達
主義が採られている。この送達制度の国際的相違との関係で、わが国において
最近、とくに問題となっていることが、アメリカ合衆国から訴状が直接、わが
国の被告に郵送されるケースの取り扱いである。これは、司法共助の方法によ
らずに被告に書類が送られ、また翻訳文が添付されていないことから、このよ
うな送達方法が被告の防禦権を侵害しないか、このような送達に基づく外国判
決はわが国において承認するに相応しいのかという問題が生ずる。

　そこで、本節では、外国判決の承認といういわば回顧的局面においての送達
をいかにして考えるべきかを検討する（以下では、1954年「民事訴訟手続に関する条

---

[1]　なお、わが国での送達の受託件数の推移については、最高裁判所事務総局編『国際司
法共助執務資料』371頁（法曹会、1992年）、石川明＝小島武司編『国際民事訴訟法』86
頁（青林書院、1994年）、最高裁判所事務総局民事局監修『民事事件に関する国際司法共
助手続の手引』253頁（法曹会、新版、1995年）を参照。ただし、公示送達などによって、
司法共助を介さずに外国の法廷で紛争に巻き込まれるケースもある。

約（昭和 45 年条約第 6 号）」を民訴条約といい、また 1965 年「民事又は商事に関する裁判上及び裁判外の文書の外国における送達及び告知に関する条約（昭和 45 年第 7 号）」を送達条約という。また、被告とは、外国訴訟手続での被告で、内国での承認を争う者の意味で用い、原告とは、外国手続の原告で、内国での承認を求める者の意味で用いる）。その際、ドイツ法との比較を通じて、わが国民事訴訟法の解釈論・立法論を検討する。その理由は、次の点にある。まず第 1 に、沿革的にわが国の民事訴訟法はドイツ法を母法として継受してきたことを挙げることができる。わが国民事訴訟法における外国判決承認要件としての送達をめぐっては、平成 10 年 1 月 1 日施行の現行民事訴訟法においても日本人だけを保護する日本人条項が削除され[2]、また、判決が不承認に至る送達が公示送達に限らないとされただけで、基本的には現行法と大きな相違はない（旧民事訴訟法 200 条 2 号、現行民事訴訟法 118 条 2 号を参照）。また第 2 に、ドイツでは外国判決承認に関する規定の最近の改正に際して、承認要件としての送達の審査について 2 つの基準を導入しており、その解釈は注目に値すると考えられる。ドイツにおいては 1986 年の民法施行法改正にともない、外国判決承認に関する民事訴訟法 328 条も若干改められ、外国訴訟の開始時における被告の防禦権の保障に関する同条 1 項 2 号は、EC 民事訴訟条約（以下、EC 民訴条約と略）27 条 2 号に沿う形で改正された（ただし、全く同一というわけではない）。その結果、ドイツ人だけを保護するドイツ人条項が削除され、また外国訴訟の送達が被告に不意打ちにならないかどうかを、適式性と適時性という観点からチェックすることとなった。この改正をめぐっては、学説・判例において様々な議論がなされており、同様の規定を有するわが国の解釈論にとって、この改正が日本法の解釈に示唆を与えるところが少なくないと考えられる。以下では、EC 民訴条約 27 条 2 号にも言及しつつ、ドイツ民事訴訟法 328 条 1 項 2 号をめぐる議論を概観したうえで、わが国での議論を整

---

2) 日本人条項に固有の問題として、自然人に限定するのか、それとも法人も含むのか、という問題がある。そして自然人については、国籍判断の基準時をどうするのか、基準時後に国籍を変更した場合にどのように扱うのか、外国人から日本人に訴訟承継がなされた場合どうするか（反対の場合も同様）、重国籍者・無国籍者をどのように扱うかなどが問題になる。また、法人については、法人の従属法をいかに解すべきか、国際私法での判断に従うべきか、それとも渉外民事手続法独自の立場で定めるべきか、などが問題になる。これらの問題については、たとえば矢ケ崎武勝「外国判決の承認並にその条件に関する一考察（2・完）」国際法外交雑誌 60 巻 2 号 64 頁（1961 年）などを参照。

理し、その上で検討を試みる。

II　ドイツ法の概観

　ドイツ法が承認要件としての送達を、どのようなものとして把握しているのか、ここでは概観を試みたい。

　まず1986年改正後のドイツ民事訴訟法328条1項2号、およびEC民訴条約27条2号の規定を掲げる[3]。

民事訴訟法第328条[4]
　第1項
　　以下の場合には、外国裁判所の判決は承認されない。
　　第2号
　　　被告が応訴しなかった場合に、訴訟を開始する書面が、適式に又は（oder）防御することができるよう適時に被告に送達されず、そのことを被告が申し立てたとき。

EC民訴条約第27条[5]
　　以下の場合には、裁判は承認されない。
　　第2号
　　　被告が応訴しなかった場合に、訴訟を開始する書面又はそれと同等の書面が、適式にかつ（und）防御することができるよう適時に被告に送達されなかったとき。

---

3)　訳文作成にあたっては、岡本善八「わが国際私法事件における EEC 裁判管轄条約(1)」同志社法学 29 巻 4 号 11 頁（1978 年）、法務大臣官房司法法制調査部編『ドイツ民事訴訟法典』（法曹会、1993 年）、民事訴訟法典現代語化研究会編『各国民事訴訟法参照条文』327 頁以下〔春日偉知郎〕（信山社、1995 年）を参照した。
4)　§328 ZPO [Anerkennung ausländischer Urteile]
　　(1) Die Anerkennung des Urteils eines ausländischen Gerichts ist ausgeschlossen:
　　　2. wenn dem Beklagten, der sich auf das Verfahren nicht eingelassen hat und sich hierauf beruft, das verfahrenseinleitende Schriftstück nicht ordnungsmäßig oder nicht so rechtzeitig zugestellt worden ist, daß er sich verteidigen konnte;
5)　Art. 27 [Allgemeine Ausschlußgründe für eine Anerkennung]
　　Eine Entscheidung wird nicht anerkannt:
　　　2. wenn dem Beklagten, der sich auf das Verfahren nicht eingelassen hat, das dieses Verfahren einleitende Schriftstück oder ein gleichwertiges Schriftstück nicht ordnungsgemäß und nicht so rechtzeitig zugestellt worden ist, daß er sich verteidigen konnte;

1 適用範囲

ドイツ民事訴訟法 328 条 1 項 2 号は、専ら被告保護のための規定である[6]。重要であるのは、送達時ないし応訴可能時における被告としての立場だけである[7]。本号は、訴訟開始段階についてだけ適用されるので、訴訟開始時よりも後続段階での送達については、2 号ではなく 328 条 1 項 4 号の公序（EC 民訴条約では 27 条 1 号）が適用される[8]。外国人も、住所に関係なく保護される[9]。ただし、訴訟告知における被告知者については、被告ではないことから本号ではなく公序がカバーするし[10]、反訴被告（本訴原告）も同様である[11]。被告が勝訴した場合にも、本号の主張が可能であるとする見解もある[12]。

条文上、どのようなものが訴訟を開始する書面に該当するか、その内容は定められていない。そこで、どの書類が送達されなければならないかは、判決国法が定めるところに従うとされる[13]。また当該書面が請求原因を含むことは必ずしも要しないが[14]、被告が法的紛争の本質的要素について知っていることが確かでなければならないとされる[15]。したがって、支払命令は 27 条 2 号に該当

---

6) *Geimer*, Anerkennung ausländischer Entscheidungen in Deutschland, 1995, S. 133; *Münchener Kommentar/Gottwald*, ZPO, Bd. 1, 1992, §328 Rdnr. 67; *Nagel*, Internationales Zivilprozeßrecht, 3. Aufl. 1991, Rdnr. 663; *Stein/Jonas/Schumann*, ZPO, 20. Aufl. 1988, §328 Rdnr. 181; *Staudinger/ Spellenberg*, BGB, 12. Aufl. 1992, §328 Rdnr. 360; *Zöller/Geimer*, ZPO, 20. Aufl. 1997, § 328 Rdnr. 145a.

7) *Baumbach/Hartmann*, ZPO, 55. Aufl. 1997, §328 Rdnr. 20; *Staudinger/Spellenberg*, a.a.O.(Fn. 6), §328 Rdnr. 333.

8) *Rosenberg/Schwab/Gottwald*, Zivilprozeßrecht, 15. Aufl. 1993, S. 944; *Schack*, Internationales Zivilverfahrensrecht, 2. Aufl. 1996, Rdnr. 852; *Schlosser*, EuGVÜ/HZÜ, 1996, Art. 27-29 EuGVÜ Rdnr. 8; *Staudinger/Spellenberg*, a.a.O.(Fn. 6), §328 Rdnr. 472.

9) *Geimer/Schütze*, Europäisches Zivilverfahrensrecht, 1997, Art. 27 Rdnr. 97; *Kropholler*, Europäisches Zivilprozeßrecht, 5. Aufl. 1996, Art. 27 Rdnr. 19; *Münchener Kommentar/Gottwald*, ZPO, Bd.3, 1992, Art. 27 EuGVÜ Rdnr. 11; *Thomas/Putzo/Hüßtege*, ZPO, 20. Aufl. 1997, § 328 Rdnr. 9. この点で EC 民訴条約 20 条と異なる。

10) *Geimer*, Internationales Zivilverfahrensrecht, 3. Aufl. 1997, Rdnr. 2939; *Zöller/Geimer*, a.a.O.(Fn. 6), § 328 Rdnr. 145a.

11) *Geimer*, a.a.O.(Fn. 10), Rdnr. 2940; *Zöller/Geimer*, a.a.O.(Fn. 6), §328 Rdnr. 145b.

12) *Geimer/Schütze*, a.a.O.(Fn. 9), Art. 27 Rdnr. 82.

13) *Martiny*, in: Handbuch des Internationalen Zivilverfahrensrecht, Bd.III/1, 1984, Kap. 1 Rdnr. 839; *Münchener Kommentar/Gottwald*, a.a.O.(Fn. 6), §328 Rdnr. 68.

14) *Münchener Kommentar/Gottwald*, a.a.O.(Fn. 9), Art. 27 EuGVÜ Rdnr. 14.

15) *Thomas/Putzo/Hüßtege*, a.a.O.(Fn. 9), Art. 27 EuGVÜ Rdnr. 6.

する[16]。また、請求の拡張ないし訴えの変更の書面については、訴訟開始時以降のものなので本号の適用はない[17]。

2 応訴概念

応訴概念は、本号の規定目的（被告の防禦権の保障）との関係で広く解釈すべきとされる[18]。それゆえ本号にいう応訴とは、ドイツ民事訴訟法39条の場合（応訴管轄）とは異なり、本案について弁論をなすことまでをも要求するものではなく[19]、たとえば外国裁判所が管轄を有しないとの主張は、ここでいう応訴にあたる[20]。通説は、判決国での手続において被告が判決国法上瑕疵のある送達を責問したときは、本号にいう応訴ではないとするが[21]、被告が自分に対して訴訟が提起されていることを知れば法的審問は果たされたとして、応訴に該当するとの見解もある[22]。

被告の知らないうちに、または被告の意思に反して判決国裁判所で選任された代理人の行為は、ここでいう応訴にあたらない[23]。

---

16) EuGH, Urt. v. 16. 6. 1981, IPRax 1982, 14（ドイツの支払命令）.

17) BGH, Beschl. v. 10. 7. 1986, IPRax 1987, 236; *Braun*, Der Beklagtenschutz nach Art. 27 Nr.2 EuGVÜ, 1992, S. 73; *Geimer*, a.a.O.(Fn. 10), Rdnr. 2927; *Schlosser*, a.a.O.(Fn. 8), Art. 27–29 EuGVÜ Rdnr. 10; *Zöller/Geimer*, a.a.O.(Fn. 6), §328 Rdnr. 138c; a. A., *Stürner*, JZ 1992, 325, 333.

18) *Zöller/Geimer*, a.a.O.(Fn. 6), §328 Rdnr. 139.

19) *Riezler*, Internationales Zivilprozeßrecht, 1949, S. 536; *Schack*, a.a.O.(Fn. 8), Rdnr. 843.

20) BGH, Urt. v. 7. 3. 1979, FamRZ 1979, 495; *Baumbach/Hartmann*, a.a.O.(Fn. 7), §328 Rdnr. 21; *Schütze*, Deutsches Internationales Zivilprozeßrecht, 1995, S. 141; *Stein/Jonas/Schumann*, a.a.O.(Fn. 6), §328 Rdnr. 183. ただし、*Münchener Kommentar/Gottwald*, a.a.O.(Fn. 9), Art. 27 EuGVÜ Rdnr. 24 は、反対する。

21) LJV Baden-Württemberg, Entsch. v. 31. 5. 1990, FamRZ 1990, 1015; OLG Köln, Beschl. v. 8. 12. 1989, IPRax 1991, 114; OLG Hamm, Beschl. v. 28. 12. 1993, RIW 1994, 243; *Braun*, a.a.O.(Fn. 17), S. 88 u. 174; *Kallmann*, Anerkennung und Vollstreckung ausländischer Zivilurteile und gerichtlicher Vergleiche, 1946, S. 287; *Kropholler*, a.a.O.(Fn. 9), Art. 27 Rdnr. 22; *Linke*, Die Versäumnisentscheidungen im deutschen, österreichischen, belgischen und englischen Recht, 1972, S. 108; *Martiny*, a.a.O.(Fn. 13), Kap. 1 Rdnr. 852 u. 854; *Münchener Kommentar/Gottwald*, a.a.O.(Fn. 6), §328 Rdnr. 76; *Münchener Kommentar/Gottwald*, a.a.O.(Fn. 9), Art. 27 EuGVÜ Rdnr. 24; *Schütze*, a.a.O.(Fn. 20), S. 141; *Thomas/Putzo/Hüßtege*, a.a.O.(Fn. 9), Art. 27 EuGVÜ Rdnr. 3; *Wiehe*, Zustellungen, Zustellungsmängel und Urteilsanerkennung am Beispiel fiktiver Inlandszustellungen in Deutschland, Frankreich und den U.S.A., 1993, S. 203 f.

3　要件の審理

(1)　責問

　ドイツ民事訴訟法 328 条 1 項 2 号は、裁判所の職権調査事項ではない。被告が送達の瑕疵を責問しなければならない[24]。また、被告（または被告の権利承継人）はこの保護を放棄することができる[25]（婚姻事件においても、責問・放棄が可能である[26]）。被告を保護することを目的とする規定だからである。したがって、原則として欠席判決もまた承認可能であるが、しかし手続に関与しなかった被告だけが、本号に依拠して不承認とすることを求めることができる[27]。このように本号の適用を被告の責問によらしめた理由として、連邦議会の資料は、非財産関係事件について送達に瑕疵があった場合でも、外国裁判がドイツで承認されることについて、被告が利益を有する場合があることを挙げている[28]。被告が承認国の手続で責問を適時になさないと、ドイツ民事訴訟法 295 条、529 条、558 条の類推により失権するとの見解もある[29]。

　他方で、このように当事者の責問によらせる見解に対して、基本法 103 条 1

---

22)　*Geimer*, a.a.O.(Fn. 6), S. 133; *Geimer/Schütze*, a.a.O.(Fn. 9), Art. 27 Rdnr. 103; *Schlosser*, a.a.O. (Fn. 8), Art. 27–29 EuGVÜ Rdnr. 20; *Staudinger/Spellenberg*, a.a.O.(Fn. 6), §328 Rdnr. 355; *Zöller/ Geimer*, a.a.O.(Fn. 6), §328 Rdnr. 139.

　　なお、ガイマーは、本号の規定方式によっては、不必要に適用範囲が広げられているとして、本号の適用範囲を解釈により制限する必要性を強調する。*Geimer*, a.a.O.(Fn. 6), S. 127 ff. 個々の論点については、本文で後述するが、簡単にまとめると、判決国で送達の瑕疵を責問しても応訴に該当し、適時性が充たされれば不適式であっても承認を認め、承認国法による送達の瑕疵の治癒を肯定し、さらに被告は送達の瑕疵を知っていたときは判決国で上訴を提起する義務があるとする。

23)　OLG Hamm, Beschl. v. 27. 7. 1995, FamRZ 1996, 178; OLG Hamm, Urt. v. 7. 12. 1995, FamRZ 1996, 951; *Geimer*, a.a.O.(Fn. 10), Rdnr. 2934; *Geimer/Schütze*, Internationale Urteilsanerkennung, Bd. I/1, 1983, S. 1076; *Geimer/Schütze*, a.a.O.(Fn. 9), Art. 27 Rdnr. 104; *Schütze*, a.a.O.(Fn. 20), S. 141; *Thomas/Putzo/Hüßtege*, a.a.O.(Fn. 9), §328 Rdnr. 10; *Zöller/Geimer*, a.a.O.(Fn. 6), §328 Rdnr. 139.

24)　*Linke*, Internationales Zivilprozeßrecht, 2. Aufl. 1995, Rdnr. 409; *Nagel*, a.a.O.(Fn. 6), Rdnr. 664; *Thomas/Putzo/Hüßtege*, a.a.O.(Fn. 9), §328 Rdnr. 11; *Zöller/Geimer*, a.a.O.(Fn. 6), §328 Rdnr. 131. シューマンやゴットヴァルトは、明示的になされることを要求する。*Stein/Jonas/ Schumann*, a.a.O.(Fn. 6), §328 Rdnr. 181; *Münchener Kommentar/Gottwald*, a.a.O.(Fn. 6), §328 Rdnr. 67. ただし、*Baumbach/Hartmann*, a.a.O.(Fn. 7), §328 Rdnr. 22.

25)　*Martiny*, a.a.O.(Fn. 13), Kap.1 Rdnr. 859; *Wieczorek*, ZPO, 2. Aufl. 1976, Bd. 2, §328 E II a.

26)　KG, Beschl. v. 18. 11. 1968, NJW 1969, 382（ただし改正前の法律）; *Münchener Kommentar/ Gottwald*, a.a.O.(Fn. 6), §328 Rdnr. 67; *Martiny*, a.a.O.(Fn. 13), Kap. 1 Rdnr. 825.

27)　*Schack*, a.a.O.(Fn. 8), Rdnr. 843.

項はドイツ法の根幹をなす部分であることから、被告の責問にかからしめるのは憲法上問題があるとする見解も表明されている[30]。

ところで、ドイツ民事訴訟法 328 条 1 項 2 号は、被告の責問によると明文で定めているが、EC 民訴条約 27 条 2 号は、その点について規定を置いていない。通説は、条約 27 条 2 号の拒否事由は職権調査事項であるとしている[31]。しかし、ここでは国家の利益は直接にはかかわらず、むしろ当事者の保護が問題になっていることから、ドイツ民事訴訟法と同様に、本号の適用を外国手続での被告の責問によらしめるべきであるとの有力な異説もある[32]。

(2) 証明責任の分配
① 学説

本号が定める承認要件の証明責任をいかにして分配するかについては、3 つの見解に分かれる。つまり、原告が負うとする見解、被告が負うとする見解、原告と被告がそれぞれ一部分につき負うとする見解である。

まず、ドイツ民事訴訟法 328 条 1 項が承認の消極的要件を定めるという規定方式を採用しているにもかかわらず、承認要件の証明責任は、原告が負うとの見解がある。そして、この考えは EC 民訴条約についても妥当すると説く[33]。

---

28) BT-Drucks 10/504, 88. 山内惟介「西ドイツ国際私法改正のための政府草案（6・完）」比較法雑誌 18 巻 4 号 134 頁以下（1985 年）に、民事訴訟法改正部分についての翻訳がある。
　なお、1986 年改正以前の 328 条が適用されたケースであるが、カナダでの離婚訴訟につき 2 号に違反して訴状が直接郵送されたものの、被告が離婚することに同意しているので、カナダの離婚判決は承認されるとした連邦通常裁判所決定がある。BGH, Beschl. v. 27. 6. 1990, NJW 1990, 3090.

29) *Martiny*, a.a.O.(Fn. 13), Kap. 1 Rdnr. 858; *Zöller/Geimer*, a.a.O.(Fn. 6), §328 Rdnr. 131.

30) *Baumbach/Hartmann*, a.a.O.(Fn. 7), § 328 Rdnr. 25.

31) *Braun*, a.a.O.(Fn. 17), S. 180 ff., S. 184; *Bülow/Böckstiegel/Linke*, Der internationale Rechtsverkehr in Zivil- und Handelssachen, 1995, S. 606–212; *Kropholler*, a.a.O.(Fn. 9), Art. 27 Rdnr. 38; *Schlosser*, a.a.O.(Fn. 8), Art. 27–29 EuGVÜ Rdnr. 21; *Thomas/Putzo/Hüßtege*, a.a.O.(Fn. 9), Art. 27 EuGVÜ Rdnr. 4. 1986 年改正のドイツ民事訴訟法 328 条 1 項 2 号は、EC 民訴条約 27 条 2 号が職権調査事項であることを前提にして、明文でそれとは異なる扱いにさせた。

32) *Geimer*, NJW 1973, 2138, 2143; *Geimer*, IPRax 1985, 6, 8; *Geimer*, a.a.O.(Fn. 6), S. 133; *Geimer/Schütze*, a.a.O.(Fn. 23), S. 1071; *Geimer/Schütze*, a.a.O.(Fn. 9), Art. 27 Rdnr. 92; *Zöller/Geimer*, a.a.O.(Fn. 6), §328 Rdnr. 133 u. 144.

33) *Schack*, a.a.O.(Fn. 8), Rdnr. 884; *Martiny*, a.a.O.(Fn. 13), III/2, Kap. 2 Rdnr. 219. ただし、*Martiny*, a.a.O.(Fn. 13), Kap. 1 Rdnr. 858.

また、次の主張も、基本的には本説と変わりはないといえる。それによると、拒否事由として承認要件を消極的に定めることは、国際条約では珍しくなく、このような規定方式から承認を一応推定したり（prima-facie-Anerkennung）、主張・立証責任の分配を軽率に結論づけることは許されないとする[34]。そして証明責任の問題は、承認国の一般的ルールに従い、また被告に不利な一般的な証明責任の転換は、26条からも27条からも生じないとされ[35]、したがって、原告が27条2号の要件について主張立証責任を負うが、公示送達については、官公庁に住所を届けたにもかかわらず、送達された場所に住んでいなかった被告は、その経緯を具体的に主張する責任を負うとする[36]。

次に、これとは反対に被告が証明責任を負うとする見解がある。それによると、条約46条、47条を除いて、承認を妨げるすべての事実についての証明責任は、被告が負うとする。これは、EC民訴条約が、例外的に承認拒否事由が存在するときにのみ、承認しないという立場をとっていることからも、またジュナール報告書の説明からも導かれるという。そして原告は、欠席裁判手続で下された判決が問題になる限りでは、条約46条2号の証明書（送達証明書）を提出しなければならないが、その他については、通常、被告に主張責任がある。したがって、条約27条2号について重要な事実が解明されないときは、一般的には被告の負担に帰するとする[37]。

さらに、原告が証明責任を負うとする立場と、被告が負うとする立場の中間に位置すると考えられる見解も主張されている。それによると、被告が条約27条2号を責問したときは、原告は適式性について主張立証責任を負い、原告が条約46条により送達証明書を提出できないときは、適式な送達について、原告は別の証拠方法を提出することになるが[38]、適時性を欠くということについては、被告が証明責任を負うと主張する[39]。ただし、第1説によっても、公

---

34) *Bülow/Böckstiegel/Linke*, a.a.O.(Fn. 31), S. 606-204 f.

35) *Bülow/Böckstiegel/Linke*, a.a.O.(Fn. 31), S. 606-201.

36) *Linke*, IPRax 1993, 296. なお、ブラウンも、適式性・適時性について原告が立証しなければならないとしているが（*Braun*, a.a.O.(Fn. 17), S. 189）、公示送達の場合には適時に到達しなかったことについての主張立証責任は、被告が負うとしている（*Braun*, a.a.O.(Fn. 17) S. 128）。

37) *Kropholler*, a.a.O.(Fn. 9), Art. 26 Rdnr. 7.

38) *Geimer*, a.a.O.(Fn. 6), S. 133 f.; *Geimer/Schütze*, a.a.O.(Fn. 23), S. 1079; *Geimer/Schütze*, a.a.O.(Fn. 9), Art. 27 Rdnr. 117; *Zöller/Geimer*, a.a.O.(Fn. 6), §328 Rdnr. 145.

示送達の場合に適時性について被告が証明責任を負う場合があることを認めて
いることから、本説を第1説に含ませることも可能であろう[40]。

② 裁判例

たとえば、被告が適式な送達がなされなかったとの責問をしたときには、原
告が適式な送達であったことについて主張立証責任を負うとする裁判例[41]、原
告が領事送達を選択したところ、ドイツの領事が外国で郵便により送付した書
類が被告に到達したか確定できないときは、この点については原告が主張立証
責任を負うとの裁判例がある[42]。また、適式性と適時性の双方とも原告が証明
しなければならないとする裁判例がある一方で、適式に送達がなされたことを
原告が証明すると、被告が反対事実を証明しない限り、裁判所は被告が適時に
訴状などを受け取ったことを前提としなければならないとする裁判例もある[43]。

これらの裁判例は、第1説または第3説に立つといえる。

4　送達の適式性

⑴　総説

送達の適式性は、条約を含む外国法廷地法で妥当する送達規定が適用される。
つまり、被告への送達は、国際条約を含む判決国法に従ってなされる必要があ

---

39)　*Geimer*, IPRax 1988, 275; vgl. *Geimer/Schütze*, a.a.O.(Fn. 9), Art. 27 Rdnr. 120 f.

40)　適時性には言及しないものの、適式性についての証明責任は原告が負うとする見解と
して、*Thomas/Putzo/Hüßtege*, a.a.O.(Fn. 9), Art. 27 EuGVÜ Rdnr. 8.
　なお、シュロッサーは、利用可能なすべての情報を用いた後で、外国への送達ではなく
国内送達をなすのに判決国法上必要な要件が充たされていたかという状況を明らかにでき
ないときは、被告が証明責任を負うとし、擬制送達の適時性について被告に証明責任を負
わせている。その際、ガイマー（中間説）やリンケ（原告負担説）を引用しているものの、
その理由は承認拒否事由は抗弁規範（Einwendungsnormen）だからであるとしている。し
かし、この理由からは、むしろ第2説（被告負担説）が導かれるのではないかと思われる。
Vgl. *Schlosser*, a.a.O.(Fn. 8), Art. 27‒29 EuGVÜ Rdnr. 21.

41)　OLG Karlsruhe, Beschl. v. 22. 1. 1996, IPRax 1996, 426.

42)　OLG Hamm, Urt. v. 30. 9. 1994, IPRax 1995, 255.

43)　前者につき、OLG Koblenz, Beschl. v. 21. 1. 1987, RIW 1987, 708. 後者につき、OLG
Düsseldorf, Beschl. v. 13. 12. 1984, RIW 1985, 897. ただし、後者のケースでは、債務者の欄が
間違っていたことから、債務者に送達されていないので証明責任が転換されるとし、承認
要件が充たされることについて原告が積極的に証明しなければならないとする（適式性に
ついては原告が証明責任を負うものと解しているようである）。

る[44]（しかし、このように解しても、判決国と送達実施国とが異なる場合には、必要に応じて送達実施国法によらなければならないとの主張がある[45]）。民事訴訟法 328 条 1 項 2 号それ自体は、被告本人への送達を求めておらず[46]、補充送達でも構わないが、オーストリア法のように判決国が交付送達を要求しているときは、このような補充送達は適式性を欠くことになる[47]。そこで、たとえばフランス法による検事局への送達（remise au parquet）のような、一種の公示送達を判決国訴訟法が認めているときは、そのような送達は本号にいう適式な送達である[48]。この送達は、補充送達の形で判決国の検察官に書類を引き渡すことで、ドイツにおける公示送達と同様に完了するものとされ[49]、フランスのほかに、ベルギー、オランダ、ルクセンブルク、イタリアおよびギリシャでも用いられているとされる[50]。しかし、後述するように、この送達方法は適時性との関係で問題がある。判決国法上、判決国の裁判所が指定する委任送達代理人、訴訟補佐人または後見人への送達を定めているときは、2 号にいう適式性を有するが、被告はこのような強制代理人が選任されたことを知らないので、通常は、この種の送達は適時性を欠くことになる[51]。

---

44) EuGH, Urt. v. 3. 7. 1990, IPRax 1991, 177 = RIW 1990, 927; OLG Frankfurt a.M., Beschl. v. 21. 2. 1991, IPRax 1992, 90; *Braun*, a.a.O.(Fn. 17), S. 90; *Kropholler*, a.a.O.(Fn. 9), Art. 27 Rdnr. 30; *Nagel*, a.a.O.(Fn. 6), Rdnr. 664; *Schack*, a.a.O.(Fn. 8), Rdnr. 846; *Wiehe*, a.a.O.(Fn. 21), S. 200.

45) *Linke*, a.a.O.(Fn. 24), Rdnr. 405; *Schlosser*, a.a.O.(Fn. 8), Art. 27–29 EuGVÜ Rdnr. 11; *Schlosser*, Die internationale Zustellung zwischen staatlichem Souveränitätsanspruch und Anspruch der Prozeßpartei auf ein faires Verfahren, in FS. Matscher, 1993, S. 387, 394（なお、シュロッサーの後者の論文につき、栗田陸雄教授の翻訳が法学研究 68 巻 9 号 119 頁以下（1995 年）に掲載されている。本文での記述については、同 125 頁）.

46) *Geimer*, a.a.O.(Fn. 10), Rdnr. 2919; *Münchener Kommentar/Gottwald*, a.a.O.(Fn. 6), §328 Rdnr. 69.

47) *Zöller/Geimer*, a.a.O.(Fn. 6), §328 Rdnr. 135.

48) *Geimer/Schütze*, a.a.O.(Fn. 23), S. 1078; *Münchener Kommentar/Gottwald*, a.a.O.(Fn. 6), §328 Rdnr. 69; *Nagel*, a.a.O.(Fn. 6), Rdnr. 664; *Pfennig*, Die internationale Zustellung in Zivil- und Handelssachen, 1988, S. 86; *Rosenberg/Schwab/Gottwald*, a.a.O.(Fn. 8), S. 944; *Staudinger/Spellenberg*, a.a.O.(Fn. 6), §328 Rdnr. 339; *Zöller/Geimer*, a.a.O.(Fn. 6), §328 Rdnr. 138a. この送達は国内送達なので、内国当事者への訳文は不要である。OLG Oldenburg, Beschl. v. 22. 8. 1991, IPRax 1992, 169.

49) *Schlosser*, a.a.O.(Fn. 8), Art. 27–29 EuGVÜ Rdnr. 14 の説明に従った。

50) *Bauman*, Die Anerkennung und Vollstreckung ausländischer Entscheidungen in Unterhaltssachen, 1989, S. 49.

51) *Geimer*, a.a.O.(Fn. 6), S. 129; *Geimer*, a.a.O.(Fn. 10), Rdnr. 2920; *Zöller/Geimer*, a.a.O.(Fn. 6), § 328 Rdnr. 135; vgl. OLG Hamm, Urt. v. 7. 12. 1995, FamRZ 1996, 951.

⑵ 郵便による送達

郵便による送達については、ドイツは日本と異なり、ハーグ送達条約 10 条(a)号から(c)号まですべて拒否宣言をしているので[52]、このような送達は条約違反の送達となる（適式性を欠く）。この場合に学説では、条約違反の送達であっても、原則的に承認が排除されるのではなく、後述のように承認国法、つまりドイツ民事訴訟法により送達の瑕疵の治癒を認める余地があるとするのが、有力であるといえる[53]。しかし判例は、このような瑕疵の治癒論には否定的である[54]。

⑶ 訳文の添付

呼出状が判決国の法廷用語だけで伝達されなければならないか、または送達実施国の言語に翻訳されていなければならないかは、判決国法が定める[55]。そこで問題になるのが、適式な送達では要求されている書面の翻訳が欠けている場合である。この場合に、訴状を理解していない受送達者が自らその翻訳を手配しなければならないか問題になるが、これを否定する裁判例がある[56]。他方、訴状の訳文添付が欠けていることは、判決承認に全く影響を与えないとする見解がある[57]。それによると、判決国で適用される送達に関する法ないし条約が翻訳を求めていても、判決国の言語だけで書面が伝達されればよく[58]、訳文が

52）　Vgl. *Schlosser*, a.a.O.(Fn. 8), Art. 10 HZÜ Rdnr. 6.

53）　*Geimer*, a.a.O.(Fn. 10), Rdnr. 2920; *Kondring*, Die Heilung von Zustellungsfehlern im internationalen Zivilrechtsverkehr, 1995, S. 220; *Pfennig*, a.a.O.(Fn. 48), S. 87; *Zöller/Geimer*, a.a.O.(Fn. 6), § 328 Rdnr. 135.

54）　BGH, Beschl. v. 2. 12. 1992, NJW 1993, 598（この判例は後に紹介する）; OLG Köln, Beschl. v. 25. 5. 1990, RIW 1990, 668; OLG München, Urt. v. 17. 11. 1994, RIW 1995, 1026; OLG Düsseldorf, Beschl. v. 21. 11. 1996, IPRax 1997, 194. また、注 72）の判例も参照。

55）　*Münchener Kommentar/Gottwald*, a.a.O.(Fn. 6), §328 Rdnr. 74; *Staudinger/Spellenberg*, a.a.O.(Fn. 6), §328 Rdnr. 345. 訳文が貼付されていなかったものの、適式性との関係では問題がないとして承認が認められた例として、OLG Frankfurt a.M., Beschl. v. 27. 5. 1986, RIW 1987, 627.

56）　OLG Hamm, Beschl. v. 27. 11. 1987, RIW 1988, 131. ドイツとフランスの間で適用される条約上は、訳文の添付が必要とされていたのにもかかわらず、フランスからの訴状にも呼出状にもドイツ語訳が添付されていなかった。裁判所は、被告がフランス語を理解できるなら187 条により、治癒されることもありうるが、本件ではそのような事情はないとし、また受送達者は自らの費用と危険において通訳を立てる義務もないとして、承認を認めなかった。

57）　*Geimer/Schütze*, a.a.O.(Fn. 23), S. 1069.

欠けていてもそのこと自体は承認拒否には至らないという[59]。しかし、これに対しては、素人が外国語で書かれた法律文書を読む際に遭遇する誤解の危険を考えると、この見解は行き過ぎであるとの批判がある[60]。

5　送達の適時性

(1)　総説

　送達が適式であっても、直ちに承認するに相応しい判決とはいえない。さらに被告が防禦するに十分な時間を有していたかが問われる。これは、個々の事案に左右され[61]、その際には手続の種類、事案の難易度、裁判所からの距離や、防禦に要する言語上の困難さ、外国弁護士とのコンタクトに要する時間や当事者の関係（たとえば継続的な取引関係にあったか）などが考慮されねばならないとされる。そして、その評価は承認国裁判官に委ねられ[62]、またドイツの裁判官は、本号の審査に際して判決国裁判官の認定に拘束されるものではないと説かれる[63]。このように適時性の問題は、事案に左右されるので、判決国法に反していなくても適時性を欠くことがある[64]。そして、適式な送達は、送達が適時になされたとの徴表とはならないとも説かれる[65]。

58）　*Geimer*, a.a.O.(Fn. 10), Rdnr. 2925; *Geimer*, a.a.O.(Fn. 6), S. 131; *Zöller/Geimer*, a.a.O.(Fn. 6), §328 Rdnr. 138.

59）　*Geimer*, a.a.O.(Fn. 10), Rdnr. 2926.

60）　*Schack*, a.a.O.(Fn. 8), Rdnr. 847.

61）　EuGH, Urt. v. 11. 6. 1985, NJW 1986, 1425 = RIW 1985, 967; *Geimer*, a.a.O.(Fn. 10), Rdnr. 2929; *Geimer/Schütze*, a.a.O.(Fn. 23), S. 1081; *Linke*, a.a.O.(Fn. 24), Rdnr. 406; *Schack*, a.a.O.(Fn. 8), Rdnr. 850; *Thomas/Putzo/Hüßtege*, a.a.O.(Fn. 9), §328 Rdnr. 12.
　　なお、英国における適時性をめぐる諸判例については、O'Malley and Layton, *European Civil Practice*, Para. 27.38, n.27 (1989) を参照。

62）　*Linke*, a.a.O.(Fn. 24), Rdnr. 406.

63）　BGH, Beschl. v. 23. 1. 1986, NJW 1986, 2197; *Braun*, a.a.O.(Fn. 17), S. 195 f.; *Geimer*, a.a.O.(Fn. 10), Rdnr. 2930; *Martiny*, a.a.O.(Fn. 13), III/2, Kap.2 Rdnr. 129; *Münchener Kommentar/ Gottwald*, a.a.O.(Fn. 6), § 328 Rdnr. 78; *Pfennig*, a.a.O.(Fn. 48), S. 88; *Schack*, a.a.O.(Fn. 8), Rdnr. 850; *Schlosser*, a.a.O.(Fn. 8), Art. 27–29 EuGVÜ Rdnr. 17 u. 21; *Staudinger/Spellenberg*, a.a.O.(Fn. 6), §328 Rdnr. 349; *Stein/Jonas/Schumann*, a.a.O.(Fn. 6), § 328 Rdnr. 188; *Zöller/Geimer*, a.a.O.(Fn. 6), §328 Rdnr. 142.

64）　*Münchener Kommentar/Gottwald*, a.a.O.(Fn. 9), Art. 27 EuGVÜ Rdnr. 22.

65）　*Münchener Kommentar/Gottwald*, a.a.O.(Fn. 9), Art. 27 EuGVÜ Rdnr. 18.

(2) 公示送達

適時性との関係で問題があるのは、いわゆる公示送達の扱いである。この点について、適時性の最低条件は相手方に訴訟開始を知らせることができるように、書類が実際に到達することであるので、擬制送達はいかなる意味でも適時性を有しないが、原告の利益に鑑みて承認拒否は正当化されないとする見解がある[66]。しかし、むしろ端的に適時性を肯定する立場の方が有力である[67]。たとえば、次に紹介するように、債権者の知らない場所に債務者が転居し送達書類を送達することができなかったという事案で、擬制送達は適時性を有するとする連邦通常裁判所の判例がある[68]。

【ケース 1】連邦通常裁判所 1991 年 10 月 2 日決定

連邦通常裁判所は公示送達の適時性について、次のように判断を下した。

適時な送達であるためには、被告が訴状と呼出状について実際に了知することは必要ではない。被告が通常、防禦する可能性を有するならば、被告には法的審問が付与されたことになる。その限りで、事案の全ての事情が考慮される。とくに被告の新住所が知られていないときは、知られたる最後の住所に適時に送達されることが期待される。執行国裁判所は、被告に責めを負わせることができる行為を諸事情の 1 つとして考慮することが許され、その諸事情を手掛かりに裁判所は、送達が適時であったか確定することができる。このルールとともに、EC 民訴条約の諸締約国において擬制送達制度が存在することが考慮されねばならない。

したがって、裁判所は、債務者が主張する新住所が債権者の知るところではなかったのかどうかを、調べなければならない。また、一般にアクセス可能な

66）　*Linke*, IPRax 1993, 295, 296; *Linke*, a.a.O.(Fn. 24), Rdnr. 407; vgl. *Münchener Kommentar/ Gottwald*, a.a.O.(Fn. 9), Art. 27 EuGVÜ Rdnr. 21 f.

67）　*Kropholler*, a.a.O.(Fn. 9), Art. 27 Rdnr. 36; *Schack*, a.a.O.(Fn. 8), Rdnr. 850; *Thomas/Putzo/ Hüßtege*, a.a.O.(Fn. 9), Art. 12 EuGVÜ Rdnr. 12; *Wiehe*, a.a.O.(Fn. 21), S. 224 ff.; vgl. *Schlosser*, a.a.O.(Fn. 8), Art. 27-29 EuGVÜ Rdnr. 17 f.

　なお、この場合の防禦期間は、被告が訴訟開始書面の存在を知る可能性のあったときから開始し、書面が被告に適時に届かなかったことについては、被告が主張立証責任を負うとする見解がある。*Braun*, a.a.O.(Fn. 17), S. 127 f.

68）　BGH, Beschl. v. 2. 10. 1991, IPRax 1993, 324. これは EC 裁判所の立場でもある。EuGH, Urt. v. 11. 6. 1985, NJW 1986, 1425 = RIW 1985, 967.

官公庁を通じて居所を確定することが、債権者にとって困難でなかったかも重要である。

このように述べ、一定の条件下で擬制送達が適時性を充たすことを認めている。

6 送達の瑕疵の治癒

この問題については、判例と学説の間に大きな隔たりがある。

(1) 判例

EC 裁判所や連邦通常裁判所は、関連条約を含む判決国法が送達の瑕疵の治癒を規定する場合にだけ治癒を認める立場に立つ[69]。ドイツ民事訴訟法 187 条は、送達の瑕疵の治癒に関する規定をおいているので、この規定が渉外民事事件において適用されるか否かが問題となるが、1972 年に連邦通常裁判所は、ドイツの裁判所が外国にいる当事者に対してなした送達について（ドイツが判決国の場合）、ドイツ民事訴訟法 187 条による瑕疵の治癒を否定した（ケース 2）[70]。このように渉外民事事件について 187 条の適用を否定する見解については学説からの異論も多く、その後の判例には、ドイツが承認国である場合に、この判断に従わなかったケースもある（ケース 3）[71]。しかし、最近、連邦通常裁判所は、ハーグ送達条約が適用される場合について、ハーグ送達条約では送達の瑕疵の治癒に関する規定をおいていないことから治癒は認められないとし、送達条約との関係では、ドイツが承認国である場合に 187 条の適用を否定する判断を下している（ケース 4）[72]。以下では、簡単に紹介を試みる。

---

69) EuGH, Urt. v. 3. 7. 1990, RIW 1990, 927 = IPRax 1991, 177; BGH, Beschl. v. 20. 9. 1990, NJW 1991, 641 = RIW 1990, 1010; BGH, Beschl. v. 2. 12. 1992, NJW 1993, 598 = FamRZ 1993, 311. 賛成するのは、*Baumann*, a.a.O.(Fn. 50), S. 51; *Thomas/Putzo/Hüßtege*, a.a.O.(Fn. 9), §328 Rdnr. 12 u. Art. 27 EuGVÜ Rdnr. 9. 連邦通常裁判所決定については、吉野正三郎＝安達栄司「直接郵便送達とハーグ送達条約」国際商事法務 22 巻 1 号 26 頁以下（1994 年）に紹介されている。

70) BGH, Urt. v. 24. 2. 1972, NJW 1972, 1004.

71) BayObLG, Beschl. v. 29. 11. 1974, FamRZ 1975, 215. その他に、BayObLG, Beschl. v. 17. 12. 1975, NJW 1976, 1032.

72) BGH, Beschl. v. 2. 12. 1992, NJW 1993, 598. その他に、KG, Vorlagebeschl. v. 26. 1. 1988, FamRZ 1988, 641; LJV Baden-Württemberg, Entsch. v. 31. 5. 1990, FamRZ 1990, 1015; OLG Hamm, Urt. v. 30. 9. 1994, IPRax 1995, 255. また、注 54) の判例も参照。

【ケース2】連邦通常裁判所 1972 年 2 月 24 日判決

　ドイツの裁判所に申立て（anhängig）がなされている事件について、ガーナにある被告企業に送達しようとした。裁判所は、ドイツにいる被告の代理人宛に訴状の送達を命じたが、その被告の代理人はすでに代理権を失っていたという事案で、ドイツ民事訴訟法 187 条の適用により送達の瑕疵が治癒されるかが問題となった。

　連邦通常裁判所は、送達は公権力の行使（高権行為）であり、二国間で特別の取り決めがない限り、被告が現実に訴状を受け取ったからといって、187 条により有効な送達であると見なすことはできないとした。

【ケース3】バイエルン州最高裁判所 1974 年 11 月 29 日決定

　原告と被告は、結婚しドイツに常居所を有していた（両者ともドイツ国籍）。その後、婚姻共同体を解消し、原告（夫）はアメリカ合衆国に移り住んだ。やがて、カリフォルニア州に係属していた離婚訴訟について、被告（妻）に訴状が訳文なしに郵送された。

　バイエルン州最高裁判所は、カリフォルニア州の裁判を承認するに際して 187 条の適用を肯定した。その理由として、まず第 1 に、学説では渉外事件において 187 条による送達の瑕疵の治癒が説かれていること、第 2 に、このような学説の見解は、被告の法的審問を保護するという 328 条 1 項 2 号の目的に合致すること、そして第 3 に、前記の 1972 年連邦通常裁判所判決はドイツの裁判所が外国の被告に対して送達する事案であるのに対し、本件は外国裁判所に係属する事件の送達に関するものであるから、ケース 2 の連邦通常裁判所の判決と矛盾するものではないこと、を挙げた。

【ケース4】連邦通常裁判所 1992 年 12 月 2 日決定

　原告と被告はドイツで婚姻し（両者ともドイツ国籍）、その後アメリカ合衆国に住んだ。やがて被告（妻）はドイツに戻ったが、原告（夫）はアメリカ合衆国にとどまり、サウスカロライナ州の裁判所に離婚を申し立てた。訴状はドイツにいる被告のもとに、配達証明付きの書留で郵送されたが、被告は出廷もせず、代理人も選任しなかった。受訴裁判所は離婚を言い渡し、原告はドイツで離婚

判決の承認を申し立てた。

連邦通常裁判所は、次のように述べて 187 条の適用を否定した。訴状の送達は外国裁判所の手続の一部分であるので、適式性の問題と送達の瑕疵の治癒の可能性の問題は、関連する国際条約を含む外国手続法に従う。また、187 条の適用を支持する見解は、2 国間において国際法上有効な宣言に反するときには、同条適用の十分な根拠を見いだすことはできない。この場合、国内法上の瑕疵を治癒する原則は適用されるべきではない。ドイツは、ハーグ送達条約について拒否宣言をしており、直接郵便により、ドイツ語への翻訳が添付されていない送達を不適法としている。さらに、治癒を認めると、何らかの方法で被告に送達されるべき書類が届けば、重大な方式違反であっても構わないことになってしまう。ハーグ送達条約は、送達の瑕疵の治癒を規定していないので、治癒の問題は否定されるとした。

(2) 学説

学説では、このような連邦通常裁判所の考えに対して反対する立場が比較的有力である。つまり、ドイツが判決国である場合のみならず、承認国であるときにもドイツ民事訴訟法 187 条の適用を認めようとする。それによると、187条は一般的法観念の現れであり、国内法だけでなく条約が規定する送達手続についても適用され[73]、判決国法上、送達の瑕疵が裁判の有効性に影響を与えないなら、承認国は送達の瑕疵を理由に承認を拒絶する義務を負うものではないとされる[74]。ただし、被告が訴訟に応訴して防禦することができるほどに、適時に認識したときにのみ治癒される[75]。そして、判例の立場に対しては、国内

---

73) *Baumbach/Hartmann*, a.a.O.(Fn. 7), §328 Rdnr. 23; *Geimer*, a.a.O.(Fn. 10), Rdnr. 2916; *Geimer*, a.a.O.(Fn. 6), S. 128; *Kondring*, a.a.O.(Fn. 53), S. 298 ff., 323; *Martiny*, a.a.O.(Fn. 13), Kap. 1 Rdnr. 849(ただし、Martiny, *Recognition and Enforcement of Foreign Money Judgments in the Federal Republic of Germany,* 35 Am. J. Comp. L. 721, 742 (1987) は、訳文が添付されていないときは治癒されないと説く); *Linke*, a.a.O.(Fn. 24), Rdnr. 410; *Münchener Kommentar/Gottwald*, a.a.O. (Fn. 6), §328 Rdnr. 71 (ただし、*Münchener Kommentar/Gottwald*, a.a.O.(Fn. 9), Art. 27 EuGVÜ Rdnr. 19 では、治癒されるのは技術的な送達の瑕疵だけであり、ドイツ法が要求する訴状などの翻訳の瑕疵は治癒されないと説く); *Schack*, a.a.O.(Fn. 8), Rdnr. 848 f.; *Schlosser*, a.a.O.(Fn. 45), S. 396(栗田訳・前掲注45) 127 頁); *Stein/Jonas/Schumann*, a.a.O.(Fn. 6), §328 Rdnr. 186; *Zöller/Geimer*, a.a.O.(Fn. 6), §328 Rdnr. 135.

74) *Linke*, a.a.O.(Fn. 24), Rdnr. 410.

事件について治癒を認めるのに、渉外事件について異なる扱いをする理由はないであるとか、本号の目的は被告の法的審問を保護することであり、方式の遵守ではないとして批判する。そこで、ドイツは郵便による送達について拒否宣言をしているので（民訴条約6条、送達条約10条）、このような送達は条約違反となるが、この有力説によると、原則的に承認が拒絶されるのではなく、187条による治癒が考慮されることになる[76]。

　以上が学説における多数説の立場であるが、これとは異なる主張も見受けられる。

　ある見解は、判決国法・送達実施国法による瑕疵の治癒を肯定するものの、国際法に違反する送達の治癒をいっさい認めない。その理由は、ドイツは送達条約において拒否宣言をしており、他の締約国は、ドイツ市民を保護するためになした、このドイツの主権行為を受け容れたからであるとする[77]。これに対しては、民事訴訟法328条1項2号とEC民訴条約27条2号は、ドイツの主権に対する侵害を守るのではなくて、被告の法的審問だけを保護するものであるとの批判がある[78]。

　さらに別の見解は、判決国と送達実施国を基本としつつ、送達条約違反の送達についても国内法による治癒を肯定する。それによると、たとえ送達の瑕疵の治癒について一般的法観念が存在することを否定したとしても、187条の適用がないとすることは、欧州人権規約に反した権利保護の拒絶を生ずることになりやすいとして、次のように説く。送達は公権力の行使であることを前提として、送達実施国での送達は実施国法に従い、必要に応じて判決国法が累積的（kumulativ）に適用される。したがって、ドイツにおける送達については187条が適用される。そして、ハーグ送達条約10条についてのドイツの拒否宣言が無視されたときは、ドイツの裁判官は、187条によって与えられた裁量を行使する際に、教育の程度、語学力などを考慮することができるとする[79]。

　また別の見解は、まず、送達の瑕疵の治癒は、関連する条約を含めて判決国

---

75)　*Staudinger/Spellenberg*, a.a.O.(Fn. 6), §328 Rdnr. 341.

76)　*Geimer*, a.a.O.(Fn. 6), S. 129; *Pfenning*, a.a.O.(Fn. 48), S. 87.

77)　*Stürner*, a.a.O.(Fn. 17), S. 331 u. 334.

78)　*Schack*, a.a.O.(Fn. 8), Rdnr. 849.

79)　*Schlosser*, a.a.O.(Fn. 8), Art. 27–29 EuGVÜ Rdnr. 13.

法によらせる。送達は判決国の手続の一部であることがそのように解する理由であるとする。そして、判決国で妥当している条約が送達実施国の送達方法を指定しているときは、送達実施国法による治癒も可能であると説く。これに対して、承認国または執行国の法律が送達の瑕疵の治癒を認めているかどうかは、重要ではないという。なぜなら、承認国での個別判断を認めると、複数の締約国で承認執行が求められた場合に、EC民訴条約が目指した承認問題の統一的判断が保証されなくなってしまうことになるとする。そして、被告が送達書類を実際に受け取ったときには瑕疵が治癒されるとの、ヨーロッパにおける一般的観念を認めることについては、十分な根拠がないと述べる[80]。

7 適式性と適時性の関係

EC民訴条約27条2号は、適式にかつ適時に送達されていないときは、裁判は承認されないと規定する。これは、ドイツ民事訴訟法328条1項2号の規定の仕方とは異なる（同法の文言では、適式にまたは適時に送達されないときには、承認されない）。条約の文言では、両方の拒否事由が双方とも存在しなければ、承認は拒否されないことになる。しかし、実際には条約の文理のようには解されていない。判決国の送達規定を遵守しただけでは、法的審問の保障を確実にするものではないからである。そこで、EC民訴条約27条2号はドイツ民事訴訟法328条1項2号と同様に、一方の拒否事由が存在すれば適用される（承認は拒否される）と一般に解されている[81]。

適式性は判決国法、適時性は承認国法が判断する[82]。そして判例によると、適時な送達であっても適式でないならば、つまり、どちらかの要件が欠けると責問により不承認となる[83]。しかし学説では、送達が適時であるならば、適式性はもはや問題にはならないとする見解が有力に説かれている[84]。この立場は、条文の文言からではなく、規定の目的（法的審問の保障）から導かれるとする[85]。

---

80) *Kropholler*, a.a.O.(Fn. 9), Art. 27 Rdnr. 32.

81) *Jenard*, Bericht zum Art. 27 des EuGVÜ vom 27.9.1968, Abl 5. 3. 1979 Nr. C 59/44.

82) *Gottwald*, Grundfragen der Anerkennung ausländischer Entscheidungen in Zivilsachen, ZZP 103 (1990), S. 257, 278; *Rosenberg/Schwab/Gottwald*, a.a.O.(Fn. 8), S. 944.

83) EuGH, Urt. v. 3. 7. 1990, IPRax 1991, 177; *Stürner*, a.a.O.(Fn. 17), S. 326 f.; *Kropholler*, a.a.O.(Fn. 9), Art. 27 Rdnr. 29; *Thomas/Putzo/Hüßtege*, a.a.O.(Fn. 9), Art. 27 EuGVÜ Rdnr. 7.

それによれば、判決国法によると適式な送達であるにもかかわらず、適時性の要件が充たされないとして承認されないことがある一方で、適式性を欠き送達に瑕疵があっても、受送達者が送達されるべき書類を適時に受け取ったならば承認が可能であるとする（これは、承認国法による送達の瑕疵を認める学説の立場を前提とする）。そして重要であるのは、承認段階でも貫徹されるべき被告の法的審問が、判決国の手続において付与されたかということであり、それゆえ適式性の審査は、最終的には承認・不承認を判断するものではない、と説かれている[86]。

8　被告の上訴提起義務

　裁判承認に関するドイツ＝オランダ間の条約2条(c)2号は[87]、被告が判決国での法的救済を放棄したときは、適時に送達がなされなかったと承認国で主張することはできなくなる旨を規定する。少数説は、EC民訴条約27条2号や

---

84)　*Bülow/Böckstiegel/Linke*, a.a.O.(Fn. 31), S. 606–207 f.; *Geimer/Schütze*, a.a.O.(Fn. 9), Art. 27 Rdnr. 86 u. 116; *Linke*, a.a.O.(Fn. 24), Rdnr. 408; *Schack*, ZEuP 1(1993), S. 306, 328; *Schack*, a.a.O.(Fn. 8), Rdnr. 848.

85)　*Linke*, a.a.O.(Fn. 24), Rdnr. 408.

86)　*Geimer*, a.a.O.(Fn. 10), Rdnr. 2918; *Zöller/Geimer*, a.a.O.(Fn. 6), §328 Rdnr. 134a.

87)　【民商事事件における裁判及びその他の債務名義の相互承認・執行に関するドイツ連邦共和国とオランダ王国の条約】

第2条

承認は、次の場合にのみ拒否することができる。

(c)　手続に応訴しなかった被告が、次のことを証明した場合。

　第2号

　　呼出又は命令が被告に到達せず、又は適時に到達しなかったことから、被告が防禦することができなかったこと；ただし、被告が裁判の存在を知っていたにもかかわらず、その裁判に対して上訴しなかったことを、原告が証明したときはこの限りではない。

Vertrag vom 30. August 1962 zwischen der Bundesreplik Deutschland und dem Königreich der Niederlande über die gegenseitige Anerkennung und Vollstreckung gerichtlicher Entscheidungen und anderer Schuldtitel in Zivil- und Handelssachen.

Art. 2

Die Anerkennung darf nur versagt werden,

c) wenn der Beklagte sich auf das Verfahren nicht eingelassen hat, sofern er nachweist,

2, er habe sich nicht verteidigen können, weil ihm die Ladung oder die Verfügung nicht oder nicht zeitig genug zugegangen sei; dies gilt jedoch nicht, wenn der Kläger nachweist, daß der Beklagte gegen die Entscheidung keinen Rechtsbehelf eingelegt hat, obwohl er von ihr Kenntnis erhalten hat.

（*Jayme/Hausmann*, Internationales Privat- und Verfahrensrecht, 8. Aufl. 1996, S. 397 より引用）

民事訴訟法 328 条 1 項 2 号についても、これを認める文言がないにもかかわらず、このような解釈は国際的な判決承認に関する一般的法原則として妥当すると主張する。それによると、被告は上訴によって外国手続に関与する手続上の義務を負い、瑕疵ある送達に基づいて第 1 審判決が下されたことを知っているにもかかわらず、その裁判に対して上訴提起をなさないならば[88]、承認拒絶事由があっても 328 条 1 項 2 号に依拠することは妨げられるとする。なぜなら、判決国が管轄を有するなら、そのことはドイツ法の観点からは、被告はその地で自らの権利を享受・行使しなければならないことも意味するからであると説く[89]。しかし、EC 裁判所や連邦通常裁判所の判例は、このような考えを否定する[90]。下級審裁判例も同様である[91]。学説においても、通説は否定する[92]。その理由としては、たとえば、送達が適式であっても、応訴期間が僅かで被告が防禦できないときは、承認は拒絶されねばならないが、外国裁判所で法的救済を求める一般義務を認めると、適式性のルールは実際には意義を有しなくなってしまうとか[93]、条文は訴訟開始書面といっているのに、第 1 審の終了までの被告の認識を問題にするのは文言と矛盾する[94]、ドイツとオランダは距離的に近く、また裁判制度が類似しているが、それを他の場合にまで一般化して類推することはできない[95]、などが挙げられている。

---

88) ここでは通常の上訴提起だけではなく、送達条約 16 条による特別の上訴も含まれるとされる。*Zöller/Geimer*, a.a.O.(Fn. 6), §328 Rdnr. 136.

89) *Geimer*, a.a.O.(Fn. 10), Rdnr. 2921 f.; *Geimer*, a.a.O.(Fn. 6), S. 130; *Geimer/Schütze*, a.a.O.(Fn. 23), S. 1066; *Geimer/Schütze*, a.a.O.(Fn. 9), Art. 27 Rdnr. 88.

90) EuGH, Urt. v. 12. 11. 1992, RIW 1993, 65 = IPRax 1993, 394; BGH, Beschl. v. 2. 12. 1992, NJW 1993, 598 = JZ 1993, 619 = RIW 1993, 232 = BGHZ 120, 305.

91) OLG Frankfurt a.M., Beschl. v. 21. 2. 1991, IPRax 1992, 90; OLG München, Urt. v. 17. 11. 1994, RIW 1995, 1026.

92) *Baumbach/Hartmann*, a.a.O.(Fn. 7), §328 Rdnr. 21; *Kropholler*, a.a.O.(Fn. 9), Art. 27 Rdnr. 40; *Martiny*, a.a.O.(Fn. 13), Kap. 1 Rdnr. 861; *Schack*, a.a.O.(Fn. 8), Rdnr. 851; *Schütze*, a.a.O.(Fn. 20), S. 141; *Stürner*, a.a.O.(Fn. 17), S. 332; *Thomas/Putzo/Hüßtege*, a.a.O.(Fn. 9), §328 Rdnr. 12 u. Art. 27 EuGVÜ Rdnr. 9.

93) *Münchener Kommentar/Gottwald*, a.a.O.(Fn. 6), §328 Rdnr. 73.

94) *Staudinger/Spellenberg*, a.a.O.(Fn. 6), §328 Rdnr. 344.

95) *Schütze*, ZZP 106, 399.

III　日本法の状況

1　総論

(1)　規定の趣旨

旧民事訴訟法 200 条 2 号については、当初は、手続開始時に防禦の機会を得ずに敗訴した日本人を保護する規定であると考えられていた[96]。ところで手続保障は訴訟手続全般を通じて問題になり、また日本人に限る必要もないことから、従来の通説は、2 号の文言がカバーする範囲を超える場合には手続的公序（4 号）により保護されるとする。これに対して最近は、通説の考えでは公序概念が希薄化することを理由に、2 号を例示規定と解して、同号は被告の手続保障を一般的に保障したとする立場も主張されている[97]。

現行民事訴訟法 118 条 2 号では、内外人平等の観点から日本人条項が削除されている[98]。また、同条 4 号は、手続的公序を新たに規定した。

(2)　要件の審理

わが国の学説においては、ドイツと同様に本号の審査は当事者の主張（責問）をまって裁判所が審査するとの見解[99]と、他の承認要件と同様に職権調査によるべきであるとの立場[100]が双方有力に主張されている。裁判例で、この点に

---

96)　江川英文「外国判決の承認」法学協会雑誌 50 巻 11 号 2068 頁（1932 年）、中島弘道『日本民事訴訟法』853 頁（松華堂、1934 年）、前野順一『民事訴訟法論』671 頁（松華堂、1937 年）、松岡義正『新民事訴訟法註釈(6)』1215 頁（清水書店、1939 年）。

97)　石黒一憲『現代国際私法（上）』559 頁（東京大学出版会、1986 年）、石川明＝小島武司＝佐藤歳二編『注解民事執行法（上）』214 頁〔小島武司＝猪股孝史〕（青林書院、1991 年）、貝瀬幸雄・ジュリスト 791 号 110 頁（1983 年）。また、兼子一ほか『条解民事訴訟法』648 頁〔竹下守夫〕（弘文堂、1986 年）は、日本人被告につき「外国判決の成立に至るまでの過程」における手続保障がカバーされるとし、松岡博「国際取引における外国判決の承認と執行」阪大法学 133 = 134 号 46 頁（1985 年）は、本号の適用を外国人にまで及ぼす。

98)　法務省民事局参事官室編『一問一答新民事訴訟法』136 頁（商事法務研究会、1996 年）。

99)　小林昭彦「外国判決の執行判決について」判タ 937 号 40 頁（1997 年）、斎藤秀夫ほか編『注解民事訴訟法(5)』124 頁〔小室直人＝渡辺吉隆＝斎藤秀夫〕（第一法規出版、第 2 版、1991 年）。

100)　石川ほか編・前掲注 97) 221 頁〔小島武司＝猪股孝史〕、石黒・前掲注 97) 528 頁、貝瀬・前掲注 97) 110 頁、兼子ほか・前掲注 97) 643 頁〔竹下守夫〕、菊井維大＝村松俊夫『全訂民事訴訟法 I』1311 頁（日本評論社、補訂版、1993 年）。

ついて明示的に言及するものは、僅かに東京地判昭和 51 年 12 月 21 日（下民集
27 巻 9 = 12 号 801 頁、判時 870 号 88 頁、判タ 352 号 246 頁、金商 532 号 26 頁）におい
て[101]、「職権調査の対象となりうべきもの」との記述を見いだすことができた
のみである。

　証明責任の分配については、公示送達以外の方法で訴状・呼出状などの送達
があったこと、または応訴のあったことは、原告が主張・立証すべきであると
の見解がある[102]。

2　各論
(1)　公示送達の扱い

　旧法、現行法ともに公示送達に基づく外国判決は、わが国では承認されない
とされている。被告が訴訟の開始を実際に知ることができない送達は、防禦を
はかることができないことがその理由として説かれている[103]。しかし、旧法が
公示送達だけを不承認としたので、その他の補充送達（郵便に付する送達）によ
る場合には承認されると解する余地が生じた。そのことに対して、旧法が制定
された当時から有力な批判があった[104]。このため旧法下の解釈では、郵便に付
する送達などは公示送達に準ずるものと考えられていた[105]。旧法は「公示送達
ニ依ラスシテ」と規定していたが、現行法では「公示送達その他これに類する

101）　評釈として、高桑昭「判批」NBL166 号 16 頁（1978 年）、田中徹「判批」重判昭和 51
　　年度補遺 255 頁、田辺信彦「判批」ジュリスト 665 号 141 頁（1978 年）、矢吹徹雄「判批」
　　新倒産判例百選 252 頁（1990 年）がある。
102）　兼子ほか・前掲注 97）649 頁〔竹下守夫〕、鈴木忠一＝三ケ月章編『注解民事執行法
　　(1)』401 頁〔青山善充〕（第一法規出版、1984 年）、高桑昭「外国判決の承認及び執行」
　　『新・実務民事訴訟講座(7)』141 頁（日本評論社、1982 年）。
103）　なお、被告への送達がなかったことを理由に、アメリカ合衆国ネバダ州で下された離
　　婚判決につき、わが国での承認が拒否された裁判例として、横浜地判昭和 46 年 9 月 7 日
　　（下民集 22 巻 9 = 10 号 937 頁、判時 665 号 75 頁、判タ 279 号 335 頁）がある。評釈とし
　　て、大須賀慶「判批」ジュリスト 521 号 133 頁、溜池良夫「判批」渉外百選 246 頁（増補、
　　1976 年）。
104）　細野長良『民事訴訟法要義(4)』225 頁（巌松堂書店、1934 年）。なお、松岡・前掲注
　　96）・1218 頁も参照。
105）　岩野徹ほか編『注解強制執行法(1)』138 頁〔三井哲夫〕（第一法規出版、1974 年）、兼
　　子ほか・前掲注 97）649 頁〔竹下守夫〕、菊井＝村松・前掲注 100）1312 頁、高桑・前掲
　　注 102）140 頁。しかし、この場合でも現実に被告に到着したことが証明されたときは、
　　公示送達に準ずる必要はないとの主張もある。小林・前掲注 99）38 頁。

送達を除く」となっているのは、このような経緯を反映しているものと考えられる。

　公示送達を理由に、メキシコ合衆国チワワ州の裁判所が下した離婚判決について、わが国での承認が拒否された裁判例として、東京地判昭和46年12月17日（判時665号72頁、判タ275号319頁）がある[106]。

(2)　訴状の直接郵送

①　問題の所在

わが国とアメリカ合衆国の双方が加盟している、ハーグ送達条約10条(a)は、裁判上の書類を名宛国にいる者に対して直接郵送する権限を認めている。わが国は、この点について拒否宣言が可能であったにもかかわらず行っていないが、コモン・ロー諸国ではこの種の送達方法が原則形態であるところ、ことにアメリカ合衆国から訳文の添付がなかったり、また期日までの時間的余裕のない直接郵送による送達がなされている場合があるとされる[107]。そこで、このような送達に基づく裁判は、被告の防禦権を侵害しないか、わが国で承認するに相応しい裁判といえるか否かが問題になる。

②　学説の状況

　この点については、学説の対立はやや錯綜しているが、次のような立場にまとめることが可能であろう。

　第1に、このような送達は、外国判決承認要件にいう送達には該当しないという立場（不適法説）である[108]。その理由としては、直接郵送は単なる事実上の通知行為にすぎないこと、公示送達による外国判決の承認を認めていないので、司法共助の手続以外の方式による外国への送達を認められないと解されること、条約は締約国双方の国民が平等に利用できるものでなければならないが、

106）本件評釈として、烒場準一「判批」判例評論165号22頁（1972年）、林脇トシ子「判批」ジュリスト513号113頁（1972年）、松岡博「判批」重判昭和46年度補遺212頁がある。なお、チワワ州の移住離婚については、溜池良夫『国際私法講義』193頁以下（有斐閣、1993年）も参照。

107）直接郵送が利用される理由の1つとして、司法共助によったのでは時効中断等との関係で間に合わないことがあるとの指摘がある。小林秀之『新版PL訴訟』186頁（弘文堂、1995年）。

わが国の民事訴訟法によって私人が訴状を直接郵送することはできないこと、ハーグ送達条約10条(a)の拒否宣言をしなかったのは、その定める方法があまりに異質なので、そもそも拒否宣言の可否が問題になる余地さえなかったことなどを挙げる。この立場では、翻訳文が添付されていても、直接郵送によるときは、不適法として扱われることになる。

　第2に、本号は手続保障の問題であるなどとして、直接郵便送達も個別事情を判断した上で承認の余地を認める立場（総合考慮説）である[109]。そして、具体的には、文書の内容が理解できるかという了知可能性と、防禦のために十分な時間が与えられているかという観点が重視される。この前者については、訳文の有無、財産事件か身分関係事件かという事件類型、被告が自然人か法人かという属性が考慮される。

　第3に、訳文の添付が求められるとする見解（訳文要求説）がある。その理由として、日本国民は日本語で訴訟上の文書を受領する利益ないし権利を有するとか、手続法の基準として明確であること、指定当局または中央当局経由の送達の場合との均衡がとれること、このように解しても原告の利益を損なうものではないことなどが挙げられる。これには、訳文の添付を常に要求する立場[110]と、原則として訳文の添付が必要とされるが、例外的に不要とする余地

---

108) 青山善充「外国判決の日本国内における執行」手形研究495号7頁（1994年）、奥田安弘「外国からの直接郵便送達」国際私法の争点236頁（有斐閣、新版、1996年）、兼子ほか・前掲注97）649頁〔竹下守夫〕、木棚照一ほか『国際私法概論』288頁〔渡辺惺之〕（有斐閣、新版増訂、1997年）、鈴木忠一＝三ケ月章編・前掲注102）411頁〔青山善充〕、高桑・前掲注102）140頁（司法共助を締結した意味がなくなるので、被告が訴訟の開始を知り、防禦のための方法を講ずる余裕のあるとき以外は承認を認めない。次に述べる第2説よりの第1説と評価できようか）、高桑昭「外国離婚判決の承認」青山正明編『民事法務行政の歴史と今後の課題（下）』518頁（テイハン、1993年）、高杉直「判批」ジュリスト1100号126頁（1996年）、藤田泰弘「日本の被告に対するアメリカ訴状の直接郵送とその効力」判タ354号85頁（1978年）、三ケ月章「鑑定書」湯浅法律特許事務所編『国際取引と係争の法律実務』480頁以下（商事法務研究会、1992年）、渡辺惺之「外国の離婚・日本の離婚の国際的効力」『講座・実務家事審判法(5)』196頁（日本評論社、1990年）。

109) 石川ほか編・前掲注97）213頁〔小島武司＝猪股孝史〕、石黒・前掲注97）550頁、海老沢美広「判批」リマークス4号166頁（1992年）、河野俊行「判批」重判昭和63年度補遺282頁、小林・前掲注107）188頁、小林秀之「外国判決の承認・執行についての一考察」判タ467号23頁（1982年）、小林秀之「国際司法共助」澤木敬郎＝青山善充編『国際民事訴訟法の理論』301頁（有斐閣、1987年）、斎藤彰「判批」重判平成2年度270頁、高田裕成「判批」渉外判例百選229頁（第3版、1995年）、道垣内正人「判批」判例評論371号45頁。

を認める立場[111]、また、世界的に通用する英語やフランス語では訳文は不要とする見解[112]がある。例外を認める立場に立つと、内容的に第 2 説と接近することになる。

③ 裁判例

　下級審裁判例が、直接郵送を不適法とする立場（第 1 説）、訳文が必要とされる立場（第 3 説）のいずれであるのかは必ずしも明確ではないが、いずれにしても結論としては、わが国での承認は認められていない。

　東京地判昭和 51 年 12 月 21 日（下民集 27 巻 9 = 12 号 801 頁、判時 870 号 88 頁、判タ 352 号 246 頁、金商 532 号 26 頁）[113]は、次のような事案である。パリ商事裁判所に係属した損害賠償請求訴訟につき、訴状・期日の呼出状が日本語の訳文なしに郵送により日本法人の被告に送達され（わが国とフランスの間では送達条約が適用される）、賠償請求が認められた。この判決をもとに、フランス訴訟の原告は、わが国で当該日本法人の破産財団に配当加入を主張したところ、破産管財人が当該債権の不存在確認訴訟を提起した。裁判所は、「訴訟の訴状及び期日呼出状がいずれも日本語の訳文なく適法の送達方法によらずに郵送されたという原告の上申を信ずれば、被告主張の外国判決に関し同号の要件の存在を肯定し難いものがある」として、管財人の主張を認めた。

　東京地判昭和 63 年 11 月 11 日（判時 1315 号 96 頁、判タ 703 号 271 頁）[114]では、カリフォルニア州裁判所に係属した離婚訴訟につき、訴状などに訳文が添付されずに原告代理人から日本の被告に直接郵送され、離婚判決が下されたところ、

110）石川明＝小島武司編・前掲注 1）105 頁〔三上威彦〕、高桑昭「渉外的民事訴訟事件における送達と証拠調」法曹時報 37 巻 4 号 54 頁（1985 年）、三木茂「米国からの訴状送達の効力に関する研究（5・完）」JCA ジャーナル 244 号 18 頁（1977 年）、元木伸＝細川清編『裁判実務大系⑽』120 頁〔後藤明史〕（青林書院、1989 年）。

111）櫻田嘉章「判批」リマークス 1 号 283 頁（1990 年）、竹下守夫「判例から見た外国判決の承認」新堂幸司ほか編『判例民事訴訟法の理論（下）』538 頁（有斐閣、1995 年、原被告が同国人であるような場合は不要）、松岡・前掲注 97）47 頁。

112）田辺・前掲注 101）144 頁、中野貞一郎『民事執行法』179 頁（青林書院、第 2 版、1991 年）。

113）評釈として、前掲注 101）の諸文献がある。

114）評釈として、河野・前掲注 109）280 頁、熊谷久世「判批」ジュリスト 951 号 156 頁（1990 年）、櫻田・前掲注 111）279 頁、高野芳久「判批」平成元年度主要民事判例解説 346 頁、道垣内・前掲注 109）41 頁。

カリフォルニア訴訟での被告が旧民事訴訟法 200 条 2 号の要件を欠くとして、わが国で離婚判決の無効確認訴訟を提起したという事案である。裁判所は、「司法共助に関する所定の手続を履践せず、翻訳文も添付しない単なる郵送による送達のように、防御の機会を全うできないような態様での送達は、原則として、その適法性を肯認しがたいものというべきである」として、本件原告の訴えを認めた。

東京地判平成 2 年 3 月 26 日（金商 857 号 39 頁）[115] では、ハワイ州裁判所に係属した損害賠償事件について、訴状・期日の呼出状が訳文の添付なしに日本在住の被告に直接郵送され、請求が認容されたので、わが国で執行判決訴訟が提起された。裁判所は、旧民事訴訟法 200 条 2 号について、「通常の弁識能力を有する日本人にとって送られてきた文書が司法共助に関する所定の手続を履践した『外国裁判所からの正式な呼出しもしくは命令』であると合理的に判断できる態様のものでなければならず、そのためには、当該文書の翻訳文が添付されていることが必要である」として、請求を棄却した。また、事案を総合的に考慮する説に対しては、「個別的主観的事情を考慮しなければ文書の送達の効力を決せられないとすることは、文書を受領した被告の地位を不安定にするばかりか、後日の紛争を防止するために特に厳格な方式が要請される送達制度の趣旨や多数の事件を処理するために要請される訴訟手続の画一性及び安定性に著しく反することになり妥当でない」としている。

IV　検討

これまでに見てきたドイツと日本における議論から、いくつかの問題について以下では比較検討を試みる。

115）　評釈として、海老沢・前掲注 109）163 頁、斎藤・前掲注 109）268 頁、齋藤善人「外国判決が民訴法 200 条 2 号の要件を欠きわが国において効力がないとされた事例」秋田法学 18 号 264 頁（1991 年）、高杉・前掲注 108）123 頁、高田・前掲注 109）228 頁、西野喜一「判批」平成 3 年度主要民事判例解説 256 頁、三浦正人＝熊谷久世「民事訴訟法 200 条 2 号にいう外国判決執行の要件」名城法学 40 巻 4 号 121 頁（1991 年）。

1 要件の審理

(1) 責問

ドイツでは本号の発動を当事者の意思に委ねる扱いにしているが、わが国では見解が分かれている。そして、わが国では、ドイツと同様に本号を被告の責問によらせる見解に対して、次のような疑問が提出されている。つまり、本号の目的は法的審問の保障にあり、これは手続的公序に属するが、手続的公序というものは当事者の処分になじまないのではないかとする疑問である[116]。ドイツでも当事者の責問によらせるのは、手続的公序が憲法上の要請と関係することから問題があるとの見解がある[117]。また、本号の要件だけを他の要件とは別個に扱い、その適用を当事者の主張・立証に委ねる理由はないとの主張もある[118]。わが国の下級審裁判例には、職権調査事項であるとするものがある（東京地判昭和51年12月21日下民集27巻9＝12号801頁）。

この点については、わが国およびドイツでの通説が説くように、本号の適用は当事者の責問によらせるべきではないかと考える（したがって、被告の責問がない限り、裁判所は本号の要件を判断する必要はない）。まず、手続的公序との関係であるが、手続的公序がその根底において憲法的要請を含むものであっても、そのことが直ちに当事者の任意処分性を否定することにはつながらないと考える。たとえ手続的公序が憲法に根拠をおくとしても、そこから直ちにすべての手続的公序事項が任意処分に服さない性質を有するとみるべきではなく、その事項ごとに、その趣旨からどのような扱いが妥当であるかどうかを探るべきであろう[119]。本号は、外国法廷地での手続開始時における被告の手続保障の確保を目的とするものである。ここでの保護の対象は被告の防御権であり、そのことは被告に送達がないときでも被告が応訴していれば同号の要件を充足すると同号が定めていることからも明らかである。それゆえ本号は私益的規定と理解する

116）櫻田嘉章「外国判決の承認・執行」民事訴訟法の争点（新版、1988年）306頁。

117）*Baumbach/Hartmann*, a.a.O.(Fn. 7), §328 Rdnr. 25.

118）石黒・前掲注97）528頁、石黒一憲『国際民事訴訟法』245頁（新世社、1996年）。石黒・前掲注97）517頁は、「仮りに当事者の保護に重点が置かれるとしても、そこから当事者の任意処分にすべてを委ねてよいということには直結しない」とする。

119）参照、岡田幸宏「外国判決の承認・執行としての公序について(5)」名古屋大学法政論集153号390頁（1994年）、中西康「外国判決の承認執行における révision au fond の禁止について(3)」法学論叢135巻6号15頁（1994年）。

ことができる。このように考えることが許されるならば、手続的公序と当事者の任意処分性は必ずしも二律背反の関係に立つものではない。ドイツでは、外国離婚訴訟で送達につき不備があったものの、被告は離婚をすることについて同意している場合に、外国離婚判決を承認したケースがある[120]。わが国でも、このような場合に、当事者の責問がないにもかかわらず、裁判所の職権調査に基づき送達の瑕疵を理由に不承認とする理由はないように思われる。したがって、送達の瑕疵の問題は手続的公序に属するとしても、その瑕疵を当事者の責問によらしめる解釈が妥当なものと考える。

(2) 証明責任

わが国においては、公示送達によらないで呼出しをなしたことと、被告が応訴したことについては原告が証明責任を負うとする[121]。また、ドイツでは承認要件が拒否事由として定められているにもかかわらず、原告が適式性・適時性を有することについて証明責任を負うとする立場が、学説・判例において比較的有力であるといえる。

わが国の解釈としては、本号の承認要件が存在することについて、原告が証明責任を負うべきである。わが国の外国判決承認に関する規定は、承認を認めるための積極的要件の形で規定されており、また被告の手続保障を保護するという規定の趣旨から、被告は責問をなすだけで足り、証明責任を負うことまでは要求されないと解する。では原告は何を立証すべきであろうか。後述のように、私見は日本法についても適式性・適時性を軸に承認要件としての送達を把握するが、適式性・適時性ともにそれを根拠づける事実に対する法的評価と考えられる。まず適式性について、現行民事訴訟法 118 条 2 号（旧民事訴訟法 200 条 2 号）のもとでは、被告が公示送達によらずに呼出をうけたこと（送達があったことについては送達証明書などで証する）、または応訴したこと、さらに判決国法上では訳文が要求されているときは訳文添付がなされたことを立証する。次に適時性についてであるが、これは、事案を総合的に考慮した上で判断すること

---

120) カナダでの離婚訴訟につき、BGH, Beschl. v. 27. 6. 1990, NJW 1990, 3090.
121) 前掲注 102) の諸文献を参照。なお、東京地判平成 2 年 3 月 26 日金商 857 号 39 頁の理解について、海老沢・前掲注 109) 166 頁を参照。

138　第Ⅱ部　要件論

になる[122]。したがって、適時性を根拠づける事実をすべて列挙することは困難であるが、この要件の核心は、被告が外国訴訟を了知し防禦をなすのに十分な時間を有していたかどうかであることから、具体的な事案において被告が十分な時間を有していたことを、被告の所在地と判決国法廷地との距離、被告が自然人か法人か、などといった点から原告は基礎づける。また、私見は訳文の要否は適時性からも導かれると考えるが（後述）、判決国法上は訳文が要求されないことから訴状に訳文を添付しなかったことについて、適時性の点からも是認できることを、言語の種類、当該言語に対する被告の習熟度や、被告が法人かといった点から原告は根拠づけることになる。

2　応訴の範囲

　本号による不承認を求めることができなくなる応訴の範囲については、応訴管轄を生じさせる場合の応訴と異なり、本案についての弁論をなすことまでは要求されず、判決国が管轄を有しないとの本案前の抗弁（無管轄の抗弁）であっても足りるとされている。これは、わが国においても[123]、ドイツにおいても同様に説かれている。しかし、ドイツでは、とくに送達の瑕疵を判決国において主張したときに、本号にいう応訴にあたるか否かについては議論があり、有力説はこれを肯定するものの[124]、通説・下級審裁判例は否定する[125]。

　この問題について、わが国の解釈としては否定説によるべきである。ここでの応訴は送達の瑕疵を治癒するものであり[126]、その意味では手続保障の観点から把握しなければならない。送達については本号だけがチェック機能を果たすので、被告が判決国で送達の瑕疵を責問することにより応訴したと扱われると、承認国はとくに適時性の審査をすることができなくなり、被告に重大な不利益

122）その意味で、過失や正当事由の主張・立証をめぐる問題と同様のことが生ずるが、本節では詳論する余裕はない。この点については、たとえば、青山善充「主要事実・間接事実の区別と主張責任」『講座民事訴訟（4）』367 頁（弘文堂、1985 年）、高橋宏志「弁論主義について（2）」法学教室 121 号 130 頁（1990 年）、納谷廣美『民事訴訟法』499 頁以下（創成社、1997 年）などを参照。

123）石川明＝小島武司編・前掲注1）145 頁〔坂本恵三〕、菊井＝村松・前掲注100）1312 頁、斎藤ほか編・前掲注99）124 頁〔小室直人＝渡部吉隆＝斎藤秀夫〕。

124）前掲注22）の諸文献を参照。

125）前掲注21）の諸文献を参照。

126）石黒・前掲注97）546 頁。

が生ずることになる。なぜなら、判決国裁判所が被告の責問を容れることにより、送達の適式性について確保される可能性は増すが（適式性は判決国法により判断する）、これにより応訴したとされるならば、本来的に承認国法の立場からなされるべき送達の適時性についてはチェックのしようがなくなる。どのような形にせよ被告が自らに対して訴訟が提起されていることを知りさえすれば足りるというのでは、被告の手続保障に欠けることになってしまうので、送達の瑕疵を判決国で主張することは本号にいう応訴に該当しないと考える[127]。

3 適式性と適時性

(1) 私見

ドイツでは、送達の適式性と適時性という2つの要件を用いて、外国訴訟が開始された時点における被告の法的審問の保障を審査し、適式性については判決国法、適時性については承認国法の立場から判断する。

このような判断枠組みは、わが国での解釈にとっても、明文の規定がないにもかかわらず採用することが可能であり、また有益であると考えられる[128]。さらに、わが国における従来の学説の中には、適式性・適時性という用語こそ用いられてはいないものの、それとほぼ対応する考えを見いだすことができる。

まず、適式性については、すでにわが国の従来の議論では、送達に関する条約を含めた判決国法に定められた送達方法によらずに送達されたときは、承認を認めない方向で一致しているといえる[129]。

また、ドイツにおいて適時性の要件の名の下に、事案を総合的に考慮した上

---

127) 本号にいう応訴が、送達の瑕疵を主張しえなくなるほどの手続保障が与えられていたかという観点から捉えるとなると、無管轄の抗弁については、わが国およびドイツの通説のように一律に応訴にあたるとすべきではなく、事案ごとに判断すべきである。Vgl. *Baumann*, a.a.O.(Fn. 50), S. 90.

128) 海老沢・前掲注109) 166頁。また安達栄司「ニューヨーク州欠席判決の執行と被告保護の可能性」判タ870号62頁（1995年）は、送達の適式性と適時性が求められる点は、表現はともかくとして最近のわが国の学説では一致しているとする。

129) 石黒・前掲注97) 548頁、小林秀之『国際取引紛争』184頁（弘文堂、補正版、1991年）、竹下・前掲注111) 536頁、矢ケ崎・前掲注2) 201頁。また、竹野竹三郎『新民事訴訟法釈義中巻』599頁（有斐閣、1931年）が、「訴訟の開始に相手方又は裁判所の呼出又は裁判所の命令の送達を必要とする場合でなければならぬ。而して送達は職権送達主義たると当事者送達主義たるとを問わない」とあるのも同趣旨であろう。

140　第Ⅱ部　要件論

で承認国法の立場から送達を判断する手法についても、わが国の解釈として認めることについて問題はないように思われる（ただし、適時性：Rechtzeitigkeit という言葉からは時間的要素だけが想起されるが、必ずしもそれに限られない）。本号は、そもそも手続的公序の1つの場面と捉えることが可能であり、外国での訴訟開始時に被告が手続保障を受けない（外国訴訟の開始を知らされない）ことがあったという、歴史的背景を承けてとくに定められたものであると考えられる。手続保障が尽くされたか否かは、画一的に判断できるものではなく、個々の事案に左右される性質であることから、ドイツの採る適時性という概念により柔軟に処理する手法が適していると考えられる。適時性という言葉は用いないものの、わが国の近時の有力説が事案の総合考慮を支持するのは、このような考えに則っていると思われる。

　しかし、このような適式性と適時性を基本に据える考えに対しては、わが国において近時、批判が出されている[130]。それによると、この2号の要件の趣旨は、敗訴被告の手続権の保障にあり、送達の「適式性」を当該判決国送達法上の「適法性」と解するのは妥当ではないとする。なぜなら、第1に、判決国法に従って送達がなされたかをチェックすることは、実質的再審査の禁止との関係で問題があり、また第2に、判決国法そのものが、わが国からみて被告の手続保障に欠ける場合には、もはや判決国法による送達の適法性は敗訴被告の手続保障という規定の趣旨との関係では、意味をなさないからであるとする。そこで、送達の瑕疵の治癒論をわが国に持ち込む必要はなく、承認国法の立場から送達の適式性を実質に沿って構成すれば足りるとし、その際には、渉外訴訟における各国の送達方式の多様性を認めるにしても、なお承認国たるわが国が被告の手続保障に必要と考えられる線が基準となるべきであると説く。しかし、第1の批判に対しては、承認要件としての送達は、実質的再審査の禁止との関係では例外をなすと考えられている[131]。また、第2の批判に対しては、2号の

130）中西・前掲注119）8頁。

131）*Bülow/Böckstiegel/Linke*, a.a.O.(Fn. 31), S. 606-210; *Geimer/Schütze*, a.a.O.(Fn. 23), S. 1052. 江川・前掲注96）2068頁、斎藤ほか編・前掲注99）124頁〔斎藤秀夫＝渡辺吉隆＝小室直人〕。また、木棚照一＝松岡博編『基本法コンメンタール国際私法』17頁〔松岡博〕（日本評論社、1994年）や、松岡・前掲注97）45頁は、本号において手続に関する制限的再審査が認められると説く。

審査の中で、判決国法の送達ルールを最低限遵守すべき要件と捉え、また承認国法による瑕疵の治癒を否定するのが正当との立場を採ると（この点は後述する）、適式性を判決国法により判断する手法は独自の意義を有することになる（つまり、承認国法としての立場から2号が要求する敗訴被告の手続保障は、条約も含む判決国法上の送達規定が守られていることを前提とする）。また、適式性を不要と解する場合には、そもそも送達に関する条約を創設する意味を有しなくなるのではないかといった疑問も考えられる。

　なお、送達の画一性・定型性という面からの本説への批判については、後述の訴状の直接郵送の問題のところで触れることとする。

(2)　判例の検討

　このように、承認要件としての送達を適式性と適時性の観点からチェックする立場からは、名古屋地判昭和62年2月6日（判タ627号244頁、判時1236号113頁)[132] が、被告の防禦との関係で、「被告の側に応訴に著しい困難があった場合には、同条3号の要件において、審査すれば足りる」とする点には疑問が生ずる。この点については、適時性の観点から2号の範囲内で処理することが可能だからである。また、例外的に発動されるべき公序概念が肥大化することに対する危惧という面からも、3号よりも2号による解決が望まれる。

　適式性の点から疑問があるのは、神戸地判平成5年9月22日（判タ826号206頁）である[133]。これは、訴訟費用の支払いを命じた香港高等法院の決定につき、わが国で執行が求められたケースであるが、その基礎をなす本案訴訟において、日本に居住する当事者に対する訴状などが、私的に委任された日本の弁

---

132) 評釈として、青山善充「判批」ジュリスト890号79頁（1987年）、石黒一憲「判批」ジュリスト974号87頁（1991年）、海老沢美広「判批」判例評論348号197頁（1988年）、貝瀬幸雄「判批」法学教室82号87頁（1987年）、神前禎「判批」ジュリスト894号143頁（1987年）、小林秀之「判批」判タ668号41頁（1988年）、小林秀之「判批」昭和62年度主要民事判例解説280頁、櫻田嘉章「判批」重判昭和62年度276頁がある。

133) 評釈として、小林秀之＝小田敬美「判批」判タ840号24頁（1994年）、道垣内正人「判批」ジュリスト1053号124頁（1994年）、福山達夫「判批」判例評論438号55頁（1995年）、山田恒久「判批」平成5年度重判293頁。なお、ドイツにおいては、訴訟費用決定の承認は、本案の裁判が承認されるか否かにかかっていると説かれる。*Münchener Kommentar/Gottwald*, a.a.O.(Fn. 9), Art. 27 EuGVÜ Rdnr. 13; vgl. *Geimer/Schütze*, a.a.O.(Fn. 23), S. 1075.

謹士により交付されたところ、神戸地裁は、ハーグ送達条約 10 条(a)の趣旨からすると、「送達の適法性に関しては、現実に起訴及びその内容を了知でき、防御できるような送達方法で呼び出しを受ければ足り、必ずしも同条約に基づく司法共助手続による送達を必要としない」として執行を認めた。しかし、英国とわが国はともに送達条約の締約国であるが、同条約においても、日英領事条約においても、このような直接交付による送達は認められていない。本件は適式性の点からは問題があったといえ、被告の応訴によって送達の瑕疵を主張することができなくなったものと解される。

　また、次の 2 つの裁判例も、適時性の点から問題が残る。まず、東京地判平成 3 年 12 月 16 日（判タ 794 号 246 頁)[134] では、被告がカジノでの債務につきネバダ州のホテルで原告の弁護士から訴状を受け取ったケースで、送達の要件について被告が争わず執行が認められている。また、東京地判平成 6 年 1 月 14 日（判タ 864 号 267 頁、判時 1509 号 96 頁)[135] では、ニュー・ヨークのホテルのロビーで、送達権限を有する者から訴状を交付された場合に、送達の要件を争わなかったことからわが国での執行が認められた。いずれのケースでも、米国の国内事件であるので、送達の司法共助は問題にはならず、それぞれネバダ州法、ニュー・ヨーク州法の定める手続に従って送達がなされており、適式性の点については問題がないといえる。裁判所の判断はそこで終わっているが、たまたまアメリカ合衆国に滞在していた被告が、訴状などを渡されたときに、この被告の法的審問の保障という点から問題がないのか、適時性の観点から総合的に判断すべき余地があり、当事者はその点を争うべきであったといえる（訳文が添付されていたかは判然としないが、添付されていなかったときは、不承認とする可能性があったと思われる）。なお、この 2 つの裁判例は、2 号の要件を被告の責問によらせていると解する余地があるが、もしそうであるとすると、いずれのケースでも、外国訴訟での被告が送達要件の充足について争っていないことから、結論としては裁判所の判断は正当と思われる。

---

134) 評釈として、富士修「判批」ジュリスト 1033 号 122 頁（1993 年）がある。
135) 評釈として、安達・前掲注 128) 58 頁、中野俊一郎「判批」リマークス 12 号 152 頁（1996 年）、山田恒久「判批」法学研究 69 巻 5 号 182 頁（1996 年）がある。

4 公示送達の扱い

　送達の適式性と適時性というメルクマールを採用する立場からは、公示送達に基づく判決を全く承認しないとする、わが国の旧民事訴訟法 200 条 2 号、現行民事訴訟法 118 条 2 号の扱いに対して、立法論として疑問が生ずる[136]。つまり、判決国法において公示送達[137] が認められている場合、わが国の現行法ないし旧法のように公示送達に基づく判決を一律に不承認とはせずに、適時性の判断において事案ごとに個別に判断した上、場合によっては承認する道を開いておくべきであると考える[138]。公示送達に基づく裁判を承認しないとした理由は、被告は自分に対して裁判が開始されたことを知らないので、防禦が不可能であるという点に求めることができる。しかし、原告が手を尽くしたにもかかわらず被告の住所を確知することができなかった場合にまで、原告の権利実現手段をいっさい認めないとすることには、一方の保護に偏りすぎているといえ問題がある。被告からすれば、この規定により原告の権利追求を容易に逃れることが可能になるからである（最判平成 8 年 6 月 24 日民集 50 巻 7 号 1451 頁）。また、わが国の民事訴訟法が外国に居住する者に対して、公示送達の手段を認めていること（旧民事訴訟法 178 条、現行民事訴訟法 110 条 1 項）とのバランス[139] を考えても、このような扱いは決して不当とはいえない。したがって、公示送達については、原告と被告のおかれた状況を考慮して、承認する可能性を探るべきである。しかし、その際には、安易に公示送達による裁判を承認することに対する歯止めが必要であり、前述の連邦通常裁判所が示す要件（ケース 1）が参考になるであろう。

136）なお、ハーグ国際私法会議において採択されてきた、外国判決の承認に関する諸条約においては、公示送達に言及するものはないとされている。道垣内正人「外国判決承認執行についてのハーグ条約と日本での立法論」国際法外交雑誌 92 巻 4・5 合併号 142 頁（1993 年）。

137）フランス法の検事局への送達、アメリカ合衆国における擬制送達（constructive service）ないし補充送達（substituted service）を挙げることができる。アメリカ法については、Green, *Basic Civil Procedure*, 2d. ed., 56 (1979); James, Hazard & Leubsdorf, *Civil Procedure*, 75 (4th ed. 1992); Fridenthal, Kane & Miller, *Civil Procedure*, 166 (2d ed. 1993).

138）道垣内正人「国際民事訴訟法の立法化」ジュリスト 1028 号 166 頁（1993 年）、道垣内正人「外国判決の承認執行要件に関する立法論」民訴雑誌 40 号 205 頁（1994 年）、松岡博「外国離婚判決の承認について」阪大法学 86 号 51 頁（1973 年）、松岡博「外国離婚判決承認の要件」『現代家族法大系(2)』445 頁（有斐閣、1980 年）。

139）兼子ほか・前掲注 97）648 頁〔竹下守夫〕も参照。

このように、公示送達による判決の一律不承認が妥当でないとの立場をとっても、公示送達を理由にメキシコ・チワワ州で下された離婚判決のわが国での承認を認めなかった東京地判昭和 46 年 12 月 17 日（判時 665 号 72 頁、判タ 275 号 319 頁）の結論は支持されるべきである。当時のわが国は、有責配偶者からの離婚請求は認められておらず、そのために外国訴訟の原告は、チワワ州の移住離婚を利用したという事情が認められるからである。

5　訴状の直接郵送の問題

この問題も、適式性と適時性の判断枠組みが示唆的である[140]。

まず、適式性であるが、わが国は、ハーグ送達条約 10 条(a)については拒否宣言を行っていない。日本政府はこの点について、ハーグ会議の席上、このような裁判上の書面の郵送をわが国の主権侵害とはみなさないとするにとどまり、有効な送達としたものではないと表明している[141]。しかし、そうであるならば拒否宣言すればよいのであり、拒否宣言をしていない以上、わが国は訴状の直接郵送を認めていると、諸外国から判断されても仕方がないといえる[142]。わが国政府のこのような表明が対外的に必ずしも奏功していないことは、この表明後も、少なからぬアメリカ合衆国の裁判所が、わが国との関係でこの種の送達を有効視している判決を下していることからも窺い知ることができる[143]。私見によれば、このような送達も条約で拒否宣言がなされていない以上、まったく不適法であるとは解されず、少なくとも適式性の要件は充たしているといえる。

その上で、事案を総合的に考慮して承認すべきかを判断すべきである[144]。そ

140）前掲注 128）を参照。

141）原優「私法の国際的統一運動」国際商事法務 17 巻 12 号 1288 頁（1989 年）。

142）道垣内・前掲注 138）ジュリスト 166 頁。バウマンは、1973 年のハーグの扶養裁判の承認執行条約との関係で、留保宣言をしていない締約国での送達が問題になったときは、民訴条約ないし送達条約で留保していない送達方法は適式であるとする。*Baumann, a.a.O.*(Fn. 50), S. 48. また、シュロッサー（小島武司編訳）『国際民事訴訟の法理』51 頁〔森勇訳〕（中央大学出版部、1992 年）も参照。

143）1991 年までのアメリカ合衆国における裁判例において、わが国への訴状の直接郵送の問題で有効説・無効説が拮抗していることについては、奥田安弘「直接郵便送達と日米司法摩擦」国際商事法務 21 巻 7 号 790 頁（1993 年）、奥田安弘「わが国への直接郵便送達に関する米国判例の展開」北大法学論集 44 巻 3 号 4 頁（1993 年）を参照。

144）前掲注 109）の諸文献を参照。

の際に、翻訳文の添付が要求されるか否かは、適式性の問題からだけではなく適時性の判断枠組みの中で、被告の属性、つまり、法人か自然人か、自然人の場合に語学力の程度、使用言語などの諸般の事情を、総合的に考慮して判断すべきである。ドイツにおいては翻訳文が必要とされるかどうかの判断は、専ら適式性の問題として扱い、判決国法の適用が説かれている。しかし訴状に訳文が添付されるべきか否かは、適式性の問題として判決国法が判断するだけではなく、適時性の問題として承認国法の立場からも要求することができると考える。たしかに、送達手続は判決国で進められる裁判手続の一部分を構成するものであり、その意味では翻訳文の添付は適式性の問題として判決国法に従うべきであるといえる。しかしたとえば、外国裁判手続の被告が当該法廷地の法廷用語を全く解さない自然人であるような場合に、その法廷用語で書かれた訴状を受け取っても、被告はその内容を理解することができないことから、たとえ適式性は充たされたとしても、この者は防禦をはかることは困難であるといえよう。この場合、いくら時間的余裕を与えられたとしても、適時性を充たすことはできないといえる。したがって、訳文添付の問題は適式性からだけではなく、個々の事情を考慮の上で適時性の判断からも要求されると考える。

　このように個々の事案ごとに判断する手法に対しては、東京地判平成2年3月26日（金商857号39頁）は、送達の画一性・法的安定性に反するとして批判を加えている[145]。しかし、この問題は承認の局面における問題であるので、すでに判決国での手続は完結しており、個別事情を考慮しても手続の安定性を害することはないといえる。なぜなら承認国は、承認するかしないかだけを判断するからである。送達の画一性・法的安定性の要請は、送達に引き続いてなされる判決手続を前提にして考えるならば、まさしくその通りであるが、判決国で完了した手続の承認の局面までも含むものではないと考える。したがって、送達の画一性を理由に、承認に際して個別事情を考慮することはできないとする批判は、適切ではないと考える[146]。

　また前述のわが国の第3説（訳文一律要求説）は、訳文の有無だけで判断しようとする。だが、たとえば継続的取引当事者間（商社など）の紛争において、

---

145) 鈴木＝三ケ月編・前掲注102) 411頁〔青山善充〕、高桑・前掲注108) 518頁も同じ理由で批判する。

146 第Ⅱ部　要件論

訳文が付されていないとの一事をもって承認を拒絶するのは、被告の法的審問の保障を担保するという2号の趣旨にてらしても、なお被告保護に傾きすぎているといえよう。

6　承認国法による瑕疵の治癒

　ドイツでの多数説[147]は、ドイツ民事訴訟法187条を用いて、承認国法による送達の瑕疵の治癒を認める。これは適時性の要件を、承認拒否機能として用いるだけでなく、承認を肯定する作用としても働かせていることになる。これは、条文の文言に忠実に、承認拒否の方向にのみ適時性の要件を機能させる判例の立場[148]とは異なる結論になる。

　この点をめぐるドイツにおける学説と判例の対立は、承認要件としての送達に対する基本的視点の相違に根ざすといえよう。つまり、判例は送達は国家主権の行使であるという認識の下に、送達手続には直接関与していない承認国法の立場からは、送達の瑕疵の治癒を論ずることはできないとの結論に至る。他方、学説の多くは、保護する対象は被告の法的審問であって、方式そのものではないとし、承認の局面においては送達＝主権行使というテーゼを放棄する。この鋭い対立を生み出した原因は、ドイツ民事訴訟法187条において送達の瑕疵の治癒が定められていることによる。国内事件につき送達の瑕疵の治癒が認められるのであれば、渉外事件においても認めてもよいのではないかという議論が出て来てもふしぎはない。

　わが国の解釈論として、ドイツの多数説におけるような承認国法の立場から送達の瑕疵の治癒を認めること（言葉をかえれば、判決国法に違反する送達であっても、実質的に手続保障がなされていたと承認国が判断すれば、承認を認めることができるか）には、次の点から疑問がある[149]。まず第1に、わが国の民事訴訟法上、ドイツにおけるような送達の瑕疵の治癒を認める規定がないという点である。わ

146）　石黒・前掲注97）550頁も、「送達に関する問題だから画一的に決せよという国内事件における処理とは、かなり離れたところに存在せざるを得ないのが、この民訴200条2号の要件ではなかろうか」としており、承認局面における送達の評価は、柔軟に処理せざるをえないことを指摘する。

147）　前掲注73）〜76）を参照。

148）　前掲注69）を参照。

が国の法解釈として、送達に瑕疵があっても、何らかの形で被告に訴状などが届き、現実に被告の法的審問が充たされたと考えうるなら承認が認められてもよいとすると、国内事件での送達よりも渉外事件における送達を優遇する実質的理由が問われねばならないであろう[150]。第 2 の理由としては、もしドイツ民事訴訟法 187 条が定めるような治癒を認めると、送達に関する司法共助を条約で定める意義が相当程度減殺されることになりはしないか、という点である。つまり、ドイツの学説が説くように、条約違反の送達であっても実際に訴状を受け取り、適時なものと判断されれば有効な送達として扱われるとすると、結局、条約は骨抜きになってしまうことになると思われる。送達の司法共助を定めた条約自身が送達の瑕疵についてその治癒を認めるか、または送達を実施した国ないし判決を下した国の法が治癒を認める場合にはともかく、ドイツの多数説の立場は、行き過ぎであるように思われる。むしろ、連邦通常裁判所のように、判決国の規定による瑕疵の治癒を考えるべきであろう（この立場では、適式性を判断する法と送達の瑕疵の治癒を認める法は一致することになる）[151]。

なお、このように、適時な送達であっても適式でないならば承認要件を満た

149）道垣内・前掲注 136）142 頁は、跛行的法律関係発生の防止という観点から否定説に立つ。ただし、この理由づけが実際に意味を持つのは、わが国が外国判決の承認に関する条約の締約国となった場合であろう。他方、シュロッサー・前掲注 142）58 頁〔森訳〕は、日本法の解釈として治癒を認める余地を肯定する。否定説に立っても本号の応訴を広く解せば、結果として肯定説と同じになる Vgl. *Kono/Trunk*, Anerkennung und Vollstreckung ausländischer Urteile in Japan, ZZP 102 (1989), 319, 335.

なお、わが国の判例は国内事件について、責問権の放棄・喪失により送達の瑕疵の治癒を肯定するが、これに対する批判も強い。菊井＝村松・前掲注 100）935 頁などを参照。

150）なお、これに関連して想起されるのは、送達と同様に厳格な方式が要求される遺言について、その方式性を緩和した最判昭和 49 年 12 月 24 日民集 28 巻 10 号 2152 頁である。この事件は、40 年間日本に居住し、日本に帰化した日系ロシア人の作成した遺言が、日本の民法 968 条 1 項によって要求される押印がなかったものの、遺言が有効とされたケースである。遺言の方式については、遺言保護（*favor testamenti*）の考えが認められ、遺言の方式の準拠法に関するハーグ条約 2 条は、遺言の方式をできるだけ有効にする方向で連結点が規定されている（なお、この条約はわが国も批准しており、遺言の方式の準拠法に関する法律が制定されている）。他方、送達については、これをできるだけ保護しようとする動きは、国際条約などにおいてはまだ看取することはできない。事案の渉外性を理由に国内事件以上に送達を保護する必要性は、現在のところ、わが国の法解釈としては認められないものと考える。なお本件の最高裁判決の評釈として、滝沢聿代「判批」法学協会雑誌 93 巻 5 号 831 頁（1976 年）、谷口知平「判批」民商法雑誌 73 巻 3 号 397 頁（1976 年）、林脇トシ子「判批」ジュリスト 620 号 133 頁（1976 年）などがある。

さないとする立場を支持する私見では、ドイツの多数説と異なり、適式性は独自の意義を有することになる。

7 被告の上訴提起義務の有無

　ドイツでは少数有力説が、訴え提起時の被告の法的審問が侵害されたことを後に知ったときは、被告は判決国において上訴提起義務を負うとする[152]。そして、被告が裁判の存在を知っていたにもかかわらず、判決国で上訴提起をなさなかったときは、被告は承認国で送達の瑕疵を責問することは許されないと説く。ドイツとオランダとの二国間条約でこれを定めたものがあるが、この有力説は、条約の適用範囲を超えて被告の一般義務であるとする[153]。これに対して、判例および通説は、このような立場に反対する[154]。

　わが国の法解釈として、このような一般的義務を被告に課すべきではないと考える。このドイツの有力説に従うとすると、2号で被告が救済されるのは、実際には、外国での訴訟を被告が全く知らずに判決が下された場合、たとえば公示送達によるような場合に限られることになると思われる。しかし、弁論期日までに時間の余裕のない送達がなされた結果、外国訴訟での防禦に失敗し敗訴した場合に、さらに引き続き当該外国で上訴を提起しなければ承認国で救済されないとすると、当該外国で訴訟追行を余儀なくされる被告の、経済的・時間的負担は相当のものになる（応訴に要するコストとしては、弁護士費用や実費などが考えられる）。経済的に余裕のない被告のうちには、当該外国で上訴を提起して争うよりも、むしろ当該外国ではそのような判決が妥当してもかまわないが、

---

151) 第三国でなした送達に瑕疵があった場合には、どのように解すべきか。たとえば、アメリカ合衆国の裁判所に係属する事件で、ドイツにいる当事者に対する送達がなされ、その判決がわが国で承認を求められた場合、送達は判決手続の一部分を構成するとの面を強調すれば、この場合にも判決国法だけが適用されることになろう。しかし、第三国での送達については、条約を含むその第三国の国内法に従ってなされる場合があり、その場合には判決国法は後退し、当該第三国の法だけが適用されると解すべきであろう。Vgl. *Linke*, a.a.O.(Fn. 24), Rdnr. 405; *Kropholler*, a.a.O.(Fn. 9), Art. 27 Rdnr. 38; *Schlosser*, a.a.O.(Fn. 8), Art. 27–29 EuGVÜ Rdnr. 11 u.13.

152) 手続的公序についても、同様のことが問題になる。この点については、岡田・前掲注119) 386頁を参照。

153) 前掲注88)、89) を参照。

154) 前掲注90)〜95) を参照。

第2章　送達　第1節　外国判決承認要件としての送達　149

生活基盤のある承認国では不承認とすることに大きな利害を有することもあると考えられる。このような者に対してまで、判決国での上訴提起義務を認め、上訴をなさないと本号の保護を受けられないとすると、本号の目的とする敗訴被告の法的審問の保障は大きく後退することになってしまう[155]。したがって、被告に判決国での上訴提起義務を認める見解には、賛成することはできない。

V　むすびにかえて

　本節は、外国判決承認要件としての送達をめぐる諸問題について、ドイツにおける議論を参考に、判決国法の立場から判断する送達の適式性と、承認国の見地からチェックする適時性の 2 つの要素を軸に考察することが有用であるとの観点から、いくつかの問題点を論じた（この立場からは、旧民事訴訟法 200 条 2 号、現行民事訴訟法 118 条 2 号は適式性の一部を表明したにとどまることになる）。結論だけを述べると、次のようになる。

　本号の要件は、被告の責問をまって審査すれば足りる。被告が責問すると、原告は適式性と適時性の要件を充たすことについて、主張・立証しなければならない。

　送達の瑕疵を主張しえなくする応訴とは、本案について弁論することまでは必要ない。しかし、送達の瑕疵を責問することは、ここでの応訴に該当しない。

　公示送達による判決を一律に承認しないとする扱いには、立法論的に問題がある。

　いわゆる訴状の直接郵送の問題は、送達条約上は適式であると考えられ、訳文の要否などは事案を考慮して、総合的に判断すべきである。

　承認国法の立場からの送達の瑕疵の治癒は、認めるべきではない。

　外国訴訟で送達の瑕疵があった場合に、外国訴訟での被告は判決国において上訴提起義務を負うものではない。

　以上が本節の結論である。ところで、外国承認要件としての送達は、外国での訴訟手続における被告の手続権の保障という観点からは、手続的公序と密接

---

155) Vgl. *Münchener Kommentar/Gottwald*, a.a.O.(Fn. 6), §328 Rdnr. 73.

な関係を有する。しかし、手続的公序との関係は、本節では言及することができなかった。歴史的経緯も含めた両者の関係については、別の機会に論ずることとしたい。

初出：法律論叢 70 巻 2 ＝ 3 号 123 頁以下（1997 年）

第2章　送達──第2節

渉外訴訟における
付郵便送達の適法性
──国際送達と手続保障：第1節の補足を兼ねて

I　問題の所在

　国際化の波とともに、わが国の裁判所が渉外事件の審理をする事件の数は増加の一途をたどっている。わが国の裁判所が外国にいる当事者に対して送達をなすときには、司法共助によることが大部分を占めると考えられるが、統計によると、日本の裁判所から外国司法機関に対する送達の嘱託件数は、1986年度には347件であったのが、1998年度には777件となっており、この間ほぼ一貫して増加の傾向をたどっている[1]（以下では、「民事訴訟手続に関する条約（昭和45年条約第6号）」を民訴条約、「民事又は商事に関する裁判上及び裁判外の文書の外国における送達及び告知に関する条約（昭和45年第7号）」を送達条約、「日本国とアメリカ合衆国との間の領事条約」（昭和39年条約第16号）を日米領事条約、そして「日本国とグレート・ブリテン及び北部アイルランド連合王国との領事条約」（昭和40年条約第22号）を日英領事条約という）。その際、わが国の裁判所がとりうる具体的な送達の嘱託の方法としては、①民訴条約に基づく指定当局送達、②送達条約に基づく中央当局送達、③日米領事条約や日英領事条約といった二国間条約に基づく領事送達、④二国間での司法共助の取り決めや、個別的な応諾によってなされる管轄裁判所送達、⑤民訴条約に基づく外交ルート送達があるとされる[2]。しかし、司法

---

1)　他方、送達の受託については、1986年度には897件であったのが1992年度には2131件にまで達したものの、その後は減少に転じ1998年度には1383件となっている。参照、最高裁判所事務総局民事局監修『国際司法共助ハンドブック』367頁（法曹会、1999年）。

153

共助の方法によることができないときには、公示送達によることになると一般に説かれる[3]。民事訴訟法 110 条 1 項によると[4]、外国において送達をなす場合に公示送達をなしうる要件として、第 1 に、外国で送達をすることができないこと（110 条 1 項 3 号。たとえば、司法共助に関する条約等がない場合）、第 2 に、送達の嘱託をしても実施国で送達の目的が達せられないこと（同項 3 号。たとえば、送達実施国で戦乱・天災などが発生した場合）、第 3 に、送達嘱託後 6 ヶ月を経過しても送達証明書の送付がないこと（同項 4 号）、のいずれかがある場合が挙げられ、公示送達は例外的に用いられている。

　しかし、外国当事者への送達手段としては、司法共助と公示送達に限られるのであろうか。渉外事件において、司法共助の方法で送達をなした場合に要する期間は、先に述べたいずれの方法を採るかにもよるが、アメリカ合衆国で領事送達を実施した場合など最も短期間のケースでも 3 ヶ月かかり、1 年を要するケースも決して珍しくない[5]。このように司法共助による場合には送達に比較的長期間を要することから、原則として司法共助による送達が必要とされ、きわめて例外的に厳格な要件の下で公示送達によるという扱いは硬直的にすぎ、また迅速な紛争解決の観点からも問題があるといえる。

　他方、ドイツにおいては、外国当事者に対する付郵便送達は明文で許容されているが、最近下された連邦通常裁判所判決では、外国当事者への付郵便送達と法的審問の関係が問題となり、その判決を契機に学説においても議論がなされている。付郵便送達という制度自体は、わが国の民事訴訟法でも認められているが（107 条）、この送達方法は実務では外国に居住する当事者に対しては用いられていないようである。しかし、前述の観点からは、付郵便送達は第 3 の送達手段として活用の可能性が考えられ、わが国でも注目に値するものと思われる。そこで本節は、この連邦通常裁判所判決をめぐるドイツでの議論を参考

2）　最高裁判所事務総局民事局監修・前掲注 1）28 頁。

3）　石川明＝小島武司『国際民事訴訟法』92 頁〔三上威彦〕（青林書院、1994 年）、斎藤秀夫ほか編『注解民事訴訟法(4)』233 頁〔斎藤秀夫＝吉野孝義〕（第一法規出版、第 2 版、1991 年）。

4）　詳細は、たとえば、斎藤秀夫ほか編『注解民事訴訟法(5)』454 頁〔山本和彦〕（第一法規出版、第 2 版、1991 年）、三宅省三＝塩崎勤＝小林秀之編集代表『注解民事訴訟法(2)』396 頁〔伊藤剛〕（青林書院、2000 年）を参照。

5）　参照、最高裁判所事務総局民事局監修・前掲注 1）365 頁。

154　第 II 部　要件論

に、渉外事件における付郵便送達の可能性と問題点について、検討を試みるものである。また、本節での検討が外国判決承認要件としての送達とどのような関係に立つのか、最後に言及しておきたい。

なお、ドイツ民事訴訟法の条文はいずれも初出原稿執筆当時のものである。

Ⅱ　ドイツにおける国際付郵便送達をめぐる議論

1　ドイツ連邦通常裁判所 1998 年判決[6]

［当時の］ドイツ民事訴訟法 174 条 2 項によると、ドイツ国内に住所を有しない当事者は、受訴裁判所の所在地等に住所を有する訴訟代理人を選任していないときには、裁判所の命令がなくても送達代理人を選任する義務を負う。そして、175 条 1 項によると、送達代理人が選任されるまでは、書類をその当事者の住所に宛てて郵便に付することができる。付郵便送達の効力は、たとえ郵便が返却されたとしても郵便に付したときに生じ（175 条 1 項）、判決文も郵便に付して送達することができる[7]。したがって、これらの条文の文言からは、外国にいる被告が送達代理人を選任していないときには欠席判決は郵便に付して送達されることになるが、外国当事者に判決が実際に届いたときには上訴期間を徒過していたり、応訴のための十分な準備期間を有しないおそれが生じる。このような事態は、とくにドイツで提起された訴訟に積極的に関与していない外国当事者の場合に顕著となる。そこで、①被告に対して、ドイツ国内における送達代理人を選任しないことにより生ずる効果を事前に指摘する必要があるのかが問題になる。また、付随的な問題点として、②送達に関する条約との適用関係で、外国当事者への付郵便送達は国内送達であるのか、外国での送達であるのか、③訴訟のいずれの時点で外国当事者への付郵便送達が可能であるのか、④外国当事者の異議申立期間をどのように解すべきか、がある。

そこで、これらの点が問題となった連邦通常裁判所の判決を以下で紹介する。

---

6)　BGH, Urt. v. 11. 10. 1998, NJW 1999, 1187.

7)　*Geimer*, Internationales Zivilprozeßrecht, 3. Aufl. 1997, Rdnr. 2078, 2115.

第 2 章　送達　第 2 節　渉外訴訟における付郵便送達の適法性　155

【事実の概要】

原告は、デンマークに本拠を有する会社と不動産の売買契約を締結したが、実際に不動産を取得したのは予定した期日よりも後であった。そこで、原告はこの会社を相手に遅延による損害賠償を求める訴訟を提起し勝訴したものの、当該会社は倒産し、強制執行は不奏功に終わった。そこで、原告は、この会社の取締役に対して損害賠償を求める訴訟を起こした。裁判所は、1994 年 12 月に書面による事前手続（schriftliches Vorverfahren）により手続を進めることとし、訴状などをデンマーク A 市にある被告の住所地に宛てて送付した。被告には結局、翌 1995 年 6 月にデンマークの B 市で司法共助によって送達されたが、被告はドイツ国内で送達代理人を選任していなかった。被告は応訴しなかったので、裁判所は同年 10 月に欠席判決を下し、2 週間の異議申立期間（故障期間）を定めた。判決は、3 日後の 10 月 19 日に、ドイツ民事訴訟法 175 条 1 項 2 文に基づき、B 市の被告の住所に宛てて郵便に付する送達（Aufgabe zur Post）の方法で送達された。被告は 11 月 13 日に欠席判決に対する異議を申し立てたが、裁判所は異議申立期間をすでに徒過しているとして退けた。これに対して被告は、欠席判決の送達が無効であることを主張した。

【裁判所の判断】

上告棄却。連邦通常裁判所は、まず、外国に居住する当事者に対して下された欠席判決を郵便に付する送達によることの適法性を認めた。その理由として連邦通常裁判所は、判決の付郵便送達はドイツの通説・判例によると外国でなす送達ではなく内国送達の擬制であるので、送達条約に反しないというものである。ただし、当事者に送達代理人を選任する義務が生ずるのは訴訟係属（Rechtshängigkeit）後であり、訴訟を開始する書面が 174 条 2 項、175 条によって送達がなされても有効に送達されたとは言えないとした。したがって、外国の当事者に対して付郵便送達が可能になるのは、司法共助による送達方法により被告に送達された時点以降に限られるとしている。

また、連邦通常裁判所は、外国にいる当事者がドイツ国内に送達代理人を選任しない場合の効果について、裁判所は事前に当事者に対して教示する義務を負わないとした。その根拠として裁判所は、第 1 に、条文の文言を挙げている。

すなわち、174 条は明文で「裁判所の命令がなくても」送達代理人を選任する義務を当事者は負うとしており、174 条 2 項および 175 条に基づき被告にどのような効果が生じるのかを、裁判所が被告に対して明示的に教示しなくても無効になるものではないとした。第 2 に、このような解釈は憲法・国際法に違反するものではないことを挙げている。すなわち、すべての送達を正式に外国送達で実施することによる困難な問題と、訴訟手続の遅延は、最終的には原告の司法保護請求権を侵害することになるので、当事者が外国に居住するという区別により送達について異なる扱いをするのは適切であるとし、また、ドイツ基本法 3 条 1 項の平等原則は、外国人に対して事柄の性質上必要な特別な扱いを排除していないとも説く。またこのような扱いはヨーロッパ人権条約 6 条 1 項にも反しないとし、その理由として、公正な裁判をするという原則（Fair-trial-Grundsatz）を手続法的に実現することは各締約国に広範に委ねられており、相当性の原則の範囲内ではヨーロッパ人権条約に優先するとした。第 3 に、裁判所は外国当事者に対して、その者が送達代理人を選任する義務があることと、それを懈怠した場合の効果について教示する一般的義務があるとの主張は認められないとした。

さらに、欠席判決の付郵便送達に対する故障期間（異議申立期間）について、内国送達と外国送達とでは民事訴訟法 339 条において異なる扱いがなされているが、連邦通常裁判所は、外国当事者への付郵便送達は内国送達であるから、339 条 1 項が適用されるとし、送達時の 10 月 19 日から 2 週間を経過した 11 月 2 日に故障期間（異議期間）は徒過したことになるとした。

2　学説の動向

ドイツの学説では、外国にいる当事者に対する付郵便送達の適法性そのものについては、現在のところ争いはないといってよい。しかし、国際的な付郵便送達をめぐっては、いくつかの理論的問題点が指摘されており、前記連邦通常裁判所判決にも言及がある。そこで、これらの点について、ドイツの従来の学説の立場を確認した上で、本判決と対比していくことにする。

(1) 付郵便送達は国内送達か外国送達か

外国における送達については、二国間あるいは多国間条約に基づく司法共助による送達の嘱託がまず問題になる。そこで、外国に居住する当事者に対する付郵便送達の適法性を論ずる際、付郵便送達は一体、外国送達であるのかそれとも国内送達であるのかが問題になる。従来からのドイツの通説[8] および判例[9] は、ドイツ民事訴訟法175条1項との関係において、送達の効力発生時は外国で受送達者に到達したときではなく、ドイツ国内の郵便局で書類を引き渡すことにより生じるため、外国への付郵便送達は外国における送達ではなく、国内送達を擬制したものと解している。このように外国当事者に対する付郵便送達は国内送達であると解されていること[10]、そして、たとえば送達条約は外国での送達をなす際の方法を定めているだけであり、どのようなときに外国で送達が必要であるのかについては規律しておらず、締約国の国内訴訟法の解釈に委ねられていることから[11]、ドイツが送達条約など送達に関する条約の締約国であるからといって、付郵便送達が不可能になるわけではないと一般的に解されている。連邦通常裁判所も、本判決でこの立場に立つことを明らかにしている。

(2) 付郵便送達をなしうる時期

民事訴訟法276条1項第3文は、1990年のドイツ民事訴訟法改正[12] によって導入された。それによると、書面による事前手続では、裁判長が定めた期間内に送達代理人が選任されなければならないとされる。他方で、外国にいる当事者（この場合、当事者がドイツ国籍を有するか否かは関係ない）は、裁判所の命令が

---

8) *Fleischhauer*, Unkenntnis schützt Ausländer vor Fristversäumnis nicht, IPRax 2000, 13, 14; *Linke*, Internationales Zivilprozeßrecht, 2. Aufl. 1995, Rdnr. 222; *Nagel/Gottwald*, Internationales Zivilprozeßrecht, 4. Aufl. 1997, S. 165; *Rauscher*, Internationales und Europäisches Zivilverfahrensrecht, 1999, S. 16.

9) BGH, Beschl. v. 4. 12. 1991, NJW 1992, 1701; BVerfG, Kammerbeschl. v. 19. 2. 1997, NJW 1997, 1772.

10) *Baumbach/Hartmann*, ZPO, 59. Aufl. 2001, §175 Rdnr. 5; *Nagel/Gottwald*, a.a.O.(Fn. 8), S. 165. シュロッサー（小島武司編訳）『国際民事訴訟の法理』48頁〔森勇訳〕（中央大学出版部、1992年）。

11) *Schlosser*, EuGVÜ, 1996, Art. 1 HZÜ Rdnr. 5.

12) BGBl. 1990-I, S. 2847.

158　第Ⅱ部　要件論

なくとも送達代理人を選任する義務を負い（174条2項）、この期間内に送達代理人が選任されないと書類は当事者の住所に宛てて郵便に付して送達される（175条1項）。この送達代理人の選任義務が生ずるのは、被告については被告に送達された（Rechtshängigkeit）後であり、それ以前は199条以下に従って手続は進められる[13]。外国に在住する原告については、訴状提出によって訴訟法律関係が形成されるとして、訴状提出時以降（ab Anhängigkeit）に選任義務が生ずると解されている[14]。

(3) 欠席判決と異議申立期間

　このように外国に居住する当事者への付郵便送達は純粋な国内送達であると解されていることから、外国における送達の異議申立期間（故障期間）に関する民事訴訟法339条2項が適用されるのではなく、同条1項が適用されるというのが従来からの通説・判例である[15]。しかし、339条1項の定める異議申立期間は2週間の不変期間とされていることから、外国に居住する当事者が実際に訴訟関係書類を受け取ったときには、すでに異議を申し立てる期間が徒過してしまうことがありうる。そこで、近時の学説では、外国当事者に対する付郵便送達に関しては、同条2項の適用ないし類推適用を説く見解も有力である[16]。このような学説の対立がある中で、連邦通常裁判所は、本判決において従来の通説・判例と同様に同条1項の適用があると解している。

13）　*Geimer*, a.a.O.(Fn. 7), Rdnr. 2114.
14）　*Musielak/Wolst*, ZPO, 2. Aufl. 2000, §175 Rdnr. 2; *Thomas/Putzo*, ZPO, 23. Aufl. 2001, §174 Rdnr. 7.
15）　BGH, Urt. v. 24. 9. 1986, NJW 1987, 592; *Münchener Kommentar/Prütting*, ZPO, 2. Aufl. 2000, §339 Rdnr. 7(Fn.19); *Münchener Kommentar/v. Feldmann*, ZPO, 1992, §175 Rdnr. 2; *Münchener Kommentar/Wenzel*, ZPO, 2. Aufl. 2000, §175 Rdnr. 2; *Musielak/Wolst*, a.a.O.(Fn. 14), §175 Rdnr. 5; *Stein/Jonas/Grunsky*, ZPO, 21. Aufl. 1998, §339 Rdnr. 11; *Zöller/Stöber*, ZPO, 22. Aufl. 2001, §175 Rdnr. 6.
16）　*Geimer*, a.a.O.(Fn. 7), Rdnr. 2116; *Linke*, a.a.O.(Fn. 8), Rdnr. 228, 243; *Nagel/Gottwald*, a.a.O.(Fn. 8), S. 245; *Schack*, Internationales Zivilverfahrensrecht, 2. Aufl. 1996, Rdnr. 599; *Stein/Jonas/Roth*, ZPO, 21. Aufl. 1993, §175 Rdnr. 11; vgl. auch, *Linke*, Die Probleme der internationalen Zustellung, in: Gottwald (Hrsg.), Grundfragen der Gerichtsverfassung, 1999, S. 95, 128.

⑷　教示義務

　裁判所は、外国に居住する当事者に対して、送達代理人を選任しなければな
らないことを指摘し、またそれに違反した場合の不利益を指摘する義務がある
のか。この問題は、本判決で最も重要な点と考えられるので、少し詳しくみて
みる。

①　従来の議論

　ドイツ民事訴訟法174条1項によると、内国の当事者については、裁判所は
申立により送達代理人の選任を命ずるのに対して[17]、同条2項は、外国の当事
者については「裁判所の命令がなくとも」送達代理人を選任する義務があると
定めている。したがって、174条2項の文言に忠実に従い、外国の当事者がド
イツ国内で送達代理人を選任することについて裁判所は教示義務を有しないと
すべきか、それとも当事者がドイツ国内に居住するのか否かにより区別せずに
教示すべきかが問題になる。

　学説では、この点について条文の文言に従い、送達代理人を選任する義務お
よび選任しない場合の結果について、裁判所は外国当事者に指摘する義務を負
わないとする見解もある[18]。

　しかし、通説は、外国の当事者に対する裁判所の教示義務を肯定する。肯定
説の根拠としては、まず、教示義務否定説は憲法または国際法に違反するとい
うものである。すなわち、法的審問請求権の保障（基本法103条1項）、公正な
手続の原則（基本法20条3項、ヨーロッパ人権条約6条1項）により裁判所は、外国
当事者に対しその者が負う義務を指摘ないし教示する義務があるとするもので
ある[19]。他方では、一般的法観念（allgemeiner Rechtsgedanke）により教示義務を認
めようとする見解もある。すなわち、渉外的な督促手続では、承認執行実施法
（AVAG）34条3項により、被申立人には国内で送達代理人を選任する義務が生
じ、このことは被申立人の防御権を保障するために指摘されなければならない
ことになっているが、このような督促手続で保障された名宛人の保護は、他の

---

17)　Vgl. *Thomas/Putzo*, a.a.O.(Fn. 14), §174 Rdnr. 8 ff.
18)　*Münchener Kommentar/v. Feldmann*, a.a.O.(Fn. 15), §175 Rdnr. 2; *Thomas/Putzo*, a.a.O.(Fn. 14), §174 Rdnr. 2.

手続においても当てはまると主張する[20]。

②　連邦通常裁判所の判断

連邦通常裁判所は、本判決で少数説によることを明確にし、民事訴訟法174条2項の文言に照らして、ドイツの裁判所は外国当事者に対して、送達代理人選任義務および懈怠による不利益について教示する義務はないとした。そして、民事訴訟法が、当事者がドイツ国内にいるのか、それとも外国にいるのかで送達に関して扱いに区別を設けたことは、外国での送達の実施に伴う困難な問題や、外国での送達がもたらす訴訟遅延にてらして正当化されると述べる。また、同様の理由から174条2項は、基本法や国際法にも反しないと説く。そして公正な手続の原則を手続法上どのように具体的に形成していくかは、各国の立法裁量に広範に委ねられており、それぞれの国が独自になした判断は相当性の原則の範囲内でヨーロッパ人権条約に優先すると述べる。さらに、連邦通常裁判所は教示義務は一般的法観念であるとの見解も否定した。その理由として連邦通常裁判所は、本件のような外国に居住する当事者へ付郵便送達をなした場合と同様に、外国の当事者は上訴提起についてもドイツ民事訴訟法に精通していないことから固有の防御権を失う可能性があるにもかかわらず、連邦憲法裁判所が、この者に対して上訴提起に関して教示する義務を裁判所に認めないと判断していること[21]を根拠として挙げている。

③　本判決に対するドイツ学説の評価

本判決に対する評釈は2件確認することができたが、いずれも批判的である。フライシュハウアーは、裁判所の教示義務を否定した本判決を、およその

---

19)　*Bachmann*, FamRZ 1996, 1276, 1278; *Fleischhauer*, Inlandszustellung an Ausländer, 1996, S. 270; *Geimer*, a.a.O.(Fn. 7), Rdnr. 2113; *Hausmann*, Zustellung durch Aufgabe zur Post an Parteien mit Wohnsitz im Ausland, IPRax 1988 S. 140, 143(Fn.33); *Linke*, a.a.O.(Fn. 8), Rdnr. 228; *Münchener Kommentar/Wenzel*, a.a.O.(Fn. 15), §174 Rdnr. 3; *Nagel/Gottwald*, a.a.O.(Fn. 8), S. 165; *Schack*, a.a.O.(Fn. 16), Rdnr. 599; *Stein/Jonas/Roth*, a.a.O.(Fn. 16), §175 Rdnr. 11; *Wiehe*, Zustellungen, Zustellungsmängel und Urteilsanerkennung am Beispiel fiktiver Inlandszustellungen in Deutschland, Frankreich und den USA, 1993, S. 22; *Zöller/Geimer*, ZPO, 22. Aufl. 2001, §199 Rdnr. 20.

20)　*Fleischhauer*, a.a.O.(Fn. 19), S. 271; *Stein/Jonas/Roth*, a.a.O.(Fn. 16), §175 Rdnr. 11.

21)　BVerfG, Beschl. v. 20. 6. 1995, NJW 1995, 3173.

ように批判している[22]。すなわち、連邦通常裁判所が示した内外当事者の扱いを異にする根拠は、送達実施の方法に関してはあてはまるが、そのことによって外国に居住する当事者に対するドイツの裁判所の教示義務を否定する理由にはならない。むしろ、外国の当事者に対しては、国内法がどのような規律をしているのかという情報を提供する必要性がより高いといえる。したがって、憲法やヨーロッパ法に合致するような解釈をなし、裁判所による適切な教示義務を通じて外国被告の不利益を除去すべきであり、このことは民事訴訟法の条文の文言によって妨げられない。また、外国に在住する被告の防御権に対する危険を考慮すると、裁判所の教示がないと、被告の法的審問請求権（基本法103条1項）や公正な手続を求める権利（ヨーロッパ人権条約6条、基本法20条3項）が侵害される。連邦通常裁判所は、承認執行実施法34条3項は一般的法観念を内包するとの見解を否定し、その際、上訴提起の教示義務を否定した連邦憲法裁判所の判断を重視しているが、上訴の場合とは状況が異なり、ここでは、訴訟開始時に裁判所によって適切に指摘されることで初めて、被告の防御権を適切に保障することが可能になる。また、裁判所は、公正な手続を形成することについて立法者が有する自由（die Gestaltungsfreiheiten des Gesetzgebers）を174条の文言解釈の根拠に挙げているが、ドイツの立法者はすでに、承認執行実施法（AVAG）34条3項、行政事件訴訟法（VwVfG）15条、公課法（AO）123条および民事訴訟法276条2項において教示義務を定めている。さらに、このような義務を認めても裁判所に負担をかけることはない、としている。

　また、ロートも本判決に批判的である[23]。第1に、民事訴訟法の解釈の点について、まず、276条1項は175条の特則をなすことから、276条2項が定める裁判官の教示義務は174条2項の特則であると考えられる。そして、当事者が送達代理人を選任すべき不変期間内に選任しなかった場合の結果を教示することを定める276条2項は、欠席判決の可能性も含まれる。次に、裁判官による期間設定と175条の準用は、2つの文からなる276条1項3文においては一体的に理解すべきであり、2つの独立した文とすべきではない。276条1項3文は175条を準用しているが、被告に送達代理人を選任する義務を負わせた174

---

22)　*Fleischhauer*, a.a.O.(Fn. 7), S. 14 f.
23)　*Roth*, JZ 1999, S. 419 f.

条 2 項を準用していない。さらに、1990 年の法改正で挿入された 276 条 1 項 3 文に関する立法理由によると、訴状の送達に際して当事者は送達代理人を選任することについて教示がなされることを前提としている。したがって、この文言解釈および体系的解釈は、立法経過によって確認されているとする。第 2 に、ヨーロッパ法により禁止された国籍を理由とする差別の禁止（ヨーロッパ人権条約 6 条 1 項）について、連邦通常裁判所は、付郵便送達に代えて正式な送達をなすことに伴う困難さと原告の権利実現の遅滞という客観的状況に照らして国籍差別に反しないとしているが、この点について次のように批判する。同条約は、国籍を理由とする明白な差別の禁止だけでなく、隠れた形での差別も禁止している。後者は、別の区別の基準を適用すると事実上差別したのと同じ結論に至る場合をいい、民事訴訟法 174 条 2 項はこれに該当する。なぜなら同項はドイツ人でも外国に住む当事者に送達すべきケースすべてにあてはまるが、外国にいるドイツ人に送達するケースは稀であることから、国籍による差別と同じ結果を生ずるからである。しかし、これだけでは隠れた差別となるには不十分であり、さらに客観的状況によってこのような事態が正当化されないということが必要となる。連邦通常裁判所は、最近の EC 裁判所の判例に照らして客観的状況があると考えたが、むしろ事件を EC 裁判所に付託しなければならなかった。そして付託を回避するには、民事訴訟法 276 条について教示義務を認めることしかない、としている。

【ヨーロッパ人権条約】[24]
第 6 条
　第 1 項　何人も、自らの民事上の権利及び義務に関する訴訟、又は自己に対する刑事上の告発に関して、独立し公平で法律に基づく裁判所によって、公正な手続で、公開かつ相当期間内での審理を求める権利を有する。判決は公開で言い渡されなければならない。ただし、報道機関又は公衆に対しては、道徳、公序又は民主的社会での国家の安全のため、青少年の利益又は訴訟当事者の私的生活の保護のために必要であるとき、若しくは弁論の公開が司法の利益を侵害する特別の事情のもとでは、裁判所が必要であると判断したときには、手続の全部又は一部につき報道又は公開を制限することができる。

---

24)　大沼保昭＝藤田久一編『国際条約集 2000 年版』117 頁（有斐閣、2000 年）を参考にした。

第 2 項、第 3 項　略

【公課法（Abgabenordnung）（試訳）】
第 123 条
　　本法律の適用領域内に住所若しくは常居所を有さず、又は本拠を有さず若しくは営業をしていない関係者は、求めがあったときには、税務当局に対して相当期間内に、本法律の適用領域内にいる受領代理人を指名しなければならない。関係者がこれをなさないときには、その者に宛てた書類は郵便に付した 1 か月後に到達したものとするが、書類が受取人に到達せず、又は 1 か月よりも遅れて到達したときはこの限りでない。関係者には、懈怠したときの法的効果が指摘されなければならない。

【行政訴訟手続法（VwVfG）（試訳）】
第 15 条
　　ドイツ国内に住所若しくは常居所を有さず、又は本拠を有さず若しくは営業をなしていない関係者は、求めがあったときには、当局に対して相当期間内に、本法律の適用領域内にいる受領代理人を指名しなければならない。関係者がこれをなさないときには、その者に宛てた書類は郵便に付した後 7 日目に到達したものとするが、書類が受取人に到着せず、又は 7 日よりも遅れて到達したときはこの限りでない。関係者には、懈怠したときの法的効果が指摘されなければならない。

【民事訴訟法】[25]
第 174 条
　　第 1 項　当事者が受訴裁判所の所在地にも、その所在地を管轄する区裁判所の管轄区域内にも居住しない場合で、その所在地又は管轄区域内に居住する訴訟代理人を選任しないときは、裁判所は、申立てにより、その当事者に対して送達すべき書類の受取を、その所在地又は管轄内に居住する者に委託することを命じることができる。この命令は口頭弁論を経ずにこれをなすことができる。この決定に対しては不服を申し立てることができない。
　　第 2 項　当事者が国内に居住しないときは、第 1 項に規定した場所又は管轄内に居住する訴訟代理人を選任しない限り、裁判所の命令がなくても、当事者は送達代理人を選任する義務を負う。

第 175 条
　　第 1 項　送達代理人は、裁判所の次の弁論において、又は当事者があらかじめ相手方に書類を送達せしめたときはその中で、指名されなければならない。

25）　法務大臣官房司法法制調査部編『ドイツ民事訴訟法典』（法曹会、1993 年）に従った。

これを指名しないときには、後日これを指名するまでその交付すべき書類を、執行官が当事者あてに、かつその住所において郵便に付することにより、その後のすべての送達をなすことができる。この送達は郵便物が配達できないものとして返却されたときであっても、郵便に付したときをもって効力を生じたものとみなす。

第2項　略

第199条

外国においてなすべき送達は、外国の管轄官庁又は外国に駐在する連邦の領事若しくは大・公使に嘱託してこれをなす。

第276条

第1項　裁判長が口頭弁論のための早期第1回期日を指定しないときには、訴状の送達とともに、被告が訴えに対して防御しようとするのであればその旨を訴状送達後2週間の不変期間内に裁判所に書面をもって示すべき旨を、被告に催告し、右の催告をなした旨は原告に対して通知することを要する。それと同時に、書面をもってする答弁のために少なくとも次の2週間の期間を被告に与えなければならない。外国において訴状の送達をなすべきときは、裁判長は第1文に従って期間を定めるが、第175条は、送達代理人がこの期間内に指名されなければならないと読み替えてこれを準用する。

第2項　催告とともに被告に対し、第1項第1文により被告に定められた期間の懈怠の効果、及び被告が訴えに反論するためになす陳述は選任すべき弁護士を通じてのみなし得る旨を教示することを要する。

第3項　略

第339条

第1項　故障期間は2週間とし、故障期間は不変期間であり、かつ欠席判決の送達をもって始まる。

第2項　外国における送達又は公示送達をなすべきとき、裁判所は、欠席判決の中で、又は口頭弁論を経ずに付与することのできる特別な決定により事後に、故障期間を定めなければならない。

【民商事事件における二国間承認執行条約の実施に関する法律（Gesetz zur Ausführung zwischenstaatlicher Anerkennungs- und Vollstreckungsverträge in Zivil- und Handelssachen; AVAG）（試訳）】

第34条

第1項、第2項　略

第3項　異議期間（民事訴訟法692条1項3号）は、これを1か月とする。支払命

令では、被申立人に対して送達代理人を選任すべきこと（民事訴訟法 174 条並びに本法 4 条 2 項及び 3 項）を指摘しなければならない。民事訴訟法 175 条は、送達代理人が異議期間内に選任されなければならないものとして準用する。

Ⅲ　わが国における議論

1　序

　日本の国際民事訴訟で送達をめぐる問題といえば、多くの場合、外国から日本の当事者に対して訴状が直接郵送されたときの適法性、とくにそのような送達に基づく外国判決を承認することができるのか否かが、民事訴訟法 118 条 2 号との関係で論じられることが多かった[26]。本節が対象とする国際付郵便送達については、わが国では、外国当事者に対して付郵便送達が可能であることを前提とするドイツ法のような明確な規定がないことから、渉外事件での付郵便送達の適法性そのものについて、旧法下で議論があった。したがって、国際的付郵便が適法であることを前提としたドイツの議論状況とは若干異なる。しかし、旧法下での対立は基本的には現行法でも妥当するものと考えられ、また根本的問題であるので、この問題に関するわが国の議論をまず整理しておくことにする。私見は、項を改めて論ずることにする。なお、本稿で扱うテーマについては、わが国の判例で問題になったことはないようである。

　外国にいる当事者に対して送達をなす場合、わが国の民事訴訟法 108 条は外国の官庁または日本の外交使節により送達をなすことを規定する。しかし、本条によって、当然に外国でこのような送達をなすことができるというわけではなく、問題となっている外国が許容していること（司法共助関係の存在）が必要である[27]。司法共助の法源としては、多国間条約（民訴条約、送達条約）、二国間条約（日米領事条約、日英領事条約）、二国間共助取決めがある。また、事前に共助関係がなくても、具体的事件が生じた際に個別的に応諾がなされることがある。

　しかし外国にいる当事者に送達をするとしても、司法共助によらずに国内法

---

26)　このテーマに関する最近の文献として、安達栄司『国際民事訴訟法の展開』171 頁以下（成文堂、2000 年）など。

166　第Ⅱ部　要件論

による送達をなしうる場合がある。そのような場合として、送達場所や送達受取人[28]の届けがあるとき（104条）、出会送達（105条）、公示送達（110条）がありうる。また、外国企業を相手に訴訟を提起する場合に、その企業のわが国の営業所に対して、外国企業の代表者宛の送達をなしうるとの見解も主張されている[29]。

2　適法説

では、外国にいる当事者の住所に宛てて郵便に付する送達（107条）をなしうるのか。この点については、旧法下において見解の対立があり、現行法においてもこの対立は解消していないと考えられる。

適法説に立つ石黒教授は[30]、付郵便送達の性質に関するドイツ法と日本法の共通性に依拠しつつ、「最後の切り札としての公示送達と、外交ルートでの送達といういわば両極端の、中間の道」として郵便に付する送達による手段を肯定される。すなわち、付郵便送達は国内送達であることから主権侵害の問題は生じないこと、公示送達による場合は限定されており、それを補充する意味で付郵便送達は活用されるべきであり、受送達者への告知に関しても送達書類自体を送付する点で公示送達よりも優ること、外国当事者の手続保障については裁判長の期日指定権や付加期間により考慮が可能であることから、「わが国に住所、居所、営業所又は事務所を有しない在外の被告については、当該事件に関して……わが国が国際裁判管轄を有する限り、常に郵便に付する送達は可能だということになる」、としている。また、竹下教授は[31]、「外国に居住する者

---

27)　国際司法共助については、たとえば、石川明＝小島武司編『国際民事訴訟法』82頁〔三上威彦〕（青林書院、1994年）、小林秀之「国際司法共助」澤木敬郎＝青山善充編『国際民事訴訟法の理論』285頁（有斐閣、1987年）、小林秀之『国際取引紛争〔新版〕』159頁（弘文堂、2000年）、最高裁判所事務総局民事局監修・前掲注1)、高桑昭「渉外的民事訴訟事件における送達と証拠調」法曹時報37巻4号1頁（1985年）、服部壽一「民事事件における国際司法共助」鈴木忠一＝三ケ月章監修『新実務民事訴訟講座(7)』161頁（日本評論社、1982年）を参照。

28)　渉外民事事件における送達受取人をめぐる問題については、小杉丈夫「送達受取代理人、その他の諸問題」NBL552号45頁（1994年）、森義之「送達・証拠調べ」元木伸＝細川清編『裁判実務大系(10)』96頁（青林書院、1989年）などを参照。

29)　国谷史郎＝田中信隆「国際送達の諸問題」自由と正義48巻5号110頁（1997年）、竹下守夫＝伊藤眞編『注釈民事訴訟法(3)』588頁〔渡辺惺之〕（有斐閣、1993年）。

30)　石黒一憲『現代国際私法（上）』225頁以下（東京大学出版会、1986年）。

に対しても［旧］170 条の適用は認められ、［旧］170 条 2 項［引用者注：送達代理人を届けない場合には郵便に付する送達をなしうる規定］による送達が許されることがあるが、これは日本における送達であり、裁判所書記官の判断で実施できる。そして、それが可能な限度では、本条［引用者注：外国における送達に関する旧 175 条］による必要はないが、その場合にも本条［引用者注：旧 175 条］によることは可能であるから、書記官としては、いずれによるか裁判長の指示をうけるのが適当である」とされる。さらに、菊井＝村松のコンメンタールでは[32]、「外国に居住する者に対しても［旧］170 条による送達をなすことができるが、これは日本においてする送達で、ここ［引用者注：旧 175 条］でいう外国においてなすべき送達ではない」とされている。

　なお、三井教授は[33]、民訴条約により「郵便に付する送達」ではなく「郵便による送達」が外国の当事者に対して認められるとの見解を主張される。すなわち、「この条項第 1 項 1［引用者注：民訴条約 6 条 1 項 1］の権能を行使する場合とは、例えば我が国の裁判所が外国（例えばフランス）にいる利害関係人（例えば被告）に対して、［旧］日本民訴第 162 条の規定に従って、『郵便に依る送達』を行うような場合である。この場合、同条第 2 項に所謂『郵便集配人』はフランスの郵便集配人である。元来、『外国でなすべき送達』は、我が国では、［旧］日本民訴法第 175 条の規定に従って実施すべきであるが、文書の名宛人が民訴条約の締約国である外国に居る場合に限って、『郵便による送達』を行うことができる」と主張される。三井説は、民訴条約によって、外国当事者に対する「郵便による送達」が創設的に認められたと理解するが、これに対しては藤田弁護士からの批判がある[34]。すなわち、民訴条約 6 条 1 項 1 に対応する送達条約 10 条(a)について、特別委員会報告者の報告から、条約の趣旨は、従来の国内法上の送達方法を承認するものであって、「締約国において今まで認められていなかった国外送達方法を、それ自体で創設するという機能を有するものではな」く、民事訴訟法の改正がなされない以上は直接郵送の方法は認め

---

31)　兼子一ほか『条解民事訴訟法』446 頁〔竹下守夫〕（弘文堂、1987 年）。
32)　菊井維大＝村松俊夫『全訂民事訴訟法 I〔補訂版〕』1112 頁（日本評論社、1993 年）。
33)　三井哲夫「国際民事訴訟法の基礎理論(11)」法曹時報 23 巻 8 号 170 頁（1971 年）。
34)　藤田泰弘『日／米国際訴訟の実務と論点』378 頁（日本評論社、1998 年）。

168　第Ⅱ部　要件論

られないと述べる。

3 不適法説

　不適法説に立つ山本（和）教授は[35]、次のような根拠により国際付郵便送達は認められないと主張される。すなわち、「①［旧］172条は付郵便送達の要件として、［旧］171条の規定（補充送達・差置送達）による送達をなしえないことを挙げているが、外国における送達にはこの規定が適用されないので、形式的要件が満たされない。②［旧］175条の文言も、付郵便送達の可能性を念頭においているようにはみえない。③後述する公示送達に関する［旧］178条および送達条約の加重要件は、可能なかぎり受送達者に実際のノーティスを与えることが望ましいとの立法者意思を示しており、それを安易に緩和することには疑問がある。④公示送達については擬制自白の成立がないのに対し、付郵便送達では認められるので、その点でも相手方の手続保障に問題が残る」とされる。また、渡辺教授も[36]、次のように述べて不適法説を支持される。すなわち、「［旧］172条による郵便に付する送達は［旧］171条による補充・差置送達ができない場合と規定されている。［旧］169条の規定する当事者の住所等の場所が国内にない場合には、そもそも［旧］171条による補充・差置送達の可能性ははじめからないというべきであり、したがって、［旧］172条による在外者への郵便に付する送達は民事訴訟法の予定しないところと解すべきであろう。むしろ、［旧］169条の規定する場所が内国に所在しない場合は、原則として本条［引用者注：旧175条］による外国において送達すべき場合に該当するというべきであろう」とされる。さらに、小林教授は[37]、「民訴法108条が定める外国においてなすべき送達の方法の中に『書留郵便に付する送達』が含まれていないことから、わが国の民訴法の解釈としてはわが国の民事訴訟のための送達として①の方法［引用者注：外国の利害関係人に対して直接文書を郵送する手段］を利用することは無理である」とされ、付郵便送達は不適法であるとの前提を述べている。

---

35)　斎藤秀夫ほか編『注解民事訴訟法(5)』453頁〔山本和彦〕（第一法規出版、第2版、1991年）。

36)　竹下＝伊藤編・前掲注29）587頁〔渡辺〕。

37)　小林・前掲注27）162頁。

なお、山本（和）教授による適法説に対する批判に対して、石黒教授による反論がなされている[38]。すなわち、第1の形式的要件を充足しないとの批判に対しては、外国で補充送達・差置送達を直接行うことはできないから、旧172条（現行107条）にいう前条によることができない場合と解すればよい、第2の、旧175条（現行108条）は外国に向けた付郵便送達を念頭においているとは見えないという点については、ドイツでも同じような規定である、第3の、受送達者の手続保障の確保については、旧179条2項（現行民事訴訟規則46条2項）が公示送達を郵便による通知をなしうるとするにとどまることと、公示送達の要件が厳格なため迅速な処理ができないことを考慮すべきである、第4の、公示送達では擬制自白が成立しないとの旧民事訴訟法140条3項但書き（現行159条3項但書き）は、実質的ノーティスが受送達者になされたか不確実であることによるので、同様の事情が外国に宛てた付郵便送達にあるならば、類推することもありうるとされる。

IV　検討

1　国際的付郵便送達の適法性

以下では、これまで見てきたドイツおよび日本での議論に基づき、国際的な付郵便送達の適法性と、これを肯定した場合の問題について検討する。

(1)　付郵便送達と送達に関する条約

まず、外国当事者への付郵便送達と、民訴条約6条および送達条約10条との関係が問題になる。この点については、郵便に付する送達はこれらの条約の範囲外であると考える。なぜなら、日本法はドイツ法と同様に「郵便による送達（Zustellung durch die Post）」（日本民事訴訟法99条）と「郵便に付する送達（Zustellung durch Aufgabe zur Post）」（同107条）とを区別しているが、これらの条約が対象としているのは前者の「郵便による送達」だけと解されるからである[39]。そして、このことは、これらの条約が外国で行う送達を対象としていることからも、国

---

38)　石黒一憲『国際民事訴訟法』83頁（新世社、1996年）。

170　第II部　要件論

内送達である付郵便送達については適用がないことになる。先に見たようにドイツでは、連邦通常裁判所の 1998 年判決そして従来の通説が、付郵便送達は国内送達であることから送達条約の適用はないと解している。また、アメリカ合衆国においては、被告であるドイツ法人がアメリカ合衆国に有する子会社を送達代理人とみなして、被告への送達をこの子会社になしたことが送達条約に違反するかどうかが問題になった事件で、連邦最高裁は、米国子会社への送達は「国内送達であり送達条約の適用を受けない」と判断している[40]。このように、国内送達と外国での送達の区別をなす基準は各国の国内法に委ねられ、それにより国内送達とされるならば送達に関する条約の適用はないという、ドイツやアメリカ合衆国での理解はわが国でも妥当すると思われる。そこで、わが国の付郵便送達について見てみると、書類を受送達者に宛てて発送した時に送達の効力が生ずることから（107 条 3 項）、国内送達であるといえ[41]、外国当事者に対する付郵便送達は民訴条約・送達条約に違反するものではないと解する。もっとも、このような擬制送達を無制限に認めることは、送達条約の趣旨を潜脱することになりかねないこと[42]、またこのような送達に基づき下された判決は、外国で承認を求めるに際して不承認となる可能性が増大する点は注意を要する（この点は後述する）。

---

39)　最高裁判所事務総局事局監修・前掲注 1) 58 頁。ドイツでも、送達条約 10 条同(a)を Zustellung durch die Post と表現していることから本文のように解される。Vgl. *Schack*, a.a.O. (Fn. 16), Rdnr. 608; *Schlosser*, EuGVÜ, 1996, Art. 10 HZÜ.

40)　Volkswagenwerk Aktiengesellshaft v. Schlunk, 108 S. Ct. 2104 (1988). 同判決については、たとえば、小林秀之『新版 PL 訴訟』180 頁（弘文堂、1995 年）、小林秀之＝齋藤善人「アメリカ国際民事訴訟法の最近の動向」上智法学 32 巻 2 = 3 号 22 頁（1989 年）、三浦正人＝熊谷久世「アメリカ合衆国訴訟における訴状の国外への送達」名城法学 41 巻別冊（柏木還暦記念）665 頁（1991 年）に紹介がある。

　　なお、同判決は法人格否認の法理を適用した代表的判決と評される。*See*, Scoles et al., *Conflict of Laws*, 514 (3d ed. 2000).

41)　兼子ほか・前掲注 31) 446 頁〔竹下〕、菊井＝村松・前掲注 32) 1112 頁。なお、付郵便送達一般に関する諸問題については、たとえば、井上繁規「書留郵便に付する送達」三宅省三ほか編『新民事訴訟法大系(1)』291 頁（青林書院、1997 年）、新堂幸司「郵便に付する送達について」太田知行＝荒川重勝編『民事法学の新展開』509 頁（有斐閣、1993 年）、中山幸二「郵便に付する送達制度の問題点」神奈川法学 22 巻 3 号 43 頁（1987 年）などを参照。

42)　なお、シュロッサー（小島編訳）・前掲注 10) 48 頁以下〔森訳〕を参照。

(2) 国内民事訴訟法との関係

このように付郵便送達が民訴条約・送達条約に違反しないとしても、わが国の民事訴訟法の解釈として、渉外民事事件でこの送達を利用することが妨げられないのかが次に問題になる。現行民事訴訟法における外国当事者に対する付郵便送達の適法性について、詳しく論じた文献はまだないようであるが、基本的には旧法下での議論が妥当すると考えられる。実務においては、外国当事者（被告）に対しては付郵便送達をしていないと思われるが、先に見たドイツでの議論からは、わが国の民事訴訟法の解釈としてそのような帰結は必然的とは考えられない。

不適法説の論拠をまとめると、第1に、付郵便送達をするためには補充送達や差置送達ができないことを前提にしているが（現107条、旧172条）、外国当事者には補充・差置送達をなすことができないので形式的要件を欠くこと、第2に、外国における送達に関する108条（旧175条）は、付郵便送達の可能性を予定していないこと、第3に、公示送達では手続保障が尽くされないから、民事訴訟法や送達条約では要件が厳格になされており、付郵便送達を認めるとその趣旨に反することである。不適法説に対しては、すでに紹介したように石黒教授が反論をしておられるが[43]、筆者も第1の点については、外国当事者に対しては106条の補充送達・差置送達をなしえないことから、107条にいう前条によりえない場合と解すればよいとの反論に賛成する。第2の点については、108条は「外国における送達」を定めているのであり、付郵便送達は国内送達であることから、同条が付郵便送達についてふれていないことはむしろ当然であり、外国当事者に付郵便送達をしても同条に反しないと解する。これに対して、外国当事者に対する「郵便による送達」の場合、受送達者に到達することによって送達の効力が生じると解されることから、108条の「外国における送達」の一場合であり、こちらについては司法共助によるべきであろう。第3の外国当事者に対する手続保障の点は、ドイツでの通説が指摘するように外国当事者への訴状の送達に際して裁判所の教示義務を認め、また訴訟行為の追完（97条1項但書き）を用い[44]、さらには擬制自白の制限に関する159条3項但書

---

43)　石黒・前掲注38）83頁。

172　**第Ⅱ部　要件論**

きを類推するべきである。教示義務に関して、民事訴訟規則44条は郵便に付する送達をしたときには、裁判所書記官は、受送達者に対して付郵便送達をなした旨および発送時に送達の効力を生じたものと扱われる旨を通知しなければならないと定める。この規定は受送達者へのノーティスに配慮したものであるが[45]、後述するように、このような事後的な教示では不十分であり、外国の当事者に対しては付郵便送達をなす前に知らせておく必要がある。

2 付郵便送達をなしうる時期

国際的付郵便送達が適法であると解した場合、いつの時点から可能であるのかが問題となる。まず、外国被告に対する「最初の送達」については、住所が判明しているときには、その住所に宛てて司法共助により送達がなされることが必要であり、この場合に付郵便送達をなすことはできないと考える。当事者の住所が判明している場合に最初から擬制送達によることは、外国当事者に対する法的審問の保障の観点からも問題があるからである。ドイツでも、ドイツ民事訴訟法174条、175条の解釈として、外国当事者に付郵便送達をなすには「外国送達に適用されるルール」によりすでに訴状が適式に送達されていることを前提としており、最初の送達について付郵便を認めていないが[46]、これはまさしく同様の発想によるものと考えられる。

次に、「訴訟係属後（Rechtshängigkeit）」に、外国の被告が104条に基づき日本国内に送達場所を届けたときには[47]、この場所に交付送達などを行い、これが不奏功のときにはこの場所に付郵便送達が可能になると解する（107条1項2

---

44) 同条は、公示送達のみならず付郵便送達についても適用される。三宅省三＝塩崎勤＝小林秀之『注解民事訴訟法 II』301頁〔中山幸二〕（青林書院、2000年）。外国当事者に対する付郵便送達についても同様に解すべきである。

45) 参照、最高裁判所事務総局民事局監修『条解民事訴訟規則』95頁（司法協会、1997年）。

46) *Linke*, a.a.O.(Fn. 8), Rdnr. 220 ff.; *Schack*, a.a.O.(Fn. 16), Rdnr. 599. シュロッサー（小島編訳）・前掲注10) 38頁〔森訳〕。

47) 被告ないしその代理人については、送達後に届出義務が生ずるとされる。法務省民事局参事官室編『一問一答新民事訴訟法』110頁（商事法務研究会、1996年）。この点は、ドイツにおける扱いと同じである。送達場所の届出についての議論は、たとえば、梅津和宏「送達場所等の届出」三宅省三ほか編『新民事訴訟法大系(1)』278頁（青林書院、1997年）などを参照。

号[48]。では、外国当事者が送達場所を届け出ないときにはどうか。この場合、内外当事者による区別をすべきでないと考える。すなわち、司法共助により外国当事者に対して訴状が送達され訴訟係属が生じている以上、外国当事者であってもわが国の裁判所と訴訟法律関係を形成しているといえるので、この者にも送達場所の届出義務が生じると考えても差し支えないといえよう。また、104条は外国当事者を排除する旨を明言していない。さらに、アメリカ合衆国や英国との関係では、日米友好通商条約4条、日英通商航海条約7条4号が内国民待遇や差別的待遇の禁止を定めているが、内外当事者ともに送達場所の届出義務を負うのであれば、これに反することもない。

したがって、訴状の送達については司法共助によるべきであるが、それ以降の書類の送達については付郵便送達が可能であると解する。

3 教示義務および判決承認

外国当事者への付郵便送達を適法とした場合、前述のように送達届出義務があることとそれに違反した場合の効果を、最初の送達の際に外国当事者に対して教示する必要があると解する[49]。先に見たように、ドイツでは民事訴訟法174条の法文上このような教示は必要ないとし、連邦通常裁判所も1998年判決で不要とした。しかし、法廷地国の訴訟制度について外国当事者は熟知していないことが考えられることから、外国当事者の法的審問の充実を図るためには、むしろドイツの多数説が説くように事前の教示義務を認めるべきと考える。また、ドイツ民事訴訟法174条と異なり、教示義務を肯定することにつきわが国の民事訴訟法の法文上問題はない。民事訴訟規則44条は、当事者の法的審問の充実から当事者に対して事後的な教示を定めていると解されるが、外国当事者との関係ではその趣旨を拡大すべきである。さらに、教示に際して裁判所はとくに多大な労力を要しないと思われる。

他方、付郵便送達は発送時に送達の効力が生じ、手続を進める擬制送達の一

---

48)　ちなみに、旧法下では義務的送達受取代理人を選任しないときには、この者に対して付郵便送達が可能とされていたが（旧170条2項）、実際には積極的には利用されていなかったとされる。勝野鴻志郎＝上田正俊『民事訴訟関係書類の送達実務の研究』84、152頁（裁判所書記官研修所、改訂版、1986年）。

49)　なお、兼子ほか・前掲注31）436頁〔竹下〕参照。

種であることから、付郵便送達に基づくわが国の判決が外国において承認されるのかという点は、多くの国が外国判決の承認要件の1つとして認めている公序要件や送達要件との関係で微妙な問題が生じうる[50]。ことに、ドイツ連邦通常裁判所の1998年判決のように教示義務を否定した場合には、一層この問題は顕著である。外国当事者に対する付郵便送達をなす場合には、このような事態を想定しなければならない。外国における送達は裁判長または裁判官が嘱託することから（民事訴訟法108条、民事訴訟規則45条）、107条により裁判所書記官が郵便に付する送達をなすときには、日本で下された判決が外国で承認されないこと（その意味では、判決国だけのローカルな解決方法となる）も考慮した上で、裁判長または裁判官の指示を受けるべきである[51]。

　連邦通常裁判所は、本件で上訴期間が徒過した後に書類が実際に到着した場合でも内国送達と同様に扱い、ドイツ民事訴訟法339条2項の適用はないとしているが、仮にわが国でこのような外国判決の承認が求められた場合には、手続的公序に反する可能性が高いと考えられる[52]（ただし、立法論的には疑問が残る）。不承認と解する場合の根拠条文として、118条2号と3号のいずれによるのかは問題がある。つまり、2号の文言は手続開始局面だけをカバーしているので、手続開始時以降の送達については同号ではなく3号の問題とする余地があるからである[53]。しかし、本号は外国訴訟での被告の手続保障を問題にしているといえること、また2号で用いられている判断基準は訴状より後の書類の送達に関しても妥当すると考えられることから、3号ではなく2号が適用されると解する。

---

50)　Vgl. *Geimer*, a.a.O.(Fn. 7), Rdnr. 2119 ff.

51)　参照、兼子ほか・前掲注31）446頁〔竹下〕。

52)　わが国での解釈として付郵便送達に基づく外国判決が承認されないとする見解は、兼子ほか・前掲注31）649頁〔竹下〕、菊井＝村松・前掲注32）1312頁、高桑昭「外国判決の承認・執行」『新・実務民事訴訟講座(7)』140頁（日本評論社、1982年）。また、鈴木正裕＝青山善充編『注釈民事訴訟法(4)』380頁〔高田裕成〕（有斐閣、1997年）も参照。

53)　ドイツにおいては、このような解釈が有力である。*Rosenberg/Schwab/Gottwald*, Zivilprozeßrecht, 15. Aufl. 1993, S. 944; *Schack*, a.a.O.(Fn. 16), Rdnr. 852; *Staudinger/Spellenberg*, Internationales Verfahrensrecht in Ehesachen, 13. Aufl. 1997, §328 ZPO Rdnr. 567.

V 結語

　本節は、渉外民事事件において付郵便送達が可能であるのかという問題について、肯定する結論に達した。すなわち、民訴条約6条、送達条約10条との関係では、同条約は「郵便による送達」を対象としていること、そして「外国における送達」を対象としていることから、「国内送達」である「郵便に付する送達」は適用外であると解されることを明らかにした。また、国内法との関係では、付郵便送達の前提である補充送達・差置送達は外国に居住する当事者に対してはなしえないので、107条にいう前条により送達をなしえない場合と考えられること、108条は外国における送達を規定しているので国内送達である付郵便送達は同条に反しないこと、外国の当事者であっても送達によってわが国の裁判所と訴訟法律関係が形成されることから、送達場所の届出義務に関する104条は外国当事者についても生じると考えられること、外国当事者の手続保障は、訴訟行為の追完に関する97条1項但書きの適用、擬制自白の制限に関する159条3項但書きの類推、さらにドイツでの議論を参考に裁判所による外国当事者への教示義務を充実させるべきことにより不十分とはいえ確保されることから、適法性は肯定されるべきことを主張した。とくに教示義務の充実との関係では、事前に外国にいる当事者に付郵便送達が今後ありうることを知らせる必要があることから、最初の送達では付郵便送達を用いるべきではなく、また民事訴訟規則44条の適用を付郵便送達をなす前の時点にまで広げる必要があることを述べた。また、外国当事者への付郵便送達は、ドイツやアメリカ合衆国での動向と比べても特異なものではない。

　しかし、付郵便送達に基づく判決は、手続的公序との関係から外国において承認されないことがありうるし、わが国の裁判所で同じような送達による判決の承認が求められた場合にも、不承認とすることがありうる。その意味で国際的付郵便送達は、判決国でのローカルな解決しかもたらさない可能性が高いといえる。だが、民事紛争処理の国際的統一の確保が十全に機能していない状況を直視した場合[54]、渉外事件において国内事件と全く同等の手続保障を確保することは、救済を求める側の迅速な権利実現を著しく損なうことになりかねない。もちろん、原告の利益のために外国にいる被告の防御権をないがしろにし

てよいというものではないが、原則として司法共助、そしてきわめて例外的に
公示送達という方法のみによるのではなく、それ以外の方法として、ローカル
な紛争解決でもよいとする原告のニーズに応えるような、手続保障に一定程度
配慮した別の手段を認めてもよいと考えた。

　本節の基本的視点は、渉外事件手続において、原告の権利実現の必要性との
兼ね合いで被告の手続保障を相対化する途を肯定するというものであり、その
ような観点から国際的な送達方法を論じたものである。同じことは外国判決の
承認についても妥当し、公示送達に基づく外国判決を一律に排除する民事訴訟
法118条2号の扱いには疑問が残るところである[55]

初出：法律論叢74巻2＝3号203頁以下（2001年）

---

54)　ハーグ国際私法会議における外国判決の承認に関する条約作成作業については、道垣
　　内正人「ハーグ裁判管轄外国判決条約案の修正作業」ジュリスト1194号72頁（2001年）
　　および引用されている文献を参照。
55)　私見は、118条2号の解釈として、判決国法による送達がなされたこと（条約を締結し
　　ていればもちろん、それに拘束される）と、被告が適時に防御することができたかを軸に
　　考察すべきであると考えている。とくに、後者の適時性の要件は、原告の権利保護との関
　　係で相対的に把握されることから個々の事案に左右されるので、直接郵送に基づく外国判
　　決も承認されることがありえ、また公示送達による外国判決の承認を一律に否定する現行
　　法は行き過ぎであると考えている。本書第Ⅱ部第2章第1節。なお、ドイツでは、公示送
　　達による外国判決も承認されることがあるとの見解が通説・判例であることについては、
　　本書123頁。

第3章　公序——第1節

外国判決の承認と公序
——名誉毀損に関する英国判決のアメリカ合衆国における承認をもとに

I　問題の所在

　マスメディアの影響力は通信・輸送手段の飛躍的進歩とともに増大し、もはや一国の領域にとどまらない。私達は、日本にいながら、外国の雑誌・新聞・書物を購読することはもとより、外国のテレビ番組などを放送送信国である外国と同時に楽しむことができるようになった。また、インターネットの普及により、情報の発信は、もはや限られた者の特権的な手段ではなく個人の誰にでも可能なものとなった。このように現代社会では、情報発信の主体そして情報享受の主体が広がり、また、そこでは国境が取り払われたといっても過言ではない状態にある。しかし、このように活動領域が拡大しても、われわれの社会活動はまぎれもなく国境に画された国内法にとりわけ大きく制約または保護されている。

　言論や表現活動が国際的な広がりを持つようになったのに対し、それに関する法規制が各国で相違している現状からは、外国で適法に出版された雑誌や放送された番組での表現が、国内法上は名誉毀損にあたることがありうる。そのような場合、被害者は救済を求めるためにいずれの国に訴訟を提起すべきか[1]、その際の準拠法選択の理論をどのように構成するのかが問題になる[2]。また、外国において日本のマスメディアなどが名誉毀損で訴えられた判決の承認が、

---

1)　中西康「出版物による名誉毀損事件の国際裁判管轄に関する欧州裁判所 1995 年 3 月 7 日判決について」法学論叢 142 巻 5 = 6 号 181 頁（1998 年）。

わが国の裁判所に求められることもありうる。前二者についてはわが国でも議論があるが、外国で下された名誉毀損に関する判決承認の問題については学説・裁判例では、まだ扱われてはいないようである。他方、アメリカ合衆国では、この問題についてすでにいくつかの判決が下され、それに伴い議論が生じている。これらの事件は、アメリカ合衆国のメディアを被告とした名誉毀損訴訟で、イングランド名誉毀損法を適用して下した損害賠償を命ずる英国判決について、アメリカ合衆国国内での承認執行が問題とされたケースであるが、いずれの事案でも英国判決の承認はアメリカ合衆国憲法修正1条により保障された表現の自由を侵害するとして、公序違反を理由に承認を認めなかった。

それぞれ歴史的に独自の展開を遂げてきたとはいえ、多くの法原則を共有する両国の法制度にあってアメリカ合衆国におけるこのような扱いは衝撃的であり、公序条項が本来的に有する曖昧さや政策的性質を改めて浮き彫りにしたものといえる。本節の目的は、アメリカ合衆国における判例の動向を紹介し、これらの批判的検討を通じて、わが国における判決承認に際しての公序（民事訴訟法118条3号）の視点を検討することにある。

II　アメリカ合衆国における議論

1　はじめに

アメリカ抵触法上、外国判決の承認と他州で下された判決承認とは区別されている[3]。他の州で下された判決の承認については、連邦憲法上の「十分な信頼と信用（full faith and credit）」の下で承認される[4]。これに対して、外国判決については十分な信頼と信用の原則は適用されず、ヒルトン判決以降発展してき

---

2)　国際私法立法研究会「契約、不法行為等の準拠法に関する法律試案（2・完）」民商法雑誌112巻3号140頁（1995年）、出口耕自「国際私法上における名誉毀損」上智法学論集38巻3号125頁（1995年）、道垣内正人『ポイント国際私法各論』235頁（有斐閣、2000年）など。また、アメリカ合衆国における名誉毀損の準拠法選択の理論展開については、砂川恵伸「多数州的名誉毀損の抵触法問題」国際法外交雑誌64巻6号39頁（1966年）、平良「アメリカにおける名誉侵害不法行為の準拠法」法学研究35巻4号1頁（1962年）、出口耕自「アメリカ抵触法における名誉毀損」上智法学論集42巻1号69頁（1998年）などを参照。

3)　貝瀬幸雄「アメリカ合衆国における外国判決の承認」三ケ月章先生古稀祝賀『民事手続法学の革新（上）』481頁（有斐閣、1991年）を参照。

180　第II部　要件論

た礼譲（comity）により承認されてきた[5]。しかし、礼譲理論のもとでは、米国判決を外国で執行しようとしても、相互保証がないなどとして承認を求めた外国で不承認となるケースが少なからず生じたことから、従来の判例理論を法典化し、米国判決の外国での承認を容易にすることを目的として、1962 年にモデル法（Uniform Foreign Country Money Judgments Act：外国金銭判決統一承認法）が制定された[6]。モデル法 4 条(b)(3)では、外国判決の承認が承認州の公序に反するときには承認することを要しないとして、公序違反は裁量的な承認拒否事由として位置づけられている[7]。また、対外関係法第 3 リステイトメント 482 条(2)(d)においても、承認州または合衆国の公序に反するときには承認することを要しないとして、公序違反は裁量的承認拒否事由とされている[8]。一般的に承認拒

---

4) 塚本重頼＝長内了『註解アメリカ憲法』133 頁（酒井書店、全訂新版、1983 年）を参照。

5) 礼譲理論一般について、また、わが国の外国判決承認理論に礼譲理論を組み込む動きに反対する見解を説くのは、石黒一憲「コミティ批判」法曹時報 44 巻 8 号 9 頁（1992 年）。

6) 13 U.L.A. 261‒2 (1986).

7) 【外国金銭判決統一承認法（試訳）】
第 4 条　承認拒否事由
(a)　外国判決は、次の場合には確定しない。
(1)〜(3)　略
(b)　外国判決は、次の場合には承認することを要しない。
(1)、(2)　略
(3)　判決の基礎となる、訴訟原因又は救済を求める権利が、承認を求められた州の公序に反するとき。
(4)〜(6)　略
モデル法については、松岡博「アメリカ外国統一金銭判決承認法」阪大法学 145 ＝ 146号 211 頁（1988 年）、三ツ木正次「外国金銭判決の承認・執行の諸問題」ジュリスト 781号 191 頁（1983 年）に紹介がある。このモデル法は、半数以上の州（法域）で採択されている。Scoles et al., *Conflict of Laws*, 1192 (3d ed. 2000).

8) 【対外関係法第 3 リステイトメント（試訳）】
第 482 条　外国判決の承認拒否事由
(1)　合衆国の裁判所は、次の場合には外国裁判所の判決を承認することはできない。
(a)、(b)　略
(2)　合衆国の裁判所は、次の場合には外国裁判所の判決を承認することを要しない。
(a)〜(c)　略
(d)　判決の基礎となった訴訟原因又は判決そのものが、合衆国又は承認が求められている州の公序に反するとき。
(e)、(f)　略
同リステイトメントについては、アメリカ対外関係法リステイトメント研究会（訳）「アメリカ対外関係法第 3 リステイトメント(14)」国際法外交雑誌 91 巻 1 号 89 頁（1992 年）を参照。

否事由としての公序については、「公序はおそらく最も多く主張されているが、厳密に分析をすると、最も認められることが少ない。公序だけを理由として承認を拒否しているケースは、ほとんどない」[9] などとして、例外性が強調されており、判決国の実体法や訴訟法が承認を求められた州と異なるにすぎないときには、裁判所は公序の抗弁を認めていないとされる[10]。リステイトメントのコメント(f)でも、良識（decency）や正義に関する基本的概念に反する請求に基づく判決は承認されないとしているが、判決国のある特定の請求が承認国で認められていないことが必然的に公序違反をもたらすものではないとされている[11]。なお、リステイトメントは、承認州または合衆国の公序に反しないことを要求しているのに対し、モデル法は、合衆国の公序についてはとくに触れていない。対外関係法第3リステイトメントは、承認州の公序と合衆国の公序が異なりうることを前提にしていることになるが、実際には両者が異なる事態は稀であろう[12]。

この公序との関係で問題になったのが、表現の自由に関する合衆国憲法修正1条である。すなわち、同条によって保護されている基準に満たない名誉毀損に関する外国法が適用された外国判決を承認することが、公序に反するか否かが問題になる。そこで、名誉毀損に関するアメリカ合衆国の法状況を知る必要が出てくるが、この点については、表現の自由との関係でわが国においても、すでに数多くの論稿によって紹介がなされており[13]、それらの議論に踏み込む

---

9) Arther T. von Mehrren and Trautman, *Recognition of Foreign Adjudications: A Survey and a Suggested Approach*, 81 Harv. L. Rev. 1601, 1670 (1968).
　モデル法においても、公序を理由とする承認拒絶は稀であるとされる。*See*, Weintraub, *How Substantial is Our Need for a Judgments-Recognition Convention and What Should We Bargain Away to Get It ?*, 24 Brook. J. Int'l L. 167, 174 (1998).

10) Joiner, *The Recognition of Foreign Country Money Judgments by American Courts*, 34 Am. J. Comp. L (Supp.), 193, 210 (1986). *See also*, Peterson, *Foreign Country Judgments and The Second Restatement of Conflict of Laws*, 72 Colum. L. Rev. 220, 253 (1972); Robert B. von Mehren and Patterson, *Recognition and Enforcement of Foreign-Country Judgments in the United States*, 6 Law & Pol'y Int'l Bus. 37, 61 (1974); Brand, *Enforcement of Foreign Money-Judgments in the United States: In Search of Uniformity and International Acceptance,* 67 Notre Dame L. Rev. 253, 275 (1991).

11) Restatement (Third) of Foreign Relations Law § 482 Comment f (1987).

12) Ebke and Parker, *Foreign Country Money-Judgments and Arbitral Awards and the Restatement (Third) of the Foreign Relations Law of the United States: A Conventional Approach*, 24 Int'l Law. 21, 42 (1990).

ことは本節の目的とするところではない。詳細は先行業績に譲ることにし、本節では、以下に紹介する裁判例を理解する上で必要と考えられる限りで、松井教授の要約を引用するにとどめておきたい。すなわち、「『公職者』及び『公的人物』からなる『公人』の名誉毀損については、New York Times 判決の法理が適用され、原告は、表現が虚偽であること、被告が『現実的悪意』をもって表現を行ったことを証明しなければならない。ここでいう『現実的悪意』とは、表現が虚偽であることを知っていたか、あるいは虚偽の蓋然性が高いにもかかわらず漫然と注意を怠ったことを意味する。……これに対し、原告が『私人』の場合、Gertz 判決の法理が適用され、無過失責任だけは憲法的に排除される。……多くの州では『通常過失』（negligence）があれば責任を負うとされている。また『現実的悪意』の証明がない限りは、州は、『現実的悪意』を越えて損害賠償を命じることは許されない。そしてこの場合にも、原告は、表現が虚偽であることを証明することが必要」とされている[14]。この基準に照らして、イングランド法ないしイングランド法を母法とする外国法が、アメリカ合衆国の裁判所で適用されるに際してどのように評価されるのかが問題となる。

　以下では、まず、アメリカ合衆国の裁判所が、判決国として名誉毀損に関するイングランド法ないしイングランド法を母法とする外国法を適用するに際して、公序の適用が問題となり外国法の適用を排除した例を紹介し、その後で外国の名誉毀損法を適用した判決の承認に際して公序を適用し、不承認とした例を見ていくことにする。なお、以下で紹介する裁判所の判断は、適宜筆者が要約したものである。

---

13)　たとえば、河原畯一郎「英米法における名誉毀損」法律時報 29 巻 6 号 23 頁（1957 年）、塚本重頼『英米法における名誉毀損の研究』（中央大学出版部、1988 年）、堀部政男「名誉・プライバシー問題の現段階」ジュリスト 653 号 35 頁（1977 年）、松井茂記「New York Times 判決の法理の再検討」民商法雑誌 115 巻 2 号 1 頁（1996 年）、三島宗彦『人格権の保護』122 頁（有斐閣、1965 年）などを参照。
14)　松井茂記「名誉毀損と表現の自由」山田卓生編集代表『新現代損害賠償法講座(2)』97 頁（日本評論社、1998 年）。

2 外国名誉毀損法の適用に際して公序が問題となった判例[15]

(1) DeRobort v. Gannett Co., Inc.[16]

本件は、アメリカ合衆国憲法修正 1 条を渉外事案に適用した、最初の事例とされる[17]。

【事案】

グアムで発行されていた日刊紙パシフィック・デイリー・ニュースの 1978 年 5 月 30 日付の記事で、当時のナウル共和国大統領をめぐる融資について虚偽の内容が掲載されたとして、大統領は、日刊紙を発行した出版社（ハワイ州法人、本拠地はグアム）とその親会社（デラウェア州法人、本拠地はニュー・ヨーク）を相手に、ハワイ地区連邦地方裁判所に損害賠償を求めて訴訟を提起した。原告は、ナウル国の名誉毀損法に基づく請求原因とアメリカ合衆国の名誉毀損法に関する諸原則（American principles of libel law）に基づく請求原因とを主張した。これに対して被告は、前者について、ナウル法の適用はアメリカ合衆国憲法に反すると主張し、また残りの部分についてはサマリー・ジャッジメントを求めた（被告は、準拠法については発行地であるグアム法ないしハワイ州法の適用を主張）。

【裁判所の判断】

ハワイ地区連邦地方裁判所は、およそ次のように述べて被告の申立をいずれも退けた。

準拠法選択に際してまず考慮されるべきことは法廷地のポリシーであるところ、公人に対する批判が合衆国憲法修正 1 条による保護を受けることは、法廷

---

15) 本文で紹介する事件の他に、アメリカ合衆国の裁判所がイングランド名誉毀損法の適用を否定したケースとして次の事件がある。原告は、かつてヨルダン軍の将校であったが、被告が出版した書物によってイスラエル諜報機関への情報提供者、パレスチナ解放機構への関与、さらには民間航空機爆破の謀議に加わったなどと告発された。その結果、原告は英国への政治的庇護を求めざるをえなくなった。そこで、原告は被告を相手にアメリカ合衆国で名誉毀損訴訟を提起したが、ニュー・ヨーク地区連邦地方裁判所は、イングランド法を根拠とする請求部分に関して、イングランド名誉毀損法に基づく立証は合衆国憲法修正 1 条が被告に認めた保護と真っ向から対立する（antithetical）として、当該請求を退けた。そして、かりに被告が英国の国際裁判管轄に服するとしても、英国裁判所によって下される名誉毀損に関する判決は、アメリカ合衆国では執行されないであろうと述べている。Abdullah v. Sheridan Square Press, Inc., 154 F.R.D. 591, 593 (S.D.N.Y. 1994).

16) DeRoburt v. Gannett Co., Inc., 83 F.R.D. 574 (1979).

17) Sanders, *Extraterritorial Application of the First Amendment to Defamation Claims against American Media*, 19 N. C. J. Int'l L.& Com. Reg., 515, 523(1994).

地であるハワイ州およびグアムのポリシーである。そこで、ニュー・ヨーク・タイムズ対サリバン事件に照らし、公人が提起する名誉毀損訴訟では現実的悪意の基準により、原告は、被告が事実に反することを知りながら、または不注意により知らなかったことを証明しなければならないが、ナウル法が継受したイングランド名誉毀損法は、そのようなセーフガードを有しない。しかし、この相違以外は、ハワイ、グアムおよびナウルの名誉毀損法の基礎をなすポリシーに矛盾はない。それぞれの州ないし国の名誉毀損法は市民の名声を保護することに一般的に関与しているので、ニュー・ヨーク・タイムズ事件およびその後の事件による修正1条のセーフガードとともにナウル名誉毀損法を適用することは、法廷地のポリシーを満足する形で調和させるであろう。

　裁判所はこのように述べて、ナウル法は適用されないとした被告の主張を退けた。しかし、ナウル法を合衆国憲法修正1条によって修正した上で適用していることから、実質的にはナウル法を排除しているに等しいといえる。

⑵　Desai v. Hersh[18]
【事案】
　被告は、米国の政治家に関する書物を出版したが、その叙述の一部に、インド国籍の著名な政治家であった原告がインド政府の高官をしていたときに、国家機密をアメリカ中央情報局に漏洩し、1969年に首相によってポストを解任されたと書いていた。原告は、これらの記述は虚偽であり、名誉毀損にあたるとして、アメリカ法（American law）に基づく損害の回復を求めるとともに、同書がインドでも出版されていたことから、その分についてインド法に基づく訴えをイリノイ地区連邦地方裁判所に起こした。被告は、アメリカ法（American law）上は、公人が過失による名誉毀損訴訟を提起することは憲法上許されないと主張するとともに、本件では原告は公人であるが、インド法は原告に被告の現実の悪意の証明を求めていないことから、インド法の適用は合衆国憲法修正1条に反するので、適用されないと主張した。

18）　Desai v. Hersh, 719 F.Supp. 670 (N.D. Ill. 1989).

【裁判所の判断】

　イリノイ地区連邦地方裁判所は、およそ次のように述べて、インド法の適用を排除した。

　イングランド法を基礎にしているインド名誉毀損法では、原告は、名誉を毀損する表現が虚偽であること、被告に帰責性があること、また原告の名声に対する損害を証明する必要はなく、これらはすべて推定されるので、インドでは意見の表明は保護されていない。したがって、インドの名誉毀損法は、名誉毀損に関するアメリカ合衆国のコモン・ローによって積み重ねられてきた合衆国憲法修正１条による保護を有しないことは明白である。そして、域外活動に対して修正１条を適用することができるのか否かは不明確であるが、指針となる報告された裁判例として、DeRoburt 事件がある（その他の合衆国裁判所が外国の名誉毀損法を適用した報告事例は、すべてニュー・ヨーク・タイムズ事件以前のものである）。DeRoburt 事件では、ニュー・ヨーク・タイムズ事件で表明された修正１条に基づくセーフガードにより、修正を受けたナウル名誉毀損法を適用することは、「法廷地の関係するポリシーに満足いく調和をもたらす」としたが、DeRoburt 事件においては、修正１条のセーフガードから生ずる広範な外国法の変更により、修正１条が外国法を飲み込み、機能的にはアメリカ名誉毀損法と同じものが適用されたことになる。

　アメリカ合衆国域外での出版に基づきアメリカ人に対する訴訟が提起されたときのアプローチとしては、アメリカ人によるすべての域外出版について修正１条を適用するのか、それとも全く適用しないことがありうる。まず、前者については、名声の価値はそれぞれの社会によって異なり、外国国家の法廷によってその利益は保護されうるので、すべての域外出版について修正１条を適用すべきではないし、また、後者についても、修正１条とは大きく異なるインドや外国の名誉毀損法を適用することは、重大な萎縮効果（a tremendous chilling effect）をもたらしかねないので、修正１条をオール・オア・ナッシングに適用するのではなく中間の方法を採るべきである。そこで、外国で公にされた言論が合衆国での公的関心事項に関する場合にのみ、修正１条による保護は国境を越えるべきである。この原則は、外国の名誉毀損法を適用することから生じうる萎縮効果を減少させるので、外国で直接出版しなかった作家または出版社は、

ニュー・ヨーク・タイムズ事件での保護に頼ることができる。本件原告は公人であるので現実的悪意の基準が適用され、修正1条は外国での出版に適用される。

(3) Ellis v. Time Inc.[19]

【事案】

雑誌タイムは1993年6月21日付の紙面で児童売春の写真を掲載したが、これにはロシアのフリー・カメラマンが撮った児童売春を斡旋するロシア人の写真が含まれていた。これらの写真が公表された当時、原告はロイター通信社モスクワ支局のチーフ・カメラマンだったが、公表後数日経って、報道写真家協会（National Press Photographiers Association）のコンピューター・オンラインサービスにその写真は捏造であるとのメッセージを載せた。1993年7月2日に原告らは売春斡旋業者に会い、報酬と引き替えに写真はやらせであったと告白するように頼んだが、この業者は会話をテープに録音し、そのやりとりが同年8月16日付のタイム紙に掲載され、その際、編集長である被告は原告の手法を紙上で批判した。これに対して原告は、被告の言動は名誉毀損にあたるとしてコロンビア特別区連邦地方裁判所に訴えを提起した。

【裁判所の判断】

裁判所は、およそ次のように述べて、イングランド法の適用を排除した。

アメリカ名誉毀損法と異なり、イングランド法は表現が真実であることの証明責任を被告に負わせている。さらに、イングランド名誉毀損法は、名誉毀損訴訟の被告が悪意に基づいて行動したことの証明を原告に求めていない。当裁判所は、イングランドでの名誉毀損の基準を本件に適用することは修正1条が保護する言論の自由を侵害することになると考える。思想の自由なやりとりを確保するためには、名誉毀損訴訟の原告が、問題の発言が誤りであることを証明する責任を負わなければならない。損害を回復する前に、虚偽および帰責性を証明する責任を原告が負うのは、憲法上の要請である。

アメリカ合衆国の裁判所は、合衆国憲法と合致しない外国名誉毀損法の適用

---

19) Ellis v. Time Inc., 26 Media L. Rep .1225 (D.D.C. Nov. 18, 1997).

を否定し、または外国名誉毀損判決の承認を拒否してきた。Matusevitch 事件（本節で後述する）で裁判所は、アメリカ合衆国の法（the laws of the United States）と異なる外国名誉毀損判決の承認および執行は公序に反するとしたし、また Desai 事件で裁判所は、修正 1 条と対立するインド名誉毀損法または他の名誉毀損法の適用は途方もない萎縮効果をもたらすとしている。アメリカ合衆国の裁判所は、合衆国憲法に合致する法を適用しなければならない。国際礼譲の原則によっても、これと異なることはない。外国国家の法を承認するのは、合衆国の義務ではなく、その選択に基づく。アメリカ合衆国の公序に反したり、アメリカ合衆国の利益を害するときには、アメリカ合衆国は外国法を適用してはならない。したがって、当裁判所は、イングランド法を適用しない。

3　外国名誉毀損判決の承認に際して公序が問題となった判例[20]

(1)　Bachchan v. India Abroad Publications Inc.[21]

【事案】

　本件は、インド国籍の原告がニュー・ヨークの通信社を相手に英国高等法院で起こした名誉毀損訴訟に関する判決の承認が、ニュー・ヨーク州裁判所に求められたケースである。

　1990 年 1 月 31 日に被告は、スイス当局がスウェーデンの軍需企業から原告に手数料が支払われたとされる原告の口座を凍結したとの、スウェーデン日刊紙のレポートを配信した。この記事はロンドンの記者によって書かれ、被告によってインドの通信社に送信され、さらにインドの新聞に掲載された。そして、その新聞は英国でも頒布された。被告たるニュー・ヨークの通信社はインドの

20）　なお、名誉毀損に基づく救済を命ずる外国判決の承認が問題となった事例ではないが、外国判決の承認が合衆国修正 1 条との関係で問題になった最近のケースとしてヤフー事件がある。この事件では、ヤフーのオークションサイトでナチスに関係する物品（約 1000 点）の購入等ができることについて、ナチスのプロパガンダの展示や関係品の購入などを禁じているフランス刑法に反するとして、フランスの裁判所がヤフーに、フランス人がナチス関連品のオークションサイトにアクセスできないよう措置を講じることなどを命じ、その裁判の承認がアメリカ合衆国で問題となった。カリフォルニア地区連邦地方裁判所は、フランス判決の承認は合衆国修正 1 条で保護された表現の自由を侵害するとして、承認を拒否した。Yahoo!, Inc. v. La ligue contre le recisme et l'antisemitisme, 2001 U.S.Dist. Lexis 18378 (N.D.Cal. Nov. 7, 2001).

21）　Bachchan v. India Abroad Publications Inc., 585 N.Y.S.2d 661 (Sup.Ct. 1992).

188　第 II 部　要件論

通信社にレポートを配信したにすぎなかった。しかし、その記事はまた、被告が発行するニュー・ヨークの新聞にも掲載された。同紙は、英国に所在する被告の子会社によって印刷され、同地で頒布された。原告は、以前からインド内外の様々な出版物でスキャンダルが取り沙汰されていた。被告は、1990 年 2 月 3 日に、原告の話として、そのような口座を有していないし、原告やその家族は当該スウェーデン企業とは関係がないとの内容の記事を配信した。

そこで原告はロンドンの高等法院に、スウェーデン新聞社および被告を相手に訴訟を提起した。その後、原告はスウェーデンの新聞社とは和解し、同社は金銭の支払いと謝罪文の掲載をすることになった。これに対して原告は被告とは和解をせず、裁判所は 4 万ポンドの支払いを被告に命じた。原告は、ニュー・ヨーク州の裁判所に、同判決の執行を求めた。被告は、判決の承認は公序に反するとして、承認に反対した。

【裁判所の判断】

ニュー・ヨーク州高位裁判所（Supreme Court）は、文書による名誉毀損の訴訟に対する憲法上の制限を判断した事件は多数あるが、ニュー・ヨーク州の裁判所が、外国判決の執行を阻止するために、憲法上の制限を適用することを求められたのは初めてであるとした上で、およそ次のように判断して、判決の承認を認めなかった。

イングランド法上、人の評判ないし人が有する尊厳に有害な影響を与える、公にされたいかなる表現も一応は（prima facie）名誉毀損にあたる。原告が負う唯一の負担は、言葉が被告によって表示され、名誉を毀損する意味が生じていることを証明するだけである。本件のように事実の表明が関係しているときには、その表明は虚偽であると推定され、被告は陪審に対して真実であることを示さなければならない。正当化の抗弁に失敗すると、加重的損害賠償を命ぜられることがありうる。また、イングランド法上は、私人と公人の区別をしておらず、また、名誉毀損の反真実性または被告側の帰責性を証明することは要求されていない。さらに、原告は、被告であるメディアが、伝達するための適切なジャーナリストとしての基準を故意または過失によって無視したことを証明する必要がない。被告は、真実性の証明責任を負うだけでなく、1952 年名誉毀損法 7 条 3 項で規定された新聞社および放送会社に認められた特権に該当す

第 3 章　公序　第 1 節　外国判決の承認と公序　189

ることをも証明しなければならない。

　被告の主張によると、イングランド名誉毀損法はアメリカ合衆国憲法で要求されている基準にみたない。なぜなら、原告は、元首相の友人であり、また映画スターの兄弟かつマネージャー、そして元国会議員であるから、公人に該当するからであると説く。ニュー・ヨーク・タイムズ対サリバン事件（New York Times Co. v. Sullivan, 376 U.S. 254（1964））で合衆国連邦最高裁は、名誉毀損による損害の回復のためには、原告は、被告が現実の悪意（actual malice）をもって名誉毀損にあたる表現を公表したことを、明白かつ説得的に証明しなければならないと判断した。証明責任は、被告であるメディアを訴えた公人が負う（Curtis Publishing Co. v. Butts, 388 U.S. 130 (1967)）。しかし、原告が公人であるのかを判断することは本件では不要かつ不適切である。その代わり、英国裁判所の手続は、公的関心に関する印刷物の出版に対して私人が提起した訴訟に関する合衆国連邦最高裁の判断と比較されることが憲法上要請される。Gertz 事件で連邦最高裁は（Gertz v. Robert Welch, Inc., 418 U.S. 323（1974））、私人は、被告であるメディアに帰責性（fault）があることを証明しないと名誉毀損による損害を回復することはできないとした。

　被告による公表が公的関心事項に関することは明白である。公的関心に関する言論を公表する被告メディアに真実性の証明責任を負わせるのは、メディア側が責任追及をおそれてそのような言論を思いとどまらせることになるので、憲法に反すると判断されてきた（フィラデルフィア事件連邦最高裁判決。Philadelphia Newspapers, Inc., v. Hepps, 475 U.S. 767）。この萎縮効果は、メディアに真実性の証明責任を負わせて獲得された外国判決の承認をアメリカ合衆国で執行することから生ずる場合と、相違はない。したがって、英国高等法院において表現が虚偽であることの証明を原告に負わせなかったことから、ニュー・ヨーク州では当該判決は執行不能になる。上述のように、英国裁判所は、被告である出版社に帰責性があることの証明を原告に要求していない。

　たしかに英国とアメリカ合衆国は、多くのコモン・ロー上の法原則を共有している。しかし、英国には合衆国憲法の修正１条に相当するものがない点で、２つの法域には重大な相違がある。当該修正条項に体現された言論および出版に対する自由の保障は、英国では適切とされるものの合衆国憲法で出版に付与

された保護にとっては全く正反対の基準に従って認容された外国名誉毀損判決をアメリカ合衆国国内で登録することによって、著しく危険にさらされることになろう。

⑵ Matusevitch v. Telnikoff（Telnikoff 事件①）[22]

【事案】

　判決承認が求められた当時、メリーランド州市民であった Matusevitch は、1936 年にユダヤ系ベラルーシ人の両親のもとにニュー・ヨークで生まれ、1940 年から 1968 年にノルウェーに政治亡命するまでロシアで過ごした。そして 1969 年から 1992 年まで、旧東側諸国の市民に向けたアメリカ系ラジオ局のジャーナリストとしていくつかの国で働き、現在は、コロンビア特別区にある本社で働いている。英国国民である Telnikoff は、レニングラードに 1937 年に生まれ、1971 年にイスラエルに移住するまでその地にいた。その後、フリーライターや BBC のキャスターを経て、1983 年に Matusevitch と同じラジオ局のミュンヘン支局にジャーナリストとして勤務した（事件発生当時は、両者ともに英国に在住していた）。

　1984 年 2 月 13 日に、ロンドンで発行されているデイリー・テレグラフ紙に Telnikoff は寄稿し、BBC 放送は他の東欧諸国向けの番組スタッフについてはほとんどその国の出身者で占めているのに対して、ロシア向けのサーヴィスではロシア語を話すソヴィエト時代のマイノリティーを雇い入れているとコメントした。これに対して、同年 2 月 18 日付のデイリー・テレグラフ紙に Matusevitch が寄稿し、Telnikoff の主張によればロシアからの新しい移住者のマジョリティーはロシアで育ち、教育を受け、働いてきた人であり、その者が単一の文化を形成するとし、また BBC のロシア向けサーヴィスのスタッフについて専門的な資質をテストすることから血液テストに切り替えるべきであると主張するが、このような民族主義者の主張は英国のメディアでは受け入れられないと述べた。その後、Matusevitch はこの件について Telnikoff からの謝罪要求を拒否したので、Telnikoff は Matusevitch を相手に英国高等法院で名誉毀

22）　Matusevitch v. Telnikoff, 877 F.Supp. 1 (D.D.C. 1995). 事実関係は、Telnikoff v. Matusevitch, 702 A.2d 230, 230–6 (Md. 1997) に基づく。

第 3 章　公序　第 1 節　外国判決の承認と公序　191

損訴訟を提起した。高等法院、控訴院ともに Matusevitch が勝訴したが、貴族院で破棄差し戻しとなり、差戻審で Telnikoff は勝訴し 24 万ポンドの賠償を命ずる判決を得た[23]。

これに対して、Matusevitch はメリーランド地区連邦地方裁判所に、英国判決は合衆国憲法やメリーランドのコモン・ローおよび公序に反するとの宣言的判決を求めた。Telnikoff もこれに対抗して反訴を提起し、英国判決のメリーランド州での執行を求めた。その後、両当事者の訴訟上の合意に基づき、事件はコロンビア特別区連邦地方裁判所に移送された。

【裁判所の判断】

コロンビア特別区連邦地方裁判所は、およそ次のように述べて、英国名誉毀損判決の執行を排除する Matusevitch の申立を認容した。

メリーランド州法は、外国判決が基礎にした請求原因が当州の公序に反するときには、その外国判決は承認されないと規定している。判例法が示すところによると、合衆国の裁判所は、公序に反する請求原因に基づく外国判決の承認を拒否してきた。礼譲理論を考慮しても、合衆国連邦最高裁判所は、承認がわれわれの法秩序を破壊する方向に直接作用するときや、われわれ市民の権利とみなされるものを破壊するときには、礼譲は承認を要求しないし、むしろ承認を禁ずると判断してきた（Hilton 判決）。最近のケースは、裁判所は公序違反を理由に英国名誉毀損判決の承認を拒否した。本件では、アメリカ合衆国の名誉毀損に関する基準に反する名誉毀損の基準は、メリーランド州および合衆国の公序に反することになろう。したがって、当裁判所は、承認を拒絶する。

(3)　Telnikoff v. Matusevitch（Telnikoff 事件②）[24]

【事案】

Telnikoff 事件（①）について Telnikoff から上訴が提起され、事件はコロンビア特別区連邦控訴裁判所に係属した。連邦控訴裁判所は、法律問題意見確認に

---

23)　早稲田大学英米法判例研究会「名誉毀損訴訟に対する『公正な論評』の抗弁における『公正さ』の判断基準」比較法学 28 巻 1 号 225 頁（1994 年）に、英国訴訟での経緯が詳しく報告されている。

24)　Telnikoff v. Matusevitch, 702 A.2d 230 (Md. 1997).

関する統一法（Uniform Certification of Questions of Law Act）に基づき、メリーランド州最高裁判所に対して次の法律問題について確認を求めた。すなわち、「Telnikoff 事件の外国判決の承認はメリーランド州の公序に反するか」。

【裁判所の判断】

メリーランド州最高裁判所の多数意見は、およそ次のように述べて、本件の英国名誉毀損判決の承認は公序に反すると判断した。

外国判決の承認は礼譲理論に基づいてなされる。しかし、裁判所は、法廷地の公序に反する外国判決の承認および執行を拒否する。外国判決承認に対する公序に基づく例外的不承認の根拠については、レイカー航空事件判決でコロンビア特別区連邦控訴裁判所が述べている。すなわち、「礼譲の適用には限界がある。外国の行為が礼譲の基本をなすポリシーと本質的に合致しないときに、国内で承認を認めることは異常な事柄に根拠を与え、または報復を助長し、礼譲がもたらす目標の実現はそがれてしまう。国内法廷地の利益を根本から害する外国の利益を絶えず承認する義務を負う国家はない。したがって、古くから先例は、外国の行為が法廷地の公序を著しく侵害するときには、礼譲の義務は消滅することを承認してきた」。公序に基づく例外的不承認をも含めた礼譲を基本にした原則は、メリーランド州外国金銭判決統一承認法において法典化された。

われわれに呈示された問題は、Telnikoff 事件の英国判決が出版の自由に関するメリーランドの公序に反する原則に基づいていることから、判決承認が拒否されるべきか否かという点である。

名誉毀損に関する英国の基準と現在のメリーランド州における基準との対立は顕著である。英国の名誉毀損訴訟は、コモン・ローの初期から変わらない原則に支配されている。つまり、イングランド名誉毀損法では、原告が被告の過失を証明する必要はない。さらに、名誉を毀損する言動が真実であることを被告が証明しないときには、言動が虚偽であると推定される。イングランド法では表現が事実に関することが推定され、被告の側で公正な論評（fair comment）であることについて証明責任を負う。したがって、現在のメリーランド名誉毀損法は、イングランド名誉毀損法と重要な点で全く相違している。それゆえ、Telnikoff 事件で適用されたイングランド法上名誉毀損訴訟を支配する原則は、

第 3 章　公序　第 1 節　外国判決の承認と公序　193

メリーランド名誉毀損法およびメリーランド法上基礎をなす出版の自由に関するポリシーに反するので、Telnikoff 判決の承認は礼譲原則に基づき拒否されるべきである。

　以上が多数意見であるが、この問題について、およそ次のような内容の反対意見が表明されている[25]。すなわち、「完全に英国国内の名誉毀損事件に対して、名誉毀損に関するアメリカ合衆国憲法の条項を適用しなくても、何が適切で公正なのかということに関する基本概念を侵害しないと考えられるし、また法の執行に対する公的な信任を害さない。多数意見は、グローバルな公序についての分析を殆どまたは全くせず、メリーランドの名誉毀損法を他の世界に適用させようとし、それによって外国名誉毀損判決の敗訴者に安全な場所を提供している」。このように、本件の事案は非アメリカ在住者間の英国新聞での紛争に関するケースであるから、メリーランド州の公序によって英国の名誉毀損判決の承認は排除されることはないと反対意見を述べている。

　その後、このメリーランド州最高裁の判断に基づき、コロンビア特別区連邦控訴裁判所は、Matusevitch の申立を認め、原審の判断を維持した[26]。

4　判例に対する反応

(1)　Bachchan 事件について[27]

　この判決については、好意的な意見が比較的多いように思われる。たとえば、あるコメントは、イングランド名誉毀損法では言論の自由を適切に保護することができないとして、本判決が英国判決を承認しなかったことは適切であるとしている[28]。その理由として、第 1 に、証明責任の所在が英米で異なることを挙げている。つまり、アメリカ合衆国では原告が虚偽であることを証明しなけ

---

25)　702 A. 2d at 251-60. *See also*, Reynolds, *Tributes to Judge Howard Chasanow,* 59 Md. L. Rev. 719, 723 (2000).

26)　Matusevitch v. Telnikoff, 1998 U.S.App.Lexis 10628 (D.C.Cir. May 5, 1998).

27)　Lowenfeld, *Nationalizing International Law: Essay in Honor of Louis Henkin*, 36 Colum. J. Transnat'l L.121, 131(1997) では、本件は上訴審係属中に和解がなされたため、単独裁判官の意見だけが掲載されたが、ニュー・ヨーク州最高裁（New York Court of Appeals）で審理がされたならば、異なる結論が生じえたと述べる。

194　第II部　要件論

ればならないのに対して、英国では、被告が真実であることの証明責任を負うこと、第2に、アメリカ合衆国では公人または公的関心に関しては高い基準が設けられメディアの保護が一層図られているが、イングランド法はそのような区別を認めていないし、また私人に関しても英国よりもアメリカ合衆国の方が保護に厚いこと、第3に、言論の自由はアメリカ合衆国では合衆国憲法で保護されているのに対して、英国では時代錯誤的なコモン・ローの基準（anachronistic common law standards）に頼らざるを得ないこと、を挙げている。これらの理由により、英国判決を不承認としたことについては理由があるとする。しかし、また、名誉毀損に関する英国判決をカテゴリカルに不承認とすることは、国際的な反発を招き、外国判決承認に関する礼譲原則を危ういものにしかねないことから、修正1条と礼譲原則のバランスを図るために個別事案ごとの判断（case-by-case analysis）が必要であるとする。

また別のコメントは[29]、本判決に賛成して次のように述べる。本件の被告は、英国やインドと並んでアメリカ合衆国でも問題の本を出版したニュー・ヨークの出版社であるから、アメリカ合衆国は本判決に対して利害を有するとし、この場合に英国判決の承認を認めると、論争的なスピーチを将来的に出版することを思いとどまらせることになるが、このことは、まさに修正1条の根底を成す目的の1つを破壊するものである、と。

さらに、本判決は好ましいものであるとし、国際的な情報市場が拡大するにつれてアメリカ合衆国のメディアを保護する法的基礎を築いたと評する意見もある[30]。しかし、この見解は同時にアメリカ合衆国の修正1条に関するアプローチはすべての状況についてベストであるとはいえないとし、他の社会は異なる歴史を有するので異なるアプローチをとりうることから、裁判所は即座に承認を拒否するのではなく、事案ごとに注意深く検討すべきであると述べる。

このように本判決には好意的見解があるが、疑問を呈する見解も表明されて

---

28) Walters, *Bachchan v. India Abroad Publications Inc.: The Clash between Protection of Free Speech in the United States and Great Britain*, 16 Fordham Int'l L. J. 895, 930–2, 934–5 (1993).

29) Hudleston, *Preserving Free Speech in a Global Courtroom: The Proposed Hague Convention and the First Amendment*, 10 Minn. J. Global Trade, 403, 430 (2001).

30) Maltby, *Juggling Comity and Self-government: The Enforcement of Foreign Libel Judgments in U.S. Courts*, 94 Colum. L. Rev. 1978, 1995, 2023–4 (1994).

いる。たとえば、Zekoll[31] は、ある外国判決が言論の自由を保護するのに適切であるとアメリカ合衆国の裁判所が認めてきた基準から逸脱すると、ただちにその外国判決は承認されないとする裁判所のメッセージには賛同できない、として本判決を批判する。

また、Bachchan 事件の裁判所は英国判決を執行すると修正 1 条を侵害すると述べているが、典型的な外国名誉毀損判決をアメリカ合衆国の裁判所が執行したとしてもアメリカ合衆国市民の言論の自由に萎縮効果を与えるかどうかは疑わしいとする意見も表明されている[32]。すなわち、本件の被告は、アメリカ合衆国以外の国からの記事をアメリカ合衆国域外にあるニュース機関に転送したのであり、その記事はアメリカ合衆国以外で公表され、名誉を毀損された当事者はアメリカ合衆国領域外にいることから、このような場合にはアメリカ合衆国国内で公表されたケースとは区別すべきであるとする。

さらに、別の論者は[33]、ニュー・ヨークの出版社に対する名誉毀損に基づく外国判決は修正 1 条と関係があるとした点では正当であるが、そのような関係から判決の執行を拒否することに行き着くかは疑問があるとする。そして、たとえばニュー・ヨーク市民を誹謗したニュー・ヨークの雑誌が英国で頒布され、そこで訴訟が提起されたときに、アメリカ合衆国の名誉毀損に関する法を適用しないときにはニュー・ヨークは礼譲を否定すべきであるが、本件ではインドで公表されたのであり、これには該当しないので不承認とする根拠に乏しいとする。

(2)　Telnikoff 事件について

本判決については批判的な見解が注目される。

Teitz は[34]、およそ次のように述べて、Telnikoff 判決を批判する。彼によると、同判決は傲慢にも（arrogantly）、「アメリカ合衆国はアメリカ人に、以前英国の

---

31)　Zekoll, *The Role and Status of American Law in the Hague Judgments Convention Project*, 61 Alb. L. Rev. 1283, 1305-6 (1998).

32)　Stern, *Foreign judgments and the Freedom of Speech: Look Who's Talking*, 60 Brook. L. Rev. 999, 1034 (1994). なお、*id.*, at 1035 では "The error of Bachchan is an error of authority, or rather, a collection of errors" と酷評する。

33)　Reese, *Conflict of Laws*, 44 Syracuse L. Rev. 167, 181 (1993).

34)　Teitz, *Transnational Litigation*, 272 (1996).

植民地であったときに付与されたルールよりも進んだ権利を与えるために、憲法および権利章典を採択した。その結果、名誉毀損に適用される法は、アメリカ人が獲得するために激しく闘った権利である、出版および言論の自由を促進するための目標を取り囲むように構成されている。大英帝国は憲法を有しないので、イングランド法は、書面または口頭による表現に対する保護はより低いように思われる」が、このような考えは 1962 年外国金銭判決統一承認法を採択した趣旨を根本から覆すものであるし、訴訟がアメリカ合衆国以外で提起されたときでも、アメリカ法以外の実質法（民法や商法など、抵触法に対する法）に基づいて下された外国判決の執行を回避するために公序を用いることを示唆することになってしまうと述べる。そこで、法の相違によっては外国判決が法廷地の公序に反するものとはならないし、公序概念のより狭い定義づけが、外国判決の執行における予測可能性を達成するのによりよいアプローチを提供すると説く。

Silberman と Lowenfeld は[35]、メリーランド州最高裁の反対意見を支持し、両当事者または双方の関わり合いについてアメリカ合衆国は利害関係がないので、出版の自由またはアメリカ合衆国の利益を本件で見いだすことは困難であると述べる[36]。

同様に、あるコメントは[37]、本件では、英国においてのみ書かれ、出版されており、また訴訟が提起された当時は、両当事者ともに英国に在住していたのであり、被告が仕事の関係でメリーランド州に来たこと以外は、アメリカ合衆国は本件での意見表明に関係はないので、英国判決の承認はアメリカ合衆国での意見表明を許容しがたいほどに抑止するものではないと述べて、本判決を批判する。

このように、Telnikoff 事件に対しては批判的見解が多いといえるが、判決を支持するコメントもある。すなわち[38]、表現の自由はアメリカ合衆国の根本的

---

35) Silberman and Lowenfeld, *A Different Challenge for the ALI: Herein of Foreign Country Judgments, an International Treaty, and an American Statute*, 75 Ind. L. J 635, 644 (2000).

36) *See also*, Zekoll, *supra* note 31, at 1306.

37) Hudleston, *supra* note 29, at 431.

38) Korsower, *Matusevitch v. Telnikoff: The First Amendment Travels Abroad, Privending Recognition and Enforcement of A British Libel Judgment*, 19 Md. J. Int'l L. & Trade, 225, 255-6 (1995).

信条であり、単なる法の相違にとどまるものではない。修正 1 条による言論の自由に関するセーフガードはイングランド法と異なるだけでなく、以前にアメリカ合衆国で通用していたイングランド法を明確に否定してこの国で採用されたのであるから、本件で英国判決を承認することによりイングランド法上の名誉毀損に対して寛容な態度をとるのは、アメリカ合衆国の公平の観念を侵害する。したがって、修正 1 条による保護を欠くような外国判決は決して承認されるべきではない。そして、先に挙げたような判決を一律に拒絶（blanket rejection）することはグローバル社会においてより一層の確実性をもたらす、とする。

　なお、Bachchan 事件および Telnikoff 事件は、たしかに従来、英国判決に対して取られてきた態度から一変するものであるが、イングランド法がアメリカ合衆国の法と異なっていることが一般的に外国判決を承認しなかった理由なのではなく、ジャーナリストに対して公人への名誉毀損を理由に責任を課した判決が、アメリカ合衆国の司法にとってはショックを与えたので国家的な公序に反するとしたのであろう、と述べて従来からの公序概念の理解によっても両判決の結論は導き出せるとして、擁護する意見も表明されている[39]。

5　英国名誉毀損判決を不承認とした判決の影響

　Bachchan 事件と Telnikoff 事件により、修正 1 条の基準を満たしていない外国法を適用した名誉毀損に関する判決は、アメリカ合衆国では承認されないこととなった。これらの判決が実務に及ぼす影響としては、名誉毀損の被害を受けたと主張する者は自己に有利な準拠実体法を適用する法廷地を選択しても、アメリカ合衆国では公序違反を理由に承認されない可能性が出てくるので、たとえば、被告がコンピューター・ネットワーク事業に従事していてアメリカ合衆国以外には財産を有しないときには、被害者と称する原告が法廷地を漁るインセンティブを減少させることである[40]。すなわち、Telnikoff 判決が下される以前のコメントには、Bachchan 判決によってたしかにアメリカ合衆国国内では英国から表現の自由の保護が図られることとなったものの、私人間紛争の場合、英国判決がアメリカ合衆国内で執行される可能性があるので、アメリカ人

---

39)　Carrington, *Our Imperial First Amendment*, 34 U. Rich. L. Rev. 1167, 1199 (2001).

の行動に影響を与えるとの指摘もあったが[41)]、Telnikoff 判決によりそのような可能性もなくなったといえる。他方で、名誉毀損に関する英国判決を一律に承認しないという裁判所の態度は、英国裁判所からすると相互保証の要件を欠くことになりかねず、その結果、アメリカ合衆国の判決は英国では承認されないという事態も生じうると説く見解もある[42)]。

なお、合衆国憲法修正 1 条はヨーロッパ人権条約 10 条のモデルとなったので、アメリカ合衆国での英国名誉毀損訴訟判決の扱いはヨーロッパでも少なからず影響を及ぼすという指摘もある[43)]。

6 小括

以上見てきたアメリカ合衆国での動向を簡潔にまとめると、——過度の抽象化は危険であるが、本節で紹介した裁判例の限りでは——次のようになる。「アメリカ合衆国を法廷地とする訴訟において、名誉毀損に関するイングランド法ないしイングランド法を母法とする法を準拠法とすることは公序に反するので適用できない。また、イングランド法を適用して下された外国判決は、公序に反するので承認することはできない」。このような枠組みに対する学説の反応として、イングランド法ないしイングランド法を母法とする法をアメリカ

---

40) MacCarthy, *Networking in Cyberspace: Electronic Defamation and the Potential for International Forum Shopping*, 16 U. Pa. J. Int'l Bus. L. 527, 562 (1995). また、Penzi, *Libel Actions in England, A Game of Truth or Dare? Considering the Recent Upjohn Cases and the Consequences of "Speaking Out"*, 10 Temp. Int'l & Comp. L. J. 211, 227 (1996) も、原告の法定地選択への影響を指摘する。さらに、Mody, *National Cyberspace Regulation: Unbundling the Concept of Jurisdiction*, 37 Stan. J. Int'l L. 365, 388 (2001) は、アメリカ合衆国の礼譲理論および外国判決承認要件としての公序が裁量的性質を有することに鑑みて、承認が求められた法廷地が、現実社会 (real-world) の判決の執行以上にサイバースペースに関係する判決の執行に積極的になるとは考えにくいことから、多くのコンテンツプロバイダーにとっては外国国家によるサイバースペース規制は重大な脅威にはならないとする。

41) Gigante, *Ice Patch on the Information Superhighway: Foreign Liability for Domestically Created Content*, 14 Cardozo Arts & Ent. L. J. 523, 530 (1996).

42) Walters, *supra* note 28, at 934.

43) Vick and Macpherson, *Anglicizing Defamation Law in the European Union*, 36 V. J. Int'l L.933, 996 (1996). *Id.* では、ギリシャがブリュッセル条約に加盟する前であるが、英国名誉毀損判決の承認がギリシャで問題になったときに、ギリシャでは多くの専門家が公序違反を理由に不承認を主張していたとする。なお、*id.*, at 938–962 では、イングランド、アイルランド、スコットランド、フランス、ベルギー、ドイツ、オランダ、デンマーク、スウェーデン、スペイン、ポルトガル、イタリア、ギリシャおよびオーストリアの名誉毀損法の紹介がある。

合衆国国内の裁判所が適用し、またはそれらの法を適用した外国判決をアメリカ合衆国国内で承認することは、合衆国憲法修正1条により認められた表現の自由を侵害するものであるとして、裁判所の立場に賛成する見解がある。また、このような対処により、修正1条の適用のない外国の法廷地で、アメリカ合衆国のマスメディアを相手に名誉毀損訴訟を起こした後に、その外国判決の承認をアメリカ合衆国で求めるフォーラム・ショッピングを防ぐことが可能になると説かれる。しかし、他方で、このような処理枠組みをすることについては、疑問も投げかけられている。すなわち、Telnikoff事件のように、双方の当事者が英国に居住し、英国の新聞紙上で議論をしている、いわば事件の重心が英国にあるようなケースにおいて、はたしてアメリカン・スタンダードを適用する利益があるのであろうか、というものである。また、一律不承認とすると、英国から見てアメリカ合衆国の判決は相互保証を欠くと判断されかねない、との危惧も表明されている。

Ⅲ　わが国における承認要件としての公序

　以上のようなアメリカ合衆国での議論から、次の問題点を指摘することができよう。まず、法廷地が、判決国の立場から公序違反を理由にある外国法を不適用としたときに、外国裁判所によって同じ法を適用して下された判決の承認は可能か。また、この問題との関係で、国内憲法に合致しない外国法を、わが国の裁判所は適用することができるのか、さらに国内憲法に合致しない外国法を適用した外国判決を承認することができるか、が問題になりうる。これらの問題は、わが国で外国判決承認要件としての公序要件を発動するに際して要求されている、内国牽連性の要件をいかに捉えるべきかという問題とも関係する。

　そこで、以下では、まず、民事訴訟法118条3号の公序をめぐる従来の議論を概観した上で、内国牽連性をめぐる問題を論じ、後者の議論の中で先の問題点に言及していきたい。

1 承認要件としての公序[44]

わが国の現行民事訴訟法 118 条 3 号は、「判決の内容及び訴訟手続が日本における公の秩序又は善良の風俗に反しないこと」と定めている。旧民事訴訟法 200 条 3 号は、「外国裁判所ノ判決カ日本ニ於ケル公ノ秩序又ハ善良ノ風俗ニ反セサルコト」と規定していたが、旧法下の規定にいう公序には実体的公序違反のみならず手続的公序違反の場合も含まれると解するのが古くから学説が主張していたところであり[45]、また最高裁判例もこれを認めたことから[46]、現行法はこれに沿う形で規定されたものと解される。

外国判決の消極的承認要件としての公序は、世界各国の法の内容が異なる現状で法廷地が異なれば準拠法や手続法も異なることを前提にした上で、一定の要件の下で外国判決が承認されることを基本にし、承認することにより承認国の基本的法秩序が侵害されるような場合に例外的に承認を拒絶するために機能する[47]。したがって、民事訴訟法 118 条 3 号の公序は、〔旧〕法例 33 条〔現行、

---

44) 外国判決の反公序性審査に際しては、実質的再審査禁止の原則（民事執行法 24 条 2 項）との関係が問題になるが、テーマの拡散をおそれ本節では論じないこととする。この点については、中西康「外国判決承認執行における révision au fond の禁止について(1)～(4・完)」法学論叢 135 巻 2 号 1 頁、4 号 1 頁、6 号 1 頁、136 巻 1 号 1 頁（1994 年）などを参照。

45) 岩本勇次郎＝三ヶ尻好人『新民事訴訟法要論（下）』1107 頁（巌松堂、1928 年）、細野長良『民事訴訟法要義(4)』226 頁（巌松堂、1934 年）、松岡義正『新民事訴訟法註釈(6)』1221 頁（清水書店、1939 年）。また、今村信行＝本田康直『民事訴訟法註解（下）』1161 頁（明治大学出版部、増訂 3 版、1906 年）も同旨を説く。

　学説では、旧民事訴訟法 200 条 3 号に手続的公序が含まれることに対して、ほとんど異論はなかったと思われる。石川明ほか編『注解民事執行法（上）』216 頁〔小島武司＝猪股孝史〕（青林書院、1991 年）、石川明＝小島武司編『国際民事訴訟法』147 頁〔坂本恵三〕（青林書院、1994 年）、石黒一憲『現代国際私法（上）』558 頁（東京大学出版会、1986 年）、岩野徹ほか編『注解強制執行法(1)』145 頁〔三井哲夫〕（第一法規、1974 年）、兼子一ほか『条解民事訴訟法』650 頁〔竹下守夫〕（弘文堂、1986 年）、高田裕成「財産関係事件に関する外国判決の承認」澤木敬郎＝青山善充編『国際民事訴訟法の理論』390 頁（有斐閣、1987 年）など。

　他方、兼子一『新修民事訴訟法体系』339 頁（酒井書店、増補版、1965 年）は、外国判決の反公序性の審査に際しては判決主文だけを問題にするので（通説は主文だけでは反公序性の判断はできないとし、理由中の判断についても審査は及ぶと解している）、手続的公序の問題は審査できないことになろう。

　なお、国際的にも外国判決承認要件としての公序に、実体・手続双方が含まれることが認められている。See, Juenger, *The Recognition of Money Judgments in Civil and Commercial Matters*, 36 Am. J. Comp. L. 1, 22 (1988); Brand, *supra* note 10, at 275.

46) 最判昭和 58 年 6 月 7 日民集 37 巻 5 号 611 頁。

法の適用に関する通則法 42 条。以下同じ）の公序と目的は同じであり、民法 90 条よりも狭い局面で機能する[48]。これに対して、外国判決承認要件の公序は、民法 90 条の公序と同義であるとする見解がある[49]。しかし、このように解すると、外国法を適用して裁判をすること自体困難になり、内外国法が平等であることを前提とする抵触法の理念と相容れないことになり妥当でない[50]。

2　公序違反が問題となる場合

(1)　学説での具体例

　では、具体的にどのような場合に、公序に違反するといえるのであろうか。わが国の学説においては、公序違反の例として次のものが挙げられている[51]。実体的公序違反の例としては，第二婦人の地位を認める判決、日本で専売品や禁制品とされている物の引渡しを命ずる判決、賭博債務の支払いを命ずる判決などが挙げられている。また、手続的公序違反の例としては、原告が判決を詐取した場合、判決の成立に第三者などの不法行為ないし犯罪行為が密接に関連している場合、などが挙げられている。なお、内外判決の矛盾抵触が生ずる場合には、外国判決を承認することは公序に反するというのが多数説であり[52]、下級審裁判例もこれを支持する[53]。しかし、学説には、判決抵触の一般理論によるべきとする見解も有力である[54]。

---

47)　この点に関し、竹下教授は、歴史的・文化的背景を共通にするヨーロッパ地域内では公序の例外性は妥当するものの、日本では異質な法文化・法制度を持つ国の判決承認が問題になることが多いことから楽観視すべきではないとされる。竹下守夫「判例から見た外国判決の承認」『判例民事訴訟法の理論（下）』540 頁（有斐閣、1995 年）。

48)　江川英文「外国判決の承認」法学協会雑誌 50 巻 11 号 58 頁（1932 年）、小林秀之『国際取引紛争』196 頁（弘文堂、新版、2000 年）、鈴木忠一＝三ケ月章編『注解民事執行法(1)』401 頁〔青山善充〕（第一法規、1984 年）、高桑昭「外国判決承認の要件としての公序良俗」澤木敬郎＝妛場準一編・国際私法の争点 237 頁（有斐閣、新版、1997 年）。西山重和「外国法適用の制限」国際法学会編『国際私法講座(1)』272 頁（有斐閣、1953 年）も同旨か。なお、[旧] 法例 33 条（法の適用に関する通則法 42 条）と民法 90 条の公序の関係については、たとえば、溜池良夫『国際私法』210 頁（有斐閣、第 2 版、1999 年）などを参照。

49)　斎藤秀夫ほか編『注解民事訴訟法(5)』125 頁〔小室直人＝渡部吉隆＝斎藤秀夫〕（第一法規、第 2 版、1991 年）、竹野竹三郎『新民事訴訟法釈義（中）』599 頁（有斐閣、1931 年）。

50)　石黒・前掲注 45) 557 頁、高桑昭「外国判決の承認及び執行」鈴木忠一＝三ケ月章監修『新実務民事訴訟講座(7)』141、150 頁（日本評論社、1982 年）。

51)　参照、兼子ほか・前掲注 45) 650 頁〔竹下〕、三宅省三ほか編『注解民事訴訟法【II】』553 頁〔雛形усп松〕（青林書院、2000 年）。

⑵　判例で問題になったケース

①　実体的公序

　判例において実体的公序に反しないとされたケースとして、次のものがある。別居中の妻が子供を州外に移転させないことを条件（州外移転禁止条項）に扶養料の支払いを命ずるカリフォルニア州裁判所の判決は公序に反しないとされたケース（東京地判昭和 40 年 10 月 13 日下民集 16 巻 10 号 1560 頁）[55]、アメリカ合衆国のテレビ用映画を日本で上映することを許諾する契約をめぐる紛争について、アメリカ仲裁協会の仲裁判断を確認し、金銭の支払いを命ずるカリフォルニア州裁判所の判決が、外国為替および外国貿易管理法 27 条に違反するとしても、旧民事訴訟法 200 条 3 号の公序に反しないとされたケース（東京地判昭和 44 年 9 月 6 日判時 586 号 73 頁）[56]、横領された書籍の販売代金の損害賠償を命ずるハワイ州裁判所判決は公序に反しないとされたケース（東京地判昭和 45 年 10 月 24 日判時 625 号 66 頁）[57]、弁護士費用を含む訴訟費用の全額の支払いを命ずる香港高等法院判決は公序に反しないとされたケース（神戸地判平成 5 年 9 月 22 日判時 1515 号 139 頁[58]、大阪高判平成 6 年 7 月 5 日民集 52 巻 3 号 928 頁（控訴審、棄却）、最判平成 10 年 4 月 28 日民集 52 巻 3 号 853 頁（上告審[59]、棄却））、年利 15 パーセントの利息の支払

---

52)　岡田幸宏「外国判決の効力」伊藤眞＝徳田和幸編『講座新民事訴訟法 III』386 頁（弘文堂、1998 年）、兼子ほか・前掲注 45）651 頁〔竹下〕、菊井維大＝村松俊夫『全訂民事訴訟法〔I〕』1312 頁（日本評論社、補訂版、1993 年）、鈴木＝三ケ月編・前掲注 48）404 頁〔青山〕。

53)　大阪地判昭和 52 年 12 月 22 日判タ 361 号 127 頁。評釈として、海老沢美広「判批」ジュリスト 670 号 171 頁（1978 年）、澤木敬郎「判批」渉外判例百選 218 頁（第 2 版、1986 年）、高桑昭「判批」NBL155 号 6 頁（1978 年）、道垣内正人「判批」渉外判例百選 236 頁（第 3 版、1995 年）、藤田泰弘「判批」昭和 53 年度主要民事判例解説 246 頁、三ツ木正次「判批」重判昭和 53 年度 282 頁。

54)　上村明広「外国裁判承認理論に関する一覚書」法曹時報 44 巻 5 号 37 頁（1992 年）、高桑・前掲注 50）143 頁、中野貞一郎『民事執行法』189 頁（青林書院、新訂 4 版、2000 年）。

55)　評釈として、三ツ木正次「判批」ジュリスト 353 号 135 頁（1966 年）。

56)　評釈として、関俊彦「判批」ジュリスト 463 号 149 頁（1970 年）、土井輝生「判批」判例評論 138 号 35 頁（1970 年）、西賢「判批」重判昭和 45 年度 213 頁。

57)　評釈として、林脇トシ子「判批」ジュリスト 485 号 168 頁（1971 年）。

58)　評釈として、小林秀之＝小田敬美「判批」判タ 840 号 24 頁（1994 年）、山田恒久「判批」重判平成 5 年度 293 頁。

59)　評釈として、酒井一「判批」リマークス 19 号 158 頁（1999 年）、酒井一「判批」法学教室 218 号 136 頁（1998 年）、渡辺惺之「判批」判例評論 484 号 39 頁（1999 年）、山本和彦「判批」重判平成 10 年度 297 頁。

いを命ずる英国高等法院の判決は公序に反しないとされたケース（東京地判平成6年1月31日判タ837号300頁）[60]、弁護士強制主義とそれに伴う敗訴者の弁護士費用の強制的負担を命ずるベルリン地方裁判所判決は公序に反しないとされたケース（東京地判平成10年2月24日判時1657号79頁）[61]、離婚審判において親権者指定につき脱漏があるソウル家庭法院の審判は公序に反しないとされたケース（横浜地判平成11年3月30日判時1696号120頁）[62]がある。

これに対して、公序に反するとされたケースとしては、カリフォルニア州上位裁判所が下した判決について懲罰的損害賠償の支払いを命じた部分は公序に反するとされたケース（東京地判平成3年2月18日判タ760号250頁[63]、東京高判平成5年6月28日判タ823号126頁（控訴審、棄却）[64]、最判平成9年7月11日民集51巻6号2573頁（上告審、棄却）[65]、子の引渡し等を命じたテキサス州地方裁判所の判決の執行は、子の福祉の点から公序に反するとされたケース（東京高判平成5年

---

60) 評釈として、高桑昭「判批」ジュリスト1055号160頁（1994年）、矢澤舜治「判批」リマークス10号177頁（1995年）。

61) 評釈として、安達栄司「判批」ジュリスト1164号157頁（1999年）、小田敬美「判批」平成10年度主要民事判例解説268頁。

62) 評釈として、織田有基子「判批」重判平成12年度303頁。

63) 評釈として、石黒一憲「判批」リマークス4号167頁（1992年）、海老沢美広「判批」重判平成3年度271頁、加藤哲夫「判批」法学セミナー444号130頁（1991年）、神前禎「判批」ジュリスト1023号138頁（1993年）、小林秀之「懲罰的損害賠償と外国判決の承認・執行（上・下）」NBL473号6頁、477号20頁、小室百合「判批」法学55巻5号797頁（1991年）、坂本昭雄「判批」金融・商事判例921号48頁（1993年）、須藤典明「判批」平成3年度主要民事判例解説258頁、道垣内正人「判批」判例評論391号40頁（1991年）、渡辺惺之「判批」特許管理41巻10号1321頁（1991年）。

64) 評釈として、春日偉知郎「判批」重判平成5年度290頁、須藤典明「判批」平成5年度主要民事判例解説274頁、道垣内正人「判批」民事執行法判例百選22頁（1994年）、早川吉尚「判批」ジュリスト1050号193頁、吉野正三郎＝安達栄司「判批」判タ828号89頁（1994年）。

65) 評釈として、岡田幸宏「判批」法学教室210号70頁（1998年）、大隅一武「判批」西南学院大学法学論集31巻1号31頁（1998年）、古閑祐二「判批」法律のひろば1998年1月号54頁、小林秀之＝吉田元子「判批」NBL629号6頁、630号42頁（1997年）、佐久間邦夫「判批」ジュリスト1129号106頁（1998年）、櫻田嘉章「判批」重判平成9年度291頁、田尾桃二「判批」金融・商事判例1031号53頁（1998年）、道垣内正人「判批」リマークス18号156頁（1999年）、永井博史「判批」大阪経済法科大学法学論集42号209頁（1998年）、中野俊一郎「判批」NBL627号19頁（1997年）、西野喜一「判批」平成10年度主要民事判例解説218頁、早川吉尚「判批」民商法雑誌119巻1号78頁（1998年）、藤田泰弘「判批」判タ953号61頁（1997年）、横溝大「判批」判例評論475号37頁（1998年）。

11 月 15 日判タ 835 号 132 頁[66]）。ただし、原審は公序に反しないと解していた。東京地判平成 4 年 1 月 30 日判タ 789 号 259 頁）、扶養料の支払いを命じるカリフォルニア州裁判所の下した判決が、判決後の事情が変更したことにより内容上妥当性を欠くので公序に反するとされたケース（東京高判平成 13 年 2 月 8 日判タ 1059 号 232 頁。ただし、原審はカリフォルニア州判決の承認を認めている。横浜地横須賀支判平成 12 年 5 月 30 日判タ 1059 号 235 頁）がある。

② 手続的公序

公序に反しないとされた例としては、コロンビア特別区での売掛代金請求訴訟において、判決の成立手続が日本の公序に反する事情はないとされたケース（東京地判昭和 54 年 9 月 17 日判時 949 号 92 頁[67]、東京高判昭和 57 年 3 月 31 日判時 1042 号 100 頁（控訴審、棄却）[68]、最判昭和 58 年 6 月 7 日民集 37 巻 5 号 611 頁（上告審、棄却）[69]）、ミュンヘン第 1 地方裁判所の手続において、訴状送達から 2 週間以内に弁護士を選任し防御の意思を裁判所に書面で届けることは、被告がハンブルクに駐在所を有していることから手続的公序に反しないとされたケース（名古屋地判昭和 62 年 2 月 6 日判時 1236 号 113 頁）[70]、損害賠償の支払いを命じたニュー・ヨーク州裁判所の判決が、詐欺的手段により取得されたものではないとされたケース（東京地判平成 6 年 1 月 14 日判時 1509 号 96 頁）[71]、不法行為に基づく損害賠償を認

---

66) 評釈として、山田恒久「判批」渉外判例百選 230 頁（第 3 版、1995 年）、渡辺惺之「判批」重判平成 5 年度 296 頁。

67) 評釈として、道垣内正人「判批」ジュリスト 722 号 295 頁（1980 年）、松岡博「判批」重判昭和 55 年度 315 頁。

68) 評釈として、貝瀬幸雄「判批」ジュリスト 791 号 108 頁（1983 年）、櫻田嘉章「判批」判例評論 288 号 28 頁（1983 年）、横山潤「判批」判タ 505 号 225 頁（1983 年）。

69) 評釈として、加藤和夫「判批」ジュリスト 802 号 56 頁（1983 年）、加藤和夫「判批」法曹時報 38 巻 10 号 192 頁（1986 年）、小林秀之「判批」法学教室 38 号 104 頁（1983 年）、高桑昭「判批」重判昭和 58 年度 122 頁、高桑昭「判批」民商法雑誌 90 巻 1 号 94 頁（1984 年）、高田裕成「判批」民事訴訟法判例百選 I（新法対応補正版、1998 年）、早川眞一郎「判批」渉外判例百選 232 頁（第 3 版、1995 年）、三ツ木正次「判批」渉外判例百選 214 頁（第 2 版、1986 年）、三ツ木正次「判批」ジュリスト 820 号 106 頁（1984 年）、山田恒久「判批」法学研究 57 巻 8 号 135 頁（1984 年）。

70) 評釈として、青山善充「判批」ジュリスト 890 号 79 頁（1987 年）、海老沢美広「判批」判例評論 348 号 50 頁（1988 年）、神前禎「判批」ジュリスト 894 号 143 頁（1987 年）、小林秀之「判批」判タ 668 号 41 頁（1988 年）、小林秀之「判批」昭和 62 年度主要民事判例解説 280 頁、櫻田嘉章「判批」重判昭和 62 年度 276 頁。

めたカリフォルニア州裁判所の判決が、虚偽の証拠により判決を取得したとは認められないとされたケース（東京地八王子支判平成 10 年 2 月 13 日判タ 987 号 282 頁）、オーストラリア連邦クィーンズランド州最高裁が下したサマリー・ジャッジメントについて、手続的公序違反は認められないとされたケース（東京地判平成 10 年 2 月 25 日判時 1664 号 78 頁)[72]、ミネソタ州裁判所での認知訴訟において 1 回の欠席で判決を下すことが公序に反するとはいえないとされたケース（東京高判平成 10 年 2 月 26 日判時 1647 号 107 頁)[73]、ハワイ地区連邦地方裁判所が下したデフォルト・ジャッジメントについて手続的公序は認められないとされたケース（水戸地龍ケ崎支判平成 11 年 10 月 29 日判タ 1034 号 270 頁）がある。

　他方、公序に反すると認められた例として、証拠を偽造して大韓民国地方院で婚姻確認の審判を得たことが公序に反するとされた事件（横浜地判平成元年 3 月 24 日判時 1332 号 109 頁[74]、東京高判平成 2 年 2 月 27 日判時 1344 号 139 頁（控訴審、棄却)[75]）がある。

3　公序と内国牽連性

(1)　内国牽連性

　準拠法選択の場面における公序則（〔旧〕法例 33 条（法の適用に関する通則法 42 条））の適用に関しては、準拠法適用結果の反公序性と内国牽連性が要件として挙げられている[76]。近時は、外国判決の承認に際しても、内国牽連性を反公序性の判断に組み入れる見解が有力に唱えられている[77]。たとえば、青山教授は[78]、「日本法に違反し日本の領土内で取引の行われた日本の禁制品（例えば、麻薬）

---

71)　評釈として、安達栄司「判批」判タ 870 号 58 頁（1995 年）。

72)　評釈として、小田敬美「判批」平成 10 年度主要民事判例解説 268 頁。

73)　評釈として、猪股孝史「判批」判例評論 482 号 29 頁（1999 年）、小野寺規夫「判批」平成 10 年度主要民事判例解説 220 頁、横溝大「判批」重判平成 10 年度 300 頁。

74)　評釈として、渡辺惺之「判批」重判平成元年度 268 頁。

75)　評釈として、青木清「判批」重判平成 2 年度 265 頁、小室百合「判批」法学 62 巻 3 号 474 頁（1998 年）、佐上善和「判批」判例評論 382 号 57 頁（1990 年）、村重慶一「判批」平成 2 年度主要民事判例解説 312 頁。

76)　池原季雄『国際私法総論』267 頁（有斐閣、1973 年）、木棚照一＝松岡博編『基本法コンメンタール国際私法』166 頁〔田村精一〕（日本評論社、1994 年）、櫻田嘉章『国際私法』128 頁（有斐閣、第 3 版、2000 年）、道垣内正人『ポイント国際私法総論』260 頁（有斐閣、1999 年）、山田鐐一『国際私法』132 頁（有斐閣、1992 年）。

の売買に関しその代金の支払を命ずる外国判決は、たとえ、その判決国においてはその物品の取引が自由に認められている場合であっても、日本の公序良俗に反するであろう。しかし、日本ではたまたま私的譲渡が禁止されているが判決国では自由である物品（例えば、護身用銃器、煙草）につき、その判決国内における売買を理由として代金の支払を命じた判決は、日本の公序に反するとはいえない。賭博に敗けたことによる賭け金の支払を命ずる判決も、賭博が日本において行われたのであれば、これを容認することは日本の法秩序を害するが、日本で行われたのでないならば日本の公序に反しないと解する」とされる。筆者も実体的公序に関しては内国牽連性の要件を求める見解が正当と考える。わが国の民事訴訟法において外国法秩序に対する信頼を前提に外国判決承認制度が構築されているという前提に立つ以上（民執法 24 条 2 項が実質的再審査を禁止していることは、このことを物語る）、各国法の相違は外国判決承認に際しては折り込み済みということになる。したがって、たとえ承認国には異質な法制度であっても、そのことからただちに抽象的に公序違反と判断すべきではなく、同じ法を適用した外国判決であっても、具体的事案における外国判決の承認が内国法秩序に与えるネガティブなインパクトの強弱によって決すべきであろう。

　Bachchan 事件および Telnikoff 事件は、ともに実体的公序が問題になったケースである[79]。前者のケースに対するコメントにおいて、修正 1 条に反する外国法を適用した外国判決をカテゴリカルに不承認とすべきではなく、事案ごとに判断すべきであるとの意見が、不承認とした判決の結論自体に賛成している論者からも出ていることや[80]、また後者のケースについては、英国での名誉毀損事件であるのでアメリカ合衆国が英国判決を不承認とする利益に乏しいとする見解があることは[81]、わが国の解釈論として内国牽連性を要求する見解を

---

77)　後述の文献の他に、石黒・前掲注 45) 558 頁、鈴木正裕＝青山善充編『注釈民事訴訟法(4)』382 頁〔高田裕成〕（有斐閣、1997 年）、竹下・前掲注 47) 540 頁、木棚照一＝松岡博＝渡辺惺之『国際私法概論』292 頁（有斐閣、第 3 版補訂版、2001 年）。

78)　鈴木＝三ケ月編・前掲注 48) 402 頁以下〔青山〕。

79)　Scoles et al., *supra* note 7, at 1211.

80)　Maltby, *supra* note 30, at 2023-4; Reese, *supra* note 33, at 181; Stern, *supra* note 32, at 1034; Walter, *supra* note 28, at 935. Walters と Maltby は結論に賛成している。

81)　Hudleston, *supra* note 29, at 431; Silberman and Lowenfeld, *supra* note 35, at 644; Zekoll, *supra* note 31, at 1306.

サポートするものとして注目してよいであろう。

では、手続的公序についても内国牽連性を要求すべきであろうか。この点についても、「外国判決の承認・執行が求められたという点において、換言すれば、外国判決の承認・執行という制度に内在的なものとして内国牽連性を見いだすことが可能であり、常にこの要件は満たされると解すべき」であるとして、内国牽連性を要求する見解がある[82]。しかし、手続的公序は、判決国である外国において訴訟手続に関与した当事者が十分な手続保障を与えられたか否かを承認国が審査するものである。その意味において、手続的公序の問題は判決国において完結した事情であり、承認国との牽連性は本来ないというべきであろう[83]。むしろ、この場面で重要なのは判決国において、手続上の瑕疵について当事者が主張する機会が与えられていたか否かである。したがって、手続的公序に関しては、内国牽連性は不要と解すべきである。

⑵ 外国法の適用と国内憲法

法廷地が、公序違反を理由に外国法を不適用としたとき、またはそうなると考えられるときに、外国裁判所によって同じ法を適用して下された判決の承認は可能であろうか。とくに、国内憲法に合致しない外国法を適用した外国判決を承認することができるのであろうか。

Bachchan 事件や Telnikoff 事件で裁判所が重視したのは、英国の名誉毀損判決を承認することにより国内憲法秩序が破壊される（修正1条に反して言論に対する萎縮効果がアメリカ合衆国国内で生じる）と考えたからであり、裁判所の立場を支持する見解も、単なる法の相違にとどまるものではないことを強調する[84]。これに対して、前述の事案ごとに対処すべきであるとする立場は、憲法に反することがただちに承認拒絶に結びつかないことを前提にしている。また、憲法に反することが承認拒絶とはならないことを正面から説く見解もある[85]。アメリ

---

[82] 岡田幸宏「外国判決の承認・執行要件としての公序について(5)」名大法政論集 153 号 382 頁（1994 年）、岡田幸宏「確定判決の反公序性とその効力に関する一試論」佐々木吉男先生追悼論集『民事紛争の解決と手続』382 頁（信山社、2000 年）。

[83] 中西・前掲注 44）法学論叢 135 巻 11 頁。石黒・前掲注 45）559 頁も結論同旨。

[84] Korsower, *supra* note 38, at 255.

[85] Reese, *supra* note 33, at 181.

カ合衆国の学説においては、むしろ判例と異なる主張の方が多いといえよう。

① 準拠法の適用と国内憲法

わが国におけるこの問題を考察する前に、まず、準拠法選択の場面で、仮定的に指定された準拠実体法が国内憲法に違反する場合、当該外国法の適用は排除されるのか否かを検討する必要がある。この点については、わが国では否定的に解されている[86]。たとえば、山田教授は[87]、「内国の憲法に違反する外国法の規定は、ただちに無効としてその適用を排除されるのではなく、その外国法の規定の適用の結果が内国の公序に反するときに、その適用が排除される」と説かれる。また、溜池教授は[88]、「憲法に反するような外国法の多くは、その適用の結果が、わが国の私法的社会生活の秩序を害することになるであろう。しかし、すべてがそうなるとは限らない」とされ、「例えば、婚姻により妻は夫の氏に従うという制度は、わが国においては両性平等の原則を定める憲法24条に違反するとして廃止された。しかし、外国人夫婦が、その本国法に従って婚姻により妻が夫の氏を称することを認めたとしても、それがわが国の私法的社会生活の秩序を害することになるとは考えられない」とされる。このように国内憲法に反する規定を有する外国法が仮定的準拠法となっても、その法自体当然には公序（[旧] 法例33条（法の適用に関する通則法42条））に反するものではないとする考え方は、内外国法が平等な立場で適用されることを前提にして、具体的事案に照らして国内法秩序にとって忍びがたい結果をもたらすような例外的な場合に公序則により適用が排除されるとの基本的理解に沿うものといえる。

② 公序違反の外国法を適用した判決の承認

では、わが国の裁判所が [旧] 法例33条（法の適用に関する通則法42条）により適用を排除すると考えられる外国法を、判決国である外国裁判所が適用し、その判決の承認がわが国の裁判所において求められた場合に、民事訴訟法118条3号によって当該外国判決を不承認とすべきであろうか。Bachchan 事件で裁判

86）　後述の文献の他、出口耕自『基本論点国際私法』219頁（法学書院、第2版、2001年）。
87）　山田・前掲注76）133頁。
88）　溜池・前掲注48）210頁。

所は、米国内で表現の自由に対して萎縮効果が生ずるのは、アメリカ合衆国の裁判所が判決を下す場合であっても、また外国判決をアメリカ合衆国国内で承認する場合であっても異なるものではないとして、両者の一体性を強調している。しかし、わが国では、この点についても否定する見解が表明されている。たとえば、青山教授は[89]、「本号［引用者注：現行民事訴訟法 118 条 3 号］の公序の範囲は、概して民法 90 条の公序よりも狭いが、［旧・改正前］法例 30 条のそれとも一致せず、多少の出入りがある。すなわち、一面では、日本の裁判所が裁判する場合にはその適用を拒否したであろう外国法を適用した外国判決は、当然に日本においてその承認・執行を拒否すべきことにはならない」とされる。また、岡田教授も[90]、［旧］法例 33 条（法の適用に関する通則法 42 条）が内国裁判所の行為規範として作用するのに対して、民事訴訟法 118 条 3 号は外国の裁判手続に対する内国裁判所による評価規範の意味を持つとして両者の相違を認める。すなわち、「［旧］民訴法 200 条 3 号が外国裁判所による裁判（の承認の結果）を対象にし、それに対して、［旧］法例 33 条が日本の裁判所による外国法の適用の結果を対象にする以上、両者にズレの生ずることは当然といえる」とされる。

　筆者も、［旧］法例 33 条（法の適用に関する通則法 42 条）の公序と民事訴訟法 118 条 3 号の公序とは一致しないとの見解に賛成する。そして、その根拠を、外国判決承認の局面における、承認国裁判所と判決国裁判所の位置づけから導き出すことができると考える。つまり、直接管轄（日本の裁判所が渉外事件を判決国裁判所として審理する場合の管轄）と間接管轄（日本の裁判所が承認国裁判所として判決国裁判所の国際裁判管轄を審査する場合）とが一致すると説く鏡像理論を否定し、間接管轄の独自性を肯定する私見からは[91]、双方の公序は異なる機能を有する。まず、鏡像理論を前提にすると、必然的ではないにせよ、［旧］法例 33 条（法の適用に関する通則法 42 条）の公序と民事訴訟法 118 条 3 号の公序とは一致するとの結論に結びつきやすいように考えられる。すなわち、鏡像理論では外国判決承認要件としての国際裁判管轄（間接管轄、承認管轄）は、わが国の裁判所が渉外事件を審理するための国際裁判管轄（直接管轄、審理管轄）を一致させるの

---

89)　鈴木＝三ケ月編・前掲注 48) 402 頁〔青山〕。
90)　岡田・前掲注 82) 名法 151 号 407 頁。
91)　本書第 II 部第 1 章第 1 節。

210　第 II 部　要件論

で、鏡像理論の下では受訴裁判所である外国裁判所はいわば外国における日本の裁判所の一部をなすともいいうる。このような立場を前提にすると、法廷地国が異なれば準拠法も異なることから出発しても、わが国の裁判所での準拠法適用場面では公序に反するとされた外国法が、外国裁判所で適用されて判決が下された場合、その判決の承認は否定されるべきであるという結論も十分に考えられる。この立場では、内国牽連性の要件に関して、日本の裁判所が判決国となるのか承認国になるのかで大きな差は生じてこないことになろう。しかし、直接管轄と間接管轄の機能の相違に着目した場合にはこれと異なる。つまり、直接管轄は、自国の裁判所が渉外事件を審理するのに適切か否かという観点から定められる（行為規範としての国際裁判管轄）のに対して、間接管轄は、外国判決を承認するに際して判決国が渉外事件を審理するのに適切な法廷地国であったか否かを承認国の立場から判断する（評価規範としての国際裁判管轄）として両者の役割の相違を正面から認めるとすれば、直接管轄と間接管轄にはズレが生じうることになる。このように間接管轄の独自性を肯定する立場に立てば、渉外事件における国内裁判所と外国裁判所の位置づけは同じとはいえないことから、わが国の裁判所が直接管轄を行使した事件で準拠法選択の場面において公序違反を理由に不適用となった外国法を、別の事件で外国裁判所が適用して判決を下したとしても、その判決の承認が公序違反を構成するものとはいえないことになる[92]。

　したがって、このような立場を前提にすると、たとえ国内憲法に違反する外国法を適用した外国判決の承認が日本の裁判所に求められたとしても、承認拒絶の理由とはならないことになる。

⑶　懲罰的損害賠償と公序

　なお、近時問題となっている懲罰的損害賠償を命ずる外国判決の承認について、簡単に述べておきたい。前述のように、たとえ外国法が国内憲法秩序に反

---

92)　アプローチの仕方は若干異なるが、岡田・前掲注82）名法151号408頁での「[旧] 法例33条がこれから裁判をなす内国裁判所に対するいわば行為規範として機能し、他方民訴法［旧］200条3号が既に外国でなされた判決の承認・執行を内国裁判所が裁判する際のいわば評価規範として機能することから生じる差異」という記述に賛成である。

したとしても、そのような法を適用した外国判決の反公序性の審査は内国牽連性の枠内で考慮するという一般的な処理と異ならない立場を支持する私見からは、懲罰的損害賠償を命ずる外国判決であっても同様に処理すべきことになる。したがって、最高裁判決[93]の立場が懲罰的損害賠償を命ずる外国判決を一切承認しないとするならば、その立場には疑問がある。懲罰的損害賠償を命ずる外国判決については、民事判決に該当しないとする見解[94]、民事判決性を肯定した上で一律に公序に反すると解する見解[95]、個別的に公序の判断をすると解する見解[96]、さらには公序に反しないとする見解[97]に大別されるが、筆者は第3の見解を支持する。この点、岡田教授は[98]、「米国人原告と米国人被告との間で、萬世工業事件と同様の懲罰的賠償判決が言い渡され、たまたま被告がわが国に有していた財産に対して執行が求められたような場合、わが国の裁判所は懲罰的賠償判決だからとの理由で、その承認・執行は公序に反するとの判断を下す必要があるとは思われない。わが国の裁判所に承認・執行が求められたからといって、わが国における不法行為に基づく損害賠償制度の基本原則ないし基本理念と相容れない、とは考えられない」とされる。詳細は本章第3節に譲ることとするが、この立場に賛成である。

Ⅳ　結び

　本節は、イングランド名誉毀損法がアメリカ合衆国で憲法上保障されている表現の自由と比べて著しい相違がある場合に、英国の裁判所が下した名誉毀損

---

93)　最判平成 9 年 7 月 11 日民集 51 巻 6 号 2573 頁。評釈は注 65) を参照。

94)　石黒一憲『国際民事訴訟法』220 頁（新世社、1996 年）、石黒・前掲注 63) 170 頁、道垣内正人「アメリカの懲罰的損害賠償判決の日本における執行」三ケ月章先生古稀祝賀『民事手続法学の革新（上）』434 頁（有斐閣、1991 年）、道垣内・前掲注 64) 23 頁、道垣内・前掲注 63) 44 頁。

95)　竹下・前掲注 47) 545 頁、中野・前掲注 65) 23 頁、藤田泰弘「渉外民事事件の実務上の問題」自由と正義 31 巻 11 号 22 頁（1980 年）、吉野＝安達・前掲注 64) 97 頁。

96)　春日・前掲注 64) 292 頁、河野俊行「アメリカの懲罰的損害賠償判決と国際民事訴訟法上の若干の問題について」法政研究 58 巻 4 号 887 頁（1992 年）、小林＝吉田・前掲注 65) NBL630 号 46 頁、櫻田・前掲注 65) 293 頁、渡辺・前掲注 63) 1326 頁。

97)　永井・前掲注 65) 219 頁。

98)　岡田・前掲注 82) 佐々木追悼 382 頁。

212　第Ⅱ部　要件論

に関する判決のアメリカ合衆国での承認問題を通じて[99]、外国判決承認要件としての公序について検討を試みた。

　結論だけを、再度述べると次のようになる。アメリカ合衆国の裁判所は、Bachchan 事件および Telnikoff 事件において英国判決を承認することは合衆国憲法修正 1 条に照らして認められないとして公序違反を理由に承認を拒否したが、学説上は、批判説も有力であった。判例を支持する見解は、表現の自由に関する英米のスタンスの違いは単なる法の相違にとどまるものではないこと、表現の自由に対する萎縮効果はアメリカ合衆国裁判所が外国法を適用して判決を下す場合であっても外国判決を承認した場合であっても同じであること、な

---

99)　なお、日本の裁判所が下した名誉毀損に関する判決のアメリカ合衆国での承認、およびアメリカ合衆国で下された名誉毀損判決の日本での承認に関する問題については、まだ議論がなされていないようである。

　名誉毀損に関するわが国の民法上の議論では、通説・判例は民法 709 条の一般原則を適用しつつも、刑法 230 条の 2 の趣旨を民事事件に及ぼすとしている。すなわち、原告は、①故意・過失、②違法性、③損害の発生、④因果関係について証明責任を負い、他方、被告は、①公共の利害に関する事実であること、②公共目的を有すること、③事実が真実であること、または真実であると信じることにつき相当の理由があること、を証明することで免責されると説かれる。最判昭和 41 年 6 月 23 日民集 20 巻 5 号 1118 頁、幾代通＝徳本伸一『不法行為法』91 頁（有斐閣、1993 年）、加藤一郎『不法行為』128 頁（有斐閣、増補版、1974 年）、加藤一郎編『注釈民法⑲』190 頁〔五十嵐清〕（有斐閣、1965 年）、四宮和夫『不法行為』325 頁（青林書院、1992 年）、平井宜雄『債権各論 II 不法行為』48 頁（弘文堂、1992 年）、前田達明『不法行為法』100 頁（青林書院、1980 年）など。これに対して、河上和雄「刑法と民法の交錯──名誉毀損の真実性の証明に関連して」『北海学園大学法学部 30 周年記念論文集』267 頁（北海学園大学、1996 年）は、従来の通説・判例の論理は誤りであり、表現の自由を萎縮させないためにも、「被告が誤信したことについて相当の理由がないこと」の証明責任は原告が負うと主張される。また、松井・前掲注14）111 頁は、ニュー・ヨーク・タイムズ事件の法理を日本法の解釈に導入し、原告が私人の場合には、①事実に関する表現であること、②表現が虚偽であったこと、③現実に損害が発生したこと、④名誉を毀損したことおよび表現が虚偽であったことについて被告に過失があったこと、について原告は証明責任を負い、また原告が公人である場合には、①事実に関する表現であること、②表現が虚偽であったこと、③現実に損害が発生したこと、④名誉を毀損したことについて被告に過失があったこと、⑤表現が虚偽であったことについて被告に現実の悪意があったこと、について原告は証明責任を負うとされる。

　このように名誉毀損の証明に関しては国内法上議論があるが、現在の日本の通説・判例の枠組みを前提にしたときに、アメリカ合衆国の裁判所において日本法が準拠法となった場合や、日本法を適用した名誉毀損事件の判決がアメリカ合衆国で承認を求められた場合、「日本の名誉毀損法の下で名誉毀損的表現に与えられている保護は、明らかにこれ［引用者注：アメリカ合衆国での保護］よりはるかに低いものである」（松井・前掲注 14）102頁）と評価されて、イングランド法におけると同様に、日本法の適用が排除されたり、判決が承認されない事態が容易に想定される。

どを理由とする。これに対して、批判説の理由は、承認国憲法に反する外国法を適用した外国判決が公序に反するとは即断できないこと、また事案ごとに承認州（ないし国）との関係を判断すべきであること、に大別される。わが国においても、内国牽連性の要件を基本に据えて外国判決の反公序性を判断していく立場は、外国判決の承認制度に合致するものであるし、またアメリカ合衆国で下された前記判決に対する批判的な見解によっても支持される。このように

そこで、日本の裁判所でアメリカ合衆国の名誉毀損判決の承認が求められた場合に、相互保証（民事訴訟法 118 条 4 号）を欠くとして（See, Walters, supra note 28, at 934）、米国判決の承認を拒否すべきか否か問題が生じうる。わが国では相互保証の要件は、自国の給付判決の外国での承認を促進するために設けられ、私人の権利実現の犠牲の下に成り立つ要件であるなどとして批判があった（松岡博「国際取引における外国判決の承認と執行」阪大法学 133 = 134 号 54 頁（1985 年）に、相互保証の要件一般が抱える問題について言及がある）。そこで、かねてから相互保証の要件については立法論的当否に疑問が寄せられていた。また、解釈論としても限定的に解し、わが国と判決国との承認要件が重要な点で等しければ足りるとの主張が学説上有力に主張され（石川ほか編・前掲注 45）220 頁〔小島＝猪股〕、江川・前掲注 48）61 頁、兼子ほか・前掲注 45）652 頁〔竹下〕、菊井＝村松・前掲注 52）1314 頁、斎藤ほか編・前掲注 49）126 頁〔小室＝渡部＝斎藤〕、鈴木＝青山編・前掲注 77）390 頁〔高田〕、鈴木＝三ケ月編・前掲注 48）405 頁〔青山〕）、最高裁判決（最判昭和 58 年 6 月 7 日民集 37 巻 5 号 611 頁）もこの見解に立つものと解される。また、前記最高裁判決や学説の多くは、相互保証の比較対照をするのは、承認が求められている特定の種類の判決と同種の国内判決との間であり、判決一般を比較するのではないとする（いわゆる部分的相互保証の理論）。この考えは、相互保証を否定する局面を限定して要件の緩和化を図るものといえ、相互保証に対する批判に照らして適切なものといえる。では、ここでいうところの「同種の判決」をいかに解すべきであろうか（換言すれば、どこまで判決の種類の個別化を図るか）。部分的相互保証の例として、たとえば、小林・前掲注 48）199 頁では次のような例が挙げられている。すなわち、①イタリアでは外国で下された欠席判決については、申立により再審査を行うとされているので相互保証はないが（わが国では実質的再審査は禁止されている。民事執行法 24 条 2 項参照。東京地判昭和 35 年 7 月 20 日下民集 11 巻 7 号 1522 頁は、実質的再審査を行うベルギー国で下された判決の相互保証を否定した）、欠席判決以外の場合には相互保証が肯定される、②南アフリカでは財産関係訴訟について財産所在地管轄は同国の専属管轄とされているので、同国に所在する財産に関する外国判決は承認されないことから相互保証に欠けるが、それ以外の判決については相互保証が肯定される、③イスラエルなどでは判決言渡しから 5 年以内の判決だけが承認・執行が可能とされているので、同国の判決は言渡しから 5 年以内であれば相互保証が肯定される。また、相互保証の有無は、外国の成文法、慣習法または実際の慣行などによって判断される（鈴木＝三ケ月編・前掲注 48）405 頁〔青山〕）。したがって、名誉毀損に関する判決承認との関係では、アメリカ合衆国の裁判所が日本の名誉毀損判決を個別事案との関係で不承認と判断しているケースでは相互保証の問題は生じえないが、英国判決に対するのと同様に一律に承認しないとの態度を示したときには、わが国の裁判所としてもアメリカ合衆国の名誉毀損判決の相互保証を否定すべきと解する余地が出てこよう。

公序を結果の反公序性と内国牽連性から判断する枠組みは、わが国で近時大い
に議論されている懲罰的損害賠償を命ずる外国判決の承認問題についても妥当
すると考える。したがって、平成9年の最高裁判決が懲罰的損害賠償を命ずる
外国判決を一律に不承認とするならば、その立場には疑問がある。しかし、手
続的公序については、外国裁判所で手続は完結しているのであるから、内国牽
連性は問題にならない。

　内外法制度の相違について寛容であることが判決承認（および準拠法選択）の
基本姿勢であることを前提とすると、外国判決承認要件としての公序は制限的
に解するという点では、国際的に一致を見ているといってもよい。しかし、具
体的にどのような場合に承認国の公序に反するのかは、一般条項ゆえに明確化
が難しく解決が困難な問題である。たとえ判決承認に関する国際条約を締結し
ても、安易な公序要件の発動は外国判決承認制度の自己否定につながりかねな
い。本節で紹介した外国名誉毀損事件の承認に関するアメリカ合衆国の裁判例
は、まさにこのことを暗示している[100]。

初出：法律論叢 74 巻 4 = 5 号 313 頁以下（2002 年）

100）なお、本節では、序論で述べたとおり、場所的不統一法国である英国については基本
　的に英国と表記しているが、適宜、イングランド（法）やスコットランド（法）といった
　表現を用いている。

第 3 章　公序——第 2 節

懲罰的損害賠償を命ずる
外国判決の承認

I　問題の所在

　　近年、民事紛争の国際化が進むにつれて、大陸法とコモン・ローという伝統的な 2 つの大きな法制度が、各国の裁判所で激しく衝突する場面が生じてきた。いわゆる司法摩擦と呼ばれる現象である。この問題の 1 つの例として、懲罰的損害賠償をめぐる問題を挙げることができる[1]。

---

1)　いわゆる国際司法摩擦については、かねてからドイツでは議論が盛んである。邦語文献としては、たとえば、ロルフ・シュテュルナー（春日偉知郎訳）『国際司法摩擦』（商事法務、1992 年）を参照。Vgl. auch *Habscheid* (Hrsg.), Der Justizkonflikt mit den Vereinigten Staaten von Amerika, 1986; *Schütze*, Prozessführung und -risiken im deutsch-amerikanischen Rechtsverkehr, 2004.
　　コモン・ロー諸国における懲罰的損害賠償の動向に関する邦語文献としては、他の箇所で引用した文献の他に、たとえば次のものがある。W. グレイ（木下毅訳）「アメリカ法における懲罰的損害賠償」アメリカ法 1978 II 171 頁（1978 年）、古賀哲夫「アメリカの製造物責任訴訟における懲罰的損害賠償」名古屋学院大学論集社会科学篇 33 巻 3 号 1 頁（1997 年）、佐野隆「ニュージーランドにおける懲罰的損害賠償金をめぐる問題の立法による解決」比較法学 33 巻 1 号 199 頁（1999 年）、佐野隆「懲罰的損害賠償を禁じるオーストラリア連邦最高裁判所判決」比較法学 33 巻 2 号 267 頁（2000 年）、田井義信『イギリス損害賠償法の理論』143 頁（有信堂、1995 年）、田中和夫「英米における懲罰的損害賠償」我妻栄先生還暦記念『損害賠償責任の研究（中）』885 頁（有斐閣、1957 年）、田中英夫「懲罰的損害賠償に関するイギリス法の最近の動き」内田力蔵先生古稀記念『現代イギリス法』245 頁（成文堂、1979 年）、手塚裕之「米国各州の懲罰的損害賠償判決の性質・法的機能と本邦での執行可能性」ジュリスト 1020 号 120 頁（1993 年）、林大介「懲罰的損害賠償に関する米国連邦最高裁判例の動向」国際商事法務 31 巻 12 号 1673 頁（2003 年）、籾岡宏成「英米法における懲罰的損害賠償の歴史的素描」中央大学大学院研究年報法学研究科篇 28 号 51 頁（1998 年）、山口正久「米国の製造物責任訴訟と懲罰的損害賠償（上）（下）」NBL281 号 13 頁、283 号 42 頁（1983 年）。

217

懲罰的損害賠償を命ずる外国判決を日本で承認することができるか否かという問題は、ドイツでの議論を参考に[2]、わが国でも学説および判例において激しく議論された。しかし、平成9年に最高裁判決が出たことにより、わが国での議論はほぼ収束したといってよい。すなわち、最高裁は、懲罰的損害賠償を命ずる外国判決について、外国判決承認要件の1つである公序（民事訴訟法118条4号）に反するとの立場を支持した[3]——この最高裁判決は、アメリカ合衆国のロー・レビューなどにおいても多く紹介されており[4]、この問題に対する日本側の反応についてアメリカ合衆国における関心の高さを窺わせるものである。また、学説の多数もこの見解を唱えていることから、公序違反説が現在の日本の学説・判例における支配的見解であるといえる。

　しかし、懲罰的損害賠償を命ずる外国判決の承認に関する問題が、この判決

---

2)　BGH, Urt. v. 4. 6. 1992, BGHZ 118, 312. *Geimer*, Internationales Zivilprozeßrecht, 5. Aufl. 2005, Rdnr. 2974; *Linke*, Internationales Zivilprozessrecht, 4. Aufl. 2006, Rdnr. 421; *Müller*, Punitive Damages und deutsches Schadensersatzrecht, 2000, S. 360 ff.; *Nagel/Gottwald*, Internationales Zivilprozessrecht, 6. Aufl. 2007, §11 Rdnr. 174; *Schack*, Internationales Zivilverfahrensrecht, 4. Aufl. 2006, Rdnr. 818; *Schütze*, Deutsches Internationales Zivilprozessrecht unter Einfluss des Europäischen Zivilprozessrechts, 2. Aufl. 2005, Rdnr. 339; *Stein/Jonas/Roth*, ZPO, 22. Aufl. 2006, § 328 Rdnr. 108; *Stürner*, Die Vereinbarkeit von treble damages mit dem deutschen ordre public, in: FS. Schlosser, 2005, S. 967 ff.

　　ドイツの議論状況はわが国でも比較的詳細に紹介されていた。後に引用する文献の他に、たとえば、河野俊行「アメリカの懲罰的損害賠償判決と国際民事訴訟法上の若干の問題について——ドイツ・スイスにおける最近の状況を手がかりとして」法政研究58巻4号867頁（1992年）、石川明＝石渡哲編『EUの国際民事訴訟法判例』299頁〔中山幸二〕（信山社、2005年）、ディーター・ライポルド（出口雅久訳）「国際民事訴訟法の問題としての懲罰的損害賠償」立命館法学236号158頁（1994年）、吉野正三郎＝安達栄司「ドイツにおける米国の懲罰的損害賠償判決の執行をめぐる諸問題——最近のドイツ連邦最高裁判所判決から」ジュリスト1027号112頁（1993年）。

　　なお、スイスでの議論については、以下の文献を参照。Vgl. *Dasser*, in: Honsel et al. (Hrsg.), Internationales Privatrecht, 2. Aufl. 2007, Art. 136 Nr. 23; *Meier*, Internationales Zivilprozessrecht und Zwangsvollstreckungsrecht mit Gerichtsstandgesetz, 2. Aufl. 2005, S. 28; *Walter*, Internationales Zivilprozessrecht der Schweiz, 3. Aufl. 2002, S. 374.

3)　最判平成9年7月11日民集51巻6号2573頁。

4)　たとえば、次の文献がある。Clermont, *A Global Law of Jurisdiction and Judgments: Views from the United States and Japan*, 37 Cornell Int'l L. J. 1, 26 (2004); Jung, *How Punitive Damages Awards Affect U.S. Business in the International Arena: The Northcon v. Mansei Kogyo Co. Decision*, 17 Wis. Int'l L. J. 489 (1999); Schlueter, *Punitive Damages*, vol. 2, at 692 (5th ed. 2005); Weintraub, *American Conflicts Law at the Dawn of the 21st Century: Panel Presentations Getting the Conflict of Laws*, 37 Wiamette L. Rev. 157, 168 (2001).

によってすべて解決されたということはできない。懲罰的損害賠償を命ずる外国判決は、そもそも承認適格が否定されるとする見解（承認適格否定説）も有力に説かれているところであり、また公序要件は個別具体的になされるとの建前との関係も考慮する必要があろう。

いずれにしても日本の立場は、懲罰的損害賠償制度を国内法では認めていないという、伝統的な大陸法における不法行為制度の理解を前提とする。しかし、わが国の民法上の議論では、不法行為に制裁的機能を持たせようとする見解も近時は有力に説かれてきており、これらの議論との関係も検討に値する。また、民法以外にも制裁的機能を有すると考えることができる損害賠償制度がある。

そこで本節は、懲罰的損害賠償を命ずる外国判決の承認をめぐる問題について、日本における従来の議論の紹介と検討を試みるものである。

II　懲罰的損害賠償をめぐる国内法上の議論

1　不法行為法上の議論

(1)　学説

①　伝統的理解──損害の塡補

以下では、まず、懲罰的損害賠償をめぐる国内実体法上の議論を確認してみることにする。懲罰的損害賠償制度の沿革は、古くはハンムラビ法典にまで遡ることができるが、本節では歴史的な展開については踏み込まないことにする[5]。

日本の民法上の議論では、不法行為制度については、伝統的に次のような理解がなされている[6]。すなわち、わが国の不法行為制度は、損害の発生を塡補することを目的としている。日本の不法行為法に基づく損害賠償制度は、被害

---

5)　*See*, Schlueter, *supra* note 4, vol 1, at 1–19.

6)　幾代通『不法行為』282 頁（有斐閣、1977 年）、植林弘『慰謝料算定論』137 頁（有斐閣、1962 年）、加藤一郎編『注釈民法(19)』36 頁〔加藤一郎〕（有斐閣、1965 年）、加藤一郎『不法行為』228 頁（有斐閣、増補版、1974 年）、沢井裕『テキストブック事務管理・不当利得・不法行為』85 頁（有斐閣、第 3 版、2001 年）、潮見佳男『不法行為法』263 頁（信山社、2004 年）、四宮和夫『不法行為』267 頁（青林書院、1985 年）、末広厳太郎『債権各論』1000 頁（有斐閣、1918 年）、宗宮信次『不法行為論』15 頁（有斐閣、1968 年）、山中康雄「刑事責任と比較してみた不法行為理論」我妻栄先生還暦記念『損害賠償責任の研究（上）』10 頁（有斐閣、1957 年）、我妻栄『事務管理・不当利得・不法行為』95 頁（日本評論社、1937 年）。

者に現実に生じた現実の損害を金銭的に評価し、加害者にこれを賠償させることにより、被害者が被った不利益を補塡して不法行為がなかったときの状態に回復させることを目的とするものであって、加害者に対する制裁や、将来における同様の行為の抑止、すなわち一般予防を目的とするものではない。したがって、不法行為の当事者間において、被害者が加害者から、実際に生じた損害の賠償に加えて、制裁および一般予防を目的とする賠償金の支払いを受けることができるとすることは、日本における不法行為に基づく損害賠償制度の基本原則と相容れないという。

　通説が懲罰的損害賠償を否定する理由は、簡単には次のようにまとめることができる[7]。第1に、日本における不法行為制度の目的は、不法行為によって生じた損害を塡補することを目的とするものであり、損害の発生していない部分について賠償を認めることはできない。第2に、近代法は民事責任と刑事責任が分化しており、加害者に対する制裁は刑事責任が負うべき役割である。第3に、慰謝料（Schmerzensgeld）の制裁的性質を強調するとすれば、相続人に対しては直接加害行為がなされなかったのであるから慰謝料の相続性は否定されるべきである。第4に、不法行為ほど不法性の強くない債務不履行についても慰謝料が認められているので、慰謝料の制裁性を強調させることはできない。

　このように従来の支配的見解は、不法行為法の機能から制裁的要素を極力排除してきた。ただし、通説の側でも、"現実に"制裁的機能を果たしていることまでも否定するものではないという見解が最近唱えられている。たとえば、四宮教授は、「刑事責任と民事責任の分化によって、制裁は前者に、損害塡補は後者に、と機能分担が行われるに至った以上、制裁はもはや不法行為制度の主目的とはなりえない。しかし、このことは、損害を塡補すべき責任が現実に制裁として機能することや、政策的見地から損害賠償に制裁の機能を期待することまでも、否定することはできない」と述べる。その上で、同教授は、不法行為制度における制裁的機能を肯定するが、制裁にはいくつかの意味があり、①損害賠償自体が社会生活上の義務違反ないし損害惹起に対する社会側からのマイナス反応という意味での制裁であり、これを「損害賠償責任の反射として

7）　植林・前掲注6）129頁。

の制裁の機能」として位置づける。他方、②慰謝料の算定に際して加害行為の態様が考慮されることをもって「私的制裁」と見る見解があるが、これは精神的損害算定の具体的妥当性を意図するものでしかないとする。また、③名目的損害賠償や懲罰的損害賠償といった「損害塡補を越える制裁」については、現行民法上、損害なきところに賠償責任を認めることはできないとして否定する[8]。このように、不法行為制度における損害賠償は塡補賠償が本質であるとしつつ、現実的作用として制裁機能をも有するとの消極的理解が従来は説かれていた[9]。

②　制裁的機能を重視する見解

しかし、さらに進んで、正面から不法行為法に制裁的機能を認める見解も主張されている[10]。

たとえば、戒能博士は、報復的意味での制裁を認める立場を展開する。すなわち、不法行為による損害賠償請求は債務不履行による損害賠償請求と異なり、一種の制裁的機能を有すると主張する。その理由として、債務不履行も違法行為の1つであることには変わりはないが、このことにより制裁を必要とするような強力な違法性があるとは通常は考えられないのに対して、不法行為による民事上の責任は、社会的に見て非難に値することが少なくないと述べる。そして、この意味において、不法行為上の損害賠償請求権は、財産的権利侵害にとどまる場合においても慰謝料を伴うことが少なくなく、慰謝料は精神的苦痛に対する賠償というよりも、本質において民事法的な制裁と解すべきであるとする[11]。

また、小島教授は、不法行為制度は市民の感情と切り離すことができないとした上で、不法行為制度の中で制裁的機能はいわば本能的なものであると述べ

---

8)　四宮・前掲注 6) 266 ～ 267 頁。
9)　加藤・前掲注 6) 228 頁、沢井・前掲注 6) 85 頁。
10)　なお、勝本正晃『債権法概論（各論）』281 頁（有斐閣、1949 年）は、不法行為制度は損害の合理的塡補にあるとしながら、社会生活が複雑化するにつれて困難になった損害賠償の算定方法の合理化のために Exemplary Damages の制度が参考になるとしている。やや特殊な理解といえるが、懲罰賠償に好意的な立場である。
11)　戒能通孝『債権各論（下）』483 頁（巌松堂、1943 年）。さらに古くは、戒能通孝「不法行為に於ける無形損害の賠償請求権(1)」法学協会雑誌 50 巻 2 号 53 頁（1932 年）。

る。その理由として、第1に、塡補的賠償が過失を要件として被告に課せられていること自体、限定的ではあるが制裁的機能を承認していると考えられること、第2に、不作為義務の執行を確保するために間接強制が許されているが、この場合に命じられる損害賠償は現実の損害額に限定されないと解されていること[12]、第3に、判例は慰謝料算定の際に斟酌すべき事情の1つとして加害者である被告の資産、加害行為の態様を考慮することができるとしているが[13]、これも制裁的要素が入っていると見るべきであると述べる。そして、制裁的賠償の理論は日本の不法行為制度の中に移植することができ、そのことによって不法行為制度が破綻するおそれはないとされる[14]。

さらに、近江教授は、損害賠償の目的は、被害者の救済であって、損害の塡補がその中心におかれるとしても民事的制裁もその作用の1つであることは否定できないと述べる。すなわち、違法あるいは不法な行為については、刑事責任であれ民事責任であれ制裁的観念を払拭することはできないとし、また、小島教授と同じく、日本の精神的損害（慰謝料）もまた懲罰的損害賠償と同様に制裁的機能を営んでいるとする。さらに、債務不履行における違約金（民法420条3項）は、規定の趣旨とは異なり[15]、現実には違約罰の性格が濃いと評する。そして、不法行為法における制裁的機能は、不法行為法の第2の目的であると述べる[16]。

樋口教授は、制裁的慰謝料を認めなかった後述のクロロキン訴訟控訴審判決

---

12) 旧法下について、兼子一『増補強制執行法』290頁（酒井書店、再増補、1955年）、鈴木忠一＝三ケ月章編『注解強制執行法(4)』168頁〔山本卓〕（第一法規、1978年）。民事執行法172条に関する現在の通説も、そのように解している。浦野雄幸『条解民事執行法』752頁（商事法務、1985年）、浦野雄幸編『基本法コンメンタール民事執行法』426頁〔小林昭彦〕（日本評論社、第4版、1999年）、中野貞一郎『民事執行法』775頁（青林書院、増補新訂5版、2006年）、三ケ月章『民事執行法』422頁（弘文堂、1981年）。日本の間接強制は沿革的にはフランス法のアストラントをモデルとしたとされる。アストラントについては、たとえば、大濱しのぶ『フランスのアストラント』（信山社、2004年）、森田修『強制履行の法学的構造』（東京大学出版会、1995年）などを参照。

13) 大判大正9年5月20日民録26輯710頁、大判昭和8年7月7日民集12巻1805頁。

14) 小島武司「脚光を浴びる制裁的賠償」判タ278号12頁（1972年）。

15) 同項の趣旨については、たとえば、遠藤浩編『基本法コンメンタール債権総論』70頁〔森泉章〕（日本評論社、2005年）、奥田昌道編『注釈民法(10)債権(1)』712頁〔能見善久〕（有斐閣、1987年）。また、裁判例の概観は、篠塚昭次＝前田達明編『新・判例コンメンタール(5)』281頁〔辻博明〕（三省堂、1992年）。

16) 近江幸治『民法講義(6)事務管理・不当利得・不法行為』90頁（成文堂、2004年）。

に対して、次のような批判を加える[17]。すなわち、第1に、制裁あるいは不法行為の抑制が不法行為法の目的ではないといいうるためには、民事法以外の手段で十分な制裁と抑制が行われている必要があるが、一般人の健康被害をもたらすことを知りながら得た被告企業の利潤を吐き出させる制度はなく、そのような不正な利潤が企業にとどまるのは不合理ではないかと述べる。第2に、民事と刑事の峻別論が現実にはそれほど徹底されていないのではないかとの疑問を呈している。つまり、従来の通説・判例は制裁的慰謝料を正面から認めることを否定しつつも、賠償額の算定に際して加害者の行為態様だけでなく、社会的地位や財産状態まで考慮してよいとするのは論理的矛盾があるのではないかと述べる。

　また、吉村教授は、日本の公害事件や薬品・食品被害の事例のように刑罰や行政法規が十分な抑止ないし制裁として機能せず、しかも当該不法行為によって加害者が利得を得ている場合には、不法行為の抑止ないし制裁的機能を認めることの実際的意義には大きなものがあるとする[18]。

　このように、近時は学説においては、不法行為法の機能に、制裁的機能を認める見解が次第に有力化しつつあると評価することができ[19]、また、そもそもいかなる説明を施そうともその制裁的性格を否定することは困難であると述べる見解もある[20]。

---

17)　樋口範雄「制裁的慰謝料論について」ジュリスト 911 号 23 頁以下（1988 年）。

18)　吉村良一『不法行為法』19 頁（有斐閣、第 3 版、2005 年）。

19)　このような立場に立つその他の見解として、淡路剛久『不法行為法における権利保障と損害の評価』109 頁（有斐閣、1984 年）、加藤雅信『新民法大系（V）』381 頁（有斐閣、第 2 版、2005 年）、窪田充見「不法行為法と制裁」石田喜久夫先生古稀記念『民法学の課題と展望』669 頁（成文堂、2000 年）、後藤孝典『現代損害賠償論』187 頁（日本評論社、1982 年）、小林秀之『製造物責任法』85 頁（新世社、1995 年）、田中英夫＝竹内昭夫『法の実現における私人の役割』159 頁以下（東京大学出版会、1987 年）、谷口知平「不法行為制度一般の問題点」法学セミナー 185 号 53 頁（1971 年）、丹羽重博「懲罰的損害賠償の可能性」日本法学 65 巻 4 号 33 頁（2000 年）、平井宜雄『債権各論 II 不法行為』6 頁（弘文堂、1992 年）、藤倉皓一郎「懲罰的損害賠償試論」同志社法学 49 巻 6 号 180 頁（1998 年）、前田達明『不法行為法理論の展開』24 頁（成文堂、1984 年）、三島宗彦「慰謝料の本質」金沢法学 5 巻 1 号 19 頁（1959 年）、森島昭夫『不法行為法講義』474 頁（有斐閣、1987 年）、山田卓生「過失責任と無過失責任」有泉亨編『現代損害賠償法講座(1)』65 頁（日本評論社、1976 年）、吉村良一『人身損害賠償の研究』161 頁（日本評論社、1990 年）。

(2) 判例

① 塡補賠償的理解

　日本のほとんどの判例は、通説と同様に、不法行為に基づく損害賠償は塡補賠償にあると理解する。最高裁は、「不法行為に基づく損害賠償制度は、被害者に生じた現実の損害を金銭的に評価し、加害者にこれを賠償させることにより、被害者が被った不利益を補てんして、不法行為がなかったときの状態に回復させることを目的とするものである」と述べる[21]。この最高裁判例は比較的最近に出されたものであるが、このような理解は実務上かねてから一般的な理解であったと思われる。

　そして、このような理解を前提に、懲罰的損害賠償を求める請求は下級審裁判例において否定され続けた。著名な事件として、たとえば、クロロキン（Chloroquine）薬害訴訟がある。この薬は、そもそも抗マラリア薬としてドイツで 1934 年に開発されたが、毒性が強いため実用化が断念された。その後、アメリカ合衆国で 1943 年に独自に開発され、抗マラリア薬として発売された。この薬は日本では昭和 30 年（1955 年）には販売され、慢性腎炎やリウマチ、気管支ぜんそくにも用いられた。しかし、この薬の長期投与によって、クロロキン網膜症──この疾病に対しては治療法がなく、薬の服用を中止しても視覚障害が進行する──を発症した患者がおよそ 1000 名発生した。アメリカ合衆国ではクロロキン網膜症の報告がすでになされていたにもかかわらず、当時の厚生省が情報公開や製薬会社に対する指導を怠ったために日本では被害が拡大した。これに対して被害者である原告らが、製薬会社や国を相手取って損害賠償を求めたという事件である。東京高裁は、制裁的慰謝料について比較的詳細に言及している[22]──なお、平成 7 年（1995 年）に最高裁で国の責任は否定された[23]──。すなわち、裁判所は、「不法行為により被害者の被った精神的損害に対する慰謝料の算定に当たっては、他の諸般の事情とともに加害行為の態様（加害者が故意でしたか、過失か、その過失、悪性の程度等）が斟酌されるが、それは

20）　酒井一「米国懲罰的賠償判決の承認と執行に関する一考察(1)」民商法雑誌 107 巻 3 号 45 頁（1993 年）。
21）　最判平成 5 年 3 月 24 日民集 47 巻 4 号 3039 頁。
22）　東京高判昭和 63 年 3 月 11 日判時 1271 号 441 頁。
23）　最判平成 7 年 6 月 23 日民集 49 巻 6 号 1600 頁。

その態様の如何によって被害感情、被害者の受ける精神的苦痛の程度に差異があるのが通常であり、これが慰謝料額に反映されるべきであるからである。原告ら主張の『制裁的慰謝料論』は、本件では、加害行為の態様を右のように斟酌して慰謝料額を定めるだけでは足りず、被害者の受けた損害の十全な回復と加害行為の再発防止（薬害の再発防止）のため、懲罰的、制裁的に高額の慰謝料を定めるべきであるというものである。しかしながら、我国の民法における不法行為による損害についての損害賠償制度は、不法行為によって被った被害者の損害を加害者に賠償させることのみを目的としているのであり、そのためには、加害行為の態様を前記の範囲で斟酌することで必要、かつ、十分であり、これを超えて加害者に懲罰、制裁を課するとか、不法行為の再発防止を図るとか、そのために慰謝料額を高額にするものとすることなどは、右制度の予想しないところであって、ゆるされない」とした。

また、麻酔事故により患者が植物人間となり、その後死亡した事件について制裁的慰謝料を否定した昭和61年（1986年）の東京地裁の判決[24]、また、エレベーターに足を挟まれて怪我をしたことについて、メーカーに対する懲罰的損害賠償を否定した平成5年（1993年）東京地裁判決[25]、さらに、自転車を走行中に自転車のハンドルが2度にわたり同一箇所で折れた事故で（修理後、同一箇所が再度破断した）、制裁的慰謝料を否定した平成6年（1994年）東京地裁判決など[26]、制裁的慰謝料を否定した裁判例は多数に及ぶ。

最高裁判決には、国内事件で懲罰的損害賠償が認められるか否かという問題に直接言及したものはないようである。しかし、冒頭に紹介した平成9年（1997年）最高裁判決は、懲罰的損害賠償を命ずるアメリカ合衆国の判決の承認を拒否している。そして、この最高裁判決以降は、この判決を引用して国内事件での懲罰的損害賠償を命ずることを否定する判決が相次いでいる[27]。

② 懲罰的損害賠償を認めたケース

きわめて例外的にではあるが、懲罰的損害賠償を認めた判例も存在する。こ

---

24)　東京地判昭和61年2月24日判時1214号97頁。
25)　東京地判平成5年4月28日判時1480号92頁。
26)　東京地判平成6年5月27日判時1498号102頁。

の事案は、建築工事に伴う騒音による精神的苦痛を防止する目的で、工事の時間などについて、建設会社と近隣住民との間で締結された和解を、建設会社が継続的に違反したことによる損害賠償を住民側が求めたものである。京都地方裁判所は、被告会社は工事の遅延による損害金を支払うよりも和解違反による賠償金を支払った方が得策であると判断して和解契約を違反したものと認定した。その上で、当事者は損害賠償を払うことで契約を破る自由を有するが、これは売買契約などの取引的契約違反について妥当するものであり、本件のような和解契約では妥当しないとした。そして、原告は建築騒音を防止する目的で原告らが苦心して締結した和解契約に故意に違反したのであるから、その違反の懲罰的ないし制裁的慰謝料の賠償を認めるのが相当であるとした[28]。

なお、交通事故によって後遺症が残った被害者が損害賠償を求めた事件で、東京高等裁判所は、慰謝料のうちに制裁的要素が含まれてもよいことは否定しないが、被害者がすでに受けた慰謝料額を上回る賠償を認める理由がないとした事案がある[29]。

(3) 小括

日本の不法行為法における学説・判例の議論は次のようにまとめることができよう。わが国の通説的理解によると、不法行為に基づく損害賠償は被害者に生じた損害を塡補するための制度である。ただし、民法 710 条による慰謝料の算定は、諸般の事情を考慮して判断することになるが、そこでは「発生した損害」を算定するというよりも、「加害者に賠償させるのが妥当な額」を判断す

---

27) たとえば、著作権侵害に基づく損害賠償請求について懲罰的損害賠償を認めなかった東京地裁判決（東京地判平成 15 年 7 月 18 日 LEX/DB2808227）がある。また、やや特殊な事案であるが、裁判所内に拘置されている被疑者への文書の差し入れが禁止されたのは違法であるとされたが、国に対する懲罰的損害賠償を認めなかった名古屋高裁判決（名古屋高判平成 15 年 12 月 24 日 LEX/DB28090659）がある。両判決は、平成 9 年最高裁判決を引用して、懲罰的損害賠償を否定している。ほかにも、平成 9 年最高裁判例を引用してはいないが、自動車（メルセデスベンツ）を運転中にエンジンルームから発火した被害者が輸入業者と販売業者を相手に損害賠償を求めた事件で、東京地裁は、日本において懲罰的損害賠償制度は認められていないのは明らかであるとした（東京地判平成 15 年 5 月 28 日判時 1835 号 94 頁）。
28) 京都地判平成元年 2 月 27 日判時 1322 号 125 頁。
29) 東京高判平成 4 年 7 月 20 日交民集 25 巻 4 号 787 頁。

226　第Ⅱ部　要件論

るということになる[30]。実務においても、不法行為に基づく損害賠償は塡補的賠償であるという点で一貫しており、被害者側が、懲罰的損害賠償の支払いを求めてもこれを否定し続けてきた。なお、わが国の訴訟物理論は実体法上の請求権ごとに成立すると解するのが実務の立場であるにもかかわらず、判例は交通事故訴訟や公害事件といった不法行為事件では、財産上の損害（民法709条）と慰謝料（民法710条）は一体として訴訟物を構成すると解している[31]。また、判例は、慰謝料の額は、裁判官が諸般の事情を斟酌し、自由心証をもって量定するとしている[32]。したがって、その限りで、裁判所は財産的損害・非財産的損害という枠組みを取り払い、加害者に賠償させるのが相当である範囲を定型的に判断する方向にあるといえる。

　これに対して、制裁の慰謝料を認めようとする見解も主張されている。その意図するところは、通説が考える塡補的賠償では、被害者救済として不十分であるとする点にある。しかし、その背景には様々なものが含まれている。すなわち、ある論者は、日本における慰謝料が低額すぎることを批判して制裁的慰謝料の導入を主張している。だが、制裁的慰謝料を肯定する見解の多くは、塡補的賠償では加害者の加害行為を抑止する機能としては十分ではないため、制裁的慰謝料にその役割を期待している。

　だが、現時点では、制裁的慰謝料を認める見解については、次のような問題が指摘されている[33]。すなわち、議論が総論的部分に終始していて、具体的問題に踏み込んでいないという点である。具体的には、たとえば、第1に、制裁の金額をどのようにして決めるのか、第2に、第1グループの原告（被害者）と第2グループの原告（被害者）とで受け取る金額に大きな相違が生じてもいいのか、第3に、被告の資産状態によって原告が受け取る額に差が出るのは許されるのか、第4に、不当利得との関係をどのように理論的に説明するのか、などである。

---

30)　たとえば、我妻・前掲注6) 203頁。
31)　最判昭和48年4月5日民集27巻3号419頁。
32)　大判明治43年4月5日民録16輯273頁。
33)　遠藤浩編『基本法コンメンタール債権各論(2)』53頁〔田井義信〕（日本評論社、第4版、2005年）。

2 その他の法分野での議論

まず、日本の労働基準法は、アメリカ公正労働基準法（Fair Labor Standards Act, 29 U.S.C. §216）16 条を導入した、付加金の制度を定めている。この制度は、解雇予告手当（労働基準法 20 条）、休業手当（労働基準法 26 条）、時間外・休日および深夜の割増賃金（労働基準法 37 条）、年次有給休暇の賃金（労働基準法 39 条）を支払っていない使用者に対して、労働者の請求によって未払金と同一額の付加金の支払いを命ずる制度である（労働基準法 114 条）。この付加金の法的性質をめぐっては議論があり、違反行為に対する民事的制裁としての性質を有するとの見解などがあるが[34]、多数説によると罰則と同様の制裁的措置（公法的制裁説）[35] と解されている[36]。他方、裁判例の多くは、法的性質について明示していないとされる[37]。また、船員法 116 条も、労働基準法 114 条と同様の規定を置いている。さらに、間接強制の制度（民事執行法 172 条）は、現実に生じた損害を超えた間接強制金を認めている[38]。

Ⅲ　外国判決承認制度との関係

1　学説

次に、懲罰的損害賠償を命ずる外国判決の承認の可否をめぐる国内での議論を見ていくことにする。

---

34)　厚生労働省労働基準局監督課編『労働基準法の早わかり』383 頁（労働調査会、改訂 7 版、2004 年）。

35)　青木宗也 = 片岡曻編『労働基準法(2)』396 頁〔石橋洋〕（青林書院、1995 年）。その理由として、「申告権と共に労働基準法違反の防止のための監督制度の補充のための規定であることなどから考えると、それは単なる損害賠償額の性質のものではなく、罰則と同様制裁的な性質」であるとしている。

36)　ただし、アメリカ合衆国では付加金の制度は制裁（penalty）としてではなく、損害賠償の予定としての塡補賠償としての性格を有すると解されているという。青木 = 片岡編・前掲注 35）396 頁〔石橋〕。

37)　東京大学労働法研究会編『注釈労働基準法（下）』1082 頁〔藤川久昭〕（有斐閣、2003 年）。

38)　前掲注 12）を参照。

228　**第Ⅱ部　要件論**

(1) 非民事判決説

　この見解は、懲罰的損害賠償を命ずる部分は、民事訴訟法 118 条が予定している「民事判決」に該当しないとする立場である。民事訴訟法 118 条が規定している「確定判決」は、通説によると、実体私法上の請求権に関する判決であると解されている[39]。そこで、非民事判決説によると、懲罰的損害賠償を命ずる判決は加害者の処罰のために金銭支払いを命ずる判決であり、日本法の観点からすると、本来は刑事法が果たすべき役割を担っているとしたり[40]、あるいは、私法的外装を伴った隠れた域外的公権力の行使の 1 つのパターンとして当該問題を把握し、懲罰的損害賠償の部分に限って端的にこれを承認対象外とすべきであるとする[41]。たとえば、道垣内教授は、アメリカ合衆国の懲罰的損害賠償判決が日本法に照らして民事判決に該当するかについて、「典型的な懲罰的損害賠償は、加害者の懲罰を目的として現に生じた損害賠償額を超える金銭の支払をその者に命ずるものであり、それを受け取るのが被害者である点で特殊であるが、日本の法制度上は刑事法が果たすべき役割を担っているということができる。そうであれば、懲罰的損害賠償判決は罰金判決類似の性格を有するというべきであり、……その執行をわが国で認めることはできない」と述べる。また、石黒教授は、「私人の提起する訴訟に行政機関による法のエンフォースメントを補う機能を営ませようとし、あえて『公的〔非民事的〕なものと私的〔民事的〕なものとの交錯・融合』をはかり、そうした点で私人に『アドホックな私的総裁 (private attorney-general)』としての役割を期待しようとするこの制度の本質（カリフォルニア州の場合はそれが端的に示されている）を、一層直視すべきだと考える。イギリスの 1980 年対抗立法との関係において、アメリ

---

39)　秋山幹男ほか『コンメンタール民事訴訟法 II』511 頁（日本評論社、第 2 版、2005 年）、小室直人ほか編『基本法コンメンタール新民事訴訟法(1)』255 頁〔酒井一〕（日本評論社、第 2 版、2003 年）、鈴木忠一＝三ケ月章編『注解民事執行法(1)』388 頁〔青山善充〕（第一法規、1984 年）、鈴木正裕＝青山善充編『注釈民事訴訟法(4)』359 頁〔高田裕成〕（有斐閣、1997 年）、高桑昭「外国判決の承認及び執行」鈴木忠一＝三ケ月章監修『新実務民事訴訟講座(7)』134 頁（日本評論社、1982 年）、中野・前掲注 12）186 頁。

40)　道垣内正人「アメリカの懲罰的損害賠償判決の日本における執行」三ケ月章先生古稀記念祝賀『民事手続法学の革新（上）』433 頁（有斐閣、1991 年）。

41)　石黒一憲『国際民事訴訟法』220 頁（新世社、1996 年）、早川吉尚「懲罰的損害賠償の本質」民商法雑誌 110 巻 6 号 1062 頁（1994 年）、横溝大「判批」判例評論 475 号 40 頁（1998 年）。

カの 3 倍賠償制度が、"enforcement of public law....by private remedies" と評され
ていたことを想起すべきなのである。つまり、私法的外装を伴った隠れた域外
的公権力行使の 1 つのパターンとして、当該問題を把握し、懲罰賠償部分に
限って端的に承認対象外とすべき」であると述べる。

しかし、この見解に対しては次のような批判がある。すなわち、制裁を目的
としている賠償であっても、私人の主導で訴訟が開始し、被害者である私人に
損害賠償を認める方法が認められる以上、その賠償金は刑事的な制裁金から私
的な救済方法（remedy）に転化しており、民事判決性を否定することは困難で
あるというものである[42]。

(2)　公序説

これに対して、懲罰的損害賠償を命ずる判決の承認の問題を公序の枠内で考
える見解が、わが国では多数を占める。しかし、細部では、一致していない。

①　一般的公序違反説

この立場は次のように説く。わが国の損害賠償の基本は、民事責任と刑事責
任の分化を前提として、被害者に生じた損害に対する塡補を認めることにある
ので、塡補賠償を超えた懲罰的損害賠償は、日本の損害賠償の基本原則に反す
る。しかし、懲罰的損害賠償には、法域ごとに様々な性質が認められており[43]、
日本法上は弁護士費用や[44]、慰謝料など不法行為に基づく塡補賠償に相当する
と認められる場合がある。したがって、懲罰的損害賠償を認めた外国判決で
あっても、日本法から見て塡補賠償の対象となる損害をカバーする範囲におい
ては承認することができるが、純粋に違法行為の制裁・抑止のために懲罰的損
害賠償を命じた部分については承認することはできないとする[45]。たとえば、
竹下教授は、「懲罰的損害賠償を認めた外国判決でも、わが国であれば塡補賠

---

42)　高桑昭「外国裁判の承認」高桑昭＝道垣内正人編『新裁判実務大系(3)』308 頁（青林書
　　院、2002 年）、竹下守夫「判例から見た外国判決の承認」中野貞一郎古稀祝賀『判例民事
　　訴訟法の理論（下）』545 頁（有斐閣、1995 年）。

43)　全米各州の懲罰的損害賠償に関する法状況については、Schlueter, *supra* note 4, vol.2, at
　　148–513.

44)　最判昭和 44 年 2 月 27 日民集 23 巻 2 号 441 頁は、不法行為訴訟における原告の弁護士
　　費用は、不法行為によって生じた損害額に算入することができるとする。

償の対象となる損害をカヴァーする部分については、その効力を承認すること
が、わが国の損害賠償法の基本原則に反するとはいえないであろう。これに対
して、純粋に違法行為の制裁・抑止のために懲罰的賠償を命じた部分は、右の
基本原則と相容れず、公序要件を欠く」と述べる。

この見解に対しては、次のような問題点が指摘されている。すなわち、承認
適格の際には民事判決を肯定しておきながら、公序の判断では刑事的性格を強
調することに矛盾はないか[46]、あるいは反公序性の審査は個別事案の内国牽連
性を基準に判断すべきであることから[47]、公序に反するという枠組みはこの立
場に反するのではないか[48]、という疑問である。

②　金額公序違反説

この立場は金額に着目して反公序性を判断する見解である。つまり、懲罰的
損害賠償を個別・具体的に検討し、判決部分のうちで相当額を超えた部分だけ
が公序に反するとする見解である。比較的多くの見解がこの立場を支持する[49]。
この立場は、懲罰的損害賠償を命ずる判決であっても、一律に一体的に公序に

---

45)　参照、坂本昭雄「判批」金融商事法務 921 号 52 頁（1993 年）、田尾桃二「判批」金融
商事判例 1031 号 58 頁（1998 年）、竹下・前掲注 42）545 頁、藤田泰弘「渉外民事事件の
実務と問題点」自由と正義 31 巻 11 号 22 頁（1980 年）、森川展男「わが国におけるアメリ
カ懲罰的損害賠償判決の承認・執行可能性」大東文化大学紀要 34 号 87 頁（1996 年）。な
お、竹下教授は、一定の場合には日本法上も懲罰的損害賠償を命ずることができるとの見
解を主張している。すなわち、原子力損害賠償法 3 条、鉱業法 109 条、大気汚染防止法 25
条、水質汚濁防止法 19 条などの特別法上の不法行為については、①そのような行為の予
防のために損害賠償の抑止的機能をとくに高める必要があり、また②原告に対する損害填
補の責任は、すでに無過失でも認められているのであるから、行為者に悪意があるときに
は填補賠償に加えて懲罰的損害賠償を認めるのが法の趣旨に合致すると述べる。これに対
して、一般の不法行為については、懲罰的損害賠償を認めるコンセンサスが社会一般に認
められているとはいえない、と述べる。竹下守夫「救済の方法」芦部信喜ほか編『基本法
学(8)』194 頁（岩波書店、1983 年）。

46)　中野俊一郎「懲罰的損害賠償を命じる外国判決の承認・執行」NBL627 号 22 頁以下
（1997 年）。

47)　通説である。石黒一憲『現代国際私法（上）』558 頁（東京大学出版会、1986 年）、木
棚照一＝松岡博＝渡辺惺之『国際私法概論』352 頁〔渡辺〕（有斐閣、第 5 版、2007 年）、
鈴木＝三ケ月・前掲注 39）402 頁〔青山〕、本間靖規＝中野俊一郎＝酒井一『国際民事手
続法』191 頁〔中野〕（有斐閣、2005 年）。

48)　櫻田嘉章「判批」重判平成 9 年度 293 頁（1998 年）、鈴木＝青山・前掲注 39）383 頁
〔高田〕。

反するとの扱いを否定しつつ、不法行為の準拠法の趣旨（損害賠償の額について、不法行為の準拠法と日本法の重複的適用を行う）をいかして、相当範囲を超える部分の賠償額を公序違反と捉える立場とされる[50]。

　この見解においては、わが国で承認を認めるに相当な金額をいかにして導き出すかが問題となるが、見解の一致を見ていない。たとえば、①できるだけ各国の裁判所の判断を尊重しつつ自国民保護の要請を実現するため、裁判所の裁量で懲罰賠償部分の3割から5割程度の範囲内を認めるのが妥当であるとする見解[51]、あるいは、②生活の相違や通貨価値の相違を考慮すべきであるとして、日本法を基準として損害額を算定した上で通貨の格差に関する調整を施し、それを超える額を公序に反するものとして扱う見解[52]、③基本的に実際に生じた損害額を超える制裁的な賠償を認めないが、内国牽連性が希薄な事件については3倍程度まで許容する見解[53]、さらには、④懲罰的損害賠償を認めた法域の懲罰的損害賠償の機能と日本法上認められている賠償との類型的な機能比較を行い、弁護士報酬を含む訴訟費用の限度しか懲罰的損害賠償を認めない州の場合や精神的損害を慰謝する Exemplary Damages しか認めない州の場合は原則として承認するが、「私的法務長官」としての機能を含めて多くの機能が制度として予定されているタイプについては、日本法の観点から許容できる範囲でのみ部分的に承認するという見解[54]、などがある。

　しかし、外国判決が命じる賠償額が相当か否かを判断するに際して、内国で審理した場合に認容される賠償額と対比することになるが、このことは内国裁判所に過大な負担とならないか、また実質的再審査の禁止の原則（民事執行法

---

49)　春日偉知郎「判批」重判平成5年度292頁（1994年）、小林秀之「懲罰的損害賠償と外国判決の承認・執行（下）」NBL477号25頁（1991年）、小室百合「判批」法学55巻5号98頁（1991年）、須藤典明「判批」判タ852号275頁（1994年）、渡辺惺之「判批」特許管理41巻10号1326頁（1991年）。

50)　春日・前掲注49）292頁。

51)　須藤・前掲注49）275頁。

52)　渡辺・前掲注49）1326頁。渡辺教授は、この調整を、*Stiefel/Stürner*, Die Vollstreckbarkeit US-amerikanischer Schadensersatzurteil exessiver Höhe, VersR 1987, 141 f. の提案する公式に委ねる。そして、具体的には日本での損害算定額×円の購買力による上積み（または減額）×修正指数（1.5）÷外貨交換率によって算定することを提案する。

53)　櫻田・前掲注48）293頁。櫻田教授は、内国牽連性の度合いに応じて認容額を可変的に認める。

54)　小林・前掲注49）24頁。

24条2項）に反することにならないか、といった問題が指摘されている[55]。

③ 承認肯定説

他方、原則として著罰的損害賠償を認める外国判決の承認・執行を肯定する見解も少数ながらある[56]。河野教授は、その理由として、以下の3点を挙げている。すなわち、第1に、多くの場合、懲罰的損害賠償を命じられた企業は、自社製品の欠陥を認識しながらそれを除去することができなかったのであるから、懲罰的損害賠償を命じられたとしてもそれほど不合理ではない、第2に、アメリカ合衆国において利益を得ているなら、アメリカ合衆国の法制度が適用され、場合によっては懲罰的損害賠償が命ぜられたとしても公平に反しない、第3に、懲罰的損害賠償を命ずる判決の承認を一律に否定するのは、民事手続の構造を破壊するものであり、むしろ条約や対抗立法に委ねるべきである、と。そして外国判決承認システムの本質を想起すべきであり、原則として外国判決を承認すべきであるのであるから、懲罰的損害賠償を命ずる判決も承認されるべきであると述べる。

この見解に対しては、実際に生じた損害以外に、実損額の3倍以上にあたる億単位の金銭を原告に支払うことについて、外国判決の承認制度の趣旨ということだけでは説得的といえるのか疑問が呈示されている[57]。この見解を支持する文献がほとんど見られないことの背景には、日本の多くの研究者が、おそらく同様の疑念を抱いていることによると考えられる。

2 判例

(1) 判例の紹介

懲罰的損害賠償を命ずる判決の承認が求められたケースとして確認することができたものは、以下で紹介する萬世工業事件をめぐる一連の判決だけである。

---

55) 石黒一憲「判批」リマークス4号171頁（1993年）、道垣内正人「判批」民事執行法判例百選23頁（1994年）。

56) *Kono*, Die Anerkennung von US-amerikanischen Urteilen über punitive damages in Japan, in: Heldrich/Kono (Hrsg.), Herausforderungen des Internationalen Zivilverfahrensrechts, 1994, S. 35, 46 ff. 永井博史「懲罰的損害賠償を命じた外国判決のわが国における承認・執行の可否」大阪経済法科大学法学論集42号218頁以下（1998年）。

57) 中野・前掲注46）23頁。

【事案】

アメリカ合衆国オレゴン州パートナーシップ（原告 X）と、日本法人（被告 Y₁）が出資して設立されたカリフォルニア州法人（訴外 A）との間で、オレゴン州の工業団地に A 法人が進出することに伴う土地の賃貸借契約をめぐり、紛争が発生した。A は X を相手に、カリフォルニア州上位裁判所に訴えを提起し、A の欺罔的行為を理由に賃貸借契約の法的拘束力がないことの確認と、損害賠償を求めた。これに対して、X は、反訴を提起し、A に対しては契約の履行を求め、また Y₁ および同社の社長 Y₂ には、詐欺的行為を理由に損害賠償を請求した。

裁判所は、賃貸借契約に法的拘束力がないことを宣言した。また、反訴について A に対する請求は認められなかった。しかし、被告らに対しては、塡補的損害賠償として 42 万 5251 ドル、さらに Y₁ に対して懲罰的損害賠償として 112 万 5000 ドルの支払いを命じた。

この判決の承認・執行が求められたのが本件である。

【東京地方裁判所の判断】[58]

裁判所は、懲罰的損害賠償を命ずる外国判決が承認適格を有するか否かという問題について、次のように述べた。「そもそも不法行為の効果としていかなる法的効果を付与するかは、その国の法律思想ないし伝統に根ざす司法政策の問題であるから、我が国の法制上懲罰的損害賠償が認められていないからといって、あるいは、懲罰的損害賠償が刑事的な目的を有するからといって、これを命ずる外国判決が如何なる事案についてであれ一切承認の対象とならないとすることは相当でない」とした。

そこで、懲罰的損害賠償を命ずる外国判決が公序に反するか否かが問題になる。裁判所は、この点について次のように述べて、公序に反するとの判断を示した。すなわち、「当該法制度それ自体の我が国の公序との抵触の如何を問題にするのではなく、あくまでも具体的事案について、当該外国判決の認定事実を前提としつつ、……当該判決の執行を認めることが我が国の公益や道徳観念に反する結果となるか、あるいはその執行により我が国の社会通念ないし道徳

---

58) 東京地判平成 3 年 2 月 18 日判時 1376 号 79 頁。

観念上真に忍びない過酷な結果がもたらされることになるかどうか」を判断すべきであるとした。そして、本件の外国判決の事実認定によると、Y₁社に対する懲罰的損害賠償の根拠とされた"意図的不実表示"があったとするのは、「経験法則及び論理法則に照らしていかにも無理があるというべきであり」、A社については、「塡補的損害賠償さえも認められなかったことと対比すると」、ひとり Y₁社に対して「薄弱の根拠に基づき本件訴え提起時の邦貨換算にして約 1 億 5000 万円にも上る巨額の懲罰的損害賠償を命ずる外国判決の執行を容認することは、我が国における社会通念ないし衡平の観念に照らして真に忍び難い、過酷な結果をもたらす」とした。

【東京高等裁判所の判断】[59]

東京高等裁判所は、懲罰的損害賠償を命ずる外国判決は民事判決にあたるか疑問である上、かりに民事判決に該当するとしても公序に反するとして、承認を認めなかった。すなわち、「懲罰的損害賠償の一部が事実上被害者の弁護士費用等の経費部分とか精神的損害を塡補する機能を果たしている面があるにしても、それは付随的かつ事実上の効果に止まるのであって」、わが国の法制度の下において認められる民事上の損害賠償制度とは相容れないものであり、「懲罰的損害賠償を命ずる米国の裁判所の判決をもって民事執行法、民事訴訟法の右各条が予定する外国裁判所の判決といえるかどうか自体が疑問である上、これが右各条にいう外国裁判所の判決に当たると解しても、[旧]民事訴訟法 200 条 3 号の公序の要件の適合性が問題にならざるを得ず、我が国の法秩序のありかたからいって、本件外国判決の執行を認めることは我が国の公序に反する」と述べた。

【最高裁判所の判断】[60]

最高裁は、懲罰的損害賠償を命ずる外国判決は承認されないとした。

まず、懲罰的損害賠償の制度の理解として、次のように述べている。すなわち、「カリフォルニア州民法典の定める懲罰的損害賠償（以下、単に『懲罰的損害賠償』という。）の制度は、悪性の強い行為をした加害者に対し、実際に生じた損害の賠償に加えて、さらに賠償金の支払を命ずることにより、加害者に制裁

---

59)　東京高判平成 5 年 6 月 28 日判時 1471 号 89 頁。
60)　最判平成 9 年 7 月 11 日民集 51 巻 6 号 2573 頁。

を加え、かつ、将来における同様の行為を抑止しようとするものであることが明らかであって、その目的からすると、むしろ我が国における罰金等の刑罰とほぼ同様の意義を有するものということができる」。

そして、「我が国においては、加害者に対して制裁を科し、将来の同様の行為を抑止することは、刑事上又は行政上の制裁にゆだねられているのである。そうしてみると、不法行為の当事者間において、被害者が加害者から、実際に生じた損害の賠償に加えて、制裁及び一般予防を目的とする賠償金の支払を受け得るとすることは、右に見た我が国における不法行為に基づく損害賠償制度の基本原則ないし基本理念と相いれないものである」とした。

したがって、「本件外国判決のうち、補償的損害賠償及び訴訟費用に加えて、見せしめと制裁のために被上告会社に対し懲罰的損害賠償としての金員の支払を命じた部分は、我が国の公の秩序に反するから、その効力を有しない」と判断した。

(2) 判例のまとめ

第1審から最高裁まで、いずれも懲罰的損害賠償を命ずる外国判決を不承認としたが、その理由は異なる。

第1審の東京地裁は、懲罰的損害賠償を命ずる外国判決は刑罰と同視することはできないので承認適格を有するとした。そして、外国判決の承認が公序に反するか否かは、承認によって日本の公益や道徳観念に反する結果となるか否かを個別事案ごとに判断すべきであるとした上で、米国裁判所が懲罰的損害賠償を認めた事実認定は根拠が薄弱であるとの理由で不承認とした。しかし、外国裁判所の事実認定を検討する手法に対しては、学説が一致して批判している。すなわち、承認国裁判所が外国裁判所の事実認定にまで踏み込んで考察することは「実質的再審査の禁止」(民事執行法24条2項)に反するというものである[61]。たとえば、石黒教授は、「かかる論理を認めることは、外国判決承認・執行制度を根底から覆すことを意味する」と述べる[62]。

---

61) 海老沢美広「判批」重判平成3年度273頁(1992年)、神前禎「判批」ジュリスト1023号141頁(1993年)、小林・前掲注49)25頁、道垣内正人「判批」判例評論391号45頁(1991年)、渡辺・前掲注49)1325頁。

これに対して第 2 審の東京高裁は、懲罰的損害賠償を命ずる外国判決は外国裁判所の民事判決といえるか疑問であるし、かりに民事判決に該当するとしても公序に反するので日本で執行することはできないとした。他方、最高裁は、民事判決性（承認適格）の問題には触れずに、公序に反するとして承認を拒絶した。東京高裁、最高裁、ともに懲罰的損害賠償という制度一般から、民事判決を否定しあるいは公序違反を導き出している。最高裁が民事判決性の問題に言及せずに公序違反を問題にしているということは、民事判決性を肯定していることを意味すると考えることもできる。この最高裁の態度については、実務家からは、民事裁判所の下した民事判決であることは明らかであるので、これを非民事判決であるとはいえないとの実務感覚があったのではないかとの指摘がある[63]。しかし、この最高裁判決により、今後は、実質は懲罰的損害賠償であるにもかかわらず填補賠償を装った外国判決が登場するとの懸念が表明されている[64]。

Ⅳ　検討

1　懲罰的損害賠償制度と日本の損害賠償制度

　まず、懲罰的損害賠償という制度は、日本での損害賠償制度と合致するものなのであろうか。通説・判例によると、日本の不法行為法の立場は被害者に生じた損害を填補することにあるとしている[65]。それでは、懲罰的損害賠償制度に類似する制度は、日本には全く存在しないのであろうか。すでに述べたように、わが国では労働基準法 114 条による付加金の制度があり、また船員法 116 条も同様の制度を有している。また、民事執行法 172 条（間接強制）は、現実に生じた損害を超えた間接強制金を認めている。

　この点について竹下教授は、労働基準法 114 条および船員法 116 条が懲罰的損害賠償に類似する制度を有し、また一部の下級審裁判例が懲罰的損害賠償制

---

62)　石黒・前掲注 55) 170 頁。
63)　須藤典明「懲罰賠償判決のわが国での執行の可否と今後の課題」自由と正義 49 巻 4 号 70 頁（1998 年）。
64)　田尾・前掲注 45) 59 頁。
65)　前掲注 6) の文献および最判平成 5 年 3 月 24 日民集 47 巻 4 号 3039 頁。

度を認めたとしても[66]、日本の損害賠償制度の基本が塡補賠償であることを覆すものではないと述べ[67]、また最高裁判決の調査官解説も同様の態度にある[68]。

　だが、今日、わが国の少なからぬ民法学者が、不法行為制度に制裁的要素を見いだしていることは先に示した通りである[69]。ことに、日本民法における損害賠償の議論が転換期を迎えていると評価することもできる現在の状態においては、一層、不法行為の機能論（法的性質論）から、この問題の結論を直結して導き出すことはできないというべきであろう。かりに、日本の損害賠償制度が制裁を目的とするものではないという通説・判例を前提にしたとしても、懲罰的損害賠償を命ずる外国判決を承認することが日本の基本的公序を乱すとは一般的に評価することはできず、むしろ後述のように個別的判断に委ねられているというべきである[70]。また、懲罰的損害賠償を求める訴えであっても、一般市民が提起する民事事件に関する訴訟での損害賠償判決であることから、懲罰的損害賠償を命ずる判決を刑事事件とする性質決定を行うことは、できないというべきであろう[71]。さらに、外国判決承認要件としての公序の判断は、本来は個別事案ごとに行うはずである[72]。したがって、懲罰的損害賠償を命ずる判決であることを理由に、一般的に不承認とする立場（東京高裁および最高裁の立場はこれに属するとも考えられる）[73]、すなわち、非民事判決説、および一般的公序違反説を支持することはできない。

2　反公序性の判断

　承認要件としての公序に反するか否かの判断は、個別事案によるのが原則であるが、その際には①事案の内国牽連性と②結果の反公序性が問題になる[74]。

66)　京都地判平成元年 2 月 27 日判時 1322 号 125 頁。
67)　竹下・前掲注 42) 555 頁。
68)　佐久間邦夫「判例解説」法曹時報 52 巻 4 号 171 頁（2000 年）。
69)　前掲注 10)、11)、14)、16)、17)、18) および 19)。
70)　岡田幸宏「外国判決の承認・執行要件としての公序について(4)」名古屋大学法政論集 152 号 455 頁（1994 年）。
71)　前掲注 42)。
72)　前掲注 47) および 48)。
73)　東京高判平成 5 年 6 月 28 日判時 1471 号 89 頁、最判平成 9 年 7 月 11 日民集 51 巻 6 号 2573 頁。
74)　前掲注 47)。

懲罰的損害賠償を命ずる外国判決の承認が問題になった場合においても、この立場を堅持すべきである。したがって、たとえば、米国企業間、あるいは外国企業間の紛争について懲罰的損害賠償判決が下された場合に、被告企業の財産がたまたま日本にあることから日本の財産に対して強制執行を行うために、日本の裁判所に当該判決の承認を求めたとしても、この外国判決は事案の内国牽連性が希薄であるといえ、承認が公序に反するとはいえないと考える[75]。

　前述のように、外国判決が内国牽連性を有する場合に、懲罰的損害賠償を命ずる判決の承認が何故に問題になるのかという点は、懲罰的損害賠償の法的性質によるものではないと考える。すなわち、実損害額を過度に超えた賠償を命ずる点、つまり賠償金額の極端な高さにある[76]。だが、なぜ賠償額が高額であることによって不承認となるのであろうか。主権国家が併存する現代社会においては、当然、それぞれの国の法の内容は不均一である。外国判決を承認する以上は、そのような法の不均一を前提として、きわめて例外的な場合を除いて外国の法制度を問題にすることはできない[77]。そうであるとするならば、懲罰的損害賠償を命ずる外国の法制度は、いわば単なる法制度の相違として承認国が甘受しなければならない範囲内にあるとする考えが生ずる[78]。しかし、萬世工業事件のように、塡補賠償額の3倍に近い100万ドルを超える懲罰的損害賠償を命じるような場合においては、現在の日本の不法行為法によって認められている損害賠償と大きく乖離することになり、このような異常ともいいうる賠償額の相違はわが国の公序に反することになると解する（だが、内国牽連性が希

---

75)　なお参照、櫻田・前掲注48）293頁。

76)　前掲注49）。ここで言及している見解の多くは金額が高額であることのみを取り上げて、公序違反を導き出している。しかし、本文で述べたように、反公序性の判断は、①結果の反公序性と、②内国牽連性によって行うべきである。したがって、金額が高額であっても公序に反しない場合もありうると考える。

77)　たとえば、準拠法決定の局面ではあるが、徳島地判昭和44年12月16日判タ254号209頁は、消滅時効の準拠法決定に際して、債権の準拠法上の時効期間が日本法よりも長いからといってただちに公序に反するとはいえないとしており、参考に値する。たしかに、外国と日本との間での制度の存否を問題にする質的局面（懲罰的損害賠償の可否）と、制度が存在することを前提とした量的問題（時効期間の長短）を同列に論じることができるのかという疑問がありえよう。しかし、各国の法制度に相違があるという点では同じであり、その相違を前提にしつつ、外国法制度の実現を可及的に尊重するという外国判決承認制度の趣旨からすれば、一律に排除する議論には疑問が残る。

78)　前掲注56）。

薄であれば承認可能である）。では、どの限度で認め、どのような方法でその額を算定すべきであろうか。賠償金額を承認国側から評価することは、実質的再審査の禁止との関係で、微妙な問題を生じさせる。萬世工業事件で東京地裁判決は[79]、判決国の事実認定にまで踏み込んだ上で不承認の判断をした。しかし、学説はこの判決に対して、実質的再審査の禁止を定めた民事執行法24条2項に反しているとして、一致して批判する[80]。そこで、承認可能な賠償額を導き出すために、類型論的な手法を考察する見解が考えられる。この見解によると、懲罰的損害賠償を認めた法域の懲罰的損害賠償の機能と、日本法上認められている賠償との類型的な機能比較を行い、弁護士報酬を含む訴訟費用の限度しか懲罰的損害賠償を認めない州の場合や精神的損害を慰謝する Exemplary Damages しか認めない州の場合は原則として承認するが、「私的法務長官」としての機能を含めて多くの機能が制度として予定されているタイプについては、日本法の観点から許容できる範囲でのみ部分的に承認することになる[81]。この類型的な考察を採った場合、日本法で認められる塡補賠償額より多くの額が承認される可能性があるが、これは各国間における法制度の相違の範囲内として、許されることになる。実質的再審査禁止の原則とも調和が取れており、外国懲罰賠償判決について内国牽連性が認められる場合の承認基準として、妥当な立場であると考える。

初出：法律論叢 80 巻 2 = 3 号 313 頁以下（2008 年）

---

79) 東京地判平成 3 年 2 月 18 日判時 1376 号 79 頁。
80) 前掲注 61) および 62)）。
81) 小林・前掲注 49) 25 頁。ただし、小林教授も内国牽連性との関係には言及していない。また、渡辺・前掲注 49) も本説に近い立場と考えられる。

第3章　公序――第3節

国際民事訴訟における
判決の抵触と公序
――ドイツにおける議論を中心に

I　問題の所在

　今日、国際的な交流が発展するとともに、渉外的な民事紛争も多く発生することとなった。しかし、国際仲裁などの解決を除いて――もっとも、仲裁でさえも、渉外保全などでは国家的救済が必要になるが――、基本的に、渉外性を帯びた事件の解決は、それぞれの国家の裁判制度の枠組みの中でなされることから、ある事件が複数の国の裁判所に係属する可能性を排除することはできない。言葉を換えると、渉外民事事件を国家という単位で解決する以上、国際的訴訟競合は、どのように規律したとしても不可避的に発生するものであるといえる[1]。しかし、その結果生ずる、相互に抵触する複数の国の判決をどのように規律していくのかという問題については、議論がある。

　日本では、――他の多くの国と同様に[2]――公序を用いて、内国判決と抵触する外国判決の承認を拒否するという扱いをしているが、そこには未解決の問題が残っている。たとえば、国内訴訟手続相互で抵触する判決が生じた場合の処理との斉一性を考えるべきか否か、また、複数の外国判決が相互に抵触する場合にどのように扱うか、すべての紛争類型につき同じ処理を行うか、などの問題がある。他方、ドイツでは、1986年に大規模な国際私法の改正がなされ

---

1)　国際訴訟競合に関する最近の文献としては、たとえば、安達栄司「国際的訴訟競合論」成城法学75号1頁（2007年）、多喜寛「国際的二重起訴（国際的訴訟競合）に関する覚書」法学新報109巻3号1頁（2002年）。

た際に[3]、外国判決承認要件に関する民事訴訟法 328 条も部分改正を受け、この問題について一定の解決がなされた。また、ブリュッセル（II）および（IIa）規則は、子に対する親の責任について抵触する判決が生じた場合に、後行の判決を優先させるルールを採用している。

---

2) *Kegel/Schurig*, Internationales Privatrecht, 9. Aufl. 2004, S. 1063 f. によると、イタリア、イングランドでも、内国判決が優先する扱いがなされているという。スペインにつき、*Bülow/Karl*, Internationaler Rechtsverkehr in Zivil- und Handelssachen, Bd. 3, 2005, S. 663–103. アメリカ合衆国につき、See, Casad/Clermont, *Res Judicata, 231 (2001)*; Restatement (Second) of Conflict of Laws, §114 (1971)（州際事件）; Restatement (Third) of the Foreign Relations Law of the United States, §482 Comment g (1987).

また、ALI/UNIDROIT, *Principles of Transnational Civil Procedure*, Comment P-30 B（2004）; Sászy, *International Civil Procedure*, 566 (1967) も参照。

スイスでは、スイス連邦国際私法 27 条 2 項 c が次のような規定を有している。

【スイス連邦国際私法（試訳）】
第 27 条
　第 1 項　略
　第 2 項　外国判決は、当事者が以下のことを証明した場合には、承認されない。
　　a 及び b　略
　　c　同一当事者間で同一対象に関する訴訟が最初にスイスで開始し、若しくはスイスで判決が下され、又は第三国で先に判決が下され、かつ、この判決がスイスで承認されるとき。
　第 3 項　略

スイス判決が優先するのは、先にスイスで手続が開始したか、先に判決が下された場合である。したがって、外国手続が後れて開始し、スイス手続の方が判決まで長引いた場合でも、スイス判決が優先することになる。*Berti/Däppen*, Basler Kommentar-IPRG, 2. Aufl. 2007, Art. 27 Rdnr. 20; *Schnyder/Liatowitsch*, Internationales Privat- und Zivilverfahrensrecht, 2. Aufl. 2006, Rdnr. 397. しかし、この場合に、スイス判決が優先することについては、裁判所の職権調査事項ではなく、当事者の申立に基づくとされている。Volken, Zürcher Kommentar zum IPRG, 2. Aufl. 2004, Art. 27 Rdnr. 121.

外国手続が他の外国手続に優先するのは、先に判決が下されて、なおかつ判決がスイスで承認可能な場合である。2 つの要件は累積的要件である。*Schnyder/Liatowitsch*, a.a.O., Rdnr. 398. したがって、ある外国手続が先に開始したものの、他国の手続が先に判決に至った場合は、後者の手続が優先する。この点は、スイス訴訟が先に開始した場合とは異なる。*Berti/Däppen*, a.a.O.(Fn. 2), Art. 27 Rdnr. 22.

先行する外国判決が、後行のスイス判決を阻止することができるか否かについては、明文の規定はなく議論があるが、先行判決優先の原則は外国判決相互間についてのみ妥当せるのが有力説のようである。Vgl. *Berti/Däppen*, a.a.O., Art. 27 Rdnr. 23; *Meier*, Internationales Zivilprozessrecht und Zwangsvollstreckungsrecht, 2. Aufl. 2005, S. 55 ff.; *Walter*, Internationales Zivilprozessrecht der Schweiz, 3. Aufl. 2002, S. 381; *Volken*, Zürcher Kommentar zum IPRG, a.a.O., Art. 27 Rdnr. 123.

3)　BGBl. 1986-I, S. 1142.

そこで本節は、ドイツ民事訴訟法改正の経緯やブリュッセル規則の動向、さらにはドイツが締結した二国間条約での扱いを主として参考にしつつ、国際民事訴訟における判決の抵触に関する検討を試みるものである。

II　ドイツにおける議論

1　ドイツ民事訴訟法 328 条

(1)　1986 年改正以前

判決が抵触する場合の解決策としては、一般的に 3 つの方法があるとされている[4]。第 1 に、先行判決優先ルール（Prioritätsprinzip; first-in-time rule）がある。これは、先行する判決を優先させるというものである。第 2 は、後行判決優先ルール（Posteritätsprinzip; last-in-time rule）と呼ばれるもので、第 1 と反対の規律である。第 1 と第 2 のルールについては、基準時を、訴訟係属あるいは判決確定のときとするかなどで見解が分かれる。第 3 は、内国判決優先ルールである。現在のドイツ民事訴訟法 328 条 1 項 3 号は、ドイツの訴訟係属が先行するとき[5]、およびドイツの確定判決があるときにはドイツの判決が優先するとし、また外国判決相互間については先に確定した判決が優先するとしている。

しかし、1986 年改正がなされるまでは、ドイツ民事訴訟法は、渉外事案における判決抵触の扱いに関する規定を有していなかった。そこで、まず、外国判決承認に関する 328 条の規定を確認してみる[6]。以下に掲げる条文訳は、とくに断りのない限り筆者の試訳である。

民事訴訟法第 328 条〔外国判決の承認〕（1986 年改正前）
　第 1 項　外国判決は、以下の場合には承認されない。
　　第 1 号、第 2 号及び第 3 号　略
　　第 4 号　判決の承認が、善良の風俗に反し、又はドイツの法律の目的に反するとき。

---

4)　*Schack*, Internationales Zivilverfahrensrecht, 4. Aufl. 2006, Rdnr. 854.
5)　この場合、外国裁判所が承認国における訴訟係属を知っていたか否かは問題にならないとされる。Vgl. *Musielak/Stadler*, ZPO, 5. Aufl. 2007, §328 Rdnr. 22.
6)　訳は法務大臣官房司法法制調査部編『ドイツ民事訴訟法典――1981 年 3 月 1 日現在の正文』110 頁（法曹会、1982 年）を参考にした。

第 5 号　略

　1986 年の国際私法改正以前のドイツの通説によれば、判決相互の抵触は、
公序の適用範囲内として扱われていた[7]。すなわち、承認を求められた外国判
決が内国確定判決に抵触する場合には公序違反とされ[8]、他方で、ドイツの判
決の方が後れて下された場合には、580 条 1 項 7 号 a によって除去されなけれ
ばならないと説かれていた[9]。

　たとえば、次のような判例がある[10]。オーストリア人女性とアルゼンチン人
男性がオーストリアで婚姻後、アルゼンチンに渡ったが、その地での生活が芳
しくなく、また妻が病気を患ったため、妻は夫の同意の下で子供を連れてオー
ストリアに帰国し、その後、同地にとどまっていた。夫は、その後ミュンヘン
で生活をしていたが、遺棄されたことを理由に 1962 年 9 月に妻を相手にミュ
ンヘン地方裁判所で離婚訴訟を提起した。訴状は司法共助によって翌 10 月に
妻に送達された。これに対して妻は、同年 11 月にオーストリアの地方裁判所
で夫を相手に離婚訴訟を提起した。このオーストリア訴訟では夫は本案につき
弁論をせず、ミュンヘン地方裁判所ですでに離婚訴訟が係属していることを理
由とする訴訟係属の抗弁を提出した。しかし、オーストリアの地方裁判所は、
1963 年 5 月に妻の請求を認めて離婚判決を下した（判決は 6 月に確定した）。ミュ
ンヘン地方裁判所は、このオーストリア判決の承認が認められるか否かが明ら
かになるまで離婚手続を中止した。妻は、オーストリア判決の承認を求めたが、

---

7)　Vgl. *Geimer*, Internationales Zivilprozeßrecht, 5. Aufl. 2005, Rdnr. 2891.

8)　*Kallmann*, Anerkennung und Vollstreckung ausländischer Zivilurteile und gerichtlicher
　　Vergleiche, 1946, S. 220 ff.; *Riezler*, Internationales Zivilprozessrecht, 1949, S. 521; *Süß*, Die
　　Anerkennung ausländischer Urteile, in: Festgabe für Rosenberg, 1949, S. 229, 247; *Stein/Jonas/
　　Schumann/Leipold*, ZPO, 19. Aufl. 1969, 2. Bd., §328 VII 2 (S. 1416).

9)　*Wieczorek*, ZPO, 2. Aufl. 1976, 2. Bd., §328 E IV b 2.

10)　OLG München, Beschl. v. 2. 4. 1964, NJW 1964, 979, 981. また、本文で紹介する事件以外
　　にも、次のような判例がある。RG, Urt. v. 12. 5. 1915, JW 1915, 1264; BGH, Urt. v. 15. 11.
　　1967, BGHZ 49, 50, 55; OVG Münster, Beschl. v. 22. 3. 1974, FamRZ 1975, 47（トルコの監護権
　　に関する裁判）; OLG Hamm, Beschl. v. 14. 4. 1976, NJW 1976, 2079 (2081)（イタリアの監護
　　権に関する裁判が、先に下されたドイツの決定に抵触するときには公序に反する）;
　　BayObLG, Beschl. v. 28. 1. 1983, FamRZ 1983, 501 = IPRax 1983, 245（ミュンヘンで夫が提起
　　した離婚訴訟の訴訟係属後に、妻がオーストラリアで離婚訴訟を開始した場合、オースト
　　ラリア判決は、ドイツ民事訴訟法 328 条 4 号の公序要件に反し承認されない）.

バイエルン司法省は公序に反するとしてこれを認めなかったため、訴えを提起した。

　ミュンヘン上級地方裁判所は、次のように述べて、妻の請求を退けた。「訴訟上の効果を伴う訴訟係属は、……法的紛争を終局的に解決する既判力という制度に欠かすことのできない前提である。同一事件につき国内裁判所が下した確定判決と抵触する外国判決の承認に関する諸原則は、この場合に類推適用されなければならない。なぜならば、そのような外国判決を承認することは、ドイツ法上認められている訴訟係属の原則に反することになるし、また、それによってドイツ法の目的を損なうことになるからである。このような状況では、オーストリアの離婚判決は、ドイツの公序（民事訴訟法 328 条 1 項 4 号）に反するため承認されない」。

　なお、扶養事件については若干注意を要する。というのも、扶養判決は、判決の基礎となった事情に変動が生じた場合には、変更がなされるからである。このことは渉外事案にも該当し、ドイツの扶養判決が外国で下された変更判決を通じて変更された場合には、この外国判決は先のドイツの扶養判決とはもはや抵触しないと解されている[11]。

(2)　改正法とその評価
①　改正に関する立法資料
　ドイツでは国際民事訴訟法関係の立法に際しては、ヨーロッパ民事訴訟法の動向が大きな影響を及ぼす。本テーマとの関係では、1986 年の民事訴訟法の改正に際しても、ブリュッセル条約の 1978 年加入条約が大きな意味を持つ。というのも、1986 年改正法は、1978 年改正ブリュッセル条約における判決承認に関する部分と適合させる形で規定が変更されたからである。まず、1986 年改正法の文言を確認する[12]。

---

11)　この考えは現行法でも支持されている。*Göppinger/Wax/Linke*, Unterhaltsrecht, 7. Aufl. 1999, Rdnr. 3283; *Henrich*, Internationales Familienrecht, 2. Aufl. 2000, S. 212; *Münchener Kommentar/Gottwald*, ZPO, 3. Aufl. 2008, Bd. 1, §328 Rdnr. 95（訴訟物が異なるため抵触しない）; *Staudinger/Spellenberg*, Internationales Verfahrensrecht in Ehesachen, 2005, §328 Rdnr. 436; *Zöller/Geimer*, ZPO, 26. Aufl. 2007, §328 Rdnr. 351; OLG Zweibrücken, Urt. v. 10. 3. 1998, FamRZ 1999, 33（トルコの扶養料変更判決につき同旨）.

民事訴訟法第328条〔外国判決の承認〕

第1項　外国判決は、以下の場合には承認されない。

第1号、第2号　略

第3号　判決が、ドイツで下された判決、若しくはすでに承認されるべき他の外国判決と抵触するとき、又は判決の基礎となった手続が、すでにドイツで係属した手続と抵触するとき。

第4号　判決の承認が、ドイツ法の基本原則に明らかに抵触するとき、とくに承認が基本法と抵触するとき。

第5号　略

　改正された328条1項3号は、3つの場合を扱っている。第1に、ドイツ判決と外国判決が抵触した場合には、確定の前後を問わずドイツ判決が優先する[13]。第2に、外国判決が相互に抵触している場合には、先行する判決が優先する。この場合基準となるのは、訴訟係属の時点ではなく、確定して判決が効力を生ずる時点である[14]。第3に、ドイツの訴訟係属が先行する場合にはドイツ判決が優先する[15]。したがって、ドイツの訴訟係属が先行する場合、またはドイツの確定判決がある場合には確定の前後を問わず、ドイツ判決が優先する。

　改正法に関する立法資料が、どのような説明を行っているのか見てみる[16]。そこでは、まず、外国判決承認要件としての準拠法の要件を削除した点、国内判決と抵触する外国判決、外国判決相互の抵触、そして国内訴訟の訴訟係属が

---

12)　BGBl. 1986-I, S.1151. 訳は法務大臣官房司法法制調査部編『ドイツ民事訴訟法典——1991年11月10日現在』102頁（法曹会、1993年）、および三ケ月章編集代表『各国民事訴訟法参照条文』327頁以下〔春日偉知郎〕（信山社、1995年）を参考にした。なお、非訟事件手続法16条aも1986年に改正され（BGBl. 1986-I, S. 1142)、民事訴訟法328条1項3号と同内容の規定となっている。Vgl. *Jansen/Wick*, FGG, 3. Aufl. 2006, Bd. 1, §16 a Rdnr. 53.

　　1986年のドイツ国際私法改正に関する詳細な資料として、桑田三郎＝山内惟介編著『ドイツ・オーストリア国際私法立法資料』（中央大学出版部、2000年）がある。

13)　*Jansen/Wick*, a.a.O.(Fn. 12), §16 a Rdnr. 55. OLG Hamm, Urt. v. 30. 10. 2000, FamRZ 2001, 1015 は、328条1項3号に基づいて、先行するドイツ判決と抵触することを理由にクロアチア判決を不承認とした。

14)　*Jansen/Wick*, a.a.O.(Fn. 12), §16 a Rdnr. 56; *Münchener Kommentar/Gottwald*, a.a.O.(Fn. 11), § 328 Rdnr. 94; *Rahm/Künkel/Breuer*, Handbuch des Familiengerichtsverfahrens, 4. Aufl. 1994, Bd. 3 Kap. VIII Rdnr. 260; *Stein/Jonas/Roth*, ZPO, 22. Aufl. 2006, Bd. 5, §328 Rdnr. 97.

15)　非訟事件の場合、ドイツ非訟事件手続法には訴訟係属（Rechtshängigkeit）概念がないので、申立（anhängig）時を基準とする。*Jansen/Wick*, a.a.O.(Fn. 12), §16 a Rdnr. 57.

16)　BT-Drucks 10/504, S. 88.

外国判決よりも早い場合の承認の可否について、説明がなされている。

　それによると、「民事訴訟法 328 条 1 項 3 号は、新しい内容を有する。現行法の規定によると、判決がドイツの当事者に不利になる形でドイツ国際私法規定（たとえば、ドイツ民法施行法 13 条 1 項、3 項、17 条、18 条、22 条）から乖離しているときには、承認されない。現行規定は、ブリュッセル条約 27 条 4 号と内容上一致している。キューネ[17] による提案と同様に、現行規定は削除されるべきである。なぜなら、現行規定は、外国判決に対する実質的再審査を原則的に排除していることに反するし、また外国判決承認における抵触法を問題にしているからである。削除されることによってブリュッセル条約と乖離することになるが、条約の規定は条約の適用範囲が制限されていること（1 条 2 項）から正当化されよう。

　これまで 328 条にはとくに規定されていない 2 つの承認拒絶事由が現行ルールの立場と入れ替わったが、これら 2 つのうち最初のものはブリュッセル条約において明文で規定されているものであり、先行する判決と抵触する場合である。また、ブリュッセル条約 27 条 3 号によると、承認国において同一当事者間で下された判決の方が優先することになっており、また加入条約はこの規定を新 5 号（承認すべき先行する外国判決と抵触する場合）を通じて補充している。現在の草案は、これら双方を含むものである。この草案は、当事者の同一性をとくに強調することはしていない。その理由は、判決の抵触はドイツ訴訟法によると、直接の関係者以外にも問題となるからである。ドイツの判決は、承認が問題になる判決よりも前に下されている必要はない。これに対して、外国判決は、他の外国判決がより早く下された場合にのみ承認が拒絶される。

　さらに、ドイツ国内訴訟の訴訟係属が早い場合にも、承認は拒絶される。しかし、ブリュッセル条約では、そのような規律は不必要である。なぜなら、条約は、国際訴訟係属を（直接的国際裁判管轄と同様に）21 条から 23 条にかけて直接規律しているため、一般的には後れて係属する裁判所の判決が下されることはないからである」。

17）　Vgl. *Kühne*, IPR-Gesetz-Entwurf, Entwurf eines Gesetzes zur Reform des internationalen Privat- und Verfahrensrechts, 1980, S. 174 f.

② 改正に対する評価

涉外事件で判決が抵触する場合の問題を、（手続的）公序の適用範囲からはずしたことについて、たとえばガイマーは、正当であるとして好意的評価を行っている[18]。

しかし、1986 年改正後のドイツ民事訴訟法 328 条 1 項 3 号が、先行判決優先ルールと国内判決の絶対的優位のコンビネーション形態を採用していることに対しては、改正後相当の年月を経ても批判が非常に根強い[19]。

改正後まもなく表明された意見として、たとえば、ゴットヴァルトは、およそ次のように述べている[20]。「内国判決が先行することを理由として外国判決を不承認とする扱いは、既判力に関する一般理論や回復訴訟（民事訴訟法 580 条 7 号 a）の一般原則に合致する。また、先行する国内訴訟係属を考慮しなかった外国判決を不承認とすることも問題ない。しかし、（当時の）ブリュッセル条約 27 条 3 号を国内法に持ち込み、後れて下された国内判決を優先させることについては疑問がある。なぜなら、承認適格を有する外国判決の既判力は国内手続では職権で顧慮しなければならず、それゆえ同一訴訟物をめぐる国内訴訟は不適法却下となる一般原則に反するからである。既判力の遮断効に反して下さ

---

18) *Geimer*, a.a.O.(Fn. 7), Rdnr. 2891.

19) *Geimer*, a.a.O.(Fn. 7), Rdnr. 2891（このような内国判決の優位性は正当化されず、むしろ内国判決が重複する場合の民事訴訟法 580 条 7 号と同一原則で処理をすべきである）; *Hoffmann/Thorn*, Internationales Privatrecht, 9. Aufl. 2007, §3 Rdnr. 164 (S. 114)（国際的判決の調和を損なう、法政策的に誤った内国判決の優位性をもたらす）; *Münchener Kommentar/ Gottwald*, a.a.O.(Fn. 11), §328 Rdnr. 95（このようなイレギュラーで、手続違反を認めるルールをブリュッセル条約から国内固有法に受け継ぐことは、説得的でない）; *Rauscher/Leible*, Europäisches Zivilprozeßrecht, 2. Aufl. 2006, Art. 34 Brüssel I-VO Rdnr. 43（同様のルールを採用するブリュッセル規則について、内国判決の絶対的優位を認める見解では、内国判決が外国判決より後で下された場合でも内国判決が優先するので、外国で下された判決の効力が国内で承認されて一旦国内で効力が認められた場合でも、国内判決が下された場合には外国判決の効力が覆されることになる）; *Schack*, a.a.O.(Fn. 4), Rdnr. 855（承認制度に適合するのは先行判決優先ルールであり、580 条 7 号 a の原状回復訴訟の方法により判決の抵触を解消する）; *Staudinger/Spellenberg*, a.a.O.(Fn. 11), §328 Rdnr. 425 f.（体系矛盾を引き起こしている。なぜなら、承認された外国判決はすでに内国で効力を生じているからである）; *Stein/Jonas/Roth*, a.a.O.(Fn. 14), §328 IX Rdnr. 95（後れて下されたドイツの判決は、580 条 7 号 a による原状回復の訴えで除去するのが望ましい）; *Zöller/Geimer*, a.a.O.(Fn. 11), §328 Rdnr. 199.

20) *Gottwald*, Das internationale Verfahrensrecht im Entwurf eines IPR-Gesetzes, IPRax 1984, 57, 60. この論文は草案に対する評価であるが、改正法についても妥当する。

れた国内判決は、580条7号aの回復訴訟により除去されることなく、法律の規定に基づき優先するのである！　違法に下された国内判決が優先することは残念であるが、阻止することはできない」としている。

　また、改正後の1988年に公刊されたシュタイン＝ヨナスの注釈書において、シューマンは次のように述べている[21]。「実務上内国判決が優先することに対する疑念は、328条の改正に際して、立法者を説得できなかった。同一訴訟物について承認すべき外国判決が存在する場合に、ドイツの裁判所に提起された訴訟は不適法であり、それにもかかわらず内国判決が下されたときは、重大な手続違反が生ずる（しかし、このドイツで後れて下された判決は民事訴訟法570条7号aによって除去される代わりに、今や新しい328条1項3号によって保護される）。まだ確定した外国判決が存在しないものの、外国で同一紛争につきすでに訴訟係属が生じているときに内国訴訟が開始した場合には、後れて開始したドイツの手続については、職権で顧慮しなければならない（国際的）訴訟係属が生じるので、それにもかかわらずドイツで判決が下されることは、いずれにしても重大な違反がある。だが、この判決をも、新しい328条1項3号は保護する！」と述べている。

　なお、先に紹介した2つの意見において登場した民事訴訟法580条7号aによる原状回復訴訟を、国内外の判決に抵触が生じた場合に利用することができるか否かについては議論がある。有力説によれば、この場合にドイツの判決は、民事訴訟法580条7号aによる原状回復訴訟により取り消すことが可能であるとされる[22]。これに対して、先行して下された外国判決と後れて下された国内判決の関係は328条1項前段で規定され、それによると国内判決が優先するとされており、同項の規定は580条との関係では特則をなすと考えられるため、先の有力説は立法者の意思に反するとの批判がある[23]。また、民事訴訟法582条の解釈として、渉外事件で原状回復の訴えを提起するには、国内訴訟の当事

21）　*Stein/Jonas/Schumann*, ZPO, 20. Aufl. 1988, §328 Rdnr. 199 Fn. 114.

22）　*Münchener Kommentar/Gottwald*, a.a.O.(Fn. 11), §328 Rdnr. 95; *Rahm/Künkel/Breuer*, a.a.O.(Fn. 14), Rdnr. 260; *Schack*, a.a.O.(Fn. 4), Rdnr. 855; *Spellenberg*, Europäisches Prozessrecht: Rechtsprechung des EuGH und neue Verordnungen, ZZP Int 6 (2001), 109, 140 f.; *Staudinger/ Spellenberg*, a.a.O.(Fn. 11), §328 Rdnr. 426 und Art. 22 EheGVO Rdnr. 72.

23）　*Lenenbach*, Die Behandlung von Unvereinbarkeiten zwischen rechtskräftigen Zivilurteilen nach deutschem und europäischem Zivilprozeßrecht, 1997, S. 208.

者が外国訴訟の存在を知らなかったことが必要であるため、同条を適用する根拠に欠けるとする見解もある[24]。

③ 後行判決を優先させる見解

先に見た見解は、前訴を優先させる立場からの改正法に対する評価であった。先行判決優先ルールのメリットとしては、ある国で敗訴した当事者が、他の国で新たに訴訟提起することを諦めさせる点にある[25]。他方で、ドイツでは現在、少数ながら有力な見解が後訴を優先させるべきであると主張している。たとえば、ケーゲルはこの見解を支持して、法政策的には、常に、後れて下された判決が優先すべきであるという。その理由は、新しい判断は崇高であり（der letzte Befehl ist heilig）、より良い判決を妥当させるべきであるという[26]。この見解は、後述のように親の責任に関するブリュッセル（IIa）規則 23 条 e および f が採用している立場でもある。しかし、ケーゲルの立場に対しては、第 2 の判決が下されるのは、裁判所が承認すべき外国手続ないし訴訟係属を無視した場合にのみ生ずるものであり、にわかに賛同することはできないとの批判がある[27]。

この立場によった判例としては、扶養料の支払いの強制執行をめぐる事件がある[28]。債権者は、債務者の 11 歳の子供であり、トルコで母親と一緒に生活をしていた。1976 年 10 月にミュンスター区裁判所は、債務者（父親）に対して、債権者の母親に扶養料月額 135 マルクの支払いを命ずる判決を下した。他方、

---

24) *Geimer/Schütze*, Europäisches Zivilverfahrensrecht, 2. Aufl. 2004, Art. 34 EuGVVO Rdnr. 165. Vgl. *Geimer*, Anerkennung ausländischer Entscheidungen in Deutschland, 1995, S. 112; *Zöller/Geimer*, a.a.O.(Fn. 11), §328 Rdnr. 199.

25) *Schack*, a.a.O.(Fn. 4), Rdnr. 855.

26) *Kegel/Schurig*, a.a.O.(Fn. 2), S. 1064. *Günther H. Roth*, Der Vorbehalt des ordre public gegenüber fremden gerichtlichen Entscheidungen, 1967, S. 111 f. も同様の理由により後れて下された判決を優先させる。*Roth*, a.a.O., S. 111 では、当時のドイツ、フランス、イタリアの有力説がこの見解を支持していると述べる。Ehrenzweig/Jayme, *Private International Law*, vol. 2, 83（1973）も、後訴優先ルールは大陸法諸国で幅広く主張されているとする。
　　アメリカ合衆国でもこの立場が有力である。*See*, McDougal et al., *American Conflicts Law*, §69 (5th ed. 2001); Scoles et al., *Conflict of Laws*, §24.29 (5th ed. 2004); Weintraub, *Commentary on the Conflict of Laws*, §5.2C (5th ed. 2006).

27) *Schack*, a.a.O.(Fn. 4), Rdnr. 856.

28) AG Gummersbach, Beschl. v. 9. 8. 1985, IPRax 1986, 235. OLG Köln, Beschl. v. 15. 12. 1986, IPRax 1988, 30 も同旨。

債務者と債権者の母には1978年6月にトルコの裁判所で離婚判決が下され、その際に月額600トルコリラ（およそ50マルク）の扶養料の支払いが命ぜられた。その後、債権者は、1976年のドイツ判決に基づき、1978年12月から1986年6月分までの扶養料債権10,665マルク分につき強制執行を行った。これに対して債務者は、1976年判決は1978年のトルコ判決によって取消ないし変更されたとして、民事訴訟法766条に基づき執行方法の異議を申し立てた。

グンマースバッハ区裁判所は、債務者による異議申立を認容したが、その際、1976年ドイツ判決が1978年トルコ判決によって取消または変更されたかどうか、という問題は重要ではないとした。その理由は、本件では後法優先の原則（"lex-posterior"-Regel）が1978年11月以降に妥当し、現在の状況に時間的に近接した最も新しい判決は、その後の手続に対する拘束力を拡張するため、当初の債務名義の既判力は後に下された判決によって効力を失うので、1976年判決の既判力が事後的に失効し、この債務名義はもはや強制執行の根拠とはなりえない、とした[29]。

④　その他の改正案

1980年に公表されたキューネ草案[30]は、外国判決の承認についてきわめて

---

[29]　この決定に対してシャックは、国内判決と抵触する外国判決は、当時の民事訴訟法328条1項4号の公序に反することから、後法優先の原則が外国判決について妥当するのは自明ではないとして批判する。つまり、ドイツの判決がより早く確定した場合には、外国裁判所が判決を下す場合はドイツ判決の既判力を意識的に無視したか、当事者が故意または過失によりドイツ判決の存在を外国手続で紹介しなかったかのいずれかであり、この場合には当事者は、外国判決の承認がなされない責任を自ら負うことになる。他方で、先に外国判決が確定した場合には、回復訴訟（ドイツ民事訴訟法580a条）の厳格な要件が示しているように、回復訴訟が認められないときには後から確定した判決（ドイツ判決）が優先する。しかし、本件では、内容的に抵触するトルコ判決はドイツ判決を明示的に変更していないが、おそらくは知らずに新たに別個の扶養判決を下しているので——意図的に無視しているときには公序により承認されない——、変更判決の効力を認めることができる。他方、変更判決は変更した状況を限度として当初の給付判決を取り消すが、残余の部分の既判力はそのまま残るのであるから、トルコ判決の承認により、扶養料の月額は135マルクではなく50マルク分を執行することができるにとどまる。したがって、トルコ判決の承認はドイツ判決の執行力を完全に取り消すものではなく、50マルクを超える分についてである。その際、債務者は、請求異議の訴え（民事訴訟法767条）のみによるべきである、と述べている。*Schack*, Anerkennung eines ausländischen trotz widersprechenden deutschen Unterhaltsurteils, IPRax 1986, 218, 219 ff.

[30]　*Kühne*, a.a.O.(Fn. 17), S. 11.

簡潔な規定を定めており、間接的一般管轄と公序の要件のみを規定していた。

第328条

外国判決は、以下の場合には承認されない。

第1項　外国の裁判所又は官署が、ドイツ法によると国際裁判管轄を有しないとき。

第2項　判決の承認が、公序、とくに憲法が定める基本権と抵触するとき。

他方で、外国法および国際私法に関するマックスプランク研究所は、ノイハウスとクロフォラーによる提案を1980年に公表している[31]。そこでは、外国判決の承認について次のような規定を提案していた。

第328条

第1項　外国判決は、以下の場合に承認される。

第1号　国内法上の規律によると管轄を有する、裁判所若しくはその他の官署の所属国において下され、又はそのような国において承認されたとき。

第2号　当該判決が、取消あるいは変更されないとき。

第2項　外国判決は、以下の場合には承認されない。

第1号　事件について、確定した国内判決又は国内で承認されるべき先行する外国判決があるとき。

第2号　手続を開始する書面若しくは処分が、敗訴した被告に対して判決国において送達されず、若しくは司法共助の方法で送達されなかったために、被告が訴訟を知ることができなかった、又は応訴することができなかったとき。

第3号　承認が、国内法の重大な原則又はとくに保護すべき利益を、耐え難いほど損なうとき。

ノイハウス=クロフォラー提案は、積極的承認要件として1項を、また消極的承認要件として2項を定めている。そして判決の抵触については2項1号が規定しているが、この点については従前の実務に合致させたとだけ説明がなされている[32]。しかし、ゴットヴァルトは、ノイハウス=クロフォラー提案に対

31）　*Neuhaus/Kropholler*, Entwurf eines Gesetzes über internationales Privat- und Verfahrensrecht (IPR-Gesetz), RabelsZ 44 (1980), 326, 340.

32）　*Neuhaus/Kropholler*, a.a.O.(Fn. 31), S. 341.

252　**第Ⅱ部　要件論**

して次のような疑問を呈している[33]。すなわち、同提案は、国内確定判決を常に優先させ、先行する外国判決は後行の外国判決に優先するとしているが、このような扱いは先行の判決は後行の判決に優先するとしている民事訴訟法580条7号aの一般原則と異なるものであり、外国判決がまず初めに承認されて、その既判力がその後の国内手続で考慮されねばならない場合に、なぜ国内判決が常に優先されるのか、その理由が明らかにされていないと述べる。

2　ヨーロッパ民事訴訟法

(1)　財産関係における規律

　ブリュッセル条約を核とするヨーロッパ民事訴訟法は、数度の改正を経ている[34]。1968年のブリュッセル条約[35]は、デンマーク、アイルランドおよび英国が加入する際に1978年に改正され[36]、この加入条約（第1加入条約とも呼ばれる）はドイツでは1986年11月1日に発効した[37]。承認要件との関係では、1978年改正条約は、従前の承認拒否事由に加えて5号を追加している。先に述べたように、1986年のドイツ民事訴訟法の改正は、これに合わせる形で条文を変更したものである。

【1968年ブリュッセル条約】
第27条　外国判決は、以下の場合には承認されない。
　　第1号、第2号　略
　　第3号　判決が、すでに承認国において同一当事者間で下された判決と抵触するとき。
　　第4号　略

---

33)　*Gottwald*, Auf dem Weg zur Neuordnung des internationalen Verfahrensrechts, ZZP 95 (1982), 3, 12.

34)　この点については、芳賀雅顯「ヨーロッパ民事訴訟法の最近の変遷」石川明＝石渡哲『EUの国際民事訴訟法判例』1頁（信山社、2005年）を参照。また、*Schack*, Internationales Zivilverfahrensrecht, 2. Aufl. 1996, Tabelle zu Rdnr. 82 が、1968年条約からルガノ条約にいたるまでの各国の条約締結状況を示している。

35)　1968年ブリュッセル条約（BGBl. 1972-II, S. 774）は、1973年2月1日に、ドイツ、ベルギー、フランス、イタリア、ルクセンブルクおよびオランダで発効している（BGBl. 1973-II, S. 60)。

36)　BGBl. 1983-II, S. 803.

37)　BGBl. 1986-II, S. 1020.

【1978 年改正ブリュッセル条約】
第 27 条　外国判決は、以下の場合には承認されない。
　　第 1 号、第 2 号　略
　　第 3 号　判決が、すでに承認国において同一当事者間で下された判決と抵触
　　するとき。
　　第 4 号　略
　　第 5 号　すでに非締約国において同一請求に関する訴訟につき同一当事者間
　　で下された判決が、承認国での承認要件を充足している場合に、この判決
　　と、承認を求められた判決が抵触するとき。

　まず、内外判決の抵触についてであるが、3 号の国内判決優先ルールでは、
内外判決の時間的先後は関係なく国内判決が優先する[38]。
　次に、外国判決相互の抵触についてであるが、1978 年改正条約に関する
シュロッサー報告書は、新たに認められた 5 号の拒否事由、すなわち非締約国
で先に下された判決と抵触する、締約国で下された判決の承認が求められた場
合（非締約国と締約国の判決の抵触）には不承認とする扱いについて理由を述べて
いない[39]。また、条約 27 条は、ある締約国で下された判決と抵触する、別の締
約国で下された判決の承認が求められた場合（締約国相互の判決の抵触）について
は規定を置いていない。その後に公にされたジュナール＝メラー報告書では[40]、
訴訟係属に関する 21 条および 22 条の規定があることから、締約国相互の判決
抵触といった事態が生ずることはまれではあるが、抵触が生じた場合には、承
認後に下された別の判決の承認を拒絶するため、承認国の手続原則および条約
に根拠づけられた一般原則を適用することになると述べている。そして、実際
には、承認国ですでに承認された判決は同国で下された判決と同じ判決効を生

---

38)　*Bülow/Wolf*, Internationaler Rechtsverkehr in Zivil- und Handelssachen, Bd. 2, 2005, S. 606-
　　501. また、越山和広「国際民事訴訟における裁判の矛盾抵触とその対策」民商法雑誌 113
　　巻 2 号 87 頁以下（1995 年）も参照。

39)　*Schlosser*, Bericht zu dem Übereinkommen über den Beitritt des Königreichs Dänemark, Irlands
　　und Vereinigstaaten Königreichs Großbritanien und Nordirland zum Übereinkommen über die
　　gerichtliche Zuständigkeit und die Vollstreckung gerichtlicher Entscheidungen in Zivil- und
　　Handelssachen sowie zum Protokoll betreffend die Auslegung dieses Übereinkommens durch den
　　Gerichthof vom 9. 10. 1978, Abl. EG vom 5. 3. 1979, C 59, S. 45.

40)　*Jenard/Möller*, Bericht zu dem Übereinkommen über die gerichtliche Zuständigkeit und die
　　Vollstreckung gerichtlicher Entscheidungen in Zivil- und Handelssachen vom 16. 9. 1988, Nr. 66 in:
　　Bülow u.a., Internationaler Rechtsverkehr in Zivil- und Handelssachen, Bd. 2, 2005, S. 609-35.

じることを前提とするとしており、先行する判決が優先することを予定している。次に、ブリュッセル規則について見てみる。

【ブリュッセル(I)規則】
第34条　外国判決は、以下の場合には承認されない。
　　第1号、第2号　略
　　第3号　判決が、すでに承認国において同一当事者間で下された判決と抵触するとき。
　　第4号　判決が、すでに他の構成国又は第三国において同一当事者間で同一請求に関する訴訟につき下されている判決と抵触し、かつ、この先行する判決が承認国において承認に必要な要件を充足しているとき。

　ブリュッセル(I)規則34条3号は、承認国の判決が優先することを定めているが、その場合に判決の時間的先後は問わないとされている[41]。なお、4号では優先性の原則が採られているが、その基準となるのは、判決の言渡し（Erlass der Entscheidung）であるとの見解と[42]、効力発生時（Eintritt der Wirkungen）とする立場[43]に分かれる。

(2)　身分関係における規律

　離婚と子に対する親の責任に関するブリュッセル(II)規則は[44]、婚姻法上の問題と子の監護権をめぐる紛争について、ブリュッセル条約の基本構造を拡大したものとされる[45]。

---

41)　*Bülow/Tschauner*, Internationaler Rechtsverkehr in Zivil- und Handelssachen, Bd. 1, 2005, S. 540–545; *Geimer/Schütze*, a.a.O.(Fn. 24), Art. 34 EuGVVO Rdnr. 164; *Münchener Kommentar/ Gottwald*, ZPO, 3. Aufl. 2008, Bd. 3, Art. 34 EuGVO Rdnr. 37; *Rauscher*, Internationales Privatrecht, 2. Aufl. 2002, S. 448; *Rauscher/Leible*, a.a.O.(Fn. 19), Art. 34 Brüssel I-VO Rdnr. 43; *Schlosser*, EU-Zivilprozessrecht, 2. Aufl. 2003, Art. 34–36 EuGVVO Rdnr. 22; *Thomas/Putzo/ Hüßtege*, ZPO, 28. Aufl. 2007, Art. 34 EuGVVO Rdnr. 17.
42)　*Koch*, Unvereinbare Entscheidungen i.S.d. Art. 27 Nr. 3 und 5 EuGVÜ und ihre Vermeidung, 1993, S. 46; *Kropholler*, Europäisches Zivilprozeßrecht, 8. Aufl. 2005, Art. 34 Rdnr. 57; *Rauscher*, a.a.O.(Fn. 41), S. 448; *Rauscher/Leible*, a.a.O.(Fn. 19), Art. 34 Brüssel I-VO Rdnr. 49.
43)　*Bülow/Tschauner*, a.a.O.(Fn. 41), S. 540–547; *Geimer/Schütze*, a.a.O.(Fn. 24), Art. 34 EuGVVO Rdnr. 180; *Thomas/Putzo/Hüßtege*, a.a.O.(Fn. 41), Art. 34 EuGVVO Rdnr. 21.
44)　Verordnung (EG) Nr. 1347/2000 des Rates vom 29. Mai 2000 über die Zuständigkeit und die Anerkennung und Vollstreckung von Entscheidungen in Ehesachen und in Verfahren betreffend die elterliche Verantwortung für die gemeinsamen Kinder der Ehegatten.

しかし、その適用範囲は狭く、たとえば、親子関係の確認や[46]、ドイツ法では付随事件（Verbundverfahren）とされる離婚事件と関連する事件（ドイツ民事訴訟法 623 条。現在は同条を含む民事訴訟法第 6 編は削除されている）といった分野の多くはカバーされていなかった。そこで、ブリュッセル(II)規則は面接交渉の執行に関するフランスの提案を承けて[47]、3 年後、新たにブリュッセル(IIa)規則となった[48]。ブリュッセル(II)規則では 15 条 1 項と 2 項に規定されていた、離婚事件と子の監護権の裁判に関する承認拒絶事由は、同(IIa)規則では 22 条と 23 条に分離して規定されている。

【ブリュッセル(II)規則】
第 15 条
　第 1 項　離婚、別居又は婚姻無効に関する裁判は、以下の場合には承認されない。
　　a 及び b　略
　　c　裁判が、すでに承認国において同一当事者間で下された裁判と抵触するとき。
　　d　裁判が、他の構成国又は第三国において同一当事者間で同一請求に関する手続で下された裁判と抵触し、かつ、この先行する裁判が、承認国において承認に必要な要件を充足しているとき。
　第 2 項　13 条に掲げられている婚姻事件の手続で下された、親の責任に関する裁判は、以下の場合には承認されない。
　　a 及び b　略
　　c　裁判が、承認国において、同一当事者間での親の責任に関して後に下された裁判と抵触するとき。
　　d　裁判が、他の構成国又は子が常居所を有する第三国において、同一当事者間で親の責任に関する後で下された裁判と抵触し、かつ、後で下された裁

---

45)　*Münchener Kommentar/Gottwald*, a.a.O.(Fn. 41), Vor Art. 1 EheGVO Rdnr. 3, 4.

46)　Erwägungsgrund Nr. 10 der Verordnung (EG) Nr. 2201/2003 des Rates vom 27. November 2003 über die Zuständigkeit und die Anerkennung und Vollstreckung von Entscheidungen in Ehesachen und in Verfahren betreffend die elterliche Verantwortung und zur Aufhebung der Verordnung (EG) Nr. 1247/2000.

47)　Erwägungsgrund Nr. 4 der Verordnung (EG) Nr. 2201/2003 des Rates vom 27. November 2003 über die Zuständigkeit und die Anerkennung und Vollstreckung von Entscheidungen in Ehesachen und in Verfahren betreffend die elterliche Verantwortung und zur Aufhebung der Verordnung (EG) Nr. 1247/2000.

48)　改正の経緯については、たとえば、*Rauscher/Rauscher*, Europäisches Zivilprozeßrecht, 2. Aufl. 2006, Einleitung Brüssel II a-VO Rdnr. 1.

判が、承認国において承認に必要な要件を充足しているとき。

【ブリュッセル（IIa）規則】
第22条 離婚、別居又は婚姻無効に関する裁判は、以下の場合には承認されない。
　　a 及び b　略
　　c　裁判が、すでに承認国において同一当事者間で下された裁判と抵触すると
　　　き。
　　d　裁判が、他の構成国又は第三国において同一当事者間で同一請求に関する
　　　手続で下された裁判と抵触し、かつ、先行する裁判が、承認国において承
　　　認に必要な要件を充足しているとき。

第23条　親の責任に関する裁判は、以下の場合には承認されない。
　　a b c 及び d　略
　　e　裁判が、承認国において、同一当事者間で後で下された親の責任に関する
　　　裁判と抵触するとき。
　　f　裁判が、他の構成国又は子が常居所を有する第三国において、同一当事者
　　　間で後で下された親の責任に関する裁判と抵触し、かつ、後で下された裁
　　　判が、承認国において承認に必要な要件を充足しているとき。

　離婚に関する裁判について、国内判決優先ルールは、これまでと同様に言渡
しや手続開始の時点とは無関係に国内判決が優先する[49]。これに対して、他の
構成国相互の裁判や非構成国の裁判については先行判決優先ルールが妥当す
る[50]。この場合、言渡しを基準にする見解[51]などが主張されている。
　他方、離婚と親の責任に関する判決承認については、先行判決優先ルールに
対する例外を有している。ブリュッセル（IIa）規則23条 e および f（旧規定では
15条2項 e および f）は、親の責任に関する裁判については、後行判決優先ルー
ル（Posteritätprinzip）を採用している。このような扱いをする根拠としては、親

---

49)　*Münchener Kommentar/Gottwald*, a.a.O.(Fn. 41), Art. 22 EheGVO Rdnr. 14; *Rauscher/
Rauscher*, a.a.O.(Fn. 48), Art. 22 Brüssel IIa-VO Rdnr. 16; *Thomas/Putzo/Hüßtege*, a.a.O.(Fn. 41),
Art. 22 EuEheVO Rdnr. 3.
50)　ブリュッセル（II）規則のボラス報告書は、このような区別をする理由を示していない。
Borrás, Bericht zu dem Übereinkommen vom 28. Mai 1998 aufgrund von Artikel K. 3 des Vertrags
über die Europäische Union über die Zuständigkeit und die Anerkennung und Vollstreckung von
Entscheidungen in Ehesachen, Nr. 71, in: Bülow u.a., Internationaler Rechtsverkehr in Zivil- und
Handelssachen, Bd. 2, 2005, S. 546-40.
51)　*Münchener Kommentar/Gottwald*, a.a.O.(Fn. 41), Art. 22 EheGVO Rdnr. 15; *Rauscher/
Rauscher*, a.a.O.(Fn. 48), Art. 22 Brüssel IIa-VO Rdnr. 20.

の責任に関する判決は事情によっては変動する可能性があるが、後で下された
判決を優先させるとそのような事情を考慮に入れることができること[52]、また、
より新しい裁判は子の福祉に合致することが挙げられている[53]。他方、この
ルールは、実際上の必要性からではなく、理論的な整合性から設けられたとも
評されている[54]。

3　その他の条約

(1)　二国間条約

　ドイツが締結した二国間条約には、国内訴訟係属や国内確定判決を理由に、
外国判決の承認を拒絶する規定を置いているものがある。

　① 1960 年 7 月 14 日のドイツ＝英国条約[55] では、3 条 1 項 c (1) が先行する確
定判決を優先させる原則を採用している[56]。② 1966 年 7 月 19 日のドイツ＝
チュニジア条約[57] の 29 条は承認拒絶事由を定めており、訴えが先行する手続

---

52)　Vgl. *Borrás*, Bericht Nr. 73 in: Bülow u.a., a.a.O.(Fn. 50), S. 546–42; *Kropholler*, Internationales
　　Privatrecht, 5. Aufl. 2004, §60 IV 4 (S. 652).

53)　*Münchener Kommentar/Gottwald*, a.a.O.(Fn. 41), Art. 23 EheGVO Rdnr. 9.
　　　なお、*Münchener Kommentar/Gottwald*, a.a.O.(Fn. 41), Art. 23 EheGVO Rdnr. 10; *Rauscher/
　　Rausche*r, a.a.O.(Fn. 48), Art. 23 Brüssel IIa-VO Rdnr. 16 は、23 条 f の文法的解釈を理由に、
　　他の構成国の裁判については非構成国の場合と異なり、その国に子の常居所が所在する必
　　要はないと解している。他方、*Thomas/Putzo/Hüßtege*, a.a.O.(Fn. 41), Art. 23 EheVO Rdnr. 6
　　は、子の常居所地であることが必要であるとしている。

54)　*Schlosser*, a.a.O.(Fn. 41), Art. 15 EuEheVO Rdnr. 9.

55)　【民商事事件における判決の相互承認及び執行に関するドイツ連邦共和国と大英帝国及
　　び北アイルランドとの条約（BGBl. 1961-II, S. 301)】
　　第 3 条
　　　第 1 項　本条約発効後に締約国の高権領域内にある上位裁判所（ein oberes Gericht）が
　　　　　下した民商事事件に関する判決は、他の締約国の高権領域内ですべて承認されるが、
　　　　　第 2 項により承認の裁判が中止され、又は判決が次に掲げる承認拒絶事由を有しない
　　　　　ときに限る。
　　　　a 及び b　略
　　　　c　判決が、承認国の裁判所又は官署によって、以下の場合を含む公序を理由に承認
　　　　　されないとき。
　　　　　(1)　判決国裁判所が請求について言い渡した判決が、判決が下されたときに、すで
　　　　　　に同一当事者間で承認国法上確定したと見なされる別の判決の対象であったとき。
　　　　(2)(3)(4)　略

56)　*Bülow* u.a., Internationaler Rechtsverkehr in Zivil- und Handelssachen, Bd. 3, 2005, S. 702–13 f;
　　vgl. auch *Geimer/Schütze*, Internationale Urteilsanerkennung, Bd. II, 1971, S. 380.

（4 号）および承認国ですでに確定判決が存在する場合（5 号）には承認されない
としている[58]。③ 1977 年 7 月 20 日のドイツ＝イスラエル条約[59] の 5 条によると、
訴訟係属が先行する手続（5 号）および承認国ですでに確定判決が存在する場
合（6 号）には承認されない[60]。④ 1983 年 11 月 14 日のドイツ＝スペイン条約[61]
の 5 条 1 項 2 号の拒否事由は先行判決優先ルールを採用し、相手国での訴訟係
属を無視して下された判決を不承認とすることでサンクションを加えている[62]。
また、内外判決の抵触に際して国内判決が優先するという 3 号の拒絶事由は、
スペインでの扱いと同じであるとされる[63]。3 号の拒絶事由が生ずる場合とし
ては、たとえば、離婚訴訟が最初にドイツで、後れてスペインで訴訟係属と

---

57) 【民商事事件における権利保護、司法共助及び判決の相互承認執行並びに商事仲裁に関
　するドイツ連邦共和国とチュニジアとの条約（BGBl. 1969-II, S. 890)】
　第 29 条
　　第 1 項　承認は、以下の場合にのみ拒絶される。
　　　第 1 号から第 3 号　略
　　　第 4 号　同一当事者間で同一対象をめぐる手続が、承認国裁判所において訴状提出の
　　　　状態にあり（anhängig）、当該裁判所が最初に審理をした（anrufen）とき。
　　　第 5 号　判決が、承認国で下された確定判決と抵触するとき。
58) *Münchener Kommentar/Gottwald*, a.a.O.(Fn. 41), Art. 29 dt.-tun. Vertr. Rdnr. 3; *Nagel/Gottwald*,
　Internationales Zivilprozessrecht, 6. Aufl. 2007, §13 Rdnr. 548.
59) 【民商事事件における判決の相互承認及び執行に関するドイツ連邦共和国とイスラエル
　国との条約（BGBl. 1980-II, S. 926)】
　第 5 条
　　第 1 項　承認は、以下の場合にのみ拒絶される。
　　　第 1 号から第 4 号　略
　　　第 5 号　同一当事者間で同一対象をめぐる手続が、承認国裁判所において訴状提出の
　　　　状態にあり（anhängig）、かつ、当該裁判所が最初に審理をした（anrufen）とき。
　　　第 6 号　承認国裁判所で、同一当事者間で同一請求について下された、上訴審で取消
　　　　可能性がなくなった裁判がすでに存在するとき。
60) *Münchener Kommentar/Gottwald*, a.a.O.(Fn. 41), Art. 5 dt.-israel. Vertr. Rdnr. 3.
61) 【民商事事件における判決、和解及び執行証書の承認執行に関するドイツ連邦共和国と
　スペインとの条約（BGBl. 1987-II, S. 35)】
　第 5 条
　　第 1 項　承認は、以下の場合にのみ拒絶される。
　　　第 1 号　略
　　　第 2 号　同一当事者間で同一対象に関する手続が、承認国において訴状提出の状態に
　　　　あり（anhängig）、かつ当該裁判所での手続が最初に開始したとき。
　　　第 3 号　判決が、承認国において同一当事者間で下された確定判決と抵触するとき。
　　第 2 項　略
62) *Bülow/Karl*, a.a.O.(Fn. 2), S. 663-101.
63) *Bülow/Karl*, a.a.O.(Fn. 2), S. 663-103.

なったが、スペインの裁判所が、被告による訴訟係属の抗弁の申立がなかったために抵触するドイツの訴訟手続を考慮することができないケースが挙げられており[64]、この場合、スペインの判決は確定してもドイツで承認することができない[65]。この場合、確定時期の先後は問われないとされている[66]。その他にも、⑤ 1961 年 11 月 4 日のドイツ＝ギリシャ条約[67] や、⑥ 1977 年 6 月 17 日のドイツ＝ノルウェー条約[68] も、同様の規定を有している。

(2) 多国間条約（ヨーロッパ民訴条約関係を除く）

① 【1958 年 4 月 15 日のハーグ扶養執行条約】[69]

第2条　締約国で下された扶養に関する裁判は、以下の場合には、法律に適合したか否かを審査されることなく、他の締約国において承認され、執行可能であると宣言されなければならない。

第 1 号、第 2 号及び第 3 号　略

第 4 号　裁判が、承認国において、同一請求につき同一当事者間で下された裁判と抵触しないとき。承認が求められた裁判が言い渡される前に、承認国で同一事件につき訴訟係属が生じているときは、承認・執行を拒絶することができる。

---

64)　外国訴訟係属の顧慮を職権調査とするか抗弁事項とするかは、本条約では明らかにされておらず、各国の扱いに委ねられている。ドイツでは職権調査だが、スペインでは抗弁事項と解されている。*Bülow/Karl*, a.a.O.(Fn. 2), S. 663-221.

65)　*Bülow/Karl*, a.a.O.(Fn. 2), S. 663-104.

66)　*Bülow/Karl*, a.a.O.(Fn. 2), S. 663-104.

67)　【民商事事件における判決、和解、公正証書の相互承認及び執行に関するドイツ連邦共和国とギリシャ王国との条約（BGBl. 1963-II, S. 110）】

第 3 条　承認は、以下の場合にのみ拒絶される。

第 1 号　承認が承認国の公序に抵触するとき。とくに、判決が、当該判決が下された時点において、承認国で同一当事者間において承認国法上すでに確定した判決の対象となった請求に該当するとき。

第 2 号以下　略

68)　【民商事事件における判決、その他の債務名義の相互承認及び執行に関するドイツ連邦共和国とノルウェー王国との条約（BGBl. 1981-II, S. 342）】

第 6 条

第 1 項　承認は、以下の場合にのみ拒絶される。

第 1 号、第 2 号　略

第 3 号　判決が、承認国で下された判決の既判力と抵触するとき。

69)　BGBl. 1961-II, S. 1006. 締約国については、*Münchener Kommentar/Gottwald*, a.a.O.(Fn. 41), Vor Art. 1 HUVÜ1958.

判決国と承認国の判決に抵触が生ずる場合には承認国の判決が優先し、その場合、時間的先後は関係ないとされている[70]。また、承認国での訴訟係属を理由とする承認拒絶は裁量的である[71]。

② 【1973年10月2日のハーグ扶養執行条約】[72]
第5条 判決の承認又は執行は、以下の場合には、拒絶することができる。
　　第1号、第2号　略
　　第3号　執行国の官署で、同一当事者間で同一対象につき手続が申し立てられ（anhängig）、かつ開始したとき。又は、
　　第4号　判決が、同一当事者間で同一対象につき、執行国で下された判決、又は、執行国での承認執行に必要な要件を充たしている他国で下された判決と抵触するとき。

判決国と承認国の判決に抵触が生ずる場合には承認国の判決が優先し、その際に時間的先後は関係ないとされている[73]。また、先行判決優先性の原則は、複数の外国裁判の承認が問題となった場合にのみ妥当する[74]。

4　小括

ドイツでは、1978年ブリュッセル条約27条に適合させる形で、1986年に民事訴訟法が改正された。この改正によって、外国判決とドイツ判決の抵触が生じた場合には、ドイツ判決の絶対的優先性（ドイツ訴訟の訴訟係属が早いか、ドイツの確定判決がある場合には時期の前後を問わずドイツ判決が優先する）が採用され、また相互に抵触する外国判決の承認が求められた場合には、先に確定した判決が優先する。この立場は、改正以前のドイツの学説および判例で基本的に支持されていた見解であり、またドイツが締結した二国間条約、ブリュッセル規則、

---

70) *Baumann*, Die Anerkennung und Vollstreckung ausländischer Entscheidungen in Unterhaltssachen, 1989, S. 75; *Martiny*, Handbuch des internationalen Zivilverfahrensrechts, Bd. III/2, 1984, Kap. 2 Rdnr. 310 (S. 146).

71) *Münchener Kommentar/Gottwald*, a.a.O.(Fn. 41), Art. 2 HUVÜ 1958 Rdnr. 4.

72) BGBl. 1986-II, S. 826. 締約国については、*Münchener Kommentar/Gottwald*, a.a.O.(Fn. 41), Vor Art. 1 HUVÜ 1973 (S. 1669).

73) *Baumann*, a.a.O.(Fn. 70), S. 41; *Martiny*, a.a.O.(Fn. 70), Kap. 2 Rdnr. 362 f. (S. 166); *Münchener Kommentar/Gottwald*, a.a.O.(Fn. 41), Art. 5 HUVÜ 1973 Rdnr. 5.

74) *Münchener Kommentar/Gottwald*, a.a.O.(Fn. 41), Art. 5 HUVÜ 1973 Rdnr. 5; vgl. auch *Rahm/Künkel/Breuer*, a.a.O.(Fn. 14), Rdnr. 282.

そしてハーグ扶養執行条約（1958年条約、1973年条約ともに）でも維持されている。しかし、この立場に対しては、最近のドイツの学説からは、外国判決が先に確定して承認された場合でも、後に下されたドイツの判決が優先する合理的理由が示されていないとして批判がなされている。

他方、子に対する親の責任をめぐる裁判の承認について、ブリュッセル(IIa)規則23条は、後行判決優先ルールを採用している。その根拠としては、親の責任に関する裁判は事後的な変動を考慮する必要があり、とくに新しい裁判は子の福祉により適合している点が挙げられている。

III　日本における議論

1　判例

内外判決の抵触事例として著名なのが、関西鉄工事件である[75]。この事件では、日本のメーカーが輸出したプレス機械によって負傷したアメリカ企業の従業員が、メーカーや商社などを相手取って損害賠償を求めた。米国ワシントン州裁判所は1974年9月17日に賠償を命ずる判決を下し、同年10月17日に確定したため、米国訴訟の原告は判決をわが国で執行しようとした。ところが、すでに大阪地裁で、米国訴訟の被告が債務不存在確認訴訟を提起し請求認容判決が1974年10月14日に下されており、米国判決の執行判決訴訟を提起したときには日本判決が確定していた。そこで日本の判決と抵触する判決を承認することができるか否かが問題になったが、大阪地裁は、「同一司法制度内において相互に矛盾抵触する判決の併存を認めることは法体制全体の秩序をみだすものであるから訴（原文ママ）の提起、判決の言渡、確定の前後に関係なく、既に日本裁判所の確定判決がある場合に、それと同一当事者間で、同一事実について矛盾抵触する外国判決を承認することは、日本裁判法の秩序に反し、民

---

75)　大阪地判昭和52年12月22日判タ361号127頁。評釈として、海老沢美広「判批」ジュリスト670号171頁（1978年）、澤木敬郎「判批」渉外判例百選218頁（第2版、1986年）、高桑昭「判批」NBL155号6頁（1978年）、土井輝生「判批」国際商事法務6巻5号209頁（1978年）、道垣内正人「判批」渉外判例百選236頁（第3版、1995年）、藤田泰弘「判批」昭和53年度主要判例解説246頁（1979年）、三ツ木正次「判批」重判昭和53年度282頁。

訴法 200 条 3 号の『外国裁判所の判決が日本における公の秩序に反する』もの と解するのが相当である」と判示した。

2　学説

　内国と外国の判決の抵触についてはわが国では大別して、公序の問題とする 見解、判決の抵触一般の問題とする見解、さらに国際的訴訟競合との関連性か ら検討する見解に分かれる。

　公序の問題とする見解は、内国判決と抵触する外国判決を承認することは内 国法秩序を乱すとして、かつてのドイツでの通説的立場と同様に、手続的公序 違反を理由に外国判決の承認を拒否する。この立場は、基準時をどのように設 定するかでさらに見解が分かれる。つまり、外国裁判所の判決が内国確定判決 を無視している場合には承認されないとする見解[76]、確定の前後に関係なく内 国判決が優先するとの見解[77]、外国判決が内国裁判所で承認執行が求められた 時点を問題にする見解[78]、内国判決が先に確定していた場合には抵触する外国 判決は承認されないが、外国判決が先に確定していたときには内国裁判所はそ の既判力に拘束され[79]、内国判決は民事訴訟法 338 条 1 項 10 号により取り消さ れるとの見解[80] がある。

　これに対して、判決の抵触と公序違反は異なる観念であるとして、内外判決 の抵触は判決抵触の一般法理を基準とすべきであるとの見解も、有力に主張さ れている。しかし、この立場も国内判決の抵触に関する日本民事訴訟法 338 条 1 項 10 号の解釈をめぐって対立がある。同号によると、後に確定した判決は 再審により取り消されるまで優先することになる。そこで、外国判決が先に確

---

76)　菊井維大＝村松俊夫『全訂民事訴訟法(1)』1312 頁（日本評論社、補訂版、1993 年）、 斎藤秀夫ほか編『注解民事訴訟法(5)』125 頁〔小室直人＝渡部吉隆＝斎藤秀夫〕（第一法規、 第 2 版、1991 年）。ただし、外国判決が先に確定した場合の扱いは明言していない。

77)　岩野徹ほか編『注解強制執行法(1)』145 頁〔三井哲夫〕（第一法規、1974 年）。また、 大阪地判昭和 52 年判決や、ブリュッセル条約 27 条 3 号、ブリュッセル(I)規則 34 条、ド イツ民事訴訟法 328 条 1 項 3 号はこの立場に立つ。

78)　鈴木忠一＝三ケ月章編『注解民事執行法(1)』404 頁〔青山善充〕（第一法規、1984 年）。 同 414 頁以下に詳細な学説の紹介がある。

79)　兼子一ほか『条解民事訴訟法』651 頁〔竹下守夫〕（弘文堂、1986 年）。

80)　岡田幸宏「外国判決の効力」伊藤眞＝徳田和幸編『講座新民事訴訟法（III）』386 頁 （弘文堂、1998 年）。

定したときには内国判決は再審によって取り消されない限り内国判決に抵触する外国判決は承認されず、また外国判決が後で確定したときには内国判決の既判力に抵触し承認されないとの見解[81] や、同号の趣旨を先に確定した判決を優先させるものとして、内国判決であると外国判決であるとを問わず先に確定した判決が優先すると説く見解[82] がある。だが、判決抵触に関する一般法理によらせる見解に対しては、外国判決に対しては再審を起こすことができないこと、また、そもそも判決抵触に関する一般法理が存在すること自体に疑問があること、などの批判がある[83]。

　また、国際的訴訟競合の規律との整合性を重視し、承認予測説の立場から、原則として先に係属した訴訟の判決を優先させるが、外国訴訟の訴訟係属が先であっても判決確定が内国訴訟よりも遅れるときには内国判決が優先するという見解も主張されている[84]。

IV　検討

　内外判決が抵触した場合の処理については、従来は外国判決承認制度との観点のみから論じられることが多かった。しかし、そもそも内外判決が抵触する発生原因である国際的訴訟競合の問題を抜きにして考えることはできず、また内外判決が抵触する場合だけでなく複数の抵触する外国判決の承認という事態も含めて統一的に考えるべきであろう。

　この点からすると、内国判決の絶対的優位を説く立場（大阪地判昭和52年、ブ

81）　三ツ木・前掲注75) 284頁。この見解は、結論として、いずれにしても内国確定判決が絶対的に優位となるものであり、その理由が確定の時期に応じて異なるにすぎない。

82）　上村明広「外国裁判承認理論に関する一覧書」法曹時報44巻5号37頁（1992年）、賀集唱ほか編『基本法コンメンタール民事訴訟法(1)』303頁〔酒井一〕（日本評論社、第3版、2008年）、鈴木正裕＝青山善充編『注釈民事訴訟法(4)』389頁〔高田裕成〕（有斐閣、1997年）、高桑昭「外国判決の承認及び執行」鈴木忠一＝三ケ月章監修『新・実務民事訴訟講座(7)』143頁（日本評論社、1982年）、中野貞一郎『民事執行法』199頁（青林書院、増補新訂5版、2006年）。石川明＝小島武司編『国際民事訴訟法』149頁〔坂本恵三〕（青林書院、1994年）は、基本的に本説によりつつ外国判決が後で確定したときには公序を用いる。

83）　兼子ほか・前掲注79) 651頁〔竹下〕、松本博之「国際民事訴訟法における既判力問題」石部雅亮ほか編『法の国際化への道』119頁（信山社、1994年）。

84）　道垣内正人「国際訴訟競合（5・完）」法学協会雑誌100巻4号794頁以下（1983年）。松本・前掲注83) 119頁も結論として同旨といえる。

リュッセル条約 27 条 3 号、ブリュッセル(I)規則 34 条）は、現在でも国際的に有力な立場であるが、内外判決を同列に扱う外国判決承認制度と調和が取れない見解といえる[85]。この見解は、なぜ内国判決を優先させなければならないかを説明していないだけでなく、外国で下された判決の効力が国内で承認されて一旦国内で効力が認められた場合でも、同じ事件について更に国内判決が下された場合には外国判決の効力が覆されて、承認国における法律関係が混乱を来すことになる。前述のように、ドイツの有力説が 1986 年改正法に異論を唱えているのも、まさしくこの点にある[86]。

　次に、わが国では外国確定判決が承認要件を具備するときには当該外国判決は日本で効力を有するので（法律上の自動承認制度）、内外判決の確定時期によって区別をし、内国判決が先に確定しているときには外国判決を承認せず、また外国判決が先に確定しているときには内国判決よりも外国判決を優先させる考え方がある。このような解決枠組みは、公序によらせる立場からも判決抵触に関する一般法理によらせる立場からも有力に主張されており[87]、両説の差は説明の相違にすぎないともいえる。しかし、そもそも渉外事件における判決抵触という事態は、同一事件が複数の国の裁判所に提起され、双方の裁判が規制されずに進行した場合に生ずるのであり、その意味では訴訟競合の規制問題を抜きにして考えることはできない[88]。国際的訴訟競合の規律に関して、ここで詳論することはできないが、解釈上困難な問題も残されているものの基本的には承認予測説を採り、訴訟係属の先後により区別すべきであり、判決確定の時期を考慮する必要はないと考える。その理由は、同一事件について複数の国で訴訟が係属したときには、権利追求に迅速に動いた当事者の利益の方をより尊重すべきだからである。他方で、判決確定の時期で区別する見解は、訴訟係属後の当事者の訴訟活動により承認・不承認の結論が左右され、上述の当事者の利益を反映させることができず妥当でない[89]。したがって、抵触する複数の外国

---

85)　渡辺惺之「国際的二重訴訟論」中野貞一郎先生古稀祝賀『判例民事訴訟法の理論（下）』493 頁（有斐閣、1995 年）。
86)　前掲注 19) を参照。
87)　兼子ほか・前掲注 79) 651 頁〔竹下〕、菊井＝村松・前掲注 76) 1312 頁、斎藤ほか編・前掲注 76) 125 頁〔小室＝渡部＝斎藤〕、高桑・前掲注 82) 143 頁、中野・前掲注 82) 199 頁。
88)　道垣内・前掲注 84) 793 頁。

判決の承認が求められたときには、先に訴訟が係属した判決を承認すべきであり[90]、この場合の訴訟係属の先後の判断は承認国法によるものと解する[91]。このように前訴優先ルールにより訴訟開始を基準とする立場は、Juenger も、第 12 回国際比較法会議での、4 大陸からの 21 の報告書からなる一般報告（general report）において支持している[92]。すなわち、前訴が優先すれば、当事者が新たに判決を求めてフォーラム・ショッピングを行うことを阻止することができるとし、また同一当事者間での複数訴訟を回避するには、判決の言渡しあるいは確定を問題にするよりも、訴状提出（filing）または送達時を基準にすべきであるとしている。

　このことは、基本的には外国判決が相互に抵触する場合と内外判決が抵触する場合とを問わず妥当するが、ブリュッセル規則のような管轄・承認を規律する多国間スキームを有しないわが国の状況では、内国当事者の権利保護のために例外的に内国後訴を維持することを認める必要があり、その場合に生ずる内外判決の抵触については、例外を認め内国判決を優先させる途を認めるべきである[93]。また、「訴訟係属の先後」により決するという私見では、「判決確定の先後」により判決の抵触を解決する民事訴訟法 338 条 1 項 10 号の方法を利用することはできないので[94]、解釈上は公序違反による不承認となる。これに対しては、「判決の抵触と公序違反とは異なる概念」であるとの有力な批判がある[95]。しかし、この点は外国判決と内国判決とがそれぞれ規律する法律関係に

---

89)　承認予測説に対する批判については、石黒一憲「外国における訴訟係属の国内的効果」澤木敬郎＝青山善充編『国際民事訴訟法の理論』330 頁（有斐閣、1987 年）を参照。
　　なお、国内民事訴訟法上も、近時は前訴優先ルールの合理性に疑問を投げかける見解が有力に説かれている。松本博之＝上野泰男『民事訴訟法』213 頁（弘文堂、第 5 版、2008 年）、三木浩一「重複訴訟論の再構成」法学研究 68 巻 12 号 162 頁（1995 年）。

90)　ドイツで同様の立場によるのは、*Hau*, Positive Kompetenzkonflikte im internationalen Zivilprozeßrecht, 1996, S. 104.

91)　芳賀雅顯「訴訟係属の多義性」法律論叢 69 巻 3・4 号 181 頁（1997 年）。なお、同 184 頁で私見は、渉外訴訟では訴訟係属の時期について、国内訴訟の場合と異なる設定をしている。その理由は、訴訟係属概念が国際的に統一されていない現在の状況下では、わが国の訴訟係属の時期に関する従来の立場では、本文で述べた「権利追求により迅速に動いた当事者の利益」を十分に確保することができないと考えられるからである。

92)　Juenger, *The Recognition of Money Judgments in Civil and Commercial Matters*, 36 Am. J. Comp. L. 26 (1988). なお同論文は、Juenger, *Selected Essays on the Conflict of Laws*, 281 et seq (2001) に収められている。

93)　同旨、松本・前掲注 83）120 頁。

齟齬が生じている状態を解消し、法的安定性を確保するために、手続的公序が援用されると解する。

　だが、内外判決抵触の問題を、すべて公序という一般条項に押し込む形で規律するには限界がある。望むべくは、内外国判決の平等を前提に前訴優先ルールを基準にして、立法的な解決をすべきであろう。しかし、先に述べた、内国後訴を例外的に維持すべき場合の他に、すべての場合について、このような考え方が妥当するか検討する余地がある。とくに、ブリュッセル(IIa)規則のように、子に対する親の責任に関する裁判については、子の福祉の観点から、より新しい状況に適合した裁判を優先させるルールにも十分な理由があると考えられる。また、ドイツの裁判所が後行判決優先ルールを採用した事件が、扶養料に関するものであったことも考慮する必要があろう[96]。この点は、今後の課題としたい[97]。

初出：『慶應の法律学　民事手続法』157 頁以下（慶應義塾大学法学部、2008 年）

---

94)　ドイツでは国際訴訟競合の規律について承認予測説が支配的立場であるが、承認予測説を採りながら、後れて確定した内国判決の存在を理由に外国判決を常に不承認とするのは、承認予測を無意味なものにすることになる。Vgl. *Dohm*, Die Einrede ausländischer Rechtshängigkeit im deutschen internationalen Zivilprozeßrecht, 1996, S. 261.

95)　高桑・前掲注 82) 143 頁、中野・前掲注 82) 199 頁。なお参照、海老沢・前掲注 75) 173 頁、岡田・前掲注 80) 386 頁、澤木・前掲注 75) 219 頁、高桑昭「外国判決承認の要件としての公序良俗」澤木敬郎＝秌場準一編『国際私法の争点』238 頁（有斐閣、新版、1996 年）など。

96)　前掲注 11) および 28) を参照。

97)　関連判例として、東京高判平成 13 年 2 月 8 日判タ 1059 号 232 頁。評釈として、中西康「判批」重判平成 13 年度 328 頁、渡辺惺之「判批」リマークス 25 号 151 頁（2002 年）。

第4章

外国判決承認要件としての
相互保証
──その現代的意義

I　はじめに

　私権の実現を図るためには、最終的には国家による救済が必要である。この
ことは、渉外民事事件において外国の訴訟手続で得られた結論を内国で実現す
る場合にも妥当する。しかし、外国裁判所の結論が無限定に内国で認められる
わけではない。わが国では外国判決の承認について、法律上の自動承認制度が
採用されているが[1]、外国判決の承認は一定の要件を充足している場合に限り、
認められる。すなわち、内国法による外国判決に対する評価が必要とされるの
であり、その基準を定めているのが民事訴訟法 118 条である。

　この内国法による評価を定める外国判決承認要件の中で、最も国家的利益を
反映したものが相互保証の要件といえる。すなわち、この要件は、判決国が承
認国の判決を承認する場合に限り、当該外国の判決を承認国において承認する
というものである。かつて、この要件の正当化根拠として、相互保証の要件を
設けることで外国での日本の判決承認（とくに給付判決の承認）が促進される
ことが期待されると説かれてきた[2]。そこには判決国と承認国の主権の調整とい
う政策的な側面が大きく横たわる。しかし、わが国の民事訴訟法制定当初、強
制執行に関する規定の中で定められていた外国判決の承認要件が、その後の改

---

1)　参照、鈴木忠一＝三ケ月章編『注解民事執行法(1)』365 頁〔青山善充〕（第一法規出版、
　　1984 年）、鈴木正裕＝青山善充編『注釈民事訴訟法(4)』364 頁〔高田裕成〕（有斐閣、1997
　　年）。

269

正によって判決手続の規定に移行したことで、相互保証の要件が給付訴訟以外にも適用される可能性が生じ、他方でこの要件は国家的利益の追求のために私権の実現を阻害することになるといった批判にさらされることとなった。

このように相互保証の要件に対しては、学説から多くの批判が寄せられているにもかかわらず、これまでの民事訴訟法の改正ではこの要件に対する変更はなされなかった。1996 年民事訴訟法改正に際しても、相互保証の要件は削除されることはなかった[3]。他方で、判決国との相互保証が正面から問題となった事例がいくつか出てきており[4]、それに対応してわが国の研究者による論考も現れてきている[5]。

本章は、わが国における相互保証の要件に関する根拠とそれに対する批判、比較法的動向、他の民事手続法における改正状況の検討を通じて、とくにこの要件の位置づけ（公益的性質）を再検討することを目的とする。その際、以下のような点を中心に検討する。まず、わが国民事訴訟法における相互保証の要件がどのような経緯で現在の形になったのかを確認するために、ドイツ民事訴訟

---

2) 参照、矢ケ崎武勝「外国判決の承認並にその条件に関する一考察（2・完）」国際法外交雑誌 60 巻 2 号 80 頁（1961 年）、櫻田嘉章『国際私法』390 頁（有斐閣、第 6 版、2012 年）。後述のように、日本法のモデルとなったドイツにおいては、ドイツ判決が外国において執行されることを促進させる手段として相互保証の要件の有用性が説かれ、（法）政策的側面が強調されていた。Vgl. *Laugwitz*, Die Anerkennung und Vollstreckung drittstaatlicher Entscheidungen in Zivil- und Handelssachen, 2016, S. 290 ff.

3) 参照、法務省民事局参事官室編『一問一答・新民事訴訟法』136 頁（1996 年、商事法務研究会）。また、外国判決承認に関する規定の改正をめぐる「民事訴訟手続に関する検討事項」（いわゆる検討事項）、「民事訴訟手続に関する改正要綱試案」（いわゆる要綱試案）、「民事訴訟手続に関する改正要綱案」（いわゆる改正要綱案）と現行法の対比は、三宅省三ほか編『新民事訴訟法大系(4)』456 頁（青林書院、1997 年）を参照。

4) 福岡地判昭和 57 年 3 月 25 日 JCA ジャーナル 1984 年 12 月号 2 頁（返還前の香港につき否定）、最判昭和 58 年 6 月 7 日民集 37 巻 5 号 611 頁（コロンビア特別区につき肯定）、最判平成 10 年 4 月 28 日民集 52 巻 3 号 853 頁（返還前の香港につき肯定）、大阪高判平成 15 年 4 月 9 日判時 1841 号 111 頁（中華人民共和国につき否定）、東京高判平成 27 年 11 月 25 日 LEX/DB25541803（中華人民共和国につき否定）。

5) たとえば、奥田安弘「外国判決の承認執行における相互の保証要件の合憲性」法学新報 123 巻 5・6 号 67 頁（2016 年）、早川吉尚「外国判決承認執行制度における『相互の保証』の要否」ジュリスト 1232 号 136 頁（2002 年）、渡辺惺之「外国判決の承認・執行の『相互の保証』要件」渡辺惺之＝野村美明編『論点解説国際取引法』251 頁（法律文化社、2002 年）、Elbalti, *Reciprocity and The Recognition and Enforcement of Foreign Judgments: A lot of Bark but not much Bite*, Journal of Private International Law vol. 13 (2017), 184, 192. とくに、奥田論文は、歴史的背景にも踏み込む詳細な論文である。

法における展開を確認する。また、ドイツと同様に外国判決の承認要件として相互保証を要求するものの、ドイツとは異なる形で相互保証の有無を判断するオーストリアでの相互保証に関する議論を紹介する。その上で、わが国における判例および学説の状況を整理した上で、若干の考察を試みたい。

Ⅱ　若干の比較法的考察

1　序論

外国判決の承認要件としての相互保証については、比較法的にみると、これを必要とする立場と、不要とする立場に分けることができる。後述のように、近時は、外国判決の承認に際して相互保証の要件を不要とする立法が外国において見いだされる。他方、相互保証を要求する立場は、個別的に相互保証の有無を検討する立場（ドイツなど）と、条約などを通じて相互保証が認められることを要求する立場（オーストリアなど）とに分けることができる。わが国の民事訴訟法は、ドイツの立場を採用している。

2　ドイツ

（1）　立法の経緯

①　1871 年ドイツ民事訴訟法草案

1871 年ドイツ民事訴訟法の第一草案では、外国判決を執行するための要件として相互保証は定められていなかった[6]（なお、外国判決の承認に関する当時の規定は、民事訴訟法には置かれていなかった[7]）。

---

6) *Geimer/Schütze*, Internationale Urteilsanerkennung, Bd. 1/2. Halbband, 1984, S. 1750.

7) これは、当時のドイツにおいては外国判決の承認と執行を区別し、外国判決の承認は既判力の承認の問題と捉えられていたところ、既判力の承認は実体法の問題と理解されていたことと関係する。外国判決の承認は民事訴訟法の問題ではなく、国際私法すなわち、当時、民法施行法（EGBGB）制定に向けて作業がなされていたゲープハルト草案が、その対象となっていた。ゲープハルト第一草案、第二草案ともに 37 条が外国判決の承認に関する規定を置いているが、相互保証を承認要件として定めていない。*Hartwieg/Korkisch*, Die geheimen Materialien zur Kodifikation des deutschen Internationalen Privatrechts 1881-1896, 1973, S. 67 und 73 f. ゲープハルト草案の議事録では、1877 年民事訴訟法 661 条は外国判決の執行だけを対象としており、既判力等については法の欠缺があるため、立法の必要があるとしていた。Vgl. *Hartwieg/Korkisch*, a.a.O., S. 150.

以下、条文の試訳を掲げる。

【1871 年ドイツ民事訴訟法草案（試訳）】[8]
第 578 条
第 1 項　外国裁判所が下した判決に基づく強制執行は、執行判決によってその許可が言い渡された場合にのみ、実施される。
第 2 項　執行判決の言渡しを求める訴えは、管轄を有する区裁判所又は地方裁判所（622 条）に提起するものとする。
第 579 条
第 1 項　執行判決は、[外国] 判決の法律適合性（Gesetzmäßigkeit）を審査することなく言い渡さなければならない。
第 2 項　執行判決は、以下の場合には言い渡されないものとする。
第 1 号　外国裁判所の判決が、当該裁判所に適用される法によると確定していないとき。
第 2 号　判決を下す裁判官の法によると、執行を認めた場合禁止されている行為が強制されることになるとき。
第 3 号　判決を下す裁判官の法によると、外国裁判所が所属する国の裁判所が管轄を有しなかったとき。
第 4 号　敗訴した債務者がドイツ人であり、かつ、訴訟を開始する呼出状又は命令が当該債務者本人に対して受訴裁判所所属国において、又は司法共助の実施を通じてドイツ帝国内において送達されなかった場合に、この者が応訴しなかったとき。

18 世紀のドイツでは、ドイツ諸邦間での判決執行は司法共助によるものとされていた[9]。そして、相互保証の要件は、ハノーファー法 29 条、オルデンブルク法 337 条、ヴュルテンベルク法 11 条およびバーデン法 848 条といった訴訟法において定められていたとされるが[10]、1871 年草案では要件とされなかった。その理由は、この要件を裁判官の判断に服させることができないと考えられたことによる。そして、いかなる程度で特定国に対して報復（Retorsion）を行使して執行を拒否するのかは、むしろ特別立法の対象であると考えられていた[11]。

---

8)　条文は、Entwurf einer Deutschen Zivilprozeßordnung von 1871, in: Dahlmanns, Neudrucke zivilprozessualer Kodifikationen und Entwürfe des 19. Jahrhunderts, 1971, S. 402 による。

9)　矢ケ崎武勝「外国判決の執行に関するドイツ法体系の原則成立過程についての若干の考察」国際法外交雑誌 61 巻 3 号 26 頁（1962 年）。

10)　Entwurf einer Deutschen Zivilprozeßordnung von 1871, a.a.O.(Fn. 8), S. 435.

272　第 II 部　要件論

② 第一読会草案

その後、帝国議会司法委員会において、はじめて相互保証の要件が挿入された[12]。草案 611 条は、外国判決承認要件として、1871 年草案と同様に、1 項で、法律適合性（Gesetzmäßigkeit）の審査をしないこととして実質的再審査の禁止をうたい[13]、2 項で承認を拒絶する要件を定めた。すなわち、2 項は、外国判決が判決国法上確定していない場合（1 号）、執行を認めると承認国であるドイツでは禁止されている行為を強制することになる場合（2 号、公序違反に相当）、判決国が間接管轄を有していない場合（3 号）、外国訴訟開始時において被告に手続保障が与えられていない場合（4 号）、である。

しかし、ハノーファー選出の議員である[14]、シュトルックマン（Struckmann）が「相互保証がないとき（wenn die Gegenseitigkeit nicht verbürgt ist）」を外国判決の不承認事由として追加することを提案した[15]。その理由として、報復（Wiedervergeltung）を法原則として掲げることで、個別事案において中央官庁の裁量によって判断されるよりもドイツ人がより一層保護されることになるし[16]、また、この原則はドイツ帝国の名誉と尊厳（Ehre und Würde）の保持に合致するというものであった[17]。この提案は他の議員らの賛同を得て、相互保証の要件は承認要件の 1 つとして採用された[18]。そして、その後、変更を受けずに、1877 年民事訴訟法では 661 条が外国判決の承認を定めていた。

③ その後の民事訴訟法改正

1877 年民事訴訟法は 661 条において、外国判決に基づき強制執行を行うた

---

11) Entwurf einer Deutschen Zivilprozeßordnung von 1871, a.a.O.(Fn. 8), S. 435.

12) Vgl. *Gottwald*, Grundfragen der Anerkennung und Vollstreckung ausländischer Entscheidungen in Zivilsachen, ZZP 103 (1990), 257, 280.

13) ドイツでは、Prüfung der Gesetzmäßigkeit は révision au fond と同義とされる。Vgl. *Max-Planck-Institut,* Kodifikation des deutschen Internationalen Privatrechts: Stellungnahme des Max-Planck-Instituts für ausländisches und internationales Privatrecht zum Regierungsentwurf von 1983, RabelsZ 47 (1983), 595, 674.

14) *Graupner*, Zur Entstehungsgeschichte des §328 ZPO, in: FS. Ferid, 1978, S. 183, 200.

15) *Hahn*, Die gesammten Materialien zur Civilprozessordnung und dem Einführungsgesetz zu derserben vom 30. Januar 1877, 1880, S. 804.

16) *Hahn*, a.a.O.(Fn. 15), S. 804.

17) *Hahn*, a.a.O.(Fn. 15), S. 805.

18) *Graupner*, a.a.O.(Fn. 14), S. 201.

めの要件に関する規定を置いた。その後、1898 年改正においては、民事訴訟法 328 条が判決手続の中に外国判決承認に関する一般的要件を置き、722 条および 723 条が外国判決に基づく強制執行について定めた。

　1877 年法から 1898 年法に改正する際の特徴的な点は、次の点にある。第 1 に、外国判決承認に関する規定を強制執行の部分から判決手続の部分へと移したことである。1877 年法は、強制執行を行うための要件として外国判決承認の規定を定めていた。そのため、執行を予定しない種類の判決には同条の適用はないと考えられていた。他方、1898 年法では、外国判決の国内的効力は強制執行の際にだけ問題となるのではないとの認識から、外国判決承認要件は強制執行の部分から判決手続へと移された。第 2 に、第 1 の点とも関係するが、1898 年改正では、（狭義の）執行とは関わらない非財産事件については、相互保証を不要としたことである。

　以下、1877 年法と 1898 年法の条文の試訳を掲げる。

【1877 年ドイツ民事訴訟法（試訳）】[19]
第 661 条
　　第 1 項　執行判決は、判決の法律適合性（Gesetzmäßigkeit）を審査することなく言い渡さなければならない。
　　第 2 項　執行判決は、以下の場合には言い渡されないものとする。
　　　第 1 号　外国裁判所の判決が、当該裁判所に適用される法によると確定していないとき。
　　　第 2 号　強制執行を許可するドイツ裁判官の法によると、執行を認めた場合、禁止されている行為が強制されることになるとき。
　　　第 3 号　強制執行を許可するドイツ裁判官の法によると、外国裁判所が所属する国の裁判所が管轄を有しなかったとき。
　　　第 4 号　敗訴した債務者がドイツ人であり、かつ、訴訟を開始する呼出状又は命令が当該債務者本人に対して受訴裁判所所属国において、又は司法共助の実施を通じてドイツ帝国内において送達されなかった場合に、この者が応訴しなかったとき。
　　　第 5 号　相互の保証がなされていないとき。

【1898 年ドイツ民事訴訟法[20]】
第 328 条

---

19)　条文は、*Hartwieg/Korkisch*, a.a.O.(Fn. 7), S. 150 Fn. 179 による。

274　第Ⅱ部　要件論

外国裁判所ノ承認ハ左ノ場合ニ於テ除斥セラル

　一から四　略

　五　相互ヲ保セサルトキ

　第五ノ規定ハ判決カ財産権ニ非サル請求ニ関スルトキ及ヒ独逸国ノ法律ニ従ヘハ内国ニ裁判籍ヲ有セサルトキニ於テ判決ノ承認ヲ妨クルコトナシ

第 723 条

　執行判決ハ裁判ノ適法ナルヤ否ヤヲ調査セスシテ之ヲ為ス

　執行判決ハ外国裁判所ノ判決カ其裁判所ニ行ハルル法律ニ従ヒ確定シタルトキニ於テ始メテ之ヲ為ス。第三百二十八条ニ因リ判決ノ承認カ除斥セラルルトキハ之ヲ為スコトヲ得ス

④　1986 年国際私法改正

　ドイツ国際私法は、1986 年（同年 7 月 25 日公布、同年 9 月 1 日施行）の法律によって大きく改正された[21]。その際には、外国判決の承認に関する規定の変更もなされた。改正作業に際してはいくつかの試案が示されたが、たとえば、キューネ教授による改正案（キューネ草案）では、外国判決承認に関して相互保証の要件の廃止が提案された[22]。しかし、政府草案はこの提案を退けて相互保証の要件を存続させた。1983 年 10 月 20 日連邦議会に提出された政府草案の

---

[20]　松本博之＝河野正憲＝徳田和幸編『日本立法資料全集⑷民事訴訟法〔明治三六年草案〕⑶』403 頁、455 頁（信山社、1995 年）に従った。

[21]　同改正については、桑田三郎＝山内惟介編著『ドイツ・オーストリア国際私法立法資料』（中央大学出版部、2000 年）が有益である。

[22]　キューネ草案（国際私法および国際手続法の改革に関する法律案）は、*Max-Planck-Institut* (Hrsg.), Reform des deutschen internationalen Privatrechts, 1980, S. 123 ff. に掲載されている。この草案は、第 2 章国際手続法、第 1 節国際民事訴訟法において、民事訴訟法の変更を提案している（S. 132）。以下に試訳を掲げる。同草案では、相互保証は求められていない。

「§32 民事訴訟法の変更

1. 328 条は、次の条文を有する。

"第 328 条

以下の場合には、外国判決は承認されない。

　第 1 号　外国国家の裁判所または官署が、ドイツ法によると国際裁判管轄を有しないとき。

　第 2 号　判決の承認が、公の秩序、とりわけ憲法上の基本的権利に反することとなるとき。"

2. 以下　略」。

理由書には、相互保証の要件について次のような記載がある。「［民事訴訟法 328 条］1 項 5 号によると、相互の保証がない場合には、外国判決は承認されない。2 項は、判決が非財産的請求に関するものであり、かつドイツ法によれば内国に管轄が基礎づけられていない場合、または親子関係事件である場合には、相互保証の例外が認められる。これらの規定を、キューネは削除しようとしている。今回提出された草案は、この変更を"時期尚早（verfrüht）"と判断した。財産法の領域における［相互保証の要件の］削除がもたらす影響は、これまで十分に検討されてきていない。相互保証の要件を確認するための適切な手段を準備するといった、別個の中間的な解決方法は、これまで探究されてこなかった。現行 328 条および裁判所構成法に関しては、今回提出された草案において国際私法が新たに定める領域について、1 項 5 号を削除する必要性はない」[23]。

　この対応に対しては、ドイツの学説は、おおむね非常に厳しい評価を下しているといえる。たとえば、クロフォラーは、ほとんど説得力を有しない（wenig überzeugend）と評している[24]。もっとも、ドイツ民事訴訟法 328 条 2 項は、非財産的な（nichtvermögensrechtlich）請求権について相互保証は不要としている。この点は日本法と大きく異なる。

⑤　その他の法律

　倒産法 343 条は、外国倒産手続の承認につき相互保証を不要としている[25]。他方、家事事件および非訟事件手続法（FamFG）109 条 4 項は、争訟的家事事件（Familienstreitsachen）および生活パートナー事件（Lebenspartnerschaftssachen）に関する裁判の承認につき、相互保証の要件を残している[26]。また、外国扶養法（Auslandsunterhaltsgesetz）は、64 条 1 項において、同法 1 条 1 項 1 文 3 号に基づ

23）　Entwurf eines Gesetzes zur Neuregelung des internationalen Privatrechts, BT-Drucks 10/504, S. 88.

24）　*Kropholler*, Internationales Privatrecht, 5. Aufl. 2004, S. 656 Fn. 53.

25）　*Münchener Kommentar/Thole*, InsO, 3. Aufl. 2014, §343 Rdnr. 25. 同条 1 項によると、外国倒産手続が承認されない事由は、外国裁判所が倒産管轄を有していない場合（1 号）、および公序に反する場合（2 号）である。Vgl. *Uhlenbruck/Lüer*, InsO, 14. Aufl. 2015, §343 Rdnr. 6 ff.

26）　*Münchener Kommentar/Rauscher*, FamFG, 2. Aufl. 2013, §109 Rdnr. 58 ff.; *Zöller/Geimer*, ZPO, 31. Aufl. 2016, §109 FamFG Rdnr. 73.

276　第Ⅱ部　要件論

き相互保証を有する国の扶養に関する債務名義について、家事事件および非訟事件手続法（FamFG）110条に基づいて執行を行うことを定めている。外国扶養法1条1項1文3号の相互保証は、同項2文によると、連邦司法省が確定し、官報に公告されることによって認められる[27]。これは、形式的相互保証（förmliche Gegenseitigkeit）と呼ばれる。したがって、ドイツにおいても部分的には後述するオーストリアと同様の相互保証の判断方法が採用されている。しかし、本章でドイツの相互保証の判断方法に言及する場合は、個別的判断方式を念頭に置く。

(2) 学説および判例の状況
① 相互保証に関する基本理念の対立

ドイツ民事訴訟法328条は、後述するオーストリアと異なり、形式主義に基づく相互保証ではなく、判決国と相互保証があるか否かを個別的実質的に判断する方法を採用している。すなわち、条約締結や政府の通達による相互保証の一律的な判断ではなく、個別事案ごとに裁判所が相互保証の有無を判断するというものである。

相互保証の考えは、かつては応報的思想が強かった。この考えは、一部の学説の支持を得ていた。たとえば、ラーペは、この規定は「一種の応報（Vergeltung）を命ずるものであり、外国国家に対して圧力をかける手段である」とし、また承認は無償で与える（verschenken）ものではないとして、相互保証の制度を積極的に評価する[28]。この考えによると、相互保証の目的は、外国におけるドイツの債務名義の実現を確実にすること、および一定の条件下で外国債務名義のドイツ国内での実現を阻止することであり、そこでは国家の公権的行為だけが基準となり、市民の利益ではないことになる[29]。したがって、権利追求者の

---

27) 法的安定性および簡便性が、この方法の根拠として挙げられる。BT-Drucks 17/4887, S. 33. 連邦官報によって公告された法域は、アメリカ合衆国、カナダのほとんどの州、そして南アフリカであるとされる。*Thomas/Putzo/Hüßtege*, ZPO, 38. Aufl. 2017, §1 AUG Rdnr. 1. なお、この外国扶養法の旧法に関する記述であるが、同法は、アメリカ合衆国諸州やコモンウェルス諸国との関係で、扶養に関する債務名義の執行を促進することを意図していたとされる。Martiny, *Recognition and Enforcement of Foreign Money Judgments in the Federal Republic of Germany*, 35 Am. J. Comp. L., 721, 752 (1987).

28) *Raape*, Internationales Privatrecht, 5. Aufl. 1961, S. 137.

利益は犠牲にされることになる[30]。なお、ドイツの立法者は、もう1つの目的をもって相互保証を定めていたとされる。すなわち、外国判決の最低レベルの保証（Garantie für Mindestqualität）として作用させるというものである[31]。

　しかし、古くから相互保証に反対する意見が有力説によって唱えられていた。たとえば、ルートヴィッヒ・フォン・バールは、およそ、次のように述べている[32]。すなわち、相互保証は「国際［訴訟］法の進展を基礎づけることに、まったく相応しくなく、実際は後退させるものである。相互保証を要求する国がそれぞれ、相手国に対して法的交流を促進するリベラルな規準を求めていても、双方ともに相互保証を認めることを思いとどまる。また、相互保証が認められた場合でも、裁判官の誤解によって突如実務全体を台無しにする場合がある。つまり、たとえば、A国が特別な理由に基づき執行を拒否した場合に、B国がそのことに対して包括的な理由に基づいて拒否する反応を示したとする。その場合、ただちに両国の相互保証の否定は一般的なものとなる」、と。また、

29）　*Geimer/Schütze*, a.a.O.(Fn. 6), S. 1751.

30）　*Nagel/Gottwald*, Internationales Zivilprozessrecht, 7. Aufl. 2013, §12 Rdnr. 190.

31）　Vgl. *Stein/Jonas/Roth*, ZPO, 23. Aufl. 2015, §328 Rdnr. 116.

32）　*L. v. Bar*, Thoerie und Praxis des Internationalen Privatrechts, Bd. 2, 2. Aufl. 1889, S. 510. ほかに、*Süß*, Die Anerkennung ausländischer Urteile, in: FG. Rosenberg, 1949, S. 229, 238 ff. ズースは、およそ、次のように述べる。「各々の国家がなす高権行為の効力は、領域的な限界がある。国家は自らの主権に基づいて外国の高権行為を承認することができるが、しかしながら原則としてなし得るのではない。その理由は、社会的、風習的、国家政策、経済政策あるいはその他のイデオロギー上の前提から生ずる外国司法に対する不信にある。この信頼の欠如は、公序によって対応することができよう。では、相互保証の要件は何のためにあるのか。外国は内国判決を承認することで、その国の裁判制度は改善されるのか。パラグアイがわれわれの判決を承認すれば、われわれはパラグアイの判決に対して一層信頼するのであろうか」、と。このように、相互保証の要件の意図するところは公序によって対応可能であることを述べる。また、ズースは、自国判決を他国で執行させる手段としてカリフォルニア州法が急遽改正された例を挙げて、相互保証が一種の政治的手段として用いられる場合の弊害を指摘する。この事案は、サンフランシスコでの巨大地震と火災のあとに、カリフォルニア州裁判所がドイツの保険会社に対して保険金の支払いを命ずる判決を下したが、ドイツの裁判所はこの判決の執行を認めなかった。そこで、カリフォルニア州は1907年民事訴訟法において、外国判決に自国判決と同一の効力を認めることを規定した。そこで、これによってカリフォルニア州判決をドイツで執行することができるか否かが問題となった。ライヒ裁判所（RG, Urt. v. 26. 3. 1909, RGZ 70, 434）は、当事者の一方の立場を変更することを目的とする法律によって、当事者間において既に存在する法律関係は影響を受けないとして、執行判決を認めなかった。ズースは、このカリフォルニアの州法変更を相互保証の要件の有害性の一例として捉えている。*Süß*, a.a.O., S. 239 f.; vgl. auch *Schack*, Internationales Zivilverfahrensrecht, 7. Aufl. 2017, Rdnr. 964.

ルートヴィッヒ・フォン・バールは、当時の著名な国際私法研究者であるアッセルが相互保証に批判的であることや、イングランド、アメリカ合衆国、イタリアなどでも相互保証を要求していないとして、この制度に対する批判を展開している[33]。

②　現在の評価

このように、学説では、相互保証の要件については民事訴訟法制定当初から賛否が分かれていた。1986 年の国際私法改正以前において、ドイツでは、相互保証の要件を設定した目的（ドイツ判決の外国での承認を促進させる）は達せられていないという点で一致を見ているとされる[34]。また、実務上、当事者、しかも外国訴訟で勝訴したドイツ人当事者がドイツ国内で執行する場合にも困難な問題をもたらすと説かれる。したがって、相互保証の要件は、裁判所の国際的な協調を阻害するだけでなく、関係当事者に耐えがたい負担をもたらすものとであると評価され、今日では不要論が有力となっている[35]。もっとも、シュッツェは、今なお、相互保証の要件は、手続的正義（prozessuale Gerechtigkeit）および国際商取引におけるドイツ人の利益確保の要請から認められるとして相互保証を擁護するが[36]、近時の学説においては少数説にとどまると思われる。

そのため、現在では、相互保証に対する批判を受けて、相互保証の要件を緩やかに解釈し適用を制限する動きがみられ、学説および実務において定着していると評価することができるものもいくつかある。そこで、次に相互保証の要件を制限的に解する立場をみていきたい。

33）　*L. v. Bar*, a.a.O.(Fn. 32), S. 510 f.

34）　*Basedow*, in: Max-Planck-Institut (Hrsg.), Reform des deutschen internationalen Privatrechts, 1980, S. 101.

35）　Vgl. *C. v. Bar/Mankowski*, Internationales Privatrecht, Bd. 1, 2. Aufl. 2003, §5 Rdnr. 62 ff.; *Linke/Hau*, Internationales Zivilverfahrensrecht, 6. Aufl. 2015, §13.46; *Münchener Kommentar/Gottwald*, ZPO, 5. Aufl. 2016, §328 Rdnr. 129; *Sonnentag*, Anerkennungs- und Vollstreckbarkeitshindernisse im autonomen deutschen Recht, ZVglRWiss 113 (2014), 83, 93 ff.; *Stein/Jonas/Roth*, a.a.O.(Fn. 31), §328 Rdnr. 116; *Thole*, Die Entwicklung der Anerkennung im autonomen Recht in Europa, in: Hess (Hrsg.), Die Anerkennung im Internationalen Zivilprozessrecht, 2014, S. 25, 50.

36）　*Schütze*, Probleme der Verbürgung der Gegenseitigkeit bei der Anerkennung ausländischer Zivilurteile, in: FS. Martiny, 2014, S. 825, 827 f.

③ 解釈による適用制限

　第1に、「判決国が『これまで』ドイツとの相互保証を認めていたこと」という判決国における承認の実施を要求している立場が有力であるが、これを緩和する考えがある[37]。相互保証の要件の判断は、抽象的になすのではなく、外国の承認に関する法とドイツ法とを具体的に比較をすることでなすが[38]、その際に基準となるのは現実の実務運用であると説かれる。しかし、このような判決国での実務運用を証明することができない場合（たとえば、判決国において法改正が行われた場合）、相互保証がないとするのではなく、この相手国における承認法を検討するのがこの見解である[39]。その理由は、条約等がない場合に、判決国と承認国の双方の国が承認する用意はあるものの、相手国の最初の行動を期待していたにもかかわらず、それがなされないために双方ともに承認することができなくなること（両すくみ状態）の不合理性が挙げられる[40]。

　第2に、従来の見解と異なり、相互保証の不存在が確定しない場合には外国判決を承認するという立場が、少数であるが近時有力に主張されている[41]。通説・判例によると、相互保証の証明責任は外国判決を援用する者が負うと解されている[42]。この支配的見解は、民事訴訟法 328 条が定める要件は、外国判決の承認が認められるための積極的要件として把握し、承認を求める当事者がその要件の存在を主張立証すると理解する。他方、少数説は、条文の文言に着目する。ドイツ民事訴訟法 328 条の文言自体は、外国判決承認要件を消極的要件の形で規定している。すなわち、ドイツ民事訴訟法 328 条 1 項柱書きは「外国判決は、以下の場合には承認されない」とし、5 号で「相互の保証がないとき」と定めている。そのため、内国債務者である被告が相互保証の不存在につ

37）　Vgl. *Musielak/Stadler*, ZPO, 14. Aufl. 2017, §328 Rdnr. 31; *Stein/Jonas/Roth*, a.a.O.(Fn. 31), § 328 Rdnr. 125.

38）　*Rauscher*, Internationales Privatrecht, 5. Aufl. 2017, Rdnr. 2619.

39）　BGH, Urt. v. 15. 11. 1967, BGHZ 49, 50, 52; *Prütting/Gehrlein/Völzmann-Stickelbrock*, ZPO, 8. Aufl. 2016, §328 Rdnr. 35; *Rauscher*, a.a.O.(Fn. 38), Rdnr. 2621.

40）　*Kropholler*, a.a.O.(Fn. 24), S. 657; *Zöller/Geimer*, a.a.O.(Fn. 26), §328 Rdnr. 266.

41）　*Pfeiffer*, Kooperative Reziprozität, RabelsZ 55 (1991), S. 734, 751 ff., 768. この立場に好意的な文献として、*Linke/Hau*, a.a.O.(Fn. 35), §13. 48; *Kropholler*, a.a.O.(Fn. 24), S. 657.

42）　BGH, Urt. v. 29. 4. 1999, NJW 1999, 3198; *Baumbach/Lauterbach/Albers/Hartmann*, ZPO, 75. Aufl. 2017, §328 Rdnr. 46; *Nagel/Gottwald*, a.a.O.(Fn. 30), §12 Rdnr. 194; *Stein/Jonas/Roth*, a.a.O.(Fn. 31), §328 Rdnr. 117; *Thomas/Putzo/Hüßtege*, a.a.O.(Fn. 27), §328 Rdnr. 20.

き証明責任を負う（承認要件ではなく、不承認の要件と解し、承認を争う当事者が相互保証の不存在につき証明責任を負う）というものである。

　第3に、部分的相互保証の理論が挙げられる[43]。国際社会における法秩序が多様であることにかんがみると判決国と承認国の承認基準の完全な一致はありえないため[44]、相互保証の有無を判断するに際して、全体的に考慮して、当該判決の種類について承認国法の承認要件の構成と判決国法の要件が総じて同じであれば十分であるとする見解である。この見解は比較的古くから説かれ[45]、また現在では学説および判例における支配的見解である[46]。すなわち、すべての種類の判決について判決国と相互保証が認められる必要はなく、承認が求められた判決の個別的な判決形態（欠席判決と対比した意味における争訟的な判決、金銭支払いを命ずる判決、離婚判決など）につき相互保証の有無を判断するというものである。そこで、特定のドイツの裁判が、外国判決を下した判決国において承認されないのであるならば、同種の裁判についてのみドイツでは相互保証はないことになる。たとえば、中南米では欠席判決（Versäumnisurteile）は承認されないことから、これらの国で下された欠席判決はドイツで承認されないが、それ以外の通常の争訟的判決は承認される[47]。もう1つの例としては、南アフリカでは、普通裁判籍で下された判決は承認されるが、義務履行地で下された判決は承認されないとされていることから、ドイツでは、南アフリカ判決が被告の住所を管轄原因としている限りにおいては判決を承認すると説かれる[48]。他方、南アフリカの判決が義務履行地管轄に基づいている場合には、ドイツでは

43）　石川明ほか編『EUの国際民事訴訟法判例（II）』233頁〔越山和広〕（信山社、2013年）も参照。

44）　*Baumbach/Lauterbach/Albers/Hartmann*, a.a.O.(Fn. 42), §328 Rdnr. 46; *Geimer*, Internationales Zivilprozessrecht, 7. Aufl. 2015, Rdnr. 2880.

45）　*Hellwig*, System des Deutschen Zivilprozessrechts, Erst. Teil, 1912, S. 832; *Riezler*, Internationales Zivilprozessrecht und prozessuales Fremdenrecht, 1949, S. 554.

46）　BGH, Urt. v. 30. 9. 1964, NJW 1964, 2350; *Geimer*, Anerkennung ausländischer Entscheidungen in Deutschland, 1995, S. 94; *Geimer*, a.a.O.(Fn. 44), Rdnr. 2881; *Geimer/Schütze*, a.a.O.(Fn. 6), S. 1767 ff.; *Martiny*, in: Handbuch des Internationalen Zivilverfahrensrechts, Bd. III/1, 1984, Kap 1 Rdnr. 1280 ff.; *Münchener Kommentar/Gottwald*, a.a.O.(Fn. 35), §328 Rdnr. 132; *Schack*, a.a.O.(Fn. 32), Rdnr. 967; *Stein/Jonas/Roth*, a.a.O.(Fn. 31), §328 Rdnr. 121.

47）　*Rauscher*, a.a.O.(Fn. 38), Rdnr. 2620.

48）　*Schack*, a.a.O.(Fn. 32), Rdnr. 967; vgl. *Wieczorek/Schütze*, Zivilprozessordnung, 4. Aufl. 2015, § 328 Rdnr. 78 Fn. 227.

承認されないことになる。この場合、鏡像理論に基づき南アフリカ判決の間接管轄が肯定されていたとしても、相互保証がないとして承認されないことになる[49]。

　外国判決が不承認となる場合の典型例として挙げられるのは、判決国が、外国判決を承認する場合に実質的再審査（révision au fond）を行う場合[50]、あるいは自国民には自国判決だけを通用させる国の判決の場合（フランス民法 14 条、15 条。いわゆる管轄特権 Jurisdiktionsprivileg とドイツでは呼ばれている）[51]、などが挙げられる。

④　憲法と相互保証の関係

　この相互保証の規定（民事訴訟法 328 条 1 項 5 号）が、ドイツ基本法に適合しているか否か議論がある[52]。すなわち、相互保証の要件は個人の利益を犠牲にして国家的利益の貫徹を目指しており、また同号は同じくドイツの債権者であっても、ドイツと相互保証のある国の裁判所で債務名義を得た場合と相互保証のない国で得た場合とによって、実質的な根拠がないにもかかわらず異なる扱いがなされるため基本法 3 条 1 項に違反するとして、外国訴訟の勝訴当事者がドイツ人の場合には相互保証は常に不要とするという立場がある[53]。しかし、連邦憲法裁判所は[54]、相互保証の要件が憲法に適合していることを前提にしていると解されている。また学説においても、通説は相互保証の規定には批判的ではあるものの、それでも憲法裁判所と同様に、相互保証の要件は憲法に適合しているとの見解が多数を占めている[55]。他方で、相互保証の要件に好意的な評価を下しているシュッツェは、この点について、そもそも相互保証は私人の利

49）　Vgl. *Roth*, ZZP 112 (1999), S. 483, 487.

50）　*Schütze*, Deutsches Internationales Zivilprozessrecht, 2. Aufl. 2005, Rdnr. 342 Fn. 171 では、ライヒ裁判所以来、一致した見解であると説かれる。また、文献でも古くから同様に説かれている。たとえば、*Seuffert*, Kommentar zur Zivilprozessordnung, Bd. 1, 1910, S. 549 は、実質的再審査を行う国の判決は承認しないと説く。

51）　BGH, Urt. v. 16. 3. 1970, NJW 1970, 1002.

52）　日本において、最近、この問題について検討を試みるのが、奥田・前掲注 5）100 頁。

53）　*Puttfarken*, Zur Anerkennung und Vollstreckung ausländischer Urteile deutscher Kläger — verfassungswidrige Gegenseitigkeit, RIW 1976, 149, 150 f.

54）　Vgl. BVerfG, Beschl. v. 23. 3. 1971, BVerfGE 30, 409.

55）　*Baumbach/Lauterbach/Albers/Hartmann*, a.a.O.(Fn. 42), §328 Rdnr. 46; *Geimer/Schütze*, a.a.O.(Fn. 6), S. 1753; *Martiny*, a.a.O.(Fn. 46), Kap. 1 Rdnr. 1222 ff.; *Stein/Jonas/Roth*, a.a.O.(Fn. 31), §328 Rdnr. 116.

益を定めているのではなく、国家の高権行為に焦点を当てているのであるから、平等原則の問題ではないとする[56]。もっとも、近時のドイツにおける学説の趨勢は、相互保証を国家的利益から当事者の利益へとシフトさせる傾向がみられることから、シュッツェの批判が現在のドイツにおいてどこまで説得的かは疑問が残るところである。その点で、マルティニーによる違憲説に対する反論の方が、より適切であるように思われる。マルティニーは、このような場合について平等原則違反を根拠づけることは容易ではないとして、およそ次のように述べる。すなわち、「ドイツ国内で訴訟を提起し債務名義を得たドイツ人債権者と、外国の債務名義を提出したドイツ人債権者とを、憲法上完全に平等に扱うことを求めることはできない。外国の裁判は、その国固有の司法システムから生じており、ドイツのそれではない。それゆえ、そのチェックのために特別に承認要件が設けられた。また、外国の債務名義を有しているすべてのドイツ人債権者を、完全に平等に扱うことも同様に求められていない。なぜなら、判決国はさまざまであるし、外国判決もまた相異なった条件において下される」[57]からである、と。

⑤　その他の問題

中国との相互保証をめぐっては、ドイツでは肯定否定の議論がある[58]。ベルリン上級地方裁判所はこれを肯定している[59]。しかし、判例評釈においては、この裁判所の判断をめぐる評価は二分している[60]。

相互保証の要件を充足していない場合、原告は再度、内国で訴訟を提起することになる[61]。また、相互保証の要件を充足しているか否かの判断に際しては、裁判所、当事者あるいは官署に過大な負担を生じさせることとなる[62]。そこで、

---

56)　*Geimer/Schütze*, a.a.O.(Fn. 6), S. 1753.

57)　*Martiny*, a.a.O.(Fn. 46), Kap. 1 Rdnr. 1223.

58)　Vgl. *Geimer*, a.a.O.(Fn. 44), S. 1514.

59)　KG, Beschl. v. 18. 5. 2006, NJW-RR 2007, 1438. 同様に肯定する見解として、*Nagel/Gottwald*, a.a.O.(Fn. 30), §12 Rdnr. 198.

60)　相互保証を否定する見解として、*Deißner*, Anerkennung gerichtlicher Entscheidungen im deutsch-chinesischen Rechtsverkehr und Wirksamkeit von Schiedsabreden nach chinesischem Recht, IPRax 2011, 565, 573; *Neelmeier*, Anerkennung einer ausländischen Gerichtsentscheidung zur Wirksamkeit einer Schiedsvereinbarung, SchiedsVZ 2007, 100, 104.

61)　*Schack*, a.a.O.(Fn. 32), Rdnr. 966.

シャックは、法律によって相互保証を法律上推定したり、あるいはオーストリアのような官報で公告するといった方法も考え得るし、より適切であるのはスイス、イタリア、ポーランド、スペインなどのようにこの要件を廃止することであると述べる[63]。

3 オーストリア

(1) 現行法の状況

オーストリアは、執行法（Exekutionsordnung）79 条 2 項において、外国判決を執行するには条約（Staatsverträge）または通達（Verordnungen）[64]によって相互保証が認められていることを求めている（認証された相互保証 qualifizierte Gegenseitigkeit と呼ばれている）[65]。ただし、家族法上の外国判決には適用されない[66]。まず、執行法 79 条の試訳を掲げる。

---

62) 相互保証の有無の判断は、必ずしも容易ではない。たとえば、日本の旧民事訴訟法の承認要件（旧民事訴訟法 200 条）はドイツ法（ドイツ民事訴訟法 328 条）をほぼ翻訳的に継受したにもかかわらず、*Stein/Jonas/Schumann/Leipold*, ZPO, 19. Aufl. 1969, §328 VIII D (S. 1421) は、ドイツと日本の相互保証を否定していた。もっとも、日本におけるドイツ判決の承認実務を考慮した可能性がある。石黒一憲『現代国際私法（上）』566 頁（東京大学出版会、1986 年）、鈴木＝三ケ月編・前掲注 1) 421 頁〔青山〕も参照。しかし、今日では、相互保証は一般的に肯定されている。Vgl. *Stein/Jonas/Roth*, a.a.O.(Fn. 31), §328 Rdnr. 137.

63) *Schack*, a.a.O.(Fn. 32), Rdnr. 968 f.

64) ここでの Verordnungen は、いわゆるヨーロッパ民事訴訟法における Verordnungen（ブリュッセル（Ia) 規則など）を指すものではない。連邦官報に公告された政府の宣言（Regierungserklärungen）を指すものとされる。*Angst/Jakusch/Mohr*, Exekutionsordnung, 15. Aufl. 2012, Art. 79 Anm. 2 (S. 496); *Angst/Jakusch/Pimmer*, Exekutionsordnung, 15. Aufl. 2009, Anm. zu §79 (S. 238).

65) *Angst/Oberhammer/Garber*, Kommentar zur Exekutionsordnung, 3. Aufl. 2015, §79 Rdnr. 18 (S. 857). オーストリアでは、相互保証は 3 種類に分けて論じられている。まず、形式的相互保証（die formelle Gegenseitigkeit）は、外国国家が外国人を自国民と同様に扱うときには、自国はその外国人を自国民と同様に扱う場合を指す。次に、実質的相互保証（die materielle Gegenseitigkeit）は、たとえば、ある外国人の本国において、すべてのオーストリア人が例外なく宣誓を受けなければならないとされる場合には、この国の外国人はオーストリアでも常に宣誓が必要となると説かれる。実質的相互保証によると、外国人が内国において、内国民がその本国におけるのと実質的に同様の扱いを受けるときをいうとされる。そして、認証された相互保証（die qualifizierte Gegenseitigkeit）とは、相互保証が一定の方式、たとえば、条約や政府の宣言で確定されているときにのみ相互保証が認められる。*Fasching*, Lehrbuch des österreichischen Zivilprozeßrechts, 2. Aufl. 1990, Rdnr. 2401.

66) *Angst/Oberhammer/Garber*, a.a.O.(Fn. 65), §79 Rdnr. 23 (S. 858).

【オーストリア執行法（試訳）】
第79条
第1項　外国で取得され、かつ、第2条で掲げられた債務名義に属しない公文
　　　書及び証書（外国の債務名義）に基づく執行の許可は、これらの公文書及
　　　び証書がオーストリアで執行可能であると宣言された場合になる。
第2項　公文書および証書は、これらが作成された国の規定に基づいて執行可
　　　能であり、かつ、条約又は通達によって相互保証が認められる場合には、
　　　執行可能であることが宣言されなければならない。

　そして、条約や通達で判決国との相互保証が確認されていない場合には、た
とえ事実上（tatsächlich）は相互保証があるとしても、オーストリアの裁判所は、
外国判決の執行を求める申立を拒否しなければならないとされる[67]。この点は
かなり厳格に解されているようであり、外国でオーストリアの債務名義が執行
される場合でも、オーストリアの方で条約等により相互保証を認めていない場
合には、オーストリアでは執行は許可されない[68]。そして、ある文献は執行法
79条2項にいう条約は締結されたことがないとされ[69]、また、通達もわずかの
国についてしかなされていないため[70]、このオーストリアの制度は国際的な執
行に対しては極めて敵対的（höchst feindlich）な態度として位置づけられると説
く[71]。しかし、現実には、他の各種二国間あるいは多国間条約やヨーロッパ規
則によってカバーされているため、相互保証があるとの宣言をする機会はそれ
ほど多くはなく、アメリカ合衆国、カナダおよびオーストラリアの扶養料に関
する債務名義が最も重要な適用事例であるとされる[72]。

67）　*Neumayr*, Europäisches Zivilverfahrensrecht entlang der Donau, in: Hess (Hrsg.), Die
　　Anerkennung im Internationalen Zivilprozessrecht/Europäisches Vollstreckungsrecht, 2014, S. 93,
　　99.
68）　*Angst/Jakusch/Mohr*, a.a.O.(Fn. 64), Art. 79 E. 2 (S. 504).
69）　*Burgstaller/Anzinger*, Internationales Zivilverfahrensrecht, 2000, Rdnr. 5. 12.
70）　Vgl. *Burgstaller/Burgstalle*r, Internationales Zivilverfahrensrecht, 2000, Rdnr. 1. 22.
71）　*Czernich*, Zu den Voraussetzungen der Anerkennung und Vollstreckung fremder Entscheidungen
　　nach autonomem Recht (§79 EO), JBl. 1996, 495, 496; *Burgstaller/Anzinger*, a.a.O.(Fn. 69), Rdnr.
　　5. 12.
72）　Vgl. *Neumayr*, a.a.O.(Fn. 67), S. 99; *Nunner-Krautgasser*, Die Anerkennung ausländischer
　　Entscheidungen-Rechtsentwicklung im Überblick, ÖJZ 2009, 533, 535.

(2)　旧法下における扱い

　旧法下（1895 年以前）においても、外国判決を執行するに際しては、相互保証の要件を課していたとされる[73]。相互保証の有無を確定する作業は、裁判所自身がなしていた。もっとも、行政による相互保証の確認が多数なされていたとされるが、これは単に情報提供機能を有していたにすぎず、拘束力を有するものではなかったとされる。そして、1896 年執行法は[74]、現在でも妥当している 79 条を定め[75]、相互保証は条約または帝国官報において公告された政府声明を通じて認められるとされていた[76]。

(3)　形式主義を採用した理由

　オーストリアが、ドイツと異なり、形式主義に基づく相互保証、すなわち、条約や政府の宣言によらないと相互保証を認めないとしたのは、どのような理由によるのか。オーストリアの立法者は、3 つの点を考慮してこのような規律を定めたとの指摘がある[77]。第 1 に、法的確実性（Rechtssicherheit）が高められる点が挙げられている[78]。すなわち、条約あるいは政府の宣言があるか否かで、判決国との相互保証の有無が決せられるため、裁判所としては、相互保証の有無の判断が極めて容易に、かつ画一的になされることになる。もっとも、制定当時の立法者が意図した「形式主義に基づく、確実な根拠（eine formelle, sichere Grundlage）[79]」は、現在では、憲法との関係でその堅固な立場が弱められているとされる。すなわち、政府による通達は、通常裁判所による法律適合性の審査（Gesetzmäßigkeitskontrolle）に服するとされ、たとえば、ある国の相互保証が政府

---

73)　以下の記述は、主として、*Czernich*, a.a.O.(Fn. 71), S. 499.

74)　Gesetz v. 27. 5. 1896 RGBl. 79 über das Exekutions- und Sicherungsverfahren.

75)　Vgl. *Matscher*, Grundfragen der Anerkennung und Vollstreckung ausländischer Entscheidungen in Zivilsachen aus österreichischer Sicht, ZZP 103 (1990), 294, 297.

76)　執行法施行直前（1898 年 1 月 1 日）に、相互保証があるとの通達がなされたのは、ハンガリー、ボスニア・ヘルツェゴビナ、ドイツ、イタリア、リヒテンシュタイン、ルーマニアなどである。*Hoyer*, Bemerkungen zur Geschichte der Vollstreckung ausländischer Entscheidungen in Österreich im 19. Jahrhundert, ZfRV 1964, 94, 102.

77)　*Czernich*, a.a.O.(Fn. 71), S. 499 ff.

78)　Vgl. *Hoyer*, a.a.O.(Fn. 76), S. 103.

79)　*Justizministerium* (Hrsg.), Materialien zu den neuen österreichischen Zivilprozeßgesetzen, Bd. 1, 1897, S. 493.

の通達では肯定されているものの、実際には存在しない場合には法律に適合していないとされる[80]。そのため、相互保証の存否について疑念が生じた場合には、裁判官は手続を中止するとともに、この問題を憲法裁判所に委ねることになると説かれる。

形式主義を選択した、第2の点としては、裁判所ではなく官署（Behörde）が外国との法的交流をコントロールする点が挙げられる。19世紀末の民事訴訟法制定当時のオーストリアの国際的な社会情勢をもかんがみると、外国判決が内国で効力を認められるか否かの問題は、当然のこととして国家的利益の問題でもあったとされる。執行法79条の制定史に関する資料によると、外国判決を執行する場面においては、政府だけが、当該外国国家が内国と特別な関係にあることを考慮することができる立場にあったとされる[81]。ここで特徴的なことは、相互保証があるとされていたのは当時のオーストリア＝ハンガリー帝国と外交上密接な関係にあった、ドイツ、ルーマニア、イタリア、リヒテンシュタインといった国に限られていたことである。これは、相互保証を一種の外交問題として捉えていたことを意味する。

第3の観点として、形式主義は相互保証の有無を確定させる作業負担を裁判所から解放させる点である[82]。相互保証の有無を確定させるためには、当該判決国裁判所が所属する国の法について正確な知識を有することが無条件に求められるが、そのような状況にある裁判所はごくわずかであるし、また、法的交流の少ない遠く離れた国の場合にはなおのことである。裁判所が、相互保証の有無を確定させるために外国法を検討する作業から解放されるのであれば、それは大いに意味のあるところであり、当時の立法者もこの考えが形式主義を採用する中心的な考えの1つであったとされる[83]。

⑷　相互保証に対する評価

もっとも、オーストリアでも、近時の有力説は相互保証に批判的である[84]。

---

80)　このようなケースは少なくとも一例あるとされ、リヒテンシュタインとの相互保証の有無が問題となった事案があるとされる。*Czernich*, a.a.O.(Fn. 71), S. 499 Fn. 41.

81)　*Justizministerium* (Hrsg.), a.a.O.(Fn. 79), S. 494.

82)　*Angst/Oberhammer/Garber*, a.a.O.(Fn. 65), §79 Rdnr. 18 (S. 857).

83)　*Justizministerium* (Hrsg.), a.a.O.(Fn. 79), S. 493.

そして、先に挙げた3つの点についても、批判がある[85]。第1番目の、行政による通達によって相互保証が決定されることで法的確実性が高められるという点は、今日、先に述べたように法律適合性の観点から裁判所の審査に服する場合があること、そして、外国の法状況の変化に官署が迅速に対応できるのか問題があること、そして、実際に国内官署の対応に問題があった場合には、受訴裁判所と憲法裁判所の2つの裁判所の判断に服するため、第1の目的はその意義を失っているとの指摘がある。第2については、外交問題を民事手続法に結びつけることは、まったくもって不適切である（völlig unsachgemäß）と説かれる。第3の点については、外国法の確定の困難さは国際私法の問題であり、現在は、オーストリア民事訴訟法271条2項によって司法省への照会によって柔軟に対応することができるという。

4　その他の国における状況

近年、外国判決承認に関する外国の立法動向を紹介する文献では、相互保証の要件を撤廃する立法例が少なからず紹介されている。本章では、きわめて簡単ではあるが、それらの国の動向について言及しておきたい。

(1)　アメリカ合衆国

アメリカ合衆国においては、外国判決の承認執行は州法上の問題とされているが、3つのタイプに分かれるとされている。比較的最近の文献によると、法状況としては、1962年統一外国金銭判決承認法の全部または一部を採択している州が16州、2005年の改正統一外国金銭判決承認法の全部または一部を採択している州が18州とコロンビア特別区、そしてコモン・ロー諸原則（1987年対外関係法第3リステイトメントを含む）を踏襲している州が16州あるとされている[86]。

1962年統一外国金銭判決承認法は相互保証を要求していない[87]。2005年の

---

84)　たとえば、クラリークは相互保証の削除を主張する。*Kralik*, Die Gegenseitigkeit bei der Zwangsvollstreckung ausländischer Titel, ÖJZ 1959, 253, 258.

85)　*Czernich*, a.a.O.(Fn. 71), S. 499 ff.

86)　*Strong*, Recognition and Enforcement of Foreign Judgments in the United States, in: Hess (Hrsg.), Die Anerkennung im Internationalen Zivilprozessrecht, 2014, S. 57, 66.

288　第Ⅱ部　要件論

改正統一外国金銭判決承認法も同様である。1987年対外関係法第3リステイトメントも、相互保証を要求していない[88]。しかし、テキサス州のように、統一法を採択した州の中には法典化するに際して相互保証を要件化したところもある[89]。

⑵　スイス

スイス連邦共和国では外国判決の承認に関しては、国際私法が規定している。スイスでは1987年国際私法典制定に際して[90]、相互保証の要件は必要とされなかった[91]。しかし、スイスの国際民事手続法の領域において、相互保証が一切廃止されたのかというとそういうわけではない。スイス連邦国際私法166条において、破産手続の承認に関しては相互保証が求められている。

【スイス連邦国際私法（試訳）】
第166条
第1項　債務者の住所地で下された外国の破産に関する裁判（Konkursdekret）は、以下の場合には、外国の破産管財人又は外国債権者の申立に基づき承認される。
　　a）b）　略
　　c）　裁判を下した国が相互保証（Gegenrecht）を有する場合

---

87)　*See also*, 50 C. J. S. §1357 (2009).
88)　Restatement (Third) of the Foreign Relations of the United States §482 (1987).
89)　参照、松岡博『国際取引と国際私法』141頁、159頁以下（晃洋書房、1993年）。なお、安達栄司「判批」判タ870号59頁（1995年）は、統一外国金銭判決承認法を採択したニュー・ヨーク州（東京地判平成6年1月14日判時1509号96頁）、カリフォルニア州（東京高判平成5年6月28日判時1471号89頁）につき相互保証が肯定されていることから、同法を採択している州との関係では日本との相互保証が疑問とされることはないと述べる。しかし、2010年にアメリカ合衆国でスピーチ・アクトが制定されたことから（後述）、状況は変わったと考えられる。
90)　同法に関する資料として、石黒一憲「スイス国際私法第二草案（一九八二年）について(1)～(3・完)」法学協会雑誌100巻10号164頁、101巻2号104頁、101巻6号138頁（1983年、1984年）。
91)　*Basler Kommentar/Däppen/Mabillard*, IPRG, 3. Aufl. 2013, Art 27 Rdnr. 3; vgl. *Walder*, Grundfragen der Anerkennung und Vollstreckung ausländischer Urteile, ZZP 103 (1990), 322, 341. なお、スイスでは相互保証を意味する表現として、Verbürgung der Gegenseitigkeit の他に、Gegenrecht、あるいは Gegenrechtsvorbehalt が用いられる。Vgl. *Vogel/Spühler*, Grundriss des Zivilprozessrechts, 7. Aufl. 2001, S. 437.

この規定の趣旨は、破産手続においてスイスの当事者のみが一方的に給付を
なすのは著しく不平等であるとの認識から設けられたとされる[92]。しかし、こ
の理由づけが正当化されるかは非常に疑問であると説かれる[93]。実務上も非常
に不評のようである[94]。

　なお、スイス連邦国際私法は、一般民事事件については外国判決承認要件と
して相互保証を認めなかったが、間接管轄が詳細に定められており、それに
よって相互保証的観点が代替されているとの有力説による指摘がある[95]。間接
管轄は、鏡像理論──厳格に解するか緩和させるかはともかく──を前提とす
る場合、承認国の直接管轄が認められる範囲で判決国の国際裁判管轄を肯定す
るものであるから、その意味において管轄レベルにおける相互主義という評価
をすることができる[96]。

(3)　スペイン

　スペイン王国は、2009 年より相互保証の要件を廃止している[97]。

(4)　ブルガリア

　ブルガリア人民共和国は、2005 年 5 月の国際私法典で[98]、外国判決承認要件
としての相互保証を廃止した[99]。旧法下においては、国際条約、二国間司法共
助、または事実上の相互保証（tatsächliche Gegenseitigkeit）があることを理由とす
る場合にのみ外国判決の執行をなしうるとしていたが（旧民事訴訟法303条）、新
法では承認要件（国際私法117条）を充足していれば執行することができるとさ
れた（国際私法120条）。

---

92)　Vgl. *Basler Kommentar/Däppen/Mabillard*, a.a.O.(Fn. 91), Art. 166 Rdnr. 35.
93)　*Furrer/Girsberger/Siehr*, Schweizerisches Privatrecht, XI/1, IPR Allgemeine Lehren, 2008,
　　Rdnr. 900; vgl. auch *Zürcher Kommentar/Volken*, IPRG, 2. Aufl. 2004, Art. 166 Rdnr. 96.
94)　*Basler Kommentar/Däppen/Mabillard*, a.a.O.(Fn. 91), Art. 166 Rdnr. 35 („sehr unbeliebt").
95)　*Zürcher Kommentar/Volken*, a.a.O.(Fn. 93), Art. 25 Rdnrn. 69 und 78.
96)　本書第 II 部第 1 章第 1 節 69 頁。
97)　*Schack*, a.a.O.(Fn. 32), Rdnr. 969.
98)　2005 年ブルガリア国際私法の条文は、RabelsZ 71 (2007), S. 457 ff.
99)　*Musseva*, Das neue internationale Zivilverfahrensrecht Bulgariens in Zivil-und Handelssachen,
　　IPRax 2007, 256, 260.

(5) ポーランド

ポーランド共和国は、2008 年 12 月 5 日の民事手続法典（Zivilverfahrensgesetz-buch）で、相互保証の要件を廃止した[100]。学説からは、相互保証の要件は報復（Retorsion）の概念を判決承認に持ち込むものであり問題であること、また、相互保証は外国においてポーランドの判決承認を容易にする有用な手段とはいえないこと、さらに、これまで承認した実績のない国との関係で相互保証の有無を確定させることは困難であること、といった批判がなされており、これらの批判を考慮して相互保証の要件を削除するに至った。

(6) マケドニア

旧ユーゴスラビアを構成していたマケドニア共和国は、2007 年 7 月 4 日の国際私法典で[101]、外国判決の承認要件としての相互保証を廃止した[102]。すでに隣国のアルバニアやブルガリアは相互保証を廃止しており[103]、その流れに沿うものである。

(7) モンテネグロ

モンテネグロ共和国は、2013 年 12 月 23 日の国際私法によって[104]、外国判決承認要件としての相互保証を廃止した[105]。

5 比較法的概観のまとめ

(1) ドイツ・オーストリア

ドイツおよびオーストリアは、わが国と同様に相互保証を維持している。そ

---

100) *Erecinski/Weitz*, Das neue autonome Internationale Zivilverfahrensrecht in Polen, ZZP Int 13 (2008), 57, 80.

101) 条文のドイツ語訳は、IPRax 2008, S. 158 ff. に掲載されている。外国判決の承認要件については、101 条から 110 条にかけて規定がある（a.a.O., S. 167）。

102) *Jessel-Holst*, Zum Gesetzbuch über internationales Privatrecht der Republik Mazedonien, IPRax 2008, 154, 157.

103) *Jessel-Holst,* a.a.O.(Fn. 102), S. 157.

104) 条文のドイツ語訳は、IPRax 2014, S. 556 ff. に掲載されている。外国判決の承認要件は、141 条以下に定められている。

105) *Jessel-Holst*, Neukodifikation des internationalen Privatrechts in Montenegro, IPRax 2014, 553, 555.

こで、後述の日本法の解釈における若干の視座を得ることに重点を置いて、わが国とドイツやオーストリアとの法状況の比較を試みたい（日本法の状況は後述するが、ここでは日本法について先取りすることになる）。ドイツ、オーストリアは相互保証を維持している点では日本と共通性があるものの、より詳細に見てみると、これら3国にはいくつかの異なる点がある。

第1に、ドイツ、オーストリアは、緊密な関係を有する国々との関係では条約を締結しており、国内固有法が適用される場面は相当程度限定されている。その意味では、実務上、固有法が重要性を持つ場面はそれほど多くはないとも評価しうる。これに対して、日本法の場合、民事訴訟法118条が決定的役割を果たしており、同条のカバーする範囲がきわめて広く、同条の果たす役割は非常に大きい。

第2に、ドイツ、オーストリアでは、相互保証の問題は財産法上の請求権に限定されており、家族法上の問題に適用はないとの立法的な手当てがなされている。これに対して、日本法（民事訴訟法118条）では、このような限定はない。したがって、日本法では、外国判決承認に関する規定の制定経緯を背景に、とりわけ離婚事件や非訟事件に関する裁判について、民事訴訟法118条の適用をめぐり議論が生じた。

第3に、ドイツ、オーストリアは財産関係について相互保証を維持しているが、相互保証の有無に関する判断方法が両国で異なる。ドイツは日本と同様に裁判所による個別判断の方式を採用しているが、オーストリアは条約あるいは政府の宣言による一律判断方式を採用している。換言すると、相互保証についてドイツは法的判断、オーストリアは政治的判断によっているといえる。個別判断方式を採用するドイツでは、相互保証の有無を判断することの負担が問題視されている。すなわち、相互保証は承認要件であることから承認を求める原告が主張立証することになるが、外国法の解釈をめぐる負担（鑑定費用など）が当事者に重くのしかかる。そこで、ドイツの一部の学説は、オーストリア方式に好意的である。他方、オーストリア方式は、外国判決の承認が問題となった時点以前に相互保証の有無につき明確な判断が提示されている点で利点がある。しかし、オーストリア方式の問題点として、政府が、外国の法改正に関する状況を的確・迅速に把握し、政府の宣言に反映することができるのかが指摘され

ている。また、近年の法治国家原則に関する関心の高まりから、相互保証の問題を政府の一律的な管掌とすることに疑問が提起され、最終的には裁判所の判断に服するとの考えが出てきている。この立場からすると、オーストリア方式の利点である簡易迅速な判断が確保できなくなる場面が生ずることになる。

第4に、ドイツ、オーストリアのいずれの国においても、相互保証という制度について、学説の大勢は批判的である。相互保証の制度は、「判決国が承認国の判決を承認するならば、承認国は判決国の判決を承認する」という建前であるから、具体的な事件の解決とは無関係な次元での判断である。このような扱いをする根拠として、この要件を制定した当初は、「国家の尊厳」、あるいは「外国における内国債務名義の実現可能性を高める」といった、公的利益・国家的利益が説かれていた。オーストリアにおいて条約締結あるいは政府による宣言によって相互保証の有無が決められるという扱いは、相互保証の問題が政治的性格を有しているとの制定当初の理解を現代まで維持していると評価することができる。なぜならば、オーストリアでは、制定当初、相互保証の問題は裁判所の判断になじまないとされていたからである。しかし、今日、相互保証の国家利益的性格に批判が寄せられている。

第5に、伝統的な相互保証の国家利益的性質論を、私益保護の性格から構成する試み（相互保証があるとの認定に向けた要件判断の緩和化）の可能性について、ドイツとオーストリアでは相当異なる。ドイツでは、個別判断方式を採用しているため、解釈上柔軟な判断の可能性があり、学説・実務においても、いくつかの提案がなされ定着したものもある。その1として、判決国における相互保証に関する実務慣行を重視しつつも、判決国における実務がない場合、相互保証がないとするのではなく判決国の承認に関する法を判断基準にするというものである。その2として、相互保証に関する証明責任を転換、あるいは相互保証の存在を推定するという考えも提唱されている。その3として、部分的相互保証の理論によって、不承認とする外国判決の範囲を限定するという考えが示されている。たとえば、判決国においては財産所在地管轄に基づく外国判決は承認しないという立場をとっている場合、ドイツでは当該判決国が財産所在地国に該当する場合には承認しないが、当該判決国が普通裁判籍所在地国である場合には承認することで、不承認となる場合の範囲を限定する。これら3つの

第4章　外国判決承認要件としての相互保証　293

うち、その1とその3は、学説・実務において支持されているといえる。他方、一律判断方式を採用するオーストリアでは、ドイツのような柔軟な解釈を許容する素地に乏しい（むしろ、そのような事態が生じないようにすることを目的として形式主義が採用されているといえよう）。

第6に、第5その1とも関係することであるが、条約等による一律的な判断を行うオーストリアでは固定的な判断がなされるのに対して、ドイツのように個別的な判断を行う方式の場合は、本来ならば当該具体的事件との関係（時点）で相互保証が判決国との間に存在するのか否かを判断することになるはずである。しかし、ドイツの学説では、個別事案における相互保証の有無に関する判断が事後の裁判所の判断に影響を及ぼすことを念頭に置いて議論をしている。つまり、かつて自国が判決国でどのような扱いを受けていたかを問う態度を示している。このような判決国における承認実務を重視する立場は、相互保証を国家の尊厳という観点から基礎づけていたころの見解の影響を受けていると考えられる。しかし、私権の実現を重視する立場からは、判決国における過去の承認実務を重視せず、承認に関する双方の国の法制度を抽象的に比較する方向に移行していくことも考えられる。

第7に、ドイツおよびオーストリアとの相互保証の有無について確認しておきたい。かつて、ドイツでは、ドイツ法を継受した日本との関係で相互保証があるか否かについて否定する有力な見解があった。しかし、今日、学説および判例は日本との相互保証を肯定している。このことは、相手国における承認実務をどの程度考慮するのかとも関係するが、相互保証の有無を判断するに際して内外国法の比較が現実的に困難であることを示すものといえる。また、オーストリアとの相互保証があるか否かについてであるが、条約やオーストリア政府による宣言がないかぎり、わが国との相互保証はないことになる。

⑵　その他の国々

近年、相互保証の要件を廃止する国々が増えてきているといえる。かねてからヨーロッパでは、多くの国が相互保証を廃止しているとされる[106]。西ヨー

---

106) *Gottwald*, a.a.O.(Fn. 12), S. 279.

ロッパでは、2015年のスペインの法改正が注目される。また、近年、東ヨーロッパの新興国において、相互保証を廃止する立法を行っている。

アメリカ合衆国では外国判決の承認は州法の管轄事項とされている。1962年統一外国金銭判決承認法、2005年統一外国金銭判決承認法、対外関係法第3リステイトメントのいずれでも相互保証の要件は求められていない。しかし、いくつかの州ではモデル法を採択しつつも相互保証の要件を独自に定めている。

Ⅲ　日本における議論

1　判例

(1)　相互保証の判断基準

相互保証の有無が正面から問題となった事案は多くない。しかし、承認・執行が認められるためには承認要件を充足している必要がある。そのため、相互保証の有無について言及がされてはいるが、簡潔な内容にとどまるものも少なくない。

わが国の裁判所が相互保証に関する判断基準を示した重要な判例は、大判昭和8年12月5日と[107]、これを緩和した最判昭和58年6月7日である[108]。前者は、①外国裁判所が判決承認につき実質的再審査の原則を採用していないこと、および②判決国の承認要件が承認国である日本のそれと対比して同等か寛大であることを求めていた。これに対して、後者の判決は、②について前者の基準を採用した場合、判決国である外国からすると、日本の承認要件の方が厳格になるため、当該外国は日本の判決を承認することができないことになり、その結果、日本でも当該外国判決が承認できないという不合理な結果になるとして、大判昭和8年を批判し、判決国と承認国の承認要件が重要な点で異ならないことを要求すれば足りるとした[109]。

一般的には、最高裁昭和58年判決によって相互保証の要件に関する判断基

---

107)　大判昭和8年12月5日新聞3670号16頁。
108)　最判昭和58年6月7日民集37巻5号611頁。
109)　判例の概観として、小林昭彦「外国判決の執行判決について」判タ937号39頁（1997年）。

準は緩和されたといえる。しかし、少なくともこれまで問題となった事案で、大判昭和 8 年と最判昭和 58 年の基準のいずれかを採用するかによって結論が異なったといえるかは、判然としない[110]。これまで、わが国で相互保証がないとされた事案は、実質的再審査主義を採用していることを理由にベルギー王国判決を不承認としたケース（東京地判昭和 35 年）と、中華人民共和国が条約や互恵関係がある場合にのみ外国判決を承認しているところ、わが国との間ではそのいずれも存在しないことを理由に同国との相互保証がないとしたケース（大阪高判平成 15 年、そして大阪高判平成 27 年）があるのみである（返還前の香港については、後述のように変遷がある）。いずれのケースも、判例変更がなされる前と後の基準によって結論が異なるとは言い難い[111]。もちろん、この判例変更を否定的に評価すべきではなく、今後も従来判断されてこなかった法域との相互保証の有無が問題となる場合に、判断の基本的方向性を示す意味において有用といえる。

(2)　裁判例の紹介[112]

　以下では、具体的な法域ごとに、裁判所が相互保証の有無についてどのような判断をしてきたのか、紹介を試みたい（アルファベットは、裁判例の紹介の便宜上法域ごとに設けたものである）。事案は適宜簡略化した。なお、以下では用語として身分関係事件という表現を用いる。

A　アメリカ合衆国

　アメリカ合衆国については、まず、昭和 8 年判決で対象となったカリフォルニア州を取りあげ（(a)）、その後で昭和 58 年判決で対象となったコロンビア特別区を紹介し（(b)）、続いて 50 音順に法域を取りあげる。

---

110)　なお、松岡博「判批」重判昭和 55 年度 317 頁（1981 年）は、評釈当時、両説で結論が異なる事案はそれまでなかったと述べる。ただし、コロンビア特別区の場合、大判昭和 8 年ルールでは承認されないと解される可能性があるとの指摘がある。高桑昭「判批」重判昭和 58 年度 124 頁（1984 年）、松岡・同 317 頁。

111)　実質的再審査を採用するベルギーの判決は、厳格な立場（大判昭和 8 年）と緩和した立場のいずれによった場合でも相互保証はない。池原季雄「判批」渉外判例百選 183 頁（増補版、1976 年）。

112)　未公刊裁判例も含めた包括的な裁判例の紹介は、竹下守夫「判例からみた外国判決の承認」新堂幸司ほか編『判例民事訴訟法の理論（下）』571 頁（有斐閣、1995 年）を参照のこと。

(a) カリフォルニア州

(a-1) 大判昭和 8 年 12 月 5 日[113]

カリフォルニア州裁判所が下した判決を日本において執行するため、原告が日本で執行判決を求める訴えを提起した。裁判所は、「民事訴訟法第二百条第四号ニ所謂相互ノ保証アルコトトハ当該外国カ条約ニ依リ若ハ其ノ国内法ニ依リ我国判決ノ当否ヲ調査スルコト無クシテ右第二百条ノ規定ト等シキカ又ハ之ヨリ寛ナル条件ノ下ニ我国ノ判決ノ効力ヲ認ムルコトトナリ居ル場合ヲ謂フモノトス」とし、「北米合衆国ニ於ケル各州ノ判例ニ依レハ……相互ノ保証アルコトヲ審明シ本件北米合衆国当該州ノ判決ハ前記相互保証ノ要件ヲ具備スルモノト認メタル」と述べて、日本とカリフォルニア州との相互保証を肯定した。

(a-2) 東京地判昭和 32 年 3 月 19 日[114]

原告（カリフォルニア州法によって設立され、ロスアンゼルスに本拠を有する法人）が被告（日本で登記され、営業所を有するパナマ法人）を相手に、カリフォルニア州裁判所で 1 万 1100 ドルの支払いを命ずる判決を得、その判決の執行が日本で求められた。裁判所は、カリフォルニア州民事訴訟法 1915 条は外国判決の同州における効力を定めており、また実際に外国判決の効力を認めた先例もあることなどから、日本でもカリフォルニア州判決を承認することができるとした。その際、裁判所は、「カリフォルニア州民事訴訟法にはその第千九百十五条に『外国の他の裁判所の終局判決は、その裁判所がその国の法律に基いてその判決を与える管轄権をもっているならば、その判決が行われた国におけると同様の効力をもち、かつ当州において行われた終局判決と同様の効力をもつものとする』との規定があり、この規定により同州の裁判所が外国の判決に対しその効力を承認した先例もあるから、同州においては我が国の判決についても右規定によりその効力を承認するものと認められる」としている。この判決は、相互保証の内容についての判断が必ずしも明確に述べられていないが、カリフォルニア州民事訴訟法に外国判決の効力に関する規定があり、かつ、実際に当該

---

113) 大判昭和 8 年 12 月 5 日新聞 3670 号 16 頁。評釈等として、三ツ木正次「判批」渉外判例百選 180 頁（増補版、1976 年）がある。

114) 東京地判昭和 32 年 3 月 19 日下民集 8 巻 3 号 525 頁。評釈等として、三ツ木正次「判批」ジュリスト 177 号 80 頁（1959 年）。同評釈によると、判決当時、大判昭和 8 年の基準は一般に支持されていたとされる（同 81 頁）。

条文が適用されて承認された事例があることを、相互保証を肯定する根拠にしていると考えられる。

(a-3) 東京地判昭和 40 年 10 月 13 日[115]

被告（夫）は原告（妻）を相手にカリフォルニア州裁判所において、別居請求訴訟を提起したところ、原告は扶養料請求の反訴を提起した。同裁判所は、被告の請求を棄却するとともに、原告による反訴を認容し、確定した。そこで、原告は扶養料支払いを認めるカリフォルニア州裁判所の判決の執行を求める訴えを提起した。しかし、このカリフォルニア州判決では、原告が子を州外に連れ出さないことを条件として、被告に扶養料を支払うことを命じていたため、執行判決訴訟において、原告が州外移転禁止条項に違反しているか否か、また、このような請求異議事由を執行判決訴訟において抗弁として提出することの可否が争われた。裁判所は、請求異議事由を執行判決訴訟で抗弁として提出することを認めた。また、州外移転禁止条項の趣旨は子の福祉を目的とするものであるところ、本件では被告による支払いがない状況下で生活の維持のために州外に移転せざるをなかったため、州外移転禁止を維持することは却って子の福祉に反すること、また、本事案で州外移転禁止条項の修正または削除をしなかったことは扶養料支払い免除をもたらすものではないとして、原告の請求を認容した。その際に裁判所は、「請求原因事実については当事者間に争いがない」として、相互保証の有無についてもとくに言及することなく州外移転禁止条項違反の判断を行っている。請求原因事実は、外国判決承認要件を充足している事実を指すものと考えられるが、承認要件について弁論主義が全面的に妥当すると裁判所は考えていると解される[116]。

(a-4) 東京地判昭和 44 年 9 月 6 日[117]

原告（米国市民）は、被告（日本法人）との間で米国のテレビ映画を日本で放映する契約を締結したものの、外国為替管理法違反によりテレビの放送局では

---

115) 東京地判昭和 40 年 10 月 13 日判時 426 号 13 頁。評釈として、三ツ木正次「判批」ジュリスト 353 号 135 頁（1966 年）、矢ケ崎高康「判批」判例評論 88 号 13 頁（1966 年）。

116) 承認要件について弁論主義が全面的に妥当するのは問題であるとするのは、三ツ木・前掲注 115）136 頁。

117) 東京地判昭和 44 年 9 月 6 日判時 586 号 73 頁。評釈等として、関俊彦「判批」ジュリスト 463 号 149 頁（1970 年）、土井輝生「判批」判例評論 138 号 35 頁（1970 年）、西賢「判批」重判昭和 45 年度 213 頁（1971 年）。

なかった被告は輸入業者になりえなかった。そこで原告は、被告に対して損害賠償を求めてアメリカ仲裁協会に申し立てたところ、仲裁協会は金銭支払いを命ずる仲裁判断を下した。そして、原告は、この仲裁判断を確認し、判決の登録を求める訴えをカリフォルニア州裁判所に提起した。カリフォルニア州裁判所はこれを認容する判決を下し、この判決に基づいて、原告は、わが国で執行を求める訴えを提起した。裁判所は、相互保証につき、「アメリカ合衆国カリフォルニア州においては日本国裁判所が日本国の法律に基き裁判管轄権を有するときは、日本国裁判所のなした確定判決の効力を承認するものと一般に認められているから［旧］民事訴訟法第200条第4号の『相互の保証』があるというべきである（このことは被告においても争わない。）」とした。

　本判決は、カリフォルニア州との関係で相互保証があると判断するに際して、当事者間で争いがないことも理由として述べている。しかし、相互保証の有無は法解釈の問題であると考えられること、また、公益性にかかわる問題であると解するのが学説上一般的であることからすると、当事者間で争いがないとして権利自白のような構成を採ることには批判がありうるところである。

（a-5）　東京地判昭和63年11月11日[118]

　被告が原告を相手に、カリフォルニア州裁判所で離婚訴訟を提起し、請求が認容された。しかし、原告は、本件離婚訴訟の送達を受けていないなどと主張して、当該外国判決が日本で効力を有しないことの確認を求める訴訟を提起した。裁判所は、「［旧］民訴法200条の規定は、財産権上の訴えについての外国判決のみならず、外国裁判所の離婚判決についてもその適用を認めるのが相当と解される」と述べて、本件では送達の要件を充足していないとして、原告の請求を認容した。本件では、相互保証の要件を要求するか否かについて、とくに明示していないが、当時の学説および裁判例の支配的傾向である、全面適用説を前提にしていると考えられる。

　　（a-6）　原告（オレゴン州のパートナーシップ）は被告（日本法人ら）を相手に、

118）東京地判昭和63年11月11日判時1315号96頁。評釈等として、熊谷久世「判批」ジュリスト951号156頁（1990年）、河野俊行「判批」重判平成元年度280頁（1990年）、櫻田嘉章「判批」リマークス1号279頁（1990年）、高田裕成「判批」民事訴訟法判例百選（Ⅰ）54頁（新法対応補正版、1998年）、高野芳久「判批」平成元年度主要民事判例解説346頁（1990年）、道垣内正人「判批」判例評論371号41頁（1990年）。

カリフォルニア州裁判所において、オレゴン州内にある工業団地の土地賃貸借契約をめぐり、懲罰的損害賠償を含む損害賠償を求める訴えを提起し、認容された。原告は、この判決に基づいて、わが国での強制執行を申し立てた。これに対して、被告は、公序違反、相互保証を有していないなどとして争った。

第1審（東京地判平成3年2月18日[119]）は、懲罰的損害賠償部分を除いて原告の請求を認めたが、その際に相互保証について、「カリフォルニア州民事訴訟法典第1713条の1ないし8によれば、同法上、外国判決は、我が国におけると実質的に同等な条件の下で承認されるものと認められるから、[旧]民事訴訟法第200条第4号にいう相互の保証があるということができる」と簡潔な説明で相互保証を肯定する。控訴審（東京高判平成5年6月28日判時1471号89頁[120]）は、相互保証についてはとくに言及してはいないが、第1審判決を支持している。上告審は、懲罰的損害賠償について執行判決を求めた原告による上告（①事件。最判平成9年7月11日民集51巻6号2573頁）と、外国判決中に記載のない利息部分について執行を認めるべきではないとする被告側の上告（②事件。最判平成9年7月11日民集51巻6号2530頁）も退けているが、相互保証についてはとくに言及してはいない[121]。

(a-7)　東京地八王子支判平成10年2月13日[122]

原告は被告を相手に、カリフォルニア州裁判所において、不法行為に基づく損害賠償請求訴訟を提起し、認容判決が下された。原告は、その判決の執行を求めて、日本で執行判決訴訟を提起した。裁判所は原告の請求を認容したが、

---

119) 東京地判平成3年2月18日判時1376号79頁。評釈等として、石黒一憲「判批」リマークス4号167頁（1992年）、海老沢美広「判批」重判平成3年度271頁（1992年）、加藤哲夫「判批」法学セミナー444号130頁（1991年）、神前禎「判批」ジュリスト1023号138頁（1993年）、小林秀之「判批」NBL473号6頁、477号20頁（1991年）（最高裁昭和58年判決に照らして相互保証が認められる。477号27頁）、小室百合「判批」法学55巻5号93頁（1991年）、坂本昭雄「判批」金融・商事判例921号48頁（1993年）、須藤典明「判批」判タ790号258頁（1992年）、道垣内正人「判批」判例評論391号40頁（1991年）（相互保証を肯定した点には賛成。同47頁）、渡辺惺之「判批」特許管理41巻10号1321頁（1991年）。

120) 東京高判平成5年6月28日判時1471号89頁。評釈等として、春日偉知郎「判批」重判平成5年度290頁（1994年）、春日偉知郎「判批」渉外判例百選224頁（第3版、1995年）、須藤典明「判批」判タ852号274頁（1994年）、道垣内正人「判批」民事執行法判例百選22頁（1994年）、早川吉尚「判批」ジュリスト1050号193頁（1994年）、吉野正三郎＝安達栄司「判批」判タ828号89頁（1994年）。

その際に次のように述べて、カリフォルニア州との相互保証を肯定した。「カ
リフォルニア州民事訴訟法 1713 条の 4 によれば、同州においては、我が国に
おける条件と重要な点において異ならず、又は実質的に同等な条件の下で外国
判決を承認するものといえるから、民事訴訟法 118 条 4 号にいう相互保証の要
件を具備するというべきである」、と。

(a-8)　東京地判平成 23 年 3 月 28 日[123]

原告は被告を相手に、カリフォルニア州裁判所に離婚等を求める訴えを提起
した。裁判所は、婚姻解消を認めるとともに、被告に対して扶養料等の支払い
を命ずる判決を下した。原告は、このカリフォルニア州裁判所による金銭支払
いを命ずる判決の執行を求めて、日本で訴えを提起した。裁判所は、この執行
判決を求める訴えを認容したが、その際に、カリフォルニア州との相互保証に
つき、次のように述べている。すなわち、「カリフォルニア州においては、我
が国における条件と重要な点において異ならず、又は実質的に同等な条件の下
で外国判決を承認するものといえるから、民事訴訟法 118 条 4 号にいう相互保
証の要件を満たすというべきである」、と。

(a-9)　東京地判平成 26 年 12 月 25 日[124]

原告は被告を相手に、カリフォルニア州裁判所に離婚等を求める訴えを提起
した。裁判所は、離婚等のほかに、養育費等の支払いを命ずる判決を下した。

121）最判平成 9 年 7 月 11 日民集 51 巻 6 号 2573 頁（①事件）および最判平成 9 年 7 月 11
　　日民集 51 巻 6 号 2530 頁（②事件）。評釈等として、大隈一武「判批」西南学院大学法学
　　論集 31 巻 1 号 31 頁（1998 年）、岡田幸宏「判批」法学教室 210 号 70 頁（1998 年）、古閑
　　裕二「判批」法律のひろば 51 巻 1 号 54 頁（1998 年）、小林秀之＝吉田元子「判批」
　　NBL629 号 6 頁、630 号 42 頁（1997 年）、佐久間邦夫「判批」ジュリスト 1129 号 106 頁
　　（1998 年）、佐久間邦夫「判解」最高裁判所判例解説民事篇平成 9 年度 840 頁（2000 年）、
　　田尾桃二「判批」金融・商事判例 1031 号 53 頁（1998 年）、道垣内正人「判批」リマーク
　　ス 18 号 156 頁（1999 年）、永井博史「判批」大阪経済法科大学法学論集 42 号 209 頁
　　（1998 年）、中野俊一郎「判批」NBL627 号 19 頁（1997 年）、西野喜一「判批」判タ 1005
　　号 218 頁（1999 年）、早川吉尚「判批」民商法雑誌 119 巻 1 号 78 頁（1998 年）、藤田泰弘
　　「判批」判タ 953 号 61 頁（1997 年）、森田博志「判批」法学協会雑誌 117 巻 11 号 161 頁
　　（2000 年）、横山潤「判批」国際私法判例百選 224 頁（第 2 版、2012 年）。
122）東京地八王子支判平成 10 年 2 月 13 日判タ 987 号 282 頁。
123）東京地判平成 23 年 3 月 28 日判タ 1351 号 241 頁。評釈等として、北坂尚洋「判批」リ
　　マークス 45 号 126 頁（2012 年）、高橋宏司「判批」戸籍時報 698 号 31 頁（2013 年）、芳
　　賀雅顯「判批」JCA ジャーナル 59 巻 1 号 19 頁（2012 年）。
124）東京地判平成 26 年 12 月 25 日判タ 1420 号 312 頁。

原告は、このカリフォルニア州裁判所による金銭支払いを命ずる判決の執行を求めて、日本で執行判決訴訟を提起したところ、被告は、当該外国判決は日本における養育費の適正額を超える支払額を認めており、これはわが国の公序に反するなどと主張した。裁判所は、この執行判決を求める訴えを認容したが、その際に、カリフォルニア州との相互保証につき、次のように述べている。すなわち、「前提となる事実……によれば、本件外国判決は確定していること、民事訴訟法 118 条 2 号及び 4 号に掲げる要件並びに同条 3 号中本件外国判決の訴訟手続が我が国における公の秩序又は善良の風俗に反しないとの要件を具備することが認められる」と。

(a-10)　東京高判平成 27 年 9 月 24 日[125]

原告（米国籍、米国在住）は、被告（日本国籍）を相手に、被告がカリフォルニアに在住していた時に被告所有の機械を運搬中に原告の足に落下させて怪我を負わせたことを理由に、カリフォルニア州裁判所で損害賠償請求訴訟を提起し、勝訴判決を得た。原告は、このカリフォルニア州裁判所の判決の執行を求めて、日本で執行判決訴訟を提起したところ、第 1 審（東京地判平成 26 年 12 月 10 日[126]）は送達の要件を充足していないとして、原告の請求を棄却した。原告が控訴したところ、控訴審は承認要件を満たすとして、執行を認めた。その際に、裁判所は、「弁論の全趣旨によれば、本件外国判決は、民訴法 118 条……4 号（相互の保証があること）の要件を満たすものと認められる」と簡潔に述べて、相互保証を肯定した。

(b)　コロンビア特別区

本件は、相互保証の判断基準について、大判昭和 8 年のルールを変更した事件である。

原告は被告を相手に、アメリカ合衆国コロンビア特別区において、売掛代金債権請求訴訟を提起し、認容判決を得た。原告が、この判決の日本での執行を求めたところ、被告は、コロンビア特別区の承認要件は日本の民事訴訟法が定める要件と一致しないものがあるため、相互保証の要件を欠くなどと主張した。

125）東京高判平成 27 年 9 月 24 日判時 2306 号 68 頁。
126）東京地判平成 26 年 12 月 10 日判時 2306 号 73 頁。

第 1 審（東京地判昭和 54 年 9 月 17 日）[127] は、相互保証について、「［旧］民訴法200 条 4 号が掲げる相互保証の要件は、国際関係における衡平を図るためのものであるが、わが国と諸外国とは互いにその法制度を異にしているのであるから、外国裁判所の判決の承認の要件につき、あらゆる事項にわたって外国の基準がわが国のそれと対比し常に同一か又は寛大であることを要するとするのは、いたずらに外国裁判所の判決の承認の道を狭めるものであって、渉外生活関係が著しく発展、拡大し、国際化時代ともいうべき今日の国際社会の実情からみて妥当とはいえず、渉外生活関係の法的安定のため旧法よりその要件を緩和した現行民訴法 200 条 4 号［引用者注：旧民事訴訟法 200 条 4 号］の解釈としても、相互保証の要件は必ずしも厳格に解する必要はなく、わが国と外国との間の判決の承認の要件が著しく均衡を失せず、それぞれ重要な点において相互に同一性が認められる場合には、［旧］民訴法 200 条 4 号にいう相互保証の要件を充足するものというべきである」として、コロンビア特別区との相互保証を肯定した。

控訴審（東京高判昭和 57 年 3 月 31 日）[128] も、コロンビア特別区との相互保証を肯定した。その際、「外国裁判所の判決の承認の要件が当該判決国とその判決の承認を求められている国とで完全に一致することは到底期しがたいところであり、当該外国の定める他の外国の判決の承認の要件とわが国のそれとが全く同一でなくても重要な点ではほぼ同一であり、当該外国の定める右要件がわが国の定めるそれよりも全体として過重でなく、実質的にほとんど差がない程度のものであれば、両者を等しいものとみて［旧］民事訴訟法第 200 条第 4 号の『相互の保証』があるものと解してさしつかえないものと考える」として、コロンビア特別区との相互保証を肯定した。

上告審（最判昭和 58 年 6 月 7 日）[129] も、コロンビア特別区との相互保証を肯定した。すなわち、「［旧］民訴法 200 条 4 号に定める『相互ノ保証アルコト』と

127）東京地判昭和 54 年 9 月 17 日判時 949 号 92 頁。評釈等として、道垣内正人「判批」ジュリスト 722 号 295 頁（1980 年）（判旨賛成）、松岡・前掲注 110）317 頁（相互保証につき判旨賛成）。

128）東京高判昭和 57 年 3 月 31 日判時 1042 号 100 頁。評釈等として、貝瀬幸雄「判批」ジュリスト 791 号 108 頁（1983 年）（判旨結論賛成）、櫻田嘉章「判批」判例評論 288 号28 頁（1983 年）（判旨賛成）、横山潤「判批」判タ 505 号 225 頁（1983 年）（判旨賛成）。

は、当該判決をした外国裁判所の属する国（以下『判決国』という。）において、我が国の裁判所がしたこれと同種類の判決が同条各号所定の条件と重要な点で異ならない条件のもとに効力を有するものとされていることをいうものと解するのが相当である。けだし、外国裁判所の判決（以下『外国判決』という。）の承認（外国判決が判決国以外の国において効力を有するものとされていることをいう。以下同じ。）について、判決国が我が国と全く同一の条件を定めていることは条約の存する場合でもない限り期待することが困難であるところ、渉外生活関係が著しく発展、拡大している今日の国際社会においては、同一当事者間に矛盾する判決が出現するのを防止し、かつ、訴訟経済及び権利の救済を図る必要が増大していることにかんがみると、同条4号の規定は、判決国における外国判決の承認の条件が我が国における右条件と実質的に同等であれば足りるとしたものと解するのが、右の要請を充たすゆえんであるからである。のみならず、同号の規定を判決国が同条の規定と同等又はこれより寛大な条件のもとに我が国の裁判所の判決を承認する場合をいうものと解するときは（大審院昭和8年(オ)第2295号同年12月5日判決・法律新聞3670号16頁）、判決国が相互の保証を条件とし、しかも、その国の外国判決の承認の条件が我が国の条件よりも寛大である場合には、その国にとっては我が国の条件がより厳しいものとなるから、我が国の裁判所の判決を承認しえないことに帰し、その結果、我が国にとっても相互の保証を欠くという不合理な結果を招来しかねないからでもある。以上の見解と異なる前記大審院判例は、変更されるべきである」として、金銭支払いを命ずる判決についてコロンビア特別区の承認要件は、日本の民事訴訟法の定める承認要件と重要な点において異なるものではないので、相互保証が認められるとした。本判決は、同種類の内外判決について重要な点で異ならないことを求め

---

129) 最判昭和58年6月7日民集37巻5号611頁。評釈等として、加藤和夫「判批」ジュリスト802号56頁（1983年）、加藤和夫「判批」季刊実務民事法5号202頁（1984年）、加藤和夫「判解」最高裁判所判例解説民事篇昭和58年度232頁（1988年）、小林秀之「判批」法学教室38号104頁（1983年）、小林秀之「判批」法学セミナー381号156頁（1986年）、高桑・前掲注110）122頁、高田裕成「判批」民事訴訟法判例百選（I）52頁（新法対応補正版、1998年）、早川眞一郎「判批」渉外判例百選232頁（第3版、1995年）、松岡博「判批」国際私法判例百選200頁（新法対応補正版、2007年）、三ツ木正次「判批」ジュリスト820号106頁（1984年）（判旨賛成）、山田恒久「判批」法学研究57巻8号134頁（1984年）、吉川英一郎「判批」国際私法判例百選228頁（第2版、2012年）。

ていることから、判決の種類をどのようにして捉えるべきかが問題となる[130]。

(c) イリノイ州

東京地判平成 28 年 1 月 29 日[131]

原告は被告を相手に、イリノイ州裁判所において、原告と被告との間に生まれた子に対する養育費の支払いを求める訴訟を提起し、認容判決を得た。原告は、この判決に基づいて日本で執行判決を求めた。裁判所は原告の請求を認容したが、その際に相互保証との関係では、簡潔に次のように述べている。前提事実において、「イリノイ州は、外国判決執行統一法を採択し、同法に基づき、イリノイ州法セクション 5/12-652 (b)は、子の養育費の支払を命ずる同州以外の国の判決は、子の養育費の支払いを命ずる同州の判決と同じ方法により執行をすることができる旨規定している」とし、「前提事実……のとおり、……日本とイリノイ州との間で相互の保証があるから、本件外国判決は、同条……4 号所定の要件も満たしている」、とした。この判決では、イリノイ州では子の養育費の支払いを命ずる外国判決は同州の判決と同様に扱われると述べるのみで、イリノイ州と日本の承認要件の比較はなされていない。

(d) ウィスコンシン州

大阪高決平成 22 年 2 月 18 日[132]

請求者（ニカラグア国籍、父）と拘束者 Y₁（日本国籍、母）は、ウィスコンシン州で婚姻し、被拘束者（請求者と拘束者 Y₁ との子）を出産した。その後、請求者と拘束者 Y₁ は日常生活で意見の不一致等があったため、Y₁ は被拘束者を連れて日本に帰国したところ、請求者はウィスコンシン州裁判所において離婚訴訟を提起した。同裁判所は、離婚判決を下すとともに被拘束者に対する単独監護権者を請求者と定めた。請求者は、この判決に基づいて、拘束者 Y₁ とその両

---

130) 参照、小林・前掲注 129) 教室 105 頁、高田・前掲注 129) 53 頁、早川・前掲注 129) 233 頁。
131) 東京地判平成 28 年 1 月 29 日判時 2313 号 67 頁。
132) 大阪高決平成 22 年 2 月 18 日家月 63 巻 1 号 99 頁。評釈等として、織田有基子「判批」国際私法判例百選 152 頁（第 2 版、2012 年）、高杉直「判批」戸籍時報 667 号 29 頁（2011年）（判旨結論賛成）、早川眞一郎「判批」重判平成 22 年度 364 頁（2011 年）、森田博志「判批」速報判例解説 9 号 337 頁（2011 年）。

親である拘束者 Y_2 および Y_3 を相手に、人身保護法に基づき、被拘束者の釈放および引渡しを求めた。

裁判所は、ウィスコンシン州裁判所判決の効力が日本でも認められるとの判断を示したが、拘束者らによる拘束が違法（人身保護規則四条）とまではいえないとして、人身保護請求を認めなかった。その際、承認要件としての相互保証との関係では、次のように述べている。「同条4号所定の『相互の保証があること』とは、判決国における外国判決の承認の条件が日本における条件と実質的に同等であれば足りると解されるところ、……ウィスコンシン州における外国判決の承認の要件は、①有効な管轄権を有する外国裁判所によるものであること、②国際礼譲の諸原則に則ったものであること、③子の基本的人権を侵害しないこと、とされていることが認められ、その内容は、実質的に民事訴訟法118条（同条1号、3号、4号）と同様と認められるから、同条4号の要件も満たしているということができる」としている。この決定に対して、請求者は、特別抗告（最決平成22年8月4日）[133]、そして許可抗告（最決平成22年8月4日）[134] を提起したが、特別抗告は棄却、また許可抗告は却下されている。親権者の指定は非訟事件に相当するが、原審は、この部分も含めて離婚判決が外国判決承認要件のすべての要件を充足する必要があると考えている。

(e) テキサス州

原告と被告はテキサス法に基づき婚姻し、同州に居住し、長女が生まれたが、その後テキサス州裁判所の離婚決定により離婚した。当該離婚決定は、被告を子の単独支配保護者、原告を一時占有保護者と定めて、裁判所の許可なくして子を州外に移転させることが禁じられた。その後、被告は裁判所の許可を得て、子をテキサス州から日本に転居したところ、原告は、テキサス州裁判所に親子関係に関する訴えを提起した。そして、裁判所は、単独支配保護権者を被告から原告に、一時占有保護者を原告から被告に変更し、また、被告に対して特定期間を除いて原告に子を引き渡すことを命じた。そこで原告は、日本でこの裁判に基づいて子の引渡執行を求めて訴えを提起した。

---

133) 最決平成22年8月4日家月63巻1号97頁。評釈等として、高杉・前掲注132) 29頁。
134) 最決平成22年8月4日家月63巻1号99頁。

第 1 審（東京地判平成 4 年 1 月 30 日）[135] は、承認要件をすべて充足しているとして執行を認めたが、相互保証について次のように述べている。テキサス州家族法第 11 章第 B 節「未成年の子の監護に関する裁判管轄権についての統一法」は、本来的には州際事件を適用対象としているが、同法は、外国裁判所が下した子の監護権に関する裁判についても適用するとしている。そして、「子の監護に関する裁判中には、本件外国判決のように、子の現実の引き渡し等を命ずる裁判も含まれるものと推認される。とすると本件外国判決中、原告が執行判決を求めている子の引き渡しを求める部分と同種のわが国の裁判所が発する判決決定等も、同法第 11 章第 B 節第 11・73 条により、テキサス州において承認されて執行し得べきものとされているのであるから、この点に関しわが国とテキサス州との間には『相互の保証』があると解される」とした。

この判決に対して被告が控訴したところ、控訴審（東京高判平成 5 年 11 月 15 日）[136] は、テキサス判決を承認することは公序に反するとして控訴人（被告）を勝訴させた。その際に、裁判所は、次のように述べて承認に際して相互保証の要件を不要としている。すなわち、「本件外国事件は、単独支配保護者である親と一時占有保護者である親との監護権の争い並びにそれに伴う子の引渡請求及び扶養料の支払請求に関する紛争であり、わが国においては、非訟事件裁判によって判断されるべきものであるから、本件外国判決は、〔旧〕民事訴訟法200 条にいう『確定判決』には当たらないものと解すべきであるが、同条 1 号及び 3 号の要件を充足する場合には、そのうちの給付を命ずる部分については、民事執行法 24 条の類推適用ないし準用により、執行判決を求めることができるものと解するのが相当である」とした。

第 1 審は、日本法上非訟事件に区分される本件について、承認要件が全面的に適用されるとしたが、控訴審は 1 号と 3 号のみで判断するとした。

---

135) 東京地判平成 4 年 1 月 30 日判時 1439 号 138 頁。評釈等として、河野俊行「判批」ジュリスト 1026 号 153 頁（1993 年）、櫻田嘉章「判批」重判平成 4 年度 296 頁（1993 年）、西野喜一「判批」判タ 852 号 276 頁（1994 年）。

136) 東京高判平成 5 年 11 月 15 日判タ 835 号 132 頁。評釈等として、釜谷真史「判批」国際私法判例百選 222 頁（第 2 版、2012 年）、西野喜一「判批」判タ 882 号 254 頁（1995年）、早川眞一郎「判批」リマークス 10 号 172 頁（1995 年）、山田恒久「判批」渉外判例百選 230 頁（第 3 版、1995 年）、横溝大「判批」ジュリスト 1105 号 153 頁（1997 年）、渡辺惺之「判批」重判平成 5 年度 296 頁（1994 年）。

(f) ニュー・ヨーク州

(f-1) 東京地判平成 6 年 1 月 14 日[137]

　原告は被告を相手に、ニュー・ヨーク州裁判所において、ニュー・ヨークでの見本市、セミナー参加を目的としたツアーの共同企画に関する契約について債務不履行等があったことを理由とする賠償請求訴訟を提起した。同裁判所は、請求認容判決を下した。そこで、原告は、日本での執行を求めて執行判決訴訟を提起した。裁判所は、原告の請求を認めたが、その際に相互保証について次のように判断している。「〔旧〕民事訴訟法 200 条 4 号にいう『相互の保証あること』とは、当該判決をした外国裁判所の属する国において、我が国の裁判所がしたこれと同種類の判決が同条各号所定の条件と重要な点で異ならない条件の下に効力を有するものとされていることをいうと解するのが相当である」。このように述べた上で、ニューヨーク州民事訴訟法が掲げている 9 つの不承認事由について、「右各不承認事由の内容は、我が国の〔旧〕民事訴訟法 200 条各号の条件と重要な点において異ならないと解するのが相当である」として、ニュー・ヨーク州との相互保証を肯定した。

(f-2) 東京地判平成 26 年 1 月 8 日[138]

　原告は被告を相手に、ニュー・ヨーク州上級裁判所において、美術品の売買契約に違反したとして損害賠償請求訴訟を提起した。同裁判所は原告の請求を認容する判決を下したところ、原告は、この判決の日本での執行を求めた。裁判所は、ニュー・ヨーク州民事訴訟法 5304 条が外国判決承認要件を定めているところ、「ニューヨーク州民事訴訟法が定める外国判決の承認の条件は、日本の民訴法 118 条各号の要件と重要な点において異ならないと解されるから、日本とニューヨーク州法とは、外国判決の承認につき相互の保証があるということができる（昭和 58 年最判参照）」とした。

137）東京地判平成 6 年 1 月 14 日判時 1509 号 96 頁。評釈等として、安達・前掲注 89）58 頁、酒井一「判批」ジュリスト 1083 号 112 頁（1996 年）、中野俊一郎「判批」リマークス 12 号 152 頁（1996 年）、山田恒久「判批」法学研究 69 巻 5 号 182 頁（1996 年）。

138）東京地判平成 26 年 1 月 8 日 LEX/DB25517315。

（g）　ネバダ州

（g-1）　横浜地判昭和 46 年 9 月 7 日[139]

被告は、原告に対して横浜地方裁判所で離婚訴訟を提起したが、裁判所から慰謝料の話し合いをするために横浜家庭裁判所に調停の申立をしてはどうかとの勧告に基づき、原告の同意のもとで訴訟を取り下げた。しかし、被告は横浜家庭裁判所で調停の申立をせずに、ネバダ州裁判所で離婚訴訟を提起し、同裁判所で離婚判決を得ていた。そこで、原告は被告に対して、日本で離婚訴訟を提起したところ、ネバダ判決のわが国での効力が問題となった。裁判所は、「身分事項に関する外国裁判所の確定判決は、わが［旧］民事訴訟法 200 条 1 ないし 3 号を準用し、……各要件を具備する場合に限りその効力を承認すべきものと解される」として、身分関係については相互保証の要件は不要であることを明らかにした上で、本件では 2 号の要件を欠くとしてネバダ州裁判所の判決の承認を認めなかった。

（g-2）　東京地判平成 3 年 12 月 16 日[140]

原告は被告を相手に、ネバダ連邦地方裁判所において金銭支払いを命ずる判決を得た後に、この判決に基づいてわが国での強制執行を求めて執行判決訴訟を提起した。裁判所は相互保証について、「アメリカ合衆国ネヴァダ州においては、外国判決は、信義・信頼をもって対処するに値するとみなされれば同州の地方裁判所の判決と同様の効力を有するものとされていることが明らかであり、我が国の［旧］民事訴訟法第 200 条と重要な点で異ならない条件のもとで外国判決の効力を承認しているということができるから、同条 4 号にいう『相互の保証ある』場合に該当するものと認めることが出来る（なお、この点についても当事者間に争いがない。）」とした。

なお、本判決は、ネバダ州との関係で相互保証があることにつき、当事者で争いがないことを付言しているが、この点をどのように評価すべきか問題がある。また、連邦裁判所が下した判決につき、相互保証の場所的対象をネバダ州

139）横浜地判昭和 46 年 9 月 7 日判時 665 号 75 頁。評釈等として、大須賀虔「判批」ジュリスト 521 号 133 頁（1972 年）、溜池良夫「判批」渉外判例百選 246 頁（増補版、1976 年）。
140）東京地判平成 3 年 12 月 16 日判タ 794 号 246 頁。評釈等として、富士修「判批」ジュリスト 1033 号 122 頁（1993 年）。

としているが、ハワイ地区連邦地方裁判所が下した判決につきアメリカ合衆国を相互保証の対象としているとみられる、(i-2) 水戸地龍ケ崎支判平成11年10月29日判タ1034号270頁と対比検討する余地がある。

　　(g-3)　抗告人ら（日本人夫婦）は、ネバダ州在住の米国人女性といわゆる代理出産契約を締結し、この女性が子供を出産した。ネバダ州裁判所は、抗告人らの申立に基づき、抗告人らが子の法律上の父親および母親であること等を認める裁判を下した。抗告人らは、このネバダ州裁判所の裁判に基づき、品川区に出生届を提出したところ、不受理の決定が下された。そこで、抗告人らは東京家庭裁判所に不服申立を行ったが、裁判所は、本件では日本法が準拠法となるとした上で（準拠法アプローチ[141]）、法律上の母は分娩者であるとして却下の審判を下した（東京家審平成17年11月30日）[142]。

　抗告人らは、東京高等裁判所に抗告を提起したところ、裁判所は抗告人の申立を認めた。抗告審（東京高決平成18年9月29日）[143]は、まず、本件のネバダ州裁判所が下した裁判が承認適格を有しているか否かについて、「本件裁判は、……親子関係の確定を内容とし、かつ、対世的効力を有するものであるから、わが国の裁判類型としては、人事訴訟（人事訴訟法2条）の判決に類似する又は家事審判法23条の審判（合意に相当する審判）に類似するといえるのであり、しかも確定しているから、本件裁判は、外国裁判所の確定判決に該当するというべきである」として、これを肯定した（承認アプローチ）。その上で、公序の要件および間接管轄の要件を検討し、これらはいずれも充足しているとした。また、身分関係事件に関する準拠法の要件論について、否定説に立った。そして、「以上で検討したとおり、本件子らの場合は、上記各事情の条件のもとにおいては、本件裁判は外国裁判所の裁判に該当し、民事訴訟法118条所定の要件を満たす

141）なお、大阪高決平成17年5月20日判時1919号107頁は、日本人夫婦がカリフォルニア州での代理出産に関する判決を得た場合の日本における効力が問題となった事案である。裁判所は、準拠法アプローチによって親子関係につき判断をしているが、この点については承認アプローチによるべきとの議論がある。

142）東京家審平成17年11月30日民集61巻2号658頁。

143）東京高決平成18年9月29日判時1957号20頁。評釈等として、岩志和一郎「判批」年報医事法学22号207頁（2007年）、岡野祐子「判批」重判平成18年度304頁（2007年）、長田真里「判批」法律時報79巻11号45頁（2007年）、早川眞一郎「判批」判タ1225号58頁（2007年）、村重慶一「判批」戸籍時報611号53頁（2007年）。

ものであるから、同条の適用ないし類推適用により、承認の効果が生じることになり、承認される結果、本件子らは、抗告人ら子であると確認され、本件出生届出も受理されるべきである」とした。本件では、抗告裁判所は、親子関係事件において対世効を有するネバダ州裁判所の裁判を、民事訴訟法118条にいう外国裁判所の確定判決に該当するとして承認適格を有することを認めている。そして、民事訴訟法118条1号と3号の検討を行った上で、118条所定の要件を充足していると判断をしている。したがって、抗告裁判所は、本件のネバダ州裁判所の裁判について118条が全面適用されることを前提にしていると考えられる。しかし、送達と相互保証については具体的な検討を行っていない。

これに対して、最高裁に許可抗告が申し立てられた（最決平成19年3月23日）[144]。最高裁は、民事訴訟法118条3号にいう公序に反するとして、破棄自判をした。

（h）バージニア州

甲事件原告 X_1（妻）と乙事件原告 X_2（夫）は、その婚姻中に、共同名義で被告 Y の製品を販売し、その販売実績に応じて報奨金を得る契約（ディストリビューター契約）を被告と締結していた。その後、夫婦はアメリカ合衆国で離婚した。そこで、日本の裁判所において、甲事件で X_1 は、Y に対してディスト

144）最決平成19年3月23日民集61巻2号619頁。評釈等として、安達敏男＝吉川樹士「判批」戸籍時報706号63頁（2013年）、石井美智子「判批」医事法判例百選188頁（第2版、2014年）、岡田幸宏「判批」速報判例解説2号149頁（2008年）、門広乃里子「判批」速報判例解説1号135頁（2007年）、金子洋一「判批」明治学院大学法科大学院ローレヴュー9号149頁（2008年）、北村賢哲「判批」千葉大学法学論集23巻2号173頁（2008年）、窪田充見「判批」重判平成19年度95頁（2008年）、三枝健治「判批」法学セミナー632号4頁（2007年）、棚村政行「判批」判例評論593号28頁（2008年）、竹下啓介「判批」国際私法判例百選140頁（第2版、2012年）、土谷裕子「判批」ジュリスト1341号165頁（2007年）、土谷裕子＝中村心「判解」最高裁判所判例解説民事篇平成19年度259頁（2010年）、長田・前掲注143）45頁、中野俊一郎「判批」重判平成19年度332頁（2008年）、西希代子「判批」判例セレクト法学教室別冊330号22頁（2007年）、早川眞一郎「判批」民法判例百選[3]70頁（2015年）、早川眞一郎「判批」法律のひろば61巻3号58頁（2008年）、林貴美「判批」判タ1256号38頁（2008年）、星野豊「判批」法律時報82巻2号116頁（2010年）、松川正毅「判批」法学教室351号18頁（2009年）、村重慶一「判批」戸籍時報616号62頁（2007年）、村重慶一「判批」平成19年度主要民事判例解説142頁（2009年）、矢澤昇治「判批」専修法学論集111号123頁、112号75頁（2011年）、横溝大「判批」戸籍時報663号11頁（2010年）、良永和隆「判批」民事研修657号22頁（2012年）、若林昌子「判批」リマークス37号80頁（2008年）。

リビューター契約上の地位につき 2 分の 1 の帰属を主張し、乙事件で X_2 はその地位の単独帰属を主張した。他方、X_2 は、バージニア州裁判所に、X_1 と離婚したことに基づき、X_1 を相手に離婚に伴う夫婦共有財産の所有権移転等を求める訴訟を提起した。裁判所は、X_2 に対して本件ディストリビューター契約上の地位について、X_2 がこの地位を単独で取得するか、あるいは、X_1 に当該地位の評価額 30 万ドルの支払いを請求するかの選択権を認めた。X_2 は、前者を選択したため、当該外国判決により本件地位を単独で取得したと主張したが、X_1 は、相互保証の要件を除いて承認要件を充足していないとしてこれを争った。

第 1 審（東京地判平成 7 年 5 月 29 日）[145] は、バージニア判決は承認要件を充足しているとした上で、バージニア訴訟の当事者ではなかった Y には判決の効力が及ばないが Y は契約上名義変更を承認する義務を負うとし、甲事件につき請求を棄却し、乙事件については請求を認容した。その際、裁判所はバージニア州との相互保証の要件について、次のように述べてこれを肯定した。まず、本件は、離婚に伴う夫婦共有財産の所有権移転等を求める訴訟であるところ、バージニア州が採択している統一外国金銭判決承認法の適用範囲には、本件のような事件は含まれないとした。その上で、「同州の判例上、同法の適用のない外国判決であっても、いわゆる礼譲 (comity) の原則に従って承認され、離婚に関する外国判決を承認するための条件は、(1)外国裁判所が当事者及び当該事項に対して管轄権を有すること、(2)外国裁判所によって適用された手続法及び実体法が、道徳規範、社会的価値、人権及び公序の見地から、バージニア州のものと合理的に比較可能であることの 2 点であるとされていることが認められるのである。そして、右(1)は〔旧〕民訴法 200 条 1 号と、(2)は同条 3 号とほぼ同趣旨に出たものと解することができるから、バージニア州においては、我が国の裁判所がした本件外国判決と同種類の判決は、〔旧〕民訴法 200 条各号所定の条件と重要な点で異ならない条件の下に承認されるものと認めることができ、本件外国判決は『相互の保証』の条件を充たしているものと解するのが相当である（なお、右のとおり相互の保証の条件が充足されていることについては、いず

---

145) 東京地判平成 7 年 5 月 29 日判タ 904 号 202 頁。評釈等として、長田真里「判批」阪大
　　法学 46 巻 5 号 73 頁（1996 年）。

312　**第Ⅱ部　要件論**

れの当事者も争わない。)」とした。なお、X₁ が控訴したところ、控訴審（東京高判
平成 8 年 3 月 12 日）[146] では控訴棄却となったが、相互保証の点についてはとくに
問題とはされていない。

　第 1 審は相互保証が認められることにつき、当事者の争いがないとしている。
この点をどのように評価するのか、検討の余地がある。

（ⅰ）　ハワイ州

（i-1）　東京地判昭和 45 年 10 月 24 日[147]

　被告は原告を相手にハワイ州地方裁判所において、書籍販売手数料の支払い
を求める訴えを提起したところ、原告は貸金返還請求などを求める反訴を提起
した。裁判所は、本訴を全部棄却するとともに、反訴を認容した。そこで原告
は、このハワイ州判決の執行を求めてわが国で執行判決の訴えを提起した。裁
判所は、相互保証について、「同号［引用者注：旧民事訴訟法 200 条 4 号］が外国判
決に対して執行判決を付与するためには国際法上の相互主義の観点から外国が
日本国の確定判決の効力を認める要件とわが国が当該外国判決の効力を認める
要件とを比較して同等か、あるいは少くとも前者の要件が後者のそれよりもゆ
るやかであることが必要であるが、このことは必ずしも当該当事国間の条約、
協定などの取り決めで明定されている必要はなく、双方の国内の法令あるいは
慣例によってでも前記の点が確保されるをもって足るというべきである」とし
て、相互保証を肯定した。この判決は、昭和 8 年ルールに従って、ハワイ州と
の相互保証の有無を判断している。

（i-2）　水戸地龍ケ崎支判平成 11 年 10 月 29 日[148]

　ハワイ地区連邦地方裁判所が、被告が証拠開示手続に参加することを怠った
として、被告らに損害賠償の支払いを命ずる判決を下した。原告は、この判決
に基づいて執行判決訴訟を提起した。裁判所は、この訴訟を認容するにあたり、

146）東京高判平成 8 年 3 月 12 日判タ 950 号 230 頁。評釈等として、織田有基子「判批」
　　　ジュリスト 1109 号 134 頁（1997 年）がある。
147）東京地判昭和 45 年 10 月 24 日判時 625 号 66 頁。評釈等として、林脇トシ子「判批」
　　　ジュリスト 485 号 168 頁（1971 年）がある。
148）水戸地龍ケ崎支判平成 11 年 10 月 29 日判タ 1034 号 270 頁。評釈等として、井戸謙一
　　　「判批」判タ 1065 号 314 頁（2001 年）、釜谷真史「判批」ジュリスト 1211 号 113 頁（2001
　　　年）。

相互保証について、簡潔に次のように述べている。すなわち、「弁論の全趣旨によれば、我が国とアメリカ合衆国との間には、民訴法 118 条 4 号所定の『相互の保証』があることが認められる」と。

　本判決は、相互保証につき、とくに判断基準を示すことなく肯定している。また、裁判所は、当事者の申立がないにもかかわらず相互保証の判断を開始しており（被告は間接管轄、送達、公序、民事判決性を争っているが、相互保証については争っていない）、この要件を職権調査事項と扱いながら、要件判断の資料を弁論主義に服させていると解される。さらに、相互保証の対象をハワイ州とはせずに、アメリカ合衆国との関係で相互保証が認められると判断していることが注目に値する。場所的不統一法国の相互保証について、他の裁判例は各法域を判断対象にしているにもかかわらず、本判決がこのような判断をしたのは、おそらくアメリカ合衆国での判決裁判所が連邦裁判所であったことによると考えられる。しかし、アメリカ合衆国では、他州・他国の判決承認は基本的には州の管轄事項であることからすると、相互保証の判断対象は州ごとに行うべきことになる。したがって、その例外として連邦の管轄事項となる場合もあるのか[149]、この点を示した上で相互保証の有無を判断すべきであったと思われる（参照、ネバダ連邦地方裁判所が下した判決につきネバダ州との相互保証を検討した、(g-2) 東京地判平成 3 年 12 月 16 日判タ 794 号 246 頁）。

(j)　ミネソタ州

　原告は被告を相手に、ミネソタ州裁判所において、子の父親認定等を求める訴えを提起した。被告は、この訴訟に出廷しなかった。同裁判所は、被告は子の父親であること、および、被告に対して子の養育費を支払うこと等を命ずる判決を下した。原告は、このミネソタ判決をもとに日本で強制執行の申立をしたが（甲事件）、同判決が養育費の支払い方法について給与からの天引きを命じていたため、ミネソタ判決の承認の可否が問題となった。他方、被告（乙事件原告）は原告（乙事件被告）を相手に、このミネソタ判決が日本で効力を有しないことの確認を求めた（乙事件）。

149）Vgl. *Strong*, a.a.O.(Fn. 86), S. 63 ff.

第 1 審（東京地判平成 8 年 9 月 2 日）[150] は、甲事件について、支払義務を負う者の使用者に対して給与天引きをして扶養料を直接送金することを命ずる外国判決は、日本の強制執行制度にそぐわないとして、甲事件を棄却した。他方、裁判所は、乙事件については、甲事件での請求部分と重複する部分はすでに甲事件判決が承認要件を欠くと判断しているため二重起訴にあたり不適法であるとし、それ以外の部分はミネソタ判決が承認要件を具備しているため棄却されるとした。乙事件で相互保証を肯定したこととの関係では、次のように述べている。まず、ミネソタ州を含む大多数の州では、外国判決の承認についてコモン・ロー上の原則があるとし、間接管轄の存在、判決が確定していること、適正な告知があったこと、防御権の保障があったこと、裁判手続が文明国の法体系に従っていることが挙げられている。また、判決の詐取や公序違反も被告は抗弁として提出することが認められているとする。そして、「ミネソタ州における外国判決の承認の要件は、わが国の〔旧〕民事訴訟法 200 条の要件と重要な点において異ならない」とした（なお、本判決は、ヒルトン判決そして相互保証の要件につき、アメリカで消極的評価がなされていることに言及している）。甲事件につき控訴がなされた。控訴審（東京高判平成 10 年 2 月 26 日）[151] は、控訴人（原告）の主張を認めて養育費の支払いを命ずる部分の執行を認める判決を下した。その際、ミネソタ州との相互保証について言及せずに、「民訴法 118 条各号に掲げる要件を具備している」と判断している。日本法上は非訟事件に相当する本件について[152]、裁判所は外国判決承認要件の全面適用を認めている。

(k) メリーランド州
大阪地判平成 8 年 1 月 17 日[153]

原告は被告を相手に、コネティカット州裁判所で離婚訴訟を提起し、認容判決が下された。判決中には、原告が被告に慰謝料や扶助料等を支払う条項等が

150）東京地判平成 8 年 9 月 2 日判時 1608 号 130 頁。評釈等として、横溝大「判批」ジュリスト 1153 号 134 頁（1999 年）。
151）東京高判平成 10 年 2 月 26 日判時 1647 号 107 頁。評釈等として、猪股孝史「判批」判例評論 482 号 29 頁（1999 年）、小野寺規夫「判批」平成 10 年度主要民事判例解説 220 頁（1999 年）、横溝大「判批」重判平成 10 年度 300 頁（1999 年）。
152）猪股・前掲注 151）31 頁。
153）大阪地判平成 8 年 1 月 17 日判時 1621 号 125 頁。

あった。しかし、原告は被告に対する金銭の支払いが滞り、メリーランド州裁判所は、扶助料の支払いを命ずる決定を複数回下していた。その後、原告は、メリーランド州裁判所で、被告に対する扶助料支払義務の一部について存在しないことの確認を求める訴えを提起したが、敗訴した。そこで、原告は、日本で、再びコネティカット州裁判所での離婚判決に基づく被告に対する扶助料支払債務の一部について不存在であることの確認を求める訴訟を提起した。

　裁判所は、メリーランド州裁判所がこの点について原告敗訴の判決を下しており、その判決が日本でも承認されるとして、原告の請求を棄却した。まず、裁判所は、メリーランド州が統一外国金銭判決承認法を採択しているものの、婚姻または家族関係事件の扶養に関する判決には同法の適用はないとするのが、同州の先例であるとした。もっとも、そのことによって離婚に伴う扶助料支払いに関する裁判を、一般原則に基づいて承認することを否定する趣旨でもないと述べた。そして、同州の判例は、礼譲原則に基づいて外国判決を承認しており、外国裁判所が間接管轄を有しない場合、承認が公序に反する場合および判決が詐欺に基づく場合には承認されないとしているとした。そこで、「メリーランド州において、離婚に伴う扶養義務等の履行を命ずる我が国の判決は、[旧] 民事訴訟法 200 条各号所定の条件と重要な点で異ならない条件の下に効力を有するものとされていると認めることができる」として、相互保証を認めた。

B　イングランド
東京地判平成 6 年 1 月 31 日[154]

　原告と被告との訴訟事件について、英国高等法院女王座部が下した金銭支払いを命ずる判決の執行を求めて、原告がわが国の裁判所に訴えを提起した。これに対して、被告は、当該判決の間接管轄、公序、相互保証を争った。裁判所は、次のように述べて相互保証を肯定した。「[旧] 民事訴訟法 200 条 4 号所定

154）東京地判平成 6 年 1 月 31 日判時 1509 号 101 頁。評釈等として、高桑昭「判批」ジュリスト 1055 号 160 頁（1994 年）（相互保証を肯定した点につき賛成。同 162 頁）、矢澤昇治「判批」リマークス 10 号 177 頁（1995 年）、山田恒久「判批」法学研究 67 巻 11 号 166 頁（1994 年）（相互保証を肯定した点につき賛成。同 172 頁）。

316　第Ⅱ部　要件論

の条件（相互の保証）について検討すると、右法条にいわゆる『相互の保証あること』とは、我が国が外国判決を承認するのと同様に、当該外国も我が国の判決を承認することをいい、この場合において、当該外国の定める条件と我が国の条件とが重要な点において異ならず又は実質的に同等であれば足りるものと解するのが相当である」。「そして、……、英国においては、外国の裁判所によって勝訴判決を得た債権者は、当該外国判決に基づく訴え（Action on the Foreign Judgement）を提起することができ、その認容判決を得てその執行する（原文ママ）ことができるものとされており、そのためには、右の訴訟において、当該判決国が英国の国際民事訴訟法の原則に照らして当該被告に対する国際裁判管轄権を有するものであることが認められるのでなければならず、（なお、そこでは『相互の保証』は要件とはされていない。）、これに対して、当該被告は、当該外国判決が詐取されたものであること、当該外国判決の執行が英国法の公序に反するものであること又は当該外国裁判所の手続が英国の自然的正義に反するものであることのいずれかの抗弁を援用することができるにとどまるものとされていることを認めることができる」。「このように、英国においては、外国判決そのものの効力を承認してその執行を許可するといういわゆる執行判決の制度が採られているものではないけれども、被告が当該訴訟において援用できる抗弁は、前記のものに限られており、それらは、結局、〔旧〕民事訴訟法200条2号又は3号所定の条件と同一内容であるか又はそれに包摂されるものと解することができ、そこで外国判決のいわゆる実質的再審査が行われるものではないのであるから、右の手続又は形式の相違を捉えられて（原文ママ）『相互の保証』に欠けるものとするのは相当ではないし、外国判決に対して執行を許可するための条件ないし要件に彼此において実質的に差異があるものということもできない」。「したがって、我が国におけると英国におけるとでは、外国判決に対して執行を許可するための条件ないし要件は、重要な点において異ならず又は実質的に同等であるものということができるから、ここに『相互の保証』の条件は充足されているものと解するのが相当である」、と。なお、中国返還前の香港に関する判例も参照（後述L）。

第4章　外国判決承認要件としての相互保証　317

C　オーストラリア

（C-1）　東京地判平成 10 年 2 月 25 日[155]

　原告は、日本法人である被告会社がオーストラリアにおいて不動産所得を目的としてオーストラリアで被告らによって設立された法人であるが、訴外 A とのオーストラリアでの不動産売買契約につき、オーストラリアの裁判所で代金支払義務を争ったものの敗訴した。原告は、資産をほとんど有していなかったため、クィーンズランド州最高裁判所によって財産保全管理人が選任された。この財産保全管理人は、原告の名において、被告に対して未払いであった株式払込金の支払いを求める訴訟を提起したが、被告は正式事実審理に必要な資料を提出しなかったため被告敗訴のサマリー・ジャッジメントが下された。この判決に基づき、原告が日本において判決の執行を求めたところ、被告は相互保証を欠いているなどとしてこれを争った。裁判所は、執行判決を認め、相互保証を有していると判断するに際して、次のように述べた。「旧民訴 200 条（新民訴 118 条）4 号所定の相互保証要件は、『当該判決をした外国裁判所の属する国において、右判決と同種類の日本の裁判所の判決が旧民訴 200 条（新民訴 118 条）各号所定の条件と重要な点で異ならない条件のもとに効力を有するものとされていること』を意味するというべきところ（最高裁判所第三小法廷昭和 58 年 6 月 7 日判決・最高裁判所判例集第 37 巻第 5 号 611 頁参照）、前記認定に係る外国判決法、同規則、クィーンズランド州執行法の内容を総合すると、本件外国判決が相互保証要件を充たしている判決に当たることは明らかというべきである」とした。

　本件では、裁判所は、相互保証の場所的な対象をクィーンズランド州としていること、また、被告による、相互保証が不存在であるとの個別的主張に対して詳細に検討を加えている点が特徴的である。この中でとくに注目に値するのは、クィーンズランド州における承認に関する「裁判所規則」の内容が不明であるから、相互保証の有無を判断できないとする被告の主張に対する裁判所の判断である。裁判所は、「外国判決法、外国判決規則、クィーンズランド州執行法の存在及び内容を総合」すると、オーストラリアの裁判所が日本判決をできる限り承認する姿勢にあることは明らかであり、相互保証を否定するような

155）東京地判平成 10 年 2 月 25 日判時 1664 号 78 頁。評釈等として、小田敬美「判批」判タ 1005 号 268 頁（1999 年）、原田央「判批」ジュリスト 1283 号 241 頁（2005 年）。

証拠が全くないことからすると、「裁判所規則」の内容が明らかでなくても相互保証を否定することにはならないとした。わが国における裁判実務は相互保証につき緩やかに判断する傾向にあることからすると、このような判断は結論として従来の裁判例の延長にあるともいえる[156]。他方、相互保証の要件の手続的扱いについて、従来説かれている理解は[157]、相互保証は公益性が高いため職権調査事項であり、職権探知主義が妥当すること、証明責任は承認を求める側が負うことであるが、このような理解と本事案における裁判所の判断は整合するのか検討する必要がある。

(C-2) 東京家判平成19年9月11日[158]

原告（日本国籍）と被告（オーストラリア国籍）は、日本で婚姻した。その後、被告は、オーストラリアで離婚訴訟を提起し、離婚判決を取得した。被告は、この判決に基づいて日本で離婚届を提出し、戸籍に記載された。これに対して、原告が離婚無効確認訴訟を提起したところ、裁判所は原告の請求を認容した。その際に、オーストラリア判決が日本で効力を有するか否かにつき、「外国離婚判決が有効かどうかは、外国判決の承認の問題であるから、民事訴訟法118条の要件を充足する場合に限り、我が国においてその効力が認められると解すべきである」として、本件では間接管轄（1号）と公序（3号）を充足しないとした。裁判所は、離婚判決について民事訴訟法118条の規定が全面適用されると判断しているものと解される。

D 韓国[159]

(D-1) 横浜地判平成11年3月30日[160]

被告は原告を相手に、韓国ソウル家庭法院において離婚の審判を得た。この

156）原田・前掲注155）244頁は、この点を好意的に捉えている。

157）なお参照、鈴木＝三ケ月編・前掲注1）406頁、429頁〔青山〕。

158）東京家判平成19年9月11日判時1995号114頁。評釈等として、織田有基子「判批」ジュリスト1362号144頁（2008年）、北澤安紀「判批」重判平成20年度348頁（2009年）、佐野寛「判批」リマークス38号138頁（2009年）、南敏文「判批」平成20年度主要民事判例解説122頁（2009年）、村重慶一「判批」戸籍時報631号82頁（1998年）、渡辺惺之「判批」戸籍時報642号26頁（1999年）（判旨賛成。同30頁）。

159）韓国における相互保証については、増田晋編著『環太平洋諸国（日・韓・中・米・豪）における外国判決の承認・執行の現状（別冊NBL145号）』60頁（商事法務、2014年）も参照。

審判をもとに、藤沢市長の許可を得て、原告を筆頭とする戸籍簿に離婚の記載がなされた。これに対して、原告が離婚無効確認訴訟を提起した。裁判所は、民事訴訟法 118 条の要件を充足するとして韓国の離婚審判の承認を認めた。その際、相互保証について、次のように述べている。民事訴訟法 118 条 4 号にいう相互保証の要件は、「当該判決をした外国裁判所の属する国において、右判決と同種類のわが国の裁判所の判決が、日本民事訴訟法 118 条各号所定の条件と重要な点で異ならない条件のもとに効力を有するものとされていることをいうものと解すべきである（最高裁判所昭和 58 年 6 月 7 日・民集 37 巻 5 号 611 頁参照）」「韓国の民事訴訟法の 203 条 1 号ないし 4 号は、日本民事訴訟法 118 条 1 号ないし 4 号とほぼ同一の内容となっており、韓国において、日本の離婚判決が日本民事訴訟法 118 条 1 号ないし 4 号所定の条件と重要な点で異ならない条件のもとに効力を有するものとされているということができるから、同条 4 号の要件も充足している」。

(D-2)　東京地判平成 21 年 2 月 12 日[161]

原告（韓国法人）は被告（日本法人）との間で冷凍ニシンの売買契約を締結したが、原告は、被告に対し未払代金請求訴訟を韓国で提起し、認容判決を得た。そこで、この判決の執行を求めて日本で執行判決訴訟を提起した。裁判所は、請求を認容したが、その際、相互保証との関係について、簡潔に次のように述べている。「韓国民事訴訟法 217 条には、外国判決の承認の要件として、我が国の民訴法 118 条と概ね同様の規定が置かれているというのであるから、本件外国判決は、同条……4 号の要件を充足していると認められる」。

(D-3)　東京地判平成 25 年 12 月 13 日[162]

原告は被告を相手に、大韓民国の裁判所に金銭の支払いを求める訴訟を提起し、請求認容判決を得た。原告は、この判決に基づいて日本での執行を求めた。裁判所は、被告が期日に出頭せず、また準備書面等も提出しなかったことから

160）横浜地判平成 11 年 3 月 30 日判時 1696 号 120 頁。評釈等として、織田有基子「判批」重判平成 12 年度 303 頁（2001 年）、山崎勉「判批」判タ 1065 号 312 頁（2001 年）。

161）東京地判平成 21 年 2 月 12 日判時 2068 号 95 頁。評釈等として、安達栄司「判批」リマークス 42 号 142 頁（2011 年）、大畠崇史「判批」平成 22 年度主要民事判例解説 236 頁（2011 年）、山田恒久「判批」ジュリスト 1452 号 139 頁（2013 年）。

162）東京地判平成 25 年 12 月 13 日 LEX/DB25516699。

請求原因事実を自白したものとみなすとした。

E　シンガポール

東京地判平成 18 年 1 月 19 日[163]

　シンガポールに本店を置く企業である原告は、その役員である被告を相手に、シンガポールの裁判所で、信認義務等に違反したことを理由に損害賠償請求訴訟を提起し、認容判決が下された。原告は、この判決に基づき執行判決を求めて訴訟を提起した。裁判所は、「民事訴訟法 118 条 4 号にいう『相互の保証があること』とは、当該判決をした外国裁判所の属する国（判決国）において、同判決と同種類の我が国の裁判所の判決が同条各号所定の条件と重要な点で異ならない条件のもとに効力を有するものとされていることと解すべきである（最判昭和 58 年 6 月 7 日民集 37 巻 5 号 611 頁参照。）」と述べた上で、シンガポール共和国における執行要件と日本の民事訴訟法 118 条の要件を対比させて、相互保証を肯定した。

F　スイス

東京地判昭和 42 年 11 月 13 日[164]

　原告は被告を相手に、被告が有する特許の無効確認の訴えを、チューリッヒ州商事裁判所に提起し、請求認容判決を得た。他方、被告も原告を相手に同裁判所において、原告が有する特許の無効確認等の反訴を提起したが、裁判所は本訴と分離の上、管轄違いを理由に却下する決定を下した。そこで、原告は、本訴の訴訟費用等と反訴に応訴しなければならなかったことについて、チューリッヒ州商事裁判所が被告に対して支払いを命じた額の執行判決を求める訴えを日本で提起した。

　裁判所は、チューリッヒ州商事裁判所判決を承認するにあたり、チューリッヒ州民事訴訟法における外国判決が執行されるための要件を示した上で、「ス

163）東京地判平成 18 年 1 月 19 日判タ 1229 号 334 頁。評釈等として、内藤和道「判批」別冊平成 19 年度主要民事判例解説（判タ 22 号）214 頁（2009 年）、宮廻美明「判批」ジュリスト 1362 号 132 頁（2008 年）。

164）東京地判昭和 42 年 11 月 13 日下民集 18 巻 11=12 号 1093 頁。

イス連邦チューリッヒ州において、外国判決の効力を承認する条件もわが国〔旧〕民事訴訟法第 200 条に定める要件に比し寛い条件であることが明らかである」として相互保証を肯定した。裁判所は、スイスについては各州との関係で相互保証の有無を判断することを前提にしている。

G　中華人民共和国[165]

　（G-1）　原告は被告を相手に、日中合弁会社の日本側投資者であることの確認を求める訴訟を日本で提起した。しかし、すでに中国人民法院において、投資者は訴外 A であるとの判決が下されていた。そこで、被告は、この中華人民共和国判決があることを理由に、日本訴訟は不適法であると主張した。

　第 1 審（大阪地堺支判平成 14 年 7 月 15 日）[166] は、中国判決が承認されるため、本件訴えは却下されると判断した。その際、最判昭和 58 年のルールに従い、「『相互の保証があること』とは、当該判決をした外国裁判所の属する国において、我が国の裁判所がしたこれと同種類の判決が、同条各号所定の条件と重要な点で異ならない条件のもとに効力を有するものとされていることをいう」とした。そして、「中華人民共和国民事訴訟法 268 条において、外国の裁判所が下した法的効力を生じた判決等について、中華人民共和国が締結若しくは加盟した国際条約に従い、または互恵の原則により審査を行った後、中華人民共和国の法の基本原則または国家主権・安全・社会公共の利益に反しないと認めるときは、その効力を承認する裁定をする旨定めているところ、これは、我が国民事訴訟法 118 条 3 号に規定するところの、判決の内容及び訴訟手続が公の秩序及び善良の風俗に反しないとするのと同様の内容を中心に、同条の他の 1、2、4 号の内容をも併せて効力承認の要件と定めているものであり、その要件は上記我が国の民事訴訟法の規定する条件と重要な点で異ならないものと解される」として、相互保証を肯定した。

　これに対して、控訴審（大阪高判平成 15 年 4 月 9 日）[167] は、最判昭和 58 年ルー

165）増田編著・前掲注 159）116 頁以下には、本文中に引用されている、大連市中級人民法院民事裁定書、最高人民法院の回答書が掲載されている。また、渡辺・前掲注 5）259 頁も参照。

166）大阪地堺支判平成 14 年 7 月 15 日判時 1841 号 113 頁。

ルに従い、その上で、中華人民共和国との相互保証を否定した。控訴審は、中華人民共和国では、同国が締結した条約または互恵の関係がある場合には外国裁判所の下した判決を承認するとしているが、日本とは条約を締結していないため互恵関係があるかどうかについて検討している。そして、中華人民共和国と日本との互恵について、「中華人民共和国において外国の裁判所の判決の効力を承認する裁定をするについて、必ずしも条約その他何らかの国家間の合意により確保されている必要はないとするものと解されるが、中華人民共和国の法の基本原則または国家主権・安全・社会公共の利益に反しないことを要件としており、同国が我が国とは経済体制を異にすることからすると、我が国の裁判所の経済取引に関する判決が中華人民共和国においてその効力を承認されるかどうかは判然としない」とした。その上で、横浜地裁小田原支部が下した貸金請求訴訟の判決について熊本地裁玉名支部による差押え、譲渡命令について、大連市中級人民法院で、前記差押え、譲渡命令の承認と強制執行を申し立てたところ、中級人民法院は遼寧省高級人民法院に問い合わせ、高級人民法院は最高人民法院の回答に基づき日本との互恵を否定していると述べた上で、「本件人民法院判決は、民事訴訟法 118 条 4 号の要件を満たしているものと認めることはできない」とした。なお、本件は、相互保証を否定する結論であったため、中国法の調査に慎重を期すべきであるとして、裁判所が相互保証の有無を判断する資料につき当事者の提出した分に依拠している点に批判がある[168]。

　　(G-2)　原告は A および出版社を相手に、中国人民法院において、A が出版した書籍によって原告の名誉が毀損されたとして賠償請求訴訟を提起し、請求認容判決を得た。原告は、この判決に基づき A の相続人らを被告として執行判決を求める訴えを日本で提起した。

　第 1 審（東京地判平成 27 年 3 月 20 日）[169] は、次のように述べて中華人民共和国との間には相互保証はないとし、原告の請求を棄却した。「民訴法 118 条 4 号

---

167) 大阪高判平成 15 年 4 月 9 日判時 1841 号 111 頁。評釈等として、粟津光世「判批」リマークス 30 号 133 頁（2005 年）（判旨賛成。同 136 頁）、小野寺規夫「判批」平成 16 年度主要民事判例解説 238 頁（2005 年）、釜谷真史「判批」重判平成 16 年度 301 頁（2005 年）、北村賢哲「判批」ジュリスト 1308 号 211 頁（2006 年）、森川伸吾「判批」国際私法判例百選 230 頁（第 2 版、2012 年）、渡辺惺之「判批」ジュリスト 1274 号 215 頁（2004 年）（判旨結論賛成）。
168) 北村・前掲注 167) 214 頁。

所定の『相互の保証があること』とは、当該判決等をした外国裁判所の属する国において、我が国の裁判所がしたこれと同種類の判決等が同条各号所定の条件と重要な点で異ならない条件の下に効力を有するものとされていることをいうと解される（昭和58年判例、平成10年判例参照）。『相互の保証』の要件は、対等な主権国家間において一方的に一方が他方の判決の効力を認めるということが妥当でないという国家対等の原則に基づき要求されるものであるから、その判断に当たっては、承認、執行が求められている外国判決をした当該外国における承認、執行に関する法令の文言を単に参照するのみならず、判例や有権的解釈その他の裁判官が依拠することが想定される規律ないし基準を考慮し、当該外国における同種類の判決等の承認、執行の条件に関する実際の運用が民訴法118条所定の条件と実質的に異ならないかを検討すべきものであり、当該外国においておよそ一般的に我が国の裁判所がした同種類の判決の承認、執行が認められないとされている場合には、当該外国との間には相互の保証がないものと解すべきである」。「中華人民共和国においては、離婚判決を除き、外国裁判所による判決を承認、執行するためには、当該外国との間で締結等する国際条約又は互恵関係が存在することを要するものとされ、国際条約又は互恵関係がない場合には、改めて人民法院に提訴し、同院の判決に基づいて執行するものとされている」。そして、日本と中華人民共和国との間には国際条約は存在しない。また、「中華人民共和国では、これまで互恵関係が存在することに基づいて外国判決を承認、執行した事例は1件もない」とされており、また、最高人民法院は、日本との関係について、留保を付することなく「日本と中華人民共和国との間には互恵関係が存在しないとの見解」を示しているとした。そこで、「日本と中華人民共和国との間には、相互の保証があるとは認められない」とした。なお、離婚判決はこれと異なる扱いを示唆している点は注目に値する。

　控訴審（東京高判平成27年11月25日）[170]も、中華人民共和国との相互保証を否定した。控訴審は、まず、民事訴訟法118条4号にいう相互保証について、

169）東京地判平成27年3月20日判タ1422号348頁。評釈等として、清河雅孝＝粟津光世「判批」産大法学49巻3号88頁（2015年）、高杉直「判批」JCAジャーナル63巻7号3頁（2016年）。

324　第Ⅱ部　要件論

最判昭和 58 年および最判平成 10 年にしたがい、「当該判決等をした外国裁判所の属する国において、我が国の裁判所がしたこれと同種類の判決等が同条各号所定の条件と重要な点で異ならない条件の下に効力を有するものとされていることをいう」とした。そして、中華人民共和国が、どのような条件の下で外国裁判所の判決等の承認を認めているのかを検討し、「国際条約により、又は互恵の原則に従って審査を行った後、中華人民共和国の法律の基本原則若しくは国家主権、安全、社会公共の利益に反していないこと」が承認要件であるとされているとした。そして、これらの要件は民事訴訟法が要求している要件ではないため、日本と中国とで要求している承認要件が「異ならない」とはいえないとした。そこで、互恵が何を意味するのかについて検討をしている。そして、第 1 に、中華人民共和国は、これまで互恵関係があることを理由に外国判決を承認したことはないこと、第 2 に、最高人民法院は、横浜地裁小田原支部の判決および熊本地裁玉名支部の差押命令等の承認、執行の申立について、留保を付することなく、日本と中華人民共和国との間には互恵関係がないことを回答していること、第 3 に、中華人民共和国の各人民法院は、最高人民法院の解釈の内容に従って個別事案を判断しており、実際に、遼寧省大連市中級人民法院は日本と中華人民共和国との間には互恵関係がないことを判示していることから、日本の裁判所が下した判決は中華人民共和国では承認されないとした。そして、中華人民共和国における互恵とは、条約等を締結していない国との関係で「諸事情を総合的に考慮して裁量的に承認の可否を判断する余地を留保する趣旨のものである」とした。結論として、判決国と承認国との外国判決承認要件が「重要な点で異ならない」とはいえず、相互保証はないとした。

H　ドイツ

(H-1)　名古屋地判昭和 62 年 2 月 6 日[171]

原告は被告を相手に、特許のライセンス契約に基づくロイヤルティーの支払いを求める訴えをミュンヘン第 1 地方裁判所に提起し、認容判決が下された。

---

170)　東京高判平成 27 年 11 月 25 日 LEX/DB25541803。評釈等として、岩本学「判批」重判平成 28 年度 321 頁（2017 年）、高杉・前掲注 169）3 頁、森川伸吾「判批」国際商事法務 44 巻 1 号 103 頁（2016 年）。

そこで原告は、この判決の執行を求める訴えを提起した。これに対して、被告は、ミュンヘン判決は間接管轄を有していないなどとして請求棄却を求めた。裁判所は執行判決を認めたが、その際に相互保証との関係では、次のように述べている。「［旧］民訴法 200 条 4 号所定の『相互ノ保証アルコト』の意義については、当該判決をした外国裁判所の属する国において、右判決と同種類の我が国の裁判所の判決が同条各号所定の条件と重要な点で異ならない条件のもとに効力が認められることをいうと解されるので（最判昭和 58 年 6 月 7 日民集 37 巻 5 号 612 頁）」、以下、（西）ドイツとの関係で重要な点で承認要件が異ならないかを検討するとした。そして、「法規上も西ドイツの承認要件とほとんど同一の要件を採用し、外国判決の承認に際して形式審査主義（民事執行法 24 条 2 項）を採用する我が国の財産法上の判決に対しては、西ドイツにおいて、相互の保証あるものとして、その効力が認められる蓋然性は、極めて高いものというべきである」として西ドイツと相互保証が認められるとした。また、「従前西ドイツにおいては、日本との間には相互保証がないとするのが通説的見解とされていたことが認められるが、右見解は単にその前例がないことを根拠とするのみで、確たる根拠に基づいているものではないことが認められ、前記判断を左右するものではない」としている。本判決が下される以前は、ドイツでは日本との相互保証を否定する立場が通説であったが[172]、本判決が英文によって紹介がなされたこともあったためか[173]、ドイツでの通説が転換する契機となった裁判例とされる[174]。とくに、日本の裁判所が判決国が承認国の判決承認を実施していなくても相互保証の要件を充たしていると判断したことについては、ドイツの学説は好意的に言及している。

---

[171] 名古屋地判昭和 62 年 2 月 6 日判時 1236 号 113 頁。評釈等として、石黒一憲「判批」ジュリスト 974 号 87 頁（1991 年）、海老沢美広「判批」判例評論 348 号 50 頁（1988 年）、貝瀬幸雄「判批」法学教室 82 号 87 頁（1987 年）、神前禎「判批」ジュリスト 894 号 143 頁（1987 年）、小林秀之「判批」判タ 668 号 41 頁（1988 年）（相互保証を肯定した点につき賛成。同 46 頁）、小林秀之「判批」判タ 677 号 280 頁（1988 年）、小林秀之「判批」法学セミナー 391 号 98 頁（1987 年）（相互保証を肯定した点につき賛成）、櫻田嘉章「判批」重判昭和 62 年度 276 頁（1988 年）。

[172] *Stein/Jonas/Schumann/Leipold*, a.a.O.(Fn. 62), §328 VIII D (S. 1421). 参照、小林・前掲注 171）判タ 668 号 46 頁、鈴木＝三ケ月編・前掲注 1）421 頁〔青山〕。

[173] *The Japanese Annual of International Law*, No. 33 (1990), at 189.

[174] 参照、石川ほか編・前掲注 43）231 頁〔越山〕、櫻田・前掲注 171）279 頁。

(H-2)　東京地判平成 10 年 2 月 24 日[175]

　原告は被告を相手に、ベルリン地方裁判所において保証債務の支払いを求める訴えを提起して、認容判決が下された。原告は、この判決の執行を求める訴えを日本で提起した。その際、裁判所はドイツとの相互保証について、次のように述べてこれを肯定した。「大正 15 年法第 61 号による改正後の〔旧〕民事訴訟法 200 条の外国判決の承認の要件に関する規定は、民事訴訟法（明治 23 年法第 29 号）の大正 15 年法第 61 号による改正の際に規定されたものであり、従来の執行判決（明治 23 年民事訴訟法 515 条）の規定を修正し、執行判決の規定とは別に、外国判決の承認の要件を定めたものである。右各規定は、いずれも、その当時のドイツ民事訴訟法にならって条文が作られたものである。すなわち、従来の執行判決（明治 23 年民事訴訟法 515 条）の規定は、当時のドイツ民事訴訟法 661 条にならったものであり、大正 15 年法第 61 号による改正後の〔旧〕民事訴訟法 200 条の規定は、現在のドイツ民事訴訟法 328 条とほぼ同旨の規定である」。「日本の民事訴訟法はドイツの民事訴訟法と極めて密接な関係を有するのであり、外国判決の承認の要件に関する規定も、右のとおり、その例外ではない。このような訴訟手続上の類似性からみて、日本の民事訴訟の判決手続が正当に理解されるならば、ドイツにおいて日本の裁判所の判決がドイツ民事訴訟法 328 条に規定する外国判決の承認の対象とならないとは考えられない。被告は、ドイツでは日本の判決に基づく強制執行は認められないという見解が通説であると主張するが、被告が通説として掲げる諸説が、どの程度日本の訴訟手続を理解した上での有権的解釈であるかは疑問であるといわざるをえない」。「ドイツにおいて日本の裁判所の判決を外国判決として承認したことがないとの事実及び被告の挙示するような不確かな学説に基づいて、日本の裁判所がドイツの裁判所の判決を外国判決として承認しないという結論を採った場合、その判決は、ドイツの裁判所が、相互保証がないことを理由に日本の裁判所の判決を外国判決として承認しない原因となりうる。司法手続も国際化しつつある現在、日本の裁判所の判決を外国判決として承認した先例がないという理由を

175）東京地判平成 10 年 2 月 24 日判時 1657 号 79 頁。評釈等として、安達栄司「判批」ジュリスト 1164 号 157 頁（1999 年）、小田・前掲注 155）268 頁、竹下啓介「判批」ジュリスト 1187 号 106 頁（2000 年）。

主な根拠として、日本の裁判所が、外国判決の執行の分野で、率先して外国の裁判所に対して門戸を閉ざす結果となる解釈を、軽々に採用すべきものではない」。

I ハイチ
横浜地判昭和 57 年 10 月 19 日[176]

原告と被告は、日本で婚姻したが、その後、被告がハイチ共和国裁判所で離婚判決を得たため、原告は、ハイチ判決は間接管轄の要件などを欠くとして外国離婚判決不承認の訴えを提起した。これに対して、被告は、旧民事訴訟法200 条は財産関係事件を念頭に置いており、外国離婚判決に同条を適用すると渉外的な身分関係の安定を損なうなどとして訴えの却下を申し立てた。裁判所は、「人の身分及び能力に関する外国判決であっても、『財産に対する有形の執行行為』又は『人に対する強制行為』をなすべきときには矢張り執行判決が必要であるし、更に一般的に法律関係を明確にするために執行判決を求めることも許されて良いと思われる（この後者の場合には、執行判決ではなくて『外国判決承認の訴』を求めるべきであるとも考えられるが、この場合にも当然、外国判決承認の要件を規定した［旧］民事訴訟法第 200 条が適用されなければならない。）」と述べて、外国離婚判決に旧民事訴訟法 200 条が全面適用されるとした。その上で本件では、間接管轄の要件を満たしていないとして、承認しなかった。

J フランス
京都家審平成 6 年 3 月 31 日[177]

申立人（フランス国籍、フランス在住）は、相手方（日本国籍）とフランスで同国法に基づき婚姻し、子をもうけた。その後、相手方が子とともに日本に帰国し

176）横浜地判昭和 57 年 10 月 19 日判時 1072 号 135 頁。評釈等として、大須賀虔「判批」ジュリスト 819 号 158 頁（1984 年）、大須賀虔「判批」渉外判例百選 234 頁（第 3 版、1995 年）。

177）京都家審平成 6 年 3 月 31 日判時 1545 号 81 頁。評釈等として、海老沢美広「判批」重判平成 7 年度 255 頁（1996 年）、高桑昭「判批」リマークス 13 号 156 頁（1996 年）（承認要件につき間接管轄と公序のみ求めた判旨に賛成。同 159 頁）、山田恒久「判批」法学研究 70 巻 6 号 192 頁（1997 年）（判旨疑問。承認要件の全面適用説を支持されていると解される。同 197 頁以下）。

328　第Ⅱ部　要件論

たところ、申立人がフランスで離婚等を求めて裁判を起こした。そして、フランス裁判所の下した判決に基づき、申立人が、面接交渉等を求めた。

　家庭裁判所は、面接交渉等を判断する国際裁判管轄は子の住所地国が専属的に有するのが相当であるとして、フランス裁判を承認せず、面接交渉につき独自に判断した。その際、面接交渉に関する裁判の承認を離婚判決の承認から切り離して、次のように判断している。すなわち、「上記フランス控訴院判決の承認の問題については、離婚等を内容とする訴訟裁判の部分と面接交渉等に関する非訟裁判の部分に区分して判断されるべきものと解する」。「そこで、検討するに、離婚等の訴訟裁判の部分についてはさておき、面接交渉に関する外国の非訟裁判の承認については、［旧］日本民事訴訟法 200 条の適用はないと解されるが、条理により、その承認の要件としては、外国の裁判が我が国の国際手続法上裁判管轄を有する国でなされたこと、それが公序に反しないことの二つをもって足りると考える」とした。その上で、本件面接交渉事件では、日本に専属的な国際裁判管轄があると解されるので、フランス控訴院の面接交渉に関する判決は承認できないとした。

K　ベルギー

東京地判昭和 35 年 7 月 20 日[178]

　原告は被告に対して、カメラの売買契約につき債務不履行を理由とする損害賠償請求をベルギー王国ブリュッセル市商事裁判所において提起し、原告勝訴の判決が下された。そこで、原告がベルギー判決の日本での執行を求めたところ、裁判所は、ベルギーは外国判決承認につき実質的再審査を採用していることから相互保証を欠くとした。すなわち、日本、ベルギーともに外国判決に対して執行判決を付与することで内国での強制執行を認めることとしているが、その手続内容は、「わが国では形式的審査を主としてその許否を定めているのに対し、ベルギー王国では右の外実質的審査をも一応したうえ許否を定めているのである。ところが、わが［旧］民訴 515 条 2 項 2 号による［旧］同 200 条 4 号にいう『相互ノ保証アルコト』とは、上述した右制度の趣旨からみて、当該

178）東京地判昭和 35 年 7 月 20 日下民集 11 巻 7 号 1522 頁。評釈等として、池原季雄「判批」ジュリスト 227 号 76 頁（1961 年）（判旨賛成）、池原・前掲注 111）182 頁。

外国のわが国判決に対する執行判決付与の条件が、わが国のそれと大体同一程度かまたはそれより軽いもの、少くとも重要な点で違いがない場合をいうものと解すべく、そうでなければ右にいう『相互ノ保証』があるものとはいえないと考えられるところ、右にみたように、ベルギー王国とわが国とでは、この点に関して重要な相違があ」るとした。

　L　香港（中国返還前）
　　福岡地判昭和 57 年 3 月 25 日[179]
　　（L-1）　Y（本訴被告・反訴原告）は、X（本訴原告・反訴被告）を相手に、香港高等法院において傭船契約違反に基づく損害賠償請求の訴えを提起したところ、X は香港訴訟に出廷せず敗訴した。その後、X は、Y を相手に日本で訴訟を提起したところ、Y が香港訴訟の執行を求める反訴を提起した。裁判所は、香港では外国判決の執行に関する制定法において執行可能な外国が列挙されているところ、日本はそれに該当しないため相互保証はないとした。「〔香港外国判決（相互の執行）法〕3 条は、『総督は、香港外国判決法が外国判決に適用されることによって付与される利益と、当該外国における香港裁判所がした判決の執行の取扱との間に、実質的相互保証があると認める場合には、規則によって、香港外国判決法が当該外国の判決に適用される旨定めることができる』と規定されている。そして、同規定に基づき『外国判決（相互の執行）規則（Foreign Judgments (Reciprocal Enforcement) Order)』が制定されており、同規則では、総督が、香港と当該外国との間における判決の取扱に相互の保証があると認める外国を同規則中に列挙しているところ（列挙されている国は、英連邦諸国に限られていない。）、我が国はこれに含まれておらず、我が国の裁判所の判決は、香港外国判決法の適用を受けないこととなっている。したがって、我が国と香港との間では、外国判決承認に関する民事訴訟法 200 条 4 号所定の『相互の保証』を欠くものというべきである」とした。この判決には、コモン・ローによる承認制度を考慮していないことから批判が寄せられていた[180]。のちに最高裁が相互保証

---

179) 福岡地判昭和 57 年 3 月 25 日 JCA ジャーナル 1984 年 12 月号 2 頁。評釈等として、早川眞一郎「判批」ジュリスト 855 号 119 頁（1986 年）（判旨反対）。
180) 参照、早川・前掲注 179) 121 頁。

を肯定する判決を下したことで、返還前の香港について実務上決着がついた。

　　　（L-2）　原告らは被告らを相手に、中国返還前の香港高等法院において、保証契約に関する訴訟について原告が負担した訴訟費用の支払いを求める訴訟を提起して勝訴した。そして、原告は、この判決のわが国での執行を求めて執行判決訴訟を提起した。

　第 1 審（神戸地判平成 5 年 9 月 22 日）[181] は、次のように述べて、香港との相互保証を肯定した。「本号［引用者注：旧民事訴訟法第 200 条第 4 号］は、承認国であるわが国と判決（裁判）国との間に『相互ノ保証アルコト』を要求しているところ、『相互ノ保証アルコト』とは、当該判決（裁判）をした外国裁判所の所属する国において、わが国の裁判所がした判決（裁判）と同種類の判決（裁判）が［旧］民訴法 200 条各号所定の条件と重要な点で異ならない条件のもとに効力を有するものとされていることをいうと解するのが相当である（最高裁判所昭和 58 年 6 月 7 日第三小法廷判決、民集 37 巻 5 号 611 頁参照）」「そこで本件について検討するに、……香港には外国判決の取扱に関する制定法として『外国判決（相互執行）法』が成立しており、同法 3 条には、香港総督は、ある国と香港との間に実質的な相互の保証があると認めるときには、その国に同法を適用することを規則をもって命じることができる旨規定されており、右規定に基づき制定された『外国判決（相互執行）規則』には、総督が香港との間に判決の取扱に関して相互の保証があると認める外国が列挙されているところ、わが国は右相互の保証がある外国には挙げられていないことが認められる」。ところで、「香港は、イギリスの植民地政策によって、原則としてイングランド法（議会制定法を含む）が導入され、一般的には、イングランドとウェールズのコモンロー及びエクイティ準則は、香港に適用可能であり、かつ香港に適用されうるイギリス議会の立法または枢密院令によりなされる修正がないかぎり有効であると規定されている」。「したがって、わが国と香港との間の外国判決承認に関する相互の保証の有無は、コモンローの諸原則に照らして判断されるべきこととなる」。

181）神戸地判平成 5 年 9 月 22 日判時 1515 号 139 頁。評釈等として、小林秀之＝小田敬美「判批」判タ 840 号 24 頁（1994 年）（相互保証を肯定した点に賛成）。同 33 頁）、道垣内正人「判批」ジュリスト 1053 号 124 頁（1994 年）（相互保証を肯定した点に賛成。同 127 頁）、福山達夫「判批」判例評論 438 号 55 頁（1995 年）、山田恒久「判批」重判平成 5 年度 293 頁（1994 年）（相互保証を肯定した点に賛成。同 295 頁）。

「コモンローの下での外国判決の承認要件は、わが国の承認要件と重要な点で異ならないものということができ、よって、わが国と香港との間には相互の保証があるものと認めるのが相当である」。控訴審（大阪高判平成 6 年 7 月 5 日）[182] も、承認要件を満たすとした。

　上告審（最判平成 10 年 4 月 28 日）[183] も、相互保証を肯定した。最高裁は次のように述べている。「民訴法 118 条 4 号所定の『相互の保証があること』とは、当該判決等をした外国裁判所の属する国において、我が国の裁判所がしたこれと同種類の判決等が同条各号所定の要件と重要な点で異ならない要件の下に効力を有するものとされていることをいうと解される（最高裁昭和 57 年（オ）第 826 号同 58 年 6 月 7 日第三小法廷判決・民集 37 巻 5 号 611 頁参照）」。「記録によれば、(1)香港においては、外国判決の承認に関して外国判決（相互執行）法及び同規則が存在し、香港総督の命令により、相互の保証があると認める国を同規則に特定列挙していたこと、(2)我が国は、相互の保証のある国として同規則に列挙されてはいなかったこと、(3)しかし、香港においては、外国判決の承認に関して、制定法に基づくもの以外に英国のコモン・ローの原則が適用されていたこと、(4)コモン・ローの下においては、外国裁判所が金銭の支払を命じた判決は、原判示の要件の下に承認されていたことが認められる。そして、コモン・ローの下における右外国判決承認の要件は、我が国の民訴法 118 条各号所定の要件と重要な点において異ならないものということができ、したがって、香港と我が国との間には、外国判決の承認に関して同条 4 号所定の相互の保証が存在したものと認めるのが相当である」とした。

182）大阪高裁平成 6 年 7 月 5 日民集 52 巻 3 号 928 頁。
183）最判平成 10 年 4 月 28 日民集 52 巻 3 号 853 頁。評釈等として、安達栄司「判批」NBL678 号 62 頁（1999 年）、河邉義典「判解」最高裁判所判例解説民事篇平成 10 年度 450 頁（2001 年）、酒井一「判批」法学教室 218 号 136 頁（1998 年）、酒井一「判批」リマークス 19 号 158 頁（1999 年）、多田望「判批」国際私法判例百選 218 頁（第 2 版、2012 年）、道垣内正人「判批」民事執行保全法判例百選 13 頁（第 2 版、2012 年）、道垣内正人「判批」国際私法判例百選 192 頁（新法対応補正版、2007 年）、中西康「判批」民事訴訟法判例百選 252 頁（第 3 版、2003 年）、山本和彦「判批」重判平成 10 年度 297 号（1999 年）、渡辺惺之「判批」判例評論 484 号 39 頁（1999 年）。

Ｍ　メキシコ

東京地判昭和 46 年 12 月 17 日[184]

　被告は、原告に対してメキシコで離婚訴訟を提起し、認容判決を得た。これに対して、原告は、当該離婚判決は旧民事訴訟法 200 条 2 号の要件を欠くとして、日本で外国離婚判決無効確認訴訟を提起した。裁判所は、「外国においてなされた離婚判決についても、同条［引用者注：旧民事訴訟法 200 条］がそのまま適用されるものと解する。もとより、同条は主として財産権上の請求にもとずく（原文ママ）外国判決をわが国内において執行しようとする場合のことを念頭において立案されたものであるから、通常狭義の執行ということが考えられない身分法上の請求に基づく判決には、同条の適用はないと解し得る余地もないではないが、同じく外国判決承認問題の処理である以上、明文規定である同条の存在を無視する根拠は乏しく、前記のように解することが、同一の民事上の紛争の解決が各国において区々となることの不都合を避け、国際社会の利益のために、外国の裁判機関を信頼し、一定要件を充足するときは外国判決の内容を爾後審査することなく承認しようとする同条の立法趣旨によりよくそうものであり、かつ、実体法が各国によりそれぞれ異なる上、国際私法も統一を見ない現在において、一段と緊密性の要請される国際社会における私法生活の安定性を保障するに適するものである」として、身分関係事件であっても相互保証の要件を含めて全面適用されるとした。その上で、本件では 2 号の要件を欠くとして承認を認めなかった。

⑶　裁判例の傾向

①　法域ごとの判断

　上述の裁判例は、判決の種類を考慮せずに述べると以下のようにまとめることができよう。まず、相互保証が肯定された例としては、次の法域がある。(A)アメリカ合衆国については、(a)カリフォルニア州、(b)コロンビア特別区、(c)イリノイ州、(d)ウィスコンシン州、(e)テキサス州、(f)ニュー・ヨーク州、(g)ネバ

---

184)　東京地判昭和 46 年 12 月 17 日判時 665 号 72 頁。評釈等として、烁場準一「判批」判例評論 165 号 22 頁（1972 年）、林脇トシ子「判批」ジュリスト 513 号 113 頁（1972 年）、松岡博「判批」重判昭和 47 年度 212 頁（1973 年）。

ダ州、(h)バージニア州、(i)ハワイ州、(j)ミネソタ州、(k)メリーランド州、(B)イングランド、(C)オーストラリア（クィーンズランド州）、(D)韓国、(E)シンガポール、(F)スイス（チューリッヒ州）、(H)ドイツ、(I)ハイチ、(J)フランス、(L)香港（中国返還前）、(M)メキシコ。

　他方で、相互保証が否定された法域としては、(G)中華人民共和国（条約や互恵関係が日本とは認められていないため日本の判決が承認されない）と、(K)ベルギー（実質的再審査を採用している）がある。なお、(L)香港（中国返還前）については相互保証が否定された例があるが、その後、認められている。

②　場所的不統一法国との関係

　①で見たように、場所的不統一法国については、国単位ではなく、法域単位で相互保証の有無の判断を行っている（これは、ドイツでも同様である）[185]。しかし、アメリカ合衆国の連邦裁判所の下した判決について、州ではなくアメリカ合衆国をもって相互保証を判断する単位として検討していることを窺わせるものがある（(i-2) 水戸地龍ケ崎支判平成 11 年 10 月 29 日判タ 1034 号 270 頁）。

③　身分関係事件と相互保証の要否

　わが国の学説において、相互保証に関する議論が多くなされてきたうちの 1 つが、身分関係事件についてどのような扱いをするのかということであった。

　離婚判決（審判）において 118 条（旧 200 条）のうち相互保証を除いて適用（準用）されるとする裁判例があるが（(g-1) 横浜地判昭和 46 年 9 月 7 日判時 665 号 75 頁）、むしろ全面的に適用されるとする裁判例が有力といえる（(a-5) 東京地判昭和 63 年 11 月 11 日判時 1315 号 96 頁（離婚判決）、(C-2) 東京家判平成 19 年 9 月 11 日判時 1995 号 114 頁（しかし、1 号と 3 号を充足していないとして不承認）、(D-1) 横浜地判平成 11 年 3 月 30 日判時 1696 号 120 頁（韓国の離婚審判）、(I)横浜地判昭和 57 年 10 月 19 日判時 1072 号 135 頁（離婚判決）、(M)東京地判昭和 46 年 12 月 17 日判時 665 号 72 頁（離婚判決））。

　離婚に伴う財産分与に関する外国判決について、承認要件が全面適用される

---

185) Vgl. *Nagel/Gottwald*, a.a.O.(Fn. 30), §12 Rdnr. 196 ff.; *Geimer*, a.a.O.(Fn. 44), S. 1512 ff.; *Schütze*, Rechtsverfolgung im Ausland, 5. Aufl. 2016, Rdnr. 435 ff.

とした裁判例がある（(h)第 1 審である東京地判平成 7 年 5 月 29 日判タ 904 号 202 頁、およびその控訴審である東京高判平成 8 年 3 月 12 日判タ 950 号 230 頁)。

代理出産による親子関係確認につき全面適用されることを前提とする裁判例があるが（(g-3) の抗告審（東京高決平成 18 年 9 月 29 日判時 1957 号 20 頁))、そこにおいては実質的には相互保証の判断はなされていない。

監護権に基づく子の引渡しについては、全面適用されるとする裁判例（(d)大阪高決平成 22 年 2 月 18 日家月 63 巻 1 号 99 頁、(e)の第 1 審（東京地判平成 4 年 1 月 30 日判時 1439 号 138 頁))、承認要件のうち 1 号と 3 号によって判断する裁判例（(e)の控訴審（東京高判平成 5 年 11 月 15 日判タ 835 号 132 頁)) がある。

面接交渉については、承認要件のうち 1 号と 3 号の類推によって判断する裁判例（(J)京都家審平成 6 年 3 月 31 日判時 1545 号 81 頁) がある。

扶養（扶助）料・養育費の支払いについて承認要件の全面適用を説く裁判例（(a-3) 東京地判昭和 40 年 10 月 13 日判時 426 号 13 頁、(a-8) 東京地判平成 23 年 3 月 28 日判タ 1351 号 241 頁、(a-9) 東京地判平成 26 年 12 月 25 日判タ 1420 号 312 頁、(c)東京地判平成 28 年 1 月 29 日判時 2313 号 67 頁、(j)第 1 審（東京地判平成 8 年 9 月 2 日判時 1608 号 130 頁)、その控訴審（東京高判平成 10 年 2 月 26 日判時 1647 号 107 頁)、(k)大阪地判平成 8 年 1 月 17 日判時 1621 号 125 頁、また、東京高判平成 9 年 9 月 18 日判時 1630 号 62 頁[186]) が有力である。

④　身分関係事件と昭和 58 年ルール

身分関係事件において、相互保証の要件を要求する裁判例においても、その判断は比較的緩やかになされていると考えられる。昭和 58 年ルールか、それに近い表現を用いて相互保証の判断をすると述べる裁判例が比較的多いが（(a-8) 東京地判平成 23 年 3 月 28 日判タ 1351 号 241 頁（扶養料)、(d)大阪高決平成 22 年 2 月 18 日家月 63 巻 1 号 99 頁（監護権)、(j)東京地判平成 8 年 9 月 2 日判時 1608 号 130 頁（養育

186）東京高判平成 9 年 9 月 18 日判時 1630 号 62 頁は、未成熟子の養育費の支払いを命ずるオハイオ州裁判所の判決の承認が問題となった事案である。裁判所は、養育費請求事件は家事非訟事件に該当するが当事者の手続保障をとくに考慮する必要がある争訟的性格が強いため、旧民事訴訟法 200 条の適用を受けるとした。その上で、間接管轄と送達の要件を満たしていないとして承認しなかった。したがって、裁判所はオハイオ州との相互保証については判断をしていないため、本文では紹介していない。

費))、(k)大阪地判平成 8 年 1 月 17 日判時 1621 号 125 頁（扶助料))、(D-1) 横浜
地判平成 11 年 3 月 30 日判時 1696 号 120 頁（韓国の離婚審判)、昭和 58 年ルー
ルに言及せず相互保証を肯定している裁判例もある（(a-9) 東京地判平成 26 年 12
月 25 日判タ 1420 号 312 頁（養育費)、(c)東京地判平成 28 年 1 月 29 日判時 2313 号 67 頁
（養育費)、なお（g-3）東京高決平成 18 年 9 月 29 日判時 1957 号 20 頁（代理出産契約)))。

⑤ 相互保証の認定方法

　相互保証の存否は、公益性が強い分野であるとの前提に立つならば、職権調
査事項であり、職権探知が妥当することになろう。しかし、裁判所によっては、
当事者の資料のみで判断したり、承認要件の自白を認める裁判例もある。

　たとえば、執行判決訴訟における請求原因事実に争いはないとする裁判例
（(a-3) 東京地判昭和 40 年 10 月 13 日判時 426 号 13 頁、(D-3) 東京地判平成 25 年 12 月 13
日 LEX/DB25516699))、相互保証につき当事者間で争いはないと述べる裁判例（(a-
4）東京地判昭和 44 年 9 月 6 日判時 586 号 73 頁、(g-2) 東京地判平成 3 年 12 月 16 日判タ
794 号 246 頁、(h)第 1 審（東京地判平成 7 年 5 月 29 日判タ 904 号 202 頁))、弁論の全趣
旨により相互保証が認められるとする裁判例（(i-2) 水戸地龍ケ崎支判平成 11 年 10
月 29 日判タ 1034 号 270 頁)、条文の形式的な対比などによって極めて簡潔に認定
している裁判例（たとえば、(a-9) 東京地判平成 26 年 12 月 25 日判タ 1420 号 312 頁)、
相互保証の有無の検討を行っていない裁判例（(g-3) 抗告審（東京高決平成 18 年 9
月 29 日判時 1957 号 20 頁)) がある。

　また、判決国における承認法の状況が必ずしも明確ではないものの、当該法
域における法内容を総合的に検討して相互保証が認められるとした裁判例があ
る（(C-1) 東京地判平成 10 年 2 月 25 日判時 1664 号 78 頁)。

2　学説

(1)　相互保証の判断基準

　相互保証が認められるためには、当該判決国が、承認国であるわが国との間
で判決承認に関する条約を締結している必要はなく[187]、判決国の関連条文、
慣習法または実務慣行によって保証されていれば足りると説かれる[188]。

　問題は、相互保証の有無を判断する基準である。この点について、かつては、

判決国の定める外国判決承認要件が、日本のそれ（民事訴訟法118条）と比べて同程度かより寛容な場合には、相互保証があると解する見解が有力であった[189]。この見解は、大判昭和8年の支持するところでもあった。しかし、そもそも判決承認に関する条約を締結している場合を除いて承認要件が同一であることは生じないと考えられること、内外国における外国判決承認要件の比較は容易ではないこと、相互保証の要件があることが他国の条約改正や条約締結の契機となるか不明確であること、迅速な権利保護を阻害しかねないこと（相互保証が認められない場合には、内国で訴えを提起し直すことになる）[190]、跛行的法律関係を回避する必要があるといったことを挙げて、相互保証の制度に疑問を呈する見解が次第に増え、現在はこの立場が通説を占めている[191]。これに対して、相互保証の要件に肯定的な見解からは、相手国が承認しない場合でも日本が判決を承認することは公平性を欠くこと、また、相互保証の要件を縮小させることによって、その分は公序の機能が拡大することになるため公序概念の不明確化が進んでしまうとの反論がある[192]。

現在は、相互保証という制度に批判的な立場を中心として、相互保証についてより緩やかな基準が提唱されている（相互保証の要件に肯定的立場からも支持がある[193]）。すなわち、判決国が定める承認要件とわが国のそれとを対比して重要な点で同一性が認められれば相互保証があるとする見解が唱えられた。この見解は、古くから主張されていたが[194]、現在では通説を占めるに至った[195]。こ

187）明治23年民事訴訟法515条2項5号は、外国判決をわが国で執行する際の消極的要件として「国際条約ニ於テ相互ヲ保セサルトキ」と定めており、かつては、判決国とわが国との条約による相互保証を要求していた。

188）斎藤秀夫ほか編『注解民事訴訟法(5)』126頁〔小室直人＝渡部吉隆＝斎藤秀夫〕（第一法規出版、第2版、1991年）、鈴木＝三ケ月編・前掲注1）405頁〔青山〕。

189）兼子一『新修民事訴訟法体系〔増補〕』339頁（酒井書店、1965年）、兼子一『条解民事訴訟法（II）』140頁（弘文堂、1951年）、菊井維大＝村松俊夫『全訂民事訴訟法(1)』1139頁（日本評論社、全訂版追補版、1984年）。

190）Vgl. *Schack*, a.a.O.(Fn. 32), Rdnr. 966.

191）木棚照一ほか『国際私法概論』355頁〔渡辺惺之〕（有斐閣、第5版、2007年）、櫻田・前掲注2）391頁、櫻田・前掲注128）32頁、中西・前掲注183）253頁、早川・前掲注5）144頁、松岡・前掲注89）123頁、横山・前掲注128）227頁。

192）相互保証要件の有用性を説く見解として、高桑昭「相互の保証」高桑昭＝道垣内正人『新・裁判実務大系(3)』378頁（青林書院、2002年）、本間靖規ほか『国際民事手続法』196頁（2012年、第2版、有斐閣）、山田・前掲注129）139頁。

れは、先にみた最高裁判決の立場（最判昭和58年6月7日民集37巻5号611頁）で
もある。また、最近は、相互保証の判断をより緩和させて、外国判決に何らの
効力も認めない国や、実質的再審査をする国との関係を除いて、原則としてこ
の要件は充たされていると解する見解[196]、あるいは証明責任を転換し、外国
判決の承認を争う者に相互保証の不存在を証明させる見解[197]、などが主張さ
れている。

　相互保証の要件の審査は、通説によると、職権調査事項に属する[198]。職権探
知とすべきかどうかは、必ずしも明確ではない[199]。他方、職権調査事項ではな
く、外国判決を援用する者が相互保証の存在を主張し、また資料の提出をすべ
きとの見解もある[200]。また、当事者の合意によってこの要件を排除することは
できないとされている[201]。

(2)　部分的相互保証の理論

　最高裁は、外国裁判所の判決と「我が国の裁判所がしたこれと同種類の判

193）たとえば、高桑教授は、相互保証に肯定的な見解であるが、不承認の事態は少ない方
　　が二重の訴訟提起を回避できる点や、矛盾判決の回避の点から、相互保証の要件を緩和す
　　る立場を支持しておられる。高桑昭「外国判決の承認及び執行」鈴木忠一＝三ケ月章監修
　　『新・実務民事訴訟講座(7)』144頁（日本評論社、1982年）および、高桑・前掲注192）を
　　参照。
194）江川英文「外国判決の承認」法学協会雑誌50巻11号61頁（1932年）、松岡義正『強
　　制執行要論（上）』489頁（清水書店、1925年）。
195）池原・前掲注111）183頁、小林秀之「外国判決の承認・執行についての一考察」判タ
　　467号25頁（1982年）、鈴木＝三ケ月編・前掲注1）405頁〔青山〕、松岡博＝高杉直『国
　　際関係私法講義』333頁（法律文化社、改題補訂版、2015年）。
196）貝瀬・前掲注171）89頁、高田裕成「財産関係事件に関する外国判決の承認」澤木敬
　　郎＝青山善充編『国際民事訴訟法の理論』388頁（有斐閣、1987年）。
197）中野俊一郎「外国判決の執行」新堂幸司監修『実務民事訴訟講座(6)』451頁（日本評論
　　社、第3期、2013年）。
198）兼子一原著『条解民事訴訟法』623頁〔竹下守夫〕（弘文堂、第2版、2011年）、菊池
　　洋一「外国判決の承認執行(4)」元木伸＝細川清『裁判実務大系(10)』133頁（青林書院、
　　1989年）、三宅省三ほか編『注解民事訴訟法（II）』558頁〔雛形要松〕（青林書院、2000
　　年）。
199）鈴木＝青山編・前掲注1）368頁〔高田〕は、裁判所は職権探知の権能を有するが義務
　　はないとする。
200）鈴木＝三ケ月編・前掲注1）406頁〔青山〕。
201）斎藤秀夫編『注解民事訴訟法(3)』354頁〔小室直人〕（第一法規出版、1973年）、高
　　桑・前掲注193）145頁。

338　第Ⅱ部　要件論

決」の承認要件の対比を行い、重要な点での一致があれば足りるとしている[202]。そこで、有力説は、最高裁が部分的相互保証の理論を採用したと解している[203]。この見解は、承認対象となる判決の種類に応じて相互保証の有無を判断する立場であり、たとえば、判決国との関係において財産関係事件では相互保証が認められない場合でも、具体的に承認が求められた事件が身分関係の判決でその国と承認要件が一致する場合には当該身分関係の判決を承認する考えである。これは、相互保証の判断対象となる判決の種類の細分化を図ることで、不承認となる場面を制限していこうとする立場である。前述のように、ドイツでは、相互保証については学説から厳しい批判があり、立法論としては削除論も有力に提唱されている中、相互保証が削除されずに残っていることから部分的相互保証の理論が通説・判例の支持を得ている。わが国でも、かねてから有力説がこの見解を主張し[204]、現在、支持を増やしているといえる[205]。他方、この見解に対しては、承認判断の細分化をもたらし、かえって承認を妨げることにならないかなどといった批判がある[206]。

(3) 外国離婚判決と相互保証

また、外国離婚判決の承認要件については、他の訴訟類型と同様の扱いをすべきか議論がある[207]。第1の見解は、外国判決承認に関する規定は離婚判決のような身分関係の判決には適用されないが、相互保証の要件を除く1号から3号の要件が類推適用されるとする立場である[208]。第2の見解は、第1の見解と同様に、相互保証を除いて外国判決承認に関する規定が類推され、また、そ

---

202) 最判昭和 58 年 6 月 7 日民集 37 巻 5 号 611 頁。

203) 小林秀之＝村上正子『国際民事訴訟法』155 頁（弘文堂、2009 年）、竹下・前掲注（112）560 頁。しかし、鈴木＝青山編・前掲注 1）390 頁〔高田〕は、部分的相互保証の理論を採用したかどうか不明であると述べる。

204) 江川・前掲注 194）63 頁、細野長良『民事訴訟法要義(4)』228 頁（巌松堂、1934 年）、矢ケ崎・前掲注 2）84 頁。

205) 兼子原著・前掲注 198）644 頁〔竹下〕、小林・前掲注 195）25 頁、鈴木＝三ケ月編・前掲注 1）405 頁〔青山〕。

206) 参照、石黒・前掲注 62）569 頁、河野俊行「承認要件としての相互の保証」澤木敬郎＝秌場準一編『国際私法の争点』240 頁（有斐閣、新版、1996 年）。

207) 参照、徳岡卓樹「身分関係事件に関する外国裁判の承認」澤木敬郎＝青山善充編『国際民事訴訟法の理論』424 頁（有斐閣、1987 年）。

れに加えて準拠法の要件を課するという立場である[209]。第3の見解は、外国離婚判決についても外国判決承認要件が全面的に適用されるとする立場である[210]。

準拠法の要件を求める見解は、形成判決の特質を根拠とするものであった[211]。すなわち、身分関係は、準拠実体法が身分関係の変動要件（形成要件）を定め、その要件を充足していることを裁判所が認めて判決を下し、判決が確定することによってはじめて法律関係が変動することになる（しかし、そもそも、このような理解が国際的に普遍性のあるものなのか検討の余地がある）。そのため、承認国において外国裁判所が下した身分関係の変動が認められるためには、承認国の国際私法が定める準拠法と判決国裁判所が適用した準拠法が合致する必要があると説く。また別の根拠として、日本の国際私法が定める準拠法と異なる準拠法を適用した外国判決を承認することは矛盾であると説く[212]。しかし、今日、この立場は支持を得ていない[213]。その理由としては、離婚の準拠法決定に関する国際的なルールがない状況下では、準拠法の要件を課すと外国離婚判決の承認が不当に狭められ、跛行的法律関係を増大させることになること、日本の国際私法は日本の裁判所を対象とする規範であり、外国裁判所に向けたものではないこと、外国判決承認要件に関する規定があるのに条文上定められていない要件を加重する根拠が不十分であること、実質的再審査の原則を採用していないわが国の基本姿勢に反しないか、といった点が挙げられる。

今日の主要な対立は、相互保証の要件を要求するか否かである。相互保証の要件を要求する見解は[214]、その理由として、現在の国際間の信頼性からすると

208）川上太郎『新版判例国際私法』151頁（千倉書房、1970年）、櫻田・前掲注2）300頁、松岡博「外国離婚判決の承認」中川善之助先生追悼『現代家族法大系(2)』439頁、450頁（有斐閣、1980年）、渡辺惺之「外国の離婚・日本の離婚の国際的効力」岡垣学ほか編『講座・実務家事審判法(5)』196頁（日本評論社、1990年）。

209）江川英文「外国離婚判決の承認」立教法学1号45頁（1960年）、溜池良夫「離婚・別居」国際法学会編『国際私法講座(2)』583頁（有斐閣、1955年）。

210）大須賀・前掲注139）135頁、加藤令造『実務人事訴訟手続法』443頁（判例タイムズ社、1964年）、斎藤編・前掲注201）351頁〔小室〕、鈴木＝三ケ月編・前掲注1）423頁〔青山〕、山田鐐一『国際私法』472頁（有斐閣、第3版、2004年）。

211）江川・前掲注209）29頁。

212）溜池・前掲注209）584頁。

213）矢ケ崎高康「判批」渉外判例百選179頁（1976年）、山田（鐐）・前掲注210）473頁。

214）加藤・前掲注210）446頁、矢ケ崎（高）・前掲注213）179頁、山田（鐐）・前掲注210）472頁。

必ずしも不当とは言えないこと、相互保証については離婚だけでなくこの要件の存在自体に向けられるべきであり、また相互保証の要件の弊害は反証のないかぎり相互保証があるものとして弾力的に解釈することで対応すべきであること、相互保証の要件だけを類推適用から除外し他の間接管轄、送達および公序を類推するのは不自然であること、といった点を挙げる。他方、相互保証の要件を不要とする見解の根拠として[215]、相互保証の要件が承認国と判決国との利害対立の解消にあることからするならば、財産関係の場合はともかく身分判決にまで及ぼす理由はないこと、跛行的法律関係を回避する必要があることが挙げられる。

(4) 外国非訟裁判と相互保証[216]

日本法上、非訟事件に相当する事件の裁判が外国でなされた場合、その裁判の承認に際して外国判決承認要件との関係をどのように解すべきか問題となる。すなわち、「外国裁判所の確定判決」に該当するのか否か、該当しない場合には承認されないと解すべきかが問題となる。具体的には、子の引渡しや、養育費の支払いが考えられる。従来、承認適格を有する外国判決とは、実体法上の争訟事件について、当事者双方が審尋される機会が保障されている手続によって、裁判所が終局的な判断を下した裁判であることが求められるが、その形式や名称は問わないとされている[217]。また、承認適格性の判断は、承認国の法廷地法によって行われるものである[218]。

学説上、この点に関する議論は錯綜している。かつての通説は、民事訴訟法

---

215) 江川・前掲注194) 71頁、木棚ほか・前掲注191) 355頁〔渡辺〕、溜池・前掲注209) 583頁、松岡・前掲注184) 214頁。

216) なお、人事訴訟法等の一部を改正する法律案において、家事事件手続法の一部改正が予定されている。すなわち、家事事件手続法79条の2において、「外国裁判所の家事事件についての確定した裁判の効力」と題し、「外国裁判所の家事事件についての確定した裁判（これに準ずる公的機関の判断を含む。）については、その性質に反しない限り、民事訴訟法第118条の規定を準用する」というものである。これは、非訟事件の裁判については承認アプローチを採用することを明らかにしたが、いずれの要件を求めるのかについては決着をつけず、引き続き解釈に委ねる趣旨と考えられる。この法律案は、法務省のホームページで参照することができる（http://www.moj.go.jp/MINJI/minji07_00180.html）〔2018年1月5日最終閲覧〕。山本和彦「国際非訟事件における手続上の諸問題」判タ1361号67頁（2012年）も参照。

217) 鈴木＝青山編・前掲注1) 360頁〔髙田〕。

118 条は通常事件の判決を想定して規定されていることから[219]、非訟事件には外国判決承認要件を全面的に適用するのではなく条理により 1 号と 3 号を類推する見解であった[220]。その他に、相互保証を除いた承認要件が類推されるとする見解もあった[221]。これに対して、近時の多数説は、非訟事件でも争訟性の強い事件（子の養育費の支払請求）につき、承認要件の全面適用を説く見解である[222]。

これらの学説の対立は、非訟事件裁判の承認の基本姿勢をどのように解するのかという問題に基づくものであるが、実際上大きな対立点となるのが相互保証の要件を要求するのかという点である。もっとも、外国判決の確定性の概念や相互保証の要件が緩和化の傾向にあることから、両者の対立はそれほど大きな相違をもたらすものではないとも説かれる[223]。

IV　まとめと検討

1　日本法の特徴

(1)　相互保証に関する 2 つのタイプ

以下では、これまで見てきた議論を確認しながら若干の検討を試みたい。日本における外国判決の承認執行制度は、沿革を遡ると、司法共助の一環として外国判決の執行を行っていた制度にたどり着く。その制度においては、判決国である相手国（邦）が承認国である自国（邦）の判決を承認することを前提に

---

218)　鈴木忠一「外国の非訟裁判の承認・取消・変更」法曹時報 26 巻 9 号 7 頁（1974 年）、鈴木＝三ケ月編・前掲注 1) 388 頁〔青山〕、高桑・前掲注 193) 134 頁、竹下・前掲注 112) 523 頁。

219)　海老沢美広「非訟事件裁判の承認」澤木敬郎＝秌場準一編『国際私法の争点』247 頁（有斐閣、新版、1996 年）。

220)　鈴木・前掲注 217) 22 頁、高桑・前掲注 193) 136 頁、中野貞一郎『民事執行法』195 頁（青林書院、増補新訂 6 版、2010 年）、中野貞一郎＝下村正明『民事執行法』182 頁（青林書院、2016 年）。

221)　櫻田・前掲注 135) 298 頁。

222)　石黒・前掲注 62) 439 頁、猪股・前掲注 151) 31 頁、兼子原著・前掲注 198) 627 頁〔竹下〕、小林＝村上・前掲注 203) 186 頁、河野・前掲注 135) 154 頁、鈴木＝三ケ月編・前掲注 1) 388 頁〔青山〕、渡辺・前掲注 136) 298 頁。

223)　河野俊行「国際的な子の奪い合い」澤木敬郎＝秌場準一編『国際私法の争点』185 頁（有斐閣、新版、1996 年）。

自国は相手国の判決を承認執行するとの、相互保証の要件が設けられていた。相互保証の根拠としては、当初は、自国の尊厳を守るといった政策的観点に重きが置かれていた。

　相互保証を要求する立場の中でも、相互保証の有無を認める方法については異なる立場がある。ドイツは、具体的事件において個別的に判断する方法を採用したのに対して、オーストリアは条約や政府の宣言によって一律的に判断するという方法を採用した。したがって、両者は相互保証の有無を判断する決定権が異なることになる。すなわち、オーストリアのタイプでは、相互保証の有無は、条約の締結あるいは政府による宣言という政治的判断に属するのに対して、ドイツのタイプは裁判所が判断することになる。オーストリアのスタイルの方が、相互保証の沿革により整合するように思われる。オーストリア型のメリットとしては、相互保証の有無に関する判断が明確かつ簡易である点が挙げられる。他方、問題点としては、法治国家原則との整合性が取れるのか、あるいは相手国（判決国）の法状況が変化した場合に迅速に対応することができないのではないか、といった点が挙げられる。ドイツ型の判断方法では、相互保証の有無は事実認定の問題というよりも法的評価の問題となるため、柔軟な対応が可能になる。他方、内外法の比較という困難な問題に不可避的に直面することになる。

⑵　比較法的特徴

　比較法的に見た場合、わが国の特徴としては、まず、ドイツにおける相互保証に関する判断方式（裁判所による個別判断方式）を採用したことが挙げられる。また、日本は二国間条約や多国間条約による処理が現在は望めないため、民事訴訟法 118 条が現実の事案処理に果たす役割が大きいことも特徴として挙げられる。さらに、相互保証の要件を残しているドイツやオーストリアでは身分関係事件について明文で相互保証を除外しているのに対して、日本ではそのような立法的対応がなされていない[224]。その点で、日本の民事訴訟法 118 条は、解釈上多くの解決すべき問題を抱えているということができる（前掲本章 II 5 を参照）。

224）家事事件手続法の改正作業については、前掲注 216）を参照。

2 相互保証の私益的構成

(1) 相互保証の正当化根拠

相互保証の有無を条約締結や政府の宣言といった政治的判断ではなく、個別的に法的判断として処理する方式を採用した日本法では、次の点が問題となる。相互保証という制度をどのように評価するのか、また、この制度に対する評価を相互保証の有無に関する判断基準にどのように反映させるのか、さらに、身分関係事件について、ドイツなどは相互保証の要件を立法的に廃止しているが、立法的手当てをしていない日本法はどのように解釈上対応するのかである。

大正15年改正当時の立法者は、離婚判決についても外国判決承認の規定が適用されると考えていた[225]。しかしながら、その当時において、すでにこの点について有力説から批判がなされていた[226]。そこで、相互保証という制度の評価を検討してみたい。

まず、比較法的にみて、近時は相互保証に対する批判が非常に強いといえる。相互保証の制度を廃止した国が近年少なからずあり、また、ドイツやオーストリアといった相互保証の制度を残している国においても立法論的な批判が強い。わが国においても同様である。

そこで、相互保証の根拠として、どのようなことが主張されているのかを確認してみる。第1に、相互保証の正当化根拠としては、かつてはドイツにおけると同様に、国家の尊厳を確保することに求められていた[227]。そもそも、相互保証の要件は、外国判決の執行を司法共助の一環として行っていた当時の名残である[228]。すなわち、19世紀末ごろまで、判決国で下された判決を承認国で承認そして執行することは、司法共助の1つとして位置づけられていた。他国で下された判決を司法共助によって内国で実現させる以上は、その見返りとして内国判決を他国でも実施してもらうべきであるという考えは当然起こりうるといえる。そしてその際には、国家の威厳が前面に出てくることになる。しかし、

---

225) 山内確三郎『民事訴訟法の改正(1)』314頁（法律新報社、1929年）。

226) ドイツにおいては、1877年民事訴訟法661条5号では相互保証の要件を定めていたが、1898年民事訴訟法328条2項では非財産関係事件では相互保証の要件を課さないとした。この1898年改正の内容を、わが国の大正15年民事訴訟法改正で反映させなかったのは立法者の認識不足であるとして古くから批判があった。江川・前掲注194) 67頁。

227) 矢ケ崎・前掲注2) 80頁を参照。

228) Vgl. *Martiny*, a.a.O.(Fn. 46), Kap. 1 Rdnr. 40.

344 第Ⅱ部 要件論

現在は、外国判決の効力は、給付請求権の実現に向けた強制執行の局面だけではなく、確認判決や形成判決といった狭義の強制執行を伴わない判決を承認するという局面まで含むようになった（執行の要件から承認の要件へ）。ここにおいては、判決の国際的通用力をめぐる国家的利益は後退することになる。第2に、正当化根拠として相互保証を要求しないと、不公平であるという点も説かれている。これは、ある外国の判決が内国で執行できるのに、内国判決が当該外国で執行できないことは平等性を欠くとする立場である。この見解の背景には、制度利用者の立場があると思われる。すなわち、たとえば、外国の手続利用者は当該外国の自然人（法人）であり、また内国手続では日本人（日本法人）であるところ、外国の債権者は内国で外国判決に基づき債権回収が可能であるのに対して、日本人は日本の判決に基づいて当該外国で債権回収を図ることができず、その外国で再度訴訟提起をせざるを得ないのは不公平である、そして、国際的な協調を確保するためにも相互保証の要件が必要となるというものである。しかし、外国判決承認制度の草創期はともかく、今日、一国の訴訟手続の利用者は様々な属性（国籍）を有している。ある日本企業が別の日本企業を相手に外国で訴訟を提起し、その判決を日本で承認執行することを求めることは、決して珍しいことではない。このような場合に、相互保証を有しないということを理由に当該外国判決を承認しないとなると、内外手続の利用者間で不平等が生ずることとなる。したがって、相互保証の一面が自国民保護にあると捉える場合、かえってその制度によって自国民に不都合な事態を招くことになりかねない。

　また、外国倒産承認援助法21条は、外国倒産手続を承認する要件を定めているが、そこでは相互保証が規定されていない。その理由として、次の点が挙げられている[229]。①相互主義の解釈に不統一が生ずることで、かえって法的安定性を損なうおそれがある、②他国に対する制裁を通じて国家間の法秩序の統一を図るのは国際協調の理念に反する、③相互保証の要件を課した場合には、外国倒産法の調査と検討が必要になり裁判所に過度の負担が生ずることになる、というものであった。これらの根拠は、とくに倒産手続にのみ妥当するとはい

229）深山卓也編著『新しい国際倒産法制』141頁（金融財政事情研究会、2001年）、山本和彦『国際倒産法制』259頁（商事法務、2002年）。

えないであろう（なお、相互主義がはたして自国に不都合な事態を回避することができるのかという観点については、近年なされた一連の倒産法改正において、倒産能力を相互主義から平等主議へと変更したことも参考になると思われる[230]）。

他方で、ドイツでは、1986年国際私法改正に際して、外国判決承認要件としての相互保証を存続させた理由の1つに、最低限の手続水準を判決国に確保させる趣旨が説かれた[231]。しかし、この考えは、これまで見てきた相互保証の沿革からは乖離するものである。また、判決国における手続保障の問題は、本来手続的公序が扱うべき事柄といえる。最低限の手続水準の確保は、手続的公序の問題として扱い、個別事案で検討すべきであると考える。

(2) 相互保証の公益性

このように、承認要件としての相互保証の制度については、消極的な評価をせざるを得ない。そのため、解釈論としては、相互保証の適用される局面を限定する方向性が考えられる。そのための基本的な視点として、他の承認要件との比較から公益的性質の見直しが考えられる。すなわち、外国判決承認要件のうち、公益性の高い間接管轄および公序の要件と対比した場合、相互保証は送達の要件と同じ位置づけであるとして、送達要件における当事者の任意処分性を相互保証にも認めるべきであると考える。その理由として、先に見た相互保証の正当化根拠を見いだすことが困難であることに加え、近時の立法例では相互保証の要件を廃止している国が少なからずあること、また、相互保証の制度を残存させているドイツやオーストリアでも身分関係事件では相互保証を要求

---

230) 旧破産法2条や廃止された和議法11条1項においては、倒産能力あるいは和議能力につき相互主義を採用していた。したがって、商人破産主義を採用している国の非商人の自然人が日本に来た場合、この者に対して破産手続（あるいは和議手続）を開始することができないこととなった。なぜならば、非商人の日本人は、商人破産主義を採用している当該外国では破産手続を開始することができないからである。しかし、これでは債務超過に陥っている外国人の取引活動を制限することができず、内国債権者の保護に著しく悖る結果を生じさせることとなり、本来、倒産法における相互主義が意図していた内国債権者の保護に却って反する事態となった。そこで改正前の破産法に関する通説は、相互主義に関する規定は破産能力には適用されないと解していた。議論の詳細は、青山善充「倒産手続における外国人の地位」鈴木忠一＝三ケ月章監修『新実務民事訴訟講座(7)』269頁（日本評論社、1982年）を参照。

231) Vgl. *Stein/Jonas/Roth*, a.a.O.(Fn. 31), §328 Rdnr. 116.

346　第Ⅱ部　要件論

していないという立法例を挙げることができる。つまり、相互保証の要件が、承認要件として本質的なものとはいえなくなっていることが挙げられる。

　具体的に各要件を対比してみたい。外国判決承認要件のうち、公序は内国法秩序を維持するための安全弁として普遍的に認められていることから核心的要件であり、承認要件から外すということは考えにくい。また、国際裁判管轄に関するルールは、当事者の裁判を受ける権利を渉外民事紛争における法廷地の決定という面から支える要件である。そのため、間接管轄の要件は、判決国の過剰管轄を承認国の立場からチェックするという意味においても承認国の関心事といえる。このように、間接管轄と公序の要件は外国判決承認要件のなかでも中心的要件であり、その意味において公益性が強いものということができる。前述の 1986 年ドイツ国際私法改正時におけるキューネ草案では、これら 2 つの要件のみを承認要件としている。他方、送達要件は、判決国での手続開始時における当事者に対する手続保障に焦点を当てたものであり、手続的公序に属するものである。しかし、この送達要件は瑕疵があった場合に治癒が認められ（民事訴訟法 118 条 2 号参照）、当事者利益を重視している[232]。これまでに確認した批判に照らすと相互保証も、外国判決承認の本質的要件である間接管轄や公序と対比して公益性が低いと考えられ、むしろ当事者の任意処分性が認められる送達要件と同じ扱いを認めることも許されると解する。ドイツにおいては、近時、相互保証に対する批判を背景に、相互保証の当事者利益的構成が説かれていることも、この立場を支持する根拠たり得よう[233]。また、わが国の学説においても、相互保証の審査に関して緩やかな態度を示す見解も見られる[234]。このような相互保証の公益性を後退させる見解の結論は、後述の審査方法の扱いで意味を有する。

232）送達要件は職権調査事項ではないとするのが通説である。兼子原著・前掲注 198）623
　　頁〔竹下〕、鈴木＝青山編・前掲注 1）381 頁〔高田〕。ドイツでも同様に、被告保護を目的
　　とし、当事者の申立によってのみ顧慮する要件であると説かれる。*Linke/Hau*, a.a.O.(Fn. 35),
　　§13.23; *Schack*, a.a.O.(Fn. 32), Rdnr. 934; *Stein/Jonas/Roth*, a.a.O.(Fn. 31), §328 Rdnr. 89.
233）*Gottwald*, a.a.O.(Fn. 12), S. 282. ゴットヴァルトは、国家的利益に基礎を置く互恵主義は、
　　当事者利益に基礎を置く基本的手続的正義によって置き換えられなければならないと説く。
234）鈴木＝三ケ月編・前掲注 1）423 頁注 62〔青山〕。鈴木＝青山編・前掲注 1）368 頁〔高
　　田〕も参照。

⑶ 相互保証の判断基準とその審査方法

相互保証の有無について個別判断方式を採用した日本では、いかなる場合に判決国と相互保証があると判断すべきかが問題となる。かつては、判決国における外国判決承認の要件が、日本と同等か日本よりも緩和されていることを求める立場が支配的であった（大判昭和8年）。しかし、条約を締結しない限り外国判決承認要件に関して判決国と承認国の規定は対応することはなく、また双方の国の承認規定を厳密に対比させることは困難であること、また、日本からみて判決国の承認要件が緩やかであるとすると判決国からすれば日本の承認要件はより厳格であるため承認されず、結果として日本からみて相互保証はないことになるとの批判があった。そこで、判決国と承認国との承認要件が重要な点で異ならなければよいとする見解が現在の通説・判例（最判昭和58年）となっている。先に述べたように、相互保証という制度に積極的な評価を下す理由を見出すことは困難であると考える。そのため、相互保証の要件を緩和する見解に賛成したい。

相互保証の有無の判断を行うためには、判決国と承認国の承認要件に関する法状況の比較が必要となる。そこで、相互保証の公益性的観点を強調する場合には、職権調査事項、職権探知主義が妥当することになろう[235]。他方、わが国の裁判例においては、当事者間で相互保証が認められることに争いはないと述べたり、弁論の全趣旨によれば相互保証が認められるとしたり、あるいは、当事者が提出した資料のみに基づいて相互保証の有無を判断しているケースが相当数みられる[236]。このような扱いは、公益性を重視する見解からは問題視され

---

235) *Schütze*, Forum non conveniens und Verbürgung der Gegenseitigkeit im deutsch-amerikanischen Verhältnis, in: FS. Kropholler, 2008, S. 905, 912; vgl. *Martiny*, a.a.O.(Fn. 46), Kap. 1 Rdnr. 1291.

236) 本章 III 1 ⑶⑤において言及した。執行判決訴訟における請求原因事実に争いはないとする裁判例（(a-3) 東京地判昭和40年10月13日判時426号13頁、(D-3) 東京地判平成25年12月13日 LEX/DB25516699）、相互保証につき当事者間で争いはないと述べる裁判例（(a-4) 東京地判昭和44年9月6日判時586号73頁、(g-2) 東京地判平成3年12月16日判タ794号246頁、(h)第1審（東京地判平成7年5月29日判タ904号202頁）、弁論の全趣旨により相互保証が認められるとする裁判例（(i-2) 水戸地龍ケ崎支判平成11年10月29日判タ1034号270頁）、条文の形式的な対比などによって極めて簡潔に認定している裁判例（たとえば、(a-9) 東京地判平成26年12月25日判タ1420号312頁）、相互保証の有無の検討を行っていない裁判例（(g-3) 抗告審（東京高決平成18年9月29日判時1957号20頁）を参照。

ることとなろう。しかし、前述のように相互保証の公益性は公序や間接管轄と比べて高いものではなく、送達要件と同じ扱いにすることができるのではないかと考える。この考えを前提にするならば、実務の扱いを許容することができよう。

相互保証の有無を判断するに際して、判決国における承認実務を考慮する見解がかつては有力であった[237]。これは外国判決承認が司法共助制度であった頃の影響を受けていたことを示すものと考えられる。わが国の古い裁判例には、判決国が日本の判決を承認したことに言及するものもあるが、近時の裁判例の多くはそのような点に触れず、法文の比較をもって判断している。これは、ドイツにおける近時の承認要件審査の緩和化傾向と同一の方向にあるといえる。この問題は、外国法の証明をめぐる諸問題とも関連性があるが、前述の相互保証という制度に対する評価、その評価を前提にした要件の緩和や、証明の緩和を考慮した場合には、妥当と考えられる。また、かりに判決国における外国判決の承認実務を求めるとなると、最近独立した国との相互保証は認められないことになろう。

3　相互保証をめぐるその他の諸問題

(1)　部分的相互保証の理論

部分的相互保証の理論は、相互保証の有無の判断を個別事案で検討する日本のタイプにおいては、承認可能性を確保する理論として積極的に評価すべきであると考える（これに対して、相互保証の判断を司法判断に服させず、条約や政府の宣言によらせるオーストリアの方式ではこの見解が解釈上機能する余地はないと考えられる）。部分的相互保証の理論は、承認要件の比較対象となる判決の種類を限定することで、不承認となる事態を限定的なものにとどめようとする立場である。この見解に対しては、従来の実務は比較的寛容に承認を認めてきたのであり、判断対象を細分化し精緻な比較法検討を施すとなると、かえって承認に消極的な事態を招来するのではないかといった批判が唱えられていた。

部分的相互保証の理論を肯定すべきか否かについては、肯定説に賛成する。

---

237)　参照、松岡・前掲注 194) 491 頁。

比較的最近問題となっている、いわゆる libel tourism が関係する問題を取りあ
げて考えてみたい。これは、英国とアメリカ合衆国の名誉毀損法における証明
に関するルールに相違があることから、準拠法決定の場面や判決承認の局面で
問題となった。アメリカ合衆国では、公人（public figure）が提起する名誉毀損に
基づく損害賠償請求訴訟の場合には、ニュー・ヨーク・タイムズ事件判決の法
理が適用され、原告は、表現が虚偽であること、そして被告が現実的悪意を
もって表現したことを証明する必要があるのに対して、私人が名誉毀損に基づ
く損害賠償請求訴訟を提起する場合には、多くの州では通常過失があれば足り
るとされる[238]。ニュー・ヨーク・タイムズ事件の法理は、アメリカ合衆国連邦
憲法修正１条を背景にするものであるが、渉外事件でアメリカ合衆国の裁判所
は、この基準に満たない外国法の適用を排除してきた[239]。そこで、当事者とし
ては、アメリカ合衆国内では救済されない場合に、外国法廷地で名誉毀損に基
づく損害賠償を提起し、その認容判決をアメリカ合衆国内で承認・執行を試み
る方法が選択されるようになった（いわゆる、"libel tourism"）[240]。しかし、外国判
決承認の局面でも、ニュー・ヨーク・タイムズ事件の基準に達していない名誉
毀損法によって下された外国判決を、公序違反を理由に承認しないとする判決
がいくつかの州で下されるようになった[241]。この裁判所の傾向に対しては、賛
否双方が表明されていたが[242]、その後、アメリカ合衆国連邦議会は、2010年に、
いわゆる Speech Act of 2010 を連邦法として制定し、ニュー・ヨーク・タイム
ズ事件の基準によって承認することを求めた（裁量的な不承認事由ではなく、義務

---

238) 参照、松井茂記「名誉毀損と表現の自由」山田卓生編集代表『新・現代損害賠償法講
座(2)』97頁（日本評論社、1998年）。

239) たとえば、Desai v. Hersh, 719 F.Supp. 670 (N.D. Ill. 1989) は、インド法の適用を排除、
Ellis v. Time Inc., 26 Media L.Rep. 1225 (D.D.C. Nov. 18. 1997) は、イングランド法の適用を
排除した。

240) *See*, Hay, *Law of the United States*, at 109 (4th ed. 2016).

241) Bachchan v. India Abroad Publications Inc., 585 N.Y.S.2d 661 (Sup.Ct. 1992); Matusevitch v.
Telnikoff, 877 F.Supp. 1 (D.D.C. 1995). なお、樋口範雄『アメリカ渉外裁判法』326頁（弘文
堂、2015年）も参照。

242) *See*, Hay/Borchers/Symeonides, *Conflict of Laws*, at 1518 (5th ed. 2010); Silberman/Lowenfeld,
*A Different Challenge for the ALI: Herein of Foreign Country Judgments, an International Treaty,
and an American Statute*, 75 Ind. L. J. 635, 644 (2000); Rosen, *Exporting the Constitution*, 53
Emory L. J. 171, 230 (2004); Teitz, *Transnational Litigation*, at 272 (1996); Weintraub,
Commentary on the Conflict of Laws, at 786 (6th ed. 2010).

的不承認事由である[243]）。この制定法によって、アメリカ合衆国で下された判決が外国で承認を求められた場合に、承認国はこの種の判決についてアメリカ合衆国（判決州）との相互保証がないと判断する可能性があるとの指摘がなされている[244]。

この点について、日本での名誉毀損訴訟におけるルールがアメリカ合衆国における基準に達していないと評価されて[245]、アメリカ合衆国で日本の名誉毀損訴訟の判決が承認されない事態が考えられる。そこで、わが国において、名誉毀損に関するアメリカ合衆国判決の承認が問題となった場合に、相互保証の有無をどのように解すべきか問題となる[246]。この場合に部分的相互保証の理論を用いることで、相互保証がないとされる判決の種類を限定することが可能になる。そのため、当該判決国で下されるその他の種類の承認の可能性をできるだけ確保することができる。このように不承認となる判決の種類を明確化することで、相互保証の機能を限定的にしようとするこの見解は有用と考える[247]。

⑵　身分関係事件と相互保証

外国でなされた民事裁判の結果を承認するルートとして、民事訴訟法 118 条が設けられている。ドイツやオーストリアでは、立法によって財産関係事件と身分関係事件、あるいは身分関係事件でも離婚訴訟や非訟事件（監護権など）といった事件類型によって承認要件に相違を設けているが、日本ではそのような手当てがなされていないため、解釈による解決が求められている。

243）　*Hay*, Reviewing Foreign Judgments in American Practice, in: FS. Kaissis, 2012, S. 367, 373 f.

244）　Hay, *supra* note 240, at 109.

245）　松井・前掲注 238）102 頁。

246）　高杉・前掲注 169）8 頁。

247）　この点については、本書第 II 部第 3 章第 1 節 213 頁で、部分的相互保証により対処する可能性を論じた。なお、ドイツにおいては、相互保証と公序審査との関係では次のような例がシュッツェによって述べられており、参考になると考えられる。*Geimer/Schütze*, a.a.O.(Fn. 6), S. 1769; *Wieczorek/Schütze*, a.a.O.(Fn. 48), §328 Rdnr. 80. それによると、公序要件は、たしかに、あらゆる法秩序において等しく認められているものであるが、その適用は国ごとに異なるのであり、ここでは判決国と承認国の解釈問題が重要であるという。たとえば、モロッコの裁判所が、婚姻関係にない父親に対して扶養料支払いを命じるドイツの判決の執行をイスラム法上の公序違反を理由に拒否した場合、このモロッコの公序に関する実務は、婚姻関係にない父親に対する扶養判決の承認についてのみ承認を阻止するものであり、相互保証を一般的に否定するものではない、とされる。

この問題は、問題となった身分関係事件に関する裁判が承認適格性を有するか否かの問題と、具体的な承認要件の選別の問題に分かれる。離婚訴訟については、狭義の執行は考えられないこと、跛行的法律関係の回避などから相互保証の要件を除いて適用あるいは類推する見解が有力である。しかし、民事訴訟法 118 条は外国判決承認に関する一般的規定であり、規定上は離婚訴訟について特別な扱いをする根拠はみられないこと、大正 15 年法改正の立法者も離婚訴訟に外国判決承認に関する規定が適用されることを前提としていたこと、相互保証の要件は身分関係事件で実務上相当緩やかに解釈されているため弊害がないといえることから、全面的に適用されるとする見解に賛成したい。また、非訟事件との関係では、民事訴訟法の外国判決承認要件が規定する外国判決は、争訟・対審・終局的な裁判所の判断を前提としていることを理由に、同条の適用はなく間接管轄と公序の要件のみを類推する見解が有力といえる。筆者は、そもそも訴訟と非訟、さらに非訟事件において争訟性の強弱といったことに基づく承認要件の細分化には、疑問を有している。このような区分は、比較法的に見た場合、ドイツ法系の国内手続上の分類でしかなく、この基準をもとに外国での手続を分類分けして承認要件を細分化することが適切なのか、検討の余地があるように思われる。また、非訟事件のなかには離婚に付随する裁判も少なからずあり、離婚裁判との承認要件を異にすることによって、離婚判決とその付随裁判との間で承認不承認の齟齬が生ずる事態も回避する必要があろう。したがって、非訟事件においても外国判決承認要件を全面的に適用すべきであると考える[248]。

(3) 不統一法国における相互保証の対象

　いわゆる場所的不統一法国において判決が下されて、日本でその判決の承認が求められた場合、相互保証の対象は判決州とすべきか、それとも判決国とすべきかを検討しておきたい。日本の学説、そして判例は相互保証について判決州を基準としている[249]。しかし、わが国の判例や学説において、とくにその理由は述べられていないように思われる。その理由としては、実際に判決を下

---

248) 兼子原著・前掲注 198) 627 頁〔竹下〕。

している州ごとに、外国判決承認要件が定められているのであるから、判決州
を基準に相互保証を検討するのはむしろ自然といえる。現実的にも、たとえば
アメリカ合衆国では各州で外国判決承認要件が一様ではないことから、判決国
を基準とした場合には、相互保証の判断に困難をきたすことになる。このよう
な点を考慮すると、場所的不統一法国の相互保証は、州ごとに判断すべきであ
ると考える。わが国の裁判例には、アメリカ合衆国の連邦裁判所が下した判決
について、一般論として合州国全体を相互保証の対象としているとも解せられ
るものがあるが[250]、アメリカ合衆国において判決承認は州法の管轄事項とされ
ている。

　ところで、筆者は、場所的不統一法国の間接管轄（民事訴訟法118条1号）に
ついて、判決州ではなく判決国を基準にすべきであると考えている[251]。そこで、
不統一法国の間接管轄については判決国を基準にし、相互保証については判決
州を基準にする解釈について述べておきたい。間接管轄について判決国を基準
にする根拠は、本来的にこの要件は判決国が承認国からみて国際裁判管轄を有
しているのか否かを問題にしていることにある。すなわち、場所的観点から
「判決国」が当該事件について審理をするのにふさわしいのか否かを検討する
ものである。このことからするならば、場所的不統一法国における各法域の管
轄は判決国における内部的な権限事項の分配にすぎない。したがって、たとえ
ば、ニュー・ヨーク州で判決が下された場合に、承認国である日本法からみて
ニュー・ヨーク州ではなくコネチカット州に管轄が認められるときでも、当該
ニュー・ヨーク州判決は承認されると考える。このことは、裁判所が、連邦裁
判所であるのか州裁判所であるのかとを問わずに妥当すると考える。なぜなら
ば、連邦の管轄なのか州の管轄なのかは、アメリカ合衆国における内部事項だ
からである。他方、相互保証の問題は、承認国の判決が判決を下した地域で承

249）ドイツの通説・判例はそのように解している。BGH, Urt. v. 29. 4. 1999, NJW 1999, 3198,
　　3201; *Linke/Hau*, a.a.O.(Fn. 35), §13.47; *Münchener Kommentar/Gottwald*, a.a.O.(Fn. 35), §328
　　Rdnr. 130; *Musielak/Stadler*, a.a.O.(Fn. 37), §328 Rdnr. 31; *Stein/Jonas/Roth*, a.a.O.(Fn. 31), §328
　　Rdnr. 120; *Thomas/Putzo/Hüßtege*, a.a.O.(Fn. 27), §328 Rdnr. 20.

250）水戸地龍ケ崎支判平成11年10月29日判タ1034号270頁。

251）本書第II部第1章第2節106頁。ドイツにおいても、有力説は判決国全体（Gesamt-
　　staat）を対象にすると説く。*Geimer*, a.a.O.(Fn. 46), S. 117; *Linke/Hau*, a.a.O.(Fn. 35), §13.16;
　　Nagel/Gottwald, a.a.O.(Fn. 30), §12 Rdnr. 155.

認されるか否かを問うものである。ここで問われるのは、承認国である日本で判決が下された場合に、判決を下した地域（法域）において日本の判決が承認されるのか否かである。判決国における外国判決の承認主体が、判決国を構成する各州であるならば、州ごとに相互保証の有無を判断すべきことになる。このように、場所的不統一法国の判決承認が問題となった場合に、民事訴訟法118条1号は国を基準にし、同4号は州を基準に判断すべきであると考える。

⑷　裁判官の独立と外国判決の承認

なお、近時、裁判官の独立という観点から、外国判決の承認について興味深い論考が著されている[252]。相互保証の観点とも関連性を有すると考えられるため、本章の関心との関係で紹介しておく。すなわち、外国判決承認制度は、各国間の裁判制度がある程度均質さが保たれていることを前提としており、そのような均質さが保たれていない場合には、承認の前提を欠くとされる[253]。そして、判決国において裁判官の独立が認められていない場合に、その国で下された判決を日本で承認することは日本の裁判制度の信頼を損なうことになるため、承認執行する許容性も必要性もないとされる。また、そのことは、当事者が当該判決を受容するか否かとは関係なく妥当するとされる[254]。この論稿は非常に精緻な議論であり示唆に富むものであるが、筆者は、裁判官の独立の原則に反することを理由に外国判決を一律に不承認とするのではなく、個別的な対応によるべきではないかと考える。まず、外国判決承認制度が各国間における裁判制度の均質さが根底にあるという点は[255]、その結論において筆者も賛成である。他方で、各国の訴訟制度は、その歴史的、文化的背景などから制度の仕組みは一様ではない。ここでいう「均質さ」をどのように解するのかは、別の側面からみた場合、各国訴訟制度の相違をどこまで許容することができるかということになろう。そして、承認する前提となる制度の均質さ（不許容の限界線）を判断する基準は、外国判決承認要件が示しているといえる。つまり、均質性を有

252）　森川伸吾「外国判決承認・執行の要件としての裁判官の独立——中国を例として⑴〜⑷・完）」法学論叢 161 巻 2 号 1 頁、3 号 1 頁、5 号 1 頁、6 号 1 頁（2007 年）。

253）　森川・前掲注 252）法学論叢 161 巻 3 号 11 頁。

254）　森川・前掲注 252）法学論叢 161 巻 3 号 13 頁。

255）　参照、高田・前掲注 196）386 頁、竹下・前掲注 112）516 頁。

することを前提に外国判決承認要件が適用されるのではなく、承認要件が充足されれば均質さを有していると考える。そこで、外国判決承認要件において、裁判官独立の原則という制度をどのように位置づけるのかを検討したい。裁判官独立の原則が守られていないという問題を判決国における手続上の制度的欠陥、そしてその欠陥が承認国において耐えがたい存在であると捉える場合には、一律不承認ということになろう。しかしながら、次のように考えることもできるのではないだろうか。承認国の裁判制度が時代とともに学問上そして実務上精緻化されて洗練された制度となり、手続的基本権が憲法上の権利にまで高められていく事項が増えるほど、外国判決承認制度との関係では、承認に対して不寛容となる事態が増えていく可能性が高まることになる。そのことが、究極的には私権の実現のための制度である外国判決承認制度が意図していることと整合するのか、あるいはそれぞれ別の次元の問題なのかは、なお検討の余地があるように思われる。むしろ、個別事案において、裁判官の独立が害されることによる手続権の問題として手続的公序を検討する方法が考えられよう。また、今日の国際的な社会活動を前提にした場合、社会体制の相違を理由に承認適格の段階で外国判決を一律に不承認とする扱いを肯定することは、国際的な社会生活の法的安定性を損なうことになると思われる（ことに家族関係事件にも妥当するとした場合には、跛行的法律関係がかなりもたらされよう）。

　相互保証の観点から、この問題を検討することは可能であろうか。たとえば、相互保証の要件は、外国判決の最低限のレベルの保証を示していると考え、それに達していない外国判決は相互保証を欠くという考えがある。この見解は、ドイツの立法者が、1986年国際私法改正の際に相互保証の正当化根拠の1つとして考えていた[256]。しかし、これまでに見たように判決国における手続保障の問題を相互保証の要件に持ち込む根拠を見いだすことはできない。むしろ、前述のように手続的公序の問題として考えるべきではないかと考える[257]。

256）Vgl. *Münchener Kommentar/Gottwald*, a.a.O.(Fn. 35), §328 Rdnr. 129; *Stein/Jonas/Roth*, a.a.O.(Fn. 31), §328　Rdnr. 116.
257）Vgl. *Gottwald*, a.a.O.(Fn. 12), S. 282; *Süß*, a.a.O.(Fn. 32), S. 238 ff.

4 結語

外国判決承認要件としての相互保証の要件は、歴史的経緯からは国家的な利益の象徴的な存在意義を有していたが、現在ではその意義を見いだすことは困難であると考えた。その理由は、相互保証の要件を廃止する国が増えてきているという近年の比較法的状況、わが国の外国倒産手続の承認に関する規定がこの要件を定めていないこと、また、訴訟手続の利用者の属性が多様化（多国籍化）していることから、この要件が内国民を保護することを意図していたとしても、今日においてその意図を実現することは困難である点を挙げることができる。わが国の学説・判例は、相互保証に対する立法論的批判や、相互保証の判断の困難さ（判決国と承認国の承認実務や承認に関する法規の比較の困難さ）などを背景に、相互保証の要件の緩和化、また相互保証の認定の簡素化を図ってきた。筆者は、この考えの方向性に賛成するものである。そして、相互保証の要件の公益性を後退させ、間接管轄や公序とは異なり、送達要件と同じ扱いをすることによって、当事者の任意処分性に服させようと考えた。この考えは、相互保証の有無の認定に関する裁判所の態度にも沿うものと考える。

相互保証の要件を残しつつ、その例外的扱いに関する立法的手当てが随時なされているドイツと比べ、明治23年民事訴訟法以来、外国倒産の承認に関する扱いを除いて、そのまま存置している日本法の状況は再考すべきように思われる。

初出：法学研究90巻11号1頁以下、同12号25頁以下（2017年）

第Ⅲ部　効果論

第1章

外国判決の効力
—— 総論的考察

I　問題の所在

　訴訟手続を行った結果、当事者はその手続の判断に拘束される。現在、世界には 200 近い国家（総務省統計局によると、2009 年 1 月 1 日現在、世界の国の数は 193 ヶ国とされる）や国家に準じた存在があり、その訴訟手続、そしてその拘束力には多種多様な形態が存在しうる。その意味では、日本法が観念している判決の拘束力は国際的にみた場合、決して普遍的な存在形式を有しているわけではない。しかし、少なくとも判決の既判力（不可争性）は、その名称はともかく、訴訟制度を実効あらしめる効力として、日本のみならず[1]、広く国際的に認められるものと考えてよいであろう[2]。

　ところで、外国判決の効力がわが国で承認される場合、その基準として判決国である外国法廷地法と承認国法である日本法との関係が問題になる。わが国では、効力拡張説（外国法廷地の判決効が承認国に拡張されるとする立場）が通説的立場を築いているが、近時、判決国法の国内への拡張を承認国法による制限のもとで認める立場や、等置説あるいは効力付与説と呼ばれる承認国の立場から効力を与える立場が有力に説かれている（本章では用語の統一を図るため、以下、等置説という名称を用いる）。これらの議論は主として既判力について論じられてきたが、執行力についても議論がある[3]。

---

1)　既判力に関するわが国の現状を示す代表的文献として、坂原正夫『民事訴訟法における既判力の研究』（慶應義塾大学法学研究会、1993 年）がある。

他方、ドイツ法系に目を転じてみると、ドイツでは判決国法と承認国法の関係をどのように捉えるのかについては、議論が錯綜している。若干の二国間条約を除いて、この点について明言している規定はないため、解釈に委ねられている。この点についてドイツでは判決国法を基準に据えつつ、承認国法の一定の介入を認める見解が多数を占めるが、どのようにして承認国法が介入するかについて議論がある。また、等置説を説く見解も少なからずあり[4]、連邦通常裁判所の判例もこの見解に従っているものがある。また、ドイツ法系の中でも、オーストリアは等置説が通説とされ、またスイスでは累積的適用説を支持する立場が有力である[5]。他方で、近時、わが国では、外国判決の承認による国内的効力について個別的な検討を試みる論考も著されてきている[6]。

　外国判決の承認による国内的効力の基本問題の検討は、幾多の各論的問題の根幹をなすものであり、検討する重要性は今日でも薄れていないと思われる。

---

2)　ヨーロッパやアメリカ合衆国における既判力の比較法的考察については、たとえば、次の文献がある。*Germelmann*, Die Rechtskraft von Gerichtsentscheidungen in der Europäischen Union, 2009（ドイツ、フランス、英国）; *Koshiyama*, Rechtskraftwirkungen und Urteilsanerkennung nach amerikanischem, deutschem und japanischem Recht, 1996（アメリカ合衆国、ドイツ、日本）; *Spellenberg*, Prozeßführung oder Urteil, in: FS. Henckel, 1995, S. 841 ff.（英国、アメリカ、ドイツ、フランス）; *Stürner*, Rechtskraft in Europa, in: FS. Schütze, 1999, S. 913（ドイツ、英国、フランス）.

　アメリカ法に関する邦語文献としては、たとえば、貝瀬幸雄『国際化社会の民事訴訟』404 頁（信山社、1993 年）。また、英国については、越山和広「イギリス国際私法における既判力理論(1)（2・完）」近大法学 44 巻 2 号 91 頁、3=4 号 27 頁（1996 年）。これらの先行業績によると、アメリカ合衆国および英国では承認国法が基準となる立場が有力であるとされる。

　なお、国際司法裁判所規程 38 条 1 項(c)では、文明国の認めた法の一般原則（General Principles of Law recognized by civilized nations）を国際法の法源の 1 つとして適用するとしている。この原則は、適用法規の欠缺ないし不明確さゆえに裁判不能の事態となることを回避するために認められたもので、1921 年の常設国際司法裁判所規程以来認められている。これは、各国の国内法（とくに私法や手続法）に共通する一般的な法原則で国家間の関係にも適用性のあるものを指すとされ、具体的には、エストッペル、信義則、権利濫用の原則、証拠能力や訴えの利益と並んで既判力が代表例として挙げられている。杉原高嶺『国際法学講義』70 頁（有斐閣、2008 年）。これは国際公法上の規定ではあるが、各国における国内法上の共通の制度として既判力が承認されていることを示す好個の例と言える。なお、国際法の一般原則は、すでに個々の条約または国際慣習法に内在しこれらを通じて共通に認められる原則であり、国際関係そのものに直接に起源をもつものであって、法の一般原則とは区別される。山本草二『国際法』60 頁（有斐閣、新版、1994 年）。*See also*, Brownlie, *Principles of Public International Law*, at 16-19 (7th ed. 2008); Cassese, *International Law*, at 188 (2d ed. 2005); Shaw, *International Law*, at 95 (5th ed. 2003).

その意味で、本章は、今後の各論的考察を行っていく上での準備作業といえる[7]。

そこで、本章は、日本法の解釈として外国判決の効力、ここでは既判力の承認に焦点を絞って、その国内的効力の基準を検討することを目的とする。以下では、まず、ドイツ固有法（民事訴訟法 328 条）、そして条約（ブリュッセル規則も含む）の順で論じていくことにする。本来、法適用関係は条約が国内法に優先するが、本章で論ずるテーマはドイツ民事訴訟法 328 条での議論を中心に展開してきたため、国内法に関する議論を最初に紹介することにしたい。また、

---

3) 執行力については、執行判決訴訟の法的性質とも絡んで議論がある。かつては、加藤正治『強制執行法要論』51 頁（有斐閣、改訂、1946 年）、中島弘道『日本民事訴訟法(1)』855 頁（松華堂、1924 年）、前野順一『民事訴訟法論』672 頁（松華堂、1937 年）、松岡義正『強制執行要論（上巻）』468 頁（清水書店、1924 年）など国内法上の効力を外国判決に付与する等置説（効力付与説）が通説であった。しかし、その後、外国判決の効力に応じて扱いを異にする必要はないなどとして、執行力についても効力拡張説（判決効が国内に拡張される）が有力となった。兼子一『強制執行法』79 頁（酒井書店、増補、1951 年）、吉川大二郎『強制執行法』31 頁（法律文化社、改訂版、1958 年）。なお、菊井維大『強制執行法（総論）』57 頁（有斐閣、1976 年）、岡垣学『強制執行法概論』79 頁（中央大学出版部、1972 年）も参照。

　近時は、効力拡張説と等置説ともに有力説が支持している。効力拡張説として、飯倉一郎＝西川佳代『やさしい民事執行法・保全法』28 頁（法学書院、第 5 版、2006 年）、浦野雄幸編『基本法コンメンタール民事執行法』73 頁〔鈴木正裕〕（日本評論社、第 4 版、1999 年）、竹下守夫『民事執行法の論点』67 頁（有斐閣、1985 年）、中野貞一郎編『民事執行・保全法概説』58 頁〔高島義郎〕（有斐閣、第 3 版、2006 年）。また、等置説を支持するのは、石川明編『民事執行法』63 頁〔西澤宗英〕（青林書院、1981 年）、鈴木忠一＝三ケ月章編『注解民事執行法(1)』365 頁〔青山善充〕（第一法規、1984 年）、中野貞一郎『民事執行法』184 頁（青林書院、増補新訂 5 版、2006 年）、福永有利『民事執行法・民事保全法』63 頁（有斐閣、2007 年）、山木戸克己『民事執行・保全法講義』74 頁（有斐閣、補訂版、1997 年）。

　神戸地判平成 5 年 9 月 22 日判時 1515 号 139 頁、東京高判平成 10 年 2 月 26 日判時 1647 号 107 頁は、執行力についても効力拡張説に立っていると解される。

4) この問題に関するドイツでの議論については、たとえば、越山和広「国際民事訴訟法における既判力の客観的範囲」法学研究 68 巻 7 号 43 頁（1995 年）が詳細である。また、ドイツにおける外国判決承認制度の歴史的経緯については、矢ケ崎武勝「外国判決の執行に関するドイツ法体系の原則成立過程についての若干の考察」国際法外交雑誌 61 巻 3 号 178 頁（1962 年）を参照。

5) この議論は、いずれの見解に立っても結論に違いが生じにくく、多分にアカデミズムに走りすぎているとの意見も表明されている。*Matscher*, Grundfragen der Anerkennung und Vollstreckung ausländischer Entscheidungen in Zivilsachen, ZZP 103 (1990), 294, 308 f.

6) 外国訴訟手続の訴訟告知効について、間渕清史「国境を越える訴訟告知の訴訟上の効力の承認を巡る諸問題」谷口安平先生古稀祝賀『現代民事司法の諸相』721 頁（成文堂、2005 年）、渡辺惺之「被告による求償義務者の引込みに基づく外国判決の内国における効力について」阪大法学 39 巻 3=4 号 321 頁（1990 年）。

オーストリアやスイスの議論も参照しえた限りで紹介を試みる。

Ⅱ　ドイツ法系における外国判決の効力論

A　ドイツにおける議論

1　固有法

(1)　学説

①　効力拡張説

固有法（ドイツ民事訴訟法 328 条）に基づく外国判決承認の効力に関するドイツでの議論は、効力拡張説（Wirkungserstreckung）が学説では通説である[8]（その淵源は、少なくともサヴィニーにまで遡ることができる[9]）。この見解の根拠は、外国判決は判決国の法秩序に基づいており、そこでの訴訟手続は将来下されるべき判決効の源になること、また、もし仮に承認国法を基準とすると判決国での手続実施時には想起しなかった効力が発生してしまうことが挙げられている[10]。

この見解によると、判決国で下された判決の効力がそのまま承認国に拡張される。したがって、外国判決は、承認国において相当する判決と同じ地位（Gleichstellung）を与えられるわけではない。効力拡張説によれば判決国法が基準になるので、判決効の種類および範囲は判決国法に従い、判決国法よりも広い効力は承認国では認められない[11]（若干争いがある。後述）。ここで承認されるのはドイツ法において手続と性質決定された効力に限られ、問題となる効力が手続か実体かの判断はドイツ法による[12]。したがって、当該判決国において手続か実体かという問題とは関係ない[13]。このことは、民事訴訟法 328 条だけで

---

7)　なお筆者は、かつて、外国で訴えが提起された場合の時効中断効について論じたことがある。本書第 Ⅳ 部。ここでは、時効中断は実体法上の問題であるため、外国での訴え提起について外国判決承認要件は基本的には問題にならないことを前提に論じている。すなわち、外国判決承認要件は、当該判決国における当事者に対する手続保障（間接管轄、送達、手続的公序）と国内事情（実体的公序、相互保証）から成るが、時効中断は法律要件的効力の 1 つとして把握されるため、「訴えの提起」そのものと「外国判決の承認」とを同視することはできない（手続的アプローチの否定）。準拠法的アプローチを採る場合、各準拠法がどのような内容をもって中断とするのかが重要になるが、日本法が準拠法となる場合には、債権者が中断行為を行ったことを債務者に通知することが必要であると考える。なぜなら、債務者にとっては時効中断行為がなされたか否かは自己の債務の消長に関わる問題であり、そのことを知る重大な利益を有するからである。

362　第Ⅲ部　効果論

なく、商法738条(a)、非訟事件手続法16条(a)および倒産法343条についても
妥当する[14]。

　判決国で判決が取り消された場合、その効力は自動的に国内に拡張される。
しかし、承認国で下された執行宣言は、別個、取り消されなければならない[15]。
なお、判決国で既判力が抗弁事項とされていても、ドイツでは職権調査事項と
扱われる[16]。他方、外国判決の執行力については、後述の等置説（Gleichstellungs-

---

8)　*Bruns*, Zivilprozeßrecht, 1968, §42 V (S. 388); *Geimer*, Anerkennung ausländischer
　　Entscheidungen in Deutschland, 1995, S. 86; *Göppinger/Linke*, Unterhaltsrecht, 9. Aufl. 2008, Rdnr.
　　3272; *Kegel/Schurig*, Internationales Privatrecht, 9. Aufl. 2004, S. 1061; *Linke*, Internationales
　　Zivilprozessrecht, 4. Aufl. 2006, Rdnr. 349; *Martiny*, Handbuch des internationalen
　　Zivilverfahrensrechts, Bd. III/1, 1984, Kap. 1 Rdnr. 363 ff.; *Münchener Kommentar/Gottwald*, ZPO,
　　Bd. 1. 3. Aufl. 2008, §328 Rdnrn. 3 ff. und 144 ff.; *Musielak/Musielak*, ZPO, 7. Aufl. 2009, §328
　　Rdnr. 2; *Nagel/Gottwald,* Internationales Zivilprozessrecht, 6. Aufl. 2007, §11 Rdnr. 111; *Rauscher,*
　　Internationales Privatrecht, 3. Aufl. 2009, Rdnr. 2349 (S. 509); *Riezler*, Internationales
　　Zivilprozessrecht, 1949, S. 512, 520; *Rosenberg*, Lehrbuch des deutschen Zivilprozessrechts, 5.
　　Aufl. 1951, §149 II(S. 685); *Spellenberg*, Abänderung ausländischer Unterhaltsuteile und Statut der
　　Rechtskraft, IPRax 1984, 304, 306.
　　非訟事件手続についても効力拡張が説かれる。Vgl. *Bumiller/Hardes*, FamFG, 9. Aufl. 2009,
　　§108 Rdnr. 3; *Jansen/Wick*, FGG, Bd. 1, 3. Aufl. 2006, §16 a Rdnr. 4 und 8; *Wagner*, Anerkennung
　　und Wirksamkeit ausländischer familienrechtlicher Rechtsakte nach autonomem deutschem Recht,
　　FamRZ 2006, 744, 750. 判例も、ドイツ＝オーストリア条約が適用される事件について、こ
　　のように解している。LG Hamburg, Urt. v. 11. 7. 1991, IPRax 1992, 251, 254（後述）.
　　また、効力拡張説は、ドイツ国際私法改正に伴う非訟事件手続法改正に際しての立法者
　　の考えでもあった。すなわち、1983年の国際私法改正草案での説明では、外国判決の承認
　　は、その判決が判決国において与えられた効力が原則として国内に拡張されることである
　　と述べられている。BT-Drucks. 10/504, S. 93. なお、訴訟・非訟という区分は、コモン・
　　ロー諸国においては用いられていないとされる。Vgl. *Wagner*, a.a.O., S. 748.
9)　サヴィニー（小橋一郎訳）『現代ローマ法体系(8)』203頁（成文堂、2009年）。*Savigny*,
　　System des heutigen römischen Rechts, Bd. 8, 1849 (reprint 2006), §373 (S. 260): vgl. auch *L. v.
　　Bar*, Internationales Privatrecht, 2. Aufl. 1889, Bd. 2, S. 459 ff.; *Titelmann*, Internationales
　　Privatrecht, Bd. 2, 1912, S. 267 ff., 274.
10)　*Kropholler*, Internationales Privatrecht, 5. Aufl. 2004, §60 V (1)(b)(S.660).
11)　*Geimer*, a.a.O.(Fn. 8), S. 86, 88; *Schütze*, Deutsches Internationales Zivilprozessrecht unter
　　Einfluss des Europäischen Zivilprozessrechts, 2. Aufl. 2005, Rdnr. 319.
12)　*Stein/Jonas/Roth*, ZPO, 22. Aufl. 2006, §328 Rdnr. 12; *Zöller/Geimer*, ZPO, 27. Aufl. 2009, §
　　328 Rdnr. 30.
13)　*Geimer*, Internationales Zivilprozessrecht, 6. Aufl. 2009, Rdnr. 2787; *Münchener Kommentar/
　　Gottwald*, a.a.O.(Fn. 8), §328 Rdnr. 144; *Wagner*, a.a.O.(Fn. 8), S. 750. 非訟事件手続法について
　　は、*Jansen/Wick*, a.a.O.(Fn. 8), §16 a Rdnr. 6.
14)　*Geimer*, a.a.O.(Fn. 13), Rdnr. 2786. 非訟事件について、*Wagner*, a.a.O.(Fn. 8), S. 750.
15)　*Nagel/Gottwald*, a.a.O.(Fn. 8), §11 Rdnr. 112.

theorie) が妥当する点で見解の一致を見ており、外国判決の執行力は判決国の執行力が内国に拡張されるのではなく、国内法に基づき執行力が原初的に付与されると説かれる[17]。

　以上述べた部分については、効力拡張説を支持する学説ではおよそ見解が一致していると見てよいであろう。しかし、この見解でも承認国法がまったく関係しないというわけではなく、一定の場合に承認国法が介入することが説かれている。だが、どのような場合に承認国法の適用があるのかについては見解の対立がある。第1の見解として、たとえば、ガイマーは[18]、承認される外国判決の効力は、細部でドイツ法と一致している必要はないがドイツ法上認められている効力に限るとしている。ただし、ガイマーはブリュッセル規則については、判決国法が無制限（unbeschränkt）に拡張されるとし[19]、外国判決の効力について規則が適用される場合と固有法が適用される場合との区別を行っている。第2の見解として[20]、承認国法であるドイツ法がより狭い範囲でしか判決効を認めておらず、したがって判決国法がより広い判決効を有する場合であっても、判決国法により判決効の範囲は確定されるとする（ただし、この見解はドイツとオーストリアの二国間条約が適用される事件での評釈として述べられたことに注意）。それゆえ、この見解によるならば、ドイツ法上は認められていない先決的法律関係（rechtliche Vorfrage）にも既判力を認めるアメリカ合衆国が法廷地となった場合でも、この効力が国内に拡張されることになる。ガイマーはこの見解に対して、

16）　*Martiny*, a.a.O.(Fn. 8), Kap.1 Rdnr. 392; *Nagel/Gottwald*, a.a.O.(Fn. 8), §11 Rdnr. 111. これに反対するのは、*Geimer*, a.a.O.(Fn. 8), S. 150. 判決国の趣旨を尊重すべきであるとする。

17）　*Geimer*, a.a.O.(Fn. 13), Rdnr. 2779; *Gottwald*, Grundfragen der Anerkennung und Vollstreckung ausländischer Entscheidungen in Zivilsachen, ZZP 103 (1990), S. 257, 260; *Schack*, Internationales Zivilverfahrensrecht, 4. Aufl. 2006, Rdnr. 793. オーストリアにおいても、外国判決の執行力について国内法により効力を与えるという説（Wirkungsverleihung）が支配的である。Vgl. *Matscher*, a.a.O.(Fn.5), S. 309（争いはないと述べる）。スイスも同様である。*Zürcher Kommentar/Volken*, IPRG, 2. Aufl. 2004, Vor Art. 25-32 Rdnr. 14.

18）　*Geimer*, a.a.O.(Fn. 13), Rdnr. 2780; *Martiny*, a.a.O.(Fn. 8), Kap. 1 Rdnr. 370; *Rosenberg/Schwab*, Zivilprozessrecht, 10. Aufl. 1969, §158 I 1(S. 820); *Soergel/Kronke*, BGB, Bd. 10, 12. Aufl. 1996, Art. 38 EGBGB Anh. IV Rdnr. 141; *Stojan*, Die Anerkennung und Vollstreckung ausländischer Zivilurteile, 1986, 175.

19）　*Geimer*, in: Geimer/Schütze, Europäisches Zivilverfahrensrecht, 2. Aufl. 2004, Art. 33 Rdnr. 13 Fn. 13.

20）　*Bungert*, Rechtskrafterstreckung eines österreichischen Einantwortungsbeschlusses, IPRax 1992, 225, 226 f.

364　第Ⅲ部　効果論

次のように批判する。すなわち、ドイツの立法者が中間確認の訴えによる場合を除いて先決的法律関係について拘束力を否定したのは、十分に審理が尽くされていない理由中の判断にまで既判力が及ぶとすると、誤った判断が永続してしまうため、それを回避するという、それ相当の根拠があったからであり、この原則は外国判決との関係でも貫徹されなければならないとしている[21]。また、第3の見解として、判決国法の効力が承認国法であるドイツ法と、まったく異質である（völlig wesensfremd）場合には、承認国法による限界づけがなされると説く見解がある[22]。その根拠として、たとえば、ミュラーは[23]、およそ次のように述べる。「実体的確定力はその効果において、後訴における当事者の法的審問（das rechtliche Gehör）を制限する。また、憲法が制度的に保障していることから明らかなように、法的審問はドイツ民事訴訟法の最も重要な基盤の1つである。その限りで、ドイツ民事訴訟法における既判力の限界に関する規定は、ドイツの権利保護体系を本質的に形作る法政策上の重要な判断である。判決国法を根拠に、民事訴訟328条を経由して、ドイツ訴訟法が限界づけをした程度を上回る既判力を外国判決に対して認めるならば、ドイツの権利保護体系の基本思想に合致した限度を超えて法的審問を制限することになろう。その場合には、おそらく公序（ordre public）を用いることになろう」と。クロフォラーも、およそ次のように述べて、この見解を支持している[24]。すなわち、より広い効力を有する外国の判決効を承認国法によって限界づけるのは、実際上好ましい結論をもたらすが、国内法を累積的に適用すると、外国判決の承認に敵対的になるので、ドイツ法上知られていない効力を公序によって排斥すべきであると説く。公序適用のための要件は、当該外国判決の効力がドイツ法上認められていないということだけではなく、ドイツでその効力を認めることがドイツの公序（ド

---

21) *Geimer*, a.a.O.(Fn. 13), Rdnr. 2781.

22) *Gottwald*, a.a.O.(Fn. 17), S. 261 ff., 263; *v. Hoffmann/Thorn*, Internationales Privatrecht, 9. Aufl. 2007, §3 Rdnr. 157; *Kropholler*, a.a.O.(Fn. 10), §60 IV (1)(b)(S. 660); *Müller*, Zum Begriff der „Anerkennung" von Urteilen in §328 ZPO, ZZP 79 (1966), 199, 203 ff.; *Münchener Kommentar/ Gottwald*, a.a.O.(Fn. 8), §328 Rdnr. 146; *Nagel/Gottwald*, a.a.O.(Fn. 8), §11 Rdnr. 114; *Rosenberg/ Schwab/Gottwald*, Zivilprozessrecht, 16. Aufl. 2004, §156 Rdnr. 8; *Staudinger/Spellenberg*, Internationales Verfahrensrecht in Ehesachen, 14. Aufl. 2005, §328 Rdnr. 125.

23) *Müller*, a.a.O.(Fn. 22), S. 206 f.

24) *Kropholler*, a.a.O.(Fn. 10), §60 V (1)(b)(S. 660).

イツ民事訴訟法328条1項4号）に反する場合に限られる。

　問題となるのは、アメリカ合衆国におけるような先決的法律関係に拘束力を認める外国判決についてである。この点について、クロフォラーは、このような効力を承認することは公序に反するとしており（これが通説であると述べる）[25]、この立場では結論的には第1の見解と異ならないであろう。これに対して、ゴットヴァルトは、当事者間において先決的法律関係に拘束力が及ぶ外国判決の承認も原則として可能としている[26]。すなわち、相殺の場合には理由中の判断にも既判力が生ずるとする民事訴訟法322条2項をもとにした既判力拡張に関する議論により、先決的法律関係に拘束力が生ずるという考えはドイツ法にとってまったく認められていない（schlechthin und ausnahmslos fremd）とは言えないからであると述べる。そして同一当事者が外国で訴訟を追行しているのであるから、たとえば争点排除効（isue estoppel-Bindung）を考慮することは当事者の法的審問請求権を奪い、ドイツの公序違反をもたらすものではないと説く（これに対して、第三者にコラテラル・エストッペルが及ぶ場合には、承認によってその者の法的審問が侵害されない場合に限って、国内でその効力を認めるとする）。シュペレンベルクも、ドイツ法上は中間確認の訴えが認められている以上は、先決的法律関係に拘束力を認める外国判決を承認しても公序に反しないと述べる[27]。

②　等置説

　他方、等置説（Gleichstellungstheorie）も、少数ながら唱えられている[28]。ある見解は、およそ次のように述べている[29]。すなわち、外国判決の既判力の範囲は外国法によって定まるとする立場が好ましいと言えるが、その外国判決はドイ

---

25)　*Kropholler*, a.a.O.(Fn. 10), §60 V (b)(S. 660).

26)　*Gottwald*, a.a.O.(Fn. 17), S. 262.

27)　*Staudinger/Spellenberg*, a.a.O.(Fn. 22), §328 Rdnr. 125.

28)　後述の文献の他に、vgl. *Spiecker-Döhmann*, Die Anerkennung von Rechtskraftwirkungen ausländischer Urteile, 2002, S. 74.

29)　*Heidecker*, Über die materielle Rechtskraft ausländischer Urteile, insbesondere ausländischer Ehescheidungsurteile in Deutschland, ZZP 18 (1893), 453, 468 f. この見解は、効力拡張を前提にしつつもその効力を国内法の範囲に制限する説明として国内判決との等置を説いているため、内容上、ガイマーなどの見解や累積的適用説に近い立場といえる。しかし、原文では等置（gleichstellen）の部分を強調して表記しているため、ここでは等置説として位置づけておく。

366　第Ⅲ部　効果論

ツ国内で認められている効力よりも広い範囲を有しない。つまり、外国判決が当該外国法によると判決理由に既判力が生ずるとしても、ドイツではこの効力は生じない。なぜなら、ドイツではその効力は認められておらず、また外国判決は内国判決と等置される（gleichstellen）からである、と。また、同趣旨を説く別の見解は[30]、外国の高権行為が国内で効力を有するのは承認国法がそれを命じているからであり、内国で効力を通用させる命令が付与された（Verleihung dieses Geltungsbefehls）ことにより、外国国家の高権行為は手続的に国内行為になると述べる。ハープシャイドは、この後者の見解に賛同して、「承認によって外国判決に国籍が与えられ（nostrifiziert）、外国判決は内国判決と同じ資格を与えられる（gleichgestellt）」と述べる[31]。また、ノイハウスは、「国内法上の効果を認めることによって、これら［外国の法的］行為を国内法上の現象に置き換えることである」と述べる[32]。これらの見解によれば、外国判決は国内判決と同じように扱われるので、判決国がいずれの国であろうとも、承認国ではその効力は異ならない。もっとも、筆者が参照しえた限りでは、近時、ドイツではほとんど支持を得ていない。

　この等置説に対しては、次のような批判がある。第1に、同一判決であるにもかかわらず承認国ごとに異なった効力が認められることから、判決の国際的調和が図られないとする批判がある[33]。第2に、判決国法では生じない効力が承認国で認められる場合がありうるため、訴訟追行過程ではまだ判明していない承認国法の判決効が当事者の予測不能な形で生じるため適切ではないとの批判がある[34]。第3に、既判力を通じた拘束力は、当事者が自己の権利を主張する機会を法廷地で有する場合に限って認められるはずであるとの批判がある[35]。

30）　*Jarck*, Abänderung und Aufhebung sowjetzonaler gerichtlicher Entscheidungen durch Gerichte der Bundesrepublik, Ehe und Recht 1956, 296, 298.

31）　*Habscheid*, Buchbesprechungen, FamRZ 1970, 558, 559.

32）　*Neuhaus*, Die Grundbegriffe des internationalen Privatrechts,1962, S. 15.

33）　*Kropholler*, a.a.O.(Fn. 10), §60 V (1)(b)(S. 660); *Stein/Jonas/Roth*, a.a.O.(Fn. 12), §328 Rdnr. 7.

34）　*Münchener Kommentar/Gottwald*, a.a.O.(Fn. 8), §328 Rdnr. 3; *Stein/Jonas/Roth*, a.a.O.(Fn. 12), §328 Rdnr. 7; *Staudinger/Spellenberg*, a.a.O.(Fn. 22), §328 Rdnr. 123.

35）　*Fischer*, Objektive grenzender Rechtskraft im internationalen Zivilprozeßrecht, in: FS. Henckel, 1995, 199, 204.

③ 累積的適用説

　少数ではあるが、近時有力に説かれているのが累積的適用説（Kumulations-theorie）と呼ばれる見解である[36]。シャックは、次のように述べて本説を支持する[37]。すなわち、支配的な見解である効力拡張説によれば、外国判決が広範な判決効を認めている場合に誤判を救済することができないため、ドイツのような狭い範囲でしか既判力を認めていない国としては、このような外国判決に対して何らかの制限を認めないと妥当性を欠くことになる。そこで、たとえば、判決効それ自体がドイツ法で認められている必要があるとか、判決効がドイツ法と本質的に異ならない場合といった、外国判決にフィルターをかける見解が主張されている。しかし、このようなフィルターは承認国における法的安定性をかえって損なうものであるから、承認国法による限界づけがなされるべきであるとする。ロートも、次のように述べて累積的適用説を支持する[38]。すなわち、外国判決の効力は効力拡張が出発点となるが、観念論によることなく、当事者の利益状況を重視すべきであると述べる。そして、効力拡張説によれば承認国であるドイツ法上認められていない効力であっても承認することになってしまうため、国内法による制限を必要とするし、他方で等置説によれば判決国法が認めていない効力が承認国で生ずることがありえ、効力が国ごとに異なる可能性があるためやはり制限が必要である。つまり、双方の見解ともに制限が必要であることから、累積的適用説が支持されると述べる。

　これに対してクロフォラーは、累積的適用説では外国判決が承認国よりも広範囲の効力を有する場合であっても、承認国法による限界づけがなされていることから外国判決の範囲の審査をしないですむため、この見解は実務にとっては好ましい解決方法といえると述べつつも、この見解が等置説に部分的に立脚していることからすると承認に敵対的なアプローチ（anerkennungsfeindlicher Ansatz）になるとして批判する[39]。また、シュペレンベルクも次のように述べて、批判する[40]。すなわち、ドイツ法上は別居判決（Trennung von Tisch und Bett）は認

36）　*C. v. Bar/Mankowsky*, Internationales Privatrecht, Bd. 1, 2. Aufl. 2003, §5 Rdnr. 114; *Schack*, a.a.O.(Fn. 17), Rdnr. 796; *Stein/Jonas/Roth*, a.a.O.(Fn. 12), §328 Rdnr. 8.

37）　*Schack*, a.a.O.(Fn. 17), Rdnr. 795.

38）　*Stein/Jonas/Roth*, a.a.O.(Fn. 12), §328 Rdnr. 8.

39）　*Kropholler*, a.a.O.(Fn. 10), §60 V (b)(S. 660).

められていないし、ましてや効力もないわけであるが、それにもかかわらず外国別居判決はドイツで効力を認められていることから、外国判決の効力を国内法によって制限する見解や累積的適用説は、実際には貫徹されていない、と。さらに、フィッシャーは、通説はブリュッセル条約（規則）による承認については、国内法による制限ということを認めていないことから、外国訴訟法に基づく判決効の承認から国内法上の基本権の侵害を回避させる必要性があるという発想そのものに疑問があるとしている[41]。

(2) 判例

ドイツの判例は、かつては等置説が有力のようであったが、現在では必ずしもそうではないように思われる。以下では、時系列に沿う形で、紹介を試みる。

【1981年デュッセルドルフ上級地方裁判所】[42]（等置説）

ユーゴスラビア人夫婦がドイツで生活をし、子供をもうけていたが、その後ユーゴスラビアの裁判所で離婚した。離婚に際して子の扶養料の支払いについても定められた。本件は子供がその後の生活状況に変動が生じたことを理由に、扶養料の増額を求めた事案である。

裁判所は、増額を認めた原審を支持したがその際、およそ次のように述べている。「外国債務名義の承認によって、その債務名義は国内において——根拠となった実体法上の扶養料請求権の実現について——国内での扶養料に関する債務名義と同一の効力を付与される」と。

【1983年連邦通常裁判所判決】[43]（等置説）

1981年デュッセルドルフ上級地方裁判所判決の上告審である。連邦通常裁判所は、「外国判決それ自体は、国際公法の観点からは、判決国の境界内においてのみ主張することができ、外国判決が承認された場合に限りにおいてのみ、内国に効力を及ぼす。内国の国家権力に基づいてなされる承認によって、外国

40）　*Staudinger/Spellenberg*, a.a.O.(Fn. 22), §328 Rdnr. 123.

41）　*Fischer*, a.a.O.(Fn. 35), S. 207.

42）　OLG Düsseldorf, Urt. v. 3. 11. 1981, FamRZ 1982, 631, 632＝IPRax 1982, 152.

債務名義は内国の債務名義と等置され（gleichgestellt）、この地の法秩序に受け入れられる」と述べ、等置説に従っている。

【1985年フランクフルト上級地方裁判所決定】[44]（承認国法による留保つき効力拡張）
　スペインの裁判所に、給付義務不存在確認訴訟が係属していたところ、ドイツで給付を求める訴えが提起された。フランクフルト地方裁判所は、民事訴訟法148条によりドイツ訴訟を中止したが、ドイツ訴訟の原告はフランクフルト上級地方裁判所に抗告を申し立て、その抗告が認められた。上級地裁は、中止が考慮されるのは、ドイツ訴訟の判決がスペインで係属している訴訟物たる権利関係の全部または一部との間に関連性を有している場合であり、中止を求める根拠となったスペインの手続がドイツ訴訟に対して拘束力（Bindungswirkung）を有することが必要であるとした。その上で、上級地裁は、スペイン訴訟の当事者とドイツ訴訟の当事者が異なっているが、本件でドイツ訴訟に対してそのような拘束力が及ぶか否かを地裁が明らかにしていないこと、および、地裁は、ドイツとスペインに相互保証があるか否かを確定していなかったとして、中止を認めなかった。
　その際に裁判所は、「既判力の効果は、スペイン訴訟において争われている本件と同一当事者間でのみ生ずる。たしかに外国判決は、判決国におけると同様の効力が承認されるが、ドイツ法よりも広い効力を有することはない。ドイツ民事訴訟法によると、既判力は当事者間でのみ生ずる」。「したがって、すでにこのことから、地方裁判所は訴訟を中止することはできなかった」と述べた。

【1992年連邦通常裁判所】[45]（効力拡張説）
　懲罰的損害賠償を命ずる米国判決の承認が問題になった事案で、連邦通常裁

43）　BGH, Urt. v. 1. 6. 1983, NJW 1983, 1976=FamRZ 1983, 806=IPRax 1984, 320. シャックは判決効に関する判例の基本的立場を等値説と捉え、この1983年連邦通常裁判所判決を引用する。*Schack*, a.a.O.(Fn.17), Rdnr. 793; vgl. auch *ders*., Höchstrichterliche Rechtsprechung zum Internationalen Privat- und Verfahrensrecht, 2. Aufl. 2000, S. 232. この判決に対して、*Spellenberg*, Abänderung ausländischer Unterhaltsurteile und Status der Rechtskraft, IPRax 1984, 304, 306 は、通説が外国判決の承認について判決効の内国への拡張と捉えているのに、連邦通常裁判所が唐突に詳細な説明なしに等値説を説いているなどと批判する。

44）　OLG Frankfurt a.M., Beschl. v. 12. 11. 1985, NJW 1986, 1443=IPRax 1986, 297.

判所は、外国判決の承認理論との関係で次のように述べ、効力拡張説に即した説明を行っている。すなわち、「外国判決の効力は、もちろん、判決国の法秩序により効力が生じた場合にのみ、内国に拡張される（Wirkungen eines ausländischen Urteils können allerdings nur dann auf das Inland erstreckt werden, wenn...）。判決国法によると確定的に無効である、または相対的に無効である（schlechthin nichtig oder unwirksam）判決は、それゆえ、民事訴訟法 722 条および 723 条に基づいて執行力があることを宣言することはできない」。

2　二国間条約

　若干古いが、外国判決の承認執行に関する二国間条約（ヨーロッパに限らず南米も含んでいる）を研究したイェリネックは、戦前に締結された各国の二国間条約では効力拡張説は例外であったと指摘する。しかし、イェリネック自身は、条約締結の目的に照らすと判決国で生じる効力をすべて承認国に及ぼすべきであるとして、効力拡張説を支持している[46]。

　ドイツの下級審裁判例には、二国間条約が適用された事案で、判決国法と承認国法との累積的適用を説くものがあるが（後述の 1992 年ハンブルク地方裁判所判決）、これに対しては批判的な意見が表明されている[47]。その理由は、固有法が適用される（つまり、条約の適用がなく民事訴訟法 328 条が適用される）場合と異なり、二国間条約が適用される場合には、双方の法制度は緊密な関係にあるから、ドイツ法上は相応する効力が認められない外国判決の効力をそのまま承認したとしても、法的安定性を害することもないし、むしろ、条約締結を通じて異なった訴訟システムを導入したことは明らかであるとする。そこで、条約上明文の規定がない限りは効力拡張説を採るべきであり、極端な場合には公序によるフィルターを通じて承認を拒むことで対処できると説いている。

---

45)　BGH, Urt. v. 4. 6. 1992, NJW 1992, 3096. 本判決については、たとえば、石川明 = 石渡哲編『EU の国際民事訴訟法判例』299 頁〔中山幸二〕（信山社、2005 年）。

46)　*Jellinek*, Die zweiseitigen Staatsverträge über Anerkennung ausländischer Zivilurteile, 1953, S. 182; *Weahler*, in: Handbuch des internationalen Zivilverfahrensrechts, Bd. 3/2, 1984, Kap. 3 Rdnr. 124 f. も、この見解に賛成し、二国間条約が適用される場合に、明文の規定なしに無制限の効力拡張が妥当するとしている。

47)　*Bungert*, a.a.O.(Fn. 20), S. 227.

ドイツが締結した二国間条約において効力拡張を定めるのは、以下の 3 つの条約である（いずれも試訳）。

①　1958 年ドイツ＝ベルギー条約 1 条 1 項 3 文[48]
第 1 条

　第 1 項　民事及び商事事件における一方の締約国裁判所が下した判決は、当事者の請求権について適法な救済が認められているとしても、他の締約国の高権領域において承認されるが、2 条に掲げられた拒否事由に該当するときはこの限りでない。金銭給付を目的とする暫定的命令も承認される。承認によって、判決国の高権領域で生ずる効力が判決に認められる。

　第 2 項　以下略

　1 項 3 文は、無制限の効力拡張と解されている[49]。

②　1962 年ドイツ＝オランダ条約 1 条 1 項 2 文[50]
第 1 条

　第 1 項　民事及び商事事件における、争訟事件又は非訟事件手続で両当事者の請求権に関して一方の締約国裁判所で下された判決は、未確定であっても他方の締約国で承認される。承認によって、判決国において生ずる効力が判決に認められる。

　第 2 項　以下略

　1 項 2 文は、無制限の効力拡張と解されている[51]。

③　1936 年ドイツ＝イタリア条約 1 条 1 項[52]
第 1 条

　第 1 項　民事及び商事事件における一方の締約国が下した既判力を有する判決

48）　1958 年 6 月 30 日の民事及び商事事件に関する判決、仲裁判断及び公正証書の相互承認及び執行に関するドイツ連邦共和国とベルギー王国との条約（BGBl. 1959-2, 766, 767）。

49）　Vgl. *Geimer/Schütze*, Internationale Urteilsanerkennung, Bd. 2, 1971, S. 263; *Münchener Kommentar/Gottwald*, ZPO, 2. Aufl. 2001, Bd. 3, Art. 1 dt.-bel. Abk. Rdnr. 2. なお、第 3 版では本条約の解説が削除されている。

50）　1962 年 8 月 30 日の民事及び商事事件に関する判決及びその他の債務名義の承認および執行に関するドイツ連邦共和国とオランダ王国との条約（BGBl. 1965-2, 26, 27）。

51）　*Münchener Kommentar/Gottwald*, a.a.O.(Fn. 49), Art. 1dt.-niderl. Vertr. Rdnr. 4. なお、第 3 版では本条約の解説が削除されている。

52）　1936 年 3 月 9 日の民事及び商事事件に関する判決の承認及び執行に関するドイツ帝国とイタリア王国との条約（RGBl. 1937-2, 145）。

は、判決国の裁判所が次条以下の規定により管轄を有し、裁判が申し立てられた国の法によりその国の裁判所又は第三国が専属管轄を有しないときには、他の締約国の領域において同一の効力を有する。

2項　以下略

【1957 年ザールブリュッケン上級地方裁判所】[53]（効力拡張説）

フランスのボルドー高等裁判所が代金支払請求の訴えについて判決を下し、買主が抗弁として提出した瑕疵を理由に請求は一部認容となった。そこで買主は、ドイツで解除権を行使したが、この解除権行使がフランス判決の判決効に遮断されるか否かが問題になった（本件は、民事訴訟法 328 条に優先するザール条約と呼ばれる条約が適用された）。

ザールブリュッケン上級地方裁判所は、次のように述べて、ドイツでの訴訟提起は適法であるとした。

「外国判決の既判力の範囲は、客観的範囲および主観的範囲の双方ともに外国法廷地法により定まる。フランス法によると、既判力は判決の対象（Gegenstand des Urteils; objet du jugement）にのみ及ぶ。したがって、主文にのみ既判力は生ずる。そして、瑕疵の主張は判決理由中の判断であり主文の対象になっていない。ゆえに、ドイツ訴訟の原告は解除権を主張することを妨げられない」と。

【1992 年ハンブルク地方裁判所判決】[54]（累積的適用説）

ドイツ＝オーストリア条約（1959 年 6 月 6 日の民商事事件における判決、和解および公正証書の相互承認および執行に関するドイツおよびオーストリアの条約）が適用された事案で、ハンブルク地方裁判所は、訴訟手続の代わりに非訟手続によって裁判がなされたため外国裁判が無効であったものの、既判力の発生によって治癒された場合には、ドイツで承認されるとした。

その際、裁判所は、オーストリア裁判所が下した裁判の承認について、シャックやマンコフスキー（いずれも累積的適用説）の文献を引用して、次のように述べている。

「判決の既判力の承認は承認概念に照らして、問題はない。承認は、承認国

---

53) OLG Saarbrücken, Urt. v. 9. 12. 1957, NJW 1958, 1046.

54) LG Hamburg, Urt. v. 11. 7. 1991, IPRax 1992, 251, 254.

第 1 章　外国判決の効力　373

の領域において、承認国で［判決国の裁判に］相当する承認国における裁判の効力範囲の上限にいたるまで効力が拡張されると定義づけられる。非訟事件裁判の既判力がドイツ法上認められない場合には、［オーストリア裁判所の］判決の既判力の承認は制限されよう。しかし、本件では問題にならない」。なぜなら、「ドイツ法も非訟事件裁判の実体的確定力を認めている」からである。このように、裁判所は、外国非訟事件裁判の承認について、効力拡張説を前提に承認国法による制限を認めている。

3　多国間条約（規則）

(1)　ハーグ扶養裁判の承認執行条約

　1958 年のハーグ扶養裁判の承認執行条約 6 条 2 項は等置説（Gleichstellungstheorie）に立っていると解されている[55]。

第 6 条
　　第 1 項　略
　　第 2 項　執行可能な判決は、執行国の管轄を有する官署で言い渡されるのと同様に扱われ、かつ同じ効力（die gleiche Wirkung）を有する。

　他方、1973 年のハーグ扶養裁判の承認執行条約における報告書では、効力拡張説に基づいた説明がなされている[56]。すなわち、「外国判決の承認とは、原則として、当該外国判決が判決国において有する拘束力――あるいは既判力――を執行国において有するものと理解されねばならない」とした。

(2)　ブリュッセル条約

　ブリュッセル条約においても、効力拡張説が有力であった。同条約に関するジュナール報告書は、判決が下された高権領域で生ずる効力が、承認によってその判決に認められるとしていた[57]。

---

55)　*Baumann*, Die Anerkennung und Vollstreckung ausländischer Entscheidungen in Unterhaltssachen, 1989, S. 119.
56)　*Verwilghen*-Bericht, BT-Drucks 10/258, S. 33 Nr. 10.
57)　*Jenard*-Bericht zum EuGVÜ zu Art. 26 in: Geimer/Schütze, Internationaler Rechtsverkehr, Bd. 2, 2009, S. 601-64.

また学説上も、たとえばガイマーは、民事訴訟法 328 条の場合と異なり、ブリュッセル条約については無制限の効力拡張を説いている[58]。その理由として、ヨーロッパ共同体内部での判決の自由な往来（Freizügigkeit）を可能な限り広げることが条約の目的だからであると述べる。

　ヨーロッパ裁判所の判例も、この立場によっている。ブリュッセル条約当時の判例であるが、ヨーロッパ裁判所は、「26 条によって承認された外国判決は、原則として判決国と同一の効力を承認国において拡張しなければならない」と述べている[59]。以下では、ブリュッセル条約が適用されたドイツ国内の下級審裁判例を紹介する。本件では、承認国であるドイツ法の方が判決効の及ぶ効力が広くなるが、判決国法であるイタリア法によって判断している。

【1991 年ハム上級地方裁判所決定】[60]（効力拡張説）
　1963 年に結婚したドイツ人妻とイタリア人夫の夫婦に子供が 3 人いた。1984 年に夫はイタリアで婚姻別居の手続を申し立てたが、その裁判では妻に子の監護権が認められ、また夫には扶養料の支払義務が命じられた。夫は、また、1985 年にイタリアで離婚訴訟を提起し、1987 年に判決が下されたが、この判決でも妻に監護権が認められ、また夫は子の扶養料の支払いを命じられた。

　本件では夫（父）に対して、妻が別居および離婚後の扶養を、また子供が扶養料の支払いを求めたものであるが、子が起こしたドイツ手続での請求がイタリアでの手続によって妨げられるかどうかが問題となった。裁判所は、およそ次のように述べて、子供が扶養料を求めてドイツ国内で給付訴訟を起こすことは妨げられないとした。

　「イタリア訴訟で債務名義が認められた扶養義務は、本件で、子供による扶養料請求の主張を妨げるものではない。なぜなら、それによって資格を得たのは妻（母）だけであって、子供自身には資格が認められていないからである」。

58）　*Geimer*, Anerkennung gerichtlicher Entscheidungen nach dem EWG-Übereinkommen vom 27. 9. 1968, RIW 1976, 139, 142.

59）　EuGH Urt. v. 4. 2. 1988 Rs. 145/86-Hoffmann/Krieg-Slg. 1988, 645 Rz. 21=RIW 1988, 820=IPRax 1989, 159=NJW 1989, 663. 同判決については、石川＝石渡編・前掲注 45）272 頁〔芳賀〕を参照。

60）　OLG Hamm, Beschl. v. 11. 2. 1991, FamRZ 1993, 213.

「ドイツ民法1629条3項と異なり、［イタリア］判決は子供に対して効力を生じ
ない。このことは、ドイツの実体法または訴訟法が、この種の問題についてど
のような見解を採っていようとも関係ない。なぜなら、ここでは外国判決の効
力が問題なのであり、通説である効力拡張説によれば原則として外国法によっ
て定まるからである。このことは、ブリュッセル条約による承認についてもあ
てはまる」。「したがって、イタリアの裁判は、ドイツでは、イタリア法上認め
られる効力よりも広い効力が認められるわけではない」。

(3) ブリュッセル規則

　ブリュッセル(I)規則——厳密には同規則は条約ではないが、便宜上、多国
間条約に位置づけておく——についても同様に、効力拡張説が支配的である[61]
（ブリュッセル(II)(IIa)規則についても同様に説かれている）[62]。たとえば、シュロッ
サーは[63]、ブリュッセル規則はいわゆる効力拡張説に従っており、判決国で有
する判決の効力は執行力（Vollstreckungswirkungen）を除いてすべて自動的に承認
されるとしている。またガイマーは、判決国法の効力は無制限に承認国に拡張
されると説く。したがって、判決国において先決問題（präjudizielle Punkte）に拘
束力が生ずるとしている場合には、ドイツにおいてもその効力が承認されるこ
とになる[64]。

　他方、クロフォラーなどは、承認国で認められていない判決効も承認対象と
なりうるが、公序（ブリュッセル(I)規則34条1号）による制限を留保している[65]。

---

61)　*Geimer/Schütze/Tschauner*, Internationaler Rechtsverkehr, Bd. 1, 2009, Art. 33 VO (EG) Nr.
　　44/2001 Rdnr. 2 (S. 540–520); *Geimer*, in: Geimer/Schüzte, a.a.O.(Fn. 19), Art. 33 Rdnr. 13;
　　Münchener Kommentar/Gottwald, a.a.O.(Fn. 8), Art. 33 EuGVVO Rdnr. 2; *Nagel/Gottwald*,
　　a.a.O.(Fn. 8), §11 Rdnr. 21; *Rauscher*, a.a.O.(Fn. 8), Rdnr. 2177 (S. 476); *Rauscher/Leible*,
　　Europäisches Zivilprozeßrecht, 2. Aufl. 2006, Art. 33 Brüssel I-VO Rdnr. 3; *Schlosser*, EU-
　　Zivilprozeßrecht, 3. Aufl. 2009, Art. 33 EuGVVO Rdnr. 2; *Thomas/Putzo/Hüßtege*, ZPO, 30. Aufl.
　　2009, Art. 33 EuGVVO Rdnr. 3.
62)　*Geimer/Schütze/Paraschas*, Internationaler Rechtsverkehr, Bd. 2, 2009, Art. 21 EheVO Rdnr. 26
　　(S. 545–319); *Münchener Kommentar/Gottwald*, a.a.O.(Fn. 8), Art. 21 EheGVO Rdnr. 1; *Rauscher/*
　　Leible, a.a.O.(Fn. 61), Art. 21 Brüssel II a-VO Rdnr. 9; *Spellenberg*, Anerkennung eherechtlicher
　　Entscheidungen nach der EheGVO, ZZP Int 6 (2001), S. 109, 113, 126 f.; *Thomas/Putzo/Hüßtege*,
　　a.a.O.(Fn.61), Art. 21 EuEheVO Rdnr. 4.
63)　*Schlosser*, a.a.O.(Fn. 61), Art. 33 EuGVVO Rdnr. 2.
64)　*Geimer*, in: Geimer/Schüzte, a.a.O.(Fn. 19), Art. 33 Rdnr. 13.

これに対して、累積的適用説も唱えられている[66]。シャックは、累積的適用説はブリュッセル(I)規則（ブリュッセル条約）においても妥当すると主張している。シャックは次のように述べて、累積的適用説を根拠づけている。(1)一般的な見解は無制限の効力拡張説を説いているが、条文上の根拠が示されていない、(2)たしかにジュナール報告書はブリュッセル条約 26 条の部分で効力拡張説について言及しているが[67]、シュロッサー報告書は、各国の判決効は大きく異なっているので締約国に一般的に拡張することを望んでいなかった[68]、(3)参加的効力に関するブリュッセル(I)規則 65 条 2 項 2 号からは一般的な効力拡張を導き出せない、などと説く。また、シャックによると、累積的適用説によれば内国法による制限が明確に示されているので、予見可能性を損なうような公序を持ち出す必要はないという[69]。

　次に紹介する連邦通常裁判所の判例は、ブリュッセル規則での外国判決の承認は無制限の効力拡張であるとしている。

【2007 年連邦通常裁判所決定】[70]（無制限の効力拡張）

　債務者である原告は、執行受諾文言つきの金銭消費貸借契約を公正証書によって作成したが、この信用契約は公序に反するとしてオーストリアのインスブルック地方裁判所に訴えを提起した。しかし、オーストリア裁判所は請求を棄却し、判決は確定した。その後、原告は、今度はドイツで同様の理由に基づいて請求異議の訴えを提起した。

　連邦通常裁判所は、本件およびオーストリアの裁判所でもっぱら問題となっていたのは、強制執行を根拠づける請求権が被告である債権者に実体法上帰属しているか否かであり、オーストリア判決ではこのことが肯定されているとし

65）　*Geimer/Schütze/Tschauner*, a.a.O.(Fn .61), Art. 33 VO (EG) Nr. 44/2001 Rdnr. 2 (S. 540–521); *Kropholler*, Europäisches Zivilprozeßrecht, 8. Aufl. 2005, Vor Art. 33 Rdnr. 9; *Linke*, a.a.O.(Fn. 8), Rdnr. 350; *Rauscher/Leible*, a.a.O.(Fn. 61), Art. 33 Rdnr. 3.

66）　*Schack*, a.a.O.(Fn. 17), Rdnr. 796; *Geimer/Schütze/Wolf*, Internationaler Rechtsverkehr, Bd. 3, 2009, Art. 26 EuGVÜ Rdnr. 6 (S. 606–481).

67）　Vgl. *Jenard*-Bericht zum EuGVÜ zu Art.26, a.a.O.(Fn. 57), S. 601–64.

68）　Vgl. *Schlosser*-Bericht Nr. 191, in: Geimer/Schütze, Internationaler Rechtsverkehr in Zivil- und Handelssachen, Bd. 2, 2009, S. 601–179 f.

69）　*Schack*, Widersprechende Urteile: Vorbeugen ist besser als Heilen, IPRax 1989, 139, 142.

70）　BGH, Beschl. v. 12. 12. 2007, FamRZ 2008, 400.

第 1 章　外国判決の効力　377

た上で、次のように述べている。「実体的確定力について、判決国で下された
判決の効力が、比較可能な承認国における判決の効力よりも広範囲であったと
しても、ブリュッセル規則の適用範囲内では、承認国はこの効力を無制限に承
認しなければならない」と。

B　オーストリアにおける議論

1　学説

　オーストリアでは、圧倒的な支配的見解（die völlig herrschende Meinung）が等置
説を支持しているとされている[71]。この点を詳細に説いているのがマチャーで
あり、ファッシングやホイヤー、シュヴィマンもこの結論に従っている[72]。

　マチャーは、基本的な立場として、外国判決の承認は訴訟法上の効力の問題
であることを強調して、承認国法を適用すべきであると説いている[73]。そして
効力拡張説が根拠として挙げる等置説に対する批判、すなわち、どこの国が承
認国になるのか、そしてどの範囲で判決効に拘束されるのかは、訴訟を行って
いる段階では当事者には判明しないので、承認国法の判決効の範囲が判決国法
のそれよりも広い場合には等置説では当事者の法的審問が害されるという指摘
は、等置説も看過していないと述べる。それでも等置説が支持される理由とし
て、ハープシャイドによる既判力の比較法的研究からすると、外国訴訟法が著
しく異った規律をしている状況において、法的安定性を損なわずに国内の権利
保護システムに外国訴訟法の効力を持ち込むことができるかは疑問であるとす
る。そして、この疑念は、判決国法の定める判決効の範囲を承認国法の立場か
ら制限するというのでは不十分であると説く[74]。また、効力拡張説については、
次のように批判する。ドイツでは既判力については外国法廷地法、執行力につ

71）　*Musger*, Zur Abänderung von Unterhaltstiteln in Sachverhalten mit Auslandsberühung, IPRax 1992, 108, 111.

72）　*Fasching*, Lehrbuch des österreichischen Zivilprozeßrechts, 2. Aufl. 1990, Rdnr. 1511; *Hoyer*, Die Anerkennung ausländischer Entscheidungen und ihre Vollstreckung im Inland, JBl. 1982, 634, 637; *Schwimann*, Internationales Zivilverfahrensrecht, 1979, S. 127.

73）　*Matscher*, Zur Theorie der Anerkennung ausländischer Entscheidungen nach österreichischem Recht, in: FS Schima, 1969, 265, 277 ff.; *ders*., Einige Probleme der internationalen Urteilsanerkennung und -vollstreckung, ZZP 86(1973), 404, 408; *ders*.,a.a.O.(Fn. 5), S. 302, 307 f.

74）　*Matscher*, a.a.O.(Fn. 73), S. 279.

いては国内法という見解をとるが、効力拡張を説く見解は、すでに克服されたはずの実体的既判力論の考えに依拠しているのではないかと述べる[75]。

　これに対して、オーストリアでも効力拡張説を唱える見解が少数ながらある。1971 年にオーストリア国際私法の改正草案（いわゆるシュヴィント草案）を起草したことで著名なシュヴィントは[76]、人の身分関係の変更をもたらす外国判決の承認との関係で、次のように述べている[77]。承認の効果については、オーストリアでは 3 つの可能性があり、第 1 の立場として、承認を求めている国と承認が求められている国の双方の法秩序が、同じ効果を有している場合にのみ承認するというものがあると述べる。この見解に対しては、シュヴィントは、問題となっている法秩序のいずれもが予定していない方法で身分変更が有効になってしまうとして、この解決方法は不十分であると説く。第 2 の立場として、承認を通じて、身分関係の変更を命ずる外国判決は国内でこれに相当する身分関係の変更として認められるとするもので、身分変更の効果はオーストリア法によってのみ判断されるため、裁判官には簡明な解決方法であるとする。等置説の立場といえる。これに対しては、シュヴィントは、まず、身分関係は属人法（Personalstatut）によって判断されるのであり、準拠法上はまったく生じない効果がオーストリアで承認されてしまうのは前提となる原則に反すること、また、外国訴訟手続では対象となっておらず、したがって判決の対象となっていないにもかかわらず、より広い身分関係の変更が国内で生ずる可能性が生じ、このことは両当事者の法的審問を害すると批判する。第 3 の立場として、判決国で判決に認められる効果を完全に承認する（vollkommen zu rezipieren）という見解を紹介する。判決国が身分関係の準拠法所属国であるときには、人の身分は属人法によって支配されるとの原則に適合するし、第三国で下された場合には判決国で下された効力は承認によって承認国で受容されると説く。つまり、属人法が適用された結果下された判決の効力が、承認によってオーストリアにもたらされるとする考えを基本に据える立場である。シュヴィントは、実際上は

---

75)　*Matscher*, a.a.O.(Fn. 5), S. 309.
76)　シュヴィント草案については、山内惟介「オーストリアにおける国際私法および国際手続法の改正草案について──いわゆるシュヴィント草案」法学新報 81 巻 4 号 153 頁（1974 年）を参照。
77)　*Schwind*, Handbuch des Österreichischen Internationalen Privatrechts, 1975, S. 128 ff., 179.

第 1 章　外国判決の効力　379

困難な問題があるものの、この立場に賛成するとしている。その理由は、この立場のみ、人の身分はその属人法によって支配されているという原則を遵守することができるからであると述べる[78]。

　このマチャーとシュヴィントの見解は非常に対照的であるといえる（ただし、マチャーはその後、従来から主張している等置説を維持しつつも、等置か効力拡張かという議論は実益があまりないと評している）[79]。等置説は、外国判決の効力について訴訟法的理解から国内訴訟法上の効力だけを認めるものであるが、その根底には効力拡張を行った場合に外国訴訟法が及ぼす国内手続への悪影響を懸念したものと評価しうる。つまり、各国訴訟法が著しく異なっている現状から、国内で訴える権利が、国内法と大きく乖離した外国法によって制限させることへの警戒が現れている。そしてこのような結果を回避するには、外国法の効果の承認を国内法上も認められている範囲内に限定するという立場では不十分であり、等置説、つまり、国内法上の効力のみを外国判決に認める立場が適切である旨を説く。内国後訴を提起する当事者の手続保障を確保させるという点では一定の評価が可能であるが、他面で外国訴訟手続に結びつけられた効果を無視することになりかねず、その意味では、外国判決の承認に対して敵対的な立場ということができる。

　これに対して効力拡張を説くシュヴィントは、ドイツで近時説かれている効力拡張説の基本的立場とも異なる論旨を展開する。つまり、判決国が準拠法を決定し、その結果下された判決を承認することは、身分関係の変動を支配するのは属人法であるとする基本原則と調和がとれているとして、国際私法規定により決定される準拠法による身分変動と外国判決の承認の連続性とを重視するものである。したがって、この立場は国際私法秩序が予定している判決の国際的調和を意識した議論ということができる（ただし、あくまでも承認国であるオーストリア国際私法が予定している準拠法決定ルールとの関係でしかない）。他方、ドイツで主張されている効力拡張説は、準拠法適用の国際的調和の観点ではなく、むしろ判決国での訴訟活動に結びついた場所、そしてその結果生じた判決の当事者への影響と予測可能性を、外国法廷地法を承認国へ効力拡張することの根拠

78）　*Schwind*, a.a.O.(Fn.77), S. 129 f.

79）　*Matscher*, a.a.O.(Fn. 5), S. 308 f.

にしている。その意味では、外国判決の承認をあくまでも手続問題と捉えている点で、マチャーと同じ出発点にあるといえる。シュヴィントが説く根拠が現在、――少なくとも日本において――支持しうるかは疑問が残るところであろう[80]。

　これに対してブリュッセル(I)規則33条については、ドイツにおけるのと同様に効力拡張説が有力である[81]。このことを明らかにする2005年オーストリア最高裁判所判決がある（後述）。

　ちなみに、オーストリア強制執行法84条(b)は次のように定めている（試訳）[82]。

　「執行宣言が確定した後は、外国の債務名義は内国債務名義と同様に扱われる。しかし、外国債務名義は判決国における効力よりも広い効力は認められない[83]」

---

80)　シュヴィントが説く準拠法的承認アプローチは、外国判決承認要件を定め、そして要件を充足している場合には国内で効力を有するとしている手続的承認アプローチと相容れない関係に立つからである。つまり、現在、身分関係の外国判決について準拠法の要件論は日本において否定されており、外国裁判所がどの法を適用するのかということは関係なく、手続的要件を充足していれば――もっとも公序の要件には実体的公序も含まれるが――日本で効力を生ずることになる。今日、わが国で準拠法の要件論が否定されている理由は以下の点からである。外国判決の承認要件として日本の国際私法が定める準拠法と一致していることは要求されていないこと、準拠法の要件を要求するとなると跛行的法律関係が発生する可能性が高くなるが、このことは国際的な法的安定性の観点から問題があること、なぜ準拠法の要件を身分関係の変動についてだけ要求するのか根拠が示されていないこと、比較法的に見てもドイツ国際私法は1986年改正で準拠法の要件を削除したこと、日本の国際私法は日本の裁判官のみを拘束すること、である。

　　オーストリアでも、今日の有力説は、準拠法の要件を不要としている。Vgl. *Schwimann*, Internationales Privatrecht, 3. Aufl. 2001, S.10.

81)　*Brenn*, Europäischer Zivilprozess, 2005, Rdnr. 139; *Fucik*, Anerkennung ausländischer Ehescheidungen, in: Fucik u.a., Zivilverfahrensrecht Jahrbuch 2009, S. 61, 64; *Kurzkommentar Europäisches Gerichtsstands- und Vollstreckungsrecht/Kodek*, 2. Aufl. 2003, Art. 33 Rdnr. 5; *Mayr/Czernich*, Europäisches Zivilprozessrecht, 2006, Rdrn. 273 (S. 148); *Rechberger/Rechberger*, ZPO, 3. Aufl. 2006, Vor §390 Rdnr. 34.

　　ブリュッセル(IIa)規則について、同趣旨を説くのは、*Nademleinsky/Neumayr*, Internationales Familienrecht, 2007, Rdnr. 05. 58 (S. 92).

82)　BGBl. 1995/519 (S. 6685).

83)　シャックは、このオーストリア強制執行法の規定を累積的適用説の根拠に挙げている。*Schack*, a.a.O.(Fn.17), Rdnr. 796; vgl. auch *Angst/Jakusch*, EO, 2. Aufl. 2008, §84b Rdnr. 2 und 4; *Fucik*, a.a.O.(Fn.81), S.61, 62.

2 判例

オーストリアでは、判例は等置説に立っていると考えられるが[84]、ブリュッセル条約が適用された事件ではドイツと同様に効力拡張説によっている。

【1982年オーストリア最高裁判所判決】[85]（等置説）

離婚後扶養をめぐるミュンヘン区裁判所の判決の効力が問題になった事件で、オーストリア最高裁判所は、マチャーの論文などを引用して次のように述べた。「外国判決を承認するということは、その外国判決を訴訟法上の効果に関して——既判力および場合によっては執行力も——内国判決と完全に一致させることである（vollkommen gleichzustellen）。したがって、ミュンヘン区裁判所の判決は、訴訟法上の効果に関して、オーストリア国内の裁判所が下した判決のように判断されなければならない」と。

【2005年オーストリア最高裁判所判決】[86]（効力拡張説）

掲載誌が判旨のみを掲載しているため、事実関係は明らかではないが、ブリュッセル条約の締約国間での外国扶養料の執行をめぐる問題で、オーストリア最高裁判所は次のように述べている。すなわち、「外国判決の承認は、効力拡張の考えに従う。これによると、ある締約国の判決は他のすべての締約国に対して、判決を下した裁判所所属国におけるのと同様の効力を有する」と。

C スイスにおける議論

1 学説

スイスでも、外国判決承認の効果論については直接定める規定がないことから見解が分かれている[87]。すなわち、判決国の効力が承認国に拡張されるとする効力拡張説（Wirkungserstreckung）[88]、外国判決は承認によって国内判決と同じ効

84）　Vgl. *Musger*, a.a.O.(Fn. 71), S. 111.

85）　OGH, Urt. v. 18. 5. 1982, SZ 55/74, S. 385, 389.

86）　OGH, Urt. v. 15. 3. 2005, ZfRV 2005, 116.

87）　Vgl. *Greiner*, Der Begriff der Entscheidung im schweizerischen internationalen Zivilverfahrensrecht, 1998, S. 21 ff.

88）　*Furrer/Girsberger/Guillaume/Schramm*, Internationales Privatrecht, 2. Aufl. 2008, S. 57; *Zürcher Kommentar/Volken*, a.a.O.(Fn. 17), Vor Art. 25–32 Rdnr. 13 und Art. 25 Rdnr. 26.

382　第Ⅲ部　効果論

力が認められるとする等置説（Wirkungsgleichstellung[89]）による説明も見られる。

しかし、学説では制限的効力引受（kontrollierte Wirkungsübernahme）と呼ばれる見解が多くを占める[90]。この制限的効力引受説は、承認国であるスイス法から見て外国判決の効力がまったく異質な場合を除いて外国判決を国内で受け入れる（Akzeption）というものであり[91]、ドイツでは、この見解を累積的適用説と位置づけて紹介している文献がある[92]。

2 連邦司法省の見解

連邦司法省は、2001 年 3 月 28 日に次のような見解を表明し、制限的効力引受説の立場を支持している[93]。すなわち、「外国判決の承認により、外国判決はスイスにおいて判決国で認められるのと同じ効力を拡張する。おもに既判力と形成力がこれに関係する。しかし、これらの効力は制限に服し、内国の相当する判決と比較して異質な、はるかに広い効力を有することはない」としている。

3 連邦裁判所の見解

【2004 年スイス連邦裁判所判決】[94]

スイスで 1972 年に結婚した夫婦が、2002 年にアメリカ合衆国で離婚した。その判決がスイスで承認されるか否かが問題となった事案で、裁判所は、次のように述べて、学説での有力説、そして連邦司法省の支持する制限的効力引受説によった。すなわち、「スイス連邦国際私法 25 条以下による承認は、外国判

---

89) *Walter*, Internationales Zivilprozessrecht der Schweiz, 3. Aufl. 2002, S. 351. ただし、*ders.*, S. 354 では効力拡張説を説く。

90) *Basler Kommentar/Berti/Däppen*, Internationales Privatrecht, 2. Aufl. 2007, Art. 25 Rdnr. 40 f.; *Greiner*, a.a.O.(Fn. 87), S. 24; *Meier/Sogo*, Internationales Zivilprozessrecht und Zwangsvollstreckungsrecht, 2. Aufl. 2005, S. 42; *Schnyder/Liatowitsch*, Internationales Privat- und Zivilverfahrensrecht, 2. Aufl. 2006, §12 Rdnr. 357 (S. 127); *Zürcher Kommentar/Volken*, a.a.O.(Fn. 17), Art. 25 Rdnr. 34.

91) *Schnyder/Liatowitsch*, a.a.O.(Fn. 90), §12 Rdnr. 357 (S.127).

92) クリスチャン・フォン・バールとマンコフスキーは、この制限的効力引受説を累積的適用説と位置づける。Vgl. *C. v. Bar/Mankowsky*, a.a.O.(Fn. 36), §5 Rdnr. 112. なお、両者は、累積的適用説を主張している。前掲注 36) を参照。

93) *Stellungnahme des Bundesamtes für Justiz*, Die Teilung von Vorsorgeguthaben in der Schweiz im Zusammenhang mit ausländischen Scheidungsurteilen, ZBJV 137 (2001), S. 493, 496.

94) BG, Urt. v. 11. 3. 2004, BGE 130 III 336, 342.

第 1 章 外国判決の効力 383

決の既判力および形成力をスイスの領域に拡張する」と述べる。だが、さらに続けて、「しかし、これらの効力は制限に服し、内国の相当する判決と比較して異質な、はるかに広い効力を有することはない（いわゆる制限的効力引受）」とした。

Ⅲ　日本における外国判決の効力論

1　学説

(1)　効力拡張説

わが国では、効力拡張説を唱える見解が従来から多く見られたが、近時は、等置説に与する見解も有力になっている。

効力拡張説はいかなる根拠によって主張されているのであろうか。この点について、たとえば、竹下教授などは、承認の意義（＝外国判決の尊重）から導き出す[95]。すなわち、「外国判決の承認とは、外国裁判所の判決がその外国法上有する効力を、日本法上も尊重し、認めることをいう。それゆえ、その効力の種類・範囲なども、その外国法によって定まる（通説）」と述べている[96]。小島教授＝猪股教授も、「各国が外国判決を尊重するという態度は条約その他を通じて着々と普遍的なものとなりつつあるというのが現今の趨勢である。このような状況の下では、その基調をなす外国判決の承認および執行に関する根源的制

---

95)　とくに理由を示さず効力拡張を説く文献も多く、それほど本説は一般的な見解であったといえる。参照、石川明＝小島武司編『国際民事訴訟法』134 頁〔坂本恵三〕（青林書院、1994 年）、石川明＝小島武司＝佐藤歳二編『注解民事執行法（上）』200 頁〔小島武司＝猪股孝史〕（青林書院、1991 年）、江川英文「外国判決の承認」法学協会雑誌 50 巻 11 号 49 頁（1932 年）、岡田幸宏「外国判決の効力」伊藤眞＝徳田和幸『講座・新民事訴訟法（Ⅲ）』373 頁（弘文堂、1998 年）、兼子一『新修民事訴訟法体系』338 頁（酒井書店、増補、1965 年）、兼子一＝松浦馨＝新堂幸司＝竹下守夫『条解民事訴訟法』641 頁〔竹下〕（弘文堂、1986 年）、鈴木忠一「外国非訟裁判の承認・取消・変更」法曹時報 26 巻 9 号 4 頁、36 頁（1974 年）、鈴木＝三ケ月編・前掲注 3）365 頁〔青山〕、斎藤秀夫＝小室直人＝西村宏一＝林屋礼二編『注解民事訴訟法(5)』116 頁、119 頁〔小室直人＝渡部吉隆＝斎藤秀夫〕（第一法規、第 2 版、1991 年）、高桑昭「外国判決の承認及び執行」鈴木忠一＝三ケ月章監修『新・実務民事訴訟講座(7)』128 頁（日本評論社、1982 年）、出口耕自『基本論点国際私法』238 頁（法学書院、第 2 版、2001 年）、間渕・前掲注 6）730 頁、三宅省三＝塩崎勤＝小林秀之編『注解民事訴訟法(2)』540 頁〔雛形要松〕（青林書院、2000 年）、矢ケ崎武勝「外国判決の承認並にその条件に関する一考察(一)」国際法外交雑誌 60 巻 1 号 47 頁（1961 年）、山田鐐一『国際私法』471 頁（有斐閣、第 3 版、2004 年）。

96)　兼子＝松浦＝新堂＝竹下・前掲注 95）641 頁〔竹下〕。

384　第Ⅲ部　効果論

度観としては、『承認』といい『執行』といっても、いずれも外国判決の拡張とみるのがより整合的なものではないかと考えられるのである」と述べる[97]。また、山田（鐐）教授は、「いわゆる外国判決の承認という制度は、同一の民事上の紛争の解決が、各国においてまちまちとなるのは不都合であり、国際的私法交通の利益に反するという理由で、外国の裁判機関を信頼し、一定の要件の下にその判決を承認しようとするものである。外国裁判所でなされた確定判決をわが民事訴訟法秩序のレールにのせて、その外国訴訟上有する効力を、その実体に触れないでそのまま尊重しようとするのが、いわゆる外国判決の承認の制度である」と述べる[98]。他方、高桑教授は、本説によりつつ、内国法による制限を説いている[99]。すなわち、「その裁判の効力はそれがなされた国の法律に基づいて有する効力であるから、当該外国で認められている効力をすべて我が国で認めるわけではなく、我が国の法令に抵触しない範囲でその効力が認められるに過ぎない。一国の法秩序は内国法により規律されているので、それに反する外国法上の効力を認めることは原則として適当でないからである。すなわち、外国裁判についてもそれと同種の内国裁判について認められている効力以外のものは認められない」と。

これに対して酒井教授は、既判力は判決形成過程における手続保障と密接な関係を有するため、判決国法が基準となるべきであると説いている[100]。このような基本的視点は、松本教授や越山教授によっても唱えられている[101]。

また、自動承認制度が採用されていること、執行力については執行判決制度があることから効力拡張説が支持されるとする見解がある[102]。

なお、外国法が日本法よりも広い判決効を有する場合には公序により一部不承認とすればよいと説く見解が有力である[103]。

---

97) 石川＝小島＝佐藤編・前掲注 95) 200 頁〔小島＝猪股〕。
98) 山田・前掲注 95) 471 頁。
99) 高桑昭「外国裁判の承認」高桑昭＝道垣内正人編『新・裁判実務大系(3)』311 頁（青林書院、2002 年）。
100) 賀集唱＝松本博之＝加藤新太郎編『基本法コンメンタール民事訴訟法(1)』301 頁〔酒井一〕（日本評論社、第 3 版、2008 年）。
101) 越山・前掲注 4) 62 頁、松本博之「国際民事訴訟法における既判力問題」石部雅亮＝松本博之＝児玉寛編『法の国際化への道』109 頁（信山社、1994 年）。
102) 秋山幹男＝伊藤眞＝加藤新太郎＝高田裕成＝福田剛久＝山本和彦『コンメンタール民事訴訟法(2)』446 頁（日本評論社、2002 年）。

第 1 章　外国判決の効力　385

(2) 等置説

石黒教授は、「実体法上の正義の内実が国ごとに異なり得るのと同様に、手続法上の正義観念も、具体的には十分に国ごとに異なり得るのである。そして、外国判決による確定力・遮断効は、主として承認国で提起された後訴において問題となる。当事者に対する不意打ち防止は、一方では重要な要請である。だが、他方、無用の紛争の蒸し返しを防ぐという要請、あるいは、当事者が十分に外国裁判所で争った点についてそれと真向から矛盾する主張をするのをあえて内国の法廷で認めるべきかといった問題分析の視覚もまた、前訴判決の後訴に対する遮断効ないし確定力を考える上では、重要なはずである」と述べて、承認国法が外国前訴判決の国内的効力を判断する上でイニシアチブを持つべきであると述べる[104]。そして、「原則として判決国での扱いに従って承認された外国判決の既判力（確定力・遮断効）の及ぶ範囲を決してゆくとしても、それではあまりに既判力の及ぶ範囲が狭きに失し、承認国として内国後訴との関係で無用の紛争の蒸し返しを防止しきれない場合（当事者が外国で十分争っていた点につき、内国後訴で平然と矛盾する主張をする、等の場合）には、承認国側の訴訟政策上の考慮に基づき直截に判決効の拡張を行う余地は、やはり残しておくべき」とし、このような考慮は、既判力の主観的範囲の場合や、外国判決の効力を承認国訴訟法の立場から制限する場合でも同様に行うべきであると述べる[105]。

高田教授も、「承認とは、外国判決の効果の拡張というよりもむしろ、外国でなされた判決に我が国でいかなる効果を賦与するかという問題に他ならない」とされる[106]。そして、判決国法が承認国法よりも広い範囲で既判力を認めている場合には、「各国法制により紛争の終局性、手続（権）保障についての関心の違いがあることを考えれば、一国の手続（保障）観の現われである内国法規の基準性を否定してしまうことはできない」と述べる。他方で、承認国法が判決国法よりも広い範囲で効力を認めている場合には、「予測しえなかっ

---

103) 賀集＝松本＝加藤編・前掲注100）301頁〔酒井〕、兼子＝松浦＝新堂＝竹下・前掲注95）642頁〔竹下〕、小林秀之＝村上正子『国際民事訴訟法』157頁（弘文堂、2009年）、道垣内正人「国際的訴訟競合（5・完）」法学協会雑誌100巻4号763頁（1983年）、道垣内正人「判批」ジュリスト1053号126頁（1994年）、矢ケ崎・前掲注95）47頁、49頁。
104) 石黒一憲『現代国際私法（上）』421頁（東京大学出版会、1986年）。
105) 石黒・前掲注104）424頁。石黒一憲『国際民事訴訟法』231頁（新世社、1996年）も参照。

た承認国法によって新訴の遮断という効果に服さしめるのは敗訴当事者に酷」
としつつも、「判決国法が、そこで行われている手続の重厚さに比し、余りに
小さな拘束力しか認めない場合には、判決により解決される紛争の範囲の拡大
（紛争解決の一回性、訴訟経済）という観点、あるいは勝訴当事者がもつ信頼の確
保という観点から、判決国法を超える拘束力を認めることは許されてもよい」
とする[107]。

　貝瀬教授も、同様の立場に立つ[108]。すなわち、「承認国裁判所が、各国での
手続観の違いを尊重し、当事者に対する不意打ち防止──手続（権）保障──
と国際的な権利関係の安定の要請とを調整しながら、外国前訴手続にいかなる
拘束力を付与するかを決する」立場に賛成した上で、紛争の終結・当事者に対
する公正さ・訴訟経済などの観点から、承認国の立場から判決国法では認めら
れていない効力（争点効）を外国判決に認め、反対に、判決国法が承認国法より
りも広範囲に判決効を認めている場合には、承認国法の立場からのコントロー
ルを行うことを肯定する。

(3)　累積的適用説

　累積的適用説は、古くは細野判事が説いていた[109]。細野判事はその理由を示
していないが、判決国法と承認国法の関わりを次のように述べている。すなわ
ち、「外国判決ノ効力ハ確定判決トシテ外国法ニ依リ生スヘキ効力以外ニ之ヲ
認メ得サルト同時ニ内国法カ該事件ニ付キ認ムル効力以外ニ及フコトヲ得サル
ハ当然ノコトナリトス而シテ外国判決ノ効力ノ主観的範囲ノ拡張ニ付テモ亦内
国法ヲ以テ之ヲ定ムル標準トスヘシ」と。

2　判例

　筆者が確認することができた限りでは、判例はこの問題について効力拡張説
を採用している[110]。

106）高田裕成「財産関係事件に関する外国判決の承認」沢木敬郎＝青山善充編『国際民事
　　訴訟法の理論』378 頁（有斐閣、1987 年）。
107）高田・前掲注 106）375 頁以下。
108）貝瀬・前掲注 2）429 頁以下。
109）細野長良『民事訴訟法要義(4)』230–231 頁（巌松堂、1934 年）。

【ケース 1】東京地判平成 7 年 5 月 29 日[111]

　離婚に伴う財産分与をめぐる争いで、バージニア州で下された判決の効力が日本で問題になった。原告は、バージニア州法上は判決は本件被告に対しても効力を有するとされているから、わが国においても、被告に対する関係で承認され、原告と被告との間で効力を有する旨を主張した。しかし、このバージニア判決は同州法上、当該訴訟で当事者となっていない本件の被告に判決効が及ぶとされていたため、この効力を日本でも承認することができるかどうかが問題となった。

　裁判所は、このバージニア州法規定の趣旨は必ずしも明確ではなく、「原告の主張のごとく、本件外国判決がバージニア州法においては被告に対しても拘束力を有するものであるかは、にわかに断定しがたいところであるが、いま仮に本件外国判決がバージニア州法上被告との間でも効力を有すると解するとしても、被告は本件外国判決の当事者でないことは明らかであって、被告が呼出、命令の送達を受け又は応訴したこと、被告が原告らとの間で判決の効力を及ぼされるべき何らかの実体的な関係があることについては何ら主張、立証がない

110）なお、最近の下級審裁判例には、執行力についても効力拡張説を支持するものがある。
　神戸地判平成 5 年 9 月 22 日判時 1515 号 139 頁は、香港高等法院が下した訴訟費用負担命令について、命令の主文に遅延利息の給付義務が記載されていなかったため、この部分を含めて日本で強制施行を行うことができるかどうかが問題となった事案である。裁判所は、「外国判決の承認とは、当該外国判決が判決国で法律上有する効力をそのまま承認するものであると解するのが相当である。そこで、判決国の民事訴訟制度において、金銭給付判決の付随的給付義務については主文の記載事項とせず、法令によって自働的かつ一義的に確定し、かつ執行力を付与するようなシステムを採用している場合には、当然その効力も承認の対象になるものと解するのが相当である」とした。評釈として、小林秀之＝小田敬美「判批」判タ 840 号 24 頁（1994 年）、道垣内・前掲注 103）ジュリスト 1053 号 124 頁、福山達夫「判批」判例評論 438 号 55 頁（1995 年）、山田恒久「判批」重判平成 5 年度 293 頁。
　東京高判平成 10 年 2 月 26 日判時 1647 号 107 頁は、養育費の給与天引きを命ずるミネソタ州の判決について執行判決が認められた事案である。裁判所は、「我が国において外国裁判所の判決の効力を認めるということは、その判決が当該外国において有する効果を認めることであ」り、「本件外国判決のうち養育費の支払を命ずる部分の執行力を、我が国においても外国裁判所の判決の効力として認めることができる」とした。評釈として、猪股孝史「判批」判例評論 482 号 29 頁（1999 年）、小野寺規夫「判批」判タ 1005 号 220 頁（1999 年）、横溝大「判批」重判平成 10 年度 300 頁。
111）東京地判平成 7 年 5 月 29 日判タ 904 号 202 頁。評釈として、長田真理「判批」阪大法学 46 巻 5 号 73 頁（1996 年）。

以上、我が国の公序（民訴法 200 条 3 号）に反するといわざるを得ない」とした[112]。効力拡張説を前提に公序による制限を行っている。

【ケース 2】大阪地判平成 8 年 1 月 17 日[113]

　コネチカット州で下された離婚に基づく扶養料の支払いが滞ったため、債権者は、メリーランド州で債務者の財産に対して強制執行手続を開始した。債務者は、滞納の事実はないことを主張し、また扶養料の変更を求めて争ったがメリーランド州裁判所は、債務者の主張を退けた。そこで、債務者は、日本で、コネチカット州裁判所が下した扶養料債務の不存在確認を求める訴えを提起した。これに対して裁判所は、「外国判決が〔旧〕民事訴訟法 200 条の要件を満たす場合、その判決が判決国法上有する効力は我が国においても承認され、この理は同条の要件を満たす限り裁判の形式ないし名称の如何を問わないと解するのが相当である」と述べて、原告である債務者の主張はメリーランド州判決の「既判力に反し許されない」とした。

【ケース 3】最判平成 9 年 7 月 11 日[114]

　外国判決に記載されていない利息部分の執行を求めた訴訟において、最高裁は、「我が国において外国裁判所の判決の効力を認めるということは、その判決が当該外国において有する効果を認めることである。本件利息は、カリフォルニア州法上、判決によって支払を命じられた金員に付随して発生し、執行することができるとされているものであるから、本件利息も付加して、本件外国判決のうち補償的損害賠償及び訴訟費用の支払を命ずる部分の強制執行を許した原判決は、正当として是認することができる」とした。

---

112) 控訴審は東京高判平成 8 年 3 月 12 日判タ 950 号 230 頁。評釈として、織田有基子「判批」ジュリスト 1109 号 134 頁、とくに 136 頁を参照（1997 年）。
113) 大阪地判平成 8 年 1 月 17 日判時 1621 号 125 頁。
114) 最判平成 9 年 7 月 11 日民集 51 巻 6 号 2530 頁。評釈として、北村賢哲「判批」法学協会雑誌 117 巻 6 号 151 頁（2000 年）、佐久間邦夫「判批」ジュリスト 1129 号 106 頁（1998 年）、佐久間邦夫「判批」ジュリスト増刊最高裁時の判例（III）私法編(2)234 頁（2004 年）、佐久間邦夫「判批」法曹時報 52 巻 4 号 141 頁（2000 年）、西野喜一「判批」判タ 1005 号 218 頁（1999 年）、藤田泰弘「判批」判タ 953 号 61 頁（1997 年）、早川吉尚「判批」法学教室 211 号 142 頁（1998 年）。

第 1 章　外国判決の効力　389

【ケース4】水戸地龍ケ崎支判平成 11 年 10 月 29 日[115]

　ハワイ地区連邦地方裁判所で証拠開示手続への参加を怠ったことに対する制裁として、アメリカ合衆国連邦民事訴訟規則に基づいて下された懈怠判決の執行判決を求めた事案で、裁判所は原告の請求を認めた。まず、裁判所は、ハワイ州判決には、被告ら全員に対して不可分的に全額の請求ができる「それぞれ」あるいは「各自」といった表示はなされていなかったが、裁判所は本件外国判決は認容額全額を不可分的に被告らに支払うことを命ずる趣旨であるとした。そして、「外国判決の承認とは、当該判決がされた国においてその判決の有する一切の効力をそのまま我が国が承認することであって、ここにいう効力とは、当該判決がされた国の法律に基づいて有する効力をいうものと解すべきであるから、本件外国判決についても、アメリカ合衆国法上認められる効力をそのまま承認すべきものである」として、被告らに対してそれぞれ全額の支払いを命じた。

IV　検討

1　諸説の検討

　まず、外国判決承認制度が外国判決の尊重を基礎にし、わが国においては法律上の自動承認制度が採用されていることから効力拡張説が根拠づけられるとする立場が、わが国では一般的に説かれてきた[116]。そこで、この点について検討したい。このような説明は、わが国では長い間多くの文献で説かれてきたものではあるが、こんにち、はたして、十分な根拠となりうるのか、いま一度検討する必要がある。というのも、ドイツでは効力拡張説が主流を占めてはいるものの、オーストリアやスイスではむしろ判決国法を承認国法の立場から制限する見解が一般的であり[117]、外国判決を尊重するからといって効力拡張をしな

---

115)　水戸地龍ケ崎支判平成 11 年 10 月 29 日判タ 1034 号 270 頁。評釈として、釜谷真史「判批」ジュリスト 1211 号 113 頁（2001 年）、井戸謙一「判批」判タ 1065 号 314 頁（2001 年）。
116)　前掲注 95）を参照。
117)　オーストリアについて前掲注 71）および 72）。スイスについて 90）。アメリカ合衆国や英国においても承認国法が介入していることにつき、前掲注 2）の貝瀬論文および越山論文。

ければならないわけではないとも思われるからである。等置説ないし累積的適
用説が外国判決を尊重していないかといえば、たしかに判決国法による判決効
を承認国の立場から制限しているという点で承認に非好意的であるという評価
は可能であるが[118]、しかし、決して外国判決を承認しないというわけではない。
等置説も累積的適用説も、外国判決を尊重しているからこそ、制限つきではあ
れ承認を認めるのである。また、ドイツでは外国離婚判決の承認については日
本と異なり自動承認としてはおらず、法務局による確認が必要とされていたが
（法務局による承認の独占[119]）。しかし、ブリュッセル(II)および(IIa)規則により、同規則の適
用範囲内では自動承認となったためその意義は減少した)[120]、このような承認方法につ
いてもドイツでは効力拡張が唱えられている[121]。さらに、外国倒産手続の承認
に関しては、外国倒産処理手続の承認援助に関する法律が関わるが、そこでは
日本法上効力を付与するものと扱われている[122]。つまり、外国判決の尊重の仕
方には、いろいろな方法がありうるのであり、単に外国判決の尊重イコール効
力拡張説とするには、今日では議論に飛躍があるように思われる。

　では、この外国判決の尊重を判決の国際的調和という観点から基礎づけるこ
とができるのであろうか。判決の国際的調和は、大別して、適用される実質規
範が各法廷地によって同じである場合と外国判決が承認された場合とに分ける
ことができる。前者は、各国の民商法といった実質法や国際私法（抵触法）が
統一されることによって、法廷地がどこになろうとも実体関係に適用される法
が同じになるため、各国の判決が同じ内容になるというものである（しかし、
そのためには、世界中で実質法ないし国際私法ルールの統一が必要であるし、また各国裁判
所の判断を統一させる枠組みが必要となる）。これに対して後者は、各国裁判所で適
用される準拠法上の内容の不統一は度外視して、手続的要件を充足していれば

118）*Kropholler*, a.a.O.(Fn.10), §60 V(1)(b)(S. 660).
119）この点については、石川＝石渡編・前掲注45）360頁〔石川明＝芳賀雅顕〕を参照。
120）*Münchener Kommentar/Gottwald*, a.a.O. (Fn.8), §328 Rdnrn.180.
121）*Andrae*, Internationales Familienrecht, 1999, Rdnr. 399; *Stein/Jonas/Roth*, a.a.O.(Fn.12), Art. 7 §
　　1 FamRÄndG Rdnr. 155; vgl. auch *Andrae*, Internationales Familienrecht, 2. Aufl. 2006, S. 240.
122）参照、中西康「承認の理論的性格」金融・商事判例1112号121頁（2001年）、松下淳
　　一「承認の効果」金融・商事判例1112号134頁（2001年）、山本和彦『国際倒産法制』22
　　頁（商事法務、2002年）。これに対して、EU倒産規則では、構成国の倒産手続は他の構
　　成国に効力を拡張する。Erwägungsgrund der Verordnung (EG) Nr. 1346/2000 des Rates über
　　Insolvenzverfahren Nr. 22.

第1章　外国判決の効力　391

外国判決を承認するというものである。後者では実体法上の結論は法廷地ごとに区々になることはやむをえないこととして、それにもかかわらず、各国の司法制度のもとに下される判決を信頼して一定の要件下で承認しようとするものである。本章が対象としている問題との関係では、後者の意味における判決の国際的調和が問題となりえよう。そこで、外国判決の尊重を後者の意味での判決の国際的調和と捉えて、効力拡張説を根拠づけることができるのであろうか。効力拡張説を採った場合、承認国がいずれの国であろうと判決国法により判決の効力の範囲が定まる点で国際的な法的安定性を確保することができる。判決国が下した判決の効力が複数の承認国で問題となる場合には、判決の国際的調和は重要な視点であり、効力拡張説はその点でメリットがあるといえる。しかし、ここで看過してはならないのは、むしろ、現実に訴訟活動を行う訴訟当事者の視点である。彼らがなぜ判決に拘束されるのか、その拘束力の根源は法廷地での訴訟活動にあり[123]、そして当事者が訴訟活動を現実的に行った場所での判決効の範囲は当事者の予測可能性に沿うものだからである。その判決国による判決効の範囲を承認国に及ぼすのであるならば、当事者に不意打ちを与えるものではない。このように、判決の国際的調和を効力拡張の根拠とするには、ただ単に、各国の結論を同じくするというだけではなく、訴訟当事者の防御権の保障に裏打ちされた判決国法を承認国法に及ぼす形が、当事者の予測可能性の観点から支持されると考える。

　他方、オーストリアで支配的見解とされ、わが国でも近時、有力説が支持している等置説がある[124]。この見解に立てば、外国判決がどのような効力を認めていようと、それとは関係なく承認国法の立場から効力を判断すればよいことになる。したがって、日本が承認国である場合には、判決国がいずれの国かとは無関係に日本の判決と同じ効力が認められることになる。これは、日本で外国判決の効力が問題になった場合、判決効の内容や範囲についての判断が容易という点ではメリットがありえよう[125]。しかし、前述の批判から明らかなよう

---

123) *Fischer*, a.a.O.(Fn. 35), S. 204.

124) オーストリアについては前掲注71）および72）。わが国については、104）から108）を参照。

125) Vgl. *Schwind*, a.a.O.(Fn. 77), S. 129. 木棚照一＝松岡博＝渡辺惺之『国際私法概論』342頁〔渡辺〕（有斐閣、第5版、2007年）はこの趣旨か。

に、この見解を支持することはできない。それは、同じ判決が承認国ごとに異なった効力を有することから生ずる問題である。まず、承認国ごとに異なる判決の効力が生ずるということは判決の国際的調和を乱すことになる[126]。だが、当事者にとって重要な点は、むしろこのような結果を認めることによって、当事者の予測がつかない形で広範な法的効果が承認国で認められる場合が生ずることである。すなわち、たとえば、当事者が訴訟追行を行っている国では主文にのみ拘束力が生じているのにもかかわらず、承認国では理由中の判断にも拘束力が生ずるとなると、当事者にとっては不意打ち的に裁判を受ける権利が奪われることになりかねない[127]。それでも等置説を認めるとなると、当事者としてはどの国が承認国となるかは判決手続中に判明しない場合もありうるため、将来生ずるかもしれない承認国での紛争をも念頭において、判決国での訴訟手続に従事することにならざるをえない。さらに、承認国ごとに判決効の及ぶ範囲が異なる場合には、フォーラム・ショッピングの可能性も起こりうるし、承認国間での異なる効力をめぐって新たな紛争を引き起こしかねない。それに、当事者の現実の訴訟活動とは無縁であり、また判決開始時において当事者にとって将来的に問題が生ずるか否か未知の地である承認国は本来、当事者の考慮の中にない場所である。もし、外国判決の効力を承認国法によって画するとなると、当事者は未知の承認国法の影に惑わされ、判決国での訴訟手続に集中して携わることはできなくなる。このように考えると、等置説を支持することはできない。

したがって、当事者が現実に訴訟追行を行った国（判決国）の手続法が定める判決効の範囲が承認国法でも尊重されるとする効力拡張説は、当事者行動の予測可能性という見地から優れているといえる。つまり、この見解による場合には、当事者はいずれの国が承認国になろうとも、判決国における効力範囲を基準にしてその後の（訴訟）活動を行っていけばよいことになる。

---

126) *Kropholler*, a.a.O.(Fn.10), §60 V (1)(b)(S .660); *Stein/Jonas/Roth*, a.a.O.(Fn. 12), §328 Rdnr. 7. 長田・前掲注111) 80頁、間渕・前掲注6) 730頁。

127) 間渕・前掲注6) 730頁。

2 承認国法による判決効制限の可否

　では、外国判決の効力拡張を前提とした場合に、承認国法の立場から制限を加えるべきであろうか。ドイツでの有力説は効力拡張を前提にしつつ承認国法が認める効力の範囲に限定する見解[128] や、正面から国内法の累積的適用を説く見解[129] が説かれている。また、スイスでも、制限された効力引受という形での累積的適用説が支持されている[130]。

　この立場は少なくともこれらの国々では有力であるが、筆者は、承認国の国内法による制限づけを積極的に行う立場には賛同できない[131]。これらの立場が判決国法による判決の効力の範囲を承認国法によって制限する意図は、判決国法では承認国よりも広い範囲の判決効が認められている場合に、承認国の立場から制限する必要があるとの認識から生じている。筆者は、国際民事手続法上の公序に該当する場合を除き承認国法は介入すべきではないと考え[132]、前記有力説に与しない。その理由は、大きく分けて2点ある。第1は、当事者の予測という点である。先にも述べたように、当事者は判決国における訴訟追行を行い、その結果を甘受する立場にある。そのことは、たとえ判決国の効力が承認国におけるそれよりも広範囲であったとしても、そもそも判決国において認められる効力である以上、当事者は異論がないはずである。そして、そうであるならば、訴訟追行を行った判決国における効力を承認国にそのまま及ぼしたとしても、当事者に対して予期しない形で裁判を受ける権利を制限することにはならないと思われる。第2は、承認国である日本では認められない制度や効力を判決国が認めている場合に、その効力を日本で承認する場合がありうるとい

128）　*Geimer*, a.a.O.(Fn.13), Rdnr. 2780; *Martiny*, a.a.O.(Fn.8), Kap. 1 Rdnr. 370; *Rosenberg/Schwab*, a.a.O.(Fn.18), §158 I 1 (S. 820); *Soergel/Kronke*, a.a.O.(Fn.18), Art. 38 EGBGB Anh. IV Rdnr. 141; *Stojan*, a.a.O.(Fn.18), S. 175.

129）　*C. v. Bar/Mankowsky*, a.a.O.(Fn. 36) §5 Rdnr. 114; *Schack*, a.a.O.(Fn.17), Rdnr. 796; *Stein/ Jonas/Roth*, a.a.O.(Fn. 12), §328 Rdnr. 8.

130）　*Basler Kommentar/Berti/Däppen*, a.a.O.(Fn. 90), Art. 25 Rdnr. 40 f.; *Greiner*, a.a.O.(Fn.87), S. 24; *Meier/Sogo*, a.a.O.(Fn. 90), S. 42; *Schnyder/Liatowitsch*, a.a.O.(Fn.90) §12 Rdnr. 357 (S. 127).

131）　参照、賀集＝松本＝加藤編・前掲注100）301頁〔酒井〕、越山・前掲注4）62頁、鈴木・前掲注95）38頁、松本・前掲注101）109頁。

132）　*Gottwald*, a.a.O.(Fn. 17), S. 261 ff., 263; *Kropholler*, a.a.O.(Fn. 10), §60 IV(1)(b)(S. 660); *Müller*, a.a.O.(Fn. 22), S. 207; *Münchener Kommentar/Gottwald*, a.a.O.(Fn. 8), §328 Rdnr.146; *Nagel/Gottwald*, a.a.O.(Fn. 8), §11 Rdnr. 111 und 114; *Rosenberg/Schwab/Gottwald*, a.a.O.(Fn.22), §156 Rdnr. 8; *Staudinger/Spellenberg*, a.a.O.(Fn. 22), §328 Rdnr. 125.

う点である。ドイツでは、シュペレンベルクが、ドイツ法上は制度として置かれていない外国の別居判決をドイツで承認していることから、国内法上認められている効力に限定して外国判決の効力を承認するという有力説の主張は、実務においては貫徹されていないと批判している[133]。わが国でもほぼ同じような状況が妥当しよう。わが国においては、準拠法となった外国法が別居の制度を認める場合には、適応問題の一例として日本の離婚手続に準じて扱う立場が通説とされており[134]、この考え（日本で別居の裁判をなすことができる）を前提とするならば、外国で別居を命ずる判決が下された場合も日本で承認しうると考えるべきであろう。なぜなら、日本において外国準拠実体法に従い別居の手続を認めるのであるならば、外国の別居判決を日本で承認することを妨げる理由はないはずだからである。このように考えると、外国判決の効力をわが国の判決効の範囲に制限する必要性はないように思われる。

しかし、国際民事訴訟法上の公序の問題は残る（民事訴訟法 118 条 3 号）。公序は本来的には承認要件の問題であるが、内国法秩序から見て著しく度を超えた外国判決の効力は部分的に不承認とすることで、その限りで外国判決の効力を制限する働きを果たすことになる。

では、たとえば、外国裁判所の判決について理由中の判断に拘束力が生ずる場合に、その効力をわが国で承認することができるのであろうか。筆者は、これを日本で承認することには問題はないと考える[135]。その理由として、まず、わが国の判例には信義則を用いて理由中の判断に拘束力を認めているものがあり[136]、これを争点効と呼称し民事訴訟法の制度的効力とするか、それとも信義則の個別的適用とするかはともかく、わが国の学説上この結論そのものはおおむね賛同を得ていると解されるからである[137]。また、わが国では中間確認の制

133) *Stauginger/Spellenberg*, a.a.O.(Fn. 22), §328 Rdnr. 125.

134) 折茂豊『国際私法（各論）』313 頁（有斐閣、新版、1972 年）、神前禎＝早川吉尚＝元永和彦『国際私法』180 頁、36 頁（有斐閣、第 2 版、2006 年）、木棚＝松岡＝渡辺・前掲注 125）224 頁〔木棚〕、櫻田嘉章『国際私法』275 頁（有斐閣、第 5 版、2006 年）、沢木敬郎＝道垣内正人『国際私法入門』124 頁（有斐閣、第 6 版、2006 年）、溜池良夫『国際私法講義』478 頁（有斐閣、第 3 版、2005 年）、山田・前掲注 95）458 頁。石黒一憲『国際私法』114 頁（有斐閣、新版、1990 年）もわが国での別居手続を否定する趣旨ではないであろう。

135) Vgl. *Gottwald*, Präjudizialwirkung der Rechtskraft zugunsten Dritter ?, in: FS. Musielak, 2004, 183, 190 f.

度が認められており（民事訴訟法 145 条）、当事者がこれを用いれば確認の対象
を訴訟物のみならず先決的法律関係にまで及ぼすことが制度として認められて
いる。さらに、当事者は当該外国の訴訟制度を利用している以上は、当事者間
で生ずるその拘束力を判決国に限定せずに承認国においても及ぼしたとしても、
当事者の予測に反しないであろう。ただし、外国訴訟手続に関与していない日
本在住の者に対して同様に効力拡張をしてよいかは問題であろう。この場合に
は、いずれにしても公序の問題として効力が制限されることが考えられる[138]。

3 承認国法による判決効拡張の可否

わが国では、判決国法である外国法廷地法が認める判決効の範囲が、承認国
法である日本法よりも狭い場合に、日本での紛争の蒸し返しを防ぐために、承
認国法（日本法）による効力拡張を図ることが有力説によって提案されてい
る[139]。この有力説は当然考えられる批判、すなわち当事者に対する不意打ちと
はならないかという視点について注意深く言及している。

それにもかかわらず、筆者はこの見解には躊躇を覚える[140]。外国訴訟の当事
者としては、実際に関与している法廷地法の制約の下で訴訟戦術を組み立てる
はずである。そこでは、判決の効果としてどのような拘束力が生ずるのか、そ

---

136) 判例は、争点効を否定しているが（最判昭和 44 年 6 月 24 日判時 569 号 48 頁、最判昭
和 48 年 10 月 4 日判時 724 号 33 頁）、信義則の個別的適用の形で判決の蒸し返しを防いで
いる（最判昭和 49 年 4 月 26 日民集 28 巻 3 号 503 頁、最判昭和 51 年 9 月 30 日民集 30 巻
8 号 799 頁）。
137) 争点効に好意的な見解は、伊藤眞『民事訴訟法』495 頁（有斐閣、第 3 版 3 訂版、2008
年）、新堂幸司『新民事訴訟法』669 頁（弘文堂、第 4 版、2008 年）、高橋宏志『重点講義
民事訴訟法（上）』564 頁（有斐閣、2005 年）、中野貞一郎ほか編『新民事訴訟法講義』
474 頁〔高橋宏志〕（有斐閣、第 2 版補訂 2 版、2008 年）、山本弘＝長谷部由起子＝松下淳
一『民事訴訟法』384 頁〔長谷部〕（有斐閣、2009 年）。他方で争点効に批判的な見解とし
ては、梅本吉彦『民事訴訟法』957 頁（信山社、第 3 版、2007 年）、河野正憲『民事訴訟
法』579 頁（有斐閣、2009 年）、松本博之＝上野泰男『民事訴訟法』562 頁（弘文堂、第 5
版、2008 年）、三ケ月章『民事訴訟法』142 頁（弘文堂、第 3 版、1992 年）。
138) 参照、前掲注 103) の諸文献および鈴木正裕＝青山善充編『注釈民事訴訟法(4)』363 頁
〔高田裕成〕（有斐閣、1997 年）。
139) 石黒・前掲注 104) 424 頁、石黒・前掲注 105) 232 頁、貝瀬・前掲注 2) 429 頁、高
田・前掲注（106）376 頁。
140) 本説に批判的であるのは、石川＝小島＝佐藤編・前掲注 95) 201 頁〔小島＝猪股〕、越
山・前掲注 2) 近大法学 44 巻 2 号 110 頁、松本・前掲注 101) 110 頁。本間靖規＝中野俊
一郎＝酒井一『国際民事手続法』177 頁〔中野〕（有斐閣、2005 年）も参照。

してどこまで効力が及ぶのかということを事前に考慮の上で、攻撃防御を行うこともももちろん検討されているはずである。つまり、当事者は主戦場である判決国での拘束力を判断基準に訴訟活動を行うのであり、そこで検討されていない承認国法による効力拡張（承認国がどこになるのかは当事者にとって必ずしも自明ではない）は、たとえ承認国からすれば訴訟政策上のポリシーとして重要なものであったとしても、当事者にとっては納得のいくものではないであろう。

4 関連問題

(1) 外国判決の効力と懲罰的損害賠償の関係[141]

外国判決の国内における効力を内国法の許容する範囲に限定する見解や判決国法と承認国法との累積的適用説に立つ場合には、懲罰的損害賠償を命ずる外国判決は、おそらく、（一部）不承認という結論に行き着くことになろう。

これに対して、筆者は、判決国において認められる効力（懲罰的損害賠償制度）が日本法上は観念しえないものとされている場合であっても[142]、不承認の判断はあくまでも外国判決承認要件としての公序（民事訴訟法 118 条 3 号）の問題の枠組みで考慮すべきであると考える。つまり、結果の反公序性と内国牽連性の中で承認・不承認を判断すべきことになる。したがって、たとえば外国企業間の紛争について懲罰的損害賠償判決が下された場合に、被告企業の財産がたまたま日本にあることから日本の財産に対して強制執行を行うために、日本の裁判所に当該判決の承認を求めたとしても、この外国判決は事案の内国牽連性が希薄であるといえ、承認が公序に反するとはいえないと考える[143]。このように解するのが、本章で論じた外国判決の効力論に関する筆者の結論とも整合的であると考える。

(2) 国際的訴訟競合における訴訟対象論との関係

本章では筆者は、判決効が承認国に拡張される根拠として、判決国における

141）両者の関係は密接である。たとえば、*Schnyder/Liatowitsch,* a.a.O.(Fn.90),§1 Rdnr. 21 では、外国判決の国内における効力に関する問題として、アメリカ合衆国で下された懲罰的賠償を命ずる判決をスイスで承認・執行することが可能かという問題を挙げている。

142）通説・最判平成 9 年 7 月 11 日民集 51 巻 6 号 2573 頁。

143）本書第 II 部第 3 章第 2 節 239 頁。

当事者の手続関与と、その結果を承認国に及ぼすことが当事者の予測に合致する点を挙げた。同様の視点は、国際的訴訟競合における事件の同一性を判断する基準についても妥当すると考える。国際的訴訟競合における事件の同一性の判断については、わが国では後訴の法廷地法、つまり日本法によって判断すべきであるという立場が有力である[144]。しかし、筆者は、まず前訴の法廷地法の適用を出発点として考えるべきであると考えている。なぜならば、外国訴訟に関与した（あるいは巻き込まれた）当事者としては、まず、最初に訴えが提起された国の手続法（訴訟物の範囲）によって、その後の紛争解決行動が制約を受け、後訴の提起が遮断されるという枠組みが外国判決承認制度とも調和が取れ、また当事者の予測可能性にも反することがなく、さらにはフォーラム・ショッピングの回避に資すると解されるからである[145]。もちろん、国際訴訟競合のすべての問題が前訴の法廷地法で処理されるというのではなく、どこまでが前訴の訴訟手続でカバーされる範囲なのかという問題について、前訴の法廷地法をまず前提とすべきであるというものである。

初出：法学研究 83 巻 1 号 363 頁以下（2010 年）

144）安達栄司「国際訴訟競合論」成城法学 75 号 12 頁（2007 年）、斎藤秀夫ほか編『注解民事訴訟法(5)』414 頁〔山本和彦〕（第一法規、第 2 版、1991 年）、澤木敬郎「国際的訴訟競合」鈴木忠一＝三ケ月章監修『新・実務民事訴訟講座(7)』117 頁（日本評論社、1982 年）、山田鐐一＝澤木敏郎編『国際私法講義』242 頁〔澤木〕（青林書院、1970 年）。また、海老沢美広「外国裁判所における訴訟係属と二重起訴の禁止」青山法学論集 8 巻 4 号 30 頁（1967 年）、古田啓昌『国際訴訟競合』133 頁（信山社、1997 年）、矢吹徹雄「国際的な重複訴訟に関する一考察」北大法学論集 31 巻 3=4 号 287 頁（1981 年）も本説を前提としていると考えられる。
145）議論の詳細は、芳賀雅顯「国際訴訟競合における "事件の同一性" を判断する法」オスカー・ハルトヴィーク先生追悼『ボーダレス社会と法』103 頁以下（信山社、2009 年）。

第2章

訴え却下判決の国際的効力
――国際裁判管轄を否定した外国判決の効力をめぐって

I　はじめに

1　国際取引における法適用関係の不安定性

　契約の成立過程をめぐって当事者間で紛争が生じた場合、その紛争の法的処理は国によって異なる。たとえば、ドイツでは契約締結上の過失（*culpa in contrahendo*）によって、またコモン・ローでは約束的禁反言（promissory estoppel）といった法概念で処理されている。また、国際的な枠組みに目を向けると、ユニドロワ国際商事契約原則も契約交渉に関する規定を有している。他方、国連統一売買法では、契約成立段階での法的問題を規律するルールはないとされる[1]。

　そして、このような紛争が渉外性を伴って法廷で争われる場合、当事者は多くのエネルギーを法廷地国の国際裁判管轄の有無をめぐる攻防に費やす。なぜなら、法廷地がどの国に設定されるのかは、当事者にとっては訴訟活動上非常に大きな問題となるため、法廷地国の管轄の有無は重大な関心事だからである。つまり、法廷地へのアクセスの便宜のみならず、法廷言語、陪審制度やディスカバリーなどの証拠収集制度といった、当事者が利用する手続制度に相違が生ずる。また、本案の問題に適用される準拠実体法それ自体は、国際的な統一が進展していない。さらに多くの国では大部分の分野で国際私法は国内法的規律に服する。そこで、法廷地如何によって準拠法が異なる事態が生じることがあ

---

1)　議論の詳細は、たとえば円谷峻『現代契約法の課題――国際取引と民法理論』26頁以下（一粒社、1997年）などを参照。

399

りうるので、そもそも原告の請求が認められるのか、また認められる場合には
どのような救済が認められるのか（たとえば、塡補賠償に限られるのか、懲罰的賠償
まで認められるのか）といった、本案の結論にも大きな影響を及ぼすこととなる。
そこで、当事者は、国際裁判管轄の合意を行うことで法廷地の固定化を図り、
それによって適用される訴訟法・実体法の予測可能性を高めたり、あるいは仲
裁契約を締結して訴訟を回避するという手段を用いることがある。

　このような状況に対しては、大きく分けて2つの方向から国際的な調和に向
けたアプローチが展開されてきた。1つの方向性は、民法や商法といった本案
に適用される各国の法規範を国際的に統一したり（実質法レベルでの統一）、ある
いは、各国実質法の不統一を前提としながら国際私法ルール（準拠法決定ルー
ル）を国際的に統一することで、各国の裁判所で適用される準拠法適用の統一
化を目指すというものである[2]。もう1つの方向性は、国際裁判管轄や承認
ルールを統一化するものである。これは、本案に適用される準拠法がたとえ各
国で異なったとしても、判決承認制度によって外国判決が内国で効力を有する
結果として判決の国際的調和が図られるとするものである。

2　EUにおける試みと本章の検討課題

　EUは、国際私法や国際民事手続法の分野で多くの立法を通じて域内の法の
統一化作業を着々と進めてきており、この点で近時大きな成果を上げていると
いえる[3]。このEUにおける手続ルールの1つであり、EUにおける国際裁判管
轄および承認に関する基本ルールを定めるブリュッセル(I)規則の解釈をめぐ
り、最近注目を集めた判決がある。この判決は、ある構成国裁判所が、別の国
の裁判所に管轄の合意があることを理由に自国の国際裁判管轄を否定し訴えを
却下した場合、合意の有効性に関する判決理由中の判断についても、他の構成
国を拘束すると説いたものである。この判決は、管轄判断の根拠について拘束

---

2)　国際私法立法の経緯については、櫻田嘉章＝道垣内正人編『注釈国際私法(1)』3頁以下
〔櫻田〕（有斐閣、2011年）を参照。

3)　この点に関する邦語文献は枚挙にいとまがないが、さしあたり、国際私法年報13号
（2011年）における、EU国際私法の最近の動向に関する特集のみを指摘しておく。そこ
では、高橋宏司「契約債務の準拠法に関する欧州議会及び理事会規則（ローマⅠ規則）」、
金汶淑「扶養に関するEU国際私法の最近の動向」、林貴美「EU国際家族法の動向」、岡
野祐子「外国離婚裁判に関する諸問題」の報告が掲載されている。

力が生じ、他の構成国裁判所を拘束するといった結論のみならず、その論理構成が EU 法（Unionsrecht）の統一的解釈の必要性からブリュッセル(I)規則を独自に解することができるとし、既判力の範囲が規則独自に定まるとした点に注目が集まった。というのも、従来、ヨーロッパ司法裁判所（以下、ヨーロッパ裁判所と表記する）は、外国裁判所が下した判決効の範囲は判決国法に従うとしており、判決国法上認められている判決効が承認国に拡張されるとの立場（効力拡張説）を採っていたため、この判決との整合性が問題となるからである。

　この判決はブリュッセル(I)規則の解釈に関するヨーロッパ裁判所の判断であり、わが国に直接の影響を及ぼすものではない（もっとも、たとえば、ヨーロッパに進出しているわが国の企業にとっては、大きな影響がある）。しかし、この判決が前提としている外国判決の効力に関する効力拡張説は、わが国においても支持が多い見解といえ、このヨーロッパ裁判所判決の結論はわが国の解釈と比較検討する余地がある。また、わが国では、承認対象となる外国判決は本案判決を念頭に置いているが、はたしてそのような限定が適切か検討の余地もある。そこで本章は、このヨーロッパ裁判所判決の検討を通じて、承認適格を有する外国判決の意義と、自国の国際裁判管轄を否定した外国判決の、わが国における効力をめぐる問題について検討を試みたい。

Ⅱ　2012 年ヨーロッパ裁判所判決[4]

1　事案

　では、ヨーロッパ裁判所がどのような判断を下したのか。事案と裁判所の判断を以下に見ていくことにしたい。

　ドイツ企業（原告 1）がメキシコ企業にビールの醸造機械を輸出するため、ドイツ法人の運送会社（被告）によってベルギーからメキシコに機械を輸出した。ところが、船荷である機械が運送途中で破損したことが到着後に判明したため、保険会社 4 社（原告 2 から原告 5）が運送会社に対して損害の賠償を求め

---

4)　EuGH, Urt. v. 15. 11. 2012, IPRax 2014, 163. 長田真里「国際裁判管轄合意の有効性を認めて管轄無しと判断した外国判決の承認可能性が問題となった事例」JCA ジャーナル 60 巻 4 号 32 頁（2013 年）に、本判決の詳しい紹介がある。

て訴訟を提起した。ところで、船荷証券上は、被告の親会社であるコンツェルンの定款上の所在地であるアイスランド裁判所が専属管轄を有すると記載されていた。しかし、原告らは、ベルギーの裁判所で訴えを提起した。原審（Rechtbank van koophandel te Antwerpen: Antwerp Commercial Court）は原告勝訴の判決を下したが、控訴審（Hof van beroep te Antwerpen）は、合意管轄条項に基づき同国の裁判所は管轄を有しないとの判断を下し、この控訴審判決は確定した。しかし、その後、原告らは、アイスランドで訴えを提起せずに、被告の普通裁判籍（ブリュッセル(I)規則2条1項）を根拠にドイツで訴えを提起した。原告2から原告4（保険会社）はブレーメン地方裁判所（Landgericht Bremen）で、また原告1はランツフート地方裁判所（Landgericht Landshut）で被告に対して損害賠償を求める訴えを提起した。そして、ランツフート地方裁判所はブレーメン地方裁判所に事件を移送した。その後、ブレーメン地方裁判所は、ヨーロッパ裁判所に先行判決（Vorabentscheidung）[5]を付託し、次の問題についての判断をヨーロッパ裁判所に求めた。すなわち、(1)ブリュッセル(I)規則32条および33条にいう「裁判」はいわゆる訴訟判決についても妥当するのか、また、(2)両条に基づく「裁判」には専属管轄の合意に基づいて国際裁判管轄を否定した裁判所の判断も含まれるのか、さらに、(3)判決国法では両当事者間でなされた管轄合意の有効性に関する認定について既判力が及ぶとされる場合に、各構成国の裁判所はこの有効性の判断について承認しなければならないのか、という問題である。

　以下、参考までに、ブリュッセル(I)規則の関係条文を掲げておく[6]。

第32条

　本規則にいう「裁判」とは、判決、決定、命令又は裁判所書記官による訴訟費用の決定など、その名称のいかんにかかわらず、構成国の裁判所により下される全ての裁判をいう。

5）　先決的判決（岡村堯『新ヨーロッパ法』105頁（三省堂、2010年））、先決付託手続（庄司克宏『新EU法基礎編』138頁（岩波書店、2013年））、先決裁定手続（中西優美子『EU法』239頁（新世社、2012年））といった表現もなされる。

6）　ブリュッセル(I)規則の訳文は、中西康訳「民事及び商事事件における裁判管轄及び裁判の執行に関する2000年12月22日の理事会規則（EC）44/2001（ブリュッセルI規則）（上）（下）」国際商事法務30巻3号311頁、4号465頁（2002年）に従った。

第 33 条
　第 1 項　構成国でなされた裁判は、特別の手続を必要とせずに、他の構成国に
　　おいて承認される。
　第 2 項　争いがある場合には、承認を求める全ての利害関係人は、本章第 2 節
　　及び第 3 節の定める手続に従い、裁判が承認されることの確認を求めること
　　ができる。
　第 3 項　構成国裁判所において、裁判の承認が付随的に主張されている場合に
　　は、この裁判所はその審理について管轄を有する。

第 36 条
　いかなる場合にも、外国裁判を実質的再審査することはできない。

2　ヨーロッパ裁判所の判断

　ヨーロッパ裁判所は、第 1 および第 2 の問題について、いずれも肯定した。
すなわち、ブリュッセル (I) 規則 32 条にいう裁判には、合意管轄があることを
理由に自国の国際裁判管轄を否定した判決も含まれるとした。その理由として、
裁判所は、まず条文の文理解釈を挙げる。すなわち、同条がいう「裁判
（Entscheidung; judgment）」は、構成国裁判所が下したあらゆる（jede; any）裁判を含
むものであり、問題となっている裁判の内容による区別を伴うものではないか
ら、別の構成国裁判所に管轄を合意したことに基づいて自らの国際裁判管轄を
否定した判決も、承認すべき外国判決に含まれるとした（判決理由 23）。また、
従来の判例においても、そのように解されてきたことも根拠に挙げている（判
決理由 24）。さらに、前文の検討理由（Erwägungsgrund）からも、このような結論
が支持されると説く。すなわち、まず、検討理由 2 は、本規則制定の目的とし
て構成国裁判所が下した判決の承認執行を迅速かつ簡易に行うために方式性を
簡素化したことから、判決国の裁判の種類を分類して扱いを異にすることは、
規則の目的達成にとって障害となりかねないこと（判決理由 26）、次に、検討理
由 6 によると本規則は民商事事件に関する判決が構成国間で通用すること
（freier Verkehr der Entscheidungen; free movement of judgments）を目的としていることから、
合意管轄条項を理由として管轄を否定した構成国裁判所の判決をも含むとする
解釈が導かれること（判決理由 27）、さらに、検討理由 16 および 17 は構成国裁
判所間での相互信頼（gegenseitiger Vertrauen; mutual trust）の重要性を基礎にしてお

り、このことは「裁判」概念を限定的に解釈しないことにつながること（判決理由 28）、を理由とした。

このようにヨーロッパ裁判所は、承認対象となる「裁判」について、他国への合意管轄があることを理由に自国の国際裁判管轄を否定する判決も承認適格を有するとした。それに続いて第 3 の問題についても、肯定した。すなわち、別の国の裁判所に管轄を合意したことに基づいて自国の国際裁判管轄を否定した判決を承認する場合、その判決理由で示された合意管轄の有効性の判断に承認国裁判所は拘束されるとした。本判決の中心的問題であるので、少し詳しくみておきたい。そのように解した理由の第 1 として、ヨーロッパ裁判所は、かつてホフマン事件判決でブリュッセル(I)規則の前身であるブリュッセル条約に関するジュナール報告書（Jenard-Report）に言及しながら、承認国では判決国と同じ効力が認められるとしており、このことはブリュッセル(I)規則においても認められるとした（判決理由 34）。これは、判決国での国際裁判管轄の判断を他の構成国でも尊重すべきである、との趣旨と解される。ただし、後述のようにホフマン事件判決をこのように理解することには学説からの批判が強い。第 2 に、前述のような構成国裁判所間における相互信頼の原則から、ブリュッセル(I)規則 33 条では、構成国裁判所で下された判決は他の構成国において原則として承認されなければならず、また判決国裁判所の管轄は承認国で審査しないものとしていることから、判決国の管轄審査を承認国で行うことは相互信頼の原則に反すると述べる（判決理由 35）。第 3 に、ルガノ条約とブリュッセル(I)規則との関係から EU における相互信頼を根拠に挙げる。すなわち、本件で問題となったのはアイスランドの裁判所に管轄を合意したものであるが、同国は構成国ではないため、ブリュッセル(I)規則の適用はない。しかし、同国はルガノ条約の締約国であり[7]、同条約 23 条は本規則 23 条に相当する規定を有しているところ、承認国で管轄合意の有効性を審査することを認めてしまうと、EU 域内の裁判所間における相互信頼の原則に反することとなってしまうとして、ルガノ条約締約国であるアイスランドとの関係でも、ブリュッセル

---

7) ルガノ条約は、ブリュッセル(I)規則の前身であるブリュッセル条約の並行条約として知られる。ブリュッセル・ルガノ条約の関係については、たとえば、奥田安弘『国際取引法の理論』223 頁（有斐閣、1992 年）を参照。

（I）規則構成国間におけるのと同じ扱いをすべきであるとした（判決理由36）。第4に、規則36条からも明らかなように相互信頼の原則からは、判決国裁判所の判決を再審査することは許されないが、判決国裁判所が管轄の合意を有効と判断しているのに承認国裁判所が合意を無効と判断することができるとするのは実質的再審査禁止に反することになる、とした（判決理由37および38）。第5に、承認国では判決国裁判所の管轄審査を行うことができないとすることは、承認国裁判所はもはや当該事件について自国裁判所の管轄判断を行うことができないことを意味するが、これはEU法（Unionsrecht）の統一的適用の観点から正当化されるとする（判決理由39）。第6に、既判力という概念はEU法においては、判決主文（Tenor）のみならず、主文を導き出し、したがって主文とは切り離せない判決理由（Gründe, die den Tenor tragen und von ihm daher nicht zu trennen sind）にも生ずるとし、また、このような扱いはEU法の統一的適用からも支持されるとした。

　このようにして、ヨーロッパ裁判所は、ベルギー裁判所が下した自国裁判所が管轄を有しないとの判決はブリュッセル（I）規則33条にいう裁判に該当し承認適格を有すること、また、その際にベルギー裁判所がアイスランドの裁判所に管轄合意があることを認定した部分も承認対象となる、との結論を示した。

Ⅲ　ドイツにおける議論状況

1　承認対象

　このヨーロッパ裁判所判決は、どのように評価されているのであろうか。この判決が検討した問題は、大きく分けて、承認対象となる裁判とは何か、すなわち訴え却下判決も承認対象となるのか、そして、他国に管轄合意があることを理由に自国の国際裁判管轄を否定した外国判決は、内国においてどのような効力を有するのかという点に分かれる。

　前者の問題については、ドイツでは、かねてからブリュッセル（I）規則の解釈では争いがあった。かりに訴え却下判決は承認対象とならないとすると、次の論点である却下判決の承認とその判決効の範囲を検討する必要性はなくなることになる。では、この点について、従来どのような議論がなされてきたのか、

確認してみたい。ドイツでは、ブリュッセル（I）規則との関係では訴訟判決は承認適格を有するとの見解が通説とされる[8]。ただし、固有法であるドイツ民事訴訟法 328 条に関する解釈では承認適格を有しないとする見解が通説とされる[9]。

　ブリュッセル（I）規則の前身であるブリュッセル条約に関するシュロッサー報告書（Schlosser-Bericht）は、訴え却下判決は当然に承認対象となるとの説明をしている。すなわち、「訴えを不適法却下する判決を承認する義務がある（anerkennungspflichtig）。ドイツの裁判官が管轄を有しないと宣言した場合には、英国の裁判官は、ドイツの同僚［である裁判官が所属する裁判所］が本当は管轄を有していたとの理由づけを用いて自らの管轄を否定することはできない。もちろん、ドイツの訴訟判決は英国では本案について拘束力を有するものではない。英国の裁判官は、ドイツの訴訟判決が言い渡された後に申し立てられた場合、請求を認容する（あるいは、実体法上の理由に基づいて請求を棄却する）ことができる」と述べている[10]。ゴットヴァルトは、本説を支持する理由として、ブリュッセル（I）規則は 2 条以下で国際裁判管轄に関する統一的ルールを有していることから、内国裁判所は、すでに外国裁判所が既判力を伴って自らの管轄を否定した場合に、その外国裁判所が国際裁判管轄を有するものと判断することは許されないと説く[11]。

　他方、これに反対する見解も表明されている。ガイマー、ユンカー、ハウがこの立場に属する[12]。ハウは、次のように述べる。たとえば、外国裁判所が、専属的合意管轄があることを理由にドイツの裁判所だけが管轄を有するとして、本案審理をせずに訴えを却下したとする。この場合に、訴えが提起されたドイ

8）　Vgl. *Kropholler/v. Hein*, Europäisches Zivilprozessrecht, 9. Aufl. 2011, Vor Art. 33 EuGVO Rdnr. 13; *Münchener Kommentar/Gottwald*, ZPO, Bd. 3, 4. Aufl. 2013, Art. 33 EuGVVO Rdnr. 9; *Musielak/Stadler*, ZPO, 11. Aufl. 2014, Art. 33 EuGVVO Rdnr. 2; *Rauscher/Leible*, EuZPR/Eul PR, 2011, Art. 33 Brüssel 1-VO Rdnr. 5; *Stein/Jonas/Oberhammer*, ZPO, Bd. 10. 22. Aufl. 2011 Art. 32 EuGVVO Rdnr. 2; *Thomas/Putzo/Hüßtege*, ZPO, 35. Aufl.2014, Art. 32 EuGVO Rdnr.1.

9）　*Münchener Kommentar/Gottwald*, ZPO, Bd. 1, 4. Aufl. 2013, §328 ZPO Rdnr. 58.

10）　*Schlosser-Bericht*, Bericht zu dem Übereinkommen über den Beitritt des Königreichs Dänemark, Irland und des Vereinigten Königreichs Großbritannien und Nordirland zum Übereinkommen über die gerichtliche Zuständigkeit und die Vollstreckung gerichtlicher Entscheidungen in Zivil- und Handelssachen sowie zum Protokoll betreffend die Auslegung dieses Übereinkommens durch den Gerichtshof, in: Geimer/Schütze (Hrsg.), Internationaler Rechtsverkehr in Zivil- und Handelssachen. Bd. 2, 2009, S. 601-180.

11）　*Münchener Kommentar/Gottwald*, a.a.O.(Fn.8), Art. 33 EuGVVO Rdnr. 9.

ツ裁判所の管轄を認めた外国判決は、考慮には値するが拘束力は有しないという。そして、ドイツの裁判所は、独自に管轄問題を審査しなければならず、また、外国裁判所の判断と異なる結果に到達することができると述べる。また、このことは、ブリュッセル（I）規則の領域でもあてはまるという。

2 外国で下された訴え却下判決の国内的効力

　次に訴え却下判決が承認されるとした場合、内国ではどのような効果が認められるのか。ブリュッセル規則の解釈との関係では、より大きな問題である。この点に関する議論を紹介したい。

　まず、外国判決の効力が内国において有する効果としては、伝統的に大きく分けて3つの見解が対立する[13]。すなわち、効力拡張説、等値説（効力付与説）、累積的適用説である。このうちドイツにおける伝統的な立場は効力拡張説である。この見解は、判決国法上認められている判決効が承認国においてそのまま妥当する、すなわち判決国の効力が承認国に拡張されるとする立場である。ヨーロッパ裁判所は、1988年にブリュッセル（I）規則の前身であるブリュッセル条約の解釈との関係で、この立場に立つことを表明しており[14]、この立場はブリュッセル（I）規則においても踏襲されていると解されている。この1988年ヨーロッパ裁判所判決は次のような事案である。ドイツで別居生活の扶養料の支払いを命ずる判決が下された後に、オランダでその判決の執行が求められ、債務者の給料債権が差し押さえられた。しかし、オランダではすでに両者の離婚を認める判決が下されていたため、外国判決の承認拒絶事由であるブリュッセル条約27条3号（内外判決が相互に矛盾する場合には外国判決を承認しない）に該当するか否かが問題となった。この1988年ヨーロッパ裁判所判決は、内外国の双方の判決が矛盾する関係にあるかどうかは条約独自に判断されなければならないとした。そのため、判決国で下された判決が承認国でどのような効力を

12）　*Geimer*, in: Geimer/Schütze, Europäisches Zivilverfahrensrecht, 3. Aufl. 2010, Art. 32 Rdnr. 20; *Junker*, Internationales Zivilprozessrecht, 2012, S. 313; *Linke/Hau*, Internationales Zivilverfahrensrecht, 5. Aufl. 2011, Rdnr. 439.

13）　*Rauscher/Leible*, a.a.O.(Fn.8), Art. 33 Brüssel 1-VO Rdnr. 3　本書第 III 部第 1 章 362 頁。

14）　EuGH, Urt. v. 4. 2. 1988, NJW 1989, 663. 本判決については、石川明＝石渡哲編『EU の国際民事訴訟法判例』272 頁（信山社、2005 年）を参照。

有するかが、条約の適用上問題となった。裁判所は、「ブリュッセル条約 26 条に基づいて承認された外国判決は、承認国においては原則として判決国におけるのと同様の効力が及ぼされなければならない」とした。そして、「夫婦の一方に対して、婚姻に基づく義務により扶養料を相手方に支払うことを命ずる外国判決」と「当該婚姻を解消させる内国判決」はブリュッセル条約 27 条 3 号にいう矛盾する場合に該当するとした。この考えは、ブリュッセル条約の解釈に関するジュナール報告書に沿うものである[15]。同報告書では、「承認を通じて、判決が下された国の高権領域（Hoheitsgebiet）において認められる効果がその判決に認められる」としている。学説上も、効力拡張説はブリュッセル（I）規則との関係でも通説によって支持されている[16]。その根拠として、先述のジュナール報告書の考えを指摘するものや[17]、効力拡張説だけが EU 領域内における判決の通用力（Freizügigkeit von Entscheidungen）を真に実現させることができる[18]、といったものがある。この効力拡張説によれば、判決国における判決の効力の範囲が承認国法上のものよりも広い場合でも、承認されなければならないことになる。そこで、たとえば、判決国法によれば既判力を有する裁判が訴訟物のみならず先決的法律関係についても拘束力を有する場合には、この効力はドイツでも認められることになる[19]。また、比較的最近に下されたドイツ連邦通常裁判所判決も、ブリュッセル（I）規則が適用される事案において、オーストリア判決はドイツ法よりも広い判決効を有しているが、その場合でもドイ

---

15) *Jenard-Bericht*, Bericht zu dem Übereinkommen über die gerichtliche Zuständigkeit und die Vollstreckung gerichtlicher Entscheidungen in Zivil- und Handelssachen, in: Geimer/Schütze (Hrsg.), Internationaler Rechtsverkehr in Zivil- und Handelssachen, Bd. 2, 2009, S. 601-64.

16) *Adolphsen*, Europäisches Zivilverfahrensrecht, 2. Aufl. 2015, §5-15; *Geimer*, in: *Geimer/Schütze*, a.a.O.(Fn.12), Art. 33 Rdnr. 1; *Kropholler/v. Hein*, a.a.O.(Fn.8), Vor Art. 33 EuGVO Rdnr. 9; *Linke/Hau*, a.a.O.(Fn.12), Rdnr. 417; *Musielak/Stadler*, a.a.O.(Fn.8), Art. 33 EuGVVO Rdnr. 2; *Nagel/Gottwald*, Internationales Zivilprozessrecht, 7. Aufl. 2013, §12 Rdnr. 22; *Rauscher*, Internationales Privatrecht, 4. Aufl. 2012, Rdnr. 2282; *Rauscher/Leible*, a.a.O.(Fn.8), Art. 33 Brüssel 1-VO Rdnr. 3a; *Rosenberg/Schwab/Gottwald*, Zivilprozessrecht, 17. Aufl. 2010, §157 Rdnr. 8; *Schlosser*, EU-Zivilprozessrecht, 3. Aufl. 2009, Art. 33 EuGVVO Rdnr. 2; *Stein/Jonas/Oberhammer*, a.a.O.(Fn.8), Art 33 Rdnr. 10; *Thomas/Putzo/Hüßtege*. a.a.O.(Fn.8), Vorbemerkung zu Art. 32-56 Rdnr. 2.

17) *Kropholler/v. Hein*, a.a.O.(Fn.8), Vor Art. 33 EuGVO Rdnr. 9.

18) *Rauscher/Leible*, a.a.O.(Fn.8), Art. 33 Brüssel 1-VO Rdnr. 3a.

19) *Geimer*, in: Geimer/Schütze, a.a.O.(Fn.12), Art. 33 Rdnr. 13.

ツ国内に無制限にオーストリア判決の効力が拡張されると説いている[20]。このように、外国判決の効力は、内国に拡張されるとする見解がブリュッセル(I)規則における通説および実務を形成している。なお、このことは、ブリュッセル(I)規則が適用されず、ドイツの国内固有法（autonomes Recht）、すなわちドイツ民事訴訟法 328 条が適用される場面においても妥当するとの立場が通説といえる[21]。ただし、細部では見解が分かれる。まず、効力拡張説に従い、判決国法で認められている効力が承認国でも認められるとし、たとえば、判決国法上既判力が理由中の判断にも及ぶとされている場合には、ドイツにおいてもその効力は承認されるが、ドイツ法上まったく知られていない効力が内国公序に反する場合は承認されないとの見解がある[22]。他方で、効力拡張説を基本として、公序則の発動の余地を認めつつも、承認国では認められていない効力であっても、判決国で生じている以上は承認国で効力を有することを認める見解も主張されている[23]。

　第 2 の見解は、外国判決の効力は承認国によって効力が付与されるとの立場である（効力付与説、あるいは等値説と呼ばれる場合がある）。この見解は、外国判決も内国判決と同様の効力が与えられるにすぎないと説くことから、判決国がどこであろうと承認国裁判所が下した判決と同じ効果が生ずるため承認国の法的安定性に資するといえる。オーストリアでは伝統的にこの見解が支配的立場を有してきた[24]。しかし、同じ事件であっても承認国が異なると付与される効果が異なることから、判決の国際的調和が図られないなどとの批判を受け、ドイツでは現在のところ、ほとんど支持がない[25]。

---

20)　BGH, Beschl. v. 12. 12. 2007, FamRZ 2008, 400.

21)　Vgl. *Stein/Jonas/Roth*, ZPO, Bd. 5, 22. Aufl. 2006, §328 Rdnr. 7.

22)　ドイツ民事訴訟法 328 条の解釈につき、*Musielak/Stadler*, a.a.O.(Fn.8), §328 Rdnr. 35, *Nagel/Gottwald*, a.a.O.(Fn.16), §12 Rdnr. 115.　一般的にそのように述べるのは、*Rosenberg/ Schwab/Gottwald*, a.a.O.(Fn.16), §157 Rdnr. 8.

23)　ドイツ民事訴訟法 328 条の解釈につき、*Adolphsen*, a.a.O.(Fn.16), §5-81. ブリュッセル(I)規制につき、*Kropholler/v. Hein*, a.a.O.(Fn.8), Vor Art 33 EuGVO Rdnr. 9; *Tschauner*, in *Geimer/ Schütze* (Hrsg.), Internationaler Rechtsverkehr in Zivil- und Handelssachen, Bd. 1. 2009, S. 540-521.

24)　Vgl. *Geimer/Schütze*, Internationale Urteilsanerkennung, Bd. 1/2, 1984, S. 1388; *Matscher*, Einige Probleme der internationalen Urteilsanerkennung und -vollstreckung, ZZP 86 (1973), 404, 408; *Musger*, Zur Abänderung von Unterhaltstiteln in Sachverhalten mit Auslandsberührung, IPRax 1992, 108, 111.

第3に、判決国法と承認国法との累積的適用を認め、内国法で認められている判決効の範囲を限度として判決国法上有する効力が内国に拡張されるとの見解が、ドイツでは少数ではあるが有力説によって説かれている[26]。たとえば、シャックは、判決国で認められる判決効の範囲が承認国で認められている範囲を越えるものであるときには、承認国の手続原則の重大な侵害をもたらしかねないとして、制限をする必要性を説く。すなわち、承認国で内国後訴が提起された場合に後訴の裁判官が、前訴に関与しなかった第三者に対しても拘束力が生じるような外国判決に拘束されるならば、誤審のおそれが生ずることになるという。そして、判決効が広ければ広いほど、手続は危いものになるため、承認国の狭い判決効によって制限をする必要性があると述べる。また、今日多くの見解は効力拡張説を支持するが、シャックによればそのように解する条文上の根拠はなく、また、シュロッサー報告書は各国の既判力に関する効果は相当程度異なっていることを指摘しており、この問題を判決承認によって一般的に解決することは意図していないから、先述のジュナール報告書は効力拡張説の根拠たりえないと述べる。

3 ヨーロッパ裁判所 2012 年判決に対する反応

本判決は、比較的最近に公刊されたこともあり、文献上の指摘はあまり多くない[27]。その中で筆者が参照することができた評釈での評価は様々であり、賛意を示すものから、説得力をまったく有しないとして厳しく批判するものまである。

ある実務家は、この判決に賛成意を示す評釈を表している[28]。まず、ブリュッセル(I)規則にいう「裁判」に本判決が含まれることについては、この概念は条約独自に解されるべきであり、訴訟判決（却下判決）も含まれるべき

---

25) ドイツ民事訴訟法 328 条の解釈として効力付与説に立つのは、vgl. *Jark*, Abänderung und Aufhebung sowjetzonaler gerichtlicher Entscheidungen durch Gerichte der Bundesrepublik, Ehe und Recht 1956, 296, 298; *Spiecker-Döhmann*, Die Anerkennung von Rechtskraftwirkungen ausländischer Urteile, 2002, S. 74.

26) *Schack*, Internationales Zivilverfahrensrecht, 6. Aufl. 2014, Rdnr. 885 f.

27) 本判決に言及する教科書、注釈書として、*Nagel/Gottwald*, a.a.O.(Fn.16), §12 Rdnr. 22; *Schack*, a.a.O.(Fn.26), Rdnr. 1009a: *Thomas/Putzo/Hüßtege*, a.a.O.(Fn.8), Art. 33 EuGVVO Rdnr. 3.

28) Kremmel, *European Law Reporter 2013*, S. 196, 199 ff.

であるとして、ヨーロッパ裁判所の判決に賛成する。次に、判決国である構成
国裁判所が別の構成国裁判所に専属的合意があることにより訴えを却下した際
に、管轄合意が有効であるとした判断に承認国裁判所は拘束されるのか、すな
わち、判決理由にも拘束されるのかという問題についても、これを肯定した
ヨーロッパ裁判所に賛成している。その際、この評者は次の点を理由として挙
げている。第1に、矛盾判決の回避を挙げる。ブリュッセル(I)規則の目的と
して検討理由15は矛盾判決の回避を挙げるが、各国が独自に自国の国際裁判
管轄の判断をなしうるとすると、管轄判断についての統一性が図られなくなる
ため、それを回避する必要があるとする。第2に、ブリュッセル(I)規則36条
は外国判決の承認に際しては実質的再審査の禁止を定めていることから、ドイ
ツの裁判所は合意が有効であることを前提に自国の管轄の有無を審理しなけれ
ばならないこととなる。第3に、かりに合意の有効性について拘束力が生じな
いとすると、フォーラム・ショッピング、とくにトルピード訴訟 (Torpedoklagen)
への途を認めることにつながりかねない点を挙げる[29]。この評者の危惧は、た
とえば次のような場合を考えてみると理解しやすいと思われる。すなわち、A
国の裁判所で給付訴訟が提起されたが、受訴裁判所は、B国に専属的管轄合意
があることを理由に訴えを却下したとする。この場合に、A国訴訟の被告が、
専属的合意は無効であるとしてC国で原告となって債務不存在確認訴訟を提
起したとする。この場合、ブリュッセル(I)規則で採用されている前訴優先
ルールの下では、このような場合でも先に係属しているC国裁判所での手続
が優先し、管轄合意がなされたB国裁判所は、C国の裁判所がB国での管轄
合意が有効であるとして訴えを却下するまでは手続を中止することになる (ブ
リュッセル(I)規則27条1項)。したがって、債務不存在確認訴訟の原告は、イ
タリアのような訴訟手続が非常に長くかかる国をC国に設定することで、相手
の権利実現の手段を事実上、長期間遮断することが可能になる。このような、
管轄合意を無視して訴訟手続に長期間要する国に濫用的に訴えが提起された場
合でも、前訴優先ルールが妥当するのかが争われた事件がある。ヨーロッパ裁

---

29) トルピード訴訟については、たとえば、vgl. *Sander/Breßler*, Das Dilemma mitgliedstaatlicher
Rechtsgleichheit und unterschiedlicher Rechtsschutzstandards in der Europäischen Union, ZZP 122
(2009), 157 ff.

判所は、前訴優先ルールはこのような場合でも妥当するとした[30]（しかし、この判決に対しては、合意管轄の効力を著しく減殺してしまうことになるなどとして各国から批判が強く、2012 年ブリュッセル（I）規則の改正によりルールが改められた[31]）。このような状況からすると、A 国裁判所が下した、B 国裁判所への専属的合意が有効であるとする判断に拘束力を認めることで、トルピード訴訟が回避されることになると考えられる。第 4 に、管轄の消極的抵触の回避（Vermeidung eines negativen Kompetenzkonflikts）が可能になる点が挙げられる。すなわち、前訴裁判所による管轄合意の有効性に関する判断に拘束力が認められれば、いずれの国でも裁判を受けることができなくなる事態が避けられることになる。換言すると、合意された国以外の国で訴えを提起したところ合意が有効とされ訴えが却下されたのに、管轄が合意された国では合意は効力を有しないと判断されてしまうと、国際的な裁判拒絶の状態が生じてしまうが、管轄合意の有効性に関する判断に拘束力が認められるならばこのような事態が回避されるというのである。

　他方、この判決に対する批判的な評釈が研究者サイドから公にされている[32]。批判説の理由は、従来のヨーロッパ裁判所の判例の考えを前提とする限り、判決国法での効力が承認国でどのように扱われるのかを論じないままでは、理由中の判断に拘束力が生ずる根拠を導き出すことは困難であるという点にある。既述のように、ヨーロッパ裁判所は、ホフマン事件判決において、ブリュッセル条約上は独自の既判力概念を持たず、判決国の既判力が承認国に拡張されるとする効力拡張説を採用することを宣言した[33]。そこで、ホフマン判決以来の考え方からするならば、判決国であるベルギー判決がどのような効力を却下判決に認めるのかが決定的な基準になるはずである。ドイツ法では民事訴訟法322 条により先決的法律関係には既判力は生じないが[34]、フランス法、イング

30）　EuGH, Urt, v. 9. 12. 2003, IPRax 2004, 243.　同事件については、野村秀敏＝安達栄司『最新 EU 民事訴訟法判例研究 I』296 頁〔安達〕（信山社、2013 年）を参照。

31）　この点については、芳賀雅顯「国際裁判管轄の専属的合意と国際的訴訟競合の関係」慶應法学 28 号 273 頁（2014 年）を参照。

32）　*Bach*, Deine Rechtskraft? Meine Rechtskraft!, EuZW 2013, 56; *Hau*, LMK 2013, 341521; *Roth*, Europäischer Rechtskraftbegriff im Zuständigkeitsrecht?, IPRax 2014, 136 は、いずれも本判決に反対する。

33）　EuGH, Urt v. 4. 2. 1988, NJW 1989, 663.

34）　Vgl. *Stein/Jonas/Leipold*, ZPO, 22. Aufl. 2008, Bd. 4, §322 Rdnr. 80 ff.

ランド法、そして本件で問題となるベルギー法上は先決関係について既判力が
生じるとされている[35]（その際、たとえば、ベルギー法の既判力の範囲はドイツ法よりも
広いからといってドイツ法によって制限はしない（無制限の効力拡張説）というのが、ドイ
ツ連邦通常裁判所の考えである[36]）。したがって、国際裁判管轄を否定したベル
ギー裁判所の裁判につき、ベルギー法上どのような効力が認められているのか
が問われなければならなかったと説かれる[37]。本判決でもヨーロッパ裁判所は、
ホフマン判決を根拠の1つに挙げているが、むしろ裁判所は理論的根拠として
ブリュッセル（I）規則がEU法（Unionsrecht）であることから統一的判断を行う必
要があるとの点に力点を置いている。そこで、ロートやハウ、バッハは、本判
決のヨーロッパ裁判所は、管轄の問題については従来の支配的な立場である効
力拡張説から明白に乖離していると理解する[38]。また、ハウは、消極的管轄の
抵触（国際的無管轄）を回避することが重要であることには異論はなく、すでに
管轄を有しないことを構成国裁判所が既判力で確定したにもかかわらず、その
国に管轄があると別の構成国裁判所が判断するのを阻止することは意味のある
ことであるとしながらも、ヨーロッパ裁判所がいうような拘束力が現行法の解
釈論（de lege lata）として根拠づけられるのかは疑問であるとしている[39]。

　なお、外国裁判所の判決の国内的効力に関して、近時有力に説かれている累
積的適用説（Kumulationstheorie）[40]によって本事案を処理する場合には、判決国で
あるベルギー判決の効力は、承認国のドイツ訴訟法で認められている範囲での
み効力を有することになる。したがって、ベルギー法、ドイツ法ともに訴訟判
決は既判力を有するが、ベルギー判決の既判力がドイツで及ぶ範囲は、国際裁
判管轄を有しないためにベルギーでは本案判決をなしえないと裁判所が判断し
た部分に限られる[41]。したがって、ベルギーの訴訟判決が根拠にした、合意管

---

35) *Roth*, a.a.O.(Fn.32), S. 137; vgl. *Koch*, Unvereinbare Entscheidungen i.S.d. Art. 27 Nr. 3 und 5 EuGVÜ und ihre Vermeidung, 1993, S. 137.

36) BGH, Beschl. v. 12. 12. 2007, FamRZ 2008, 400.

37) *Habscheid*, Zur materiellen Rechtskraft des Unzuständigkeitsentscheids, in: FS. Nakamura, 1996, S. 203, 207 ff. に管轄を有しないことを理由とする訴訟判決が既判力を有するか否か について比較法的検討がある。

38) *Bach*, a.a.O.(Fn.32), S. 58; *Hau*, LMK 2013, 341521; *Roth*, a.a.O.(Fn.32), S. 138.

39) *Hau*, LMK 2013, 341521.

40) *Schack*. a.a.O.(Fn.26), Rdnr. 886. また、ドイツ民事訴訟法328条の解釈としてではあるが、 ロートは、累積的適用説を支持する。*Stein/Jonas/Roth*, a.a.O.(Fn.21), §328 Rdnr.8.

轄が有効であると判断した部分はドイツ法では拘束力が認められないため、ブレーメン地方裁判所が合意は無効であると判断して本案判決を下すことは妨げられないことになる[42]。

IV 検討

1 ヨーロッパで活動する日本企業（日本人）への影響[43]

　この判決はブリュッセル(I)規則の解釈をめぐる問題である。そこで、ブリュッセル(I)規則の適用がある国において活動している日本企業に対しては、本判決は大きな影響を有することになる。ブリュッセル(I)規則の適用があることを前提にA国裁判所が、B国裁判所を専属管轄とする合意管轄の有効性を肯定してA国の国際裁判管轄を否定した場合、C国では承認拒絶事由がない限りA国裁判所の判決が承認されるが、その承認はA国の管轄否定の判断だけでなく、B国裁判所の専属的合意の有効性の判断にも及ぶことになる。このことは、ブリュッセル(I)規則の解釈として導かれるものであり、法廷地訴訟法が国内法上どのような態度を取っているのかということとは無関係である。それゆえ、本章で紹介した2012年ヨーロッパ裁判所判決と逆のケース、すなわち、ドイツの裁判所がアイスランドに専属的合意があることを理由に訴えを却下した場合、当事者がベルギーの裁判所に訴えを提起したとしても、ベルギー裁判所は、——判決国であるドイツ国内訴訟法上は理由部分には拘束力が生じないにもかかわらず——合意管轄の有効性を肯定したドイツの裁判所の判断に拘束されることになる[44]。したがって、管轄合意の有効性をもはや別の構成国において争うことはできないことになる。当事者にとっては、法廷地国の国内訴訟法がどのような扱いをしているのかということに関係なく、管轄合意の有効性を別の構成国で再度争うことができなくなるため、最初の法廷地において十分攻撃防御を尽くしておく必要がある。

41）　Vgl. *Stein/Jonas/Leipold*, a.a.O.(Fn.34), §322 Rdnr. 126.

42）　*Roth*, a.a.O.(Fn.32), S. 138.

43）　長田・前掲注4）36頁も参照。

44）　*Roth*, a.a.O.(Fn 32), S. 138. この判決に対してロートは、両当事者に既判力が不適切な形で拡張され、不意打ちとなると評する。

なお、この判決の射程がどこまで及ぶのかについては、見解が分かれている[45]。また、この判決の影響は管轄レベルにとどまらず、本案訴訟にも影響が及ぶ可能性が指摘されている[46]。そこでは、次のような例が挙げられている。A国在住の原告が、B国在住の被告を相手に、当事者間で管轄の合意をしたC国で訴えたとする。しかし、C国裁判所は、管轄を有しないとして訴えを却下し、その理由として被告は契約締結に際して有効に代理がなされていなかったため管轄合意は効力を有しなかったと判断したとする。そこで原告は、今度は被告の住所地国であるB国で訴えを提起した場合、2012年判決によればB国裁判所は管轄が有効であることを理由に訴えを却下することはできない。しかし、この場合、B国裁判所は本案の判断に際して、A国裁判所の判断と異なり有効に代理がなされたと判断することができるのであろうか、と。この点は今後議論が生じると思われる。

2　日本法の解釈

本章で紹介した判決は、ブリュッセル(I)規則の適用に関する判決であり、わが国の解釈論に直接影響を及ぼすものではない。しかし、わが国の解釈としても外国判決の承認をめぐる視座を提供する重要な判決であると考えられる。先のヨーロッパ裁判所判決は、いくつかの根拠を持ち出して先の結論を導き出しており、このうち、ブリュッセル(I)規則の統一的解釈の必要性といった規則固有の視点もあるが、日本法との関係でも検討に値する問題を提起している。

まず、外国で下された訴え却下判決がわが国でも承認されるのか、という問題がある。2012年ヨーロッパ裁判所判決は、訴え却下判決も承認の対象となると判断し、ブリュッセル(I)規則に関するドイツの通説も、同じ立場である[47]。これに対して、ドイツ民事訴訟法328条の解釈では、訴え却下判決は承認適格を有しないと解するのが通説である[48]（つまり、ドイツでは訴え却下判決の承認適格は、ブリュッセル(I)規則では肯定、民事訴訟法328条では否定ということになる）。その理由として、本条にいう「判決（Urteil）」は、申し立てられた法的主張に

---

45)　長田・前掲4）36頁。

46)　Vgl. *Bach*, a.a.O.(Fn.32), S.58.

47)　前掲注8）を参照。

関して終局的に下されたことが必要であるところ[49]、外国の訴え却下判決は、本案についての終局的な言い渡しを含むものではないから承認適格を有しないとされる。また、より本質的な理由としては、外国での訴え却下判決は当該判決国にとって重要であるのみで、承認国にとっては意味がないと説かれる[50]。したがって、たとえ判決国法上訴え却下について既判力が生じるとされていても、承認適格を有しないことになる[51]。連邦通常裁判所の判例も、承認適格を否定する[52]。このように、純粋に手続的性質を有する裁判は承認されないと説かれており、外国での訴訟差止命令（anti-suit injunction）も同じ理由により承認適格を有しないとされる[53]。ただし、訴訟費用の決定は承認される[54]。以上のような伝統的理解に対して、近時、ゴットヴァルトは、たとえば、仲裁合意が有効であることを理由に訴えを却下した判決が既判力を有するときには、他国においても承認される必要性があると述べて、訴訟判決の承認適格をブリュッセル（I）規則のみならずドイツ民事訴訟法 328 条の場面でも認める見解を唱えている[55]。

わが国も、このドイツ民事訴訟法 328 条における通説・判例と同様の解釈が踏襲されている。日本の民事訴訟法 118 条は、外国判決承認の要件を定めているが、その柱書きが定めている「判決」とは（民事執行法 24 条 1 項と同様）、「実体私法上の請求権につき当事者双方の審尋を保障する手続において裁判所が終局的にした裁判である」とされている[56]。また、判例は民事執行法 24 条との

48）　Vgl. *Geimer*, Internationales Zivilprozessrecht, 6. Aufl. 2009, Rdnr. 2851; *Henrich*, Zur Klage auf Vaterschaftsfeststellung und Zahlung von Regelunterhalt im Inland nach vorheriger erfolgloser Vaterschaftsfeststellungsklage im Ausland, IPRax 1985, 207, 208; *Münchener Kommentar/ Gottwald*, ZPO, a.a.O.(Fn.9), §328 ZPO Rdnr. 58; *Staudinger/Spellenberg*, BGB (2005), §328 ZPO Rdnr. 185; *Stein/Jonas/Roth*, a.a.O.(Fn.21), §328 Rdnr. 55; *Thomas/Putzo/Hüßtege*, a.a.O.(Fn.8), § 328 Rdnr. 2; *Zöller/Geimer*, ZPO, 30. Aufl. 2014, §328 Rdnr. 68.

49）　ライヒ裁判所以来の伝統的な考えであるとされる。Vgl. *Geimer*, a.a.O.(Fn.48), Rdnr. 2851.

50）　*Zöller/Geimer*, a.a.O.(Fn.48), §328 Rdnr. 39.

51）　*Schütze*, Das internationale Zivilprozessrecht in der ZPO, 2. Aufl. 2011, §328 Rdnr. 14.

52）　BGH, Urt. v. 27. 6. 1984, NJW 1985, 552, 553.

53）　*Münchener Kommentar/Gottwald*, ZPO, a.a.O.(Fn.9), §328 ZPO Rdnr. 58.

54）　*Geimer*, a.a.O.(Fn.48), Rdnr. 2858; *Schack*, a.a.O.(Fn.26), Rdnr. 900; *Stein/Jonas/Roth*, a.a.O.(Fn.21), §328 Rdnr. 54; *Zöller/Geimer*, a.a.O.(Fn.48). §328 Rdnr. 39d.

55）　*Nagel/Gottwald*, a.a.O.(Fn.16), §12 Rdnr. 143.

関係で次のように述べる。すなわち、「民事執行法 24 条所定の『外国裁判所の判決』とは、外国の裁判所が、その裁判の名称、手続、形式のいかんを問わず、私法上の法律関係について当事者双方の手続的保障の下に終局的にした裁判をいうものであり、決定、命令等と称されるものであっても、右の性質を有するものは、同条にいう『外国裁判にあたる』」と述べる[57]。ところで、民事訴訟法 118 条にいう判決は本案判決を指すというのが伝統的理解であるため、通説によれば訴訟判決はこれに含まれないことになる[58]。これに対して高桑教授は、「外国裁判所の判決であれば、……訴えを却下した判決でも差し支えない」と述べて、訴訟判決も承認適格を有するとの立場を支持される[59]。その理由として、「外国で訴訟要件不備で却下された判断の効果は内国での法律関係に影響を及ぼさないだけであって、これらをあえて外国裁判所の判決から除くという解釈をとるまでの必要はない」とされる[60]。

　筆者は民事訴訟法 118 条の判決に訴訟判決を含ませる少数説に賛成する。この解釈は、条文の文言からは素直な解釈といえるし、また承認適格を有する判

---

56)　中野貞一郎『民事執行法』195 頁（青林書院、増補新訂第 6 版、2010 年）。同旨を述べる文献として、秋山幹男ほか『コンメンタール民事訴訟法(2)』511 頁（日本評論社、第 2 版、2006 年）、石川明＝小島武司『国際民事訴訟法』137 頁〔坂本恵三〕（青林書院、1999 年）、兼子一ほか『条解民事訴訟法』625 頁〔竹下守夫〕（弘文堂、第 2 版、2011 年）、木棚照一＝松岡博＝渡辺惺之『国際私法概論』344 頁〔渡辺〕（有斐閣、第 5 版、2007 年）、斎藤秀夫ほか編『注解民事訴訟法(5)』118 頁〔小室直人＝渡部吉隆＝斎藤秀夫〕（第一法規、第 2 版、1991 年）、鈴木忠一＝三ケ月章編『注解民事訴訟法(1)』388 頁〔青山善充〕（第一法規、1984 年）、鈴木正裕＝青山善充編『注釈民事訴訟法(4)』357 頁〔高田裕成〕（有斐閣、1997 年）、中野俊一郎「外国判決の執行」新堂幸司監修『実務民事訴訟講座(6)』445 頁（日本評論社、第 3 期、2013 年）、本間靖規＝中野俊一郎＝酒井一『国際民事訴訟法』181 頁〔中野〕（有斐閣、第 2 版、2012 年）、松本博之＝上野泰男『民事訴訟法』643 頁（弘文堂、第 7 版、2012 年）。

57)　最判平成 10 年 4 月 28 日民集 52 巻 3 号 853 頁。香港の裁判所が下した訴訟費用負担命令の承認が問題となった事案である。もっとも、従来の学説は、本案判決のみが承認適格を有することを前提に、訴訟費用の裁判は本案に従属性を有することから例外的に承認されるという考えであった。たとえば、渡辺惺之「判批」判例評論 484 号 42 頁（1999 年）は、訴訟費用の負担を命ずる裁判は実体的な権利義務それ自体に関する裁判ではなく付随的裁判であるが、国際的な執行が認められる必要性が高いため承認適格が認められると述べる。

58)　この点を明言するのは、鈴木＝青山編・前掲注 56）358 頁〔高田〕。

59)　高桑昭「外国判決の承認及び執行」鈴木忠一＝三ケ月章監修『新・実務民事訴訟講座(7)』134 頁（日本評論社、1982 年）。

60)　高桑昭『国際民事訴訟法・国際私法論集』144 頁（東信堂、2011 年）。

決を本案判決に限定しないと解しても、訴訟費用負担命令の承認が問題となった最判平成 10 年の結論と矛盾することもないと考えられる。本案判決で賠償を命ずる判決が承認される以上は、その訴訟手続に要する費用の支払いを命ずる裁判所の判断もまた、承認されるべきである。その際の裁判所の判断形式は国によって異なり、本案の判断との独立性が強いものもあるが[61]、従来の下級審裁判例は、このような訴訟費用支払いを命ずる判断にも承認を認めてきたし[62]、また最判平成 10 年も同様に承認適格を肯定している。学説においても、その結論に異論はないといってよい[63]。しかし、本案に付随するとはいえ、本案の判断を行っているとはいえない訴訟費用の裁判について承認を認める以上、むしろ本案に関する判断に限るという限定を外してもよいのではないだろうか（少なくとも民事訴訟法 118 条の解釈としては従来の判決概念を広げることに支障はないと考える）。このように、本条にいう判決を訴訟物に関する判断に限定しないと解し、付随的裁判や訴訟判決もまた、承認適格を有すると考える。

　このように解した場合、民事訴訟法 118 条にいう判決と民事執行法 24 条 1項にいう判決との関係は同一ではないことになる。訴訟判決は執行を予定していないからである。もっとも、従来から、本来的な強制執行を予定していない確認判決や形成判決も承認対象として認められてきており[64]、その意味でも両

---

61)　『最高裁判所判例解説民事編平成 10 年度（上）』469 頁〔河邉義典〕（法曹会、2001 年）。

62)　東京地判昭和 42 年 11 月 13 日下民集 18 巻 11 = 12 号 1093 頁、名古屋地判昭和 62 年 2月 6 日判時 1236 号 113 頁、東京地判平成 6 年 1 月 31 日判時 1509 号 101 頁、東京地判平成 10 年 2 月 24 日判時 1657 号 79 頁。名古屋地判昭和 62 年判決は、「本件外国判決は、従たる裁判として訴訟費用額確定決定が付されているが、決定であっても、外国裁判所の裁判であり、かつその基礎は本案たる本件外国判決であるから、右決定の承認についても民訴法 200 条を準用して、本件外国判決と同一の条件でその効力を承認しうると解するを相当とする」とした。

63)　参照、兼子ほか・前掲注 56) 625 頁〔竹下〕、鈴木 = 三ケ月編・前掲注 56) 388 頁〔青山〕、中野（俊）・前掲注 56) 446 頁。承認適格を肯定した、注 62) 名古屋地判昭和 62 年判決の評釈のうち、石黒一憲「判批」ジュリスト 974 号 90 頁（1991 年）、貝瀬幸雄「判批」法学教室 82 号 89 頁（1987 年）、小林秀之「判批」判タ 668 号 46 頁（1988 年）、小林秀之「判批」判タ 677 号 281 頁（1988 年）は、賛成している。注 62) 東京地判平成 10 年の評釈である、竹下啓介「判批」ジュリスト 1187 号 108 頁（2000 年）も、外国裁判所による訴訟費用額確定決定の承認適格そのものは認められることを前提にしていると考えられる。また、注 57) 最判平成 10 年の評釈も、香港の訴訟費用負担命令の承認適格を肯定した裁判所の判断に賛成しているものがある。山本和彦「判批」重判平成 10 年度 298 頁、渡辺・前掲注 57) 42 頁。

418　第Ⅲ部　効果論

条の判決概念は一致しないことが予定されていたともいえる。

　外国裁判所が自国に国際裁判管轄がないことを理由に訴え却下判決を下した場合に、この却下判決の承認に際しては民事訴訟法 118 条 1 号との関係が問題になる。すなわち、承認要件を充足しない（間接管轄を有しない）外国判決を承認する場合があるからである（もっとも、間接管轄の判断基準は承認国法である）。しかし、そもそも本号の趣旨は、ロングアーム法のような過剰管轄を有する法廷地国裁判所が管轄権を行使した場合に、被告の管轄の利益を承認国の立場から確保する点にある[65]。このような観点からするならば、判決国が自国の国際裁判管轄を否定した訴え却下判決を承認することは、民事訴訟法 118 条 1 号の趣旨に反するものではないといえる。したがって、この場合は、条文の文言に反するものの承認を認めても差し支えないと解する。

　しかし、民事訴訟法 118 条にいう判決に訴訟判決を含ませた場合に、「外国で訴訟要件不備で却下された判断の効果は内国での法律関係に影響を及ぼさない」[66]と解すべきかどうかは、検討の余地がある。承認適格を有すると考える以上は、その効力は、外国判決の国内的効力の問題として考えるべきと思われる。少なくも、外国裁判所が自国の国際裁判管轄を否定している場合、承認国であるわが国の裁判所は、その外国が国際裁判管轄を有すると判断してわが国の国際裁判管轄を否定することはできないと解すべきであろう。そのように解さないと、国際的無管轄を生じさせてしまう場合がありえ、当事者の権利保護を途絶させかねないことになるからである。それを越えていかなる効力を認めるのかについては、外国判決の承認国における効力をどのように解するのかによって異なると考える。外国判決の承認国における効果について、わが国では、見解が分かれる。判決国の効力が承認国に拡張されるとする効力拡張説[67]、外国判決は承認内国で認められる効力が付与されるにすぎないとする効力付与説[68]、

---

64)　かつては、形成判決について民事訴訟法 118 条の適用があるかが問題とされていたが、現在は、同条の適用があるとするのが通説の立場である。参照、木棚ほか・前掲注 56) 346 頁。

65)　鈴木＝青山編・前掲注 56) 370 頁〔高田〕。

66)　高桑・前掲注 60) 144 頁。

67)　秋山ほか・前掲注 56) 510 頁、兼子ほか・前掲注 56) 621 頁〔竹下〕、澤木敬郎＝道垣内正人『国際私法入門』335 頁（有斐閣、第 7 版、2012 年）、高桑・前掲注 59) 128 頁、本間＝中野＝酒井・前掲注 56) 177 頁〔中野〕、松本＝上野・前掲注 56) 638 頁。

そして、判決国法上有する効力は承認国法が認める限度で承認国において認められるとする累積的適用[68]、が説かれている。もっとも効力拡張説は、判決国法である外国法による効力の拡張を内国に認めるものの、承認国法である日本法による修正の余地を認める[70]。わが国の判例は、効力拡張説によっていると考えられる[71]。この点については、筆者は、効力拡張説に賛成する。詳細は本書の他の箇所に譲るが[72]、効力拡張説による場合には承認国がいずれであろうと判決国法による効力が各国で認められるため、国際的な法的安定性が確保される点で同説にはメリットがある。また、訴訟活動を行った当事者が判決に拘束されるのは、判決国である法廷地での訴訟活動を行った結果に他ならず、その意味で当事者が判決国での判決効に拘束されるのは判決国においては当然であるが、それを越えて各承認国においても同様の形で拘束されるとの扱いが当事者の予測に適うと考えられる。他方、その当事者が、承認国ごとに異なった効力に拘束されるとするのは、当事者の予測可能性を害することになりかねないといえる。したがって、外国の法廷地で訴え却下判決が下された場合、承認国である日本では法廷地国で認められている効力が認められると解する[73]。そこで、判決国法上理由中の判断に拘束力が認められている場合には、その拘束力はわが国においても承認されると考える。たとえば、A 国裁判所が、B 国での仲裁合意が有効であることを理由に訴えを却下したときに、A 国訴訟の原告が日本の裁判所で再度訴えを提起した場合、A 国法によれば合意の有効性の部分にまで拘束力が認められるのであるならば、わが国でもその効力を認める

---

68) 石黒一憲『現代国際私法（上）』421 頁（東京大学出版会、1986 年）、貝瀬幸雄『国際化社会の民事訴訟』429 頁（信山社、1993 年）、高田裕成「財産関係事件に関する外国判決の承認」澤木敬郎＝青山義充編『国際民事訴訟の理論』378 頁（有斐閣、1987 年）。

69) 細野長良『民事訴訟法要義(4)』230 頁（巌松堂、1934 年）。

70) たとえば、秋山ほか・前掲注 56）510 頁。

71) 最判平成 9 年 7 月 11 日民集 51 巻 6 号 2530 頁。

72) 本書第 III 部第 1 章 392 頁。なお、外国判決の執行力の国内的効力については、日本ではドイツにおけるのと同様に効力付与説が通説であるが、筆者は効力拡張説が適切ではないかと考えている。本書第 III 部第 3 章。

73) なお、中西康ほか『国際私法』178 頁（有斐閣、2014 年）を参照。実質的審査禁止の原則との関係も問題となるが、本章では論じることはできなかった。いずれ機会を得たいと考えている。実質的再審査禁止の原則については、中西康「外国判決の承認執行における révision au fond の禁止について(1)〜(4・完)」法学論叢 135 巻 2 号 1 頁、4 号 1 頁、6 号 1 頁、136 巻 1 号 1 頁（1994 年）を参照。

べきである[74]。ただし、A 国裁判所が特定の国、たとえば「日本」に国際裁判管轄があるとの理由で訴えを却下した場合、その部分はわが国では承認されないと解する[75]。ある渉外事件において日本の裁判所に国際裁判管轄があるか否かはわが国の司法権行使の可否にかかわる問題であり、日本の裁判所が独自に判断すべき事項といえるし、管轄判断の統一性の確保という点からも、日本の裁判所の専権事項といえる。したがって、外国裁判所が、日本の裁判所が管轄を有すると判断したとしても、その部分は民事訴訟法 118 条 1 号に基づきわが国では承認されないと解する。

V　まとめと展望

　本章は、外国裁判所への合意管轄が有効であることを理由に判決国裁判所が訴えを却下した場合に、却下判決は承認適格を有するのか、また、訴え却下判決のどの部分に承認国で拘束力が生じるのか否か、生ずるとしたらどの範囲なのかという問題について、ブリュッセル(I)規則に関する解釈としてヨーロッパ裁判所が下した判決と、ドイツにおける議論を参考に検討した。本章を簡単にまとめると、次のようになる。2012 年ヨーロッパ裁判所判決は、訴え却下判決がブリュッセル(I)規則 32 条との関係で承認適格を有することを認め、また、判決国裁判所による管轄合意の有効性の判断について拘束力を認めて判決国以外の構成国の裁判所はこれに拘束されるとした。そして、その根拠としてEU 法（Unionsrecht）としてのブリュッセル(I)規則の統一的解釈の必要性などを挙げた。たしかに、合意管轄に関する各構成国裁判所の判断が異なる場合には、管轄の消極的抵触（国際的無管轄）が生じるおそれがあることから、ある渉外事件における国際裁判管轄の有無について構成国間で統一的判断を確保するためには、このような扱いは適切であるとの意見もある。しかし、従来のヨーロッパ裁判所の判例（ホフマン判決）と異なるアプローチを採用したため、ドイツでは批判が強い。つまり、従来、ヨーロッパ裁判所は訴訟物については規則独自の解釈（核心理論）を採用していたが[76]、外国判決の効力については判決国法が

74）　Vgl. *Nagel/Gottwald*, a.a.O.(Fn.16), §12 Rdnr. 143.
75）　芳賀・前掲注 31）299 頁。

基準となるとする効力拡張説によっていた[77]。この考え方を前提にする場合、判決国法上訴え却下判決の効力についてどのような考えによっているのかがまず問われるべきであるが、ヨーロッパ裁判所は、このような点を考慮することなく EU 法としての解釈の統一性を理論的根拠に挙げて、規則独自の解釈により管轄判断については先決的法律関係にも拘束力が生じるとした。したがって、ブリュッセル(I)規則は 2 種類の既判力を認めたことになると評されている。すなわち、本案の判断についてはホフマン事件判決以来の効力拡張説が妥当し、判決国法による既判力が承認国に拡張される。他方で、管轄についてはブリュッセル(I)規則独自の既判力論が妥当することになる[78]。

わが国では外国判決の承認に際して、「判決」は訴訟物に関する判断を指すとの見解が支配的である。しかし、条文上はとくに制限はなく、本案判決は承認されるが訴訟判決はそもそも承認対象ですらないとする合理性はないように思われるし、また、訴訟費用の支払いを命ずる外国の裁判について従来の学説・判例は承認適格を肯定してきたことからすると、承認適格を有する外国判決という法概念を訴訟物に関する判断に限定する必要性はないと考えられる（また、判決概念は承認を予定している民事訴訟法 118 条と執行を予定している民事執行法 24 条は同一ではないと考える）。したがって、ある外国裁判所が判決国（A 国）として、別の国（B 国）において仲裁を行うとする合意が有効であることを理由に、訴えを却下した場合には、わが国でもその訴訟判決を承認すべきである。それによって、同じ当事者がわが国で訴えを提起した場合、すでに却下判決が下された A 国に管轄があるとして、わが国の裁判所が訴えを却下することは許されないことになる。国際裁判管轄の有無は判決国においてのみ意味を有するとの考えもあるが、外国判決の効力について効力拡張説を採る場合には、承認国においても意味を有することになる。すなわち、判決国が訴え却下判決にどのような効力を認めるのかによって、承認国においても扱いは異なることになる。ただし、判決国裁判所が仲裁合意を理由に訴えを却下している場合と異なり、自国以外のある特定の国に管轄があるとの判断をしている場合には、その部分

76）　EuGH, Urt. v. 8. 12. 1987, NJW 1989, 665.
77）　EuGH, Urt. v. 4. 2. 1988, NJW 1989, 663.
78）　*Roth*, a,a.O.(Fn.32), S. 138.

は民事訴訟法118条1号に基づき承認されないと解する。国際裁判管轄は自国の司法権行使にかかわる問題であることや、管轄判断の国内的統一性を確保するためにも当該国の専権事項に属すると考えられるからである。

　ヨーロッパ裁判所は、管轄判断の部分についてではあるが、ブリュッセル(I)規則独自の既判力論を展開した。この考えが、本案の部分にまで及ぶことになるのかは、今のところ定かではない。しかし、訴訟物について各国の訴訟物概念ではなく規則独自の法概念（核心理論）を採用したヨーロッパ裁判所判決が[79]、その後のドイツの訴訟物理論に関する議論に対して少なからず影響を及ぼしてきたことからすると[80]、今後のヨーロッパ裁判所の動向によってはドイツ既判力論が大きく動く可能性がある。

初出：円谷峻先生古稀祝賀論文集『民事責任の法理』649頁以下（成文堂、2015年）

79）　EuGH, Urt. v. 8. 12. 1987, NJW 1989, 665.
80）　Vgl. *Althammer*, Streitgegenstand und Interesse—Eine zivilprozessuale Studie zum deutschen und europäischen Streitgegenstandsbegriff—, 2012, S. 115 ff.; *Rüßmann*, Die Streitgegenstandslehre und die Rechtsprechung des EuGH, ZZP 111 (1998), 399 ff.; *Walker*, Die Streitgegenstandslehre und die Rechtsprechung des EuGH—nationales Recht unter gemeineuropäischem Einfluß—, ZZP 111 (1998), 429 ff.

第 2 章　補論

訴え却下判決の既判力をめぐる
国内訴訟法の議論との関係

　本章では、2012 年ヨーロッパ司法裁判所判決をめぐる議論をもとに、訴え却下判決の国際的効力をめぐる問題を検討した。その際、日本法の解釈上問題となる点として、訴え却下判決の承認適格の有無、そして承認適格が肯定された場合に承認国に拡張される判決効の客観的範囲（効力拡張説を前提とする）について考察を試みた。

　以下では、補足的に訴え却下判決の既判力が及ぶ客観的範囲、そして、ドイツでとくに議論がなされている、仲裁契約の抗弁に基づく訴え却下の場合の拘束力をめぐる国内訴訟法上の議論を紹介したい。

　日本では、かつては、既判力が生ずる裁判は本案判決に限るとする見解が通説を占めていた[1]。しかし、現在の学説は、本案判決だけでなく訴え却下判決にも既判力が生ずるとしている[2]。もっとも、却下判決の主文は訴えを却下するとだけ記載されるため、何について既判力が生ずるのかは主文からは判明しない。この点、有力説によると、訴え却下判決は訴訟要件一般の不存在を確定

---

1)　参照、中島弘道『日本民事訴訟法』817 頁（松華堂、1934 年）。訴訟判決の既判力を否定する見解としては、細野長良『民事訴訟法要義(4)』174 頁（巌松堂、1934 年）。肯定説としては、中島・前掲 817 頁、前野順一『民事訴訟法論第一編総則』640 頁（松華堂、1937 年）。

2)　伊藤眞『民事訴訟法〔第 5 版〕』528 頁（有斐閣、2016 年）、兼子一『民事訴訟法体系』337 頁（酒井書店、増補、1965 年）、新堂幸司『新民事訴訟法』685 頁（弘文堂、第 5 版、2011 年）、松本博之＝上野泰男『民事訴訟法』677 頁（弘文堂、第 8 版、2015 年）、三ケ月章『民事訴訟法』28 頁（有斐閣、1959 年）。最判平成 22 年 7 月 16 日民集 64 巻 5 号 1450 頁。反対、坂口裕英「訴え却下判決と請求棄却判決」新堂幸司編『講座民事訴訟(6)』99 頁（弘文堂、1984 年）。

するのではなく、訴え却下の理由となった特定の訴訟要件についてのみ不存在を確定させると説く[3]。その際、具体的な個々の訴訟要件についての判断は判決理由中の判断にとどまるのではなく、主文と一体になって訴訟判決の既判力対象を特定するとされる[4]。かりに訴訟要件全般の不存在について既判力を認めると、同一訴訟物での再訴を試みるに場合、却下原因とならなかった訴訟要件についても基準時後の新事由を提出しなければならないことになるため、再訴可能性は困難になる[5]。しかし、このような扱いは、本案判決による紛争解決を制限してしまうことになるため、特定の訴訟要件の不存在についてのみ既判力が生じると説かれる。

ドイツにおいても、ほぼ同様のことが説かれる。ドイツの通説・判例は訴訟判決も既判力が生ずることを認めるが[6]、その場合、理由中の判断に既判力が生ずるものではないとされる[7]。また、それぞれの適法性要件の欠缺（管轄の欠缺、権利保護の資格を欠くなど）を理由として訴えが不適法であることが既判力をもって確定されると説かれる。

ところで、ドイツでは訴訟判決の既判力の客観的範囲について、古くから注釈書などで言及されているのが仲裁契約の抗弁をめぐる問題である。すなわち、訴えが仲裁契約の抗弁に基づき却下された場合、仲裁契約の有効性についても既判力が生ずるとするのがライヒ裁判所の立場である[8]。この立場では、仲裁契約が有効であることを理由に、訴えが却下された場合、その後の仲裁判断の執行手続において仲裁の効力を否定することは許されないことになる。しかし、

---

3) 伊東乾「訴訟判決の既判力」法学研究 35 巻 10 号 19 頁（1962 年）、鈴木正裕＝青山善充編『注釈民事訴訟法(4)』311 頁〔高橋宏志〕（有斐閣、1997 年）。反対、松本＝上野・前掲注 2) 677 頁。

4) 上田徹一郎「却下・棄却判決の既判力」鈴木忠一＝三ケ月章監修『実務民事訴訟講座(2)』83 頁（日本評論社、1969 年）、高橋宏志『重点講義民事訴訟法（上)』730 頁（有斐閣、第 2 版補訂版、2013 年）。

5) 高橋宏志「既判力と再訴」三ケ月章先生古稀記念祝賀『民事手続法学の革新（中)』528 頁（有斐閣、1991 年）。

6) *Musielak/Voit/Musielak*, ZPO, 14. Aufl. 2017, §322 Rdnr. 44; *Prütting/Gehrlein/Völzmann-Stikelbrock*, ZPO, 8. Aufl. 2016, §322 Rdnr. 59; *Thomas/Putzo/Reichold*, ZPO, 38. Aufl. 2017, §322 Rdnr. 3; *Zöller/Vollkommer*, ZPO, 31. Aufl. 2016, Vor §322 Rdnr. 8; BGH, Urt. v. 6. 3. 1985, NJW 1985, 2535.

7) *Münchener Kommentar/Gottwald*, ZPO, 5. Aufl. 2016, Bd.1, §322 Rdnr. 170.

8) RG, Urt. v. 8. 12. 1897, RGZ 40, 401.

この見解に対しては、仲裁契約の存否は紛争対象ではなく訴えを却下する理由にすぎないのであるから、ライヒ裁判所は判決理由中の判断に既判力を認めているとして批判がなされていた[9]。このライヒ裁判所に対する理論的批判そのものは、こんにちでも妥当しているといえる。たとえば、ツォイナーは、仲裁契約の存在は被告によって抗弁として提出されたものであり前訴判決の本来的な対象ではないことから、訴え却下判決の対象は国家裁判所の管轄（Zuständigkeit des staatlichen Gerichtes）だけであり、仲裁契約の存在はその前提問題でしかないと説く[10]。ライポルドも、既判力に関する一般原則からは仲裁契約の有効性をめぐる拘束力を根拠づけることはできないとする[11]。それにもかかわらず、ライヒ裁判所を支持し、拘束力を肯定する立場が学説では一般的であるとされる[12]。このようにドイツの通説は、仲裁契約が存在することを理由に訴え却下判決が下された場合、仲裁契約の有効性について訴訟上拘束されるとする。これに対して、ゴットヴァルトは、仲裁契約が有効であることは、訴え却下の前提問題にすぎない（bloße Vorfrage）として仲裁契約の有効性に関する拘束力を否定したうえで、実体法上の悪意の抗弁（ドイツ民法 242 条）によって対応する[13]。他方、わが国では、仲裁契約を理由とする訴え却下に関する妨訴抗弁の法的性質については議論があるものの[14]、そのことを理由とする訴え却下判決の既判力の範囲については議論が十分なされているとはいえない。

　このように訴え却下判決の既判力が認められるのか否か、認められるとするとどの範囲において生ずるのか国内訴訟法上議論があることを、日本およびドイツ民事訴訟法での学説などをもとに補論として紹介した。いずれにしても、外国判決の効力に関して効力拡張説を支持する立場からは、判決国訴訟法が理

---

9)　*Kleinfeller*, Der Gegenstand der Rechtskraft, in: FS.Wach, Bd. 2, 1913, S. 375, 405.

10)　*Zeuner*, Die objektive Grenzen der Rechtskraft im Rahmen rechtlicher Sinnzusammenhänge, 1959, S. 72 f.

11)　*Stein/Jonas/Leipold*, ZPO, 22. Aufl. 2008, §322 Rdnr. 133.

12)　*Stein/Jonas/Leipold*, a.a.O.(Fn. 11), §322 Rdnr. 133; *Zeuner*, a.a.O.(Fn. 10), S. 73; *Wieczorek/Schütze/Büscher*, ZPO, 4. Aufl. 2015, §322 Rdnr. 152.

13)　*Münchener Kommentar/Gottwald*, a.a.O.(Fn. 7), §322 Rdnr. 170. クラインフェラーも同旨である。*Kleinfeller*, a.a.O.(Fn. 9), S. 405.

14)　小島武司＝猪股孝史『仲裁法』115 頁（日本評論社、2014 年）、小山昇「仲裁契約の抗弁について」民商法雑誌 78 巻臨時増刊号(3) 84 頁（1978 年）。

由中の判断に拘束力を認める場合には、承認国としてもその効力を認めることになる。そのことは、訴え却下判決の場合においても同様であると解する。

第3章

執行判決訴訟の法的性質について

I　はじめに

　外国判決が内国でいかなる効力を有するのかについては、これまで、主とし
て民事訴訟法 118 条の解釈を中心に、そして、とくに既判力について議論がな
されてきた。ところで、外国判決に基づいて内国にある財産に対して強制執行
を行うに際しては、民事執行法 24 条の定める執行判決訴訟を提起して執行判
決を得ておく必要がある（民事執行法 22 条 6 号）。そこで、執行判決訴訟がいか
なる法的性質を有するのか、外国判決承認要件に関する一般的規定である民事
訴訟法 118 条との関係でこれまで問題となってきた。その中でも中心となる問
題は、はたして外国判決の執行力は内国に拡張されるのか、それとも内国で創
設的に付与されるのかという点である。そして、この論点を中心に、派生的な
問題が議論されてきた。これまでは、外国で下された判決の国内における効力
の扱いは、判決の効力（既判力、執行力、形成力、法律要件的効力）ごとに議論がな
されてきた。

　執行判決訴訟の法的性質をめぐる問題は、わが国では学説および判例におい
て見解の相違が著しいものの、近時はまとまった研究がなされていないようで
ある。他方、わが国の民事執行制度のモデルとなったドイツでは、かつて、議
論はほぼ固まっていたと説かれていたが[1]、近時、これに異論を唱える見解も
現れている。そこで本章は、日本とドイツの議論状況を確認しつつ、この問題
について検討を試みたい[2]。

429

II 日本における議論

1 学説

(1) 形成訴訟説

外国判決の執行力は、どのようにして日本で認められるか。この点について、外国判決の執行力は日本で創設的に付与されるとする形成訴訟説が有力に主張されており、近時はわが国で多数を占めていると考えられる[3]。この見解は、外国判決の既判力は日本の民事訴訟法が定める外国判決承認要件を充足していれば、自動的に承認されるが、外国判決の執行力は当然には日本で効力を有するものではなく、執行判決訴訟により外国判決の執行が許可されて初めて、日本国内で執行力が認められると解するものである。たとえば、中野教授は、「判決の執行力は、国の執行機関を起動して、国の強制執行権の行使たる執行手続を現実に実施させる効力であり、その本質上、領域的に判決国の主権の及ぶ範囲に局限され、判決国法が判決に付与した効力そのものを内国で実現することはできない。外国判決による執行を許すのは、外国の給付判決に表示され

---

1) たとえば、*Gottwald*, Grundfragen der Anerkennung und Vollstreckung ausländischer Entscheidung in Zivilsachen, ZZP 103 (1990), S. 257, 260 は、外国判決について内国で執行力を有するとの宣言は、内国と等置される（Gleichstellung）ことには争いはない（unstreitig）と述べており、執行力については、効力の拡張はなされず内国において執行力が創設的に付与されると説いている。

2) なお、オーストリアにおける議論については、vgl. *Matscher*, Grundfragen der Anerkennung und Vollstreckung ausländischer Entscheidung in Zivilsachen, ZZP 103 (1990), S. 294, 309 f.

3) 阿部文二郎『強制執行』23頁（自治館、再訂正版、1927年）、石川明『強制執行法（総論）概論』35頁（鳳舎、1967年）、石川明編『民事執行法』63頁〔西澤宗英〕（青林書院、1981年）、石川明＝小島武司編『国際民事訴訟法』135頁〔坂本恵三〕（青林書院、1994年）、岩本勇次郎『強制執行法〔総則編〕』44頁（巌松堂、1937年）、遠藤武治『強制執行法（上巻）』81頁（巌松堂、1924年）、加藤正治『強制執行法要論』52頁（有斐閣、改訂、1946年）、菊井維大『強制執行法（総論）』57頁（有斐閣、1976年）、鈴木忠一＝三ケ月章編『注解民事執行法(1)』424頁〔青山善充〕（第一法規、1984年）、木棚照一＝松岡博＝渡辺惺之『国際私法概論』342頁〔渡辺惺之〕（有斐閣、第5版、2007年）、中島弘道『日本民事訴訟法』855頁（松華堂、1934年）、中野貞一郎『民事執行法』199頁（青林書院、増補新訂第6版、2010年）、本間靖規＝中野俊一郎＝酒井一『国際民事手続法』177頁（有斐閣、第2版、2012年）、松本博之＝上野泰男『民事訴訟法』643頁（弘文堂、第7版、2012年）、松本博之『民事執行保全法』84頁（弘文堂、2011年）。また、山本和彦ほか編『新基本法コンメンタール民事執行法』60頁〔鶴田滋〕（日本評論社、2014年）も参照。

た請求権の強制的実現のために内国法による強制執行を実施することを認めるに他ならず、民事執行法が執行判決付外国判決を債務名義としたのは、外国判決を内国の債務名義に包摂する——その手段が執行判決である——ことによって執行力を認めたもので、その執行力は、これと並列された他の債務名義におけると異ならぬ、わが国の強制執行権を発動させる執行力である」とされる[4]。

このように、形成訴訟説はその根拠として、執行力は本質的に属地的効力を有するにすぎない点を挙げている[5]。

この立場では、執行判決訴訟の制度は、外国判決に対して日本における執行力を付与するための要件充足の有無を審査する手続であることになる。すなわち、外国判決は本来的には内国では執行力を有していないところ、執行判決によって創設的に執行力が付与されるため、本訴訟は形成訴訟であるとする。

本説において、債務名義が何であるのかについては見解が分かれていた。まず、執行判決のみが債務名義であるとする説がある[6]。この立場によると、執行判決によって従来認められていなかった執行力が外国判決に付与されるため、外国判決は強制執行の債務名義ではなく、執行判決のみが債務名義となるという。他方、外国判決と結合した執行判決であるとする見解（合体説）もある[7]。この立場は、執行判決はあたかも未確定の判決に執行力を付与する仮執行宣言のようなものであり[8]、債務名義は外国判決と執行判決が結合したものであると述べる。

なお、現在、民事執行法22条6号は「確定した執行判決のある外国裁判所の判決」が債務名義となるとしており、合体説を前提に立法がなされた[9]。

(2) 確認訴訟説

他方、古くから有力に説かれていた見解として、確認訴訟説がある[10]。たとえば、仁井田博士は、「外国判決ニ依ル強制執行ノ適法ナルコトヲ言渡ス執行

---

4) 中野・前掲注3) 199頁。
5) 鈴木＝三ケ月編・前掲注3) 424頁〔青山〕。
6) 岩本・前掲注3) 44頁、遠藤・前掲注3) 81頁。
7) 阿部・前掲注3) 24頁、加藤・前掲注3) 51頁。
8) 加藤・前掲注3) 51頁。
9) 鈴木＝三ケ月編・前掲注3) 326頁〔石川明〕には、この問題に関する旧法下における議論状況が示されている。

判決ハ確認判決トス蓋シ此執行判決ハ外国判決ニ依ル強制執行ノ適法ナルコト
ヲ宣言スルニ依リテ債権者カ外国判決ニ依ル強制執行ヲ求ムル権利ヲ有スルコ
トヲ確定スルモノナルヲ以テナリ」とし、この立場を明言される[11]。この見解
は、外国判決の承認と執行を区別せず、執行力も判決国にとどまらず日本に拡
張されるとする立場であり、現在でも有力な見解といえる[12]。たとえば、竹下
教授は、「沿革から、ドイツ法や日本法の執行判決の制度は、外国判決も一定
の要件を充たしていれば、それが本来有する執行力を内国でも承認し、その執
行を許すが、その要件の調査は執行機関や執行文付与機関に任せるのが相当で
はないから、判決手続によらせ、執行判決という形で執行許容宣言をさせるこ
とにしたものであることが分かる。執行判決によって、はじめて執行力を形成
的に付与するわけではない」と述べる[13]。

　確認訴訟説の根拠は、次のように説かれている。すなわち、外国判決が外国
判決承認に関する規定（民事訴訟法118条）によって承認される以上、その効力
は国内で効力を有すると解すべきであり、既判力や執行力といった効力の内容
に応じて区別する必要はないというものである[14]。また、形成訴訟説は執行力
と既判力の相違を強調するが、既判力も、本来、その効力は判決国の主権領域
にとどまるものであり、その点では、執行力と異なるものではないはずであり、
それにもかかわらず既判力が判決国のみならず承認国に拡張されるのであるな
らば、執行力も同様に解すべきであるとする。

　この立場によると、執行判決訴訟の意義は、次のように解される。すなわち、

---

10)　板倉松太郎『強制執行法義海』162頁（巌松堂、1915年）によると、当時の多数説は
　　この確認訴訟説であるとされる。
11)　仁井田益太郎『民事訴訟法要論（下巻）』1011頁（有斐閣、1913年）。
12)　飯倉一郎＝西川佳代『やさしい民事執行法・民事保全法』28頁（法学書院、第5版、
　　2006年）、小野木常『強制執行法概論』128頁（酒井書店、1957年）、兼子一『強制執行
　　法』79頁（弘文堂、1949年）、兼子一ほか『条解民事訴訟法』622頁〔竹下守夫〕（弘文堂、
　　第2版、2011年）、吉川大二郎『強制執行法』31頁（法律文化社、改訂版、1958年）、竹
　　下守夫『民事執行法の論点』67頁（有斐閣、1985年）、山木戸克己『強制執行法講義』41
　　頁（三和書房、1950年）（ただし、山木戸克己『民事執行・保全講義』74頁（有斐閣、
　　補訂2版、1999年）は、現行法が合体説を前提としていることから形成訴訟説を支持して
　　いる）。なお、浦野雄幸編『基本法コンメンタール民事執行法』85頁〔鈴木正裕〕（日本評
　　論社、第6版、2009年）も本説に好意的といえる。
13)　竹下・前掲注12）67頁。
14)　兼子・前掲注12）79頁。

強制執行が債務者に与える影響が直接的であることや、外国判決の承認規定が定める承認要件の具備を執行機関に判断させることは好ましくないため、執行判決訴訟という裁判手続を設けたものであるとする。その際、この見解は、外国給付判決が外国判決承認要件（民事訴訟法 118 条）を具備していれば、すでに日本で当該外国判決の執行力が効力を有していることを前提とする。そして、執行判決訴訟は、執行に先だって外国判決の要件充足の有無を裁判機関に審査させるためのものであり、性質上は執行文の付与行為と同様に公証行為（確認）とみるべきであるとする[15]。このように、外国判決の執行力につき確認訴訟説を支持する見解の多くは、外国判決が有する国際的効力につき効力拡張説を前提とするものである（ただし、後述のように、効力拡張説を採りながら形成訴訟説を支持する見解も近時唱えられている）[16]。

この見解でも、何が債務名義となるのかについて見解の対立があった（なお、前述のように、この問題は立法的に解決された）。外国裁判所が下した判決については既判力や執行力を有するところ、これらの効力と同様に本来的に外国判決が有する執行力の存在の確認を求めるのが執行判決訴訟であると把握する。そして、債務名義となるのは、執行力の存在が確認された外国判決それ自体という理解になることが考えられる[17]。しかし、執行判決と外国判決のいずれかが一方で単独で債務名義になるのではなく、両者が合体して 1 つの債務名義になるとする見解（合体説）が有力であった[18]。その理由として、一方では外国判決だけで執行力を具体化することはできないし、他方では執行判決は執行の基本たる請求権の存否ならびに範囲を確定するものではないからであると説かれている。

(3) 給付訴訟説

かつては、執行判決訴訟は給付訴訟であるとする見解も主張されていた。この見解によると、執行判決は、日本の裁判所において債権者のために債務者に

---

15) 兼子・前掲注 12) 79 頁。

16) 石川明＝小島武司＝佐藤歳二『注解民事執行法（上）』200 頁〔小島武司＝猪股孝史〕（青林書院、1991 年）。

17) 参照、大野文雄ほか『先例強制執行法 I（総則 I）』182 頁（酒井書店、1965 年）。

18) 吉川・前掲注 12) 31 頁、山木戸・前掲注 12) 42 頁。

対して外国裁判所において確定した法律関係に基づく給付を命ずる判決である
とされる[19]。なお、この見解も、外国判決は内国において執行力を有しないこ
とを前提としている[20]。

本説においては、執行判決が債務名義となると説かれていた[21]。この立場に
よると、執行判決訴訟は、外国裁判所の判決を通じて確定した請求権に基づい
て、さらにそれと同一内容の給付を債務者に命ずる判決を求めるものと理解さ
れる。したがって、債務名義は、自ら給付を命じている執行判決であるとする。

(4) その他の見解

まず、執行判決は外国判決承認要件の存在を既判力により確定し、それとと
もに当該外国判決に対してわが国でも強制執行をなしうる能力を付与する形成
機能をも持つとする、救済の訴えを提唱する見解も有力である[22]。

また、外国判決の承認に際して、執行力を既判力の承認から切り離して別異
に扱う見解に反対し、外国判決の承認とは外国判決に如何なる効力を付与する
のかという観点から論ずるべきであるとの見解が近時有力に説かれている[23]。
この見解は、外国判決の執行力は執行国における効力の付与により認められる
とする点では、前述の形成訴訟説と同じである。しかし、形成訴訟説の多くが
外国判決の既判力について判決国法によるとする説（判決国法の既判力が承認国に
拡張されるとする立場）であるのに対して、この見解は既判力についても承認国
法の立場から効力を付与するとの理解に立つ点で前提が異なる。

さらに、執行力が内国に拡張されるとしつつも、執行判決訴訟は形成訴訟で
あるとする立場も表明されている[24]。すなわち、各国が外国判決を尊重する態

---

19) 前野順一『新民事訴訟法強制執行手続』28頁（松華堂、1931年）、松岡義正『強制執
行法要論（上巻）』472頁（清水書店、1924年）。
20) 前野順一『民事訴訟法論〔第1編総則〕』672頁（松華堂、1937年）、松岡・前掲注19)
468頁。
21) 松岡・前掲注19) 470頁。
22) 三ケ月章『民事執行法』84頁（弘文堂、1981年）。高桑昭「外国判決の承認及び執行」
鈴木忠一＝三ケ月章監修『新実務民事訴訟講座(7)』158頁（日本評論社、1982年）は、こ
の立場に賛同する。
23) 参照、たとえば、石黒一憲『現代国際私法（上）』380頁（東京大学出版会、1986年）、
高田裕成「財産関係事件に関する外国判決の承認」澤木敬郎＝青山善充編『国際民事訴訟
法の理論』379頁（有斐閣、1987年）。

度が徐々に普遍的なものとなってきている状況下においては、承認や執行といってもいずれも外国判決の効力の拡張と捉えるのが整合的であり、執行部分を「付与」とし、他の部分を「拡張」とするのは一貫性を欠くとする。その上で、執行力が拡張されるとしても、執行判決を経ることで従前の法状態に変更が生じるため、執行判決訴訟を形成訴訟とするのは背理ではないと説く。

2　判例[25]

(1)　形成訴訟説に立つ裁判例

東京地判昭和 40 年 10 月 13 日は[26]、カリフォルニア州裁判所が下した判決の執行判決訴訟において、請求異議事由を抗弁として提出することができるか否かが問題となった事案である。裁判所はこの問題を肯定したが、その際「執行判決訴訟はわが国において当然には執行力の承認されない外国判決について、その現在の執行力の有無を確認して執行力を付与する訴訟手続であると解するので、当該訴訟手続においては請求異議訴訟において提出できる事由をもって抗弁となし得るものと解する」とした。

東京地判平成 18 年 1 月 19 日は[27]、外国判決の執行判決に仮執行宣言を付することができるか否かという問題について、これを肯定した事件である。その際に裁判所は、「執行判決を求める訴えの性質については、執行判決が外国判決に対し我が国における執行力を付与する旨を宣言して強制執行を可能ならしめるものであることに照らすと、形成訴訟と解すべきである」として、執行判決訴訟が形成訴訟であることを明らかにした。

(2)　確認訴訟説に立つ裁判例

神戸地判平成 5 年 9 月 22 日（サドワニ事件第 1 審判決）は次のように述べ[28]、

---

24)　石川＝小島＝佐藤編・前掲注 16）200 頁〔小島＝猪股〕。
25)　なお、大判明治 39 年 10 月 26 日民録 12 輯 1353 頁は、仲裁判断に関する執行判決訴訟について、形式的確定力の付与を求める訴えと解している。しかし、この判決は仲裁判断に既判力が認められるか否かという問題とも関係するため、ここでは本文での分類から除いて紹介するにとどめておきたい。
26)　東京地判昭和 40 年 10 月 13 日下民集 16 巻 10 号 1560 頁。
27)　東京地判平成 18 年 1 月 19 日判タ 1229 号 334 頁。
28)　神戸地判平成 5 年 9 月 22 日判時 1515 号 139 頁。

第 3 章　執行判決訴訟の法的性質について　435

確認訴訟説（効力拡張説）を前提としていると考えられる。すなわち、「外国判決の承認とは、当該外国判決が判決国で法律上有する効力をそのまま承認するものであると解するのが相当である。そこで、判決国の民事訴訟制度において、金銭給付判決の付随的給付義務については主文の記載事項とせず、法令によって自働的かつ一義的に確定し、かつ執行力を付与するようなシステムを採用している場合には、当然その効力も承認の対象となるものと解するのが相当である」とした。

　また、養育費給与天引きに関する、東京高判平成10年2月26日も次のように述べ[29]、確認訴訟説（効力拡張説）に立っていると考えられる。すなわち、「我が国において外国裁判所の判決の効力を認めるということは、その判決が当該外国において有する効果を認めることである」とし、「本件外国判決のうち、被控訴人の使用者等に対し、被控訴人の給与天引きとヘネピン郡AアンドBサービスへの送金を命じる部分は、ミネソタ州において、被控訴人に対し養育費の支払を命ずるものとして執行力を有しているというべきであるから、本件外国判決のうち養育費の支払を命ずる部分の執行力を、我が国においても外国裁判所の判決の効力として認めることができるものである」と述べる。

III　ドイツにおける議論

　このように日本では、執行判決訴訟の法的性質をめぐる議論は、民事執行法制定の際に立法的手当てがなされた後も、なお見解の対立がある。これに対して、ドイツでは、日本と異なりこの問題に関する問題は古くから見解がほぼまとまっていたといえる[30]。しかし、今日、この問題に関する議論は新たな展開を迎えているともいえ、少数の異説が主張されている。

---

29)　東京高判平成10年2月26日判時1647号107頁。
30)　なお、矢ケ崎武勝「外国判決の執行に関するドイツ法体系の原則成立過程についての若干の考察」国際法外交雑誌61巻3号22頁（1962年）に、ドイツにおける外国判決の承認執行制度の歴史的経緯の分析がある。

1 学説

(1) 形成訴訟説

たとえば、代表的な民事訴訟法のコンメンタールであるシュタイン＝ヨナス の 20 世紀初頭の版は、次のように説いて、執行判決訴訟は外国判決に執行力 を付与する形成訴訟説であるとする見解を支持する[31]。すなわち、「この訴えは、 現存する執行力の確認を求める訴えではない。なぜなら外国判決には執行力が なく、執行判決は、執行文におけるような執行力の認証と異なり、それ自体が 債務名義である。また、基礎となる実体法上の請求権に執行力を付与するため、 この請求権に基づく訴えでもない。なぜなら、執行判決を下すための要件はす べて、外国判決に関するものであり、この請求権に関するものではないからで ある。したがって、請求権は、たとえ、この請求権が既判力をもって確定され たことが執行判決の前提条件であったとしても、この訴訟の直接的な訴訟物、 すなわち民事訴訟法 253 条、322 条にいうところの主張された請求権ではない。 むしろ、この訴えは、執行力を有することの宣言を求める公法上の請求権を主 張するものであり、その判決は、それまで有していなかった執行力を外国判決 に付与（verleihen）する形成判決（ein rechtsgestaltendes Urteil）である」とする[32]。こ の説明は、今日でも、いくつかの注釈書では、ほぼそのままの表現で用いられ ている[33]。

この形成訴訟説の積極的な理由として、ガイマーは次のように説く[34]。すな

---

31) *Stein/Jonas*, ZPO, 12. und 13. Aufl. 1926, Bd. 2, §722 (S. 439).

32) 形成訴訟説を支持する文献として、次のものがある。*Bach*, Grenzüberschreitende Vollstreckung in Europa, 2008, S. 12; *Bauer/Stürner/Bruns*, Zwangsvollstreckungsrecht, 13. Aufl. 2006, §57.1 (S. 713); *Geimer*, Internationales Zivilprozessrecht, 6. Aufl. 2009, Rdnr. 3101; *Jauernig/Berger*, Zwangsvollstreckungs- und Insolvenzrecht, 23. Aufl. 2010, §2 Rdnr. 65; *Junker*, Internationales Zivilprozessrecht, 2012, §32 Rdnr. 34; *Kindl/Meller-Hannich/Wolf/Netzer*, Gesamtes Recht der Zwangsvollstreckung, 2010, §722 Rdnr. 1; *Musielak/Lackmann*, ZPO, 11. Aufl. 2014, § 722 Rdnr. 1; *Musielak/Stadler*, ZPO, 11. Aufl. 2014, §328 Rdnr. 40; *Münchener Kommentar/ Gottwald*, ZPO, 4. Aufl. 2013, Bd. 1, §328 Rdnr. 183; *Rosenberg/Gaul/Schilken*, Zwangsvollstreckungsrecht, 11. Aufl. 1997, §12 II 1 (S. 138); *Rosenberg/Gaul/Schilken/Becker-Eberhard/Lakkis*, Zwangsvollstreckungsrecht, 12. Aufl. 2010, §12 Rdnr. 5 (S. 195); *Schack*, Internationales Zivilverfahrensrecht, 5. Aufl. 2010, Rdnr. 1034; *Stein/Jonas/Münzberg*, ZPO, 22. Aufl. 2002, Bd. 7, §722 Rdnr. 3; *Stein/Jonas/Roth*, ZPO, 22. Aufl. 2006, Bd. 5 §328 Rdnr. 6 f.; *Schütze*, Das internationale Zivilprozessrecht in der ZPO, 2. Aufl. 2011, §722 Rdnr. 37.

33) Vgl. *Münchener Kommentar/Gottwald*, ZPO, 4. Aufl. 2012, Bd. 2, §722 Rdnr. 2; *Stein/Jonas/ Münzberg*, a.a.O. (Fn. 32), §722 Rdnr. 3.

わち、「判決国法によって外国判決に生じた執行力は承認されない。つまり、内国には拡張されない。判決国法による執行力は、判決国の執行機関に対して、必要に応じて申立に基づき確定した請求権を強制力をもって貫徹するようにとの指示を含むものである。他国の執行機関に対する指示は国際法上の理由（外国国家主権の尊重）により排除される。ドイツ法は、この指示を内国に拡張することを認めていない。このことは、ドイツの執行機関が外国裁判所の命令に従うとの様相を避けることとなる。それ以外にも、外国の執行力の承認は、実務上著しく困難な問題に直面する。すなわち、承認を通じて、外国の執行力が内国に拡張されるということは、いつ執行が中止されるべきかといった問題を含む執行力の範囲が、判決国の執行法によって判断されなければならないことになってしまう。しかし、執行機関、とくに執行官に外国執行法の知識を要求することはできない」。このように述べて、国際法上の国家主権の尊重によって限界づけられること、また、外国執行法に基づく執行は実際上の困難を伴うことを理由に、効力付与説の立場から執行判決訴訟の法的性質を形成訴訟とする。また、ゴットヴァルトは、属地主義の観点から理由づける[35]。すなわち、国際強制執行の諸原則の1つとして属地主義（Territorialitätsgrundsatz）の原則を挙げ、その説明として「それぞれの国は、強制的な措置をその国に固有の国家領域内においてのみ、命じ、貫徹させることができる。したがって、強制執行は内国に所在する財産に限定される」と述べている。

　なお、形成訴訟説は、執行判決訴訟の訴訟物を、外国の判決で認められた請求権ではなく、執行力の付与を求める債権者の権利であると解している[36]（また、この権利は公法上の権利と解されている）[37]。そして、ドイツの執行判決のみが債務名義となるとする[38]。しかし、シュッツェは、この点について微妙な表現を用

34）　*Zöller/Geimer*, ZPO, 30. Aufl. 2014, §722 Rdnr. 2 f.

35）　*Nagel/ Gottwald*, Internationales Zivilprozessrecht, 7. Aufl. 2013, §19 Rdnr. 5.

36）　*Bauer/Stürner/Bruns*, a.a.O.(Fn. 32), §57.1 (S. 713); *Dierck/Morvilius/Vollkommer/Huber*, Handbuch des Zwandsvollstreckungsrechts, 2009, Kap. 8 Rdnr. 283; *Geimer*. a.a.O.(Fn. 32), Rdnr. 3105; *Linke/Hau*, Internationales Zivilverfahrensrecht, 5. Aufl. 2011, Rdnr. 501; *Schack*, a.a.O.(Fn. 32), Rdnr. 1034.

37）　*Stein/Jonas/Münzberg*, ZPO, 20. Aufl. 1986, Bd. 4 Teilband 1, §722 Rdnr. 3; *Zöller/Geimer*, a.a.O.(Fn. 34), §722 Rdnr. 32.

38）　*Stein/Jonas/Münzberg*, a.a.O.(Fn.37), §722 Rdnr. 26.

いている[39]。つまり、「訴訟物は本来の請求権ではなく、外国判決の執行力の拡張である（Streitgegenstand ist nicht der ursprüngliche Anspruch, sondern die Erstreckung der Vollstreckbarkeit der ausländischen Entscheidung）。なぜなら、基本となる請求権については
すでに判決国の判決手続を通じて確定的な判断がなされているからである。外
国債務名義の既判力は、民事訴訟法 328 条要件が存在する場合に、内国との関
係が生じた時点で、無方式に承認を通じて内国に拡張される。したがって、基
本となる請求権は、もはや訴訟物とはなりえない。そうでなければ、判決国訴
訟の訴訟物と執行判決訴訟の訴訟物は同一となってしまう」。このように述べ、
執行判決訴訟の訴訟物は実体的請求権ではないとしている。それでは何が訴訟
物となるのかという点については、「外国判決の執行力の拡張」であるとして
いる。シュッツェが、この拡張（Erstreckung）という言葉にどのような意味を持
たせているのかは必ずしも定かではないが、外国判決に関する執行力の国内的
効力について効力拡張説を採る場合には執行判決訴訟では確認訴訟説となるの
が一般的と思われる（たとえば、ガイマーは執行判決は外国の執行力を内国に拡張する
ことを確認する確認判決ではない、と述べている）[40]。しかし、シュッツェは効力の拡
張と述べつつも形成訴訟説を支持している。一見すると矛盾する表現が用いら
れているように思われるが、執行判決訴訟を通じて形成的に執行力が内国に拡
張されるとの意味で用いているものと考えられる。

　また、債務名義についても異なる立場が主張されている。リーツラーは、執
行判決訴訟の法的性質は形成訴訟であると説いているが[41]、債務名義はドイツ
の執行判決でもなく、また外国判決それ自体でもないと述べる。そして、執行
判決と結びついた外国判決であるとする[42]。その理由として、ドイツ民事訴訟
法 722 条の文言は外国裁判所の判決に基づいて執行が許されるとしており、こ
の［外国］判決が、強制執行が許される請求権の内容と範囲を定めていること

---

39)　*Schütze*, a.a.O.(Fn. 32), §722 Rdnr. 38.
40)　*Geimer*, a.a.O.(Fn. 32), Rdnr. 3100. ガイマーは、この点でシュッツェの見解を異説と位置
　　づけている。*Zöller/Geimer*, a.a.O.(Fn. 34), §722 Rdnr. 3.
41)　*Riezler*, Internationales Zivilprozessrecht, 1949, S. 566. リーツラーは、給付訴訟説を採用す
　　ることができない理由として、実体法上の請求権は外国裁判所によってすでに判断されて
　　おり、請求権は再審査されないことを挙げる。ただし、確認訴訟説については、そもそも
　　言及がなされていない。
42)　*Riezler*, a.a.O.(Fn. 41), S. 567.

から導かれると考えている。

⑵　確認訴訟説

古くは、確認訴訟説も、ゾイフェルトやコーラーといった有力説によって説かれていた[43]。ゾイフェルトの注釈書では結論のみ非常に簡潔に述べられているので、ここではコーラーの見解を紹介する。コーラーは、「外国判決は債務名義ではない。外国判決は内国の確認判決（Feststellungsurteil）を通じて、内国で既判力の性質（Charakter der res judicata）を有していることの宣言により、はじめて債務名義となる。この確認は執行判決によってなされる。執行判決は、外国判決に債務名義の性質を付与する（verleihen）」と述べる。

このコーラーの見解は、確認訴訟説としてドイツにおける文献では紹介されている[44]。たしかに、執行判決は確認作業を行うとしているが、他方で執行判決により外国判決に債務名義の性質が付与されるとしており、むしろ、確認訴訟と形成訴訟の双方の性質を有している制度としてコーラーの見解を把握すべきようにも思われる。

⑶　給付訴訟説

また、給付訴訟説も、少数ではあるがかつて主張されていた。たとえば、ヴィツォレクは、「訴えの訴訟物は、執行力に関する外国裁判の内国既判力（die inländische Rechtskraftwirkung einer ausländischen Entscheidung in bezug auf die Vollstreckbarkeit）である（通説は、このことを形成力と表す）。この訴えは給付訴訟（Leistungsklage）である」と述べる[45]。しかし、現在はこの見解は支持を得ていないようである[46]。

43）　*Kohler*, Der Prozess als Rechtsverhältnis, 1888, S. 128; *Seuffert*, Zivilprozessordnung, 11. Aufl. 1911, Bd. 2, §722 1 a (S. 341).

44）　*Rosenberg/Gaul/Schilken/Becker-Eberhard/Lakkis*, a.a.O.(Fn. 32), §12 Rdnr. 5 (S. 195); *Schütze*, a.a.O.(Fn. 32), §722 Rdnr. 37; *Stein/Jonas/Münzberg*, a.a.O.(Fn. 32), §722 Rdnr. 3.

45）　*Wieczorek*, ZPO, 1958, Bd. 4 Teil 1, §722 C II c.

46）　ヴィツォレクの注釈書も、当該条文をシュッツェが改定した後は、給付訴訟説を採用していない。*Wieczorek/Schütze*, ZPO, 3. Aufl. 1999, §722 Rdnr. 24; vgl. *Schütze*, a.a.O.(Fn. 32) § 722 Rdnr. 37.

⑷　新しい流れ

　近年の EU 法における立法が[47]、従来の伝統的な理解に影響を及ぼしつつある。

　ある見解は次のように説く。どのような要件の下で、外国判決を内国で執行することができるのかについて、「伝統的な理解は、以下のことを前提としてきた。すなわち、外国において執行力を命じた外国法の通用力はドイツの国家機関に対して向けられていないため、外国判決は主権を根拠に内国にただちに影響を及ぼすことはない。これまでは、論理的帰結として、執行国において執行力を付与するため、要式手続である中間回路（Zwischenschaltung）が求められていた。すなわち、ドイツ固有法においては、執行判決が必要とされ、またブリュッセル条約およびブリュッセル規則は執行国において要式を具備した執行宣言を定めていた。これに対して、新しい規則を通じてヨーロッパ債務名義［制度］が導入され、その際に、執行国における事前手続は廃止され、もはや執行文が付与される必要はなくなった。このようにして、執行力は執行国において原始的に付与されるにすぎないとの従前の原則は、もはや無制限には妥当しない。これに対して、承認と執行は厳密に区別すべきであるとの立場は、ますます重要性を増してきている。このことは、すでにブリュッセル規則では妥当しており、そこでは、債務者が異議を申し立てていない場合には、承認適格を有しない判決でさえも終局的に執行宣言をすることが可能である」とする[48]。

　また、別の見解は、支配的な形成訴訟説は主権概念による正当化を試みているが、その主権概念は今日では再考すべきものであるとして、確認訴訟説（効力拡張説）が適切であるとしている[49]。すなわち、「伝統的な効力付与説は、極端で、今日再考を要すると思われる主権概念を示している。はるかに容易であ

---

47)　たとえば、争いのない債権に関するヨーロッパ債務名義の創設のための 2004 年 4 月 21 日の理事会規則（EuVTVO）は、執行宣言（Vollstreckbarerklärung）を不要としている。Vgl. *Linke/Hau*, a.a.O.(Fn. 36), Rdnr. 508 ff. 同規則の邦語による解説としては、春日偉知郎「ヨーロッパ債務名義創設法（『争いのない債権に関するヨーロッパ債務名義の創設のための欧州議会及び理事会の規則』（2004 年 4 月 21 日））について」国際商事法務 32 巻（2004 年）10 号 1331 頁以下。

48)　*Rosenberg/Gaul/Schilken/Becker-Eberhard/Lakkis*, a.a.O.(Fn. 32), §12 Rdnr. 2 f. (S. 194). ただし、ドイツ民事訴訟法 722 条の解釈としては、形成訴訟説を支持している。A.a.O., §12 Rdnr. 5.

るのは、執行においては、執行力が方式を通じて承認されるものと理解することである。方式化（別個の訴訟手続）は、歴史的には、すでに克服された執行の訴え（actio judicati）に起源を有するものであり、その訴えの継続的正当化根拠は、ドイツでは判決と執行の制度的分離に基づくものであり、承認すべき効果の特殊性によるものではない。判決効としての執行力の範囲は、正当にも効力拡張を前提とするならば、判決国法により明らかになる。このことは、執行力に制限が加えられる場合に重要となる。承認された執行力の範囲と区別されるべきは、執行の実施（執行行為）であり、これは常に執行国におけるルールに従う」と述べる。

2　判例

ドイツ連邦通常裁判所の判例は、伝統的に形成訴訟説によっている[50]。比較的最近に下された連邦通常裁判所の判例として、次のケースがあるので紹介したい[51]。

【事案】

被告は被相続人Ｒの相続人であり、被告に対しては相続財産をめぐってカナダで手続が係属していた。オンタリオ州最高裁判所は、被告に対して42万カナダドル余りの支払いを、相続財産から支払うよう命じたところ、被告が相続財産の倒産を申し立てた。他方、債権者はドイツの相続財産に対して強制執行を行おうとして執行判決訴訟を提起していた。そこで、ドイツ民事訴訟法722条が定める執行判決手続は、内国での倒産手続の開始により中断することを定める、ドイツ民事訴訟法240条にいう「手続」に該当するのか否かが問題となった[52]。その際、執行判決訴訟の法的性質、とくに、外国判決の執行力をどのように解するのかが問題とされた。

49）　*Nelle*, Anspruch, Titel und Vollstreckung im internationalen Rechtsverkehr, 2000, S. 408. ブリュッセル規則における議論との関係で、この見解に基本的賛意を示しているのは、*Stein/Jonas/Oberhammer,* ZPO, 22. Aufl. 2011, Bd. 10, EuGVO Art. 38 Rdnr. 5.

50）　BGH, Urt. v. 6. 11. 1985, NJW 1986, 1440 など。

51）　BGH, Hinweisbeschluss vom 17. 7. 2008, NJW-RR 2009, 279.

【裁判所の判断】

　連邦通常裁判所は、およそ次のように述べて、執行判決訴訟は執行手続ではなく通常民事訴訟であるため、民事訴訟法240条にいうところの手続に該当するとし、それゆえ、相続財産に対して倒産手続が開始したことから相続財産に対する執行判決訴訟は中断されるとした。

　「民事訴訟法722条以下が定める外国判決の執行宣言は、倒産財団が関係するときは、内国倒産手続の開始によって中断される民事訴訟法240条1文にいう手続とみなされなければならない。法的救済が申し立てられたことに基づき手続が当事者双方によって形成される限りにおいて、内国の執行判決訴訟の中断を肯定するのが学説および判例の一部である。反対説は、債務者の財産に関して内国で倒産手続が開始したことに基づく執行宣言手続の中断を認めない。最初に挙げた見解が、民事訴訟法722条以下に基づく手続にとって適切である。民事訴訟法240条はその文言から執行判決訴訟にも適用があるとする見解は、強制執行に関する民事訴訟法第8編722条以下の体系的位置づけと矛盾するものではない。連邦通常裁判所民事第7部の判例によれば、差押処分に関する民事執行手続は債務者の財産に関する倒産手続の開始によって、民事訴訟法240条に基づき中断されることはない。しかし、民事訴訟法722条による法的紛争は通常民事訴訟（ordentlicher Zivilprozess）であり、執行手続（Verfahren der Zwangsvollstreckung）ではない。内国における強制執行手続につき基準となる債務名義は、執行宣言に関する裁判だけである。ドイツの執行宣言に関する手続は、判決手続として——執行判決という概念からすでに分かるように——、この債務名義をはじめて創出し、したがって、その創出と機能において民事訴訟法724条以下の執行文付与の手続と比較することはできない。外国判決の執行力を求める手続の訴訟物は、たしかに、外国の債務名義が基礎に置く原告の請求権ではなく、権利を形成する判決（rechtsgestaltendes Urteil）によって、内国で外国判決の

---

52)　【ドイツ民事訴訟法第240条（倒産手続による中断）】
　　一方の当事者の財産につき倒産手続が開始された場合において、その手続が倒産財団に関するときは、手続は、倒産手続に適用される規定により受継がなされ又は倒産手続が終了するまでは、中断する。債務者の財産に関して管理及び処分権が仮倒産管財人（vorläufiger Insolvenzverwalter）に移転した場合も同様とする。
　　（訳は、法務大臣官房司法法制部編（春日偉知郎＝三上威彦訳）『ドイツ民事訴訟法——2011年12月22日現在』85頁（法曹会、2012年）に従った。）

第3章　執行判決訴訟の法的性質について　443

執行力を作出することである。形成訴訟もまた、倒産財団に直接的、間接的に関係するときは、その限りで中断される」。

IV 検討

1 属地的性質の妥当性

　形成訴訟説は、わが国における多数説・下級審裁判例の立場であり[53]、ドイツにおいても通説・判例が支持する見解である[54]。この形成訴訟説の根拠として、執行手続の属地性が挙げられる[55]。すなわち、執行手続は属地的性格を有することから、外国判決の執行力は内国では承認されず、内国で執行力を付与する必要があると説かれる。

　しかし、本来、判決は国家主権の領域内にとどまるものであると解されるところ[56]、手続的効力については、外国判決承認規定に基づき一定の要件を充足した場合には内国で承認されることになっている。この場合、既判力や形成力は外国判決承認規定により承認されるが、執行力についてはその対象から除外されるというのは、不自然ともいえる[57]。先に紹介したドイツにおける近時の少数説が[58]、ブリュッセル規則における規律の影響を受けつつも、従来の主権概念を前提とした属地的処理に疑問を呈していることも看過すべきではないように思われる。

　また、属地性との関係で検討すべきは、国際倒産における属地主義に関する議論の展開をどのように評価するのかという点も重要な視点であるように思われる。一般に強制執行は個別執行とも表現され、そして、倒産手続は包括執行

53）　前掲注 3）、26）および 27）を参照。

54）　前掲注 32）、50）および 51）を参照。

55）　鈴木＝三ケ月編・前掲注 3）424 頁〔青山〕、中野・前掲注 3）193 頁。給付訴訟説に立つ松岡・前掲注 19）470 頁も効力が日本に拡張されない理由として、同旨を説く。

56）　高桑・前掲注 22）126 頁、高田・前掲注 23）366 頁、本間＝中野＝酒井・前掲注 3）175 頁。なお、最判昭和 56 年 10 月 16 日民集 35 巻 7 号 1224 頁（マレーシア航空事件）は、国際裁判管轄との関係ではあるが、このことを明言する。

57）　浦野編・前掲注 12）85 頁〔鈴木〕、兼子・前掲注 12）79 頁、山木戸・前掲注 12）41 頁。

58）　前掲注 48）および 49）を参照。

ともいわれることから[59]、国家による権利の強制的実現の面では両者は共通性
を有する。わが国において、かつては、倒産手続は厳格な属地主義が採用さ
れ[60]、その緩和が学説によって提案されていたが[61]、解釈論の限界とともに立法
による新たな規律の必要性が説かれていた。このような状況の下、近時、
UNCITRAL モデル倒産法を採択する国が増え[62]、またヨーロッパでは EU 倒産
規則の制定もあり[63]、倒産法の領域では普遍主義に基づく立法が国際的に広
まってきている。また、日本も、一連の倒産法改正作業により、モデル法を参
考に厳格な属地主義から制限的普及主義に移行した[64]。このような、倒産法に
おける属地主義から普及主義への転換をも鑑みると、強制執行手続は属地的手
続であるとの立場を堅持する実質的理由は失われつつあるといえるのではない
だろうか。

59) 参照、中田淳一『破産法・和議法』16 頁（有斐閣、1959 年）、山木戸克己『破産法』
23 頁（青林書院、1974 年）。Vgl. auch *Rosenberg/Gaul/Schilken/Becker-Eberhard/Lakkis*, a.a.O.
(Fn. 32), §1 Rdnr. 42 ff.

60) 参照、加藤正治「破産宣告ノ国際的効力」『破産法研究(1)』326 頁（巌松堂、1910 年）、
斉藤常三郎「国際破産の統一に関する新協定案」『破産法及和議法研究(9)』194 頁（弘文堂、
1934 年）、竹野竹三郎『破産法原論（上）』105 頁（巌松堂、1923 年）、山戸嘉一「破産」
国際法学会編『国際私法講座(3)』888 頁（有斐閣、1964 年）。また、*Meili*, Lehrbuch des
internationalen Konkursrechts, 1909, S. 110 ff. に、当時の、ドイツ、フランス、イタリア、
オーストリア、ハンガリー、ベルギー、イングランド、アメリカ合衆国、オランダおよび
スイスの法状況の概説がある。

61) たとえば、青山善充「倒産手続における属地主義の再検討」民事訴訟雑誌 25 号 151 頁
(1979 年)、深山卓也編著『新しい国際倒産法制』2 頁以下（金融財政事情研究会、2001
年）などを参照。

62) UNCITRAL モデル国際倒産法の採択国の状況については、http://www.uncitral.org/
uncitral/en/uncitral_texts/insolvency/1997Model_status.html［2018 年 1 月 5 日最終閲覧］を参照。

63) EU 倒産規則については、たとえば、貝瀬幸雄「EU 規則（regulation）との比較」金
融・商事判例 1112 号 65 頁（2001 年）、河野俊行「ヨーロッパにおける国際倒産関連条約
等・UNCITRAL 国際倒産モデル法とわが国の国際倒産法」国際私法年報 3 号 53 頁（2001
年）を参照。また、芳賀雅顯「比較法から見たわが国の国際倒産法」法律論叢 80 巻 6 号
29 頁以下（2008 年）も参照。

64) モデル法と日本法の関係については、たとえば、山本和彦『国際倒産法制』277 頁、
341 頁以下（商事法務、2002 年）を参照。
　なお、倒産手続において属地主義から普及主義に転換したことによって、どのような効
力が承認されるのかは、1 つの大きな理論的問題である。この点については、たとえば、
中西康「外国倒産承認論の理論的再検討」京都大学法学部百周年記念論文集刊行委員会編
『京都大学法学部百周年記念論文集(3)』760 頁以下（有斐閣、1999 年）を参照。また、旧
法下の状況につき、竹内康二『国際倒産法の構築と展望』31 頁以下、72 頁以下（成文堂、
1994 年）を参照。

このように、強制執行の属地性を根拠にした形成訴訟説の理由づけは、今日、十分な説得力を持ち続けることは困難であるように思われる。それゆえ、執行力も含めてわが国に拡張されるとする立場、すなわち、確認訴訟説（効力拡張説）を前提とすべきであるように思われる。

2　確認訴訟説における判決国法と執行国法の関係

確認訴訟説（効力拡張説）による場合、執行力の範囲は判決国法である外国法に従うとの考えが有力に説かれている[65]。他方、執行手続の属地性を理由に執行力の国際的効力を否定する形成訴訟説の背景には、強制執行という国家による強制力の発動が外国国家によって命じられることや、執行国における執行権の主観的・客観的範囲などに関する執行国の法秩序が乱されることに対する危惧が[66]、その根底にあると考えられる。そこで、確認訴訟説の立場から、これら2つの点を検討してみたい。

まず、前者の点についてであるが、外国判決の執行力が外国判決そのものによって認められるとしても、外国判決承認要件を充足しているのか否か、その公証作業が必要であり、無条件に認められるというわけではない。そして、どのような場合に内国で執行力が認められるのかは、まさしく承認国（執行国）の立場から具体的要件が設定されているのであり、無条件に外国法秩序が内国に介入するわけではない。

また、後者の点については、執行力の生ずる淵源が判決国における訴訟手続に基づくことを前提としても、執行国の利害関係人に重大な影響を与えることを考慮すると、強制執行という現実的な強制力を発動させるに際しては、その具体的範囲や方法については執行国法によらざるをえないと考える。

3　外国判決が判決国で効力を失った場合の扱い

判決国で判決が執行力を有しない場合、わが国でどのような扱いをすべきであろうか。この問題は、形成訴訟説と確認訴訟説とで説明が異なると考えられる。以下では、2つの場面に分けて考えてみる。

---

65)　竹下・前掲注 12) 67 頁。ただし、「原則として」との留保が付されている。

66)　*Münchener Kommentar/Gottwald*, a.a.O.(Fn. 33), §722 Rdnr. 1.

第1の場合は、内国で執行判決を取得する前に、すでに判決国である外国で当該判決が効力を有しない場合である。この場合、形成訴訟説の立場からは、「たとえば、判決国の観点からすでに執行力を欠くと考えられる場合」には、当該外国判決は執行国においても効力を有しないと説かれる[67]。しかし、形成訴訟説を前提とした場合、判決国における執行力の有無は執行判決訴訟においてそもそも考慮すべきかどうか疑問がある。なぜならば、同説による場合、執行国の定める承認執行のための要件を充足するか否かを審査し、それを充たしていれば執行国で執行力を創設的に付与するのであり、その際にはいわば前提要件としての判決国における執行力の有無は、そもそも問題とはならないと思われるからである。他方、確認訴訟説による場合、確認の対象となる外国判決が当該外国法上執行力を有していない場合には、執行国であるわが国でも効力を有しないことになる。

　第2の場合は、内国で執行判決を取得した後に、判決国において再審などにより外国判決が効力を失ったときの扱いである。形成訴訟説では執行力は依然として効力を有することになり、そのままでは内国での強制執行を行うことができることになる。そこで、この場合、執行債務者は、請求異議の訴えを提起することになろう。他方、確認訴訟説では、この場合、外国判決は内国でも執行力を有しないこととなる。なぜなら、効力拡張の対象たる外国判決が効力を失っているからである。そこで、形成訴訟説は、このような結論は法的安定性に反することになると確認訴訟説に対して批判を行っている。そして、形成訴訟説は内国で執行判決を通じて付与された執行力は、むしろ判決国において執行力が除去された後も存続すると解すべきであるとする[68]。しかし、確認訴訟説においても、形成訴訟説と同様に、このような場合は請求異議訴訟によって、執行判決つき外国判決の効力を争うべきであり、そのような措置を執らなかった場合には債務者は強制執行を甘受すべきであると考える。この場合、執行債務者は執行判決つきの債権の執行力を争う方法が認められている以上はその手段を利用すべきであり、また、民事執行手続の法的安定性の観点からも、このような扱いが適切であると考える。

---

67)　*Linke/Hau*, a.a.O.(Fn. 36), Rdnr. 514.
68)　*Geimer*, a.a.O.(Fn. 32), Rdnr. 3101.

4 給付訴訟説について

給付訴訟説は、訴訟物を判決国裁判所で問題となった実体法上の請求権と捉える。この見解に対しては、判決国裁判所ですでに実体法上の請求権について判断がなされており、再度執行判決を命ずる必要はないとされる[69]。しかし、この批判は必ずしも適切ではないように思われる。というのも、すでに判決を得ている請求権について、債権者が再度訴えを提起することは国内事件においても[70]、また渉外事件においても例外的にではあるが一定の場合に認められているからである[71]。むしろ、審判対象は実体法上の請求権そのものではなく、執行判決訴訟では給付を命じた外国判決が承認要件を充足しているか否かが問われているところ（民事執行法24条）、給付訴訟説はそれを看過している点に求めるべきではないかと考える[72]。

V 結語

本章は執行判決の法的性質論、そして執行力の国際的効力について、ドイツにおける伝統的通説・判例の立場であり、わが国においても現在の多数説である形成訴訟説（効力付与説）の妥当性について検討を試み、確認訴訟説（効力拡張説）を支持する結論に至った。

---

69) 参照、鈴木＝三ケ月編・前掲注3）424頁〔青山〕。

70) 参照、伊藤眞『民事訴訟法』171頁（有斐閣、第4版、2011年）、梅本吉彦『民事訴訟法』332頁（信山社、第4版、2009年）、小島武司『民事訴訟法』228頁（有斐閣、2013年）、新堂幸司『新民事訴訟法』265頁（弘文堂、第5版、2011年）、高橋宏志『重点講義民事訴訟法（上）』（有斐閣、第2版補訂版、2013年）349頁、三木浩一ほか『民事訴訟法』353頁（有斐閣、2013年）。

71) 高桑・前掲注22）152頁、中野・前掲注3）192頁、本間＝中野＝酒井・前掲注3）199頁。その理由として、外国判決が必ずしも承認要件を充足するとは限らないこと、費用や手続の点で内国訴訟の方が簡便な場合もあること、が挙げられている。
　ドイツにおいても日本と同様に、債権者は選択権を有し、外国判決に基づいて執行判決を提起することも、給付訴訟を新たに提起することも認められている。BGH, Bschl. v. 16. 5. 1979, NJW 1979, 2477; *Münchener Kommentar/Gottwald*, a.a.O.(Fn. 33), §722 Rdnr. 47; *Schuschke/ Walker/Jenninsen*, Vollstreckung und Vorläufiger Rechtsschutz, 5. Aufl. 2011, §722 Rdnr. 2; *Stein/ Jonas/Münzberg*, a.a.O.(Fn. 32), §722 Rdnr. 6. ただし、この点については、学説からの批判も強い。反対説として、*Rosenberg/Gaul/Schilken/Becker-Eberhard/Lakkis*, a.a.O.(Fn. 32), §12 Rdnr. 35 (S. 204 f.); *Schütze*, Deutsches Internationales Zivilprozessrecht, 2. Aufl. 2005, Rdnr. 374.

72) Vgl. *Stein/Jonas/Münzberg*, a.a.O.(Fn. 32), §722 Rdnr. 3.

本章で検討したテーマは、執行力の国際的効力につき基本的視点の検討に焦点を絞ったものである。執行判決の法的性質論は実益のない議論とも評されるが[73]、理論的には、たとえば、外国判決を変更する訴えの説明にも影響を及ぼすものと考えられる[74]。筆者としては、本章での立場を前提にこれらの各論的考察を引き続き行っていきたいと考えている。

初出：石川明＝三木浩一編『民事手続法の現代的機能』333頁以下（信山社、2014年）

73）　高桑・前掲注22）153頁。なお、村上正子「外国判決の執行についての一考察」竹下守夫先生古稀祝賀『権利実現過程の基本構造』266頁（有斐閣、2002年）も参照。
74）　外国判決の変更の訴えについては、たとえば、石川明＝石渡哲ほか編『EUの国際民事訴訟法判例II』239頁〔越山和広〕（信山社、2013年）、岩本学「ドイツにおける外国判決変更の訴えについて」富大経済論集59巻2号57頁（2013年）を参照。

第Ⅳ部　法律要件的效力

外国での訴え提起と
消滅時効の中断

I 問題の所在

　訴え提起が実体法に及ぼす最も重要な効果として、債権の消滅時効の中断
(民法147条1号) を挙げることができる。この民法の規定は、本来的に国内民
事事件を念頭に定められているといえるが、国際取引が盛んな今日では、契約
準拠法が日本法であっても、わが国の民法が中断事由として規定する裁判上の
請求が、わが国の裁判所でなされるとは限らない。たとえば、当事者が契約締
結に際して日本法を準拠法として指定した場合に、外国で訴訟が開始し、この
ことによって債権の消滅時効が中断されるかどうかが、わが国の裁判所におい
て問題となることもありうる。この場合に、外国での訴え提起による時効中断
の効果がわが国で認められるためには、どのような要件が必要とされるか。た
とえば、外国判決承認に関する規定の要件 (旧民事訴訟法200条、現行民事訴訟法
118条) が充たされなければならないと考えるべきか、外国での「訴え提起」
は外国「判決」と同視することはできないとして、判決承認に関する規定は適
用されないと解すべきか。また、契約準拠法が日本法以外の場合、どのように
判断すべきかも問題になる。さらに、そもそも、わが国を含めて大陸法は、時
効制度を実体問題と位置づけているが、コモン・ロー諸国は伝統的に手続問題
として扱ってきており、この時効の性質決定との関係で抵触法上、準拠法決定
の局面で問題を生ずる (契約に限らず相続など家族法上も同様の問題が生じうる)。

　そこで第IV部では、外国での訴え提起による時効中断の要件とその前提とな

453

る準拠法決定の問題についてドイツにおける議論を主に参考にし、また時効の性質決定について大陸法とは扱いを異にするコモン・ロー諸国の動向についても若干言及しつつ、考察を試みたい。なお時効の準拠法決定に際しては、国際私法上の公序との関係をめぐって重要な問題があるが、議論の拡散をおそれ言及を控えた。時効理論についても同じ理由から触れていない。

Ⅱ　若干の比較法的概観

1　時効の性質決定──その比較法的対立の素描[1]

　国際私法上、時効の問題をどのように扱うかについては、かつては、法廷地法（lex fori）を基本的に適用するコモン・ローと準拠実体法（lex causae）を適用する大陸法との対立が著しかったといえる。しかし、イングランドおよびウェールズでは 1984 年の制定法によって転換を図り、またアメリカ合衆国においては、各州が制定法（いわゆる borrowing statute）や判例によって法廷地法ルールに対する例外を認め、アメリカ法律協会のモデル法でも実体的に扱う性質決定を採用している。最近は、国連の国際商取引法委員会（UNCITRAL）によって、コモン・ローと大陸法の伝統的対立を止揚させる方向での条約が作成されている[2]。

---

1)　比較国際私法については、石黒一憲『金融取引と国際訴訟』196 頁（有斐閣、1983 年）、桑田三郎「国際私法における債権の消滅時効」法学新報 61 巻 8 号 1 頁（1954 年）、多喜寛「国際私法における債権の消滅時効──法律関係性質決定を中心として」法学 37 巻 3・4 号 104 頁（1974 年）などを参照。

2)　この条約に関連する邦語文献として次のものがある。曽野和明「私法統一における国際的立法過程分析の必要性──UNCITRAL 時効条約の場合を中心として」国際法外交雑誌 75 巻 3 号 37 頁（1976 年）、曽野和明「国際売買に関する二つの条約の発効──時効条約の場合を中心として」ジュリスト 912 号 92 頁（1988 年）、曽野和明「『国際的動産売買における時効に関する条約』（1974 年）注釈──付　1980 年同条約修正議定書」国際法外交雑誌 87 巻 3 号 35 頁（1988 年）、高桑昭「動産の国際的売買における債権の『期間制限』条約について」ジュリスト 576 号 109 頁（1974 年）、道田信一郎「国際動産売買に関する時効条約」国際商事法務 2 号 3 頁（1974 年）、道田信一郎「国際動産売買に関する消滅時効（法的手続制限）条約案」法学論叢 94 巻 5・6 号 71 頁（1974 年）。また、同条約の英文の正文が、曽野和明＝山手正史『国際売買法〔資料編〕』122 頁（青林書院、1993 年）に掲載されている。

　なお、主要な工業国が本条約を批准していないことから、その意義があまり大きくないことを指摘する見解もある。*Herdegen*, Internationales Wirtschaftsrecht, 2. Aufl. 1995, S. 148 f. 1992 年 11 月 19 日現在の時効条約加盟国については、次の文献を参照。ZEuP 1993, 160 f.

⑴　コモン・ローにおける扱い

　この第 IV 部では、コモン・ロー諸国の中でも、イングランドおよびウェール
ズ（以下では、単にイングランドと表記する）とアメリカ合衆国での動向を簡単に指
摘するにとどめる。

①　イングランドにおける動向

　イングランドでは 1984 年に法律が制定されて、それまでの伝統的アプロー
チを放棄した。

　従来、コモン・ロー上、出訴期限法には救済（remedy）を退ける（bar）タイプ
と、権利（right）を消滅させる 2 つのタイプがあるとされ、前者は手続、そし
て後者は実体に属するものと考えられていた。たいていのイングランドの法は
前者に属するとされ、またイングランドの裁判所では、同様に渉外事件でも出
訴期限については法廷地法としてのイングランド法がほとんどの場合に適用さ
れてきたとされる[3]（すべての場合というわけではない）。しかし、この法廷地法
ルールを適用することに対しては、多くの批判がなされてきた。つまり、法的
救済が認められない権利はもはや権利ではないから、権利と救済を区別するこ
とは現実的ではないこと、権利が発生した国ではまだ権利が存続しているのに
もかかわらず、イングランドでは権利行使が認められなくなってしまう場合が
生ずること、外国準拠法の時効期間を信頼して証拠を破棄した債務者にとって
酷となる結果が生じること、法廷地漁りを招くこと、外国の出訴期限法（時効
法）を適用してもイングランドの裁判所にとって困難ではないこと、が批判と
して挙げられている[4]。そこで、イングランドでは 1984 年に制定された外国出
訴期間法（Foreign Limitation Periods Act 1984 (1984 c 16)）[5] により、明文で外国の出
訴期間ないし消滅時効に関する法の適用を認めて転換を図った[6]。同法によると、
原則として準拠法の出訴期限ルールがイングランドの裁判所で適用されること

---

3)　Collier, *Conflict of Laws,* 67 (2d ed. 1994).
4)　参照、高桑昭「英国の『1984 年外国出訴期間法』——国際私法における消滅時効・出
　　訴期限の性質決定」国際法外交雑誌 83 巻 6 号 74 頁（1985 年）。Morris/McClean, *The Conflict
　　of Laws*, 387 (4th ed. 1993).
5)　この法律については、高桑・前掲注 4) 66 頁以下に詳しく紹介がなされている。また
　　RabelsZ 49 (1985), 371 にもごく簡単な紹介がある。

外国での訴え提起と消滅時効の中断　455

になり、イングランド法が適用されるのは、同法が準拠法である場合（1条1項）、Double Actionability Rule が適用される場合（1条2項。たとえば、不法行為については イングランド法上も訴訟提起が可能でなければならないことから、この場合には外国法とイングランド法の出訴期限規則が累積的に適用される）、外国法の適用がイングランドの公序に反する結果（2条1項）、法廷地法としてイングランド法が適用される場合、さらに外国準拠法の定める期間が開始したかを判断するために法廷地法としてイングランド法が適用される場合（1条3項）に限られる。また、指定された準拠法所属国が出訴期限に関する規定を、実体・手続のいずれに性質決定していても、その法が適用される[7]。このような転換より、時効ないし出訴期限の問題を契約準拠法の適用範囲内とする、1980年の契約準拠法に関するローマ条約10条1項(d)との整合性が保たれることとなった[8]。なお、反致

---

6)　1984年法を作成する際の法律改正委員会の報告書によると、スコットランドでは、時効について1973年法が制定される前は、イングランドと同様に救済（remedy）と権利（right）に分けて、前者は手続、後者は実体とみなしており、国際私法との関係でもイングランドにおける扱いと同様であったとされていた。The Law Commission, Working Paper No.75 at 28-29. しかし、現在では、時効について、時効および出訴期限法23条Aにより外国法の適用が明文で認められている。

　　【時効及び出訴期限法（1973年）（試訳）】

　　第23条A（1984年改正）

　　　第1項　スコットランド以外の法域の実体法が債務の準拠法としてスコットランドの裁判所によって適用されるときは、裁判所は、スコットランド法の関連規定を除いた、債務の消滅に関する、又は債務を実現させるために提起することができる手続の期間制限に関するその法域の法の関連規定を適用しなければならない。

　　Prescription and Limitation (Scotland) Act (19T3 c.52)

　　Section 23 A (rev. 1984)

　　　(1) Where the substantive law of a country other than Scotland falls to be applied by a Scottish court as the law governing an obligation, the court shall apply any relevant rules of law of that country relating to the extinction of the obligation or the limitation of time within which proceedings may be brought to enforce the obligation to the exclusion of any corresponding rule of Scots law.

　　（条文は、*Girsberger*, Verjährung und Verwirkung im internationalen Obligationenrecht-Internationales Privat- und Einheitsrecht, 1989, S. 233 を参照した）。

7)　Dicey/Morris/Collins, *The Conflict of Laws*, 187 (12th ed. 1993).

8)　英国は、すでに契約準拠法に関するローマ条約の締約国になっており、国内法（Contracts (Applicable Law) Act 1990）も制定している。同条約に関する文献として、欧龍雲「ヨーロッパ経済共同体における『契約および契約外債務の準拠法に関する条約草案』」北海学園大学法学研究9巻2号383頁（1974年）、岡本善八「国際契約の準拠法——EEC契約準拠法条約案に関して」同志社法学32巻1号1頁（1980年）、川上太郎「契約債務の準拠法の決定に関する諸問題」西南学院大学法学論集7巻4号1頁（1975年）などがある。

については問題が残されている。法律改正委員会の報告書では、反致を肯定しているが[9]、1984 年法 1 条 5 項では準拠法決定に際しては、指定された国の国際私法は考慮されないと定めており、同法は反致を否定している[10] とも解されるが、この点は議論がある[11]。

② アメリカ合衆国における動向[12]

イングランドにおけるのと同様に、アメリカ合衆国でも伝統的に、出訴期限は手続として性質決定されてきた[13]。つまり、出訴期限は権利に影響を与える

---

9) Law Comm. No. 114 (1983), para 4.34. 法律委員会の報告書では、遺言による動産の相続について反致を肯定する。つまり、「遺言の効力（essential validity）については遺言者の最後の住所地法によるが、R 国に住所を有し、そこで死亡したフランス人の財産管理でこの問題が生じると、われわれの裁判所は最初に R 国法を参照することになる。ところが R 国法の国際私法では、遺言者の本国法でこの問題を判断することにしているので、R 国裁判所はフランス法を適用すると考えられる。もし反致理論により、われわれの裁判所が遺言の有効性についてフランス法を適用すると、出訴期限はフランス法により判断される」。このように説く。

10) 高桑・前掲注 4）81 頁。なお、法律改正委員会の草案では、1984 年法 1 条 5 項に相当する規定は見あたらない。Law Comm. No.114 (1983), Appendix A. 1 条 5 項は次のように定められている。「本条において『法律』とは、いかなる国についても、その国の裁判所の適用すべき国際私法の規則及び、イングランド及びウェールズにおいては、本法を含まないものとする」（訳は、高桑・前掲注 4）86 頁に従った）。

11) 反致を否定するのは、Collier, *supra* note 3, at 68; Dicey/Morris/Collins, *supra* note 7, at 187. 他方、Cheshire/North/Fawcett, *Private International Law*, 81 n. 5 (12th ed. 1992) は反致に好意的といえようか。反致肯定説においても、その範囲に争いがある。カーターは、外国不動産の相続で、所在地法として Y 国法が適用される場合に、包括指定説ないし foreign court theory の立場から、イングランドの裁判所は Y 国裁判所と同様の処理をすべきであるとする。つまり、たとえば Y 国裁判所が、実体問題について Z 国法を適用し、期間制限について Y 国法を適用するときも、また Y 国裁判所が実体問題についても期限制限についても Z 国法を適用するときも、イングランドの裁判所は、それに従うと説く。Carter, *The Foreign Limitation Periods Act 1984*, [1985] 101 L. Q. R. 68, 73. これに対してストーンは、1 条 5 項は法律委員会の考えをより明確にすることを目的に反致の特則を定めたものと考えられるとし、1984 年法は紛争に適用される準拠法所属国の期間制限規定が適用されることを求めているとする。そして実体問題と期間制限の問題について準拠法の分離を認めるカーターの解釈は、法律委員会や国会の意図するところに反すると説く。Stone, *Time Limitation in the English Conflict of Laws*, [1985] L. M. C. L. Q. 497, 506-507.

12) 独文による文献として次のものがある。*Mitscherlich/Jander*, RIW 1978, 358; *Hay*, IPRax 1989, 197.

13) 51 Am. Jur. 2d, Limitation of Actions §66 (1970). エーレンツヴァイクは、法廷地法を出発点とするこのルールは、コモン・ローの伝統というよりも、いくつかの歴史的偶然（accidents）の結果であるとしている。*See*, Ehrenzweig, *Private International Law*, 123-124 (1967).

のではなく、救済だけに影響すると考えられ、法廷地州の出訴期限法を適用してきた。しかし、常に法廷地法を適用するとなると法廷地漁りを招くなどと批判を浴び[14]、現在では制定法そして判例法による2つの例外が広く認められている（以下に述べる2つの例外は1984年法制定以前のイングランドでは認められておらず、その意味でイングランドでの伝統的アプローチは、アメリカ合衆国でのそれと著しく異なるとされる）[15]。まず第1に、多くの州では、出訴期限借用法（borrowing statute）を制定し、他州の出訴期限法の適用を認めている点である[16]。その典型例は、請求原因が発生した地では請求原因が消滅したとされるときは、法廷地でもそのように扱うとするものである[17]。第2の例外は、他州の請求権が判例法ではなくて制定法により創出され、その制定法がとくに当該請求について期間制限を定めているときは、このビルト・イン（built-in）された期間制限は権利を消滅させる（つまり実体に属する）との考えが、判例により認められてきた[18]。その代表的な例が、不法死亡法（Wrongful Death Acts）や株主責任法（Shareholder Liability Act）での期間制限である[19]。なお、この第1の例外（出訴期限借用法）は、伝統的な法廷地法ルールを前提としてその例外を制定法で認めるという構成を採ることから、かえってこの問題を現代的な抵触法分析に付することを妨げているという

---

14) *E.g.*, Comment, *The Statute of Limitations and the Conflict of Laws*, 28 Yale L. J. 492, 495 (1919); Grossman, *Statutes of Limitations and the Conflict of Laws: Modern Analysis*, 1980 Ariz. St. L. J. 1, 16–17.

15) Stone, *supra* note 11, at 498.

16) Vernon, *Statutes of Limitation in the Conflict of Laws: Borrowing Statutes*, 32 Rocky Mt. L. Rev. 287, 294–296 (1960) には、1960年当時で出訴期限借用法を有する38州が掲げられている。*See also*, Scoles/Hay, *Conflict of Laws*, 62 n. 1 (2d ed. 1992).

　　ところで、法廷地の出訴期限借用法によって適用される他州（外国）の法は、実質法（出訴期限法）に限られるのか、それとも抵触法（出訴期限借用法）も含まれるのか（つまり反致：renvoi を認めるか）については解釈が分かれる。たとえば、ニュー・ヨーク州の出訴期限借用法が指定したコネチカット州法からの反致を否定したものとして、Rescildo by Rescildo v. R. H. Macy's, 594 N. Y. S. 2d 139 (A.D. 1st Dep.1993) がある。また、アイオワ州の出訴期限借用法が指定したミズーリ州法から更にテネシー州法への転致を肯定したものとして、Drudge v. Overland Plazas Co., 670 F.2d 92 (8th Cir. 1982) がある。*See also*, Restatement (Second) of Conflict of laws §142, Reporter's Note Comment f (1971).

17) 出訴期限法により、法廷地漁りに対してある程度の成功を収めたが、出訴期限法による解決には問題点も指摘されている。Scoles/Hay, *supra* note 16, at 64.

18) この理論を用いた判例については、Weintraub, *Commentary on the Conflict of Laws*, 57 (3d ed. 1986) などを参照。

19) Scoles/Hay, *supra* note 16, at 60.

評価もなされている[20]。

　他方で、このような伝統的手法とは異なる考えも、最近になって登場してきている。まず、最近の判例には出訴期限を手続であると性質決定することを放棄するものが現れている[21]。たとえば、著名な Heavner v. Uniroyal, Inc., 305A. 2d 412 (1973) 判決でニュー・ジャージー州の最高裁判所は、出訴期限についての法廷地法ルールをやめることを宣言し、請求それ自体に適用される法と同じ法（ノース・カロライナ州法）を出訴期限に適用している[22]。しかし、判例法上は、わずかの州が伝統的な手続的性質決定を放棄しているにすぎないと言われる[23]。

20）　Rosenberg/Hay/Weintraub, *Cases and Materials on Conflict of Laws*, 418 (10th ed. 1996). なお、ニュー・ジャージー州は後述のように、Heavner 判決で手続に属するとの性質決定をやめているが（後掲注 22））。1989 年の時点では、同州は出訴期限借用法を制定していない。*Hay*, a.a.O.(Fn. 12), S. 198 Fn. 21.

21）　Scoles/Hay, *supra* note 16, at 986 n. 3. たとえば、最近の判例として次のものがある。Republic of the Philippines v. Westinghouse Elic. Co., 774 F.Supp. 1438 (D.N.J. 1991)（ニュー・ジャージー州が法廷地でフィリピン法を適用）; New England Tel. & Tel. Co. v. Gourdeau Const. Co., Inc., 647 N.E.2d 42 (Mass. 1995)（法廷地の出訴期限法と他州法のいずれを適用するかという問題については、密接関連性テストによって判断し、手続問題として法廷地法を自動的に適用することはしないとしながら最終的には法廷地法たるマサチューセッツ州法を適用）. なお、出訴期限法は、それ自体は実体でも手続でもなく、双方が混ざり合った局面を有すると述べる最近の判例として次のものがある。Lujan v. Regents of University of California, 69 F.3d 1511 (1995); State v. Johnson, 514 N.W.2d 551 (Minn. 1994).

22）　Heavner v. Uniroyal, Inc., 305 A.2d 412 (1973) は、次のようなケースである。自動車事故を起こした原告が、タイヤに欠陥があったとして、その製造者と販売者を相手に製造物責任訴訟をニュー・ジャージーの裁判所に起こした。原告は、ノース・カロライナ州の住民で、事故発生地も同州であった。製造者は、ニュー・ジャージー州の企業で、全米で製品の卸売りをしていた。また販売者は、デラウェア州の企業で、全米で被告製造者のタイヤの小売りをしていた。

　　裁判所は、およそ次のように述べて、ノース・カロライナ州の出訴期限法を適用した。「出訴期限は通常は手続事項であり、法廷地法が適用されるというのが、長くコモン・ローの抵触法ルールであった。ニュー・ジャージー州も、このルールに従ってきた。しかし、出訴期限法は、厳密な手続事項と同じ問題に服するものではない。準拠すべき出訴期限の期間についての法廷地法ルールは、広く批判を受けてきた。裁判所は、徐々にではあるが、これに従ってきた。第 1 に、不法死亡法（Wrongful Death Statute）などでは、訴訟原因（cause of action）を規定する制定法が救済だけでなく権利をも阻却（bar）しているときは、外国の制限期間が適用される、との判例法上の原則が発展してきた。第 2 は、制定法による、いわゆる出訴期限借用法の制定である。われわれは、他州で発生した訴訟原因に関するすべての訴訟で当州の出訴期限法が適用されなければならないとの、機械的なルールを放棄するときが来たと確信している。他の州で請求原因が発生し、当事者がそこにおり、またその州の裁判管轄に服すべきときは、ニュー・ジャージー州は事件について実質的利害を有さず、他州の実質法が適用されるべきであり、その州の出訴期限が当州での訴訟開始時にすでに満了しているときは、当州は、その訴えを退ける判決を下すことになる」。

なお、1988年の連邦最高裁の判決は、実体問題としては他州法が適用される
請求に対して法廷地州の出訴期限法を適用することは、デュー・プロセス
（due process）条項にも、十分な信頼と信用（full faith and credit）条項にも反せず、
連邦憲法が禁ずるところではないとしている[24]。次に、モデル法に目を転ずる
と、1982年の統一出訴期限抵触法[25] 2条(a)は、時効について実体法的性質決定
を採用している。しかし、このモデル法は、性質決定として実体に属するとし
ただけで、準拠実体法の決定方法について規定を置かず、それぞれの州の抵触
法にその解決を委ねている[26]。なお、同法3条では、準拠法決定に際して反致
を排除している[27]。リステイトメントについて見てみると、1971年の抵触法
第2リステイトメント142条は、時効を手続に属するとの前提の下で出訴期限
借用法の適用関係などを定めた[28]。

このリステイトメントは、1988年に改訂され、リステイトメントでの法選
択に関する一般原則に基づき、時効の準拠法を選択することを裁判所に求め
た[29]。これは、一般的には、最も重要な関係（most significant relationship）を有す

23）　Hay, *Conflict of Laws*, 148-149 (1989) は、わずかに5州にすぎないと指摘する。
　　出訴期限を手続と性質決定した上で、法廷地法を適用した比較的最近の判例として次の
　ものがある。イリノイ州法につき、Colonial Pernn Life Ins. Co. v. Assured Enterprises, Ltd.,
　151 F.R.D. 91 (N.D. Ill. 1993)（契約当事者間で準拠法条項を定めていても出訴期限について
　はイリノイ州法が適用される）。マサチューセッツ州法につき、Cosme v. Whitin Mach.
　Works, Inc., 632 N.E.2d 832 (Mass. 1994); Sheridan v. Ascutney Mountain Resort Services, Inc.,
　925 F.Supp. 872 (D. Mass. 1996)。ミシガン州法につき、Isley v. Capuchin Province, 878 F.Supp.
　1021 (E.D. Mich. 1995)。ミネソタ州法につき、Nesladek v. Ford Motor Co., 876 F.Supp. 1061
　(D. Minn. 1994)。ミシシッピ州法につき、Carroll v. Volkswagen of America, Inc., 789 F.Supp.
　217 (S.D. Miss. 1991); Morningstar v. General Motors Corp., 847 F.Supp. 489 (S.D. Miss. 1994)。
　ノース・カロライナ州法につき、Stokes v. Southeast Hotel Properties, Ltd., 877 F.Supp. 986
　(W.D.N.C. 1994); Johnson v. Holiday Inn of America, Inc., 895 F.Supp. 97 (M.D.N.C. 1995)。オ
　ハイオ州法につき、Phelps v. McClellan, 30 F.3d 658 (6th Cir. 1994)。サウス・カロライナ州
　法につき、Witt v. American Trucking Ass'n, Inc., 860 F.Supp. 295 (D.S.C. 1994); Collins v. R. J.
　Reynolds Tobacco Co., 901 F.Supp. 1038 (D.S.C. 1995)。ウェスト・ヴァージニア州法につき、
　Armor v. Michelin Tire Corp., 923 F. Supp. 103 (S.D.W.Va. 1996)。
24）　Sun Oil Co. v. Wortman, 108 S.Ct. 2117, 2121 (1988).
25）　次の州で採択されている（1996年の時点）。Arkansas, Colorado, Montana, North Dakota,
　Oregon, Washington. 採択したモデル法により、オレゴン州裁判所がカリフォルニア州法を
　適用したケースとして、Cropp v. Interstate Distributor Co., 880 P. 2d 46 (Or. App. 1994) がある。
　また、ワシントン州裁判所が、採択したモデル法によりアイダホ州法を適用したケースと
　して、Ellis v. Barto, 918 P.2d 540 (Wash. App. Div.3 1996) がある。
26）　12 U.L.A. Uniform Conflict of Laws-Limitations Act §2, comment (1996).

る法の適用が予定されているといえる。（ドイツ法上の最密接関連性 Grundsatz der engsten Beziehung に相当する）しかし、同条が引き続き定めているところによると、例外的事情により不合理な結果が生じない限り、法選択の一般ルールによって定まる出訴期限法よりも法廷地法の方が短いときは法廷地法が適用され、また

---

27) *See*, 12 U.L.A. Uniform Conflict of Laws–Limitations Act §3, comment (1996).
【モデル出訴期限抵触法（試訳）】
第2条　抵触法：出訴期限
　(a)　4条［公序を理由とする法廷地法の適用：訳者注］に規定される場合を除いて、
　　(1)　請求が、実質的に他のある1つの州の法に基づいているときは、その州の出訴期限を適用する、又は、
　　(2)　請求が、実質的に他の複数の州の法に基づいているときは、当州の抵触法が選択した、それらの中の1つの州の出訴期限を適用する。
　(b)　略
第3条　出訴期限を算定する際に準拠すべき規則
　他州の出訴期限法が当州での請求の主張に適用されるときは、停止及び発生を定める、当該他州の関係する制定法及びその他の法原則が出訴期限を算定するに際しては適用されるが、抵触法を定める、当該他州の制定法及びその他の法原則は適用されない。
12 U.L.A. Uniform Conflict of Laws - Limitations Act
§2. Conflict of Laws ; Limitation Periods.
　(a) Except as provided by Section 4, if a claim is substantively based:
　　(1) upon the law of one other state, the limitation period of that state applies; or
　　(2) upon the law of more than one state, the limitation period of one of those states chosen by the law of conflict of laws of this state, applies.
§3. Rules Applicable to Computation of Limitation Period.
　If the statute of limitations of another state applies to the assertion of a claim in this State, the other state's relevant statutes and other rules of law governing tolling and accrual apply in computing the limitation period, but its statutes and other rules of law governing conflict of laws do not apply.
28)　【抵触法第2リステイトメント（1971年）（試訳）】
第142条　法廷地の出訴期限法
　(1)　他州の出訴期限法を借用する条項を含む、法廷地の出訴期限法によって訴訟が退けられるときは、その訴訟を続行しない。
　(2)　他州の出訴期限法によって訴訟が退けられるときでも、法廷地の出訴期限法では妨げられないときは、その訴訟を続行するが、143条に定める場合はこの限りではない。
Restatement (Second) of Conflict of Laws (1971).
§142. Statute of Limitations of Forum
　(1) An action will not be maintained if it is barred by the statute of limitations of the forum, including a provision borrowing the statute of limitations of another state.
　(2) An action will be maintained if it is not barred by the statute of limitations of the forum, even though it would be barred by the statute of limitations of another state, except as stated in §143.
なお、次の文献も参照。Reese, *The Second Restatement of Conflict of Laws Revisited*, 34 Mercer L. Rev. 501, 505–507 (1983).

法廷地法の方が長いときでも、訴訟を続行することが法廷地の利益に反さず、かつ事件に密接な関係を有する他の州法により請求が退けられているのでなければ法廷地法が適用されるとし、法廷地法ルールが色濃く反映されている[30]。なお、ここで注意すべきは、最近の判例および改訂リステイトメントの議論では、適用される出訴期限法を出訴期限の争点ごとに決める可能性を認めるという点である。つまり、前述の Heavner 判決および統一モデル法が出訴期限を請求と結びつけて扱い、可及的に準拠法を一体的に決める方向にあるのに対して、他の判決およびリステイトメントは、争点ごとに準拠法を決定するアプローチ

---

29) 【抵触法第2リステイトメント（1988年改訂版）（試訳）】
  第142条　出訴期限法
  　出訴期限法の抗弁に反して請求が維持されるかは、6条での原則［法選択のための一般ルール：訳者注］に従い判断される。一般的に、事案の例外的事情が結論を不合理にするものでない限り、
  　(1)　法廷地は、請求を退ける自州の出訴期限法を適用する。
  　(2)　法廷地は、請求を許容する自州の出訴期限法を適用するが、次の場合はこの限りではない。
  　　(a)　請求を維持することが法廷地の実質的利益に合致しないとき、並びに、
  　　(b)　当事者及び事件に、より重要な関係を有する州の出訴期限法によれば請求が退けられるとき。
Restatement (Second) of Conflict of Laws (rev. 1988)（改訂版を直接参照することができなかったので、Rosenberg/Hay/Weintraub, *supra* note 20, at 426 による）
§142. Statute of Limitations
  Whether a claim will be maintained against the defense of the statute or limitations is determined under the principles stated in §6. In general, unless the exceptional circumstances of the case make such a result unreasonable:
  (1) The forum will apply its own statute of limitations barring the claim.
  (2) The forum will apply its own statute of limitations permitting the claim unless:
    (a) maintenance of the claim would serve no substantial interest of the forum; and
    (b) the claim would be barred under the statute or limitations of a state having a more significant relationship to the parties and the occurrence.
30) *See,* Scoles/Hay, *supra* note 16, at 59.
  改訂抵触法第2リステイトメント142条に言及しつつ、最重要関連性テストにより出訴期限の準拠法を決定した判例として次のものがある。New England Tel. & Tel. Co. v. Gourdeau Const. Co., Inc., 647 N.E.2d 42 (Mass. 1995); Great Rivers of Co-op of Southeastern Iowa v. Farmland Industries, Inc., 934 F.Supp. 302 (S.D. Iowa 1996); F. D. I. C. v. Nord Brock, 102 F.3d 335 (8th Cir. 1996).
  リステイトメントに言及しないものの、最重要関連性テストにより出訴期限の準拠法を決定した判例として、Digioia v. H. Koch & Sons, Div. of Wickes Mfg. Co., 944 F.2d 809 (11th Cir. 1991); Calabrese Foundation, Inc., v. Investment Advisors, Inc., 831 F.Supp. 1507 (D. Colo. 1993); Ellis v. Barto, 918 P.2d 540 (Wash. App. Div.3, 1996) がある。

（issue-by-issue approach）を採用する。これは、出訴期限の準拠法と請求について
の準拠法が異なる（準拠法の分割：Dépecage）可能性をもたらすことになる[31]。

(2) ドイツ法における扱い

　現在のドイツにおいて、時効の問題は実体の問題として性質決定するのが、
判例および学説の扱いである[32]。つまり、当該法律関係を支配する法（lex
causae）が、時効についても判断する。かつて、ドイツ民法施行法32条1項4
号は、時効の問題が契約準拠法の適用範囲内であることを明文で定めていたが、
これは、1980年の契約準拠法に関するローマ条約（10条1項(d)号がこれに相当す
る）を、国内法化したものである（現在は、契約債務の準拠法に関するローマ(I)規則
12条1項(d)が同趣旨を定めており、ドイツ民法施行法の当該規定は削除されている）。

　このような扱いは、たとえば、時効（出訴期限）の問題を手続と性質決定し
ている法域が指定された場合にも妥当する[33]（イングランドでは、1984年の制定法に
より方向転換したことはすでに述べた）。かつて、ライヒ裁判所は、テネシー州法が
適用される手形債権について、ドイツでは時効は実体問題であるから法廷地法
たるドイツ法の適用はなく準拠法の適用範囲とされ、他方で準拠法として指定
されたテネシー州法では出訴期限法は手続と性質決定し、法廷地法の適用を求
めているから、テネシー州の出訴期限法をドイツで適用することはできないと
して、時効を認めなかったケースがあった[34]。しかし、この見解では、ドイツ
法とテネシー州法のいずれの法も時効制度を認めるのに、いずれの時効に関す
る規定も適用されないことから、結果として時効を認めないことになってしま
うとして批判があった。そこで、現在の判例は、この場合でも準拠法により時

31）　Hay, *supra* note 23, at 149. この点について明言する判例として、たとえば、New England
　　Tel. & Tel. Co. v. Gourdeau Const. Co., Inc., 647 N.E.2d 42, 45 (Mass. 1995)。しかし、統一モデ
　　ル法においても、準拠法の分割が全く排除されているわけではないと説かれる。*See,*
　　Lefler, *The New Conflicts-Limitations Act,* 35 Mercer L. Rev. 461, 476 (1984).
32）　Z.B. *Bülow/Böckstiegel/Linke,* Internationaler Rechtsverkehr, 1997, S. 606–197; *Geimer,*
　　Anerkennung ausländischer Entscheidungen in Deutschland, 1995, S. 42; *Münchener Kommentar/
　　Martiny,* BGB, Bd. 7, 2. Aufl. 1990, Art. 32 EGBGB Rdnr. 45; *Wieczoreck/Schütze,* ZPO, Bd. 1/1, 3.
　　Aufl. 1994, Ein1. Rdnr. 192.
33）　*C. v. Bar,* Internationales Privatrecht, Bd. 2, 1991, Rdnr. 548; *Geimer/Schütze,* Europäisches
　　Zivilverfahrensrecht, 1997, Art. 26 Rdnr. 63.
34）　RG, Urt. v. 4. 1. 1882, RGZ 7, 21.

効は判断されるとしている。他方、学説では、かつては、この場合に法廷地た
るドイツへ反致されるという理論構成を認める見解が有力に主張されていた
が[35]、現在ではむしろ反致否定説の方が通説といえる[36]。この場合でも準拠法と
して指定された法がそのまま適用される理由として、性質決定の問題について
は、法廷地法の体系が基準になるのであり、また反致を認めると請求権の問題
（債権の準拠法）と時効の問題（法廷地法）が別々の法により判断されることになる
が、これは時効を請求権と一体に判断させるとの、そもそもの出発点と矛盾す
ることになってしまう点が挙げられている。1960 年の連邦通常裁判所の判例も、
契約事件についてではあるが、時効の問題について法廷地法への反致を明確に
否定する。現在、この場合には反致は認められないものと考えられるが、重要
な判例と思われるので、以下に紹介を試みる。

【連邦通常裁判所 1960 年判決】[37]
　契約代金の残債務の支払いを求めて、原告が財産所在地たるドイツの裁判所
でカリフォルニア州在住の被告に対して訴えを提起したところ、被告は、引き
渡された製品には瑕疵があり、また請求権は時効にかかっていると主張した。
第 1 審は、被告に支払いを命じたが、原審は時効の抗弁を認め、請求を棄却し
た（準拠法はアメリカ合衆国の州法）。
　裁判所は、およそ次のように述べて、法廷地法への反致を否定した。

35）　*Frankenstein*, IPR, Bd.1, 1926, S. 276, 596; *Wunderlich*, in FS. Heinitz, 1926, S. 481, 500. たと
　　えばケーゲルは、仮定的反致（hypothetische Rückverweisung）という概念を用いて、この
　　場合に反致を認める。*Kegel*, Die Grenze von Qualifikation und Renvoi im internationalen Verjä-
　　hrungsrecht, 1962, S. 39 ff.; *ders.*, Internationales Privatrecht, 7. Aufl. 1995, S. 296, 468.
36）　*Burr*, Fragen des kontinental-europäischen internationalen Verjährungsrechts, 1968, S. 129 ff.;
　　Linke, Internationales Zivilprozeßrecht, 2. Aufl. 1995, Rdnr. 50; *Martiny*, in: Reithmann/Martiny,
　　Internationales Vertragsrecht, 5. Aufl., 1996, Rdnr. 291; *Münchener Kommentar/Spellenberg*, BGB,
　　Bd. 7, 2. Aufl. 1990, Vor Art. 11 Rdnr. 204; *Soergel/Lüderitz*, BGB, Bd. 8, 1983, Vor Art. 7 EGBGB
　　Rdnr. 321; *Staudinger/Firsching*, BGB, 10./11. Aufl. 1978 Vor Art. 12 EGBGB Rdnr. 274.
　　　なお、外国法からの反致が認められる場合でも、いわゆる第 2 次性質決定により時効に
　　ついてだけは反致を認めない見解もある。たとえば、相続上の請求がアメリカ合衆国の州
　　法から反致されるときでも、同国では時効は手続と捉えられているので、時効については、
　　反致がなされないと説く見解がある。*Basedow*, in: Schlosser (Hrsg.), Materielles Recht und
　　Prozeßrecht und die Auswirkungen der Unterscheidung im Recht der internationalen
　　Zwangsvollstreckung, 1992, S. 136 f.
37）　BGH, Urt. v. 9. 6. 1960, NJW 1960, 1720.

「時効規定がアメリカ合衆国の判例・学説によって、実体法ではなく訴訟法に位置づけられていても、このことによってドイツの裁判官が、時効規定を実体規定として適用することの妨げにはならない。なぜなら、時効が実体法の制度か、単なる訴訟法のそれであるのかは、ドイツ法によって判断されなければならないからである。ドイツ法では時効は実体に属する。そのことから、さらに、係争法律関係が服する準拠実体法所属国の時効規定を適用しなければならないということが導かれる。

ドイツ抵触法によりアメリカ合衆国の州法が指定されても、確定的な指定とはならない。なぜならドイツ抵触法による、債務法上の法律関係での外国法の指定は、外国実質法だけではなく、その地で妥当している抵触法も含むからである。

アメリカ合衆国の個々の州では時効に関する法は、法律関係が他の州の法によって支配されるときでも、法廷地州法に従うが、このような事情は、時効の問題が法廷地法としてのドイツ法により判断されることを導くものではない。なぜなら、このことを肯定すると、債務関係ないしは主張されている請求権を支配する法によって時効が定められるという、ドイツ抵触法の原則に反することになってしまうからである」。

連邦通常裁判所はこのように述べて、現在の通説と同様に、時効の問題を権利関係から切り離した形での法廷地法への反致を否定した。

2 中断の要件——ドイツにおける議論[38]

ドイツにおいて主として論じられているのは、ドイツ法が準拠法となる場合において、外国での訴え提起により時効中断を生ずるためにはどのような要件が必要とされるかである。ここでの問題は、外国判決承認規定との関係をどう捉えるのか、渉外的場面における債権者と債務者の利益をいかにして調和させるか、という点である。現在の通説・判例は、一般論として準拠法上の構成要件的効力の問題は準拠法の適用範囲内の問題として理解し、法廷地手続法（承

---

38) ドイツにおける議論については前掲注1) の文献の他に、石黒一憲「外国における訴訟係属の国内的効果」澤木敬郎＝青山善充編『国際民事訴訟法の理論』354頁（有斐閣、1987年）における紹介も参照。

認規定）は関係ないとしている。その上でドイツ法が準拠法である場合の時効中断については、訴え提起と判決が連続面にあるとの前提の下で、訴えの提起についてもドイツ民事訴訟法 328 条により承認可能なものでなければ、時効中断効を生ずることはないとしている。しかし、これに対しては有力な反対がある。なお、UNCITRAL 時効条約 30 条は、時効中断の国際的効果を定めている。それによると、ある締約国でなされた時効中断行為は他の締約国においても効力を有するが、それは債権者が債務者に対してそのことを速やかに通知した場合に限られるとしている[39]。

　なお、中断事由ではないが、通説が訴え提起と判決を同列に置いていることから、外国の確定判決による時効期間の伸長についても簡単に触れておく。ドイツ民法 218 条（確定判決による時効期間の伸長）と外国判決の関係について、同条は、裁判所の判断によって得られた結論を永続的に安定させる、既判力の制度目的と密接な関係に立つとして、外国判決に基づく時効期間の伸長との関係ではこの規定は、民事訴訟法 328 条による承認要件が充足される場合にのみ適用されるとの見解（通説とされる）がある[40]。この立場は、外国での訴え提起に基づく時効中断について外国判決承認要件の充足を求める通説を批判する見解からも、支持がある。たとえばシャックは[41]、民法 209 条による時効中断については中断行為の等価性と法的審問の保障を求めるが、民法 218 条 1 項の確定判決による時効の伸長は、裁判所による給付の命令が内国に作用を及ぼす場合にのみ正当化され、そのためにはすべての承認要件が充足されなければならないとする。しかし、ガイマーは[42]、訴え提起におけると同様に、当該外国判決は、ドイツから見て国際裁判管轄を有する国において下されたものであればよいとし、判決が承認される必要はないとする。

39）　時効条約 30 条については、曽野・前掲注 2）国際法外交雑誌 87 巻 3 号 80 頁を参照。また同条の問題点については、高桑・前掲注 2）114 頁、119 頁を参照。

40）　*Pfeiffer*, in: Gilles (Hrsg.), Transnationales Prozeßrecht, 1995, S. 77, 109. 同 旨、*Hausmann*, Die kollisionsrechtlichen Schranken der Gestaltungskraft von Scheidungsurteilen, 1980, S. 196; *Münchener Kommentar/Spellenberg*, a.a.O.(Fn. 36), Vor Art. 11 Rdnr. 213; *Müller*, ZZP 79 (1966), S. 199, 243 f.; *Nagel*, Internationales Zivilprozeßrecht, 3. Aufl. 1991, Rdnr. 641.

41）　*Schack*, RIW 1981 301, 302 Fn. 18; *Schack*, Internationales Zivilverfahrensrecht, 2. Aufl. 1996, Rdnr. 784.

42）　*Geimer*, Internationales Zivilprozeßrecht, 3. Aufl. 1997, Rdnr. 2828.

(1) 準拠法が国内法である場合

① 通説

ゲープハルト第 1 草案（1881 年）、第 2 草案（1887 年）の 36 条は、外国訴訟の開始が準拠実体法（内国法と外国法の区別はしていない）に与える効果の承認について、外国判決の承認に関する規定（37 条）とは別の規定を設け、当該外国裁判所がドイツ法から見て国際裁判管轄を有しており、かつ被告に送達がなされたときには内国で中断の効果を認めようとした[43]。同草案は、結局、立法には至らなかったが、草案が提示されたすぐ後のライヒ裁判所の判例には、送達が不十分であったために外国訴訟による時効中断を認めなかったものの、相互保証は時効中断との関係では問題にはならないとするものが登場した[44]。しかし、やがてライヒ裁判所の判例にも、外国判決承認のための要件をすべて充足しなければならないとして、相互保証がないことを理由にスイスでの訴え提起に時効中断を認めないとするものが現れた[45]。

現在の通説・判例は、ドイツ法が準拠法の場合に、外国裁判所における訴えの提起により時効中断が生じるのは、承認要件を充たす場合に限るとする[46]。たとえば、リーツラー[47] は、外国判決が承認されないことから内国で効力を有しないときは、その前提たる訴えの提起による時効中断についても拒否され

---

43) これに対して第一委員会は、外国裁判所に係属している訴訟が開始したときの効果は、その訴訟で下される判決が承認される場合に限られるとし、認めなかった。*Hartwieg/ Korkisch*, Die geheimen Materialien zur Kodifikation des deutschen Internationalen Privatrechts 1881-1896, 1973, S. 147. 同条については、次の文献も参照。*Niemeyer*, Zur Vorgeschichte des Internationalen Privatrechts im Deutschen Bürgerlichen Gesetzbuch, 1915, S. 260 ff., S. 370. なお、ドイツにおける外国判決承認要件の成立史については、たとえば、越山和広「国際民事訴訟法における既判力の客観的範囲」法学研究 68 巻 7 号 46 頁（1995 年）を参照。
　　ゲープハルト第 1 草案 36 条は、次のように定められている。訳は、川上太郎『国際私法の法典化に関する史的研究の附録』8 頁（神戸大学経済経営研究所、1961 年）に従った。
　　「訴訟の開始が裁判上の決定のもとに置かれた法律関係に及ぼす効果は、それが訴訟上の性質のものでないかぎり、問題となっている法律関係を定める法律による。
　　外国裁判所に係属している訴訟の開始の効果は、それが私法上のものであると訴訟上のものであるとを問わず、つぎの場合にはこれを承認しないものとする。
　1　外国裁判所の属する国の裁判所がドイツ法によれば管轄権を有しないとき。
　2　ドイツ人に対し訴訟が提起せられ、しかもその者が応訴しなかった場合において、訴訟開始に必要な呼出または命令が直接に受訴裁判所の国において、また司法共助の許与によりドイツ国においてもそのドイツ人に送達せられなかったとき」
44) RG, Urt. v. 11. 3. 1891 JW 1891, 223 Nr. 8.
45) RG, Urt. v. 18. 9. 1925 JW 1926, 374.

なければならないとする。

なお、国際裁判管轄の要件と EC 民訴条約との関係について上級地方裁判所の裁判例には、EC 民訴条約の締約国内の裁判所で提起された訴えであるならば、その裁判所が管轄を有していなくても時効中断を認めるとするものもある。しかし、この場合にも基本にあるのは、外国での訴え提起が承認可能性を有することが求められている点である。

【ドュッセルドルフ上級地方裁判所 1972 年判決】[48]

原告は被告を相手に、最初に、ベルギーの商事裁判所で売買代金の残債務の支払いを求めたが、裁判所は管轄を有しないとして訴えを却下した。そこで、原告はドイツで再び訴えを起こしたが、被告はすでに債権が時効にかかっているとの抗弁を提出した。

これに対して、ドュッセルドルフ上級地方裁判所は、ベルギーでの訴え提起により、ドイツ民法 209 条 1 項に基づき、残債権の時効は法的に有効に中断したと判断した。裁判所は、その理由を大要次のように述べる。「ライヒ裁判所は、外国判決が内国で承認されないときは、外国裁判所での訴えは時効を中断しないと、繰り返し述べてきた。しかし、本件では EC 民訴条約が適用され、同 26 条 1 項によると、特別の手続を要することなく、ある締約国で下された判決は他の締約国で承認されるし、本件では同 27 条に定める承認拒否事由は存在しない。また、同 28 条 3 項によると、判決国裁判所の管轄を事後審査す

---

46) RG, Urt. v. 8. 7. 1930, RGZ 129, 385, 389; LG Deggendorf, Urt. v. 24. 11. 1981, IPRax 1983, 125; *Frankenstein*, a.a.O(Fn. 35), S. 599; *Martiny*, in: Handbuch des Internationalen Zivilverfahrensrechts, III/1, 1984, Kap. 1 Rdnr. 432; *Merschformann*, Der Umfang der Verjährungsunterbrechung durch Klageerhebung, 1992, S. 111; *Münchener Kommentar/Gottwald*, ZPO, Bd. 1, 1992, §328 Rdnr. 140; *Münchener Kommentar/von Feldmann*, BGB, Bd. 1, 3. Aufl. 1993, §209 Rdnr. 6（外国法が準拠法である場合を除く）; *Nagel*, a.a.O.(Fn. 40), Rdnr. 724; *Palandt/Heinrichs*, BGB, 55. Aufl., 1996, §209 Rdnr. 3; *Palandt/Heldrich*, BGB, 55. Aufl. 1996, EGBGB §32 Rdnr. 6; *Raape*, Internationales Privatrecht, 5. Aufl. 1961, S. 501（内外訴訟行為の等価値性を前提）; *Riezler*, Internationales Zivilprozeßrecht, 1949, S. 461 f.; *Staudinger/Firsching*, a.a.O.(Fn. 36), Vor Art. 12 EGBGB Rdnr. 271（内外訴訟行為の等価値性を前提）; *Stein/Jonas/Schumann*, ZPO, 20. Aufl. 1988, §328 I Rdnr. 15. *Süß*, GS. für Rosenberg, 1949, S. 229, 261 Fn. 60; *Taupitz*, IPRax 1996, 140, 145.

47) *Riezler*, a.a.O.(Fn. 46), S. 461 f.

48) OLG Düsseldorf, Urt. v. 9. 12. 1978, NJW 1978, 1752; vgl. OLG Düsseldorf, Urt. v. 13. 4. 1989, NJW 1990, 640.

ることは、原則として許されない。それゆえ、ライヒ裁判所の要求は、条約加盟国については本条約によって充たされている。したがって、訴えがドイツの裁判所に提起されたか、他の締約国に提起されたかは、締約国の範囲では区別することはできない。また、ベルギーの商事裁判所が本案判決をする管轄を有しないとしたことも、ドイツ民法209条1項にいう中断効にとっては重要ではない」。

　この裁判例に賛成する見解は次のように説く。ドイツ民法209条は、時効中断のために、「裁判」ではなく、「訴えの提起」だけを要求しており、訴えがEC民訴条約の他の締約国で提起されたのなら、条約27条、28条による承認拒否事由がない限り、これによりドイツの裁判所での訴えと同様に時効を中断し、当該外国裁判所が本案判決を下す管轄を有していないときでも、このことにかわりはないとする。ただ、この場合には民法212条が顧慮されなければならないと説く[49]。

②　批判説

学説においては、以上に紹介した通説と異なる見解も有力に主張されている。

(a)　外国での訴え提起による時効中断を認めない説

　シュッツェは、外国法が準拠法であり、その法が外国での訴え提起による時効中断を規定しているならば、承認可能性を考慮することなく中断を認め[50]、他方でドイツ法が準拠法であるときには、外国での訴え提起による中断を認めないとの立場を主張する[51]。この見解は、通説に対して次のように批判を加える[52]。まず、時効中断を認めるのに、外国訴訟の承認可能性を求める必要性がないと説く。つまり、外国訴訟が請求棄却であれば、債権が存在しないことが

---

49)　*Kropholler*, Europäisches Zivilprozeßrecht, 5. Aufl. 1996, Vor Art. 26 Rdnr. 17. 次の文献も同様に賛成する。*Münchener Kommentar/Gottwald*, a.a.O.(Fn. 46), §328 Rdnr. 141; *Soergel/Walter*, BGB, Bd. 1, 1987, §209 Rdnr. 9.

50)　*Schütze*, in: Geimer/Schütze, Internationale Urteilsanerkennung, I/2, 1984, S. 1734.

51)　*Schütze*, WM 1967, 246, 248; *Schütze*, MDR 1973, 905 f. ただし、シュッツェは、仲裁による時効中断を定める民法220条との関係では、外国仲裁であっても中断を認める。*Schütze/Tscherning/Wais*, Handbuch des Schiedsverfahrens, 2. Aufl. 1990, Rdnr. 609 f.

52)　*Schütze*, Deutsches Internationales Zivilprozeßrecht, 1985, S. 182.

確定するし、原告勝訴であれば、その判決に対してドイツで執行宣言を付与してもらえるから時効中断を論ずる意味がないのであるとする。次に、訴え提起の段階で承認要件を全て充足しているか否かの予測が困難であることを挙げる。さらに、訴訟係属での通説的立場によると、外国訴訟係属が承認可能であるときは内国で訴えを提起することは許されず、また外国訴訟が終了すると承認により内国に拡張された既判力に基づき新たな訴訟追行は不適法になるので、時効中断についての通説が意義を有するのは、結局は承認予測がはずれた場合に限られることになると述べる。

(b) 外国判決承認要件を不要とする説

　外国で訴えが提起された場合でも、外国判決承認要件を全く課すことなく、外国でなされた訴訟行為が内国法上要求される中断行為と機能的に等価値にあると考えられるときには中断を認める立場は古くから唱えられていたが[53]、最近ではリンケがこの立場を主張する[54]。通説によると、時効中断の効果は請求権の存在が確定されることの直接・間接の結果であり、この場合における訴訟行為の実体法上の効果は訴訟法上の効果と同様に判決承認規定にかからしめられる。しかし、リンケによると請求権の確定は、時効中断の決定的な正当化事由ではない。訴訟告知などを中断事由として認めていることから、立法者は請求権の確定という原則をそれほど厳格に考えておらず、むしろ債権者が権利追求を行っていることにこの問題の中心があるとする。また、債務者保護の観点から承認要件を必要とする考えに対しては、この要件を課さない場合に内国債務者に対して不当な侵害が発生することが示されていないとして反対する。そして、法的審問の保障（送達を要求する説）は、判決承認の場面で初めて問題になるので考慮する必要はなく、またドイツ法からみた国際裁判管轄の要件は中断行為の等価性にとって重要ではないと説く。つまり、ドイツ法が適用される場合、外国訴訟行為が、ドイツ民法の定める構成要件と機能的に等価値であるときは時効中断を生じ、また等価値性の要件からは、国際条約やドイツ民事訴

---

53)　*Neumeyer*, NW 1926, 374; *Katinsky*, RabelsZ 9 (1935), 855.

54)　*Linke*, a.a.O.(Fn. 36), Rdnr. 43; *Linke*, Die Bedeutung ausländischer Verfahrensakte im deutschen Verjährungsrecht, in: FS. Nagel, 1987, S. 209, 221 ff.

訟法の定める外国判決承認の可能性は必要とされないとする。

(c) 管轄を要求する説

ガイマーは、外国裁判所がドイツ法からみて国際裁判管轄（民事訴訟法 328 条 1 項 1 号）を有していることだけを要求し、送達や公序の要件を欠くために既判力や形成力を承認することができなくても、中断を認める立場を主張する[55]。そして、承認要件の全面適用を説く通説[56] に対しては、相互保証の要件を充たさないことを理由に多くのケースで承認が拒否されることになるが、これでは時効中断が生じないため、原告は、自己の権利を再び訴訟の場に持ち出す機会を有しないことになるとして批判する。また、相互保証の要求は、外国に対してドイツで下された判決を承認させるための圧力手段（Druckmittel）として考えられ、立法者は、実体的法律関係にまで相互保証を介入させる意思はなかったといえるとも述べる[57]。他方で、承認要件をすべて不要とし、あらゆる外国判決は時効を中断するとの立場[58] に対しては、債権者の利益だけを一面的に擁護し問題があるとする。なぜなら、債権者は、外国のどこかで訴えを提起すれば、当事者や訴訟物とは関係のない国であっても時効中断が可能になり、濫用を誘発することになるからであると述べる[59][60]。

---

55) *Geimer*, in: Geimer/Schütze, Internationale Urteilsanerkennung, Bd. I/2, 1984, S. 1411; *Geimer*, a.a.O.(Fn. 42), Rdnr. 2828. 以上の文献は 218 条（確定判決による時効期間の伸長）についてであるが、ガイマーは、209 条の場合についても、同様にドイツ法から見て国際裁判管轄を有していることだけを求めるので（*Geimer*, IPRax 1984, 83 f.）、ここで紹介する。
56) 前掲注 46) を参照。
57) *Geimer*, a.a.O.(Fn. 42), Rdnr. 2831.
58) 等価性だけを要求するリンケなどの立場である。前掲注 53)、54) を参照。
59) *Geimer*, a.a.O.(Fn. 42), Rdnr. 2832.
60) ガイマーはドイツ法が準拠法である場合に、本説での結論を次のように敷衍する。まず、訴えの取り下げなどによって、外国手続が判決に至らずに終了したときは、訴訟を 6 ヶ月以内に提起することにより時効は中断する（民法 212 条 2 項）。次に、外国訴訟が訴え却下（訴訟判決）で終了したときは、当該判決が確定したときから民法 212 条 2 項の期間が進行する。さらに、外国訴訟が本案判決で終了した場合で、請求棄却判決が承認されるときは、請求権が存在しないことが確定するので中断は問題にならないし、承認されないときは、判決国が国際裁判管轄を有するならば、212 条 2 項が類推される。原告勝訴の本案判決が承認されるときは、確定したときから 30 年の時効期間（民法 218 条）が進行し、承認されないときは、判決国が国際裁判管轄を有するときは 212 条 2 項が類推される。*Geimer*, a.a.O.(Fn. 42), Rdnr. 2833 ff.

(d) 中断行為の等価値性と送達を要求する説

シャックは、次のように述べ、中断行為の等価値性（法が予定する中断行為と、外国で実際になされた行為が同視できる程度にあること）と債務者への送達（法的審問の保障）を要求する[61]。それによると、実務上時効中断が認められるのは外国での訴え提起が外国判決承認要件を充足していることにかからしめられているが、民法209条は判決ではなく、それに先立つ訴訟行為（訴え提起や訴訟告知）に中断を認めているし、また民法212条2項によると、請求認容判決でなくても中断されるから、外国裁判所が国際裁判管轄を有していなくても、212条2項の類推により、債権者は6ヶ月以内に訴えを提起することができるとする。ただし内外判決ではなく、中断行為が等価値でなければならないが、この等価値性は、純実体法的に理解するのではなく、決定的であるのは手続的考慮であると説く。そして時効中断を広範囲に認めることは、時効中断のために複数の国で訴訟を起こす必要がないことから、訴訟経済に資するし、債務者と裁判所の利益にもなると述べる。さらに、将来下される外国判決が承認されるか否かという不安定性を、債権者の負担にすることは許されず、事件の国際性によって困難となっている権利の追求は、可能な限り時効中断を広く認めることによって、その困難さが軽減されなければならないとも述べる。その上で、中断行為の等価値性の他に、法的審問の付与（時効中断行為となる訴訟行為が債務者に知らされること）が要求されるとする。そして外国判決承認要件との関係を、次のように説く[62]。外国判決の承認と、個々の外国訴訟行為の実体的効果の承認は別のものであるので、外国判決が下される前に確定することがほとんどできない、判決に関連する承認要件である民事訴訟法328条1項3号・4号は、5号と同様に問題にならないという。

また、外国裁判所の国際裁判管轄の要否については、場所は行為を支配する（locus regit actum）の原則（参照、ドイツ民法施行法11条）を理由に外国訴訟法だけで判断することができるとか、民事訴訟法328条1項1号と同様にドイツ法か

---

61) *Schack*, a.a.O.(Fn. 41), Rdnr. 782 f.; *Frank*, IPRax 1983, 108,110; *Münchener Kommentar/ Spellenberg*, a.a.O.(Fn. 36), Vor. Art. 11 EGBGB Rdnr. 211 f. も同趣旨（支払命令、和解申立および破産手続での債権届出についても同様に送達だけが必要。Rdnr. 214)。

62) *Schack*, a.a.O.(Fn. 41), S. 302.

ら判断することができるとの見解（鏡像理論）もあるが、これらに対して
シャックは次のように説く。前者については、国際私法上の公序によって制限
を余儀なくされるため必ずしも絶対的なものとはいえないし、また後者につい
ても、民法212条2項により、訴え却下の判決が確定してから6ヶ月以内に原
告が新たに訴えを提起したときは、管轄のない裁判所での訴え提起も時効を中
断するから、ドイツの効果法（Wirkungstatut）は管轄の遵守を問題にしていない
とする。最後に送達であるが、被告が時効中断行為について認識することは、
基本的な正義の要請（elementares Gerechtigkeitsgebot）として国際私法上の公序の構
成要素であると述べて、この要件を時効中断についても要求する。

　(e)　**管轄と送達を要求する説**

　また、管轄と送達の2つの要件を求める見解がある[63]。リューダーリッツに
よると、通説の一貫しない姿勢（外国での訴え提起がドイツ法の時効を中断するのは、
その訴えが承認要件を充たすことが必要であるのに、内国での訴え提起が外国準拠法の時効
を中断するかに際しては、当該準拠法所属国がドイツ判決を承認するか否かは問題にされな
い）は、実体法に対して不当にドイツ民事訴訟法328条1項5号（相互保証の要
件）という報復思考（Vergeltungsdenken）を反映させているとして批判する。それ
によると、まず第1に基準となるのは、中断規定の目的であるとする。そして、
債権者の権利追求の意思に明確性と確実性を付与するためだけに手続行為が要
求されているときは、準拠法が考えるところに従い訴状が有効に送達されれば、
あらゆる外国での訴え提起は時効を中断する。しかし時効規定が、適切で客観
的な手続において証明問題を明らかにするといったより広範囲な目的を追求す
るときは、適切な管轄規定に対する債務者の利益が考慮されなければならない
とし、管轄を有する裁判所で手続が開始したときは、訴え提起は原則として等
価値であるとする。そしてドイツ法が準拠法であるときは、管轄のない裁判所
での訴えであっても時効を中断するとの内国事案での解釈は、そのまま渉外事
件について通用させることはできないという。つまり、民法212条2項を類推

---

63)　*Soergel/Lüderitz*, a.a.O.(Fn. 36), Vor Art. 7 EGBGB Rdnr. 319; *Soergel/Lüderitz*, BGB, Bd. 10,
　　 12. Aufl. 1996, Anh. Art. 10 EGBGB Rdnr. 121; vgl. *Lüderitz*, Internationales Privatrecht, 2. Aufl.
　　 1992, S. 102.

した上に、上述の送達要件が加わるとする。

(2) 準拠法が外国法である場合

　外国法が準拠法である場合には、中断には、当該準拠法の定めるすべての要件が充たされなければならないと説かれる。時効の準拠法所属国以外でなされた訴訟行為により時効が中断するのは、訴訟行為が等価値であるときに限られるとされる（たとえば、オーストリア債務法は証拠保全手続の命令による時効中断を認めていないので、ドイツでなされた証拠保全により同法を準拠法とする債権が時効中断することはない）。そして、内国または外国裁判所で提起された訴訟が時効を中断するか否かは、準拠法が判断する。外国での訴え提起について、「ドイツで外国判決が承認されるか」どうかは重要ではないとされる[64]。

　シャックも基本的には、同様の立場にあるが、内国での訴え提起が時効中断効を生ずるために、「ドイツ判決が外国法により承認可能でなければならない」場合をめぐって問題点を指摘する[65]。つまり、準拠法がドイツの通説と同様に外国（ドイツ）判決の承認可能性を要求しているときに、ドイツでの訴え提起が承認要件を充たさないと判断されたときにも、時効中断の可否に関する判断を国際的に見て統一的に判断する利益から無条件に準拠法に従い、内国での訴え提起に時効中断効を認めないとするのか、または内国での訴え提起の効果を外国法の意図するところから乖離させるべきかという問題を提起する。時効規定の実体的性質決定に合致する立場は、最初の見解であるが、その結論は妥当でないとする。そして準拠法所属国では管轄がなくドイツに管轄があるときに、ドイツ判決がその国で承認されないならば、いずれの国においても訴え提起によって時効中断は生じないことになるが、そのような権利拒絶をもたらす結果は、訴え提起が時効中断を生じさせるとの、いずれの国の法も認めている原則に反することになってしまうので、この場合には外国実体法の調整（Angleichung）により、準拠法の要求する承認可能性を無視することによってのみ解決が可能であるとする。すなわち、ドイツだけが国際裁判管轄を有するが、ドイツにおける訴え提起が準拠外国法上時効中断のために必要とされる承認要

64）　*Staudinger/Firsching*, a.a.O.(Fn. 36), Vor Art. 12 EGBGB Rdnr. 271.
65）　*Schack*, a.a.O.(Fn. 41), S. 303.

件を充たさないとして、当該外国で中断行為として承認されない場合でも、権利救済の観点から調整問題として扱い、中断を認めてもよいとする。

Ⅲ　日本法の解釈

1　時効の性質決定

(1)　従来の議論

わが国においては、現在は判例・学説ともに、債権の準拠法によらせる立場にある。

しかし、法例の制定に際しては、起草委員の間で見解の相違が見られた[66]。すなわち、穂積博士は、消滅時効は債権の効力の問題として〔旧〕法例7条に従うとの立場に立っていた。これに対して、梅博士は、消滅時効に関する規定は公益規定であるから法廷地法である日本法により定まるものとし（ただし、契約で時効期間を短縮することは可能）、時効の停止・中断についても日本法に従うとの提案をしたが、この案は成立しなかった。

判例について見てみると、大判大正6年3月17日（大審院民事判決録23輯7巻378頁、新聞1256号19頁）は[67]、ハワイ州で締結された金銭消費貸借契約につき、消滅時効は法律行為の効力である債権債務を消滅させる効果を生ずるから契約準拠法によるべきであり、法廷地である日本法を適用すべきではないと判示している。また、徳島地裁昭和44年12月16日判決（判タ254号209頁）は[68]、ニュー・ヨーク州弁護士が同地でなした業務に関する報酬などの支払いを求めた事案で、〔旧〕法例7条2項（法の適用に関する通則法8条）によりニュー・ヨーク州法が適用されるとし、「消滅時効の問題はその債権関係において債権者が

---

66)　法務大臣官房司法法制調査部監修『法典調査会法例議事速記録』118頁以下、192頁以下（日本近代立法資料叢書26、商事法務研究会、1986年）。久保岩太郎『国際身分法の研究』36頁以下（有信堂、1973年）に、その経緯がまとめてある。

67)　本件評釈として、澤木敬郎「判批」続判例百選202頁（第2版、1965年）、澤木敬郎「判批」渉外判例百選28頁（1967年）。

68)　本件評釈として、相澤吉晴「判批」渉外判例百選（第3版、1995年）114頁、烋場準一「判批」重判昭和45年度222頁、田辺信彦「判批」渉外判例百選110頁（第2版、1986年）、畑口紘「判批」渉外判例百選240頁（増補版、1976年）、山崎良子「判批」ジュリスト485号170頁（1971年）。

その債権を長期間行使しなかったときにいかになるかという債権の運命の問題にほかならないのであるから、その成立及び効力に関する準拠法は債権関係の準拠法」であるとして、ニュー・ヨーク州法を適用している。さらに、東京地裁昭和60年7月15日判決（判時1211号120頁、KLM航空事件）は[69]、イタリアから日本へハンドバッグを輸送する途中で盗難にあった事案で、運送人の債務不履行責任の準拠法について［旧］法例7条2項によりイタリア法によるとした上で、「契約に基づく責任［債務］の消滅時効についての準拠法も、その契約の成立および効力についての準拠法（［旧］法例7条）と同一であると解すべきである」として、イタリア民法により判断している。

学説においても、判例と同様に、債権の準拠法説に立つ[70]。その理由として、法廷地法の適用を認めると、法廷地が異なるごとに時効期間に違いが生ずることから法廷地漁りが起きて結果の統一性が確保できなくなるだけでなく、当事者の予見可能性を損なうことになる[71]と説かれたり、また消滅時効の問題は、与えられた債権関係において、債権者がその債権を行使しなかったときはいかになるべきかという、債権そのものの運命に関するものにほかならない[72]と説かれる。

(2) 私見

わが国の判例・通説が説くように、時効については問題となっている当該権利関係の準拠法（lex causae）に従うとの解釈が妥当であると考える。その理由として、当事者の予測可能性にかなうこと、法廷地漁りの可及的防止の要請、

---

69) 本件評釈として、落合誠一「判批」判例評論339号59頁（1987年）、高桑昭「判批」ジュリスト896号117頁（1987年）、高桑昭「判批」空法30号43頁（1989年）、原茂太一「判批」商法（総則・商行為）判例百選218頁（第3版、1994年）、山崎悠基「判批」専修法学論集51号259頁（1990年）。

70) 後述の文献の他に、たとえば、江川英文『国際私法』250頁（青林書院、改訂版、1957年）。学説の分類は、相澤・前掲注68）114頁に詳しい。

71) 折茂豊『国際私法（各論）』219頁（有斐閣、新版、1972年）、山田鏐一＝澤木敬郎編『国際私法演習』76頁〔松岡博〕（有斐閣、1973年）など。

72) 遠藤登喜夫『国際私法』166頁（巌松堂書店、1927年）、河邊久雄『改訂国際私法論』344頁（巌松堂、1929年）、桑田三郎「債権の対外的効力・変更・消滅」国際法学会編『国際私法講座(2)』505頁（有斐閣、1955年）、山崎・前掲注69）268頁、山田鏐一『国際私法』332頁（有斐閣、1992年）など。

そして契約債権については権利行使が認められるかという点で、「法律行為の成立及び効力」（[旧]法例7条1項）に含まれると考えられることが挙げられよう。また、比較法的に見ても、前述のようにドイツ法が準拠法説に立つ他、1980年の契約準拠法に関するEC条約10条1項(d)やローマ(I)規則12条1項(d)が、時効を契約準拠法の適用範囲内としていること、イングランドにおいて、最近の制定法により法廷地法原則から準拠法説へ転換を図ったこと、さらにアメリカ合衆国においても、法廷地法原則には制定法・判例法による例外が一般的に認められ、モデル法においても（採択した州は僅かであるが）準拠法アプローチを採用するものが出てきたことから、準拠法説を採る大陸法と法廷地法を採るコモン・ローの対立は、後者が前者に歩み寄りつつあると評価することができる。なお、ドイツ法や日本法では、消滅時効と除斥期間の区別を法概念として認めているが、両者は請求権を主張する期間を制限する点では同じであり、抵触法上はこれらを区別して扱う必要はない[73]。

　債権の準拠法として指定された国（法域）では、期間制限を手続と性質決定していたときどのように扱うべきか。前述のライヒ裁判所は[74]、手形請求権についてテネシー州法を適用した際に、時効については同州法もドイツ法も適用できないとしたが、このような扱いが妥当でないことは言うまでもない。わが国の抵触法上、アメリカ合衆国の州法上の出訴期限法は実体問題に属すると解して、準拠法上の性質とは無関係にこの法を適用すべきである。この関係で、かつてドイツでは法廷地法に反致されるとする見解が有力に主張され、たとえばケーゲルは、仮定的反致（hypothetische Rückverweisung）との概念を用いて、この立場を支持する[75]。これは隠れた反致[76]の一種であると評価することが可能であるが、わが国との関係では、たとえば、相続の準拠法（法の適用に関する通則法36条）として指定された国（ないし法域）では相続に関する請求権の期間制限が手続に関するものとされている場合に、日本法への反致（同41条）を認めるべきか問題になると考えられる。しかし、この場合に時効についてだけ反致

---

73)　石黒・前掲注1）198頁、道垣内正人「国際的訴訟競合（5・完）」法学協会雑誌100巻4号781頁（1983年）。*Firsching/v. Hoffmann*, Internationales Privatrecht, 5. Aufl. 1997, S. 377.
74)　RG, Urt. v. 4. 1. 1882, RGZ 7, 21.
75)　*Kegel*, a.a.O.(Fn. 35), S. 296.

を認めると、抵触法上は債権の問題と時効の問題を一体として処理するのが妥当であるとの出発点と矛盾する結果になってしまうので、このような分割した形での仮定的反致（ないし隠れた反致）による日本法の適用は認めるべきではない[77]。また、ニュー・ヨーク州の裁判所の判決には、反致をこの場合に認めると、法廷地漁りの防止を目的とする出訴期限借用法の趣旨を損なうとして反致を認めなかったケースがあるが[78]、この観点はわが国においてもあてはまると考えられる。しかし、このことは準拠法の分割指定を否定することまでも意味するのではなく、当事者自治の認められる分野においては、当事者の意思に従い、債権の準拠法と時効の準拠法を別に指定することも可能であると解する[79]。

2　中断の要件

(1)　学説

従来、わが国では、日本法が準拠法となる場合に、外国での訴え提起をどのように評価するのかという問題にほぼ絞られてきた。

①　承認要件不要説

まず、とくに外国判決承認の要件を条件とする必要はなく、債権準拠法上の中断事由と外国訴訟行為との間の等価性を問題にすれば足りるとの立場がある[80]。たとえば、久保博士は、日本法が準拠法となる債権の時効を中断するた

---

76)　従来、わが国で隠れた反致が判例・学説で問題にされたのは、わが国の裁判所に係属する事件で、養子縁組や離婚などの準拠法としてアメリカ合衆国の州法が指定された場合に、同国ではこの種の事件では自国に裁判管轄があると判断したときには常に自国法を適用していることから、日本に反致されるかという場合に限られていた。隠れた反致についてはたとえば、池原季雄『国際私法（総論）』217 頁（有斐閣、1973 年）、木棚照一＝松岡博編『基本法コンメンタール国際私法』162 頁〔多喜寛〕（日本評論社、1994 年）、多喜寛「ドイツ国際養子法における"隠れた反致"」民商法雑誌 75 巻 5 号 52 頁（1977 年）、溜池良夫『国際私法講義』160 頁（有斐閣、1993 年）、山田・前掲注 72）71 頁などを参照。なお、フランスやドイツでは管轄の反致について議論がある。三井哲夫『国際民事訴訟法の基礎理論』395 頁（信山社、1995 年）。

77)　Burr, a.a.O.(Fn. 36), S. 131.

78)　Rescildo by Rescildo v. R. H. Macy's, 594 N.Y.S.2d 139 (A.D. 1 Dep. 1993).

79)　参照、溜池・前掲注 76）344 頁。Münchener Konmentar/Spellenberg, a.a.O.(Fn. 36), Vor Art. 11 EGBGB Rdnr. 205. 国際私法立法研究会「契約・不法行為等の準拠法に関する法律試案(1)」民商法雑誌 112 巻 2 号 110 頁（1995 年）においても一般的に分割指定を肯定している。

めに外国裁判所に訴えを提起した場合に、その外国での訴え提起を日本民法が
定める裁判上の請求と同視することができるか否かは、その外国での行為と内
国での行為とをわが民法が同視するか否かで定まると述べる。

　また桑田教授は、「ドイツの通説のように、中断事由についてまで外国判決
承認のための要件をおよぼすことの根拠はない。両者はその性質において異な
る。とくに、法廷地法が同時に債権準拠法であるときにかぎって相互の保証の
要件を必要とする見解は妥当ではない。……訴訟上の行為の実体法上の効果が
強調されればされるほど、むしろ当然に債権準拠法の管轄に属すべきものとな
る。かくて中断事由についても債権準拠法によるべきものと解するのが妥当で
ある。ただし、ドイツの通説のように、とくにそのために外国判決承認の要件
を条件とする必要はなく、……債権準拠法上の中断事由と外国訴訟行為との等
価性を問題とすれば足りるであろう」と説く。

②　承認要件全面適用説

　承認要件の全面的適用を肯定する説は、訴え提起と判決の連続性を前提とす
る。実方教授は、「訴え提起による時効中断もまた、訴訟の提起せられた法廷
地の法律によるのではなく、時効にかかるべき債権の準拠法による」とする一
方で、外国での訴え提起により日本法上の請求権の時効が中断するか否かにつ
いては、「其の外国訴訟手続が日本法上承認せられる場合に限って中断の効力
を生ずる。即ち、其の訴訟手続が〔旧〕民事訴訟法 200 条に依って我国で承認
せられる判決に導かれる場合」に限り、これを認める[81]。

　また道垣内教授は、「『裁判上の請求』が中断事由となる理由について、『そ
れが権利の主張であるばかりでなく、その結果裁判所によって権利の存在が確
定されることになるからである』とされていることから推定すると、外国裁判
所への提訴であっても、将来の外国判決がわが国の承認要件（〔旧〕民事訴訟法
200 条）を具備するものになる場合には、わが国の裁判所への提訴と同視する
ことができ、従って、時効中断の効果が発生すると解することができる」と、述

---

80)　久保岩太郎『国際私法論』495 頁（三省堂、1935 年）、桑田・前掲注 1) 26 頁、土井輝
　　生「債権の消滅時効の準拠法」総合法学 5 巻 10 号 64 頁（1962 年）、土井輝生『国際私法』
　　72 頁（成文堂、1970 年）。
81)　実方正雄『国際私法論』261 頁（有斐閣、再訂版、1952 年）。

べる[82]。

③　承認要件の一部を要求する説

　石黒教授は、基本的にはわが国の国際私法がイニシアチブをとりつつ、訴訟法的アプローチ（承認要件を課する立場）と実体法的アプローチ（準拠法の趣旨から判断する立場）の融合を図る。まず、世界のいずれの地で訴えが提起されても時効が中断されると見るべきではなく、当該債権債務関係と何らかの現実的牽連性のある地で訴えが提起されることが必要であるとして、間接管轄の要件を求める。また、相手方当事者（債務者）への通知も、手続法的見地から与えられるべきとする。そして、中断行為について国家機関が関与するときには、これを広い意味での方式に属すると捉え、「場所は行為を支配する」の原則を適用して中断行為を広く認めようとする（たとえば、準拠外国法上は中断行為として認められるために承認要件の充足を求めている場合に、ある国での訴え提起が相互保証がないことから承認要件を欠き準拠法所属国においては中断効を生じないとされるときでも、わが国で中断が生じたか判断を求められたときは、どこで訴えを提起するかは方式の問題として扱い、外国で訴えを提起した事情を考慮の上で中断を肯定する）。つまり、準拠法所属国からみて国際裁判管轄を有する国において中断行為がなされたこと、債務者への手続保障がなされたこと、準拠法が予定する中断行為と実際になされた行為との等価性があること、準拠法所属国以外で中断行為がなされた事情を総合的に考慮して判断すべきである、と説く[83]。

　上村教授は、中断行為の等価値性と手続保障を求める立場に好意的であるといえる。つまり、構成要件的効果が外国裁判によって充たされるかは、準拠実体法が判断すべきであるとしつつも、内国において外国裁判の構成要件的効果

---

82)　道垣内・前掲注 73）779 頁。

83)　石黒・前掲注 38）356 頁、石黒・前掲注 1）205 頁以下、とくに 218 頁。準拠法が内国法・外国法のいずれについても妥当する。石黒・前掲注 1）213 頁。澤木敬郎「国際的訴訟競合」鈴木忠一＝三ケ月章編『新・実務民事訴訟講座(7)』120 頁（日本評論社、1982年）も、ゲープハルト草案に依拠しつつ、管轄要件と手続保障を特別留保条款として要求する。本説と同様の立場にあると考えられ、また準拠法が内国法・外国法のいずれの場合にも妥当させるものと思われる。

　なお、「場所は行為を支配する」の原則については、江川英文「locus regit actum の原則の我が国際私法上に於ける適用」神川彦松編『山田教授還暦祝賀論文集』739 頁（有斐閣、1930 年）を参照。

480　第Ⅳ部　法律要件的効力

を認めるためには、一般論としては当該外国裁判が内国において承認可能なものであることを要求する（たとえば、判決が下されたことによる消滅時効期間の伸長の場合）。他方、消滅時効の中断については、構成要件要素が訴えの提起などの手続行為と結びついていることから、承認可能であることは必要とされないと述べる。そして、シャックが説く、中断行為の同価値性と法的審問の保障を要求する見解に対しては、時効中断を生じさせるために複数の国で訴えを提起しなければならない負担が軽減されるとして、わが国においても検討に値すると述べる[84]。

(2) 判例

前記東京地裁昭和 60 年 7 月 15 日判決（判時 1211 号 120 頁、KLM 航空事件）では、裁判所は、証拠により、イタリア共和国民法 2943 条が時効中断事由を訴訟開始行為の通知としていることを認定した上で、本訴の提起が被告に通知されたのは、時効期間徒過後であるから、運送契約に基づく被告の責任は時効により消滅したとの判断を下した。この事件は、準拠法が外国法である場合に中断が認められなかったものであるが、裁判所は、準拠法が時効中断のために要求する行為以外は要求していない。

(3) 私見

この問題については、準拠法が内国法・外国法のいずれであるかを区別して考察する。

① 訴え提起による中断

（a） 日本法が準拠法である場合

（i） 等価値性

わが国の民法は時効中断事由として、わが国の裁判所での訴訟などを念頭に置いているのであり、外国裁判所での訴え提起については、そもそも適用されない（時効中断は生じない）との考えも成り立ちうる[85]。しかし、国際取引が活発となっている現代社会において、このような解釈がもたらすであろう結論が妥

84） 上村明広「外国裁判承認理論に関する一覚書」法曹時報 44 巻 5 号 859 頁（1992 年）。

85） ドイツ法について、このような解釈を採る見解として、*Schütze*, a.a.O.(Fn. 52), S. 182.

当といえるのか疑問がある。この見解では、日本法が準拠法となるときは、常に日本の裁判所で訴えを提起しなければならないが、外国に拠点を置く当事者にとって大きな負担を負わせることになり妥当ではない。むしろ、外国裁判所での訴え提起がなされた場合も時効中断効が認められることがあるとした上で、渉外事件の特性を考慮して解釈を行うべきである。そこで、どのような要件の下で、外国裁判所での訴訟行為を中断事由として認めるべきであろうか。まず、準拠法が予定している中断行為と、実際に外国でなされた行為との等価値性を要求することは、当事者の予測に反することもなく、とくに問題はないと思われる（たとえば、前述の、証拠保全に時効中断効が生じないとするオーストリア法の場合を参照）。

(ii) 承認要件との関係

　中断行為の等価値性に加えて、外国での中断行為に外国判決承認に関する規定を適用すべきであろうか。この点について、ドイツにおける判例・通説と異なり、わが国においてはすべての承認要件の充足を求める見解が少数説にとどまっている。ドイツでの通説を支持するリーツラーは[86]、外国での訴訟行為が外国判決に向けられたプロセスであることから、外国判決が承認されないのであれば、前段階の訴訟行為も同様に時効中断事由としては内国で効力が認められないとする。わが国の承認要件全面適用説も、同様に訴え提起と判決の連続性を前提にこのように説く。しかし、筆者は、時効中断との関係では、訴え提起と判決との連続性を強調するのは妥当ではないと考える。まず、外国判決と同様の承認要件を厳格に要求すると、わが国で承認されない場合を考えて、結果として債権者は複数の国において訴えを提起せざるをえなくなってしまい、債権者に不当な負担を強いることになる[87]。また、相互保証の要件（民事訴訟法118条4号）は、そもそも自国で下された給付判決が相手国において承認されるように設けられた規定であり、その意味で判決に固有の要件ということができ、これを実体法秩序に持ち込む必要はないといえる[88]。

---

86) *Riezler*, a.a.O.(Fn. 46), S. 461 f.
87) *Schack*, a.a.O.(Fn. 41), Rdnr. 782.
88) *Geimer*, a.a.O.(Fn. 42), Rdnr. 2831.

(iii) 国際裁判管轄

しかし、いかなる場合でも外国での訴え提起に時効中断を認めることは、債務者保護の点から問題があると指摘されてきた。そこで、ドイツで議論されてきたのが、外国裁判所が内国法の見地から国際裁判管轄を有していることを要求すべきか、債務者に当該中断行為がなされたことについて通知されていなければならないとすべきかという問題である。まず、間接管轄の問題であるが、ドイツでこの問題に否定的な立場を採る見解は、ドイツ民法212条2項が、管轄違いなどで訴えが却下された場合でも6ヶ月以内に再度訴えを提起し直したときには、最初の訴え提起のときに時効が中断されると定めていることから、民法は国際裁判管轄のない裁判所での訴え提起についても時効中断を認めていると主張する[89]。これに対してガイマーは[90]、ドイツの見地から訴訟物や当事者と関係の薄い国で訴えが提起された場合にも時効中断を認めるのは、債権者の保護に傾きすぎていると述べ、当該中断行為のなされた外国裁判所が、ドイツ法から見て国際裁判管轄を有することを求める（鏡像理論の適用)[91]。わが国の民法では、149条は、訴えの却下の場合に時効中断の効力を認めない旨を定めているが、この場合でも153条の催告（裁判上の催告）として扱い、手続終了後6ヶ月以内に訴えを提起し直せば中断を認めるのが一般的理解である[92]。したがって、わが国の民法の扱いは、ドイツ法と同じ状況にあるといえる。そこで、前述の議論を踏まえて、国際裁判管轄についてどのように解すべきであろうか。この場合、時効を中断させるためには最終的に一定期間内に管轄裁判所で訴えを提起しなければ、時効中断行為として認められないのであるから、当該外国裁判所は、結局は国際裁判管轄を有していることが必要であるといえる。しか

---

89)　*Schack*, a.a.O.(Fn. 41), S. 302.

90)　*Geimer*, a.a.O.(Fn. 42), Rdnr. 2832.

91)　なお、新民事訴訟法118条1号は、鏡像理論（直接的一般管轄と間接的一般管轄とは表裏の関係にあるとの考え）を前提に文言を改めた。参照、法務省民事局参事官室編『一問一答新民事訴訟法』136頁（商事法務研究会、1996年）。

92)　幾代通『民法総則』572頁（青林書院新社、第2版、1984年）、川井健『民法概論1（民法総則）』378頁（有斐閣、1995年）、四宮和夫『民法総則』315頁（弘文堂、第4版、1986年）、椿寿夫『民法総則講義（下）』289頁（有斐閣、1994年）、星野英一『民法概論I』263頁（良書普及会、1971年）、我妻栄『民法総則』466頁（岩波書店、1965年）、我妻栄『民法研究II』265頁（有斐閣、1966年）。これに対して、石田穣『民法総則』578頁（信山社、1992年）は、民法151条の類推を説く。

し、中断行為のなされた外国裁判所の国際裁判管轄はその国の法によって基礎
づけられれば足り、準拠法所属国の国際裁判管轄規定の適用は不要と考える。
これを必要とする見解は、準拠法所属国からみて全く事件と関係のない国で訴
えを提起されても中断を生ずるとすると、債権者の保護に傾きすぎると説くが、
しかし、なぜ日本法が準拠法のときに、時効中断の効果が生ずるために日本の
国際裁判管轄規定が適用されなければならないのであろうか。このことは、実
体法規範に対する手続法の過度の介入にならないであろうか。この場合に、か
りに準拠法所属国の国際裁判管轄規定が適用されるとすると、債権者としては、
日本法が準拠法となったときに時効を中断するためには、訴えを提起した国の
国際裁判管轄規定の他に、日本の国際裁判管轄規定も考慮しなければならなく
なる。だが当事者としては、実体関係の規律について準拠法が定まった場合に、
その権利関係の時効消滅を中断させる場面では、その準拠法所属国の手続規定
（裁判管轄規定）までもが適用されるというのは、当事者の予測に反することに
ならないだろうか。したがって、日本法が準拠法である場合、中断行為のなさ
れた外国裁判所は、日本法から見て国際裁判管轄を有する必要はないと解する
（したがって、外国判決承認要件としての間接管轄とは異なる）。

　ところで、訴えを提起したが却下された場合に（取下げの場合も同様）、時効中
断との関係では民法 153 条により（裁判上の）催告が継続すると考え、手続終
了後 6 ヶ月以内に訴えを提起し直せばよいとの扱いは、渉外事件ではどのよう
に考えるべきであろうか。この解釈は、時効完成前に裁判上の請求がなされた
ものの、時効期間経過後に却下された場合の債権者保護を基本にしている。こ
の考えは、渉外場面においても妥当するものであり、また、国際裁判管轄の有
無の判断は困難な場合があるだけに一層このような手当てが必要とされ、その
負担を債権者に負わせるべきではないと考えられる。したがって、たとえば日
本法が準拠法の場合に、A 国で訴えを提起したところ管轄がないとして同国の
裁判所が訴えを却下したので、今度は債権者は B 国で訴訟を起こしたところ、
今度は裁判所は管轄を肯定したとする。この場合に、中断があったといえるか
を、わが国の裁判所が判断を求められたときには、民法 153 条を根拠に A 国
での訴訟に中断を認めてよいと考える（ただし、効力発生時は送達時となる。この点
は後述する）。その際、却下されるまでは催告が継続しているものと解されてい

484　第Ⅳ部　法律要件的効力

るので、却下のときから 6 ヶ月以内に訴えを提起すればよいことになる[93]。と
ころで、訴え提起（民法 149 条）による時効中断の発生時期については、裁判所
への訴状の提出時（民事訴訟法 147 条）とされているのに、催告（民法 153 条）に
ついては到達時と解されている[94]。したがって、外国（C 国）で訴え提起したと
ころ、送達[95]に要する時間がかかることから、被告に送達される前に訴えが却
下され時効が完成した場合には、民法 149 条により裁判上の請求としての中断
の効力を有しないばかりか、催告としての効果も生じないことになる（時系列
的には、訴え提起→訴え却下→時効完成→送達）。この場合には、送達に要する時間
を当事者の責めに帰することができないことも考えられ（たとえば、C 国での訴
え提起につき中断が認められない事態に備えて並行して D 国でも訴えを起こしたところ、訴
訟競合を理由に D 国訴訟が却下された場合、当事者としては如何ともしがたい）、民法 161
条を類推して、外国（C 国）での訴え提起に際しては訴え提起から送達までの
間は時効が停止するという解釈も考えられよう[96]。

(iv) 通知

　次に、債務者への通知についてであるが、たしかにこの要件は債務者保護に
とって必要なものであるといえる[97]。債務者にとっては、債権者がなす時効中
断行為は自分が負担する義務の消長に関するものであり、中断行為がなされた
か否かを知ることについて重大な利害を有するといえるからである。また、こ
の通知を要求することによって、債権者に不必要な負担を強いるものではない
と考えられる。UNCITRAL 時効条約 30 条においても、国際的な時効中断行為

---

93) 　我妻・前掲注 92) 466 頁。
94) 　幾代・前掲注 92) 573 頁、我妻・前掲注 92) 465 頁。
95) 　催告も請求である以上、裁判上の催告も訴状が相手方に送達されることが必要となる。
　　林良平編『注解判例民法〔民法総則〕』627 頁〔平岡健樹〕（青林書院、1994 年）。訴えの
　　取下げについてであるが、名古屋高判昭和 41 年 2 月 24 日高民 19 巻 1 号 88 頁は、「元来
　　裁判上の請求のなかには催告が包含されているから訴状が相手方に送達されたのち、訴の
　　取下げがなされても、訴の提起から取下げにいたるまでの間は催告が継続しているものと
　　みることができる」と述べ、裁判上の催告というるためには送達がなされることを前提
　　とする。
96) 　なお参照、石田・前掲注 92) 596 頁。しかし、民法の通説は当事者の事情を民法 161
　　条の適用に際して考慮することを否定する。川井・前掲注 92) 396 頁、四宮・前掲注 92)
　　320 頁、椿・前掲注 92) 294 頁、我妻・前掲注 92) 477 頁。
97) 　石黒・前掲注 83)、上村・前掲注 84)、澤木・前掲注 83) を参照。

がなされたことについて、債務者に対して迅速に通知することを要求している。わが国では民事訴訟法が要求する承認要件としての送達は公示送達を含んでいないが、中断を生じさせる通知としては公示送達であっても妨げないと解する[98]。債務者が転居先を知らせないことにより、義務を回避する事態を防ぐ必要性は渉外民事事件においても同様にあると考えられるからである。また、外国判決承認規定にいう送達の要件は、訴状送達後の被告の訴訟準備に対する配慮が十分であったかという観点から設定されたものであり、時効中断行為の通知とはその目的において異なっているということができる。したがって、時効中断の通知は、外国判決承認要件における送達（民事訴訟法 118 条 2 号）の意義と同一とは解すべきではない。なお、この要件はあえて独立させる必要はなく、等価性の判断の中で考慮すれば足りると考える。

(b) 外国法が準拠法である場合

本来、どのような場合に訴え提起が時効中断効を有するのかは外国準拠実体法の解釈の問題であるから、当該準拠法所属国（ないし法域）における判断に従うべきである[99]。内国法上の承認要件は、問題にならないと解すべきである。ここで、前述のように外国準拠法上、時効中断のために外国判決承認要件が課せられているときの問題点を指摘するのは、シャックである[100]。つまり、たとえば準拠法所属国は国際裁判管轄を有さずそれがドイツにあるときに、ドイツでの中断行為が準拠法上の承認要件を充たさない場合は中断が生じないことになるが、これは訴え提起による時効中断を認めない結果になるので妥当ではないとして、準拠法を調整（Angleichung）[101] する必要性を説き、この場合には外国準拠法上要求されている承認要件を問題にせず、時効中断を認めようとする。

---

98) ドイツでは、日本と異なり、外国判決承認要件を充たす送達から公示送達はとくに一律に除外されておらず、また時効中断について通知が必要との立場からもドイツ民事訴訟法 328 条 1 項 2 号を充たせば、公示送達であってもよいとする。*Frank*, a.a.O.(Fn. 61), S. 110; *Schlosser*, FS. Bosch, 1976, S. 859, 868; vgl. *Schack*, a.a.O.(Fn. 41), Rdnr. 783.

99) 折茂・前掲注 71）218 頁、木棚照一ほか『国際私法概論』155 頁〔木棚〕（有斐閣、新版補訂、1997 年）、久保・前掲注 80）494 頁、桑田・前掲注 72）505 頁、実方・前掲注 81）261 頁。前掲注 64）も参照。

100) *Schack*, a.a.O.(Fn. 41), S. 303.

101) 調整問題ないし適応問題については、たとえば、池原・前掲注 76）269 頁、三浦正人『国際私法における適応問題の研究』（有斐閣、1964 年）を参照。

しかし、この解釈では、外国の時効規定を適用する本旨に合致するのか疑問がある。準拠法が全く債権の消滅時効を認めない場合はともかく[102]、むしろ、この場合には準拠法上、中断行為に対して要件が加重されているといえ、その要件を欠くために中断が認められないという準拠法上の扱いを尊重すべきではなかろうか。

② 確定判決による時効の伸長

ところで、中断事由ではないが確定判決による時効の伸長については、どのように考えるべきであろうか[103]。ドイツの通説は、訴え提起と同様に外国判決承認要件を充たすことを要求する。訴え提起について通説に批判的立場も、この場合には承認可能でなければならないとする見解の方が多いといえる。他方で、ガイマーは、外国判決がドイツ法から見て国際裁判管轄を有しているだけで足りるとする[104]。この場合に、構成要件的効果を生ずるための確定判決（日本民法 174 条ノ 2）は、判決が下されたという事実に結びついているのであり、内国で承認された判決である必要はないとの立場に立てば、このような解釈も考えられる。しかし、ここでは内外判決の等価値性が求められるのであり、それは承認要件を充たして初めて肯定されるといえる（民事訴訟法 118 条）。また、わが国で外国判決が承認されないことから、わが国で同一事件について訴訟を提起したところ、時効期間についてだけ、不承認となった外国判決に基づいてすでに伸長されたとするのは、妥当な扱いとは思われない。したがって、民法

---

102) 準拠法上、債権の消滅時効が全く認められていないときには、国際私法上の公序（[旧]法例 33 条、法の適用に関する通則法 42 条）の適用が考えられる。折茂・前掲注 71）220 頁、山田・前掲注 72）332 頁など。

103) なお、外国判決に基づき、時効の中断を認める見解がある。つまり、外国判決は承認要件を具備しなくても、わが国で効力を生ずる場合があるとし、判決の事実的効力の 1 つとして時効中断効を認める。岩野徹ほか編『注解強制執行法(1)』114–116 頁〔三井哲夫〕（第一法規出版、1974 年）、鈴木忠一＝三ケ月章編『注解民事執行法(1)』388 頁〔青山善充〕（第一法規出版、1984 年）。しかし、この第 IV 部が前提とする中断行為の等価値性によると、外国で判決が下された場合には、民法 147 条ではなく民法 174 条ノ 2 の問題として扱われることになる。

104) *Geimer*, a.a.O.(Fn. 42), Rdnr. 2828. 高田裕成「財産関係事件に関する外国判決の承認」澤木敬郎＝青山善充編『国際民事訴訟法の理論』372 頁（有斐閣、1987 年）は、留保をしつつも、債務者保護と詐欺的判決取得の防止という観点から、承認要件を要求するが、相互保証の要件は不要とする。

174条ノ2にいう確定判決は、外国判決の場合には、外国判決承認規定（民事訴訟法118条）の要件を充たしたものに限られると解すべきである。

このように確定判決による時効の伸長についてはすべての承認要件を要求し、訴え提起による時効中断についてはこれと異なる扱いをする私見では、訴えの提起による中断は認められるが、その訴えによる判決は承認されず、したがって確定判決による時効の伸長が認められない場合が生ずる。これは、それぞれの条文が求めるメルクマールが異なる以上、渉外事件においてはやむをえない結論と考える。

IV　まとめ

第IV部は、渉外民事事件における債権の消滅時効の中断をめぐる、いくつかの問題を考察した。結論を簡単にまとめると、次のようになる。

まず、中断の前提となる消滅時効の準拠法は、債権の準拠法と一体的に扱うべきである。これは、比較法的に見ても有力な立場といえる。そして、準拠法所属国（法域）においては時効の問題を手続問題と性質決定されている場合でも、わが国の抵触法上は実体問題として扱うべきであるし、実体問題との一体的判断という観点から、権利関係の実質問題から切り離して時効についてだけ法廷地法たる日本法への反致を認めるべきではない。

次に、訴えの提起による時効中断について、わが国での有力説およびドイツの判例・通説は、訴えの提起と判決が連続性を有しているという前提に立ち、外国での中断行為についても外国判決承認規定を適用して、外国における訴え提起が内国で承認されることを要求している。しかし、外国判決承認の問題と、外国での訴えの提起による時効中断の問題は次元が異なると思われる。つまり、外国での訴え提起による時効中断においては、訴えの提起と判決を同視すべきではなく、外国判決承認に関する規定の適用は問題にならないと解すべきである。そして、外国法が準拠法であるときは、その法が要求する中断のための要件をそのまま尊重すべきであり、また日本法が適用されるときは、日本法が要求する中断行為と外国でなされた中断行為との等価値性があるのかという判断（これには中断行為がなされたことの債務者への通知も含まれる）が必要である。

初出：法律論叢 70 巻 4 号 67 頁以下（1998 年）

第Ⅴ部　まとめ

本書では第Ⅰ部で、外国判決承認規定の歴史的経緯を確認し、第Ⅱ部以降で個別的な問題について検討した。当該箇所ですでに述べているところと重複するが、その骨子を述べることにする。

　本書は、外国判決承認制度の要件および効果論に関する検討を行ったものである。その際に、解釈論上の基本的視点を、判決国と承認国との「主権的利益の調整」として外国判決承認制度を位置づけるのではなく、私人間の民事紛争解決における「私権の実現」プロセスに外国裁判所が介在する制度として外国判決承認制度を位置づけた。ここで述べる「主権的利益」は、判決国と承認国のそれぞれの国家的利益を意味する。他方、「私権の実現」に外国裁判所が介在する制度として外国判決承認制度を理解する場合には、私人間紛争解決の観点から承認国の国家的利益を後退させることも許容するものである。

　第Ⅰ部では、歴史的経緯から外国判決承認制度の枠組みが「主権的利益の調整」機能を出発点としていることを確認し、第Ⅱ部と第Ⅲ部とで「主権的利益」を後退させて「私権の実現」制度を重視した場合の私見を述べたものである。

　第Ⅰ部は、日本における外国判決承認制度の歴史的背景を確認し、外国判決承認制度および承認要件が「主権的利益の調整」を主眼とするものであったことを確認した。すなわち、日本の外国判決承認制度はドイツ民事訴訟法をモデルとして規定されていたが、ドイツ法は司法共助制度の一環として外国判決承認制度を位置づけていた。また、外国判決の日本での扱いについて、当初は民事訴訟法典の強制執行編に置かれていた規定が、その後の改正で判決手続中に規定が置かれることとなった。換言すると、外国判決の執行要件から外国判決の承認要件へと規定の位置づけが変更されることとなった。その背景には、外国判決の執行をするためには前提として当該判決が承認される必要があるが、外国判決の承認に関する規定が置かれていないのは不自然であること、また、執行を必要としない外国判決については国内での効力が認められるか否かが明確でないことがあった。そこで、外国判決を承認するための規定が置かれることとなったが、規定の内容はほとんど変更を受けることなく（平成8年改正で若干の修正がなされた）、現在に至っている。その意味において、「主権的利益」あるいは国家的利益を外国判決承認制度の中心的役割としていた頃の規定が基本

的に維持されている状況下で、「私権の実現」制度あるいは私益的利益を重視した制度解釈を試みるのが本書の意図するところである。以下では、主権的利益の調整を主眼に置いた議論における各要件や効果に関する基本的方向性と対比させる形で、本書での筆者の考えをまとめておきたい。

　第Ⅱ部は外国判決の要件をめぐる問題を扱った。

　第1章は間接管轄をめぐる問題を扱った。間接管轄は、外国判決を承認する場合に判決国が国際裁判管轄を有するか否かを判断する基準に関する問題である。承認国の主権的利益を基本的視点とする場合には、承認国の直接管轄を厳格に間接管轄の基準として用いることとなろう（第1節の問題）。他方、第2節で論じた場所的不統一法国における国際裁判管轄の対象を判決国とするか判決州とすべきかの問題については、「主権の調整」と「私権の実現」のいずれを重視するのかで基本的方向性に相違はないように思われる。「主権の調整」を重視する場合でも、判決州の主権的独立性を強調すれば判決州を基準にすることになるし[1]、判決州の主権的独立性はあくまでも判決国の憲法などによって許容される場合に限られる面を強調すれば判決国を基準とすべきことになろう。そうすると、この問題は一見すると主権的利益の調整問題のように映るが、それ以外の要素をどの程度考慮するのかが重要になってくるともいえる（第2節の問題）。これらの問題について、筆者は次のように考えた。

　第1章第1節では、外国判決承認要件としての外国裁判所の国際裁判管轄（間接管轄）の判断基準について、基本的に直接管轄を基準に据えるべきであると考えた。しかし、ドイツにおけるような厳格な鏡像理論ではなく、例外的に間接管轄を広げる余地があると考えた。その理由としては、以下の点が考えられる。第1に、日本では直接管轄に関するルールが一般条項を認めているため、直接管轄と間接管轄の厳密な対応関係には立たないことが挙げられる。もっとも、日本の直接管轄に関する一般条項は、管轄の認められる範囲を制限する方向で機能するが、本節の結論は緩和する方向での例外を認めるものである。第

---

1)　主権免除法制との関係では州が主権免除享有主体となると解されている。飛澤知行編著『逐条解説・対外国民事裁判権法』13頁（商事法務、2009年）。しかし、間接管轄の関係では、このように解する必要性はない。

494　第Ⅴ部　まとめ

2 に、比較法的に見た場合に、鏡像理論に例外を認める場合が少なくないこと
が挙げられる。たとえば、ドイツでは民事訴訟法 328 条が外国判決承認に関す
る一般規定であるが、この一般原則は多国間・二国間条約、あるいは民事訴訟
法 606a 条（当時）による修正を受けている。第 3 に、直接管轄と間接管轄の機
能に相違がある点を挙げることができる。直接管轄は、判決国である日本が当
該事件を審理するのに相応しい関連性があるかという観点から判断するのに対
して（行為規範的側面）、間接管轄は、判決国が審理をするのに適切であったの
かを承認国の立場から判断するものである（評価規範的側面）。このような機能
の相違からは、双方の基準がまったく同一であることは必ずしも求められない
といえる。すなわち、間接管轄の局面においては、判決国が下した判決の法的
安定性を重視することが考えられる。第 4 に、鏡像理論を厳格に解する立場は、
管轄レベルでの相互主義を求める立場と言えるが、そのことの妥当性には疑問
が残る。鏡像理論を厳格に捉える立場は、外国裁判所の管轄権を内国裁判所の
それと代替させるものといえ、承認管轄の次元に相互保証的考えを持ち込んで
いるといえるが、私人の紛争解決に適した国か否かを承認国の立場から検討す
べきである。もっとも、この立場による場合でも、間接管轄の判断基準として
直接管轄が重要な指針を提供することに変わりはない。直接管轄のカタログは、
承認の局面でも重要な具体的指針である。このように、直接管轄と間接管轄の
基準は厳密に対応させるべきではないとする立場から、日本の直接管轄が管轄
カタログで認めていない事件類型であっても、ただちに承認可能性を否定すべ
きではないと考える。1962 年アメリカ統一外国金銭判決承認法や 1994 年ケ
ベック法においては、承認国法が有しない管轄原因に基づく外国判決の承認可
能性を認めているが、そのような解釈はわが国でも緩やかな鏡像理論を採用す
ることで対応することができると考える。

　第 1 章第 2 節は、場所的不統一法国（アメリカ合衆国や英国のように、一国で複数
の法域がある場合）における間接管轄の基準を検討した。つまり、場所的不統一
法国においては、一国において司法権が複数の地域に分かれることから、間接
管轄を有するか否かを判断するに際して、当該判決国全体を判断の対象とすべ
きか、それとも当該国の中で分かれている法域（州）単位で検討すべきかが問
題となる。この点については、日本ではほとんど議論がないが、ドイツではア

メリカ合衆国で下された判決の承認をめぐって判決国説と判決州説の対立がある。本書は、この問題について判決国を基準とすべきであると考えた。その理由は、ここで問題となっているのは外国判決の承認要件としての間接管轄の問題であり、判決国が"国際"裁判管轄を有しているかを問うものである点に求められる。すなわち、ここでの問題は、承認国から見て判決国全体が間接管轄を有していたかを問題とするものであり、判決国内においていずれの州が管轄を有していたかは、判決国内における権限分掌の問題でしかないと考えられるからである。そして、判決を下した州に、どれだけ主権的独立性を認めるのかも同様に、判決国内の問題であるといえるからである。

　第2章は、送達要件をめぐる問題を扱った。国際送達は司法共助が関係する問題であり、また、大陸法とコモン・ロー諸国における送達に対する基本的相違（職権送達と私人送達）が対立する局面である。承認国の主権的利益を強調する場合には、日本が送達条約で拒否宣言を行わなかった直接郵便送達は日本の主権を侵害しないと扱うことを意味するにすぎないとし、必ずしも承認要件を満たさないことになる（第1節の問題）。また、いわゆる擬制送達についても、条文の文言通りに一律不承認と解することとなろう（第2節の問題）。

　第2章第1節は、外国判決承認要件としての送達をめぐる問題について基本的な視点を確認し、そして、とくにコモン・ロー諸国での訴訟で、訴状が訳文の添付なしに日本に居る被告に送られてきた場合に送達要件を充足しているか否かなどを検討した。まず、送達要件の趣旨は、手続開始時における被告の手続保障を確保させることにあるが、それが満たされているか否かを検討する要素として、送達の適式性と適時性の双方によるべきであるとした。前者は、国際的な送達に際して最低限守るべきルールと捉えることができる。また、後者は、具体的事案で被告が送達内容を理解したかを問う基準として作用する。そして、これら両者が満たされる場合に、送達の要件を充足していると考える。この点について、前者を不要とする見解も主張されているが、適式性を不要とし適時性のみで判断する見解を採った場合、送達に関する国際ルールを設けた意味は失われてしまうと考えられる。むしろ、送達に関する国際ルールの遵守を求めるためにも必要な要件と解する。次に、訴状の直接郵送の問題について

496　第Ⅴ部　まとめ

は、日本が条約において直送について拒否宣言をしていないこととの関係が問題となる。この点は、わが国は、直接郵送について拒否宣言をしていない以上は適式性を満たすものと解する。もっとも、適式性を満たしているからといってただちに送達要件を満たしているとは言えない。適時性の問題は別個の要件であり、訳文を不要としてもよい場合（たとえば、国際的な事業展開をしている企業を相手とする取引紛争や、外国で長期間婚姻生活を送っていた者同士の離婚訴訟）、訳文を要する場合といったように、防御活動に要する現実的な時間的余裕を個別的に検討することが必要と解する。

　第2章第2節は、送達要件の問題に関する第1節を補足する。すなわち、民事訴訟法118条2号は、公示送達そしてそれに類する送達によって開始した外国判決は承認しないとしているが、そのような扱いが適切であるのかを、日本が判決国である場合に国際的な付郵便送達を認める可能性はないのかという面から検討した。わが国では、国際的付郵便送達について適法説・不適法説の対立があるが、次の点から適法と解した。第1に、郵便に付する送達は国内送達であるため、送達条約や民訴条約に反するとは言えない。第2に、国内法との関係では、まず、付郵便送達をなす前提としての補充送達や差置送達は外国に居住する当事者に対しては行うことができないことから、民事訴訟法107条にいう前条により送達をなしえない場合に該当すると考えられる。次に、民事訴訟法108条は、外国における送達に関する規定であるが、付郵便送達は国内送達であるため本条に抵触しないと考えられる。また、外国当事者の手続保障は、訴訟行為の追完に関する民事訴訟法97条1項但書きや、ドイツにおける外国当事者に対する教示義務を肯定することで対応することができると思われる。このように渉外訴訟において付郵便送達を適法とすることで、国際送達は司法共助か公示送達という2つの選択肢に新たな方法が認められることになる。他方、付郵便送達を適法とすることで、承認要件としての送達についてどのように考えるべきであろうか。この第2節の内容は、渉外訴訟における原告の要保護性という視点から、付郵便送達の方法を肯定するものであり、同様の視点は承認要件としての送達についてもあてはまると考える。この立場からは、公示送達あるいはそれに類する送達によって開始した外国訴訟の判決は一律に不承認とすべきか立法論として疑問が残る。事前に、訴訟が提起されたときに不利

な判決が下されるおそれがあると考えた場合には自らの所在を不明とすることができれば、判決国では公示送達によらざるをえず、その結果、判決国でのみの属地的解決（すなわち、他国では承認されない）という訴訟戦術を認めることになるからである[2]。

　第3章は、公序をめぐる問題を扱った。公序は、民法90条、法の適用に関する通則法42条、そして民事訴訟法118条3号が関係するが、その内容は同じではない。外国判決承認制度を主権調整の局面から捉える立場からは、かりに国内事案においては憲法に違反すると評価されるような外国法に基づいて外国裁判所が判決を下した場合に、その判決は承認できないことになろうし（第1節の問題）、懲罰的損害賠償を命ずる外国判決も、塡補賠償を原則とするわが国の基本的立場と相違するとして承認できないこととなろう（第2節の問題）。外国判決承認要件としての公序は、内国牽連性と結果の反公序性によって判断されるが、国家的利益を強調する場合には、結果の反公序性に重きを置いた解釈を行っていくものと考えられる。そしていずれの場合も、国内事案では認められない結論が、外国裁判所の判決を介在させることで認められる事態を回避すべきとの判断が働いていると考えられる。また、主権的アプローチを採るならば、内外国の判決が矛盾する場合（国際的訴訟競合に関する規制が働かず、国際的な並行訴訟が放置された場合）、内国判決の効力を優先させることとなろう（第3節の問題）。

　第3章第1節は、国内憲法に反するような規定を有する外国法に基づく外国判決を承認することができるか否かを、アメリカ合衆国での判決を紹介して検討した。具体的には、合衆国憲法修正1条の保障する表現の自由に反するような内容を定めているイングランド法に基づいて、名誉毀損に基づく損害賠償を命ずる英国判決を公序に反するとして承認しなかった事件を検討した。国際私法上の公序、また外国判決承認要件としての公序は、民法90条の公序とは異

---

2)　いわゆる緊急管轄が問題となった事例とされる、最判平成8年6月24日民集50巻7号1451頁を参照。この事件に経緯ついては、永田誠「国際裁判管轄についての一考察」オスカー・ハルトヴィーク先生追悼『ボーダーレス社会と法』51頁（信山社、2009年）が有益である。

498　第Ⅴ部　まとめ

なる。渉外事件においては、内国裁判所が外国法を適用する場合があることは当然の前提であり、単に国内法秩序と異なることを理由に外国法の適用を排除したり、あるいは外国法を適用した判決の承認を拒絶することは許されない。そして、外国法の適用あるいは外国判決の承認が日本法秩序にとって深刻な事態をもたらすような例外的場合に限り、外国法の適用が排除され、あるいは外国判決の承認が否定される。この立場を前提とするならば、国内憲法に反するような外国法を適用した外国判決であっても、結果の反公序性と事案と内国との牽連性を考慮に入れて個別的に検討すべきことになる。

　第3章第2節は、懲罰的損害賠償を命ずるコモン・ロー諸国の判決を日本で承認することの可否を検討した。第1節と同じく実体的公序違反の問題を扱う。日本では、懲罰的損害賠償を命ずる外国判決は公序違反により承認しないと考える立場が多数を占めるといえる。しかし、懲罰的損害賠償を命ずる外国判決を一律に不承認とすべきではないと考える。この問題は、第1節におけると同様に、結果の反公序性と内国牽連性を軸に検討すべきであり、たとえば、米国企業間の紛争が米国で審理され懲罰的損害賠償が裁判所によって命じられたため、日本にある被告企業の財産に対して執行を行おうとした場合は、承認を認めることは日本の公序に反しないと考える。この場合は、米国企業間の紛争が米国で生起し、日本と当該紛争との関係はなく、たまたま日本に所在する被告の財産に対して強制執行を行おうとした場合であるから、内国牽連性は希薄といえる。このような場合に、日本での執行を認めたとしても、日本の法秩序に深刻な事態を生じさせたとはいえないと考える。

　第3章第3節は、内国判決と矛盾する外国判決の承認をめぐる問題を扱った。この問題については、わが国では内国判決を無条件に優先させる立場が支配的といえる。しかし、まず、どのような場合に内外判決の矛盾が生ずるのかという問題を考慮する必要がある。内外国で矛盾する判決が生ずるのは、国際的訴訟競合の規制ができずに、内国訴訟と外国訴訟とが併行して進行し判決に至った場合である。したがって、外国判決承認制度の問題だけでなく、国際的訴訟競合を如何に規制するのかという問題とも関係する。国際的訴訟競合の規制方法についての筆者の立場は別稿に譲らざるをえないが、筆者は、権利追求に迅速に動いた者の立場を保護すべきとの立場から、承認予測説にたち、訴訟係属

が先行する国の訴訟を優先させるべきであると考える。この見解を前提とすると、内外訴訟の矛盾判決が生じた場合には、基本的に訴訟係属が先の判決が優先することとなる。もっとも、イタリアのような国との関係では、異なる扱いもありうる[3]。

　第4章は、相互保証をめぐる問題を扱った。相互保証の要件は、国家的利益を最も反映した承認要件である。すなわち、この要件は判決国が承認国の判決を承認しているか否かを問題とし、判決国が承認国の判決を承認しない場合には不承認とするものである。また、この要件は、他の承認要件とは異なり、具体的に承認が求められた判決を考慮することなく承認の可否を判断する点において、特殊性が認められる。

　本来、この要件は、判決国で承認国判決が承認されることを目的とする要件であり、その基本的背景は報復に基づくものであると説かれる。しかし、この規定が設けられることによって承認国の判決が判決国において承認されるようになっているとはいえないこと、判決国と承認国の承認要件の比較が容易ではないこと、個々の事案における個人の権利実現を犠牲にして国家的利益（判決国に承認国の判決承認を促す）を追求することなどに批判が寄せられている。外国における最近の立法動向は相互保証を廃止する傾向にあり、また、ドイツでは古くから財産関係事件に相互保証の適用を限定する立法を行っている。わが国でも、学説においては相互保証の要件に対しては批判的見解が有力であった。また、実務においては、相互保証の認定について比較的緩やかに肯定していると評価することができるが、同要件を公益規定と把握する立場を前提にする場合、このような実務の動向は問題があると評価することができよう。しかし、前述のような相互保証に対する批判に照らして、承認要件の公益的な性質を相互保証について認めることには、疑問もあるところである。このことを他の承認要件と対比して考えてみると、間接管轄や公序の要件は、外国判決承認要件のうちでも核心的要件といえるのに対して、送達要件は訴訟当事者保護の要件として私益的規定として位置づけられている。相互保証についてみてみると、

---

3)　石川明ほか編『EUの国際民事訴訟法判例II』152頁（信山社、2013年）。

500　第V部　まとめ

諸外国における同要件を放棄ないし、適用範囲を制限する傾向にあることや、立法論的批判が強いことからすると、間接管轄や公序と同列に扱うのではなく、むしろ送達要件と同様に、当事者処分を肯定することも認められると考える。このように解することが許されるとすれば、実務の傾向にも賛同することができよう。

　第 III 部は、外国判決の効果をめぐる問題を扱った。外国判決の効力について、承認国の主権的利益を強調するならば、承認国法の立場から判決効の範囲は定まることになる。

　第 1 章は、外国判決が承認された場合、判決国で下された判決の効力は内国でどのように扱われるのか検討した。すなわち、既判力の及ぶ範囲は判決国法によって定まるのか（効力拡張説）、承認国法によるのか（効力付与説）、あるいはそれ以外の考え（累積的適用説など）によるのかである。この問題は、外国判決の効力の基本的視点を検討することになる。この点については、効力拡張説によるべきであると考えた。第 1 に、判決は訴訟活動に関与したことに伴う結果であるところ、当事者が現実に訴訟活動を行ったのは判決国である。したがって、渉外民事事件においても、当事者が拘束されるべき判決効は判決国におけるそれである。第 2 に、効力拡張説は判決の国際的調和に資する。効力付与説に立つ場合には、承認国がいずれの国であるのかによって同一当事者間であっても判決効の範囲が異なることになってしまう。第 3 に、効力拡張説は当事者の予測可能性に反しない。現実に訴訟活動を行った法廷地国法での判決効の範囲は、当事者にとって当然考慮に入れるべきものである。もっとも、判決国における拘束力があまりに広範囲に及ぶ場合には、承認国法の立場から公序（手続的公序）によって排除される余地はある。

　第 2 章は、第 1 章の延長線上にある問題を扱った。第 1 章につき、効力拡張説による場合には、判決効の範囲は承認国法である日本法によって画されるのではなく、判決国法によることを確認した。そこで、本章では、日本法よりも判決効を広く認める外国判決の効力も基本的には日本でそのまま承認されることを、外国で下された訴え却下の承認をめぐるドイツでの議論を基に検討した。

まず、外国裁判所が下した訴え却下判決が承認適格を有するのかが問題となる。この点については、承認適格を有しないとするのがドイツ民事訴訟法328条の解釈に関する通説・判例の立場である。わが国の通説は、ドイツの通説と同様に訴え却下判決の承認適格性を否定する。しかし、筆者は肯定説によるべきであると考えた。その理由は、第1に、肯定説は民事訴訟法118条の文言に素直な解釈といえること、第2に、最高裁平成10年判決（最判平成10年4月28日民集52巻3号853頁）は、本案に付随する裁判というやや特殊な事情があるものの外国裁判所の訴訟費用負担命令を承認しており、民事訴訟法118条は本案についての裁判所の判断に限定していないと解されることによる。訴え却下判決の承認適格性が肯定された場合、次に問題となるのは、承認国で承認される効力はどの部分であるのかである。承認適格肯定説には、外国で訴訟要件を充足していないことを理由に却下された判断の効果は承認国での法律関係に影響を及ぼさないとしているものがある。しかし、そのような解釈では訴え却下判決を承認する意味に乏しいことになる。承認適格を有すると解する以上は、その効力が承認国においていかなる効力を有するのかは、外国判決の効力の問題として捉えるべきである。そこで、筆者は、効力拡張説を支持することを前提に、判決国法が理由中の判断について拘束力を認める場合には、承認国である日本でも基本的にその効力は認められると解する。たとえば、判決国裁判所が、別の国に仲裁合意をしていることを理由に訴えを却下した場合に、判決国法では理由中の判断について拘束力が生ずるとしているならば、日本の裁判所は仲裁合意の有効性に関する判決国法の判断を認めるべきである。

　第3章は、外国判決の執行力の国内的効力について検討した。外国判決の執行力については、判決国法において認められる効力が承認国に拡張されるのではなく、承認国によって創設的に賦与されると解するのが（効力付与説）、ドイツおよび日本の通説である。その理由として、執行という行為が属地性を有していることが挙げられる。これはまさしく執行国の主権的利益の発露といえる。しかし、この問題も既判力について第1章で検討したのと同様に、効力拡張説によるべきであると考える。その理由は、第1に、判決効を分断して、既判力や形成力は判決国法が承認国に効力が拡張されるのに対して、執行力について

502　第V部　まとめ

は判決国における属地的効力にとどまり承認国で創設的に効力が付与されると解することは不自然な解釈といえるし、第2に、包括的な執行に関する倒産法の領域において、属地主義から普及主義（あるいは制限された普及主義）へと国際的な流れが移行していることから、個別執行においても同様に基本的な考え方が変更されるべきではないかという点が挙げられる。

　第IV部は、法律要件的効力の承認をめぐる問題を扱った。具体的には、外国で訴訟が提起された場合に、どのような要件の下で時効中断を認めるのかという問題である。まず、時効の問題が、手続問題なのか実体なのか性質決定の問題がある。この点について比較法的に見た場合、時効の問題については、コモン・ロー諸国のように手続利用の制限に関する問題と捉えて法廷地法の適用を説く立場もあるが、時効の問題は債権の消長の問題と考えられること、法廷地法説が適用されるとするとフォーラム・ショッピングの可能性が生ずること、条約などでは準拠法説が採用される例が多いといえること、法廷地法説を採用する法域においても borrowing statute や built in limitations[4] によって結果的には準拠法説と同じ扱いをしている場合があることから、わが国の通説である準拠法説によるべきであると考えた。では、外国で訴えが提起された場合に、中断効が生ずるのか否かをどのように判断すべきであるか。わが国の有力説は、外国手続の承認に関する問題と捉えて民事訴訟法118条の全面的な適用を説く。これは、外国で行われた手続の承認に関する一般規定として民事訴訟法118条を位置づけることで、外国でなされた国家行為を承認するためには同法の要件をすべて充足する必要があると理解する立場といえる。また、このような結論は、外国判決承認規定を「主権の調整」制度として位置づける場合には、比較的容易に導き出すことができるといえる。

　この問題は、時効が実体問題として当該債権の準拠法によって判断されることを出発点とすべきであるから、まずは準拠法が要求する中断事由の趣旨が尊重されるべきである。そして日本法が準拠法となる場合には、中断事由としての訴え提起の効力を日本で認めるべきか否かが問題となっているのであり、判

4）　Hay/Borchers/Symeonides, *Conflict of Laws*, §3.10 (5th ed. 2010).

決承認の問題ではないことから、外国判決承認規定の全面的な適用を求めるべきではないと考えた。換言すると、判決承認の問題は一国の司法機関がなした判断の承認であり、それに伴って手続法上拘束力が生ずるものである。そのため、承認国において、判決国の拘束力を認めるために承認要件の充足が求められることになる。これに対して、訴え提起に基づく時効中断効は、判決に至る最初の段階である訴え提起にいかなる効力を認めるのかという問題であり、訴訟手続上の問題とは同列に扱うべきではないと考えた。

初出一覧

本書収録の論文の初出は下記のとおりである。本書収録にあたり、原則として内容については発表当時のままとしているが、全体的な文章表現の統一を図り、また変更を加える必要が認められた箇所については適宜変更を加えている。

第I部 総論
第1章 序論（書き下ろし）
第2章 わが国における外国判決承認制度の歴史的概観（書き下ろし）

第II部 要件論
第1章 間接的一般管轄
 第1節 外国判決要件としての国際裁判管轄——間接管轄の基本姿勢と鏡像理論をめぐって（法律論叢 72 巻 5 号 1-58 頁（2000 年））
 第2節 米国判決の承認と国際裁判管轄——いわゆる不統一法国の間接管轄（法律論叢 74 巻 6 号 45-86 頁（2002 年））

第2章 送達
 第1節 外国判決承認要件としての送達（法律論叢 70 巻 2=3 号 123-173 頁（1997 年））
 第2節 渉外訴訟における付郵便送達の適法性——国際送達と手続保障：第1節の補足を兼ねて（一部改題。法律論叢 74 巻 2=3 号 203-233 頁（2001 年））

第3章 公序
 第1節 外国判決の承認と公序——名誉毀損に関する英国判決のアメリカ合衆国における承認をもとに（一部改題。法律論叢 74 巻 4=5 号 313-357 頁（2002 年））
 第2節 懲罰的損害賠償を命ずる外国判決の承認（法律論叢 80 巻 2=3 号 313-342 頁（2008 年））

第3節　国際民事訴訟における判決の抵触と公序──ドイツにおける議論を中心に（『慶應義塾創立150年記念法学部論文集 慶應の法律学 民事手続法』157-193頁（慶應義塾大学法学部、2008年）

第4章　外国判決承認要件としての相互保証──その現代的意義（法学研究90巻11号1-36頁、同12号25-102頁（2017年））

第III部　効果論

第1章　外国判決の効力──総論的考察（法学研究83巻1号363-416頁（2010年））

第2章　訴え却下判決の国際的効力──国際裁判管轄を否定した外国判決の効力をめぐって（円谷峻先生古稀祝賀論文集『民事責任の法理』649-674頁（成文堂、2015年））

第2章補論　訴え却下判決の既判力をめぐる国内訴訟法の議論との関係（書き下ろし）

第3章　執行判決訴訟の法的性質について（石川明＝三木浩一編『民事手続法の現代的機能』333-352頁（信山社、2014年））

第IV部　法律要件的効力

外国での訴え提起と消滅時効の中断（法律論叢70巻4号67-112頁（1998年））

第V部　まとめ（書き下ろし）

事項索引

ア行

悪意の抗弁　　427
異議申立期間　　156, 159
萎縮効果　　186, 190, 196, 210
一般的公序違反説　　230, 238
一般的法観念　　126, 160, 162
一般予防　　236
インディカ判決　　39
応訴　　115, 139
オーストリア執行法　　285

カ行

外国為替および外国貿易管理法　　203
外国金銭判決統一承認法　　32, 181
外国司法に対する不信　　278
外国出訴期間法　　455
外国倒産手続　　345
　　――の承認　　276
外国の別居判決　　395
外国判決相互の抵触　　246
外国法の適用と国内憲法　　208
外国離婚判決不承認の訴え　　328
外国離婚判決無効確認訴訟　　333
改正統一外国金銭判決承認法　　288
回復訴訟　　248
核心理論　　421
確認訴訟説　　431, 440
瑕疵のある送達　　115
過剰管轄　　29, 69, 108
仮定的反政　　464, 477
管轄の消極的抵触　　412, 421
管轄の利益　　48
管轄レベルにおける相互主義　　290

監護権　　64
関西鉄工事件　　262
間接管轄　　23, 29, 76, 210, 346
　　――による管轄創造機能　　73
　　――の独自性　　211
間接強制　　222, 228, 237
間接的一般管轄　　29, 76
擬制送達　　123, 144, 174
既判力　　359
キューネ草案　　251, 275, 347
給付訴訟説　　433, 440
旧法典調査会案　　17
教示義務　　160, 162, 172, 174
鏡像理論（Spiegelbildgrundsatz; mirror principle）
　　30, 41, 44, 77, 210, 483
　　厳格な――　　66, 71
　　ドイツ型――　　65
　　緩やかな――　　66, 71
虚偽の証拠　　206
金額控除違反説　　231
緊急管轄（forum of necessity）　　43, 63, 66, 67
禁制品　　202, 206
クロロキン（薬害）訴訟　　222, 224
形式主義に基づく相互保証　　286
形成訴訟説　　430, 437, 442
契約準拠法に関するローマ条約　　456
契約締結上の過失　　399
ゲープハルト草案　　14, 271
欠席判決（Versäumnisurteile）　　281
検事局への送達（remise au parquet）　120, 144
現実的悪意　　183
憲法と相互保証　　282
言論の自由　　194
合意管轄の有効性　　414
行為規範としての国際裁判管轄　　211
後行判決優先ルール（Posteritätsprinzip; last-in-

time rule） 243, 257, 262

公示送達　24, 120, 123, 132, 144, 149, 154, 486

公序　55, 180, 197, 244, 263, 278, 310, 346,
365, 371, 385, 395

公序説　230

公正な裁判　157

公正な手続　160

　　──を求める権利　162

公正な論評　193

効力拡張説　359, 362, 370, 373, 374, 376,
382, 384, 401, 407, 419, 433

効力付与説　359, 379, 409, 419

国際裁判管轄　483

　　──の合意　400

国際司法摩擦　217

国際的専属管轄　55

国際的訴訟競合　241, 263, 264

　　──における訴訟対象論　397

国際的無管轄　419

国内判決と抵触する外国判決　246

国内判決の絶対的優位　248

国内判決優先ルール　257

互恵の原則　322, 325

故障期間　156

国家主権　147

国家的利益　51, 78, 269, 287, 293, 356

国家の尊厳　294, 344

子の監護権　255, 307

子の引渡し　204, 335, 341

　　──請求　307

子の福祉　204, 258, 267, 298

固有法　292

サ行

債権の準拠法　475

催告　484

財産分与　334

最小限の関連性　93

再審　263

裁判官の独立と外国判決の承認　354

詐欺的手段　205

3倍賠償制度　230

私益的規定　137

事件の重心　200

時効中断　465

時効（期間）の伸長　466, 487

時効の性質決定　454

執行手続の属地性　444

執行の要件から承認の要件　345

執行判決訴訟　429

実質的再審査　13, 15, 22, 87, 141, 201, 207,
240, 247, 273, 282, 295, 296, 338, 405

実体的公序　203

司法共助　5, 154, 166, 272, 342

司法保護請求権　157

シュヴィント草案　379

州外移転禁止条項　203, 298

州籍相違　92

十分な信頼と信用（full faith and credit clause）
32, 180, 460

主権　441

主権侵害　145

主権的利益　48

出訴期限借用法　458

ジュナール＝メラー報告書　254

ジュナール報告書　118, 374, 377, 404

シュロッサー報告書　254, 377, 406

準拠法

　　──的承認アプローチ　310, 381

　　──の分割　463

　　──の分割指定　478

　　──の要件　21, 246, 310, 340

上訴提起義務　129, 149

承認援助処分　76

承認管轄　29, 76, 210

承認拒否事由　35

承認国側の訴訟政策　386

承認国法による判決効制限　394

承認適格　234, 352, 404, 415

承認予測説　266

証明責任　117, 118, 138, 281, 338

職権探知　336, 338

職権探知主義　348
職権調査　131
職権調査事項　52, 116, 137, 314, 336, 338, 348, 363
親権者指定　204
人身保護請求　306
人的管轄権　32, 36
審判事項管轄権　32, 35, 80
審理管轄　3, 29, 76, 210
スイス連邦国際私法　242, 289
請求異議事由　298
制限的効力引受（kontrollierte Wirkungs-übernahme）　383
制限的普及主義　445
制裁的慰謝料　224, 227
制裁的機能　219, 222
責問権の放棄・喪失　148
先決の法律関係　364, 366, 396, 412
先行判決優先ルール（Prioritätsprinzip; first-in-time rule）　243, 248, 257, 259
専売品　202
相互主義　69
相互信頼の原則　404
相互保証　21, 54, 78, 108, 214, 269, 471
　外国非訟裁判と――　341
　外国離婚判決と――　339
　身分関係事件と――　334, 351
　――の公益性　346, 349
　――の要件の廃止　275
送達による管轄取得　37
送達の画一性　146
送達の瑕疵　124, 139, 147
送達要件　346
争点排除効　366
相当性の原則　161
属地主義　438
属地的効力　431
訴訟係属　43
　――の抗弁　244, 260
訴訟行為の追完　172
訴訟告知　114, 361
訴訟差止命令　416

訴状の直接郵送　133, 145
訴訟判決　406, 426
訴訟費用　203
　――負担命令の承認　331, 418
　――の決定　416
　――の支払い　331
損害の塡補　219

タ行

対外関係法第 3 リステイトメント　31
第二夫人の地位　202
代理出産　335
代理出産契約　310
仲裁契約の抗弁　426
仲裁判断　299
　――の等価値性　472
調整問題　486
懲罰的損害賠償　204, 211, 218, 300, 397
直接管轄　29, 76, 210
直接的一般管轄　3, 29, 76
通常過失　183
通知　485
抵触法第 2 リステイトメント　460
締約国相互の判決の抵触　254
適応問題　395, 486
適式性　119, 126, 138, 140, 143, 145, 149
　――と適時性の関係　128
適時性　122, 138, 140, 143, 145
手続的公序　24, 131, 137, 175, 201, 205, 263
手続的正義　279
手続法的承認アプローチ　381
手続保障　141
テヒョー草案　12
デフォルト・ジャッジメント　206
デュー・プロセス（due process）　31, 460
塡補的賠償　227
ドイツ＝イスラエル条約　259
ドイツ＝イタリア条約　372
ドイツ＝英国条約　258
ドイツ＝オーストリア条約　46

事項索引　509

ドイツ＝オランダ条約　372
ドイツ＝ギリシャ条約　260
ドイツ＝スペイン条約　259
ドイツ＝チュニジア条約　258
ドイツ＝ノルウェー条約　260
ドイツ＝ベルギー条約　372
ドイツ民法施行法　14
統一外国金銭判決承認法　288, 316
倒産能力　346
当事者
　　──送達　111
　　──の任意処分性　346, 347
　　──の予測　484
　　──の予測可能性　392
　　──利益　347
等置説　359, 366, 369, 378, 383, 386, 392, 409
特段の事情論　31
賭博　207
賭博債務の支払い　202
トルビード訴訟　411

ナ行

内外判決の矛盾抵触　202
内国牽連性　200, 206, 208, 211, 239
内国判決優先ルール　243
内国判決の絶対的優位　264
二重機能説　66
二重機能論　30
ニュー・ヨーク・タイムズ事件　185, 186,
　213, 350
認証された相互保証　284
ノイハウス＝クロフォラー提案　252

ハ行

ハーグ扶養執行条約　260
跛行的の法律関係　4, 45, 56, 337, 340
跛行的の婚姻関係　54
判決国説　79, 85, 107

判決州説　79, 106
判決抵触の一般法理　263
判決の国際的調和　4, 380, 391
判決の成立手続　205
判決理由中の判断　427
反致　457, 464
被告保護　48, 107, 114
非訟事件　306, 352, 363
非締約国と締約国の判決の抵触　254
非民事判決説　229, 238
評価規範としての国際裁判管轄　211
表現の自由　182, 197
平等原則　92, 157, 283
フィラデルフィア事件　190
夫婦共有財産　312
フォーラム・ショッピング　200, 393, 411
フォーラム・ノン・コンヴェニエンスの法理
　37, 43, 66
付加金　228, 237
填補賠償　224
扶助料　316
不統一法国　79, 106
　　──における相互保証の対象　352
　　──の間接管轄　353
　　場所的──　77, 334
部分的実質法秩序（Teilrechtsordnungen）
　81
部分的相互保証　214, 293, 338, 349, 351
付郵便送達　154, 167, 170
扶養事件　245
扶養料　298, 301
　　──の支払い　205
文明国の認めた法の一般原則（General Principles
　of Law recognized by civilized nations）　360
別居請求訴訟　298
変更判決　245
弁護士強制主義　204
弁論の全趣旨　302, 314, 336, 348
法治国家原則　293, 343
法的確実性　286
法的審問　123, 125, 127, 128, 137, 143, 160,
　162, 174, 365, 379, 470

法典調査会第2部　　16
報復　　272, 291
法律上の自動承認　　4, 265, 390
法律取調委員会　　18
補充送達　　120, 132, 144
ホフマン事件（判決）　　404, 412, 421
ボラス報告書　　257
翻訳　　121, 134

マ行

民事訴訟法調査委員会　　16
民事判決性　　237
名誉毀損　　180, 182, 213
面接交渉　　329, 335

ヤ行

約束的禁反言　　399
郵便に付する送達　　132
郵便による送達　　121, 168, 170
養育費　　302, 305, 314, 335, 341
ヨーロッパ債務名義　　441
ヨーロッパ人権条約　　163

ラ行

離婚訴訟　　299, 309, 319, 333
離婚の審判　　319
離婚判決　　334
離婚無効確認訴訟　　320
利息の支払い　　203
理由中の判断　　395
両すくみ　　280
領土的管轄権　　80
累積的適用説　　368, 373, 377, 383, 387, 410, 420
ルガノ条約　　404
レイカー航空事件　　193

礼譲　　92, 108, 181, 192, 193, 196, 312, 316
連邦問題　　92
ロング・アーム法　　30, 65, 69, 108

欧文

Bachchan 事件　　196, 198, 208
DeRoburt 事件　　186
Desai 事件　　188
Double Actionability Rule　　456
Exemplary Damages　　240
Gertz 判決　　183, 190
Heavner 判決　　459, 462
Hilton 判決　　192
libel tourism　　350
Matusevitch 事件　　188
Morguard テスト　　40
New York Times 判決　　183（→ニュー・ヨーク・タイムズ事件）
Speech Act of 2010　　350
Telnikoff 事件　　197, 198, 208

条文索引 （条文文言掲記のもの）

多国間条約

1968 年ブリュッセル条約第 27 条 ……………………………………… 253
1978 年改正ブリュッセル条約第 27 条 ………………………………… 254
ブリュッセル (I) 規則第 32 条 ………………………………………… 402
ブリュッセル (I) 規則第 33 条 ………………………………………… 403
ブリュッセル (I) 規則第 34 条 ………………………………………… 255
ブリュッセル (I) 規則第 36 条 ………………………………………… 403
ブリュッセル (II) 規則第 15 条 ………………………………………… 256
ブリュッセル (IIa) 規則第 22 条 ……………………………………… 257
ブリュッセル (IIa) 規則第 23 条 ……………………………………… 257
1958 年 4 月 15 日のハーグ扶養執行条約第 2 条 …………………… 260
1958 年 4 月 15 日のハーグ扶養執行条約第 6 条 …………………… 374
1973 年 10 月 2 日のハーグ扶養執行条約第 5 条 …………………… 261
ヨーロッパ人権条約第 6 条 ……………………………………………… 163
EC 民訴条約第 27 条 …………………………………………………… 113

日本

テヒョー草案（日本語訳）第 595 条 …………………………………… 12
テヒョー草案（ドイツ語版）第 595 条 ………………………………… 12
明治 23 年民事訴訟法第 514 条 …………………………………… 15, 53
明治 23 年民事訴訟法第 515 条 …………………………………… 15, 53
民事訴訟法案（法典調査会第 2 部起草）第 280 条 …………………… 16
民事訴訟法案（法典調査会第 2 部起草）第 628 条 …………………… 17
民事訴訟法案（法典調査会第 2 部起草）第 629 条 …………………… 17
旧法典調査会案（明治 36 年）第 284 条 ……………………………… 18
旧法典調査会案（明治 36 年）第 637 条 ……………………………… 18
民事訴訟法中改正法律案第 200 条 ……………………………………… 19
民事訴訟法中改正法律案第 514 条 ……………………………………… 19
民事訴訟法中改正法律案第 515 条 ……………………………………… 20
民事執行法（制定当時）第 24 条 ……………………………………… 23

ドイツ

1877 年ドイツ民事訴訟法第 661 条 ……………………………………………14, 274
1898 年ドイツ民事訴訟法第 328 条 ……………………………………………21, 274
1898 年ドイツ民事訴訟法第 722 条 ………………………………………………22
1898 年ドイツ民事訴訟法第 723 条 ……………………………………………22, 275
ドイツ民事訴訟法第［旧］第 606a 条 ……………………………………… 45, 83
ドイツ民事訴訟法第 174 条……………………………………………………… 164
ドイツ民事訴訟法第 175 条……………………………………………………… 164
ドイツ民事訴訟法第 199 条……………………………………………………… 165
ドイツ民事訴訟法第 240 条……………………………………………………… 443
ドイツ民事訴訟法第 276 条……………………………………………………… 165
ドイツ民事訴訟法第 328 条（1986 年改正前）………………………………… 243
ドイツ民事訴訟法第 328 条 ……………………………… 45, 91, 113, 246
ドイツ民事訴訟法第 339 条……………………………………………………… 165
ドイツ民法施行法第 4 条…………………………………………………………91
ドイツ行政訴訟手続法（VwVfG）第 15 条 …………………………………… 164
ドイツ公課法（Abgabenordnung）第 123 条 ………………………………… 164
民商事事件における二国間承認執行条約の実施に関する法律第 34 条 ……… 165

（草案等）

1871 年ドイツ民事訴訟法草案第 578 条 …………………………………… 272
1871 年ドイツ民事訴訟法草案第 579 条 …………………………………… 272
キューネ草案第 328 条…………………………………………………… 252, 275
ゲープハルト第 1 草案第 36 条 ……………………………………………… 467
ノイハウス＝クロフォラー提案第 328 条……………………………………… 252

（条約）

民商事事件における権利保護、司法共助及び判決の相互承認執行並びに商事仲裁に関する
　ドイツ連邦共和国とチュニジアとの条約第 29 条 ……………………… 259
民商事事件における裁判及びその他の債務名義の相互承認・執行に関する
　ドイツ連邦共和国とオランダ王国の条約第 2 条 ………………………… 129
民商事事件における判決、その他の債務名義の相互承認及び執行に関する
　ドイツ連邦共和国とノルウェー王国との条約第 6 条……………………… 260
民商事事件における判決、和解、公正証書の相互承認及び執行に関する
　ドイツ連邦共和国とギリシャ王国との条約第 3 条………………………… 260
民商事事件における判決、和解及び執行証書の承認執行に関する
　ドイツ連邦共和国とスペインとの条約第 5 条……………………………… 259
民商事事件における判決の相互承認及び執行に関する
　ドイツ連邦共和国とイスラエル国との条約第 5 条………………………… 259
民商事事件における判決の相互承認及び執行に関する
　ドイツ連邦共和国と大英帝国及び北アイルランドとの条約 3 条………… 258

1958 年ドイツ＝ベルギー条約第 1 条 ……………………………………………… 372

1962 年ドイツ＝オランダ条約第 1 条 …………………………………………… 372

1936 年ドイツ＝イタリア条約第 1 条 …………………………………………… 372

アメリカ合衆国

抵触法第 2 リステイトメント（1971 年）第 142 条 …………………………… 461

抵触法第 2 リステイトメント（1988 年改訂版）第 142 条 …………………… 462

対外関係法第 3 リステイトメント第 482 条 ……………………………………33, 181

外国金銭判決統一承認法第 4 条……………………………………………………33, 181

外国金銭判決統一承認法第 5 条…………………………………………………………34

モデル出訴期限抵触法第 2 条………………………………………………………… 461

モデル出訴期限抵触法第 3 条………………………………………………………… 461

その他

オーストリア強制執行法第 84 条(b) ……………………………………………… 381

オーストリア執行法第 79 条 ………………………………………………………… 285

ケベック州民法典第 3164 条 …………………………………………………………41

ケベック州民法典第 3148 条 …………………………………………………………42

ケベック州民法典第 3168 条 …………………………………………………………42

ケベック州民法典第 3135 条 …………………………………………………………44

ケベック州民法典第 3136 条 …………………………………………………………44

スイス連邦国際私法第 27 条 ………………………………………………………… 242

スイス連邦国際私法第 166 条………………………………………………………… 289

スコットランド時効及び出訴期限法（1973 年）第 23 条 A（1984 年改正） ……………… 456

判例索引

日本

（大審院・最高裁判所）

大判大正 6 年 3 月 17 日民録 23 輯 7 巻 378 頁 ··· 475
大判大正 9 年 5 月 20 日民録 26 輯 710 頁 ··· 222
大判明治 43 年 4 月 5 日民録 16 輯 273 頁 ·· 227
大判昭和 8 年 7 月 7 日民集 12 巻 1805 頁 ·· 222
大判昭和 8 年 12 月 5 日新聞 3670 号 16 頁 ·································· 295, 297, 304
最判昭和 39 年 3 月 25 日民集 18 巻 3 号 486 頁 ·································· 63, 100
最判昭和 44 年 2 月 27 日民集 23 巻 2 号 441 頁 ··· 230
最判昭和 44 年 6 月 24 日判時 569 号 48 頁 ··· 396
最判昭和 48 年 4 月 5 日民集 27 巻 3 号 419 頁 ·· 227
最判昭和 48 年 10 月 4 日判時 724 号 33 頁 ··· 396
最判昭和 49 年 4 月 26 日民集 28 巻 3 号 503 頁 ··· 396
最判昭和 49 年 12 月 24 日民集 28 巻 10 号 2152 頁 ····································· 148
最判昭和 51 年 9 月 30 日民集 30 巻 8 号 799 頁 ··· 396
最判昭和 58 年 6 月 7 日民集 37 巻 5 号 611 頁 ·············· 24, 98, 201, 205, 214, 270, 295,
　　　　　　　　　　　　　　　　　　　　　　　　304, 318, 320, 321, 331, 332, 338
最判平成 5 年 3 月 24 日民集 47 巻 4 号 3039 頁 ·································· 224, 237
最判平成 7 年 6 月 23 日民集 49 巻 6 号 1600 頁 ··· 224
最判平成 8 年 6 月 24 日民集 50 巻 7 号 1451 頁 ······························· 67, 144, 498
最判平成 9 年 7 月 11 日民集 51 巻 6 号 2530 頁 ··················· 100, 300, 301, 389, 397, 420
最判平成 9 年 7 月 11 日民集 51 巻 6 号 2573 頁 ············· 204, 212, 218, 235, 238, 300, 301
最判平成 9 年 11 月 11 日集 51 巻 10 号 4055 頁 ·································· 30, 67
最判平成 10 年 4 月 28 日民集 52 巻 3 号 853 頁 ············· 31, 70, 95, 203, 270, 332, 417, 502
最決平成 19 年 3 月 23 日民集 61 巻 2 号 619 頁 ··· 311
最判平成 22 年 7 月 16 日民集 64 巻 5 号 1450 頁 ·· 425
最決平成 22 年 8 月 4 日家月 63 巻 1 号 97 頁 ·· 306
最決平成 22 年 8 月 4 日家月 63 巻 1 号 99 頁 ·· 306

（下級審裁判所）

東京地判昭和 32 年 3 月 19 日下民集 8 巻 3 号 525 頁 ···································· 297
東京地判昭和 35 年 7 月 20 日下民集 11 巻 7 号 1522 頁 ····························· 214, 329
東京地判昭和 40 年 10 月 13 日下民集 16 巻 10 号 1560 頁 ·········· 203, 298, 335, 336, 348, 435
名古屋高判昭和 41 年 2 月 24 日高民 19 巻 1 号 88 頁 ···································· 485
東京地判昭和 42 年 11 月 13 日下民集 18 巻 11 ＝ 12 号 1093 頁 ····················· 65, 321, 418

東京地判昭和 44 年 9 月 6 日判時 586 号 73 頁 ······ 203, 298, 336, 348

徳島地判昭和 44 年 12 月 16 日判タ 254 号 209 頁 ······ 239, 475

東京地判昭和 45 年 10 月 24 日判時 625 号 66 頁 ······ 62, 97, 203, 313

横浜地判昭和 46 年 9 月 7 日判時 665 号 75 頁 ······ 309, 334

東京地判昭和 46 年 12 月 17 日判時 665 号 72 頁 ······ 133, 145, 333, 334

東京地判昭和 47 年 5 月 2 日下民集 23 巻 5 = 8 号 224 頁 ······57

東京地判昭和 48 年 11 月 30 日家月 26 巻 10 号 83 頁 ······ 58, 98

東京地判昭和 51 年 12 月 21 日下民集 27 巻 9 = 12 号 801 頁 ······ 132, 137, 135

大阪地判昭和 52 年 12 月 22 日判タ 361 号 127 頁 ······ 203, 262

東京地判昭和 54 年 9 月 17 日判時 949 号 92 頁 ······ 62, 98, 205, 303

宇都宮地足利支判昭和 55 年 2 月 28 日下民集 34 巻 1 = 4 号 201 頁 ······ 58, 99

東京地判昭和 55 年 9 月 19 日判タ 435 号 155 頁 ······ 58, 99

福岡地判昭和 57 年 3 月 25 日 JCA ジャーナル 1984 年 12 月号 2 頁 ······ 270, 330

東京高判昭和 57 年 3 月 31 日判時 1042 号 100 頁 ······98, 205, 303

横浜地判昭和 57 年 10 月 19 日判時 1072 号 135 頁 ······62, 328, 334

東京地判昭和 60 年 7 月 15 日判時 1211 号 120 頁 ······ 476, 481

東京地判昭和 61 年 2 月 24 日判時 1214 号 97 頁 ······ 225

名古屋地判昭和 62 年 2 月 6 日判時 1236 号 113 頁 ······61, 142, 205, 325, 326, 418

東京高判昭和 63 年 3 月 11 日判時 1271 号 441 頁 ······ 224

東京地判昭和 63 年 11 月 11 日判時 1315 号 96 頁 ······ 135, 299, 334

京都地判平成元年 2 月 27 日判時 1322 号 125 頁 ······ 226, 238

横浜地判平成元年 3 月 24 日判時 1332 号 109 頁 ······ 206

東京高判平成 2 年 2 月 27 日判時 1344 号 139 頁 ······ 206

東京地判平成 2 年 3 月 26 日金商 857 号 39 頁 ······ 136, 138, 146

東京地判平成 3 年 2 月 18 日判時 1376 号 79 頁 ······ 100, 204, 234, 240, 300

大阪地判平成 3 年 3 月 25 日判時 1408 号 100 頁 ······59, 100, 102

東京地判平成 3 年 12 月 16 日判タ 794 号 246 頁 ······ 143, 309, 314, 336, 348

東京地判平成 4 年 1 月 30 日判時 1439 号 138 頁 ······63, 101, 102, 205, 307, 335

大阪高判平成 4 年 2 月 25 日高民集 45 巻 1 号 29 頁 ······ 23, 59, 100, 102

東京高判平成 4 年 7 月 20 日交民集 25 巻 4 号 787 頁 ······ 226

東京地判平成 5 年 4 月 28 日判時 1480 号 92 頁 ······ 225

東京高判平成 5 年 6 月 28 日判時 1471 号 89 頁 ······ 100, 204, 235, 238, 289, 300

神戸地判平成 5 年 9 月 22 日判時 1515 号 139 頁 ······60, 142, 203, 331, 388, 435

東京高判平成 5 年 11 月 15 日高民集 46 巻 3 号 98 頁 ······64, 101, 102, 204, 307, 335

東京地判平成 6 年 1 月 14 日判時 1509 号 96 頁 ······ 23, 60, 103, 143, 205, 289, 308

東京地判平成 6 年 1 月 31 日判時 1509 号 101 頁 ······65, 204, 316, 418

京都家審平成 6 年 3 月 31 日判時 1545 号 81 頁 ······ 328, 335

東京地判平成 6 年 5 月 27 日判時 1498 号 102 頁 ······ 225

大阪高判平成 6 年 7 月 5 日民集 52 巻 3 号 928 頁 ······ 203, 332

東京地判平成 7 年 5 月 29 日判タ 904 号 202 頁 ······ 312, 335, 336, 348, 388

大阪地判平成 8 年 1 月 17 日判時 1621 号 125 頁 ······ 103, 315, 335, 336, 389

東京高判平成 8 年 3 月 12 日判タ 950 号 230 頁 ······ 313, 335, 389

東京地判平成 8 年 9 月 2 日判時 1608 号 130 頁 ················· 103, 315, 335, 335
東京高判平成 9 年 9 月 18 日判時 1630 号 62 頁 ···················· 104, 335
東京地八王子支判平成 10 年 2 月 13 日判タ 987 号 282 頁 ········· 104, 206, 300, 301
東京地判平成 10 年 2 月 24 日判時 1657 号 79 頁 ················· 204, 327, 418
東京地判平成 10 年 2 月 25 日判時 1664 号 78 頁 ················· 206, 318, 336
東京高判平成 10 年 2 月 26 日判時 1647 号 107 頁 ······· 103, 105, 206, 315, 335, 388, 436
横浜地判平成 11 年 3 月 30 日判時 1696 号 120 頁 ··········· 204, 319, 320, 334, 336
水戸地龍ケ崎支判平成 11 年 10 月 29 日判タ 1034 号 270 頁 ········· 105, 206, 310, 313,
334, 336, 348, 349, 353, 390
横浜地横須賀支判平成 12 年 5 月 30 日判タ 1059 号 235 頁 ················ 205
東京高判平成 13 年 2 月 8 日判タ 1059 号 232 頁 ···················· 205, 267
大阪地堺支判平成 14 年 7 月 15 日判時 1841 号 113 頁 ·················· 322
大阪高判平成 15 年 4 月 9 日判時 1841 号 111 頁 ················· 270, 322, 323
東京地判平成 15 年 5 月 28 日判時 1835 号 94 頁 ······················ 226
東京地判平成 15 年 7 月 18 日 LEX/DB2808227 ······················ 226
名古屋高判平成 15 年 12 月 24 日 LEX/DB28090659 ···················· 226
大阪高決平成 17 年 5 月 20 日判時 1919 号 107 頁 ····················· 310
東京家審平成 17 年 11 月 30 日民集 61 巻 2 号 658 頁 ·················· 310
東京地判平成 18 年 1 月 19 日判タ 1229 号 334 頁 ···················· 321, 435
東京高決平成 18 年 9 月 29 日判時 1957 号 20 頁 ············· 310, 335, 336, 348
東京家判平成 19 年 9 月 11 日判時 1995 号 114 頁 ···················· 319, 334
東京地判平成 21 年 2 月 12 日判時 2068 号 95 頁 ····················· 320
大阪高決平成 22 年 2 月 18 日家月 63 巻 1 号 99 頁 ··················· 305, 335
東京地判平成 23 年 3 月 28 日判タ 1351 号 241 頁 ···················· 301, 335
東京地判平成 25 年 12 月 13 日 LEX/DB25516699 ················ 320, 336, 348
東京地判平成 26 年 1 月 8 日 LEX/DB25517315 ······················ 308
東京地判平成 26 年 12 月 10 日判時 2306 号 73 頁 ···················· 302
東京地判平成 26 年 12 月 25 日判タ 1420 号 312 頁 ············· 301, 335, 336, 348
東京地判平成 27 年 3 月 20 日判タ 1422 号 348 頁 ···················· 323, 324
東京高判平成 27 年 9 月 24 日判時 2306 号 68 頁 ····················· 302
東京高判平成 27 年 11 月 25 日 LEX/DB25541803 ··············· 270, 324, 325
東京地判平成 28 年 1 月 29 日判時 2313 号 67 頁 ················· 305, 335, 336

ヨーロッパ裁判所

EuGH, Urt. v. 16. 6. 1981, IPRax 1982, 14 ·· 115
EuGH Urt. v. 8. 12.1987, NJW 1989, 665 ·· 6
EuGH, Urt. v. 11. 6. 1985, NJW 1986, 1425 ·· 122, 123
EuGH, Urt v. 4. 2. 1988, NJW 1989, 663 ··································· 375, 407, 412, 422
EuGH, Urt. v. 8. 12. 1987, NJW 1989, 665 ·· 422, 423
EuGH, Urt. v. 3. 7. 1990, IPRax 1991, 177 ····································· 120, 124, 128
EuGH, Urt. v. 12. 11. 1992, IPRax 1993, 394 ·· 130
EuGH, Urt, v. 9. 12. 2003, IPRax 2004, 243 ·· 412
EuGH, Urt. v. 15. 11. 2012, IPRax 2014, 163 ··· 401

ドイツ

（連邦憲法裁判所）

BVerfG, Beschl. v. 23. 3. 1971, BVerfGE 30, 409 ·· 282
BVerfG, Beschl. v. 20. 6. 1995, NJW 1995, 3173 ·· 161
BVerfG, Kammerbeschl. v. 19. 2. 1997, NJW 1997, 1772 ······························· 158

（ライヒ裁判所）

RG, Urt. v. 4. 1. 1882, RGZ 7, 21 ··· 463, 477
RG, Urt. v. 11. 3. 1891, JW 1891, 223 Nr. 8 ·· 467
RG, Urt. v. 8. 12. 1897, RGZ 40, 401 ·· 426
RG, Urt. v. 26. 3. 1909, RGZ 70, 434 ·· 278
RG, Urt. v. 12. 5. 1915, JW 1915, 1264 ·· 244
RG, Urt. v. 18. 9. 1925 JW 1926, 374 ·· 467
RG, Urt. v. 8. 7. 1930, RGZ 129, 385 ·· 468

（連邦通常裁判所）

BGH, Urt. v. 9. 6. 1960, NJW 1960, 1720 ··· 464
BGH, Urt. v. 30. 9. 1964, NJW 1964, 2350 ·· 281
BGH, Urt. v. 15. 11. 1967, BGHZ 49, 50, 55 ·· 244
BGH, Urt. v. 16. 3. 1970, NJW 1970, 1002 ·· 282
BGH, Urt. v. 24. 2. 1972, NJW 1972, 1004 ··· 124, 125
BGH, Urt. v. 7. 3. 1979, FamRZ 1979, 495 ·· 115
BGH, Bschl. v. 16. 5. 1979, NJW 1979, 2477 ·· 448
BGH, Urt. v. 1. 6. 1983, NJW 1983, 1976 ··· 370
BGH, Urt. v. 6. 11. 1985, NJW 1986, 1440 ·· 442
BGH, Beschl. v. 23. 1. 1986, NJW 1986, 2197 ··· 122
BGH, Beschl. v. 10. 7. 1986, IPRax 1987, 236 ··· 115
BGH, Urt. v. 24. 9. 1986, NJW 1987, 592 ··· 159

BGH, Beschl. v. 27. 6. 1990, NJW 1990, 3090 ································· 117, 138

BGH, Beschl. v. 20. 9. 1990, NJW 1991, 641 ································· 124

BGH, Beschl. v. 2. 10. 1991, IPRax 1993, 324 ································· 123

BGH, Beschl. v. 4. 12. 1991, NJW 1992, 1701 ································· 158

BGH, Urt. v. 4. 6. 1992, BGHZ 118, 312 ································· 218 , 371

BGH, Urt. v. 15. 10. 1992, NJW 1993, 1270, 1272 ································· 46

BGH, Beschl. v. 2. 12. 1992, NJW 1993, 598 ································· 121, 124, 125, 130

BGH, Urt. v. 25. 4. 1996, RIW 1996, 966 ································· 47

BGH, Urt. v.11. 10. 1998, NJW 1999, 1187 ································· 155

BGH, Urt. v. 29. 4. 1999, NJW 1999, 3198, 3201 ································· 88, 89, 353

BGH, Beschl. v. 12. 12. 2007, FamRZ 2008, 400 ································· 377, 409, 413

BGH, Hinweisbeschluss vom 17. 7. 2008, NJW-RR 2009, 279 ································· 442

（バイエルン州最高裁判所）

BayObLG, Beschl. v. 29. 11. 1974, FamRZ 1975, 215 ································· 124, 125

BayObLG, Beschl. v. 17. 12. 1975, NJW 1976, 1032 ································· 124

BayObLG, Beschl. v. 28. 1. 1983, IPRax 1983, 245 ································· 244

BayObLG, Beschl. v. 11. 1. 1990, NJW 1990, 3099 ································· 78, 82

BayObLG, Beschl. v. 19. 9. 1991, NJW-RR 1992, 514 ································· 78

（上級地方裁判所）

OLG Saarbrücken, Urt. v. 9. 12. 1957, NJW 1958, 1046 ································· 373

OLG München, Beschl. v. 2. 4. 1964, NJW 1964, 979, 981 ································· 244

KG, Beschl. v. 18. 11. 1968, NJW 1969, 382 ································· 116

OLG Hamm, Beschl. v. 14. 4. 1976, NJW 1976, 2079 (2081) ································· 244

OLG Düsseldorf, Urt. v. 9. 12. 1978, NJW 1978, 1752 ································· 468

OLG Düsseldorf, Urt. v. 3. 11. 1981, IPRax 1982, 152 ································· 369

OLG Düsseldorf, Beschl. v. 13. 12. 1984, RIW 1985, 897 ································· 119

OLG Frankfurt, Beschl. v. 12. 11. 1985, NJW 1986, 1443 ································· 370

OLG Frankfurt a.M., Beschl. v. 27. 5. 1986, RIW 1987, 627 ································· 121

OLG Köln, Beschl. v. 15. 12. 1986, IPRax 1988, 30 ································· 250

OLG Koblenz, Beschl. v. 21. 1. 1987, RIW 1987, 708 ································· 119

OLG Hamm, Beschl. v. 27. 11. 1987, RIW 1988, 131 ································· 121

KG, Vorlagebeschl. v. 26. 1. 1988, FamRZ 1988, 641 ································· 124

OLG Düsseldorf, Urt. v. 13. 4. 1989, NJW 1990, 640 ································· 468

OLG Köln, Beschl. v. 8. 12. 1989, IPRax 1991, 114 ································· 115

OLG Köln, Beschl. v. 25. 5. 1990, RIW 1990, 668 ································· 121

OLG Hamm, Beschl. v. 11. 2. 1991, FamRZ 1993, 213 ································· 375

OLG Frankfurt a.M., Beschl. v. 21. 2. 1991, IPRax 1992, 90 ································· 120, 130

OLG Oldenburg, Beschl. v. 22. 8. 1991, IPRax 1992, 169 ································· 120

OLG Hamm, Beschl. v. 28. 12. 1993, RIW 1994 ································· 115

OLG Hamm, Urt. v. 30. 9. 1994, IPRax 1995, 255 ································· 119, 124

OLG München, Urt. v. 17. 11. 1994, RIW 1995, 1026 ·· 121, 130

OLG Hamm, Beschl. v. 27. 7. 1995, FamRZ 1996, 178 ·· 116

OLG Hamm, Urt. v. 7. 12. 1995, FamRZ 1996, 951 ·· 116, 120

OLG Karlsruhe, Beschl. v. 22. 1. 1996, IPRax 1996, 426 ·· 119

OLG Düsseldorf, Beschl. v. 21. 11. 1996, IPRax 1997, 194 ·· 121

OLG Hamm, Urt. v. 4. 6. 1997, IPRax 1998, 474 ··· 84

OLG Zweibrücken, Urt. v. 10. 3. 1998, FamRZ 1999, 33 ·· 245

OLG Bamberg, Beschl. v. 5. 11. 1999, FamRZ 2000, 1289 ··· 78

OLG Hamm, Urt. v. 30. 10. 2000, FamRZ 2001, 1015 ··· 246

KG, Beschl. v. 18. 5. 2006, NJW-RR 2007, 1438 ··· 283

（高等行政裁判所）

OVG Münster, Beschl. v. 22. 3. 1974, FamRZ 1975, 47 ··· 244

（地方裁判所）

LG Deggendorf, Urt. v. 24. 11. 1981, IPRax 1983, 125 ·· 468

LG München I, Urt. v. 28. 6. 1988, RIW 1988, 738 ··· 81

LG Heilbronn, Urt. v. 6. 2. 1991, RIW 1991, 343 ·· 87

LG Hamburg, Urt. v. 11. 7. 1991, IPRax 1992, 251, 254 ··· 363, 373

（区裁判所）

AG Gummersbach, Beschl. v. 9. 8. 1985, IPRax 1986, 235 ··· 250

（法務局）

LJV Baden-Württemberg, Entsch. v. 31. 5. 1990, FamRZ 1990, 1015 ·· 115, 124

オーストリア

OGH Urt. v. 18. 5. 1982, SZ 55/74, 385 ·· 382

OGH Urt. v. 15. 3. 2005, ZfRV 2005, 116 ··· 382

スイス

BG Urt. v. 11. 3. 2004, BGE 130 III 336 ··· 383

アメリカ合衆国

Abdullah v. Sheridan Square Press, Inc., 154 F.R.D. 591, 593 (S.D.N.Y. 1994) ································ 184

Armor v. Michelin Tire Corp., 923 F.Supp. 103 (S.D.W.Va. 1996) ··· 460

Bachchan v. India Abroad Publications Inc., 585 N.Y.S.2d 661 (Sup.Ct. 1992) ························ 188, 350

Bank of Montreal v. Kough, 612 F.2d 467, 471 (1980) ··38

Bank of Nova Scotia v. Tschabold Equip, 754 P.2d 1290 (Wash. App. 1988) ································37

Banque Libanaise Pour le Commerce v. Khreich, 915 F.2d 1000 (5th Cir. 1990) ························35

Calabrese Foundation, Inc., v. Investment Advisors, Inc., 831 F.Supp. 1507 (D. Colo. 1993) ············ 462

Canadian Imperial Bank v. Saxony Carpet Co., 899 F.Supp. 1248 (S.D.N.Y. 1995)·······················37

Carroll v. Volkswagen of America, Inc., 789 F.Supp. 217 (S.D. Miss. 1991) ································ 460

Collins v. R. J. Reynolds Tobacco Co., 901 F.Supp. 1038 (D.S.C. 1995) ······································ 460

Colonial Pernn Life Ins. Co. v. Assured Enterprises, Ltd., 151 F.D. 91 (N.D. Ill. 1993) ················ 460

Cosme v. Whitin Mach. Works, Inc., 632 N.E.2d 832 (Mass. 1994) ·· 460

Curtis Publishing Co. v. Butts, 388 U.S. 130 (1967) ··· 190

Davidson & Company, Limited v. Allen, 508 P.2d 6 (1973) ··36

De La Mata v. American Life Ins. Co., 771 F.Supp. 1375 (D. Del. 1991) ·······································31

DeRoburt v. Gannett Co., Inc., 83 F.R.D. 574 (1979) ··· 184

Desai v. Hersh, 719 F.Supp. 670 (N.D. Ill. 1989) ·· 185, 350

Digioia v. H. Koch & Sons, Div. of Wickes Mfg. Co., 944 F.2d 809 (11th Cir. 1991) ····················· 462

Drudge v. Overland Plazas Co., 670 F.2d 92 (8th Cir. 1982) ·· 458

Eagle Leasing v. Amandus, 476 N.W.2d 35 (Iowa 1991) ···33

Ellis v. Barto, 918 P.2d 540 (Wash. App. Div.3, 1996) ·· 462

Ellis v. Time Inc., 26 Media L.Rep. 1225 (D.D.C. Nov. 18, 1997) ···187, 350

F. D. I. C. v. Nord Brock, 102 F.3d 335 (8th Cir. 1996) ·· 462

Gertz v. Robert Welch, Inc., 418 U.S. 323 (1974) ··· 190

Gould v. Gould, 235 N.Y. 14 (1923) ··39

Great Rivers of Co-op of Southeastern Iowa v. Farmland Industries, Inc., 934 F.Supp. 302 (S.D. Iowa 1996)

·· 462

Hanna v. Plumer, 380 U.S. 460 (1965) ···88

Heavner v. Uniroyal, Inc., 305 A.2d 412 (1973)·· 459, 460

Isley v. Capuchin Province, 878 F.Supp. 1021 (E.D. Mich. 1995)·· 460

Johnson v. Holiday Inn of America, Inc., 895 F.Supp. 97 (M.D.N.C. 1995) ·································· 460

Jordan v. Hall, 858 P.2d 863 (N.M. App. 1993) ···33

Juren v. Larson, 101 Cal.Rptr. 796 (1972) ··32

K & R Robinson v. Asian Export, 178 F.R.D. 332 (D. Mass. 1998) ···37

Koster v. Automark Industries. Inc., 640 F.2d 77 (7th Cir. 1981) ···31

Lujan v. Regents of University of California, 69 F.3d 1511 (1995) ·· 459

Manches & Co. v. Gilbey, 646 N.E.2d 86 (Mass. 1995)··· 32, 37

Matusevitch v. Telnikoff, 1998 U.S.App. Lexis 10628 (D.C.Cir. May 5, 1998) ···························· 194

Matusevitch v. Telnikoff, 877 F.Supp. 1 (D.D.C. 1995)·· 191, 350

Milhoux v. Linder, 902 P.2d 856 (Colo. App. 1995) ···32

判例索引　521

Morningstar v. General Motors Corp., 847 F.Supp. 489 (S.D. Miss. 1994) ·································· 460

Nesladek v. Ford Motor Co., 876 F.Supp. 1061 (D. Minn. 1994) ··· 460

New England Tel. & Tel. Co. v. Gourdeau Const. Co., Inc., 647 N.E.2d 42 (Mass. 1995)

··· 459, 462, 463

New York Times Co. v. Sullivan, 376 U.S. 254 (1964) ··· 190

Paine, Webber, Jacson & Curtis v. Rongren, 468 N.E.2d 459 (Ill. App. 1 Dist. 1984) ··················36

Peters Production v. Desnick Broadcasting, 429 N.W.2d 654 (Mich. App. 1988) ······················33

Phelps v. McClellan, 30 F.3d 658 (6th Cir. 1994) ·· 460

Philadelphia Newspapers, Inc., v. Hepps, 475 U.S. 767 ·· 190

Pinnacle Arabians, Inc., v. Schmidt, 654 N.E.2d 262 (Ill. App. 2 Dist. 1995) ····················· 32, 36

Porisini v. Petricca, 456 N.Y.S.2d 888 (1982) ··· 37, 38

Republic of the Philippines v. Westinghouse Elic. Co., 774 F.Supp. 1438 (D.N.J. 1991) ·············· 459

Rescildo by Rescildo v. R. H. Macy's, 594 N.Y.S.2d 139 (A.D. 1 Dep. 1993) ·················· 458, 478

Ross v. Ostrander, 79 N.Y.S.2d 706 (1948) ···37

Sheridan v. Ascutney Mountain Resort Services, Inc., 925 F.Supp. 872 (D. Mass. 1996)·················· 460

State v. Johnson, 514 N. W. 2d 551 (Minn. 1994) ·· 459

Stokes v. Southeast Hotel Properties, Ltd., 877 F.Supp. 986 (W.D.N.C. 1994) ·························· 460

Sun Oil Co. v. Wortman, 108 S.Ct. 2117, 2121 (1988) ·· 460

Telnikoff v. Matusevitch, 702 A.2d 230 (Md. 1997) ·· 191, 192

The Standard Steamship Owner's Protection and Indemnity Association (Bermuda) Ltd., v. C & G Marine

Services, Inc., 1992 U.S.Dist. Lexis 7086 ···36

Tonga Air Services, Ltd. v. Fowler, 826 P.2d 204 (Wash. 1992) ···32

Van den Biggelaar v. Wagner, 978 F.Supp. 848 (N.D. Ind. 1997) ···36

Volkswagenwerk Aktiengesellshaft v. Schlunk, 108 S.Ct. 2104 (1988)······································ 171

Witt v. American Trucking Ass'n, Inc., 860 F. Supp. 295 (D.S.C. 1994) ·································· 460

Yahoo!, Inc. v. La ligue contre le recisme et l'antisemitisme, 2001 U.S.Dist. Lexis 18378 (N.D. Cal. Nov. 7,

2001) ·· 188

英国

Adams v. Cape Industries plc. [1991]1 All E.R 929 ·· 107

カナダ

Morguard Investments Ltd. v. De Savoye, [1990] 3 S.C.R. 1077, 76 D.L.R. (4th) 256··························40

芳賀 雅顯 （はが まさあき）

慶應義塾大学大学院法務研究科教授
1966 年生まれ。明治大学法学部卒業、早稲田大学大学院法学研究科博士前期課程修了、
慶應義塾大学大学院法学研究科博士後期課程単位取得退学。ドイツ連邦共和国・レー
ゲンスブルク大学留学（ドイツ学術交流会、フンボルト財団）。明治大学法学部教授
等を経て 2013 年より現職。専門は、民事訴訟法、とくに国際民事手続法。
著書等として、『国際裁判管轄の理論と実務』（共著、新日本規出版、2017 年）、『EU
の国際民事訴訟法判例（II）』（共編著、信山社、2013 年）、『国際取引法』（共著、成文堂、
第 2 版補正版、2011 年）、『戦後の司法制度改革』（共著、成文堂、2007 年）、『EU の
国際民事訴訟法判例』（共著、信山社、2005 年）、ペーター・ゴットヴァルト『ドイツ・
ヨーロッパ民事手続法の現在』（共訳、中央大学出版部、2015）；Verbraucherschutz
in Japan vor dem Hintergrund von Massenschäden, ZZP Int. Bd. 20 (2015); Internationale
Annexzuständigkeit in Japan, in: FS. Gottwald (Beck Verlag, 2014); Global Perspectives on
ADR（共著、intersentia, 2014); Das internationale Parallelverfahren in Japan, ZZP Int. Bd.
18 (2013); Cross Boder Insolvency, Intellectual Property Litigation, Arbitration and Ordre Public
（共著、Mohr Siebeck, 2011); Comprative Studies on Business Tort Litigation（共著、Mohr
Siebeck, 2011); Europäisches Insolvenzrecht/Kollektiver Rechtsschutz（共著、Gieseking, 2008）
など。

外国判決の承認

2018 年 3 月 30 日　初版第 1 刷発行

著　者―――芳賀雅顯
発行者―――古屋正博
発行所―――慶應義塾大学出版会株式会社
　　　　　〒 108-8346　東京都港区三田 2-19-30
　　　　　ＴＥＬ〔編集部〕03-3451-0931
　　　　　　　　〔営業部〕03-3451-3584〈ご注文〉
　　　　　　　〔 〃 〕03-3451-6926
　　　　　ＦＡＸ〔営業部〕03-3451-3122
　　　　　振替 00190-8-155497
　　　　　http://www.keio-up.co.jp/
装　丁―――鈴木　衛
印刷・製本――萩原印刷株式会社
カバー印刷――株式会社太平印刷社

©2018　Masaaki Haga
Printed in Japan ISBN978-4-7664-2506-2